做一个理想的法律人
To be a Volljurist

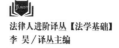

法律人进阶译丛【法学基础】
李 昊／译丛主编

基本权利

第8版

Grundrechte, 8. Auflage

〔德〕福尔克尔·埃平（Volker Epping）
〔德〕塞巴斯蒂安·伦茨（Sebastian Lenz）／著
〔德〕菲利普·莱德克（Philipp Leydecker）

张冬阳／译

北京大学出版社
PEKING UNIVERSITY PRESS

著作权合同登记号　图字：01-2016-7504
图书在版编目（CIP）数据

基本权利：第 8 版/（德）福尔克尔·埃平，（德）塞巴斯蒂安·伦茨，（德）菲利普·莱德克著；张冬阳译. —北京：北京大学出版社，2023.4
（法律人进阶译丛）
ISBN 978-7-301-33702-8

Ⅰ.①基… Ⅱ.①福… ②塞… ③菲… ④张… Ⅲ.①权利 Ⅳ.①D034.5

中国国家版本馆 CIP 数据核字（2023）第 021718 号

Translation from the German language edition:
Grundrechte (8. Aufl.)
By Volker Epping In Zusammenarbeit mit Sebastian Lenz und Philipp Leydecker
© Springer-Verlag GmbH Deutschland, ein Teil von Springer Nature 2004, 2005, 2007, 2010, 2012, 2015, 2017, 2019
All Rights Reserved

书　　名	基本权利（第 8 版） JIBEN QUANLI (DI-BA BAN)
著作责任者	〔德〕福尔克尔·埃平（Volker Epping） 〔德〕塞巴斯蒂安·伦茨（Sebastian Lenz） 〔德〕菲利普·莱德克（Philipp Leydecker）　著 张冬阳　译
丛书策划	陆建华
责任编辑	陆建华　张文桢
标准书号	ISBN 978-7-301-33702-8
出版发行	北京大学出版社
地　　址	北京市海淀区成府路 205 号　100871
网　　址	http://www.pup.cn　http://www.yandayuanzhao.com
电子信箱	yandayuanzhao@163.com
新浪微博	@北京大学出版社　@北大出版社燕大元照法律图书
电　　话	邮购部 010-62752015　发行部 010-62750672 编辑部 010-62117788
印　刷　者	大厂回族自治县彩虹印刷有限公司
经　销　者	新华书店 880 毫米×1230 毫米　A5　17.25 印张　546 千字 2023 年 4 月第 1 版　2023 年 4 月第 1 次印刷
定　　价	89.00 元

未经许可，不得以任何方式复制或抄袭本书之部分或全部内容。
版权所有，侵权必究
举报电话：010-62752024　电子信箱：fd@pup.pku.edu.cn
图书如有印装质量问题，请与出版部联系，电话：010-62756370

"法律人进阶译丛"编委会

主　编

李　昊

编委会

（按姓氏音序排列）

班天可	陈大创	季红明	蒋　毅	李　俊
李世刚	刘　颖	陆建华	马强伟	申柳华
孙新宽	唐志威	夏昊晗	徐文海	查云飞
翟远见	张焕然	张　静	张　挺	章　程

做一个理想的法律人（代译丛序）

近代中国的法学启蒙受自日本，而源于欧陆。无论是法律术语的移植、法典编纂的体例，还是法学教科书的撰写，都烙上了西方法学的深刻印记。即使是中华人民共和国成立后兴盛过一段时期的苏俄法学，从概念到体系仍无法脱离西方法学的根基。20世纪70年代末，借助于我国台湾地区法律书籍的影印及后续的引入，以及诸多西方法学著作的大规模译介，我国重启的法制进程进一步受到西方法学的深刻影响。当代中国的法律体系可谓奠基于西方法学的概念和体系之上。

自20世纪90年代开始的大规模的法律译介，无论是江平先生挂帅的"外国法律文库""美国法律文库"，抑或许章润、舒国滢先生领衔的"西方法哲学文库"，以及北京大学出版社的"世界法学译丛"、上海人民出版社的"世界法学名著译丛"，诸多种种，均注重于西方法哲学思想尤其英美法学的引入，自有启蒙之功效。不过，或许囿于当时西欧小语种法律人才的稀缺，这些译丛相对忽略了以法律概念和体系建构见长的欧陆法学。弥补这一缺憾的重要转变，应当说始自米健教授主持的"当代德国法学名著"丛书和吴越教授主持的"德国法学教科书译丛"。以梅迪库斯教授的《德国民法总论》为开篇，德国法学擅长的体系建构之术和鞭辟入里的教义分析方法进入中国法学的视野，辅以崇尚德国法学的我国台湾地区法学教科书和专著的引入，德国法学在中国当前的法学教育和法学研究中日益受到尊崇。然而，"当代德国法学名著"丛书虽然遴选了德国当代法学著述中的上乘之作，但囿于撷取名著的局限及外国专家的视角，丛书采用了学科分类的标准，而未区分注重体系层次的基础教科书与偏重思辨分析的学术专著，与戛然而止的"德国法学教科书译丛"一样，在基础教科书书目的选择上尚未能充分体现当代德国法学教育的整体面貌，是为缺憾。

职是之故，自 2009 年始，我在中国人民大学出版社策划了现今的"外国法学教科书精品译丛"，自 2012 年出版的德国畅销的布洛克斯和瓦尔克的《德国民法总论（第 33 版）》始，相继推出了韦斯特曼的《德国民法基本概念（第 16 版）（增订版）》、罗歇尔德斯的《德国债法总论（第 7 版）》、多伊奇和阿伦斯的《德国侵权法（第 5 版）》、慕斯拉克和豪的《德国民法概论（第 14 版）》，并将继续推出一系列德国主流的教科书，涵盖了德国民商法的大部分领域。该译丛最初计划完整选取德国、法国、意大利、日本诸国的民商法基础教科书，以反映当今世界大陆法系主要国家的民商法教学的全貌，可惜译者人才梯队不足，目前仅纳入"日本侵权行为法"和"日本民法的争点"两个选题。

系统译介民商法之外的体系教科书的愿望在结识季红明、查云飞、蒋毅、陈大创、葛平亮、夏昊晗等诸多留德小友后得以实现，而凝聚之力源自对"法律人共同体"的共同推崇，以及对案例教学的热爱。德国法学教育最值得我国法学教育借鉴之处，当首推其"完全法律人"的培养理念，以及建立在法教义学基础上的以案例研习为主要内容的教学模式。这种法学教育模式将所学用于实践，在民法、公法和刑法三大领域通过模拟的案例分析培养学生体系化的法律思维方式，并体现在德国第一次国家司法考试中，进而借助第二次国家司法考试之前的法律实训，使学生能够贯通理论和实践，形成稳定的"法律人共同体"。德国国际合作机构（GIZ）和国家法官学院合作的《法律适用方法》（涉及刑法、合同法、物权法、侵权法、劳动合同法、公司法、知识产权法等领域，由中国法制出版社出版）即是德国案例分析方法中国化的一种尝试。

基于共同创业的驱动，我们相继组建了中德法教义学 QQ 群，推出了"中德法教义学苑"微信公众号，并在《北航法律评论》2015 年第 1 辑策划了"法教义学与法学教育"专题，发表了我们共同的行动纲领：《实践指向的法律人教育与案例分析——比较、反思、行动》（季红明、蒋毅、查云飞执笔）。2015 年暑期，在谢立斌院长的积极推动下，中国政法大学中德法学院与德国国际合作机构法律咨询项目合作，邀请民法、公法和刑法三个领域的德国教授授课，成功地举办了第一届"德国法案例分析暑期班"并延续至今。2016 年暑期，季红明和夏昊晗也积极策划并参与了由西南政法大学黄家镇副教授牵头、民商法学院举办的"请求权基础案例分析法课程暑期培训班"。2017年暑期，加盟中南财经政法大学法学院的"中德法教义学苑"团队，成功举办了"案例分析暑期培训班"，系统地在民法、公法和刑法三个领域以德国的鉴定式模式开展了案例分析教学。

中国法治的昌明端赖高素质法律人才的培养。如中国诸多深耕法学教育的启蒙者所认识的那样，理想的法学教育应当能够实现法科生法律知识的体系化，培养其运用法律技能解决实践问题的能力。基于对德国奠基于法教义学基础上的法学教育模式的赞同，本译丛期望通过德国基础法学教程尤其是案例研习方法的系统引入，循序渐进地从大学阶段培养法科学生的法律思维，训练其法律适用的技能，因此取名"法律人进阶译丛"。

本译丛从法律人培养的阶段划分入手，细分为五个子系列：

——法学启蒙。本子系列主要引介关于法律学习方法的工具书，旨在引导学生有效地进行法学入门学习，成为一名合格的法科生，并对未来的法律职场有一个初步的认识。

——法学基础。本子系列对应于德国法学教育的基础阶段，注重民法、刑法、公法三大部门法基础教程的引入，让学生在三大部门法领域中能够建立起系统的知识体系，同时也注重扩大学生在法理学、法律史和法学方法等基础学科上的知识储备。

——法学拓展。本子系列对应于德国法学教育的重点阶段，旨在让学生能够在三大部门法的基础上对法学的交叉领域和前沿领域，诸如诉讼法、公司法、劳动法、医疗法、网络法、工程法、金融法、欧盟法、比较法等有进一步的知识拓展。

——案例研习。本子系列与法学基础和法学拓展子系列相配套，通过引入德国的鉴定式案例分析方法，引导学生运用基础的法学知识，解决模拟案例，由此养成良好的法律思维模式，为步入法律职场奠定基础。

——经典阅读。本子系列着重遴选法学领域的经典著作和大型教科书（Grosse Lehrbücher），旨在培养学生深入思考法学基本问题及辨法析理之能力。

我们希望本译丛能够为中国未来法学教育的转型提供一种可行的思路，期冀更多法律人共同参与，培养具有严谨法律思维和较强法律适用能力的新一代法律人，建构法律人共同体。

虽然本译丛先期以德国法学教程和著述的择取为代表，但是并不以德国法独尊，而是注重以全球化的视角，实现对主要法治国家法律基础教科书和经典著作的系统引入，包括日本法、意大利法、法国法、荷兰法、英美法等，使之能够在同一舞台上进行自我展示和竞争。这也是引介本译丛的另一个初衷：通过不同法系的比较，取法各家，吸其所长。也希望借助本译丛的出版，展示近二十年来中国留学海外的法学人才梯队的更新，并借助新生力量，在既有译丛积累的丰富经验基础上，逐步实现对外国法专有术语译法的相对统一。

本译丛的开启和推动离不开诸多青年法律人的共同努力，在这个翻译难以纳入学术评价体系的时代，没有诸多富有热情的年轻译者的加入和投入，译丛自然无法顺利完成。在此，要特别感谢积极参与本译丛策划的诸位年轻学友和才俊，他们是：留德的季红明、查云飞、蒋毅、陈大创、黄河、葛平亮、杜如益、王剑一、申柳华、薛启明、曾见、姜龙、朱军、汤葆青、刘志阳、杜志浩、金健、胡强芝、孙文、唐志威，留日的王冷然、张挺、班天可、章程、徐文海、王融擎，留意的翟远见、李俊、肖俊、张晓勇，留法的李世刚、金伏海、刘骏，留荷的张静，等等。还要特别感谢德国奥格斯堡大学法学院的托马斯·M. J. 默勒斯（Thomas M. J. Möllers）教授慨然应允并资助其著作的出版。

本译丛的出版还要感谢北京大学出版社副总编辑蒋浩先生和策划编辑陆建华先生，没有他们的大力支持和努力，本译丛众多选题的通过和版权的取得将无法达成。同时，本译丛部分图书得到中南财经政法大学法学院徐涤宇院长大力资助。

回顾日本的法治发展路径，在系统引介西方法律的法典化进程之后，将是一个立足于本土化、将理论与实务相结合的新时代。在这个时代中，中国法律人不仅需要怀抱法治理想，还需要具备专业化的法律实践能力，能够直面本土问题，发挥专业素养，推动中国的法治实践。这也是中国未来的"法律人共同体"面临的历史重任。本译丛能预此大流，当幸甚焉。

李 昊

2018 年 12 月

中文版前言

基本权利，也就是每个公民相对于国家所享有的权利，在一个法治国家有着核心意义。基本权利保护公民免受国家的侵犯，保障个人的自由。因此，充分了解基本权利，意义重大。

目前已在德国出版第 8 版的本教材旨在向学生介绍基本权利相关知识。该书采用融合性的理念，即不首先介绍基本权利总论，而是逐步地将其融入每项基本权利的以审查为导向的论述之中。这种方式避免了抽象地解释，专注于每项基本权利中的重要问题。同时，对基本权利的讲述是根据教学需要来安排的。其中《德国基本法》第 8 条从保护范围上来看，很适合作为讲解防御权一般框架的直观例子，特别是限制问题。这也同样适用于本书第三章讲解的第 2 条第 1 款第 1 句，在这部分对基本权利的给付权功能进行了论述。

我们对该书将被翻译成中文并在中国出版深感荣幸，也对该书可能给读者带来的兴趣感到高兴。我们希望通过本书能够帮助中国的学生们对德意志联邦共和国的基本权利有所了解，并就不同法律传统和法律体系与他们展开对话。

福尔克尔·埃平
塞巴斯蒂安·伦茨
菲利普·莱德克
2019 年 9 月于汉诺威/汉堡

第 8 版前言

对于该书第 7 版所收获的鼓励和欣赏,我们心怀感激。现在所呈现的新版延续了本书所秉承的融合性理念,这也体现在了本书第二章对《德国基本法》第 8 条的分析。我们认为,第 8 条作为一项基本权利,其保护范围正好作为一个直观的例子来展现防御权的一般性框架,尤其是限制问题。这亦同样适用于对其下一章的《德国基本法》第 2 条第 2 款第 1 句的分析,在这部分我们对基本权利的给付权功能进行了论述。

第 8 版纳入了截至 2019 年 1 月的德国司法判例和文献,特别修订了关于一般行为自由、宗教自由、职业自由和结社自由的内容。

这里我们再次向那些提出指正意见的读者们表示感谢。此外,还要感谢汉诺威大学公法、国际和欧盟法教席的工作人员们,特别是 Btissam Boulahkrif 女士、Greetje Grove 女士、Lucas Haak 先生、Karoline Haake 女士、Lea Köhne 女士和 Marie-Luise Mehrens 女士。

最后要说的是,如果您有完善或者补充意见,欢迎来信。本书的完善离不开您的支持和关注。

福尔克尔·埃平
塞巴斯蒂安·伦茨
菲利普·莱德克
2019 年 1 月于汉诺威/汉堡

第1版前言

对于法律的所有领域,基本权利都有着核心意义。牢固地掌握基本权利体系对于考试来说不可或缺。对此,本书可提供有益的帮助。值得一提的是,本教科书源自授课笔记,正像该书所呈现的那样,不仅用于满足初学者的需求,还可为考生所用。

这本教科书遵循的是融合性理念,也就是说,在介绍单个基本权利之前,不再论述基本权利总论,而是将其逐步融入单个基本权利的讲述之中。这样可以避免抽象论述,同时专注单个基本权利所面临的重要问题。为了强调基本权利总论的重要地位,本书附带了"基本权利总论索引",读者能够直接、快速地了解传统教科书的框架。该书特色还在于,严格以审查框架为导向,包含了图表、考试提示以及对德国联邦宪法法院裁判原文的摘抄。

尽管德国联邦宪法法院在基本权利发展中起着核心作用,但不能忽略文献中批评的声音。考生只有在对常见观点进行拷问后才能超然于死记硬背,达到真正理解的地步。虽然存在着由此带来的不可避免的教义学难度,但是我们总是时刻谨记并致力于回答学生最关心的问题:"该怎么写进答卷之中?"

本书还可以作为练习册使用。在核心问题上,本书包含28个考试案例,难度介于初学者考试和期末考试之间。这些案件部分取材于学生应当熟悉的德国联邦宪法法院经典裁判。即使只是用关键词来解答这些案例,也会使本书厚度明显增加。因此,我们决定将这些案例的答案发布在施普林格出版社的网站上,便于持续更新。

汉诺威大学公法、国际法和欧盟法教席的工作人员对这本书付出了很大心血。没有Martin Böhnke、Erik Breves、Monika Bruss、Kathrin Mellech、

Frauke Patzke、Alexander Schmiegel、Simone Staeglich 和 Julia Stock，本书不会这么快地与读者见面。我们对此衷心表示感谢。

还要提及的是：没有作品是完美的。如果该书存在语义不清以及错误，或者您有改良以及补充意见，欢迎来信。

福尔克尔·埃平

塞巴斯蒂安·伦茨

菲利普·莱德克

2003 年 8 月于汉诺威

目 录

第一章 基本权利的历史、功能和渊源 …………………… 001
 一、历史演变 …………………………………………… 001
 二、基本权利的种类、维度和功能 …………………… 004
 三、渊源 ………………………………………………… 008

第二章 集会自由（《德国基本法》第8条） …………… 010
 一、背景知识 …………………………………………… 012
 二、露天集会自由（《德国基本法》第8条） ………… 012
 三、禁止个案法（《德国基本法》第19条第1款第1句）…… 033
 四、本质内涵保障（《德国基本法》第19条第2款） …… 034
 五、封闭空间内的集会自由（《德国基本法》第8条第1款）…… 035

第三章 生命和身体完整性
   （《德国基本法》第2条第2款第1句） …………… 049
 一、背景 ………………………………………………… 050
 二、保护范围 …………………………………………… 051
 三、干预 ………………………………………………… 054
 四、干预的正当化 ……………………………………… 056
 五、国家保护义务和保护权 …………………………… 058

第四章 宪法诉愿概要 …………………………………… 072
 一、背景 ………………………………………………… 073
 二、宪法诉愿的适法性 ………………………………… 074
 三、《德国联邦宪法法院法》第93a条以下的受理程序 …… 097

四、宪法诉愿的证成 ············· 098
　　五、分析框架：宪法诉愿的适法性 ············· 099

第五章　沟通基本权
　　　　（《德国基本法》第5条第1款、第2款）············· 101
　　一、背景知识 ············· 102
　　二、保护范围 ············· 102
　　三、干预 ············· 116
　　四、干预的正当化 ············· 116
　　五、基本权利的竞合 ············· 125

第六章　艺术和学术自由（《德国基本法》第5条第3款）············· 129
　　一、背景 ············· 130
　　二、艺术自由的保护范围（《德国基本法》第5条第3款第1句）············· 130
　　三、学术自由的保护范围（《德国基本法》第5条第3款第1句）············· 134
　　四、干预 ············· 137
　　五、干预的正当化 ············· 137
　　六、竞合 ············· 139

第七章　宗教、世界观和良心自由（《德国基本法》第4条）············· 140
　　一、背景知识 ············· 142
　　二、宗教和信仰自由（《德国基本法》第4条第1款和第2款）············· 142
　　三、专论：国家宗教法（《德国基本法》第140条结合《魏玛帝国宪法》第137条以下规定）············· 153
　　四、良心自由（《德国基本法》第4条第1款和第3款）············· 155
　　五、基本权义务人 ············· 159

第八章　职业自由（《德国基本法》第12条）············· 177
　　一、背景知识 ············· 178
　　二、职业自由的保护（《德国基本法》第12条第1款）············· 179
　　三、禁止工作强制和强制劳动（《德国基本法》第12条第2款和

第3款） ………………………………………………… 201

第九章　财产权和继承权（《德国基本法》第14条）……… 203
　　一、背景 …………………………………………………… 204
　　二、框架性基础概念 ……………………………………… 204
　　三、保护范围 ……………………………………………… 214
　　四、干预 …………………………………………………… 221
　　五、干预的正当化 ………………………………………… 228

第十章　婚姻、家庭和学校
　　　　　（《德国基本法》第6条、第7条）……………… 241
　　一、背景知识 ……………………………………………… 242
　　二、《德国基本法》第6条的基本权利…………………… 243
　　三、《德国基本法》第7条的基本权利…………………… 259

第十一章　一般行为自由（《德国基本法》第2条第1款）……… 264
　　一、背景知识 ……………………………………………… 264
　　二、保护范围 ……………………………………………… 265
　　三、干预 …………………………………………………… 276
　　四、干预的正当化 ………………………………………… 277
　　五、竞合 …………………………………………………… 280

第十二章　人性尊严（《德国基本法》第1条第1款）……… 285
　　一、背景 …………………………………………………… 286
　　二、人性尊严保障的权利内涵 …………………………… 287
　　三、保护范围 ……………………………………………… 289
　　四、干预 …………………………………………………… 297
　　五、干预的正当化 ………………………………………… 298
　　六、竞合 …………………………………………………… 299

第十三章　一般人格权（《德国基本法》
　　　　　第2条第1款结合第1条第1款）……………… 301
　一、背景知识……………………………………………… 302
　二、保护范围……………………………………………… 303
　三、干预…………………………………………………… 312
　四、干预的正当化………………………………………… 313
　五、一般人格权的给付权内涵…………………………… 316
　六、基本权竞合…………………………………………… 319

第十四章　私人领域的保护………………………………… 321
　一、背景知识……………………………………………… 322
　二、住宅不可侵犯（《德国基本法》第13条）………… 322
　三、通信、邮政和电信秘密（《德国基本法》第10条）… 334
　四、讨论：国家的监控措施……………………………… 343

第十五章　个人自由（《德国基本法》
　　　　　第2条第2款第2句、第104条和第11条）……… 348
　一、背景知识……………………………………………… 349
　二、个人自由（《德国基本法》第2条第2款第2句、
　　　第104条）……………………………………………… 349
　三、自由迁徙（《德国基本法》第11条）……………… 361
　四、指明条款要求（《德国基本法》第19条第1款第2句）… 367

第十六章　平等权…………………………………………… 369
　一、背景…………………………………………………… 370
　二、一般平等权（《德国基本法》第3条第1款）……… 371
　三、特别的差别待遇禁止（《德国基本法》第3条第2款和
　　　第3款）………………………………………………… 392
　四、其他特殊平等权……………………………………… 402
　五、违反平等权的结果…………………………………… 403

第十七章　结社和同盟自由（《德国基本法》第9条） …… 407
一、背景知识 …… 408
二、结社自由（《德国基本法》第9条第1款） …… 408
三、同盟自由（《德国基本法》第9条第3款） …… 421

第十八章　司法保障 …… 433
一、概论 …… 434
二、有效的权利救济（《德国基本法》第19条第4款第1句） …… 435
三、法定法官请求权（《德国基本法》第101条） …… 443
四、法定听审请求权（《德国基本法》第103条第1款） …… 449
五、罪刑法定原则（《德国基本法》第103条第2款） …… 454
六、一事不再理（《德国基本法》第103条第3款） …… 460

第十九章　其他保障 …… 464
一、请愿权（《德国基本法》第17条） …… 464
二、丧失国籍和引渡保护（《德国基本法》第16条） …… 467
三、避难权（《德国基本法》第16a条） …… 470
四、基本权的丧失（《德国基本法》第18条） …… 473
五、抵抗权（《德国基本法》第20条第4款） …… 474

第二十章　欧洲基本权保护 …… 476
一、背景知识 …… 477
二、欧洲人权公约 …… 478
三、欧盟基本权 …… 484
四、欧盟基本自由 …… 495

参考书目和检索 …… 501
基本权利总论索引 …… 505
术语索引 …… 509
译后记 …… 525

第一章 基本权利的历史、功能和渊源

参考文献：

基本权历史参见 Hammer, Felix, Die Verfassung des Deutschen Reichs vom 11. August 1919-die Weimarer Reichsverfassung, Jura 2000, 57 ff. ; Hofmann, Hasso, Die Grundrechte 1789-1949-1989, NJW 1989, 3177 ff. ; Hufen, Friedhelm, Entstehung und Entwicklung der Grundrechte, NJW 1999, 1504 ff. ; Kahl, Wolfgang, Die Entstehung des Grundgesetzes, JuS 1997, 1083 ff. ; von Lewinski, Kai, Weimarer Reichsverfassung und Grundgesetz als Gesellen-und Meisterstück, JuS 2009, 505 ff. ; 单个基本权条款历史和之前的规范参见评论集 v. Mangoldt/Klein/Starck。1945年后宪法历史的详细叙述参见 Kotulla, Michael, Deutsche Verfassungsgeschichte, 2008; 基本权的功能参见 Graf von Kielmannsegg, Sebastian, Grundfälle zu den allgemeinen Grundrechtslehren, JuS 2009, 118 ff. ; Voßkuhle, Andreas/Kaiser, Anna-Bettina, Funktionen der Grundrechte, JuS 2011, 411 ff. 。

一、历史演变

《德国基本法》[1] 所列举的基本权利[2] 是历史发展的结果，其开端可追溯到中世纪。对这一发展有影响的是个人权利和国家统治权力之间的对立，即下列问题：为个体公民权利计，国家统治权力是否应受到法律的约束。

---

[1] 本书中，《德国基本法》也称《德意志联邦共和国基本法》。——译者注
[2] 本书中，"基本权利"与"基本权"语义相同，后简称为"基本权"。——译者注

2　　当今,被认为带有基本权利色彩的第一个文件是1215年的**《自由大宪章》**。英格兰皇帝约翰·奥尼兰德(1199—1216年)在这部文件中主要是向其封臣们保证他们传承而来的贵族权利不可侵犯。虽然这与今天对基本权利的理解相差甚远,但是《自由大宪章》是一份针对王权、保障个人权利的文件。此外,《自由大宪章》包含了对个人自由和财产进行干预时的法律的保留,这是经典的自由权保障。

3　　同样发端于英格兰的是**《人身保护法》**(1679年)和**《权利法案》**(1689年)。《人身保护法》主要是针对恣意逮捕作出细致规定,其构成了个人自由的重要部分,而光荣革命后的《权利法案》则主要是保障议会权,在其他司法保障之外还赋予个人请愿权。

4　　在这些早期文本之中还没有涉及对人权和公民权的全面保障。全面保障是1776年美国《独立宣言》和法国大革命的产物。1776年6月12日的**《弗吉尼亚权利法案》**可以被称为第一个全面且带有启蒙思想的宪法文件。在1791年通过第一条补充条款后,**《美利坚合众国宪法》**才涉及了一系列基本权。法国则是1789年8月26日的**《人权宣言》**,包含了全面的自由权保障。

5　　与这些发展相比,**德国**长期停滞不前。虽然1815年维也纳会议上达成的《德国邦联协议》包含了个别基本权保障,但这些是单独性的,且是帝国诸侯和自由城之间妥协的产物。受法国大革命影响,(南)德的几个邦于1818年**早期立宪制宪法**中包含了许多自由基本权。今天的《德国基本法》有类似的规定。全德范围内,直到**《保罗教堂宪法》**(1849年)[3]才以"德意志民族的基本权"为标题设立基本权部分。这一基本权部分从1848年12月到1851年8月成为帝国法律[4],但却从未生效。尽管如此,《保罗教堂宪法》对德国宪法的发展产生了巨大影响,其后所有宪法,包括《德国基本法》,在很多方面都效仿《保罗教堂宪法》,个别条款甚至与其相同。

6　　没有给基本权发展带来变化的则是**《北德意志邦联宪法》**(1867

---

[3] RGBl. 1849, S. 101 ff. Vgl. Kühne, Die Reichsverfassung der Paulskirche, 2. Aufl. 1998.
[4] RGBl. 1848, S. 49 ff.

年)[5] 和 1871 年的《帝国宪法》。[6] 两部宪法都没有设立基本权部分。国家统一被视为优先于个人自由；各政党对于德国统一并无异议，但在基本权问题上存在分歧。直到 1919 年的《魏玛帝国宪法》[7] 才包含了在全德广泛适用的基本权。其中，除了防御权，还有给付权和参与权。基本权的有效性则因为对其权利性质的争议和缺乏宪法法院而受限。《魏玛帝国宪法》所赋予基本权利的次要意义也可以从其在宪法中的体系地位看出来。《德国基本法》将基本权利规定在开端，而在《魏玛帝国宪法》中，其只是被规定在了第 109 条以下的条款之中。由于存在大量的国家目标以及社会基本权——如第 163 条的工作权（同时也为义务），这些主要是对立法者的委托，没有包含主观权利内涵，《魏玛帝国宪法》的基本权被称为"单纯的项目方针"[8]。不过这种描述并不完全正确，虽然达不到今天的程度，但是当时的司法人员也关注到了基本权利。[9]

　　德国宪法发展的暂时告结的标志是《德国基本法》[10]，1990 年 10 月 3 日德国统一后，便在全德范围内保障所有德国人的基本权利。从其产生之日起，基本权利部分就没有发生实质性的变化。在重新武装（1956 年的军事宪法）、紧急状态宪法（1968 年）、建立欧盟的马斯特里赫特条约（1992 年，主要是《德国基本法》第 23 条）范围内，以及 1993 年后（1994 年统一后的宪法改革、新避难权、住宅监听）使得《德国基本法》发生了较大但严格的修改。2006 年和 2009 年的联邦改革、2017 年的州财政转移改革则对基本权利部分没有产生影响。

　　德国的基本权利保护不断受到《德国基本法》[11] 以外规定的补充。这些规定主要来自《欧洲人权公约》（其作为一部国际条约，在德国具有一

7

8

---

[5]　BGBl. des Norddeutschen Bundes 1867, S. 1 ff.
[6]　RGBl. 1871, S. 63 ff.
[7]　RGBl. 1919, S. 1383 ff. Vgl. Anschütz, Die Verfassung des Deutschen Reiches, 14. Aufl. 1933.
[8]　Vgl. Hammer, Jura 2000, 57 (62).
[9]　Vgl. Dreier, in: ders./Waldhoff, Das Wagnis der Demokratie, S. 175 ff.
[10]　议会委员会相关材料参见 JöR 1 (1951)。
[11]　本书中，未经特别注明，均指《德国基本法》的条文。

般联邦法律的地位[12]）以及《欧盟条约》和《欧盟运行条约》。[13] 《欧盟基本权利宪章》[14] 虽然不是上述条约的组成部分，但是《欧盟条约》第 6 条第 1 款承认该宪章的权利、自由和基本原则，在法律上将其置于与条约同等的地位。根据《欧盟基本权利宪章》第 51 条第 1 款第 1 句，该宪章不但约束欧盟的机构，而且约束执行欧盟法时的各成员国。[15] 因此，在欧盟法**多层体系**中，基本权利的保护由不同层面的多个基石所组成[16]，而其中《德国基本法》对于德国国家权力的约束一直起着决定性作用。

二、基本权利的种类、维度和功能

（一）种类

9 基本权传统上分为**自由权和平等权**。自由权保护公民的自由不受减损。平等权禁止国家毫无理由地区别对待公民。《德国基本法》中的大多数基本权是自由权。平等权主要规定在第 3 条。

10 基本权还可以区分为第 1 条至第 19 条的**基本权和"等同于基本权之权利"**。后者是《德国基本法》第 93 条第 1 款第 4a 项详细列举且能够提起宪法诉愿的规范。公民可以在德国联邦宪法法院前要求遵守这些规范。它们虽然不是基本权，但是在实践中（和案例写作中）亦作为基本权处理。

（二）基本权的客观法和主观权利维度

11 和其他法律规范一样，《德国基本法》的基本权利有两个维度：**客观法维度**上，基本权对国家提出要求，国家不得干预公民的特定权利或者国家应当保护公民的特定权利和利益。这个客观法维度在《德国基本法》第 1 条第 3 款中得到体现："下述基本权利为直接有效拘束立法、行政及司法的法则。"[17]

12 基本权在客观法维度上指向国家，要求其做出特定行为；而基本权的**主观权利维度**则指向公民。基于基本权，公民可以要求国家做出特定行为，

---

[12] 参见页边码 1021。（类似数字均指本书页边码，下同。——译者注）
[13] BGBl. II 2008, S. 1038；2009 年 12 月 1 日生效，BGBl. II 2009, S. 1223.
[14] ABl. EU 2010/C 83/02 v. 30. 03. 2010, S. 389 ff.
[15] 参见页边码 1034。
[16] Vgl. Lindner, Jura 2008, 401 ff.
[17] 页边码 337 以下。

防御国家对其自由的干预。国家角度上，构成国家的特定作为或者不作为义务，对于公民来说，其拥有权利请求国家如此作为或者不作为，必要时诉诸司法。客观义务和主观权利是相对应的。[18]

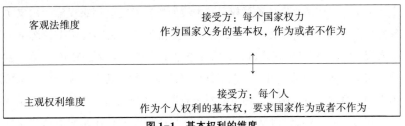

图1-1 基本权利的维度

（三）基本权的功能

基本权的功能之一是国家负有不作为义务，这也是其经典目标：基本权是个人针对国家的**干预防御权**[消极地位（status negativus）[19]]：国家被禁止不正当地干预公民的自由和财产或者不平等对待公民。相应的，个人在自身自由和财产面临不正当干预以及不平等对待时，拥有防御的可能性。基本权防御功能实现的是国家学说上的"自由不受国家干涉"的理念。[20] 一些基本权——如第3条第3款、第5条第1款、第8条第1款和第9条第1款，可以从其字面上看出其具有防御功能，即特定的个人权利被积极得到保障（"所有德国人有权……"）。其他基本权利条款则是以消极方式来表达其具有防御功能，如第10条第1款和第13条第1款，将特定的保护利益作为"不可侵害"来描述。有时则明确禁止国家采取特定的干预，如内容审查（第5条第1款第3句）或者强制劳动（第12条第2款）。基本权部分中也存在字面上不那么清晰表达防御功能的规范。第6条第1款将婚姻和家庭置于"国家的特别保护"之下。这个规范通过解释能得出缔结婚姻和建立家庭的基本权，它是一项经典的防御权。基本权干预

---

[18] 这种对应性是基本权的典型特征。尽管如此，《德国基本法》的基本权部分有像第1条第1款和第7条第3款的规范，它们的主观权利内涵存在争议。客观法和主观权利的关系参见页边码137。

[19] 格奥尔格·耶里内克发展出来的地位理论参见其System der subjektiv-öffentlichen Rechte, 2. Aufl. 1905, S. 81ff.。

[20] Voßkuhle/Kaiser, JuS 2011, 411 (411).

的界限是禁止过度干预（Übermaßverbot）。[21]

15　　不作为功能之外，基本权还发挥着行为义务的功能。在这个功能中，基本权要求国家积极地采取特定行为［积极地位（status positivus）］；这个行为义务对应的是个人**给付权**。基本权的给付权功能用来保障"国家实现的自由"，因为如若没有国家的作为，宪法保障的自由在很多情况下无法实现。[22] 一些基本权条款，如第6条第1款和第4款、第19条第4款第1句从字面上明确指出，个人不仅可以防御干预，还可以要求国家来防御干预。有的基本权则需要通过解释来查明，联邦宪法法院的出发点是从基本权得出的**"客观价值秩序"**[23]：基本权所树立的秩序是对所有法律领域适用的宪法基本决定，要求国家保护和促进该基本决定的切实实现。这就表明了基本权的给付权内涵。基本权作为给付权可以以不同形式[24]出现，而其中一些形式为自由权和平等权专属。

16　　作为**原始给付权**的基本权是指要求国家采取进一步行为的权利，其有不同表现形式：实践中重要的是面对非由国家造成的威胁所产生的请求国家保护的基本权（作为**保护权**的基本权）。[25] 这种保护还体现在程序权保障上（作为**程序权**的基本权）。[26] 在少见的例外情形中，自由权还可以表现为请求具体给付的权利，如国家之前从未赋予的金钱给付（"基本权要求的最低限度权""生存限度"）。[27] 同样属于原始给付权的还有私法制度保障形式下的自由权**制度性保障**。[28] 所有原始给付权的共通之处在于，它们都是要求国家采取行为，同时赋予个人相应的请求权。国家在履行自身保护义务时享有较广的构建空间。只有在基本权所点明的给付及保护目的明显没有得到实现，国家因此违反了禁止保护不足（Untermaßverbot）[29]

---

［21］　参见页边码48以下。
［22］　Voßkuhle/Kaiser, JuS 2011, 411 (412).
［23］　BVerfGE 39, 1 (41) (Schwangerschaftsabbruch I); 35, 79 (113) (Hochschul-Urteil). Vgl. BVerfGE 7, 198 (205) (Lüth). 参见页边码348。
［24］　此处的术语和体系上并不一致；实际上承认不同形式的给付权。
［25］　参见页边码122以下。
［26］　参见页边码134。
［27］　参见页边码597。
［28］　参见页边码429以下。
［29］　参见页边码126以下。

时，才能认定为违反了给付义务。极少情形中，为了实现合宪秩序只有一种行为可供考虑时，才可判令国家采取该具体行为。

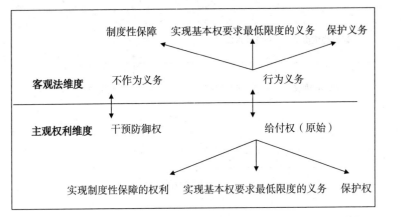

图1-2 自由权的功能

此外，**平等权**的功能也是重要的，即作为**衍生（派生）给付权**（＝参与权），分享已经存在的给付。[30] 与原始给付权不同的是，衍生给付权中国家并没有构建空间。国家一旦赋予给付，那么就必须严格地遵守平等权，遵守"分配正义"。

例外情形中亦可从平等权中推导出**保护义务**。[31]《德国基本法》第3条第1款原则上并没有让国家承担下列义务，即让私人之间互相平等对待以此实现社会内部一定程度的平等。只有第3条第2款在写明了男女平等规定时，国家才存在保护和保障义务。防止歧视性不平等对待则可以从第2条第1款结合第1条第1款（一般人格权）中得出。[32]

基本权的另一项功能是**形成权**［主动地位（status activus）］。形成权是指参与社会的权利，即"在国家中的自由"或者"对于国家的自由"。[33] 经典的例子是第38条第1款第1句等同于基本权之权利，即积极和消极选举权。

---

[30] 参见页边码771。
[31] 参见页边码773。
[32] 参见页边码657。
[33] Voßkuhle/Kaiser, JuS 2011, 411 (412).

20

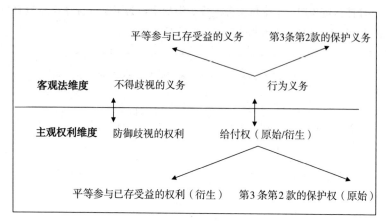

图 1-3 平等权的功能

22 **案例写作提示：**

基本权的不同种类和功能也对考试和作为家庭作业的案例写作提出了不同要求。应当区分下列三种。

①检测自由权时，经典和常见的情形是其干预防御权功能，即当国家消减公民自由之时。在这种情形下，一般遵循三步审查"保护范围—干预—正当化"[34]。

②自由权作为给付权也很重要。在案例写作中，基本权保护义务发挥着重要作用。这里进行两步审查"保护范围—违反保护义务"[35]。

③平等权检测框架则只有一种：无论是防御权还是其给付权的功能，只进行统一的两步审查框架。[36]

三、渊源

23 基本权并不只是被写在《德国基本法》之中。虽然该法中的基本权在德国起着核心作用。除此之外，德国**各个州的宪法**也规定了基本权。[37] 如

---

[34] 页边码 27。
[35] 页边码 141 以下。
[36] 参见页边码 775。
[37] 州基本权与联邦法的关系参见 Grawert, in: HGR III, §81; Maurer, HGR III, §82。

《德国下萨克森州宪法》第 3 条第 2 款将《德国基本法》中的基本权利纳入州宪法之中。《德国下萨克森州宪法》第 4 条以下规定还包含了其他基本权。根据规范等级，州宪法及其规定的基本权为各州法律，虽处于联邦法律等级之下，除去冲突情形（《德国基本法》第 31 条），其直接约束各州立法者。不过各州基本权在实践中作用不大。许多州允许（公民）在州宪法法院（联邦宪法法院或者国家法院）提起州宪法诉愿。[38] 目前只有不来梅、汉堡、下萨克森州和石勒苏益格-荷尔斯泰因州没有如此规定；政治层面上有所讨论。《联邦宪法法院法》第 90 条第 3 款规定，州宪法诉愿和在联邦宪法法院的宪法诉愿都被允许。从联邦法层面上看，两个诉讼可以并行。但州法一般会规定，（公民）如果在联邦宪法法院提起宪法诉愿，那么不允许在州宪法法院提起诉讼。公民必须做出选择。[39] 而公民大多会选择联邦宪法法院，因为其更为民众知晓和信任。在这个背景下，州基本权利的法律意义有限。不过，从国家学说角度上看，各个州基于自身的地位应当保障基本权利，而且（州宪法）应规定执行基本权利的宪法法院诉讼。

---

[38] 一览参见 Zuck, Das Das Recht der Verfassungsbeschwerde, 5. Aufl. 2017, Rn. 215 ff. 。
[39] Vgl. BVerfG, NJW 1996, 1464.

第二章 集会自由
（《德国基本法》第 8 条）

集会自由参考文献：

v. *Alemann*, *Florian/Scheffczyk*, *Fabian*, Aktuelle Fragen der Gestaltungsfreiheit von Versammlungen, JA 2013, 407 ff. ; *Böckenförde*, *Ernst-Wolfgang*, Schutzbereich, Eingriff, Verfassungsimmanente Schranken, Der Staat 42（2003）, 165 ff. ; *Enders*, *Christoph*, Der Schutz der Versammlungsfreiheit, Jura 2003, 34 ff. (Teil I), 103 ff. (Teil II); *Höfling*, *Wolfram/Krohne*, *Gesine*, Versammlungsrecht in Bewegung, JA 2012, 734 ff. ; *Hoffmann-Riem*, *Wolfgang*, Neue Rechtsprechung des BVerfG zur Versamml-ungsfreiheit, NVwZ 2002, 257 ff. ; *ders.*, Demonstrationsfreiheit auch für Rechtsextremisten? – Grundsatzüberlegungen zum Gebot rechtsstaatlicher To-leranz, NJW 2004, 2777 ff. ; *Lenz*, *Sebastian/Leydecker*, *Philipp*, Kollidierendes Verfassungsrecht, DÖV 2005, 841 ff. ; *Neskovic*, *Wolfgang/Uhlig*, *Daniel*, Übersichtsaufnahmen von Versammlungen – Bloßes „Polizeiführer-fernsehen" oder verfassungswidriges Abfilmen?, NVwZ 2014, 335 ff. ; *Papier*, *Hans-Jürgen*, Das Versammlungsrecht in der Rechtsprechung des Bundesverfassungsgerichts, BayVBl. 2010, 225 ff. ; *Schulenberg*, *Sebastian*, Der „Bierdosen-Flashmob für die Freiheit": Zu Versammlungen auf Grundstücken im Eigentum Privater, DÖV 2016, 55 ff. ; *Stern*, *Klaus*, Übermaßverbot und Abwägungsgebot, in: ders., Staatsrecht, Bd. III/2, § 84 (S. 761 ff.); *Wendt*, *Henning*, Recht zur Versammlung auf fremdem Eigentum?, NVwZ 2012, 606 ff.

本质内涵保障参考文献:

Middendorf, Max, Zur Wesensgehaltsgarantie der Grundrechte, Jura 2003, 232 ff. ; Schaks, Nils, Die Wesensgehaltsgarantie, Art. 19 II GG, JuS 2015, 407 ff.

案例分析:

Bews, James/Greve, Holger, Versammlungsfreiheit am Flughafen, Jura 2012, 723 ff. ; Brinktrine, Ralf/Šarcevic, Edin, Klausur Nr. 5 (S. 101 ff.); Degenhart, Christoph, I, Fall 18 (S. 260 ff.), II, Fall 15 (S. 375 ff.); Droege, Michael, Anfängerhausarbeit-Öffentliches Recht: Militärische Beobachtung freier Versammlungen-„ Tornados im Tiefflug ", JuS 2008, 135 ff. ; Enders, Christoph, Der praktische Fall-„ Frühling für Deutschland ", JuS 2000, 883 ff. ; Höfling, Wolfram, Fall 1 (S. 3 ff.); Kahl, Wolfgang, Der praktische Fall-„ Kurzentschlossener Protest ", JuS 2000, 1090 ff., Krausnick, Daniel, Grundfälle zu Art. 19 I und II GG, JuS 2007, 991 ff. ; Lembke, Ulrike, Grundfälle zu Art. 8 GG, JuS 2005, 984 ff. ; Otto, Martin R. , Anfängerklausur-Öffentliches Recht: Grundrechte-Versammlungsfreiheit, JuS 2011, 143 ff. ; Rozek, Jochen/Lehr, Marc, Vermummte Weihnachtsmänner, JA 2004, 900 ff. ; Stein, Katharina/Janson, Nils J./Pötzsch, Urs, Anfängerklausur-Öffentliches Recht: Grundrechte und Verfassungsprozessrecht-Sitzblockade im Hauptbahnhof, JuS 2014, 708 ff. ; Trurnit, Christoph, Grundfälle zum Versammlungsrecht, Jura 2014, 486 ff. ; Volkmann, Uwe, Fall 8 (S. 216 ff.).

集会自由指导性案例:

BVerfGE 69, 315 ff. (Brokdorf); 85, 69 ff. (Eilversammlungen); 111, 147 ff. (Inhaltsbezogenes Versammlungsverbot); BVerfG, NJW 2001, 1409 ff. (Holocaust-Gedenktag); NJW 2001, 2459 ff. (Love Parade); BVerfGE 128, 226 ff. (Fraport).

宪法权利冲突指导性案例:

BVerfGE 28, 243 ff. (Dienstpflichtverweigerung); 30, 173 ff. (Mephisto); 69, 1 ff. (Kriegsdienstverweigerung II); 81, 278 ff. (Bundesflagge).

一、背景知识

24　　自《保罗教堂宪法》（第161条）以来，集会自由（"示威游行基本权"）是德国宪法文本的固定组成部分。作为首要的基本政治权利，集会自由保障公民的下列权利，即以公开游行示威的形式表达反对"当权者"。在德意志联邦共和国历史中，无论和平反核武器示威的20世纪80年代初，还是右翼极端分子和反全球化左翼组织游行的20世纪90年代末，集会自由都是法律讨论的焦点。欧盟层面相应的法律保障体现于《欧洲人权公约》第11条和《欧盟基本权利宪章》第12条第1款。

二、露天集会自由（《德国基本法》第8条）

案例1：纳粹示威活动

25　　被宪法保卫局归类为极右翼的N党主席V向集会管理部门提出申请，计划于5月1日组织以"反对社会倾销和大规模失业"为主题的集会示威活动。集会计划在波茨坦市中心举行，预计约500人参加。集会管理部门根据《德国联邦集会法》第15条第1款宣布禁止该集会以及同一地区的所有替代活动。集会管理部门给出的理由是：举行该活动将危害公共秩序。5月1日在社会上具有明确意义和重要象征力。它的特殊性由历史上的社会主义工人运动造就。立法机构承认其为法定假期以纪念工人运动对建立自由民主制的贡献。N党利用5月1日的象征意义举行示威，意图扭曲和利用纪念工人运动的节日引起（民众）对纳粹政权的联想，同时将使人回想起第三帝国期间工人运动的失败和工人受到的压迫。N党在思想观点、言论表达和政治观念上与第三帝国的纳粹主义之间存在显著相似性。根据联邦政府近期评估，N党和以前的纳粹党具有实质相似性。因此，N党成员5月1日在波茨坦举行示威将伤害很多继承工人运动传统之人的感情。这将被视为挑衅，并意味着故意破坏公共和谐。V认为，该项禁止损害了其基于《德国基本法》第8条的基本权利。该观点正确吗？

　　《德国联邦集会法》第15条第1款规定：根据颁布命令时可判定的情况，若举行集会或游行将直接危害公共安全或公共秩序，主管部门有权禁止该集会、游行或规定特定限制条件。

假设勃兰登堡州没有自身的集会法。

案例改编自 BVerfG, NJW 2001, 2076ff.。

(一) 基本权利审查——保护范围、干预、正当化

在案例分析中经常出现的问题是,某一特定的国家行为是否侵犯了基本权利的干预防御权功能。所涉及的基本权利要借助一个三阶层框架进行审查。另一套审查框架适用于平等权和自由权的给付权功能。[1]

出发点: 某一行为是否侵犯了某项基本权利作为干预防御权的功能?

第一阶层: 保护范围
该行为是否影响到基本权的保护范围?

主体方面
诉愿人是否为受保护主体?

实体方面
保护客体是否受影响?

第二阶层: 干预
基本权利的保护范围是否受到妨碍,即是否对个体受保护行为构成负担,或使之完全或部分无法实现?

第三阶层: 正当化
干预行为是否为基本权利的限制所覆盖?

图 2-1 干预防御权的审查

(二) 集会自由的保护范围

防御权审查的第一个审查点是要看基本权利的保护范围。此处需要判定一项基本权利的保护范围是否受到了被审查国家行为的影响。保护范围需要从主体方面和实体方面进行审查。

---

[1] 参见页边码 141 以下的给付权和页边码 776 的平等权。

1. 主体保护范围：所有德国人

29 在主体方面，《德国基本法》第 8 条涵盖所有德国人。德国人是指《德国基本法》第 116 条第 1 款意义上的德国公民。因此，与其他作为人权适用于所有人（《德国基本法》第 2 条、第 5 条）的基本权利不同，外国人不能受到《德国基本法》第 8 条第 1 款的保护。但他们可以得到《德国基本法》第 2 条第 1 款的基本权保护。[2]

30 根据《德国基本法》第 19 条第 3 款，《德国基本法》第 8 条也适用于私法上的国内法人，不论其法律形式如何。[3] 社团，例如，党派、公民自发组织或工会通常是集会背后的举办者或组织者。集会本身不能成为《德国基本法》第 8 条的权利主体，因为其不具备《德国基本法》第 19 条第 3 款基本权利保护所要求的固定组织形态。[4]

2. 实体保护范围：有权利集会

31 《德国基本法》第 8 条保护"集会"的权利。不仅包括"普通集会"，还包括守夜、静默游行、人链、抗议营等。示威（Demonstration）是政治集会（politische Versammlung）的子概念。联邦宪法法院对示威的概念定义如下："示威的理想形式是共同信念的实体可视化，参与者通过该过程与他人共同确认该信念，并向外界（通过在场、出现形式及地点选择）实质性地表明他们的立场并证明其观点。"[5] **集会的概念有两个前提。**

32 第一，它必须是**多人**的实体会面。纯粹虚拟的聚会，例如，在网络聊天室中不能称为集会。"一人示威"根据字面意思也不能称为集会。集会的人数要求没有最终答案，该问题在实践中无意义：有建议表明可参照《德国民法典》中结社法规定的最低人数 7 人（《德国民法典》第 56 条）或者 3 人（《德国民法典》第 73 条）。但《德国民法典》的团体法（Vereinsrecht）与基本权利集会概念间的关系仍不明确。此外，不但《德国基本法》第 8 条第 1 款在字面意义上包括一个由两人组成的"集会"，而且基于《德国基本法》第 8 条的含义和目的，一个较高的最少参与人数也是不

---

〔2〕 参见页边码 583 以下。
〔3〕 参见页边码 156 以下。
〔4〕 Gusy, in: v. Mangoldt/Klein/Starck, Art. 8 Rn. 40.
〔5〕 BVerfGE 128, 226 (250) (Fraport).

合适的，因为"整体性隔绝也不会止步于与最后一个朋友隔绝"[6]。因此，多数文献[7]都认为，两人可以组成一个集会。

第二，集会要求参与者具有**共同目的**。集会以此与"单纯的集合或公众娱乐活动"相区别。[8] 共同目的使追求同一目标的集会参与者之间形成内在联系。因此，例如，一场音乐会的参与者尽管有相同目标，但是没有将其联结起来，使之为达成目标形成相互依赖的共同目标，因而不适用《德国基本法》第8条。

根据联邦宪法法院的裁判，不是任何目的[9]都满足《德国基本法》第8条第1款意义上的联结集会参与者。它要求集会旨在**参与公共舆论的形成**（也可通过非语言交流的方式，如静默游行[10]）。[11] 这条限制主要源于该规定产生的历史背景。历史上，《德国基本法》第8条被理解为政治权利属性的沟通基本权，因为当时（包括如今）政治集会尤其受到国家干预。然而，民主的基本要素是公民自由地形成他们的意见并能够将其公开发表和产生公众影响（"集会自由的补充功能"）。基于此，人们争取集会自由。强调《德国基本法》第8条的政治功能，就要求以在公共事务中形成和传达共同意见为共同目的，且正如联邦宪法法院分庭裁判所显示[12]，保护范围排除趣味活动如"爱的游行"。但如果认为《德国基本法》第8条应有利于群体中的个人发展并在一般程度上防止个体被孤立，则任何共同目的都应当被允许。[13]

> BVerfG, NJW 2001, 2459（2460）（Love Parade）：依据宪法解释集会的概念并将其界定为以多人的共同交流为特征而展开的活动，这在宪法上是无可非议的。**由于关涉公共舆论形成的过程，集会自由基本**

---

[6] Herzog, in: Maunz/Dürig, Art. 8 Rn. 48（Erstbearbeitung）.
[7] Depenheuer, in: Maunz/Dürig, Art. 8 Rn. 44; Schulze-Fielitz, in: Dreier, Art. 8 Rn. 24.
[8] BVerfGE 69, 315（343）（Brokdorf）.
[9] 对目的的要求参见 Brecht, NVwZ 2007, 1358 ff.。
[10] BVerfG, NVwZ 2011, 422（423 f.）.
[11] BVerfGE 104, 92（104）（Sitzblockaden III）；111, 147（154）（Inhaltsbezogenes Versammlungsverbot）；128, 226（250）（Fraport）.
[12] BVerfG, NJW 2001, 2459 ff.（Love Parade）mit Bespr. Wiefelspütz, NJW 2002, 274 ff.
[13] Gusy, in: v. Mangoldt/Klein/Starck, Art. 8 Rn. 17 f.；Schulze-Fielitz, in: Dreier, Art. 8 Rn. 26 f.

权利在基本法的自由民主制度中获得了特殊的宪法意义。特别是在以代议制和少数公民投票参与权表现的民主中，集体言论表达自由具有基本功能要素的意义。基本权利为少数群体提供特别保障，为这些无法直接接触媒体的群体提供向公众表达言论的机会。与此相应，《德国基本法》第8条意义上的集会是指为实现以参与形成公共言论为目的的共同讨论和表达，多人在某地进行会见。由此，集会自由相比《德国基本法》第2条第1款规定的一般行为自由享有更高的法律保护，特别是集会自由由于民主的基本权利的根本性意义仅受《德国基本法》第8条第2款约束。对于《德国基本法》第8条的保护范围，仅有参与者任意目的驱动下的共同行为而相互联系是不够的。

35 除进行集会本身外，集会保护的**实体范围**还包括举办者对集会主题、地点、时间，以及准备和组织的决定权。[14] 但是《德国基本法》第8条不保护在他人土地上未经所有者许可或者公众一般无法进入的地点进行集会的权利。[15] 集会自由只涉及如购物中心或机场等对一般公共交通开放的场所。对于集会的进行，《德国基本法》第8条仅保护上述**集会特有**（versammlungsspezifische）活动，而不保护所谓的非特有行为，例如，集会场合中的言论表达。[16] 非特有行为适用其他基本权利保护，例如，《德国基本法》第5条第1款第1句的言论自由。[17] 此外，由《德国基本法》第8条可得出远离一项集会的权利（所谓消极自由[18]）。

3. 实体保护范围：和平与不携带武器

36 在非和平与携带武器条件下进行的集会不享受《德国基本法》第8条的基本权利保护。集会自由的**保护范围**在实体上受到相应**限制**。

37 武器的概念相对无争议，包括《德国武器法》第1条所定义的技术意

---

〔14〕 BVerfGE 69, 315（343）（Brokdorf）；84, 203（209）（Republikaner）；104, 92（108）（Sitzblockaden III）；128, 226（250 f.）（Fraport）.

〔15〕 BVerfGE 128, 226（251）（Fraport）；BVerfG, NJW 2015, 2485（Bierdosenflashmob）；Schulenberg, DÖV 2016, 55 ff.

〔16〕 BVerfGE 90, 241（246）（Auschwitzlüge）；111, 147（155）（Inhaltsbezogenes Versammlungsverbot）.

〔17〕 参见页边码258以下。

〔18〕 参见页边码313和页边码880以下。

义上的所有武器。但根据普遍理解，具有客观危险性并以使用暴力为目的而携带的物品（如棒球棍和铁链）也属于武器。[19] 而这种状况下的集会通常也已经是非和平的。所谓"被动武装"，即集会参与者装备的头盔和防护服，不属于武器。[20] 同样地，蒙面（Vermummung）也不属于武器。但上述情况则可能得出不和平的结论。

案例写作提示：

对《德国武器法》第 1 条的提及仅可理解为一项提示，因为考虑规范等级，一项一般法的定义不能规定宪法的内容。[21] 武器的概念只能独立从宪法中得出。因此，在考试中不可按照《德国武器法》第 1 条对《德国基本法》第 8 条第 1 款中的武器概念下定义。

对于集会的何种情形是**不和平**的，较难判定。集会不和平是指整个集会导致暴力行为和骚乱，并由此产生集体的不和平。只要没有对人身或财产产生暴力，就没有违反法律和刑事犯罪。有针对性地对第三人造成妨碍也不构成集会的不和平。[22] 否则，立法者将可以通过一般法的规定确定集会自由的保护范围，从而架空基本权利。最后，个别参与者的不和平也不足以将整个集会从《德国基本法》第 8 条的保护范围中排除出去。否则，每个人都能够破坏集会，从而使得其他集会参与者的基本权利空置。[23]

38

BVerfGE 69, 315 (359 ff.) (Brokdorf)： 宪法只保护"和平和不携带武器集会"的权利。集会自由被理解为思想观点交流和影响政治决策的手段，其法律本质决定其对和平的要求，这点在《保罗教堂宪法》和《魏玛帝国宪法》中已被包含并有所阐释。**当一个参与者对人身或财产采取暴力行为，则其表现为不和平**。在克服中世纪的丛林法则，以及为少数弱势人群利益实施暴力被国家垄断后，法律秩序必须严格避免上述不和平情况的发生。这是保障集会自由作为积极参与政

---

[19] Schulze-Fielitz, in: Dreier, Art. 8 Rn. 45 f. m. w. N.

[20] Gusy, in: v. Mangoldt/Klein/Starck, Art. 8 Rn. 27; Schulze-Fielitz, in: Dreier, Art. 8 Rn. 47 m. w. N.

[21] 立法者构建的特例，参见页边码 433 以下。

[22] BVerfGE 104, 92 (106) (Sitzblockaden III).

[23] BVerfGE 69, 315 (360 f.) (Brokdorf).

治进程手段的先决条件,也正如魏玛共和国期间的街头战斗的经验所表明的,这是自由民主不可或缺的,因为防御暴力会引发限制自由的措施。相比暴力对抗后受到国家权力制裁并模糊他们本来的目标,采取和平方式的示威者能够从中受益更多。

当预测组织者及其支持者高概率实施暴力行为或者同意他人实施时,禁止集会的命令即使在**大型示威活动中也不被认为存在宪法问题**。这种示威是不和平的,不受《德国基本法》第 8 条的保护;因此,对其的解散和禁止不侵犯基本权利。反之,当组织者和其支持者表现和平,而混乱仅由外人(反示威者、骚乱群体)引起时,法律状态同样明确。这种情况下,文献正确地要求,政府措施必须主要针对干扰者,并且警察只能在紧急情况的特殊条件下对集会整体进行干预。

如果不存在对集体不和平的顾虑,预测不会发生下列情形,即示威活动整体采取暴力或煽动性的方式(《德国联邦集会法》第 13 条第 1 款第 2 项),或者组织者、支持者寻求(《德国联邦集会法》第 5 条第 3 项)或至少许可这样的方式,即使当个别示威者或少数人制造骚乱时,**和平的参与者也应当要得到宪法对每个国家公民集会自由的保护**。如果个人的不和平行为不仅影响犯罪行为人自身基本权利的保护,还波及整个活动,则个人将能够"异化"示威活动,违背其他参与人意志地使示威违法;这也会导致实践中任何大规模示威都将可以被禁止,因为总是可以"认定"一部分参与者带有不和平意图。

(三) 干预

39 在针对国家行为的防御权功能中,如果存在对一项基本权利的干预,自由权则被激活。干预是指**任何使个人受保护行为全部或部分不可行或对其造成负担的国家行为**。[24]

40 《德国基本法》第 8 条第 1 款本身确定了两类原则上不被允许的干预:登记义务和许可义务。《德国联邦集会法》第 14 条以下规定和各州法律中的集会权规定[25]确定了其他干预;有实践关联的是《德国联邦集会法》

---

[24] 干预的概念参见页边码 390 以下。
[25] 参见页边码 47。

第15条规定的负担可能性以及禁止集会。此外，一些事实妨碍也属于干预，如阻碍行进或以拖延集会为目的长时间检查。至于国家监控措施何时构成干预这个问题，目前还未形成定论。不过，当监控（例如，通过摄像机）达到吓退潜在参与者的程度，联邦宪法法院则认定为干预，以此来保护潜在参与者的选择自由。[26]

（四）干预的正当化

审查防御权的最后一点是干预的正当化的问题。目前为止，已经从保护范围层面考查了相关人的行为是否受所主张的基本权利涵盖，以及从干预层面确定了一项国家行为是否干预了（基本权利的）保护范围。但尚未讨论的是，即使其干预了一项基本权利，该国家行为是否合法。对于基本权干预的合法性即其正当化，《德国基本法》提出了特殊要求：对保护范围的干预仅当其被基本权利的限制所覆盖时，才具备正当性。

> **问题**：对基本权利的干预是否正当？
> **1. 限制**
> 当基本权利具有可限制性，例如：
> - 一般法律保留
> - 加重法律保留
> - 无法律保留，但有着宪法权利冲突？
>
> **2. 限制的限制**
> 干预是否被基本权利的限制覆盖？
> （1）限制性法律的合宪性
> ①形式合宪性
> ②实质合宪性
> a.对相应限制的特殊要求
> b.《德国基本法》第19条第1款和第2款
> c.比例原则
> （2）单个行为的合宪性
> 实质合宪性（尤其是比例原则）

图2-2 干预的正当化（三阶）

---

[26] BVerfGE 69, 315 (349)（Brokdorf）指引向 BVerfGE 65, 1 (43)（Volkszählung）。

1. 限制

43 对基本权利的干预只有在满足下列条件才是被允许的,即相应基本权利规定了**限制可能性**,也就是所谓的限制(Schranke)。《德国基本法》通常规定,一项基本权利可"通过或基于一项法律"被限制(《德国基本法》第8条第2款,第11条第2款)。"通过法律"指通过实质意义上的法律进行限制[27],包括法律和行政条例。[28] "基于一项法律"是指通过法律层面之下的国家行为进行限制,即通过行政行为、判决或事实行为等。《德国基本法》中还存在其他的限制(《德国基本法》第5条第2款)。干预正当化的范畴内首先要确定对相应基本权利的限制。

44 《德国基本法》第8条第1款本身并未包含此类限制。但在第8条第2款中规定集会基本权利"对于露天集会(……)可以通过法律或基于一项法律被限制"。《德国基本法》第8条第2款限制的只是**露天集会**。尽管措辞看似清楚,但并非所有无屋顶的集会都是"露天"的。反之,也有在屋顶下举行的集会而属于《德国基本法》第8条第2款意义上的"露天"。这个结果也来自一个以意义和目的为导向(目的论)的解释:《德国基本法》第8条第2款旨在使国家能够干预存在较大冲突可能性的集会。[29] 这些通常是无限制的对所有人开放的活动,周围没有以围墙或围栏明示的边界,格外容易受到干扰。因此,这取决于是否存在可以阻挡所有人不受控制地进入边界。据此,一方面,在一个体育场里的集会即使没有顶棚也不是露天集会;另一方面,在一个有顶棚的汽车站的集会仍然是一个露天集会。

BVerfGE 128, 226(255 f.)(Fraport):《德国基本法》第8条第2款中"**露天集会**"的概念不能被狭义理解为指无顶棚的活动场所。只有在集会示范形象的对比中才能彰显它的意义:典型的"露天集会"应该在公共街道和广场上,而避开公众的空间,如餐厅后屋的集会则与之相对。在那里,集会参与者相对独立不受公众影响,因此,

---

[27] 参见页边码748。
[28] BVerfGE 33, 125(156)(Facharzt). Sachs, in: Stern, Staatsrecht, Bd. III/2, § 80, S. 445 ff. m. w. N.
[29] BVerfGE 69, 315(348)(Brokdorf)。

需要管控的冲突的预期比较低。与之相对，"露天"集会是在**与公众直接交流**中进行的。集会参与者与第三人的相互接触存在**更高、更不可控的潜在危险**：由集会引起的意见交流的情绪化可能比一般公众交流更迅速地剧烈化并可能激起强烈反应。集会可以更容易进入，它是公共空间内的一个集体行动。《德国基本法》第8条第2款使立法者能够拦截和调解此类冲突。考虑到这种情况，即在与外界的接触中，存在特殊性，特别是组织权和程序权的管控需求，一方面为行使集会权创造实际条件；另一方面充分保护他人的相冲突的利益。

对于露天集会，《德国基本法》第8条第2款对可能的限制没有作出更多实质性要求。因此，不同于《德国基本法》第11条第2款[30]，这里是**一般法律的保留**，作为限制授权干预。《德国基本法》第17a条第1款包含了更多法律的保留。 45

2. 限制的限制

然而，并非所有通过或基于一项法律进行的干预都符合基本法。对基本权利的限制同样有边界［即所谓的限制的限制（Schranken‑Schranken）］：干预的法律本身必须在形式上和实质上合宪，且法律适用不能违反宪法。实践中对集会自由干预最重要的授权基础是《德国联邦集会法》第15条第1款及相应的州法，如《德国下萨克森州集会法》第8条，以保护公共安全。 46

（1）干预性法律的形式合宪性

如果事实对此提供了依据，则此处需要审查**立法权限**和**立法程序**。《德国基本法》第70条到第82条有相应的规定。如果审查联邦的行政条例，则要以《德国基本法》第80条为审查标准，特别要看议会法授权行政机关颁布行政条例，在法律中充分明确地规定了授权的内容、目的和范围（《德国基本法》第80条第1款第1句和第2句）。对于各州的行政条例来说，各州宪法中有类似规定（《德国下萨克森州宪法》第43条）。 46a

在不同的宪法法院诉讼中讨论到的是，立法者在干预基本权的时候是否受到更多形式前提条件的约束，即是否从基本权利中推导出全面的**事实** 46b

---

[30] 参见页边码748。

澄清、观察和改进义务，以作为每个基本权干预的先导。主张这种独立事实澄清义务的观点是立法者应当明确其行为的事实框架条件。只有这样才能可靠地评估基本权利干预的必要性和范围。如果立法者没有进行事实澄清，则构成了形式上的违宪，导致法律无效。即使法律在实体上没有问题，也是同样的结论。这使得基本权利保护程序化。与行政裁量决定的审查相似，审查重心转向对形式要求的遵守上。不是结果受到审查，而是路径受到审查。如此一来，联邦宪法法院必须要看立法者是否考察了所有重要的角度、公正地进行判断且在其决定中有可支撑的理由。

46c 　　联邦宪法法院在一贯的裁判中否定了这种基本权利的程序化，并给出了令人信服的理由。对于法律的合宪性来说——除了特别情形之外[31]，要看法律在结果上是否合宪。[32] 其他的则只适用关于立法程序的《德国基本法》第 76 条以下规定。该程序保证议会的决定能得到公开讨论且会考虑不同的利益和角度。《德国基本法》认为，即使没有独立的事实澄清义务，议会程序的透明和公开讨论也能够为立法决定的事实基础提供充分的保障。[33] 因此，除了立法程序的明确要求，立法者不需要履行更多的程序义务。[34] 不过，立法者要确保，对基本权的干预必须建立在合理的事实认定和正确的判断之上。立法者负有下列义务，即在特定的基本权重要领域中进行规制时，必须采取特殊的程序防御。[35] 至于立法者是否遵守该标准，并不是形式上的问题，而是法律的实体合宪性问题。

　　自 2006 年联邦制改革以来，依照《德国基本法》第 70 条，**集会权利的立法权限**归属于**各州**。此前，根据《德国基本法》第 74 条第 1 款第 3 项存在一项竞合性联邦立法权，联邦以此制定了集会法。根据《德国基本法》第 125a 条第 1 款，除非各州制定了自己的集会法，否则，《德国联邦集会法》继续适用。目前，巴伐利亚州、下萨克森州、萨克森州、萨克森

---

[31] 公务员和法官工资领域参见 BVerfGE 139, 64 (127) (Richterbesoldung)。

[32] BVerfGE 132, 134 (162 f.) (Asylbewerberleistungsgesetz); 137, 34 (73) (Besondere Regelbedarfe); 143, 246 (343) (Atomausstieg II); BVerfG, NJW 2018, 3007 (3009) (Hofabgabepflicht)。

[33] BVerfGE 143, 246 (343 ff.) (Atomausstieg II)。

[34] BVerfG, NJW 2018, 3003 (3009) (Hofabgabepflicht)。

[35] 通过程序和组织的基本权利保护参见页边码 133；通过社会给付保障生存最低限度参见页边码 607。

安哈尔特州和石勒苏益格-荷尔斯泰因州适用本州的集会法,其中部分规定颇为详细,远超《德国联邦集会法》。[36]

案例写作提示:

形式合宪性的审查能够让出题人了解考生对国家组织法的掌握程度,将国家组织法与基本权问题相联系起来。一定要识别出这种考点,案情或多或少地包含立法程序的规定或者权限主体(联邦或者各州的权限;根据《德国基本法》第80条,议会权限或者行政立法权限)。案例写作时,只有当案情有相应的提示,才进行细致审查。否则,只是简单确认从哪条规定得出立法者的立法权限即可。如果案情没有明确提及,对立法程序的论述可以省略。如果是审查行政条例,则必须论述《德国基本法》第80条和各州宪法中的平行规定。

(2) 干预性法律的实质合宪性

像其他基本权利的法律的保留一样,《德国基本法》第8条第2款授权立法者对基本权利的限制。然而,国家必须尽可能地尊重公民的基本权利;基本权利的干预应该是例外,一般情况下为自由。这既源自国家受基本权约束(《德国基本法》第1条第3款),也源自法治原则(《德国基本法》第20条第2、3款)。因此,干预仅在符合**比例原则**(也称:**禁止过度干预**)的条件下才具有正当性,即正当目的的实现适当、必要且均衡。

比例原则是基本权教义学的关键组成部分。通过全面审查每项基本权利干预中某一具体措施是否符合比例原则,法院具有对所有国家行为的**全面审查权和最终决定权**。虽然这项权力载于《德国基本法》第19条第4款、第92条及以下各条,并为维护自由作出了决定性的贡献,但是如果法院用自己的价值判断代替由人民直接选举的立法者的决定,而这些价值判断并不源自基本法,那么广泛的审查范围就会成为问题。特别是每一项基本权干预牵涉比例审查,为这种权力转移提供了很大空间。因此,这里特别需要司法自制(judical self-restraint)。

---

[36] 目前为止,柏林州仅通过州法规定了部分集会权;2013年4月23日,《德国联邦集会法》第19a条被《关于在露天集会和电梯中拍摄和录制图像和声音的法律》所替代。除此之外,《德国联邦集会法》继续适用。

①正当目的

50 每一项国家行为必须出于正当目的。目的必须明确,因为所有其他审查点都与该目的有关。对于法律规范,目的是通过解释来确定。首先,通过起源解释[37]的方法来审视法律,可以结合立法者的主观意志:所有的"非规范文本",特别是立法草案的论证、委员会议定书、全体辩论的速记记录、立法程序中的备忘录等,都可以用来明确立法者的意图。通常,国家采取一项措施以同时追求多种目的。这种情况下必须列举出所有目的。[38] 其次,即使是根据起源解释所得的结论,立法者主观没有考虑到的目标,也必须通过客观化进行考查和列举。[39] 存疑时具有决定性的,并非立法者的主观意志,而是**客观可识别的规范目的**。[40]

51 不能判定有正当目的的情况非常罕见。当立法者寻求基本法不支持的目标或者产生与其他法律规定存在不可调和的矛盾时,就会触碰界限。[41] 例如,基于《德国基本法》第 3 条第 3 款第 1 句,如果国家制定以歧视女性为目的的法律,即为不合法。其他要求可由基本权利的限制得出。特别是加重法律的保留,如《德国基本法》第 11 条第 2 款可包含其他要求,但这些要求仅适用于相应的基本权利。集会法中的正当目的可以是,例如,防止骚乱和暴力以保护公民的健康和财产。

52 **案例写作提示:**

写作案例时,应始终仔细并充分利用事实中的所有论据对比例性进行考查。这里通常是案例的重点。特别重要的是,一开始就要准确指出所有法律目的。一个典型错误是将"公众福利"或"公共利益"称为目的。这是不够的而且经常导致结果错误。因为在均衡性考查中,对抽象的"公共利益"和个人基本权利之间的衡量可能无法令人信服。

---

[37] 起源解释参见 Butzer/Epping, S. 35。
[38] 目的性规定见 Cremer, NVwZ 2004, 668 ff.。
[39] BVerfG, NJW 1998, 1776 (1777)。
[40] BVerfGE 1, 299 (312) (Wohnungsbauförderung); 11, 126 (129 ff.) (Nachkonstitutioneller Bestätigungswille); 110, 226 (248) (Geldwäsche).
[41] BVerfGE 138, 136 (187 f.) (Privilegierung von Betriebsvermögen).

②适当性

此外，措施必须是适当的，以实现确定的目的。因此，预先设定的目的既不能压缩也不能扩展。当一项措施以任何方式有益于实现目的，则该措施为适当。[42] 具有实现目的的可能性就足够了[43]，而非考查措施是否有效。对此，立法者还有进一步**评估和预测的空间**。[44] 因此，在裁判中，仅有少数因使用的手段客观但完全不适当而被否定。[45]

案例写作提示：

在实践和考试中，一项措施明显完全不能实现目标的情况是很少见的。就这点来说，一般建议用简洁的语言肯定其适当性。

③必要性

此外，干预是实现目的所必需（必要）的。必要是指达到目的最温和的手段。**在有同样成功可能性的手段中必须选择干预程度最低的。**当具有同样效果，但有对于基本权主体来说负担更小、对第三人和公众的负担也较小的手段时，则没有必要这样做，即缺乏必要性。[46] 当集会主管部门既能通过禁止示威，也能通过指示集会领导选择其他路线以防止骚乱时，后者作为较为温和的手段才是必要的。在审查必要性时，联邦宪法法院也承认立法者应有进一步的**评估和预测空间**。[47] 只有当"所建议替代方案产生干预更小，而目的实现的实质等价性（……）从任何角度都明确"时，法院才否定一项措施的必要性。[48]

例：在集会自由的必要性审查中，"合作义务"[49] 特别重要。如果组

---

[42] BVerfGE 30, 250（263 f.）（Absicherungsgesetz）；103, 293（307）（Urlaubsanrechnung）。

[43] BVerfGE 119, 59（84）（Hufversorgung）；138, 136（189）（Privilegierung von Betriebsvermögen）。

[44] BVerfGE 90, 145（173）（Cannabis）；110, 141（157）（Kampfhunde）。

[45] 例如，BVerfGE 17, 306 ff.（Mitfahrzentrale）；19, 330 ff.（Sachkundenachweis）；55, 159 ff.（Falknerjagdschein）。

[46] BVerfG, NJW 2018, 2109（2112）（Informationspflichten）。

[47] BVerfGE 102, 197（218）（Spielbankengesetz Baden–Württemberg）；110, 141（157）（Kampfhunde）；117, 163（189）（Erfolgshonorare）。

[48] BVerfGE 30, 292（319）（Erdölbevorratung）；90, 145（173）（Cannabis）；105, 17（36）（Sozialpfandbriefe）。

[49] BVerfGE 69, 315（362）（Brokdorf）；BVerfG, NJW 2000, 3051（3053）und Kahl, JuS 2000, 1090（1092 f.）。

织者与集会主管部门合作,并显示在个别集会方式上愿意妥协,那么官方干预的门槛就相应提高;甚至使干预不再具有必要性。但"合作义务"只是一种责任,技术意义上并非法律义务。[50]

56 **案例写作提示:**

关于必要性的问题在考试和作业中很少出现。经常出现的问题是,笔者需要在多大程度上自行考虑可能的替代方案。原则上,我们的经验是,此种考虑只要不是过于宽泛都是可以的。但无论如何,提出一个替代方案时应当表态。当案件事实具体表明了一个替代方案时同理。联邦宪法法院对于否定必要性非常谨慎。替代方案必须在各方面具有明确的等价性。例如若使第三人承受更大负担,则不满足要求。

④均衡性[51]

57 一项干预除了符合比例性以外,还要求其对于所寻求的目标来说符合均衡性。对此需要整体衡量干预的严重程度,以及国家通过干预所寻求目标的重要性和紧迫性。**干预越严重,目标必须越重要**,以使干预正当化。宪法规定的界限是**禁止过度干预**。[52] 若一项措施在与国家的目标的关系上对于个人来说不可期待,即为超过该界限。另外,一项干预绝不能导致《德国基本法》第1条第1款不可侵犯的人性尊严保障受到损害。[53] 在均衡性审查范围内国家机构**没有评估空间**。相反,基本权利明确规定了作为防御权的目标——无干预状态。若国家通过对基本权的干预违背该目标,则联邦宪法法院有责任全面审查是否有足够重要的目标使其正当化。

58 不过,在最近的一项裁判中,当立法者通过基本权干预**平衡多方冲突**时,联邦宪法法院在均衡性审查中承认**立法者的评估和调整空间**。[54] 联邦宪法法院认为这种冲突情形具有特性,即多方参与者的利益相互冲突。[55] 审查的重点在于,立法者是否对相冲突的利益进行了合乎宪法的合理判断

---

[50] 例如,《德国巴伐利亚州集会法》第14条第1款第2句和《德国下萨克森州集会法》第6条。
[51] 同义词:狭义比例原则、匀称。
[52] BVerfGE 90, 145 (173) (Cannabis);105, 17 (36) (Sozialpfandbriefe)。
[53] 参见页边码617以下。
[54] BVerfGE 115, 205 (234) (Betriebs-und Geschäftsgeheimnis)。
[55] BVerfGE 115, 205 (233) (Betriebs-und Geschäftsgeheimnis)。

和权衡。[56] 这个裁判的正确之处在于，立法者在解决多方冲突、平衡多方基本权主体的自由权时，经常能够在多个宪法允许的方案中进行选择。立法者是削弱一个人的自由还是他人的自由，是一个政治决定。如果立法者决定在高速公路上设置一般性速度限制，从而限制驾驶人的一般行为自由（第2条第1款），那么这在宪法上是没有问题的。因为立法者可以主张其他驾驶人的生命、健康（第2条第2款第1句）和环境保护（第20a条）。如果立法者认为快速通行更为重要，当前没有速度限制也是合宪的。然而，联邦宪法法院在多元冲突中肯定评估和调整空间的裁判如果导致宪法法院的审查从结果审查转变为（单纯的）程序和理由审查，那么就必须批判地予以看待。由于基本权干预中多元冲突是常规而非例外，这降低了审查密度。但这种审查密度的降低并不能被称为错误。[57] 因为尽管冲突可以通过多种合法方式解决，联邦宪法法院仍然进行了全面的均衡性审查[58]，只是在预测中承认了立法者的广泛空间。[59]

实践中，均衡性审查不是没有问题的。因为宪法审查范畴内的审查标准必须出自宪法本身，必须从宪法中得出国家目标的重要性和涉及基本权干预的严重性，以便权衡目标和干预。

BVerfGE 92, 277（327）（DDR）：狭义上的比例原则要求，必须在干预基本权所欲实现的公共利益以及对相关者合法利益的影响之间进行权衡。对相互联系和权衡的冲突利益的权重需要从整体上对干预所规定的重要条件和效果进行评估。狭义上的比例原则并没有包含下列实质性的内容，即国家干预的何种效果和条件必须纳入权衡考量，以及何时一项手段符合比例性而何时不符。在这一点上需要针对个案作出判断性的宪法裁判。

比较容易处理的情况是国家寻求的目标本身具有宪法位阶。例如，在

---

[56] BVerfG, NJW 2018, 2109（2112 f.）（Informationspflichten）.
[57] 参见页边码46b。
[58] BVerfGE 104, 357（368 ff.）（Apothekenöffnungszeiten）；110, 141（165 ff.）（Kampfhunde）；126, 112（152 f.）（Sächsisches Rettungswesen）.
[59] BVerfGE 114, 196（248）（Arzneimittelzwangsrabatt）. 正确的则是盖尔在BVerfGE 118, 1（38）（Kappungsgrenze）中的不同意见书。

国家为第三人基本权的利益进行干预或者出于环境保护（《德国基本法》第 20 条 a）的考虑的情况下，可从宪法本身（尽管不是明确地）推断出目标的价值。但是宪法解释并不是总能得出这种判断，因此，权衡存在着陷入没有宪法依据及或多或少武断的假设中的风险。[60] 在这些情况下，公开评判标准就非常重要。尽管如此，均衡性审查依然存在问题，因为经常缺乏合理的标准并导致主观的、实际上归入政治领域的价值判断。

例：在集会法中，一旦有迹象表明人群中会发生犯罪行为，则使用相机进行监视符合均衡性。反之，若无直接面临侵害生命安全等重要法益的具体犯罪行为，则解散集会无论如何不符合均衡性。

案例写作提示：

61　　在案例写作中，均衡性检测应先分别考查目的的价值和手段的干预强度，然后才相互权衡目的和手段。若目的的价值能从宪法中得出依据，则务必从宪法得出依据。至于干预强度，则可以从持续时间、频率及干涉规模等标准判断，也可以从理由方面考量干预是否或在多大程度上触及了非常敏感的人格领域。如果干预近乎侵犯人格尊严，那么其正当化的要求就特别高。在这方面的论证应当用足够的时间和篇幅，因为这里通常是写作的重点。[61] 无论如何，在考试写作中强烈建议不要肯定立法者这方面的评估空间，也不要局限于可行性审查。

⑤法律适用的合宪性

62　　如果允许干预的法律本身合宪，则必须在个案中审查法律适用的合宪性。**具体**的法律适用必须遵循法律并且不得过度干预基本权利。

63　　在集会法中，特别对《德国联邦集会法》第 15 条的解释往往是争议对象。该条旨在保护公共安全和秩序。公共安全包括保护个人和集体的合法利益，以及国家及其机构的存续和正常运作。[62] 联邦宪法法院要求，**禁止集会**只能在至少与《德国基本法》第 8 条的意义等价的合法利益受到直接威胁时可。[63] 例如，如果存在具体迹象，即将在集会中发生犯罪行

---

[60]　参见 BVerfGE 92, 277 (350 f.) (DDR) 的少数意见。
[61]　案例写作中的权衡参见 Michael, JuS 2001, 654 ff.。
[62]　BVerfGE 69, 315 (352) (Brokdorf)。
[63]　BVerfGE 128, 226 (259) (Fraport)。

为，由此影响到《德国联邦集会法》第 15 条第 1 款所保护的公共安全，则可以对集会进行干预。如果集会参与者的行动主要是和平的且特别是对公共安全的威胁源自反示威者，那么就不同了。此时国家有责任保护集会。只有在前者无法实现并且因此存在警察紧急状态的前提条件下，措施才可以针对集会本身。[64] 公共秩序的法益亦可使针对集会的措施正当化，但禁令只能作为例外。[65] 公共秩序这一概念是不成文规定的集合，"当时主流的、与《德国基本法》的价值内容相符的社会和伦理观点，对其的遵循被认为是人们在一定区域内共同生活所必要的先决条件"。[66] 这在下列情形中尤其具有重要的实践意义，即在纪念迫害犹太人的地点以挑衅的方式举行右翼极端主义集会嘲讽纳粹独裁受害者。尽管这并不必然构成犯罪行为，但集会法允许采取干预措施（《德国联邦集会法》第 15 条第 2 款）。若识别出装束带有纳粹暴力统治仪式和符号的总体特征，也可以被干预。联邦宪法法院认定，好战和恐吓性的行为是不可接受的。[67]

然而，根据联邦宪法法院的裁判，当**集会追求极端主义目标**，例如，传播纳粹思想，也不能对集会采取措施。《德国基本法》第 5 条范围内不能禁止的言论表达内容，不可以作为限制《德国基本法》第 8 条基本权利措施的正当化理由。[68] 根据联邦宪法法院的裁判，因极端主义内容而对集会的限制也不能用下列理由来作支撑，即《德国基本法》鉴于纳粹主义教训而选择**防御性民主**。[69] 因为《德国基本法》所希望的遏制纳粹主义企图必须在符合宪法规定的范围内。极端主义本身不是禁止的理由，只要其活动在对所有人适用的法律的范围内。

BVerfGE 111, 147（158 f.）（Inhaltsbezogenes Versammlungsverbot）：因集会相关的表达而对集会进行限制不能以下列理由作支撑，即《德国基本法》鉴于纳粹主义经验而选择防御性民主。《德国基本法》固

---

[64] BVerfG, VR 2015, 394 f.
[65] BVerfG, NJW 2001, 1409（1410）（Holocaust-Gedenktag）；BVerfGK 11, 298（306）.
[66] BVerfGE 69, 315（352）（Brokdorf）.
[67] BVerfGE 111, 147（157）（Inhaltsbezogenes Versammlungsverbot）.
[68] BVerfGE 90, 241（246）（Auschwitzlüge）；111, 147（155）（Inhaltsbezogenes Versammlungsverbot）.
[69] 提出质疑 OVG Münster, NJW 2001, 2114 f.。参见页边码 245。

然希望遏制纳粹主义企图。这同时保障了法治，该保障的缺失是纳粹主义非人道政权的典型特征。因此，《德国基本法》的一项任务是以法治国家的手段防御对自由民主秩序基础损害的妨碍。法律特别在刑法中通过特殊保护规范实现这一目的。此外《德国基本法》在第9条第2款、第18条、第21条第2款以及第26条第1款中载有特别保障措施，表明宪法国家在法治国家规定程序的框架内防御对其基本秩序的（包括由传播纳粹主义思想产生的）威胁。然而，《德国基本法》列出的规范不能用来推导出除明文规定外的任何更多法律后果。因此，这些条款的封锁效力不允许援引不成文宪法固有限制作为保护自由民主基本秩序其他措施的理由。高等行政法院认为，基本法为诉诸预防措施以抵御右翼极端分子对自由民主秩序的威胁设置了过高的障碍，这不允许通过法官法为基本权利设置限制。基本法中规定的限制可能性同时也是制宪者承认的限制的必要性的表现。

案例写作提示：

在案例写作时需要准确关注案例问题。如果问题符合一项法律的合宪性，则无须考查在个案中的适用。反之，如果问题符合一项具体措施的合宪性，则原则上要考查作为基础的法律和法律执行。案例事实提示了写作的重点在哪里。尤其对于现行法律，重点往往是法律适用的审查，因此对法律的"审查"如有必要可能且只能限于一句话。还需注意的是，若法律规定执行机关必须采取某项措施的，必须同时评估法律和措施。

（五）合宪性解释：紧急集会和自发集会

实际案例中经常出现一项法律允许甚至是暗示的解释，但与宪法不一致的情况。例如，《德国联邦集会法》第14条[70]规定所有集会必须至少提前48小时登记。即使**紧急集会**（=临时举行以至于无法遵守48小时登记期限的集会）和**自发集会**（=未经事先计划"自发"举行的集会）也不例外，这一严格的登记义务违反了《德国基本法》第8条第1款，因为通过执行《德国联邦集会法》第14条，所有紧急集会和自发集会都可以因违法

---

[70]《德国联邦集会法》第14条规定：有意举办露天公共集会或游行者，必须最迟在主管部门公布前48小时登记说明集会或游行的主题。

而被解散。《德国基本法》第8条第2款虽授权了限制，但并非普遍禁止此类集会。

但是，联邦宪法法院[71]认为该规定与《德国基本法》一致，即可通过对该规范的**合宪性解释**（verfassungskonforme Auslegng）。[72] 通过这种方法，一项一般法规定仅当不能通过任何解释方法作出符合宪法的解释时，才被视为违宪。反之，若仅有个别解释结论与宪法冲突，则应优先选择可得出合宪解释结论的解释方法。但该结论不能超出明确的条文或法律清楚明显的含义和目的。[73] 合宪性解释的先决条件是：

①规范条文允许多种解释可能性，

②至少一种解释符合《德国基本法》以及

③所选的解释不违反规范的意义。

联邦宪法法院认为《德国联邦集会法》满足上述条件：

> BVerfGE 85, 69 (74 f.) (Eilversammlungen)：就其本身而言，《德国联邦集会法》第14条可通过合宪性解释与《德国基本法》相一致。正如联邦宪法法院已经作出的裁判，露天集会在公布前登记的法律义务原则上不违反《德国基本法》第8条。该规定的含义是向当局提供相关必要信息，以便为了活动的顺利进行和保护第三者或集体利益而采取防御措施。此外，该规定旨在使举办者和管理部门相互理解，有利于合作制定活动方案和防御措施，从而使集会顺利进行。就这点来说，登记义务对于管理部门已从其他渠道知悉的集会也有其意义。《德国联邦集会法》第14条所规定的公布前48小时的登记期限从宪法上也无可指责。如有必要，主管部门可以对集会的时间地点提出规定，以便在公布时可以被加以考虑。若管理部门不得不禁止集会，可以在招募集会参与者前宣布。这使得该期限在《德国基本法》第8条的角度下正当化。
>
> 但《德国联邦集会法》第14条需要受到限制。登记义务根据该条文无差别适用于所有露天集会。但如联邦宪法法院先前指出的，这

---

[71] BVerfGE 85, 69 ff. (Eilversammlungen).

[72] Vgl. Butzer/Epping, S. 38 ff.

[73] BVerfGE 8, 28 (34) (Besoldungsrecht); 88, 203 (333) (Schwangerschaftsabbruch II).

不能适用于自发集会。自发集会理解为出于临时的契机无计划无组织者而形成的集会。**由于事实原因，此种情形登记是不可能的，坚持要求《德国联邦集会法》第 14 条的登记义务将导致自发集会的普遍不合法。**一方面，这与集会自由的基本权利相冲突（……）；另一方面，尚未认定它与所谓**紧急集会**有何关系。紧急集会理解为，虽不同于自发集会而有计划和组织者，但是不损害示威目的就无法遵守《德国联邦集会法》第 14 条的期限进行登记的集会。若仍**坚持《德国联邦集会法》第 14 条规定的期限，将导致紧急集会同样自始不合法。**但这一结果也与集会自由的基本权利相冲突。与自发集会不同，紧急集会并非无法登记，而是仅无法遵守期限。因此这种情形不需要放弃登记而是只需要考虑集会的特质缩短登记期限。按照《德国联邦集会法》第 14 条的合宪解释，紧急集会须尽早登记。通常情况是在决定举办集会的同时，最迟在集会公布时。

68 联邦宪法法院的裁判并不是毫无疑问的：合宪性解释也必须在常规解释方法的框架下进行。《德国联邦集会法》第 14 条的情形明显与联邦宪法法院得出的结论不相符。条文字句是任何形式解释的界限。因此在方法论上，联邦宪法法院采取的方法应被称为**目的性限缩**（teleologische Reduktion）——即背离条文字句，基于规范的含义和目的[74]对其的限制。但是这已经不是法院的职责。立法者有责任重新制定已违宪从而无效的规范。[75] 在上述案件中，两位投少数票的法官持以下观点：

> BVerfGE 85, 69（77 f.）（Eilversammlungen）［赛伯特（Seibert）和亨舍尔（Henschel）法官的不同意见］：《德国联邦集会法》第 14 条规定所有意图组织公共露天集会或游行者有义务"最迟公布前 48 小时"向主管部门登记说明主题。没有规定对紧急集会的例外。规定的条文也没有将紧急集会排除适用范围或缩短其登记期限的意图。从"组织"的概念可得出该规定不涵盖自发集会，因为其没有组织者，而紧急集会满足所有法律构成要件，所以也受附期限的登记义务约束。由

---

[74] Vgl. Butzer/Epping, S. 55 f.
[75] 参见《德国下萨克森州集会法》第 5 条第 4 款和第 5 款。

于这将导致对集会自由不符合比例原则的限制，只要不规定对紧急集会的例外或包含违背宪法的规定，则该条款违宪。**合宪性解释与表达明确的条文字句相冲突。**

三、禁止个案法（《德国基本法》第 19 条第 1 款第 1 句）

根据《德国基本法》第 19 条第 1 款第 1 句，干预基本权利的法律还受到进一步限制；法律必须"普遍适用而非只适用于个案"。《德国基本法》第 19 条第 1 款第 1 句禁止立法者从一系列类似事实中选取个案并将其作为特别规定的对象。[76] 该规范的目的并不明确；理由包括从权力分立原则、个案决定原则上归属于行政权、法律平等思想。[77]

联邦宪法法院认为，一项法律满足下列条件即为《德国基本法》第 19 条第 1 款第 1 句意义上的"**普遍**适用"，即"当一项法律因其法律实施构成的抽象表述而不能预见法律适用于多少以及哪些案件，即预先规定的法律后果不会只发生一次。至于立法者作出规定的动机是若干具体案件，并不构成个案法律的特征，只要该规定所涉事实能够调整不确定更多数量的其他案件。一般抽象表述则不能用来成为个案规定的掩饰"。[78] 但联邦宪法法院作出了一个重要例外：如果立法者调整只发生一次的事实并且调整有实质理由，则不适用《德国基本法》第 19 条第 1 款第 1 句的禁止。[79] 根据联邦宪法法院的裁判，这是由规定的目的得出的。《德国基本法》第 19 条第 1 款第 1 句包含了一般平等原则的具体化；此外，该规定通过保留行政的具体—个别规制和立法权的一般—抽象规范，从而确保权力分立原则。[80] 因此该规定对权利救济也起到有效作用。如果事件仅发生一次并且基于民主法治原则要求作出法律规定，则上述目的例外地不要求禁止个案法律。这个例外是禁止个案法律在实践中几乎无意义的原因之一。联邦宪

69

70

---

[76] BVerfGE 25, 371 (399) (lex Rheinstahl); 85, 360 (374) (Akademie-Auflösung).
[77] Vgl. Huber, in: v. Mangoldt/Klein/Starck, Art. 19 Rn. 8 ff.
[78] BVerfGE 99, 367 (400) (Montan-Mitbestimmung).
[79] BVerfGE 85, 360 (374) (Akademie-Auflösung); 134, 33 (88) (Therapieunterbringungsgesetz); 139, 321 (365) (Körperschaftsstatus kraft Gesetzes).
[80] BVerfGE 134,33(88 f.) (Therapieunterbringungsgesetz); 139, 321 (365) (Körperschaftsstatuskraft Gesetzes).

法法院至今也没有认定违反该禁止的情形。[81]

四、本质内涵保障 (《德国基本法》第 19 条第 2 款)

71 　　根据《德国基本法》第 19 条第 2 款，任何基本权利都不允许在本质上受到侵犯。"本质内涵"的概念是不明确的。联邦宪法法院认为，本质内涵不能与基本权利的人性尊严内涵等同，即使二者在个别情形下可能是一致的。[82] 此外还不明确本质内涵如何确定以及本质内涵需要为何者保留——个人还是公众。

72 　　首要出发点是，每项基本权利的本质内涵必需单独确定。根据**相对本质内涵理论**，不仅是每项基本权利，还需在每个干预中确定本质内涵。为此必须进行包含公共和私人利益的总体权衡。如果在具体权衡中，"重要的保护利益使干预合法化且符合比例原则"[83]，则本质内涵未被侵犯。然而，有疑问的是，在这种情形中，除了本来就要进行的比例性审查，《德国基本法》第 19 条第 2 款没有任何独立的意义。**绝对本质内涵理论**避免了这种缺陷，它将本质内涵视为一个独立于个案的固定值（绝对的）。它的具体保护对象是不确定的。常用概念如"基本成分""最低限度内容"或"基本权利核心"亦不能帮助澄清。

73 　　然而，不仅是对本质内涵的理解，还有在出现干预时必须对何者进行保留也有争议。部分观点认为必须保留**相应基本权利人**的本质核心。[84] 从《德国基本法》第 2 条第 2 款第 1 句看，这一观点是存在问题的。干预生命基本权（例如，有针对性射杀）总会产生死亡的结果；无法实现对基本权利人的保留。因此应当看**一般情况下基本权利的意义**。[85] 只有当相应基本权利及其包含的价值判断、法律秩序原则失去其一般意义时，才构成本质

---

[81] 在案例写作中的意义参见 Krausnick, JuS 2007, 991 ff. 。

[82] BVerfGE 109, 279 (311) (Großer Lauschangriff); 不同观点 Huber, in: v. Mangoldt/Klein/Starck, Art. 19 Rn. 125 ff. 。

[83] BVerfGE 115, 118 (165) (Luftsicherheitsgesetz); ebenso BVerwGE 47, 330 (358); Remmert, in: Maunz/Dürig, Art. 19 Abs. 2 Rn. 36 ff. 。

[84] Denninger, in: AK, Art. 19 Abs. 2 Rn. 10 f. ; Stern, in: ders. , Staatsrecht, Bd. III/2, § 85, S. 865 ff. , 参见 BVerfGE 80, 367 (373) (Tagebuch)。

[85] Herzog, in: FS für Zeidler, 1987, S. 1425; Jarass, in: ders. /Pieroth, Art. 19 Rn. 9.

内涵的妨碍。这里的问题在于，基本权利会因此失去其作为个人对抗国家的防御权的意义。具体情况下，如果个人被剥夺的基本权利其他人仍然拥有，对于受影响人来说并没有帮助。然而，这种观点还是可取的。因为**《德国基本法》第 19 条第 2 款**不是保护个人，而是**确定权限边界的条款**。[86] 只有修宪者在《德国基本法》第 79 条第 3 款范围内能够以一般方式改变一项基本权利。其不受《德国基本法》第 19 条第 2 款的约束。[87] 但是一般法的立法者以及司法和行政则不能妨碍基本权利的本质内涵，从而让一项基本权利事实上落空。

案例写作提示：

正如本质内涵须针对每项基本权利分别确定，本质内涵对何者保留的问题也应对应每项基本权利分别确定。不过，《德国基本法》第 19 条第 2 款在基本权利审查中不是特别重要。除非涉及生命权，两种理论会得出一样的结论，因此争议解决是不必要的。在考试中通常不需要提到本质内涵保障；必要时可在明显的案件中简单指出《德国基本法》第 19 条第 2 款未受违反，不需要详细说明理论。

五、封闭空间内的集会自由（《德国基本法》第 8 条第 1 款）

案例 2：党派集会

被宪法保护机构归为右翼极端的 N 党主席计划在一间私人餐厅的后屋举行一次党派集会。除党员外，新闻媒体和所有其他感兴趣的人也允许进入。主管部门在获悉后援引《德国联邦集会法》第 5 条第 4 项禁止了该活动。作为理由，主管部门准确指出，N 党在上一年的所有集会中都发表了否定纳粹主义迫害犹太人的演说。主席不但没有阻止，而且与其支持者一道通过鼓掌表示其赞同。这一次也有一名演讲者受邀，此人因此类言论知名且有相关犯罪记录。此次集会必须被禁止。N 党主席认为这与他源于《德国基本法》第 8 条的基本权利冲突。是否正确？

《德国联邦集会法》第 5 条第 4 项：只有在个案中且只有当（……）事实

---

[86] Lenz, Vorbehaltlose Freiheitsrechte, 2006, S. 70 f.
[87] BVerfGE 109, 279 (310 f.) (Großer Lauschangriff).

确定，即组织者或其支持者拥护的观点或者容许的言论构成重罪（Verbrechen）或者依职权起诉的轻罪（Vergehen），集会（在封闭空间）的举办才可以被禁止。

提示：根据《德国刑法典》第 130 条第 3 款（煽动民众），否定迫害犹太人是可罚的且须依职权起诉。

案例改编自 BVerwG, DVBl. 1999, 1740 ff. 。

(一) 保护范围和干预

76 关于保护范围和干预，封闭空间内的集会没有特殊性。根据《德国基本法》第 8 条第 1 款，这些也享有集会自由。

(二) 干预的正当化：宪法权利冲突

77 对封闭空间内的集会，《德国联邦集会法》第 5 条及后续条款规定了干预可能性。仅当其被基本权的限制覆盖时，干预方具有正当性。

1. 无保留基本权中宪法权利冲突的限制

78 《德国基本法》第 8 条应当对封闭空间内的集会作出限制。然而，根据明确的条文，《德国基本法》第 8 条第 2 款仅涉及露天集会，因而不能作为限制。类推适用[88]其他基本权的限制，例如，《德国基本法》第 2 条第 1 款 ["限制的借用"（Schrankenleihe）]，也由于缺乏不规范的规则漏洞而无法实现。[89]《德国基本法》第 8 条第 1 款就封闭空间内的集会而言是一项所谓**无保留的基本权利**。[90] 无保留的意思是，一项基本权利没有成文的法律的保留。根据宪法文本这类情形一般不允许干预：无保留意味着无限制。

(1) 宪法权利冲突作为限制的理由

79 然而，联邦宪法法院早已否定了这一文本推定。即使一项基本权利没有显示法律的保留，对其仍然有限制。这些不成文限制源自于宪法一体（Einheit der Verfassung）视角下的对基本法的**体系解释**。《德国基本法》包含一个基本的价值体系，也包含基本权利与其他宪法法益的冲突。例如，

---

[88] 类推的前提条件参见 Butzer/Epping, S. 50 ff. 。

[89] BVerfGE 30, 173 (192) (Mephisto)。

[90] 其他无保留基本权利见《德国基本法》第 4 条第 1 款、第 4 条第 3 款第 1 句、第 5 条第 3 款第 1 句。

若容忍侮辱或采取暴力行为，封闭空间内的集会也会侵犯个人名誉或健康。个人名誉（《德国基本法》第2条第1款连同第1条第1款）和健康（《德国基本法》第2条第2款）作为第三人的基本权利，具有宪法位阶。但是如果两个宪法法益相互对立，例如，集会自由和个人名誉，则产生需要解决的冲突情形。联邦宪法法院和遵从其的主流研究认为，无保留的基本权利在这种情况下可以通过宪法权利冲突进行限定（**通过"宪法权利冲突"的限定**）。不同宪法法益间的相互制约是人类有序共同生存的合乎逻辑的结果，这不仅需要公民相互体谅，也需要以一个有效的国家秩序为前提，这确保了基本权利保护的有效性。[91] 基本权的自由保障来自《德国基本法》中人的形象，即作为独立承担责任、在社会集体中自由发展的人。[92] 因此宪法本身限制了无保留的基本权利（"**宪法内在的限制**"）。根据联邦宪法法院的观点[93]和文献的主流观点[94]，无保留的基本权利也并非无限制。对无保留基本权利的限制是可能的，其受到宪法权利冲突的限制，即**国家的作为义务**。

BVerfGE 28, 243（260 f.）（Dienstpflichtverweigerung）：《德国基本法》第4条第3款第1句条文本身对于将拒绝战时服役权的有效性推迟至法律承认的时间没有留下解释空间。在无保留的表述和与良知自由、人性尊严的实质密切联系中，显示了不可缺少且不受限制的基本权利的重要性和特殊意义，这使与参加武装国防保卫国家存续的义务相比，个人良知的保护具有优先权。因此，该权利的时间限制不能通过与之冲突的规定特定制度或者法律生活中的秩序和组织理念的一般法进行正当化。并不是宪法位阶下的规范和制度体系为宪法规定的解释提供标准，相反，后者提供了法律表达和现象予以修订的基础和框架。考虑到宪法的一体性和其所保护的整体价值秩序，只有第三人的冲突基本权利和其他有宪法位阶的法律价值能够例外地在个别关系中

---

[91] BVerfGE 77, 240（253）（Herrnburger Bericht）；81, 278（292）（Bundesflagge）.

[92] BVerfGE 30, 173（193）（Mephisto）.

[93] BVerfGE 28, 243（260 f.）（Dienstpflichtverweigerung）；30, 173（193）（Mephisto）；67, 213（228）（Anachronistischer Zug）；119, 1（23）（Esra）.

[94] Vgl. Sachs, in: Stern, Staatsrecht, Bd. III/2, §81, S. 550 ff. m. w. N. 讨论和批判参见 Lenz, Vorbehaltlose Freiheitsrechte, 2006。

限定不受限制的基本权利。所出现的冲突只能通过判断哪项宪法规定对于具体待判定的问题具有更高权重来解决。较弱的规范只能被压制到逻辑和体系上要求的程度；其实质的基本价值内涵必须在任何情况下被尊重。

BVerfGE 30, 173（193）（Mephisto）：另一方面，自由权并不是无限制的。《德国基本法》第5条第3款第1句中的自由保障同所有基本权利一样来源于基本法中的人的形象，即人作为在社会集体中自由发展的独立承担责任的人格。**但是无保留基本权利的意义在于，对艺术自由保障的界限只能由宪法本身决定**。因为艺术自由对一般法的立法者没有保留，它既不能通过一般法律体系也不能通过某一不确定的条款相对化，不具备宪法出发点也没有足够的法治保障会威胁到国家共同体的存续所必需的法益。相反，必须按照《德国基本法》的价值秩序并考虑基本价值体系的一体性，通过宪法解释解决艺术自由保障范围内必须考虑的冲突。作为《德国基本法》的价值体系的一部分，艺术自由尤其属于《德国基本法》第1条保障的在整个《德国基本法》价值体系中作为最高价值的人性尊严。

80 联邦宪法法院的这一做法不是完全没有问题。它导致的结果是无保留的自由权与所有其他基本权利一样受到国家限制，尽管这些基本权利的**条文表明与此相反**。从体系角度看也有疑问：基本法的基本权利指向不同的限制体系。除了无保留的基本权利外还有一般法律的保留和加重法律的保留的基本权利。这种针对国家干预基本权自由，从而适用不同程度的控制和限制体系，在引入宪法权利冲突后被忽视了。通过宪法权利冲突为无保留自由权所作限制越宽松，**基本权利限制体系的均衡化（Nivellierung）**就越强。[95] 此外，从基于无保留基本权的意义和目的（目的论）来看，完全禁止国家干预敏感领域，如信仰和表明信仰、科学、艺术，也包括封闭空间内的集会，是完全可以理解的。反之如果允许国家在宪法权利冲突的基础上进行干预，也为无保留基本权利开启了与比例性审查并行的权衡及

---

[95] Böckenförde, Der Staat 42 (2003), 165 (170) 提出批评。

之前所述的问题和随意性。[96] 这潜藏着实质上削弱上述敏感领域基本权利保护的危险。[97] 而且如果宪法权利冲突可以"轻易实现"干预正当化，那么保护范围的扩张对自由保障来说只不过是一种装腔作势。

尽管如此，必须肯认联邦宪法法院的是，无保留基本权利保护范围的通常宽松解释并不能防止产生冲突，这也让国家干预看起来有必要。一个理论上常见的例子是戏剧导演——以他的艺术自由（《德国基本法》第5条第3款第1句）为由，想要用一场真正的谋杀作为他的莎士比亚剧目的高潮。鉴于艺术自由无保留，这真的能被接受吗？如果否定这一问题，只有两种可能性：要么通过宪法权利冲突的限制对无保留基本权利进行限制，要么**更加严格和精确地**界定无保留基本权利的**保护范围**。对于后者来说，关键是在解释保护范围时就要在体系解释的框架下考虑成文的限制。但如果不存在这样的限制，就必须排除使其与其他基本权利发生冲突成为惯例的解释。因此，无保留基本权利保护方式应当如此设定，即框架上有必要的符合本质的保护范围。[98] 根据历史经验、政治信念和法律观点所要求的保障来限定保护范围。[99] 涉及封闭空间内的集会自由，这可能意味着探寻此种自由保障的原因。一个答案可能是不应该允许国家对公民在公共空间以外的集会的方式和内容进行规定，但不禁止国家在发生火灾时通过组织撤离集会场地来保护集会参与者。并且从《德国基本法》第8条第1款，不能得出集会占用他人财产的权利。根据这种解释，《德国基本法》第8条第1款只为集会特有的妨碍提供保护，而不为那些不针对集会本身的妨碍提供保护。这个例子展示了保护范围限定可能性，但也表明保护范围如此细致化有很大难度。出于这个原因，尽管教义学上存疑，判例和文献中普遍认同利用宪法权利冲突。

总的来说，利用**宪法权利冲突**限制无保留基本权利需要非常**谨慎**。即

---

[96] 参见页边码57。
[97] Vgl. Lenz, Vorbehaltlose Freiheitsrechte, 2006, S. 236 ff.
[98] 基础性的 F. Müller, Die Positivität der Grundrechte, 2. Aufl. 1990, S. 98 ff.；同样的 Böckenförde, Der Staat 42（2003），165（174 ff.）。
[99] F. Müller, Die Positivität der Grundrechte, 2. Aufl. 1990, S. 99.

使制宪者可能没有十分明确基本权无保留的意义[100]，也不能使违反条文和体系的行为成为规则。基于宪法权利冲突对无保留基本权的限制应该作为例外。解释和限定保护范围必须非常谨慎。

83 **案例写作提示：**

在现在的考试和多数作业中，没有详细说明和反驳就可以将宪法权利冲突作为限制。审查限制时，应首先确定基本权利的无保留，然后指出无保留基本权利与其他同位阶的宪法义务的冲突是可以想象的，不能只作有利于无保留基本权利的解决。如果个案中存在这种义务，必须具体说明，在个案中找到谨慎的平衡。

（2）适宜限定的宪法

84 尽管可以以宪法权利冲突为由限制无保留基本权，仍不清楚何时出现国家可以或者必须通过干预无保留基本权利解决冲突情形。冲突情形以两个相互矛盾的国家义务为先决条件。这种义务源自无保留基本权利；其要求**不得干预基本权利**。另外，国家负有作为义务，即进行基本权利干预。只有当无保留基本权条文禁止干预，与一项足够**具体的基本权干预义务**对立，才会出现冲突情形。[101]

85 因此，作为宪法权利冲突只考虑包含这种具体作为义务的规范。[102] 这种作为义务可以由**有利于第三人基本权利的国家保护义务**得出。[103] 这种情况国家面临着个人要求不受他人侵犯的境况。其可以主张的是干预防御权。如果保护义务在这种情况下确实要求对妨碍人的基本权利进行实际干预，并且国家不干预会违反禁止保护不足[104]，那么国家必须通过干预妨碍人的无保留基本权来解决冲突。

86 更困难的问题是判断**国家框架原则和国家目标规定**，如社会国要求（《德国基本法》第 2 条第 1 款）或环境动物保护要求（《德国基本法》第

---

[100] 制宪会关于限制问题的讨论参见 Sachs, in: Stern, Staatsrecht, Bd. III/2, §79, S. 268 ff. 。

[101] Vgl. Lenz, Vorbehaltlose Freiheitsrechte, 2006, S. 264 ff.

[102] BVerfGE 52, 283 (298) (Tendenzbetrieb); 59, 231 (262 f.) (Freie Mitarbeiter).

[103] 详见页边码 123 以下。

[104] 参见页边码 127 以下和页边码 16。

20a条）是否包含对基本权干预的具体作为要求。虽然这些规范也包含有利于特定目标和原则的宪法价值判断。但是国家在实现这些目标上还有进一步的构建空间。[105] 国家结构原则和国家目标规定给国家设定了任务，但没有说明如何具体实现该任务。就此而言通常不能从这些规范推断出基本权干预的具体任务。与此相对，联邦宪法法院则将《德国基本法》第20条和20a条作为宪法权利冲突处理。[106] 同样的情形还有第33条第5款，其包含了职业公务员制度的制度性保障和对立法者的规制要求。[107] 在与第9条第3款（结社自由相对于禁止罢工）或者第5条第3款（艺术学术自由相对于公务员节制要求）相冲突时，第33条第5款可以被作为宪法权利冲突。

非常不确定的是，可以多大程度上从**联邦权限规定**（特别是《德国基本法》第70条及后续条款）、单纯授权规范（《德国基本法》第12a条）或组织规则（《德国基本法》第115b条）中得出宪法权利冲突。联邦宪法法院在关于宪法权利冲突的第一个裁判中肯定了这一点[108]，并在之后的一个多数票裁判中进行了重申[109]，但是对这一裁判存在重大异议：权限规范和组织规范仅规定了哪个国家机构对某特定领域负责。权限因此证成管辖权，**而非作为义务**的根据；它们没有说明国家在行使权限时必须做什么。《德国基本法》第33条及后续条款赋予联邦一定的立法权限，但是没有说明联邦可以且必须依权限采取行动或干预基本权利。此外，从联邦权限中得出宪法权利冲突是不合理的。如果一个规范对象属于各州管辖因而基本法中未提及（《德国基本法》第70条第1款），其重要性并不减少。此外，从权限规范和组织规范中推出宪法权利冲突存在着任意性的风险：根据《德国基本法》第74条题1款，不同等重要的事项如公共福利（第7项）、战争墓地（第10项）或铁路（第23项）就可以限制基本权利。无保留的基本权利将失去制宪者有意设立的特殊地位，实际上等同于一般法律的保

---

[105] BVerfGE 18, 257 (273) (Sozialversicherung); 59, 231 (262) (Freie Mitarbeiter).

[106] Vgl. BVerfGE 100, 271 (284) (Lohnabstandsklausel); 103, 293 (307) (Urlaubsanrechnung); 128, 1 (37 ff.) (Gentechnikgesetz).

[107] BVerfG, NJW 2018, 2695 (2697, 2701) (Streikverbot).

[108] BVerfGE 28, 243 (261) (Dienstpflichtverweigerung).

[109] BVerfGE 28, 243 (261) (Dienstpflichtverweigerung).

留。因此多数文献正确地反对将权限规范和组织规范作为宪法权利冲突成为惯例。[110]

BVerfGE 69, 1（59ff.）（Kriegsdienstverweigerung II）［博肯福德（Böckenförde）和马伦霍尔茨（Mahrenholz）法官的不同观点］：我们反对这种宪法理论——教义学主义的做法，原因并不在于它提出了所谓对无保留保障的基本权利内在限定和限制的问题。不过也要注意的是，出于良知拒绝战时服役的基本权利以一个不可克服的限制对抗宪法确定的参加武装国防以保卫国家存续的义务。但是我们认为，像这里出现的，从联邦权限规定（《德国基本法》第73条第1项、第87a条）、单纯授权规范（《德国基本法》第12a条）或组织规则（《德国基本法》第115b条）中推导出这种可能的基本权利的限定和限制，是宪法所不允许的。

①联邦权限规定有划分联邦和各州管辖范围的意义。它们不规定某些职责范围是必要的国家职责，而是规定联邦对哪些管辖领域或单独地或与各州并行地负责。其规范性内涵是，必要时在更多限制条件下，在其指定领域内联邦的国家权力行使是被允许的。还表明这些领域的权力行使没有完全被排除在联邦内部的宪法秩序之外。这些规定提出了可能的国家行为对象，但不构成实体法的行动委托、要求或其他"价值"判断，从而消除或限制宪法规定的国家行为方式或限定。（……）

②如果从这些或此类其他《德国基本法》规定中超越其直接的规范性内容，推出取得基本权内在限制的意义的"宪法基本判断"或"宪法位阶的法律价值"，就是对这些规定作出了不被允许的重新解释。（……）审判庭从基本权保障内容和民主法治宪法结构所得观点产生的影响广泛。

③关于基本权保障，一方面导致可能的基本权限制非常宽泛且不明确。如果《德国基本法》第73条第1项、第87a条给出了限制基本权的法律价值或基本判断，那么以相同的逻辑也可以从大量其他权限

---

[110] Jarass, in: ders./Pieroth, Vorb. vor Art. 1 Rn. 49; Papier, HGR III, § 64 Rn. 30.

规定中推出，如《德国基本法》第73条至第75条和第87条第1款、第87b条、第105条第1款等（……）；另一方面，基本权利包含的宪法对国家权力行使边界规定的有效性被不断改变。若将同位阶的其他受宪法保护的以权限规定、授权规范和组织规则形式的法律价值或基本判断置于基本权保障的对立面，则会使宪法中出现其自身不包含解决标准的紧张关系。（……）基本权利将成为权衡因素，作为基本权利主体的一项利益（……）与其他利益或者因素进行比较。（……）

④如果将被实质上夸大的权限规定或组织规则置于权衡的对立面，那么几乎所有基本权的限制都可以通过宪法解释合法化。

（3）对无保留基本权的法律的保留

干预无保留的基本权利时是否需要法律基础，这个问题尚未得到解答。对于有法律的保留的基本权利来说，这有明确规定（《德国基本法》第8条第2款、第11条第2款）。这种规定当然不适用于无保留基本权利。但是法律的保留也对其适用；这来源于对有法律的保留的基本权利的**当然推论（Erst-recht-Schluss）**[111]：如果有法律的保留的基本权（仅）允许通过立法者限制，那么这必须"当然"适用于更受保护的无保留基本权。对它们的要求无论如何不能低于对其他基本权利的。[112]

88

（4）宪法权利冲突也适用于有加重法律的保留的基本权？

最后不明确的是，当加重法律的保留在个案中不充分时，是否可以对有加重法律的保留的基本权适用宪法权利冲突作为限制。例如，如果《德国基本法》第5条第1款的言论自由不能根据《德国基本法》第5条第2款规定的限制实现正当化，因为没有《德国基本法》第5条第2款所指的一般法而且法律也不是利于条款中所述的青少年和名誉保护[113]，则只能考虑利用宪法权利冲突实现干预正当化。因为如果无保留基本权，即没有任何明确限制的基本权利，可以通过宪法权利冲突限定，则这必须当然适用于受保护程度更低的有加重法律的保留的基本权。否则，比起有加重保留

89

---

[111]"当然推论"参见 Butzer/Epping, S. 53 f.。法律的保留见页边码404。
[112] Vgl. BVerfGE 83, 130（142）（Josephine Mutzenbacher）；108, 282（297）（Kopftuch Ludin）；122, 89（107）（Wissenschaftsfreiheit in der Theologie）；128, 1（41）（Gentechnikgesetz）.
[113] 参见页边码239以下。

的基本权,无保留基本权将会被更加相对化。[114] 联邦宪法法院也采取了这种方法,虽然这缺乏对疑难问题的讨论。[115] 尽管如此,对这个方法存在异议:宪法立法者通过加重法律的保留表明,特定基本权利应当仅由特定的大多是严格限定的条件所限制。反之,如果适用司法实践中普遍存在的宪法权利冲突限制,就会忽略这一宪法意图。通过宪法权利冲突限制基本权利造成基本权保护相对化,这一担心同样适用于加重法律的保留的基本权利。因此,对有加重法律的保留的基本权不适用宪法权利冲突看起来更为合理。[116] 这同样适用于一般法律的保留的基本权;对此由于有全面的可限制性,实践中自然不会出现这个问题。

90 **案例写作提示:**

冲突的作为义务必须准确强调并列举规范。一个笼统的说明,例如,"法治""民主""公平"是不够的。对冲突作为义务例如一项基本权的保护义务,笼统地指明冲突规范也是不够的。个案中存在的冲突更要准确地从事实出发加以说明。此外需要首先准确解释保护范围;例如,根据主流观点,集会自由不保护未经所有者同意在他人房屋内的集会,因而根本不会出现宪法权利冲突的问题。

2. 限制的限制

91 限制的限制是对国家干预基本权提出的进一步要求,无保留基本权则有一些特殊性。[117] 虽然无保留基本权可以通过宪法权利冲突限制,但是限制必须考虑到无保留。因此限制必须在逻辑和体系上保持于必要的范围之内。无论如何必须尊重被限制规范本质上的基本价值内涵。[118] 为实现法益归属,康拉德·黑塞(Konrad Hesse)创造了"**实践调和**"(praktischen Konkordanz)[119]的概念。宪法法益之间的处理应当实现最佳有效性。

---

[114] Jarass, in: ders./Pieroth, Vorb. vor Art. 1 Rn. 50.

[115] BVerfGE 66, 116(136)(Springer/Wallraff); 73, 118(166)(4. Rundfunkentscheidung [Landesrundfunkgesetz Niedersachsen]); 111, 147(157)(Inhaltsbezogenes Versammlungsverbot); 124, 300(327 ff.)(Wunsiedel).

[116] 正确的观点 Krings, Grund und Grenzen grundrechtlicher Schutzansprüche, 2003, S.293 f.。

[117] 参见 Lenz, Vorbehaltlose Freiheitsrechte, 2006, S. 283 ff.。

[118] BVerfGE 28, 243(261)(Dienstpflichtverweigerung)。

[119] Hesse, Rn. 317.

任何基本权保障都不能超出必要限度或完全地剥夺其在社会生活中的有效性。[120] 因此需要**比例审查**("**禁止过度干预**"），考虑被限制基本权的无保留及其中的宪法价值，即原则上不允许干预。此外必须始终明确与有法律的保留的基本权的区别，以及国家限定空间更小。

（1）正当目的

首先在正当目的上具有特殊性。干预的正当目的只能是履行与干预防御权相冲突的具体作为义务。例如，如果公民 A 在报纸上刊登讽刺漫画并以此攻击公民 B 的名誉，国家对 A 的艺术自由的干预必须基于其对 B 的源自《德国基本法》第 2 条第 1 款连同《德国基本法》第 1 条第 1 款的个人名誉的保护义务。[121] 干预的正当目的只有名誉保护。

（2）**适当性和必要性、均衡性**

虽然适当性和必要性的审查没有特殊性，但联邦宪法法院在**均衡性**检验时审查国家的干预是否符合**实践调和**意义上平衡冲突义务的要求。更多标准在宪法裁判中仍不明确。在一个裁判中提到，无保留基本权的限制只允许保持在逻辑和体系必需的范围内。[122] 在其他裁判中，联邦宪法法院要求在相对的、受到宪法同等保护的利益中做出比例性的平衡以达到优化目的。[123] 从裁判中至少可以得出，两个对立的立场必须作如下考虑：既不能对无保留基本权过度干预，也不能过分忽略冲突的作为义务。

尽管如此还是可以明确标准。这种明确体现在具体冲突情形中。通常冲突产生在无保留的干预防御权和国家对第三者基本权的保护义务之间。这涉及三角关系，其中一公民向国家主张其干预防御权（上文提到的公民 A 艺术自由的例子）而另一公民主张保护请求权（例子中公民 B 主张保护其名誉）。干预防御权与国家结构或国家目标规定冲突的案件非常罕见。[124] 对于防御权和保护义务的冲突，均衡性审查首先要考量保护义务是否有要求对无保留自由权的干预。在上述例子中，保护 B 的名誉权确实要

---

[120] Hesse, Rn. 318.
[121] Vgl. BVerfGE 75, 369 (379) (Strauß-Karikatur).
[122] BVerfGE 28, 243 (261) (Dienstpflichtverweigerung).
[123] BVerfGE 77, 240 (253) (Herrnburger Bericht); 81, 278 (292) (Bundesflagge).
[124] 参见页边码 90。

求对 A 的艺术自由进行干预吗？只有这样，两项义务的冲突才确实存在。若国家不作出干预会违反**禁止保护不足**[125]，则保护义务要求对冲突的防御权进行干预。如果不干预 A 的艺术自由，B 的名誉会受到不合理的损害，例子符合这种情况。但同时，国家必须将其行动限定在禁止保护不足所要求的最低保护限度。国家不能禁止艺术家 A 在报刊上发表任何漫画；但可以要求 B 在其作品中不能被识别。**国家不能提供超过禁止保护不足所要求的最低限度的保护**，否则，将缺乏义务冲突从而失去正当理由。所有"更多"保护都不是《德国基本法》所要求的，因此不符合均衡性。[126]

95 但是国家采取的措施亦**不能低于禁止保护不足的要求**。即使基本权受到限制，也不能压制保护义务。因为在确定禁止保护不足的具体要求时，必须相互权衡受保护基本权利所受威胁的性质和程度以及与之冲突的无保留基本权利。[127] 因此，在确定保护义务的范围时就要考虑到所有相互冲突的利益。干预防御权的禁止过度干预和植根于保护义务的禁止保护不足交汇于一个实践调和意义上的谨慎平衡点。利用冲突的第三人基本权正当化干预时，国家**没有构建空间**。[128]

96 从这种**禁止过度干预和禁止保护不足的重叠（完全一致）**进一步得出，三角关系中是否主张无保留的干预防御权或者保护义务不影响结论。若公民主张干预防御权，则所有超出禁止保护不足要求范围的干预都因不符合比例性而不具有正当性。若与之相对，另一公民主张保护请求权，则他会得到与禁止保护不足所要求的和禁止过度干预所允许的同等保护。这也是一个重要的**控制考虑**：一项对无保留基本权的干预只有在下列情形才具备均衡性，即公民对因干预所要求的保护拥有基本权上的和司法可行的请求权。在上述例子中也就是 B 对干预有基本权请求权时，对 A 艺术自由的干预才具有均衡性。如果国家仍不采取干预措施，B 必要时可以通过宪法诉愿主张其不被识别的请求权。

---

[125] 参见页边码 126 以下。
[126] 详见 Lenz, Vorbehaltlose Freiheitsrechte, 2006, S. 291 ff.；Lenz/Leydecker, DÖV 2005, 841 (848 f.)。
[127] 参见页边码 128。
[128] 但是在确定对保护义务的要求起到决定作用的危险时，国家有评估空间。参见页边码 129。

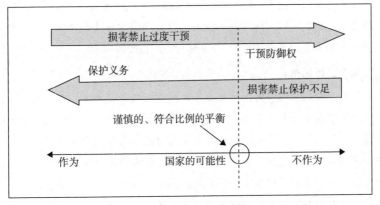

图 2-3 冲突基本权的平衡（禁止过度干预和禁止保护不足的一致性）

这种禁止过度干预和禁止保护不足完全一致的模式仅适用于**无保留基本权**。只有从无保留基本权中推出下列宪法判断，即基本权干预始终不被允许以及国家干预的界限必须尽可能严格限制。[129] 与之相对，有法律的保留的基本权，宪法在条文中规定了限制，因此这里国家在履行保护义务时有更大的构建空间。国家必须至少满足禁止保护不足，即使是超出，也不意味着就立刻损害到受保留基本权的禁止过度干预。对于有法律的保留的基本权来说，禁止保护不足和禁止过度干预不会同时发生。[130]

对于**具体适用**这意味着，首先需要确定与无保留基本权冲突的保护义务的范围，即对此的禁止保护不足。国家对无保留基本权的干预必须保持在其负有考量相冲突利益的义务范围之内。此处前述的控制考虑仍有帮助：只有当法院在要求保护的诉讼中肯定了实施干预的请求权，对无保留基本权的干预才合宪。

如果例外地涉及无保留基本权与**国家结构规定**或**国家目标规定**的冲突，一样处理。这里也要考查相应规定在考虑到相冲突的利益时至少要求采取何种措施。国家做的不能更多，但也不能更少。

---

[129] 否定性观点 Störring, Das Untermaßverbot in der Diskussion, 2006, S. 130, 但其观点并不具说服力，因为没有对无保留自由权的进一步干预的必要性给出理由。
[130] Anders Hain, DVBl. 1993, 982 (983 f.). 但其论点很大程度受到了合理的否定，参见 Krings, Grund und Grenzen grundrechtlicher Schutzpflichten, 2003, S. 299 ff. 。

101 　　相对于专门法院[131]频繁运用宪法权利冲突，前述的体系化进行了明显的**强化**。基本权利的无保留性不能通过没有界限的权衡被相对化，干预必须——也是出于根本性的质疑[132]，保持在严格的界限内。

102 　　**案例写作提示：**
　　通过宪法权利冲突对干预正当性的比例审查是复杂的。在考试和作业中提出的要求也不同。有些出题人满足于概括的论述，另一些则要求详细分析各方利益状况。检测总是应该首先指出寻求实践调和意义的平衡。这种平衡必须同等程度地考虑冲突双方。在接下来的正当目的检测中必须说明冲突的作为义务，明确说明保护义务。适当性和必要性不存在问题。均衡性检测有两种可能性。传统方法是权衡冲突的宪法法益的价值和基本权干预的强度。这在案例写作中通常足够。我们认为更优的方法是首先确定作为义务的具体范围，涉及保护义务借助禁止保护不足，并考虑无保留的自由权，这样可以获得更精确的结果。只有行为义务所必须要求的才满足均衡性。这种方法会使检测的结构性更强，但也可能会带来让阅卷人感到意外的风险。

103 　　**一览：典型的考试问题**
　　人群和集会的区别——共同目的的问题（页边码 31 以下）。
　　集会法对非公开集会的适用（行政法问题）。
　　准备措施（行进路线控制等）（页边码 39）。
　　集会解散或终止后的措施（行政法问题）。
　　集会的和平性（静坐示威、反示威）（页边码 36 以下）。
　　极端主义团体的集会自由（页边码 63 以下）。
　　（仅）因威胁公共秩序禁止集会（页边码 63）。
　　自发集会和紧急集会的登记义务（页边码 66 以下）。

---

[131] 举例参见 OVG Münster, KirchE 36, 230 ff. 和 VG Köln, KirchE 34, 342 ff.。对一场戏剧的禁止以某节日"特殊严肃和安静特质"而被认定合法。

[132] 参见页边码 79 以下。

第三章 生命和身体完整性
(《德国基本法》第2条第2款第1句)

《德国基本法》第2条第2款第1句的文献:
Dreier, Horst, Grenzen des Tötungsverbotes, JZ 2007, 261 ff. u. 317 ff. ; Fink, Udo, Der Schutz menschlichen Lebens im Grundgesetz, Jura 2000, 210 ff. ; Heun, Werner, Embryonenforschung und Verfassung, JZ 2002, 517 ff. ; Kunig, Philip, Grundrechtlicher Schutz des Lebens, Jura 1991, 415 ff. ; Lindner, Josef Franz, Die Würde des Menschen und sein Leben, DÖV 2006, 577 ff. ; Müller-Terpitz, Ralf , Recht auf Leben und körperliche Unversehrtheit, in: HStR VII, § 147; Trapp, Dan Bastian; Impfzwang-Verfassungsrechtliche Grenzen staatlicher Gesundheitsvorsorgemaßnahmen, DVBl. 2015, 11 ff.

关于保护义务的文献:
Klein, Eckart, Grundrechtliche Schutzpflicht des Staates, NJW 1989, 1633 ff. ; Stern, Klaus, Die Schutzpflichtenfunktion der Grundrechte: Eine juristische Entdeckung, DÖV 2010, 241 ff. ; Wahl, Rainer/Masing, Johannes, Schutz durch Eingriff, JZ 1990, 553 ff.

关于放弃基本权利的文献:
Fischinger, Philipp S. , Der Grundrechtsverzicht, JuS 2007, 808 ff. ; Seifert, Jens, Problemkreise des Grundrechtsverzichts, Jura 2005, 99 ff.

案例分析:
Augsberg, Ingo, Grundfälle zu Art. 2 II 1 GG, JuS 2011, 28 ff. und

128 ff.; Brunner, Manuel/Göhlich, Carola, Gut für den Teint, aber schlecht für die Gesundheit, Jura 2015, 87 ff.; Degenhart, Christoph, I, Fall 9 (S. 134 ff.); Höfling, Wolfram, Fall 5 (S. 45 ff.); Krausnick, Daniel, Grundfälle zu Art. 19 I und II GG, JuS 2007, 1088 ff.; Maierhöfer, Christian, Übungsklausur-Öffentliches Recht: Verwaltungskompetenzen im Bundesstaat und grundrechtliche Schutzpflichten, JuS 2004, 598 ff.; Volkmann, Uwe, Fälle 1 (S. 1 ff.), 2 (S. 27 ff.), 3 (S. 62 ff.); v. Weschpfennig, Armin, Referendarexamensklausur-Öffentliches Recht: Grundrechtliche Schutzpflichten - Apokalypse und Schwarze Löcher, JuS 2011, 61 ff.

指导性案例：

BVerfGE 16, 194 ff. (Liquorentnahme); 39, 1 ff. (Schwangerschaftsabbruch I); 46, 160 ff. (Schleyer); 49, 89 ff. (Kalkar I); 53, 30 ff. (Mülheim-Kärlich); 56, 54 ff. (Fluglärm); 77, 170 ff. (Lagerung chemischer Waffen); 88, 203 ff. (Schwangerschaftsabbruch II); 115, 118 ff. (Luftsicherheitsgesetz); 121, 317 ff. (Rauchverbot); 128, 282 ff. (Zwangsbehandlungen im Maßregelvollzug).

一、背景

104　《德国基本法》第 2 条第 2 款第 1 句所保障的生命和身体完整权在德国宪法史上是首创的。无论是 1848 年的《保罗教堂宪法》还是《魏玛帝国宪法》都没有类似的规定。将第 2 条第 2 款第 1 句纳入《德国基本法》之中的背景是出于纳粹犯下的罪行，如"犹太人问题的最后解决办法"、对活人的"医学"实验、强制绝育或者酷刑。

BVerfGE 39, 1 (36 f.) (Schwanggerschaftsabbruch I)：不同于《魏玛帝国宪法》，将生命权这种理所当然的权利明确纳入《德国基本法》中的主要原因是对纳粹政权采取的"消灭无价值生命""最后解决办法"和"清除"等国家措施的回应。与废除死刑的《德国基本法》第 102 条一样，第 2 条第 2 款第 1 句是对人类根本价值的承认，与忽略生命继而对公民生命和死亡无限制滥用的政权观形成强烈对比。

《欧洲人权公约》第 2 条和《欧盟基本人权宪章》第 2 条和第 3 条都包含了类似规定。在文本上,《欧盟基本人权宪章》第 35 条还包含了接受医疗供应和健康预防的权利。

二、保护范围

案例 3：脑脊髓液的提取

一起刑事诉讼中，G 被指控作为公司总经理泄露了经济上并不重要的秘密（《德国有限责任公司法》第 85 条第 1 款）。在审理中，法官下令对被告人的归责能力进行医学检查。法医根据门诊检查怀疑 G 中枢神经系统患有疾病。为了澄清该问题，法医认为有必要对其血液和脑脊髓液进行检查，而这需要使用很长的针管插入其脊柱管或者腰椎部位（腰椎穿刺）或者插入头颅和颈椎间的脖子部位（枕骨穿刺）。宪法诉愿人拒绝了检查，法院则以《德国刑事诉讼法》第 81a 条的规定命令进行。G 提起宪法诉愿，主张脑脊髓液的提取是一项极为痛苦的干预；且不是必要的，因为其归责能力在一年前基于鉴定已经得到肯定。最后，这种残忍的干预很可能使其自身本来就因过度工作不堪重负的心理雪上加霜。州法院则通过裁定认为诉愿不成立。G 认为法院裁定损害了自己的身体完整性，提起宪法诉愿。德国联邦宪法法院会如何对这个合法的诉愿进行裁判？

说明：《德国刑事诉讼法》第 81a 条在 1950 年被立法者添加，立法者所基于的法定权限是 1933 年所赋予的（RGB. I, S. 1000）。

《德国刑事诉讼法》第 81a 条第 1 款：为查清诉讼的重要事实，允许命令检查被告人的身体。为实现该目的，在没有被告人同意时，也允许血液抽样和其他医生根据医学知识进行身体干预，只要无须担心对其健康产生负面影响。

第 2 款：命令权归于法官，在检查结果因迟延而被危及时，检察院也有权命令。

案例原型 BVerfGE 16, 194ff.（Liquorentnahme）。

（一）实体保护范围：生命

《德国基本法》第 2 条第 2 款第 1 句第 1 项保障的是**生命**。德国联邦宪法法院认为，基本法秩序中的生命是人性尊严的关键性基础。[1] 生命基本权保护身体的生存，也就是生物物理的存在。[2] 不受其保护的则是**死亡的权利**。在这方面，积极自由的对面并无消极自由。对个人生命的决断一般被视为一般行为自由（第 2 条第 1 款）。[3] 在这个角度上，重要的是是否存在自杀的权利。具有人性尊严的死亡权受到《德国基本法》第 1 条第 1 款有关人性尊严保障的保护。[4]

106　　人类生命保护的范围很大程度上取决于如何确定**人类生命的开始和结束**。生命的**开始**没有争议，因为第 2 条第 2 款第 1 句的保护范围并不是从出生才保护。准生命（胎儿）也受到基本权利的保护。[5] 受精卵在子宫受孕和着床后的第 14 天后，胎儿就受到第 2 条第 2 款第 1 句的保护。[6] 有争议的是，卵子是否受精就足够了。[7] 这会导致人类身体外的所有人工授精都成为第 2 条第 2 款第 1 句的生命。至于人类生命何时**结束**，同样有争议。广为流传的观点将脑电流消失作为标准。[8] 这种观点认为，人类生命以具备所有身体功能的身体精神完整性为前提条件。当大脑最终完全停止运转时，所有的精神功能，如感觉、思考和决定能力都消失。作为功能整体的身体精神整体结束。立法者亦选择了脑死亡。《德国器官移植法》第 3 条第 2 款第 2 项是如此定义脑死亡的："器官或者组织的取出在下列情形下是不被允许的，即在取出前，器官或者组织捐赠者的大脑、小脑和脑干整体功能根据符合医学知识水平的程序规则，尚没有确认其最终且不可

---

〔1〕 BVerfGE 46, 160 (164) (Schleyer); 49, 24 (53) (Kontaktsperre-Gesetz); 115, 118 (139) (Luftsicherheitsgesetz).
〔2〕 BVerfGE 115, 118 (139) (Luftsicherheitsgesetz).
〔3〕 Schulze-Fielitz, in: Dreier, Art. 2 II Rn. 32; 不同观点 Fink, Hdb. GR IV, §88 Rn. 48。否定基本权保护的自杀见 Starck, in: v. Mangoldt/Klein/Starck, Art. 2 Abs. 2 Rn. 192，由此得出的结论是，国家可以以适当手段阻挡自杀尝试，亦不构成对基本权利的限制。
〔4〕 Hillgruber, in: Epping/Hillgruber, GG, Art. 1 Rn. 20; Hufen, NJW 2001, 849 ff.
〔5〕 BVerfGE 39, 1 (37) (Schwangerschaftsabbruch I); 88, 203 (251 f.) (Schwangerschaftsabbruch II).
〔6〕 BVerfGE 39, 1 (37) (Schwangerschaftsabbruch I); 88, 203 (251) (Schwangerschaftsabbruch II). 堕胎参见页边码 133。
〔7〕 Murswiek, in: Sachs, GG, Art. 2 Rn. 145 ff.; Stern, in: ders., Staatsrecht, Bd. III/1, §70, S. 1061 f.; 出生前生命的发展阶段见 Schulze-Fielitz, in: reier, Art. 2 II Rn. 28。
〔8〕 Starck, in: v. Mangoldt/Klein/Starck, Art. 2 Abs. 2 Rn. 192; Stern, in: ders., Staatsrecht, Bd. III/1, §70, S. 1058.

消除的丧失。"其他观点则认为，当人类所有重要特征都丧失时生命才终结。这既要求脑死亡，还要求其他身体功能的消失，特别是心脏循环系统和心脏死亡。[9] 对这个问题，德国联邦宪法法院目前还没有必须作出裁判的情况。

（二）实体保护范围：身体完整性

身体完整性主要是指生物物理意义上的人类健康。《德国基本法》第2条第2款第1句第2项全面地保护**身体的完整**。哪怕是为了病人健康所采取的手术或者其他治疗性干预都妨碍了身体的完整。身体完整权不仅包括实体上的损害，还包括了**不罹患心理疾病**。人性尊严（第1条第1款）要求扩大其实体保护范围，因为人性尊严同样不限制在身体领域。基本权利条款诞生的历史也支持上述观点，第2条第2款第1句的诞生背景是纳粹对人们造成的心理恐惧和精神折磨。因此，联邦宪法法院也就将人作为"身体、灵魂和精神的统一体"来理解[10]，而区分身体和精神妨碍在医学上是不可能的。

不受身体完整性保护的则是**心理健康权**（das Recht auf psychisches Wohlbefinden）。这里不适用世界卫生组织章程中的法定概念："健康不限于为疾病或者羸弱之消除，而系体格、精神与社会之完全健康状态。"[11] 如果将第2条第2款第1句第2项的保护范围扩展到如此程度，那么会产生一个随处可以适用且丧失轮廓的防御权。因为公民的"心情不舒畅"或者"无精打采"可能会使所有国家行为停摆。该权利的字面意义也不支持如此广泛的保护范围，因为第2条第2款第1句保护的只是**身体完整性**，而不是健康。出于这个原因，有必要要求对个人心理的影响在效果上与身体疼痛有可比性。[12] 刑法和民法在这个问题上的处理相似。根据《德国刑法典》第223条，心理疾病只有在具有严重程度之病况时才能构成可受刑罚的身体损害。只有在这些情形中，受害人才拥有《德国民法典》第

---

［9］ Vgl. Höfling, MedR 2013, 407 ff. ; ders. , ZME 2012, 163 ff.
［10］ BVerfGE 56, 54 (75) (Fluglärm).
［11］ BGBl. 1974 II, 43 ff.
［12］ Schütz, JuS 1996, 498 (502)；对这个问题没有回答 BVerfGE 56, 54 (74) (Fluglärm)；根据联邦行政法院 BVerwG, NJW 1995, 2648 (2649) 中的观点，第2条第2款第1句保护的是"公民各个角度的生理舒适"。

823 条规定的民事损害赔偿请求权。

(三) 主体保护范围

109 第 2 条第 2 款第 1 句基本权的主体是活着的人,不取决于其年龄、健康状态和其意识。已经死亡之人不受该权利的保护。其只受到从人性尊严中延伸出的死后人格权保护。[13]

三、干预

(一) 对第 2 条第 2 款第 1 句的干预

110 根据经典和扩展的干预概念[14],国家行为可以构成对第 2 条第 2 款第 1 句保护范围的干预。国家措施对生命的具体威胁也构成对第 2 条第 2 款第 1 句的干预。[15] 特别是将个人引渡或者遣送到其可能被判处死刑的国家,营救射杀(人质绑架中的警察射杀)和国家权力主体过失杀害即构成对生命权的干预。就像在保护范围中所言及的,身体完整性受损即构成对身体完整权的干预。身体损害以及具有疾病程度的心理妨碍也是这种情形。不必要但充分构成干预的是产生或者感受到疼痛。[16] 对身体完整性基本权的干预并不要求以损害为目标。[17] 因此,治疗行为也可以构成干预。单纯的琐事和不方便不构成对第 2 条第 2 款第 1 句的干预。联邦宪法法院和联邦行政法院多次认为轻微(可忍受)的妨碍不构成干预,如测量脑电流[18]或者剪头发(国防部强制剪发)。[19] 学者们对这种观点表示批评:强度和可忍受问题是比例性和宪法正当性问题。[20]

---

[13] 参见页边码 600。

[14] 参见页边码 392 以下。

[15] BVerfGE 51, 324 (346) (Verhandlungsfähigkeit); 66, 39 (58) (Nachrüstung); BVerfG, NJW 2004, 49 f. 中,尽管严重危害健康仍然强制拍卖住宅; Augsberg, JuS 2011, 28 (32); Schulze-Fielitz, in: Dreier, Art. 2 II Rn. 43 u. 46。

[16] Augsberg, JuS 2011, 128 (131).

[17] BVerfGE 128, 282 (300) (Zwangsbehandlung im Maßregelvollzug).

[18] BVerfGE 17, 108 (115) (Hirnkammerluftfüllung).

[19] BVerwGE 125, 85 (88); BVerwG 1 WRB 2.12 und 1 WRB 3. 12-Beschluss vom 17. Dezember 2013; a. A. BVerfGE 47, 239 (248 f.) (Zwangsweiser Haarschnitt).

[20] Schulze-Fielitz, in: Dreier, Art. 2 II Rn. 49 f.; Murswiek, in: Sachs, GG, Art. 2 Rn. 163.

(二) 通过同意放弃基本权

对于权利所有人来说,其可以放弃自身权利来实现私法自治("**作为基本权行使的基本权放弃**"[21])。例如,住宅所有权人可以同意警察对其住宅的搜查,即使不存在根据第 13 条第 2 款法官必要的搜查令。有效的同意排除了干预;与刑法相同,基本权放弃不构成正当化。[22] 不过,基本权放弃并不是在任何情形下都被允许。基本权虽然是为了保障个人自由不受国家干预,但是第 5 条第 1 款和第 8 条第 1 款的基本权也发挥着民主意思形成过程中的职能。相应的,要区分基本权利放弃的合法性,即各项基本权利有何种功能。基本权利如果是为了保障主体的发展自由,那么可以推断其具有放弃可能性;但不能放弃人性尊严(第 1 条第 1 款)。[23] 如果国家意志形成受到影响,则表明这种放弃不应被允许。

作为排除基本权干预的有效基本权放弃要求,权利主体是**自愿的**,也就是说没有压力或者欺骗。另外,要看限制的严重程度和持续时间,放弃人的困境和自由撤回性或者对放弃的未来拘束。[24] 放弃必须是充分具体的,这样同意人能够知道自身行为的后果。从个别基本权的字面上就能看出可否放弃。第 6 条第 3 款和第 16 条第 1 款明确使用了"违背受影响人意志的行为"。同时,第 6 条第 2 款课予父母抚养孩子的义务,第 9 条第 3 款第 2 句则禁止所有限制结社自由的约定。

个人不能放弃生命,因为这与人性尊严有紧密联系,而且是一个不可扭转的决定。即使受影响人同意国家杀害自身,也构成对第 2 条第 2 款第 1 句的干预。对此适用**绝对生命保护**。而对**身体完整性**的妨碍则可以被同意。

111

112

113

BVerfGE 128, 282 (300 f.) (Zwangsbehandlung im Maßregelvollzug):
受影响人对所拒绝的手术没有生理抵抗并不意味着不构成干预。放弃特定形式的抵抗并不能直接视为同意。从形式上看,触及身体完整权的一个医学手术,如果被关押人基于**医生澄清**作出自由同意,那么就

---

[21] Geiger, NVwZ 1989, 35 (36 f.).

[22] Di Fabio, in: Maunz/Dürig, Art. 2 Abs. 2 Rn. 69; Schulze-Fielitz, in: Dreier, Art. 2 Rn. 55 f. 认为同意是对干预的正当化。

[23] 参见页边码 616。

[24] BVerfGE 128, 282 (321) (Zwangsbehandlung im Maßregelvollzug); 129, 269 (280) (Medizinische Zwangsbehandlung); 133, 112 (134 f.) (Maßregelvollzug Sachsen).

不构成对该基本权利的干预。前提条件是，被关押人具**有同意能力**且**没有被置于不合法的压力之中**，特别是受影响人有意不接受治疗或者因其拒绝陷入本不应该的境地之中，如拒绝治疗时被告知不利后果。

四、干预的正当化

（一）限制

114　第 2 条第 2 款第 1 句被置于法律的保留之中。根据第 3 句，只能基于法律才能对生命权和身体完整权进行干预。

（二）限制的限制

115　作为限制的限制首先是《德国基本法》第 104 条的特殊规范。[25] 根据该规定，对犯人身体或者精神的虐待是不能正当化的。**酷刑**同样也不能。[26] 第 102 条则废除了**死刑**。一般法上的再引入则是违法的。有疑问的是，第 102 条是否适用于引渡，即在请求引渡的国家面临死刑威胁。[27] 从 1982 年开始，《德国国际刑事合作法》第 8 条否定了此类引渡。

116　对第 2 条第 2 款第 1 句的任何干预都必须**合乎比例**。在权衡时要注意，对第 2 条第 2 款第 1 句法益的干预可能导致不可修复的损害。生命和身体完整基本权与第 1 条第 1 款人性尊严保障[28]有密切的关联。和所有其他基本权利一样，第 1 条第 1 款限制了可能的干预，发挥着限制的限制作用。[29] 因此要特别注意的是，对第 2 条第 2 款第 1 句的干预并不损害人性尊严。而将生命与生命之间进行权衡则从一开始就不被允许。人类生命是同等的，均具有最高价值。[30]

117　联邦宪法法院在"**航空安全法案**"中确认了对生命权所包含的人性尊严内涵的损害，而该裁判触及法律理解的限度。《德国航空安全法》中原来规定，可以击落一个类似于美国 2001 年 9 月 11 日的恐怖袭击那样作为

---

[25] 参见页边码 723 以下。
[26] 酷刑禁止和文献中的消解化趋势见页边码 725；《欧洲人权公约》第 3 条中的绝对酷刑禁止见 EGMR, NStZ 2008, 699（700）。
[27] Vgl. Epping, in: ders./Hillruber, GG, Art. 102 Rn. 7 ff.
[28] 参见页边码 589 以下。
[29] BVerfGE 115, 118（152）（Luftsicherheitsgesetz）较为清晰。
[30] Vgl. Lindner, DÖV 2006, 577（586）.

武器使用的飞机,尽管飞机上载有没有参与恐怖袭击的人。联邦宪法法院认为,即使为了拯救其他人的生命,这种对无辜人的针对性杀害也不应当被允许。无论是救人还是飞机乘客,从各个角度看都有可能成为武器的组成部分,都不能正当化对无辜人的故意杀害。[31] 只有犯罪分子自己受影响时,才能够进行有针对性的杀害。[32] 由于攻击结果归责于其自身,这也符合其主体地位。该裁判正确地强调了生命和人性尊严的特殊意义。有疑问的则是实际效果,也就是说如果与 2001 年 9 月 11 日恐怖袭击类似的事件再次发生的话,根据宪法的判断国家只能毫无措施地观望。至于将人性尊严保障解释成禁止任何杀害无辜,即使其——非自愿的——成为飞机武器的一部分,这个结论是否是必须的,则令人质疑。[33] 因为飞机乘客已经被犯罪分子作为客体来使用。国家只是对已经发生的情况作出应对,采用了唯一可以采取的手段。

宪法法院的裁判所产生的前后不一致之处在于,联邦宪法法院清楚地意识到在紧急情况下会签发射击命令。这个射击命令被联邦宪法法院置于国家以合宪方式规定的领域之外。[34] 这种出路从法律角度上看是站不住脚的。《德国基本法》要求全面地规制国家生活。根据《德国基本法》第 20 条第 3 款字面意思,特别是因纳粹时期的教训所建立起的目标指向,《德国基本法》并没有预设法律之外的国家行为。这尤其适用于人类生活和人性尊严的核心问题。如果说"航空安全法案"中对人性尊严意义的强调值得赞扬,那么有疑问的是,从中必然得出的国家权力在空袭时袖手旁观法律结果是否经得起考验。当然,我们也希望这个问题永远无须回答。

118

对于特别严重的干预(尤其是对生命权),根据重要性理论[35],需要

119

---

[31] BVerfGE 115, 118 (157 ff.) (Luftsicherheitsgesetz).

[32] BVerfGE 115, 118 (160 ff.) (Luftsicherheitsgesetz).

[33] Vgl. Schenke, NJW 2006, 736 (738); Epping, in: ders./Hillgruber, Art. 87a Rn. 21 ff. und Art. 35 Rn. 20, 25.

[34] BVerfGE 115, 118 (157) (Luftsicherheitsgesetz) 中对刑法的提及。Lindner, DÖV 2006, 577 (587 f.) 亦认为是"法律判断的自由空间"。

[35] 参见页边码 405。

议会法律来作出。[36] 对身体完整性的不重要妨碍，实质法律即可。

1. 警察的致命射击

警察在人质绑架中的致命射击［**有针对性的救援射击**（finaler Rettungsschuss）］存在着特殊性问题。根据第 2 条第 2 款第 3 句的字面意思，可以对人的生命进行干预。从生命权保护上看，这种干预在逻辑上意味着受影响人的死亡。如果人质生命当前存在危险，且无法以其他方式消除，那么就允许警方致命射击。[37] 为此，有必要存在一个充分确定的法律基础，根据重要性理论，只能是议会法律。无论如何，只有警察概括性条款是不够的。[38]

2. 恢复死刑

长久以来有争议的是，可否重新引入死刑。赞成的理由是，第 2 条第 2 款第 3 句并没有阻止对生命权的干预。第 102 条也没被第 79 条第 3 款永久保障包括在内，因此可以理解为只需修改宪法和删除第 102 条，之后就可以重新引入死刑。[39] 这种观点被（几乎）一致反对。死刑的实施将人类沦为国家行为的物体，有损其人性尊严（第 1 条第 1 款）。恢复死刑与法治基本原则（第 20 条第 3 款）也不一致。个人会被置于错误判决的不可避免的危险之中，且事后无法进行更改。[40] 因此第 102 条废除死刑的明确规定对于修宪者来说是不能随意处置的。[41]

五、国家保护义务和保护权

案例 4：无线电波

E 是一个单户住宅的所有权人，他和夫人共同居住，不久前，在遵守公法规定特别是建设和污染保护法的前提下，无线电波运营商 M 于相邻土

---

[36] BVerfGE 115, 118 (139) (Luftsicherheitsgesetz).

[37] Di Fabio, in: Manz/Dürig, Art. 2 Abs. 2 Rn. 37; Schulze - Fielitz, in: Dreier, Art. 2 II Rn. 62. 参见 BVerfGE 115, 118 (161) (Luftsicherheitsgesetz)。

[38] Vgl. Kutscha, NVwZ 2004, 801 (803).

[39] Kersten, in: Maunz/Dürig, Art. 102 Fn. 1 zu Rn. 33.

[40] 否定性的观点 BGHSt 41, 317 (325); Schulze-Fielitz, in: Dreier, Art. 2 II Rn. 60; Epping, in: ders./Hillgruber, Art. 102 Rn. 4 ff.; 后者还对国际法问题作出论述。

[41] Kersten, in: Maunz/Dürig, Art. 102 Rn. 33.; Germelmann, in: BK, Art. 102, Rn. 180.

地上建立了一个带有天线杆的基地收发机站。

E 认为该基地收发机站给自己带来了危害。自该设施建立以来，他内心不安，睡眠变差，经常感到疲惫，注意力下降。不过他的夫人状态良好，医生检查也一无所获。这更加让 E 认为该设施是其痛苦的来源。他认为，纠正办法只能是大幅度减少设施的发射功率，以低于法定额度。在与 M 的谈判无果后，E 最后要求行政机关根据《德国联邦污染防治法》第 24 条的规定，通过命令让运营商将允许的污染量降低到法定界限值之下。行政机关指明法律基础后拒绝此行为。行政机关认为，立法者在《德国联邦污染防治法第二十六执行条例》中考虑到现有的科学知识水平，从而对健康保护作出了充分的规定。附件中所包含的界限值是在科学讨论之后确定的。科学界的多数一直认为其具有现实意义。现行适用的界限值没有被设施超越。行政机关还质疑设施是否真的是 E 的问题来源。该设施长期被引入使用，在其他地方就没有出现问题。

面对行政机关的拒绝态度，E 在行政法院提起诉讼，认为行政机关"没有履行职责"。行政机关和法院必须对现有辐射保护值的充分性进行专家鉴定，而不是简单地用现有法律来论证。但其诉讼请求没有获得支持，法院在裁判上认同行政机关的理由，也没有对现有界限值进行专家鉴定。E 在联邦宪法法院提起符合形式和期限的宪法诉愿。该宪法诉愿可能获胜吗？

《德国联邦污染防治法》第 24 条：为了执行基于本法所颁布的条例，主管行政机关可以在个案中发布必要的命令。

写作提示：无须审查《德国基本法》第 14 条。

案例原型 BVerfG, NJW 2002, 1638 ff.；民法方面参见 BGH, NJW 2004, 1317ff.。

（一）国家保护义务的理由

传统上，基本权是针对国家的干预禁止，所追求的目标是让个人免受国家行为不正当的自由限制。为了**有效保障个人自由**，基本权的防御权功能是不够的。因为个人自由的威胁不仅是国家造成的，还可能来自他人或者自然。生命不仅受到国家的影响，谋杀犯或者自然灾害也会威胁到生命，个人很难有效防御，而且国家还通过暴力使用的禁止和暴力垄断剥夺了个人有效防御和实现自身权利的可能性。如果国家不采取措施保障个人的权利,这些权利就可能陷入危险之中。联邦宪法法院认为,基本权利形成一个**"客观价值秩序"**,因此也要求国家在所有生活领域内切实实现这种价值秩序,这是**国家保护义务的教义学基础**。[42] 从国家暴力垄断中可以推导出为了个人利益在个案中使用暴力的国家义务。[43] 此外,第 1 条第 1 款明确地课以国家权力保护**人性尊严**的义务,这表明《德国基本法》对保护义务并不陌生。因此,国家保护义务的原因也蕴藏在第 1 条第 1 款中。[44] 其内容和范围通过其他基本权进一步确定。[45] 为了给个人提供有效的基本权利保护,保护义务要求国家必须顾及不是从国家产生的危险。[46] 这也适用于受影响人自身所产生的危险,使得特定情形下产生宪法上的"自身保护"(Schutz vor sich selbst)[47]。国家不仅是基本权的对立者,还是基本权的保障者。

124 如果说国家保护义务在今天没有争议,那么不清晰的是,**危险程度**达到何种等级时才会激活保护义务。文献中部分观点认为存在概括性的预防义务以避免未知和非独立可解决的风险[48],或者完全拒绝激活保护义务的危险。[49] 正确的观点认为,危险程度取决于**两方面因素**:一方面,面对第三人行为或者自然事件必须赋予国家保护,如果这些由国家产生,则能够判断为基本权干预,如果没有**干预相当的妨碍**,则不存在保护义务;另一方面,由于保护义务是为了防止基本权干预,发挥预防作用,对干预相当妨碍的**出现可能性**也设置了要求。如果国家必须将尚未发生或者预测的基本权干预都置于审查之下,那么将会对其构成过重负担。因此,就像警察

---

[42] BVerfGE 39, 1 (41) (Schwangerschaftsabbruch I); 49, 89 (141 f.) (Kalkar I); 92, 26 (46) (Zweitregister).

[43] Klein, NJW 1989, 1633 (1636).

[44] BVerfGE 39, 1 (41) (Schwangerschaftsabbruch I); 57, 250 (285) (V-Mann); 88, 203 (251) (Schwangerschaftsabbruch II).

[45] BVerfGE 88, 203 (251) (Schwangerschaftsabbruch II).

[46] BVerfGE 35, 79 (113) (Hochschul-Urteil); 39, 1 (42) (Schwangerschaftsabbruch I).

[47] BVerfGE 142, 331 (337) (Pflicht zur Zwangsbehandlung; BVerfG, NJW 2018, 2619 (2622) (Fixierung).

[48] Dietlein, Die Lehre von den grundrechtlichen Schutzpflichten, 1992, S. 112 ff.

[49] Unruh, Zur Dogmatik der grundrechtlichen Schutzpflichten, 1996, S. 76 ff.

法[50]那样，必须对损害发生的充分可能性作出要求。至于可能性是否"充分"，要从可能妨碍的方式和范围以及可能性程度上进行判断。

案例写作提示：

案例写作时应当对保护义务的教义学基础进行简短论述，因为保护义务只有在少数例外情形中才可直接从宪法文本中直接推导出来。家庭作业中则期待进行详细论述，构成此部分的核心点。

（二）保护义务的履行和宪法法院的审查标准

保护义务维度要求国家保护和促进个人基本权利，但是这并没有说明**国家行为义务的方式和范围**，也就是说"如何"履行。在这层关系上，基本权利将国家置于进退两难的地位：对于一个公民来说威胁到其自由的行为，对于另外一个公民则意味着个人自由的释放。一个公民的自由对于其他公民来说是自由的限制，这使保护义务和干预防御权之间产生冲突。此时国家扮演着"裁判"的角色，必须对不同的基本权利地位划定界线。这些认知众所周知，在"宪法权利冲突"的干预正当化中发挥着作用。[51]与保护义务相关的问题是，国家在什么时候有权或者有义务采取措施甚至干预基本权利，以有利于一个公民而给另外一个公民造成负担。这个问题不同于干预防御权。干预防御权要求国家采取明确的行为，也就是放弃干预，在允许干预时使用限制和限制的限制（特别是比例原则）来设定相对清晰的标准。与此不同的则是从基本权利中无法回答行为义务的问题。**保护义务原则上是不确定的**[52]，以至于行为义务的标准必须从基本权判断中发展出来。

困难之处还在于**标准的形成**，因为保护区别于干预防御，需要考虑到不同的行为方式。联邦宪法法院正确地将其描述为"高度复杂的问题，积极的国家保护和行为义务只有从基本权利体现的基础决定中通过宪法解释的方式推导出来，通过积极的立法措施来实现。根据现实关系、具体目标

---

[50] 警察法上的危险概念 Schenke, Polizei- und Ordnungsrecht, 9. Aufl. 2016, Rn. 69 ff.。
[51] 参见页边码 77 以下。
[52] BVerfG, NJW 2017, 53 (55) (Pflicht zur Zwangsbehandlung)。

设定及其优先次序、可能手段和方式的适当性,不同的方案是可能的"[53]。从基本权利的沉默到保护义务标准和行为可能的多样性,联邦宪法法院得出的结论是,按照**权力分立**和民主原则,手段选择的决定应当由人民直接授权的立法者作出。适用一般法手段履行保护义务,联邦宪法法院只能进行有限的司法审查。[54] 相应的,联邦宪法法院承认国家在履行保护义务的时候有**宽广的评价、判断和构建空间**,其范围取决于实体领域的特征、充分判断的可能性和法益的意义。[55] 相应的,国家没有义务提供尽善尽美的最大程度保护,而只能是合适和有效的最小程度保护。[56] 只有在下列情形中才构成保护义务的损害,即国家行为根本地落后于《德国基本法》的要求,国家明显没有履行义务。根据联邦宪法法院的观点,**明显没有履行义务**是指"当公权力根本没有作出保护性规定或者所作出的规定和措施完全不适合或者不足以达到所要求的保护目标甚至明显落后"[57]。国家行为的界限是**禁止保护不足**。[58]

至于国家按照禁止保护不足的标准所采取的行为,联邦宪法法院通过**判断性观察**(wertende Betrachtung)来确定。起到决定性作用的是:

(1)基本权妨碍或者威胁的**方式和程度**,根据联邦宪法法院的判例也要考虑到受影响基本权利的价值。[59]

(2)损害发生的**可能性**(临近),基本权威胁程度的上升(如核能源)对可能性的要求就降低。[60]

---

[53] BVerfGE 56, 54 (81) (Fluglärm).

[54] BVerfGE 46, 160 (164) (Schleyer); 56, 54 (81) (Fluglärm); 77, 170 (215) (Lagerung chemischer Waffen); 92, 26 (46) (Zweitregister).

[55] BVerfGE 77, 170 (215) (Lagerung chemischer Waffen); 115, 118 (159 f.) (Luftsicherheitsgesetz); BVerfGK 10, 208 (211).

[56] BVerfGE 88, 203 (254) (Schwangerschaftsabbruch II).

[57] BVerfGE 77, 170 (215) (Lagerung chemischer Waffen); 92, 26 (46) (Zweitregister); BVerfG, NJW 2017, 53 (55) (Pflicht zur Zwangsbehandlung).

[58] BVerfGE 88, 203 (254) (Schwangerschaftsabbruch II). 禁止保护不足的更多论述 Dietlein, ZG 1995, 131 ff. 认为适用比例原则见 Cremer, DÖV 2008, 102 ff.; Störring, Das Untermaßverbot in der Diskussion, 2009, S. 199 ff.

[59] BVerfGE 46, 160 (164) (Schleyer). 这个问题的一般性论述 Stern, DÖV 2010, 241 (247).

[60] BVerfGE 49, 89 (142) (Kalkar I); 53, 30 (57) (Mülheim-Kärlich); BVerfGK 17, 57 (61 ff.).

(3) **现有规定**的存在[61]、方式和效力以及**对立的法益**，特别是第三人基本权或者其他国家义务。[62]

禁止保护不足的确定需要对**不同方面进行综合观察**来确定，描绘出国家最低程度的保护范围。在这方面，国家的保护义务是完全可以接受司法审查的。只有当国家履行了禁止保护不足的要求，才会存在着构建空间。不过在确定禁止保护不足时，需要纳入判断和预测性的角度。无论是受到威胁的基本权妨碍程度还是损害发生可能性，二者构成危险，都需要进行预测。因此，履行保护义务的国家机关有**评价特权**（Einschätzungsprärogative）。[63] 法院在审查时必须接受这种预测，只要其没有明显错误和不合理。在禁止保护不足界限之上，国家行为原则上是自由的。其可以在轻微危险或者存在与之相对立的重要利益时决定不采取措施；或者在基本权利受到妨碍时采取补偿措施来均衡。但妨碍也可能如此严重，以至于国家必须通过干预他人基本权利来赋予保护，甚至采取具体性的保护措施，只有通过该措施才能防止严重的危险。[64] 特别是如果没有国家的干预就很可能会对人性尊严（第 1 条第 1 款）造成损害的情况下。国家此时负有行为的义务。[65] 例如，联邦行政法院根据人性尊严认定下列情形中国家负有具体的保护义务，即严重且不可治愈的病人因疾病处于极端紧急的情形之中，病人没有任何出路。这种情形下，国家有义务允许受影响人取得麻醉剂用于自杀。[66] 这也同样适用于疾病造成的生命危险。在此种危难情形中要求国家为生命履行保护义务，即当不存在公认的疗法且该疗法能够被证明可能治愈或者有积极影响，那么法定医疗保险就必须承担这种尚未被肯认的疗法的费用。[67] 如果一个人罹患重症，不具有判断能力且拒绝治疗，那么国家必要

---

[61] BVerfGE 49, 89 (142) (Kalkar I).
[62] BVerfGE 88, 203 (254) (Schwangerschaftsabbruch II).
[63] BVerfGE 49, 89 (131) (Kalkar I).
[64] BVerfGE 77, 170 (215) (Lagerung chemischer Waffen); 115, 25 (45) (Behandlungsmethoden in der Krankenversicherung).
[65] Vgl. BVerfGE 27, 344 (351) (Ehescheidungsakten); 34, 228 (245) (Tonband).
[66] BVerwGE 158, 142 (154 ff.).
[67] BVerfGE 115, 25 (49 f.) (Gesetzliche Krankenversicherung); BVerfG, NJW 2016, 1505 (1506 f.) (Medizinprodukte).

时必须采取措施进行强制医学治疗。[68] 一个重要的**界限**是：国家行使保护义务时不能**损害他人尊严**。[69]

BVerfGE 115, 118（159 f.）（Luftsicherheitsgesetz）：国家和其机关在履行自身保护义务时具有**宽阔的评价、判断和构建领域**。与作为主观防御权的基本权不同，从基本权客观内涵所产生的国家保护义务原则上是不确定的。国家机关如何实现这些保护义务，原则上由其自身来决定。这也适用于生命保护义务。考虑到极端情形中的保护法益，如果通过其他方式没办法实现有效的生命保护，那么实现保护义务的手段选择可能性可能被限制在特定手段的选择上。这种选择只能是合乎宪法的手段。

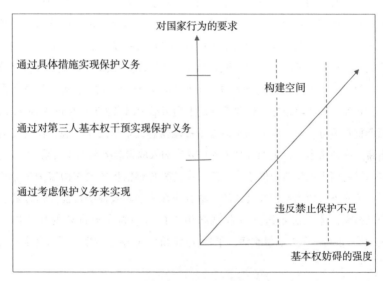

图3-1 国家义务：禁止保护不足

130

131 国家履行其保护义务时很可能会**干预第三人的基本权利**。严格限制有害物质的排放来保护健康妨碍的是运营放射性设施企业的职业自由。因此，

---

[68] BVerfG, NJW 2017, 53（55）（Pflicht zur Zwangsbehandlung）.
[69] BVerfGE 115, 118（160）（Luftsicherheitsgesetz）. 更多理由，见 Lenz, Vorbehaltlose Freiheitsrechte, 2006, S. 296 ff.; v. Bernstorff, Der Staat 47（2008）, 21 ff. 。

需要对具体保护目标的意义与对第三人基本权利干预强度进行**权衡**。[70] 在这种权衡范围内，国家受约束于上述的预测特权所得来的知识。国家如果得出的结论是特定的有害物质排放——如汽车产生的——只是构成轻微危险，必须予以容忍；对于其他来源产生的相同有害物质排放，国家也就不能予以完全禁止。如果相同的危险在同一规定中有不同的分量，那么危险预测不具有说服力，会导致基本权利干预的违宪。[71] 这就要求国家有**连贯的保护方案**（stimmiges Schutzkonzept）。

（三）个案

实践中，联邦宪法法院在很多不同情形中认定国家保护义务。这种保护义务的发展在以下四个领域取得了重要意义：

（1）两个裁判中，联邦宪法法院面对的问题是，**堕胎**是否合法以及在什么条件下合法。[72] 堕胎会使尚未出生的婴儿被毁灭。另一面则是第2条第1款结合第1条第1款的关于母亲的人格权。相对基本权的冲突，立法者必须通过"实践调和"来解决。在权衡的时候要注意，对于尚未出生的生命适用国家保护义务，而母亲的人格权则有基本权的防御功能。为了能够公正地行使保护义务，国家有多样的可能性，有广泛的空间。因此联邦宪法法院认为，立法者在《德国刑法典》第218条以下规定中（特别是咨询义务）所选择的道路既没有损害孩子的生命权，也没有损害母亲的自我决定权。

> BVerfGE 88, 203（254 ff.）（Schwangerschaftsabbruch II）：生命保护并不意味着其毫无例外地优先于任何其他法益；这在第2条第2款第3句中有所体现。此外，如果没有作出任何保护性规定，那么保护义务就没有实现。其范围的确定需要：一方面，考虑到所要保护法益（此处为未出生生命的权利）的意义和保护的必要性；另一方面，则是与其相冲突的法益。与未出生生命权相触及的法益是——怀孕妇女请求尊重和保护其人性尊严（第1条第1款）所衍生的权利——主要

132

133

---

[70] BVerfGE 121, 317（356 f.）（Rauchverbot）.
[71] BVerfGE 107, 186（197）（Impfstoffversand）；121, 317（362 f.）（Rauchverbot）.
[72] BVerfGE 39, 1 ff.（Schwangerschaftsabbruch I）；88, 203 ff.（Schwangerschaftsabbruch II）.

是其生命和身体完整权（第2条第2款以及人格权（第2条第1款）。

决定个案中保护的方式和范围是立法者的职责。宪法将保护作为目标，而没有对个案给出构建。不过立法者必须遵守禁止保护不足；接受宪法法院的审查。考虑到相对立的法益，必须提供适当的保护；重要的是，立法者提供有效的保护。立法者所作规定必须是适当和有效的保护，而且要基于准确的事实调查和正当的推测。**法律秩序对保护的构建必须符合最低要求，才不会损害禁止保护不足**。综上所述，为了满足自身对未出生生命的保护义务，国家必须从规范和事实层面采取充分的措施，以达到在考虑相对立法益的情况下实现适当和有效的保护，而且还需要发展出预防和抑制性的保护方案。这种保护方案的制定和规范转化是立法者的职责。根据现有的宪法要求，立法者并不能自由地允许超出宪法不可置疑的例外构成要件外的堕胎。但是立法者可以按照详细标准来决定如何使禁止堕胎原则在法律秩序的不同领域中得到实现。因此，**保护方案必须如此构建，使得其能够提供所要求的保护，而不是让堕胎变成——暂时性的——法律准许或者类似效果**。立法者选择和构建保护方案时必须以合乎宪法的推测为基础，对未出生生命的保护要符合禁止保护不足。国家决定的基础，如对现实发展的预测，特别是规定的效果必须是可靠的；联邦宪法法院审查其按照下述标准是否合理。

134　（2）对于保护义务发展起到核心意义的则是联邦宪法法院在**环境和科技法**中的裁判。[73] 立法者经常要面临那些不能完全判断可能发生的危险，如核能源。在其他情形中甚至不能判断是否真的存在着危险（如基因科技、化学和粒子加速）。在这些情形当中，法律必须找到与之相应的处理方式，与此同时维护潜在受影响的公民的权利。基于这些不确定性，联邦宪法法院发展出了**通过组织和程序的基本权保护**。联邦宪法法院在其关于有争议性的穆海姆-凯尔李希核反应堆审批的裁判中，从根本上处理了该问题。联邦宪法法院在该裁判中从第2条第2款第1句中推导出了生命和

---

[73] BVerfGE 49, 89 ff. (Kalkar I); 53, 30 ff. (Mülheim-Kärlich); 77, 381 ff. (Gorleben)。

身体完整性的保护义务，基本权利不仅对实体，还对程序法规定产生影响。[74] 特别是在不能避免不确定性时，程序的构建也就更为重要。基本权的保护通过程序得到保障，来减少风险。例如，规定关于风险的新知识应当总是得到关注。[75] 这也说明，只有事先对可能的基本权干预做好规定，关注到受影响人的权利和利益，减少干预，这个时候才能提供有效的权利保障。宪法的保护义务要求对于那些从科学角度上来看不能排除权利损害的领域，国家应当用尽全力尽早进行风险识别，使用必要的手段来应对可能的危险。[76]《德国联邦行政程序法》第72条规划确定程序中所规定的听证和参与权，是宪法所要求的。[77] 受影响人拥有表达自身异议的宪法请求权，还拥有对国家决定的司法审查请求权，特别是可以要求将一般法规定解释为《德国行政法院法》第42条第2款意义上的第三人保护。[78] 在履行保护义务上，立法和在宪法领域中总是有评价和构建空间。[79]

（3）联邦宪法法院对基本权保护义务的最新裁判则涉及州法中的**非吸烟者的保护**性规定。[80] 基于二手烟危害的相关科学研究，为了实现对第2条第2款第1句生命和健康的保护义务，毫无例外地禁止吸烟是合法的。[81] 基于上述法益的高度重要性，对饭店职业自由（第12条第1款）的明显干预是正当的。如果立法者拒绝概括性地规定禁止吸烟，那么就必须在权衡范围内遵守上述决定，即对吸烟所带来的潜在危险和保护措施作出必要性判断。[82] 如果没有特别的实质性理由，立法者不得在个别区域内作出概括性吸烟禁止；在其他领域则不作出此种规定。例外性规定必须满足第3条第1款的一般平等原则。[83]

134a

---

[74] BVerfGE 53, 30 (65) (Mülheim-Kärlich).
[75] BVerfGE 49, 89 (132) (Kalkar I).
[76] BVerfGK 17, 57 (61 ff.).
[77] 认可和电子的审批程序 BVerfGE 61, 82 (109 ff.) (Sasbach).
[78] Vgl. BVerfGE 61, 82 (113) (Sasbach). 见 BVerwGE 60, 297 (301, 305) 对核设施法的裁判。
[79] BVerfGE 77, 381 (405) (Gorleben).
[80] BVerfGE 121, 317 ff. (Rauchverbot); BVerfGK 14, 132 ff.; 17, 455 ff.
[81] BVerfGE 121, 317 (357) (Rauchverbot).
[82] BVerfGE 121, 317 (360) (Rauchverbot).
[83] BVerfGE 121, 317 (369 ff.) (Rauchverbot). 参见 Art. 3 Abs. 1 GG 的 Rn. 765 ff.。

135 　　最近的许多裁判则涉及罹患精神疾病的人，其中有的因拒绝治疗而危害到他人。[84] 联邦宪法法院在这些情形中强调患病不废止受影响人的自主决定权。在进行强制治疗前，国家机构和医生必须努力取得病人的了解和同意。如果无法实现，那么国家必须确保强制治疗的法律框架。疾病严重时，在个案中可能存在着强制治疗的宪法义务。

　　（4）保护义务最后一个重要的适用范围是基本权利对**私法**和公民之间私法关系的影响。[85]

　　（四）保护义务的接受者

136 　　根据联邦宪法法院的裁判，保护义务的接受者主要是必须对保护方式和范围作出决定的**立法者**。[86] 行政机关和**法官**也被要求在个案中作出基本权的判断。[87] 一般法也相应地予以解释。如果国家保护义务的履行和对第三人基本权的干预相联系，则要适用法律的保留。[88] 保护义务本身并不构成干预第三人基本权利的法律基础，而是需要对受影响基本权利的限制进行正当化的法律。[89] 没有立法者的先行行为，行政机关或者法官不得采取行动。

　　（五）客观保护义务和主观保护权利

137 　　上面的论述证成了国家负有客观**保护义务**，但并没有表明存在**相对应的主观保护权利**，也就是个人的保护请求权。虽然基本权利领域的一般情形是，国家义务对应着个人的主观权利，但是这种请求权在教义上如何证成？主观权利的一般定义是指法秩序赋予个人维护自身利益的法律权能（Rechtsmacht）。这与客观法相对，从客观法无法推出个人的法律权能。这种区分十分重要，因为个人只有拥有主观权利才能请求国家——必要时诉至联邦宪法法院。单纯的客观法仅仅是要求国家，而没有赋予个人请求权

---

[84] BVerfGE 128, 282 ff.（Zwangsbehandlung im Maßregelvollzug）；129, 269 ff.（Medizinische Zwangsbehandlung）；133, 112 ff.（Maßregelvollzug Sachsen）；142, 331 ff.（Pflicht zur Zwangsbehandlung；BVerfG, NJW 2018, 2619 ff.（Fixierung）.

[85] 更多参见页边码 343 以下。

[86] BVerfGE 56, 54 (81)（Fluglärm）.

[87] BVerfGE 84, 212 (226 f.)（Aussperrung）；96, 56 (64)（Vaterschaftsauskunft）；103, 89 (100)（Unterhaltsverzichtsvertrag）.

[88] 参见页边码 404 以下。

[89] BVerwGE 90, 112 (122)；109, 29 (38)；Wahl/Masing, JZ 1990, 553 (553 ff.).

或者诉权。那么在什么条件下客观法也具有主观权利的内涵呢？判断标准则是**保护规范理论**。[90] 按照这一理论，必要的是：

①客观上对个人授益，

②这种授益是法律有益的且

③法律意欲授予受益人执行的法律权能。

对于国家保护义务，保护规范理论具有三个要素：国家义务、赋予个人保护、对其构成授益。对个人的授益亦是《德国基本法》的目的，因为基本权利的目标正是使个人的自由确实产生效力。看起来困难的是，《德国基本法》是否意欲赋予个人执行基本权利的法律权能。第一个支持该法律权力的理由是第 93 条第 1 款第 4a 项，其规定公权力对基本权利的任何损害都可以提起宪法诉愿。诉讼上，无论是国家行为（干预）还是国家不作为都可以（《德国联邦宪法法院法》第 92 条、第 94 条第 1 款和第 95 条第 1 款）。这说明，基本权利不单纯于形式上是禁止干预，还可以是被个人主张的保护义务。而且，缺乏个人相应权利的保护义务无法有效实现。如果国家违反了保护义务，也就无惧后果。如果个人可以要求履行保护义务，那么国家会切实遵守。从**意义和目的**所推导出的理由都支持个人的主观权利**保护请求权**。[91]

138

违反保护义务的后果是，单个公民可以直接从基本权利中拥有针对国家的请求权。考虑到立法者构建自由，与该保护义务相连的基本权请求权只是公权力为了保护基本权利，采取的合适或者充分的防护措施。仅在特殊场合下，构建自由才会限缩到只有通过特定措施才能充分实现保护义务。[92]

139

案例写作提示：

140

考试中，存在与保护义务相对的主观保护权利一般是前提条件，因此详细论述并无必要。只需要指出保护义务的主观面。在家庭作业中则可能要求详细论述。

---

[90] Stern, in: ders., Staatsrecht Bd. III/1, § 65, S. 534 ff. Vgl. BVerfGE 27, 297（307）(Wiedergutmachungsbescheid).

[91] Klein, NJW 1989, 1633（1637）.

[92] BVerfGE 77, 170（215）(Lagerung chemischer Waffen).

（六）案例写作中作为给付权的保护权

141　　所有的给付权都按照**两层框架**来审查。第一个审查步骤中要确认基本权利的**保护范围**。第二个步骤则是审查**给付权是否受损**。首先必须从所受影响的基本权利中得出一个给付权。如果答案是肯定的，那么要看国家是否履行了其行为义务。审查标准是**禁止保护不足**。[93] 如果是公民针对其他公民行为的保护请求权，则要问国家对双方基本权地位的规定是否实现了"实践调和"意义上的谨慎权衡。[94] 国家必须防止公民过度使用自由，使得其他公民的自由不再存在，形成强者的法律。对于请求实现基本权所要求的最低限度，则要看国家所为是否确实不足。对损害的问题则要考虑到，禁止保护不足是可以进行司法审查的。其他情形下国家存在着构建空间。禁止保护不足的违反只能在下列情形中被接受，即明显地落后于给付权的要求。国家完全不履职或者国家行为明显不充分即为这种情形。**损害的正当化是不可能的**，因为所有正当化的角度已经在损害问题上得到考量。不适用与干预相关的基本权限制。

142　　**案例写作提示：**

在案例写作时很难适用广泛的构建空间。因为案例当中往往有许多事实信息，考生必须从法律角度进行思考并纳入案例写作中。当全面地对基本权进行权衡时，可能与国家的构建空间要求相悖。尽管如此，考生应当这样分析。因此，案例写作中，审查标准（"禁止保护不足"）是考察给付权是否损害的第一点。之后则是结合案情对所有论点进行全面分析。最后则应考虑在国家的构建空间之下是否确实存在明显的过错。

---

[93]　参见页边码 128。

[94]　参见页边码 93 以下。

```
问题:       一个行为是否损害了基本权的给付权功能?

第一阶层:             保护范围
              行为是否影响到基本权的保护范围?

    主体角度?                            实体角度?

宪法诉愿人是否为受保护主体?           保护客体是否受影响?

第二阶层:   (对保护范围的干预?)
              可以对干预进行简短审查并予以否定。


              给付权的损害,例如,违反保护义务

              (1) 受影响基本权是否赋予相应的给付权?

              (2) 国家行为是否明显落后于基本权所要求的行为?例如:

                • 不作为,尽管对基本权造成严重妨碍,

                • 对冲突基本权的错误权衡,

                在损害时没有正当化可能性!
```

图 3-2　给付权的审查

一览：典型的考试问题

- 有针对性的救援射击/恐怖袭击射击（页边码 120 和 117）。
- 恢复死刑（页边码 115 和 121）。
- 基本权放弃（特别是安乐死）（页边码 111 以下）。
- 胎儿的基本权能力/未出生生命的基本权保护（页边码 109 和 133）。
- 国家保护义务的违反（页边码 122 以下）。
- 保护义务对一般法规范解释的效力（页边码 136）。
- 自由权的权衡/保护义务（如禁止吸烟,页边码 130 和 135）。

第四章 宪法诉愿概要

参考文献：

Gas, Tonio, Der ordnungsgemäße Antrag im Verfassungsbeschwerdeverfahren-zu den Anforderungen der §§ 23 I, 92 BVerfGG, JA 2007, 375 ff.；Hillgruber, Christian/Goos, Christoph, Verfassungsprozessrecht, 4. Aufl. 2015, § 3 Rn. 72 ff.；Kirchberg, Christian, Die Verfassungsbeschwerde aus anwaltlicher Sicht, JA 2007, 753 ff.；Klein, Oliver/Sennekamp, Christoph, Aktuelle Zulässigkeitsprobleme der Verfassungsbeschwerde, NJW 2007, 945 ff.；Lübbe-Wolff, Gertrude, Die erfolgreiche Verfassungsbeschwerde, AnwBl 2005, 509 ff.；Peters, Birgit/Markus, Till, Die Subsidiarität der Verfassungsbeschwerde, JuS 2013, 887 ff.；Thiemann, Christian, Verfassungsbeschwerde und konkrete Normenkontrolle im Lichte des Unionsrechts, Jura 2012, 902 ff.；Tonikidis, Stelios, Die Grundrechtsfähigkeit juristischer Personen nach Art. 19 III GG, Jura 2012, 517 ff.；ders., Die Grundrechtsfähigkeit und Grundrechtsberechtigung natürlicher Personen, JA 2013, 38 ff.

第 19 条第 3 款的参考文献：

Hummel, David, Beschwerdefähigkeit und Beschwerdebefugnis – zum Prüfungsort des Art. 19 III GG bei der Prüfung der Zulässigkeit einer Verfassungsbeschwerde, JA 2010, 346 ff.

案例写作：

Calliess, Christian/Kallmeyer, Axel, Der praktische Fall – Abwehrrechte und Schutzpflichten aus Grundrechten, JuS 1999, 785 ff.；Geis, Max-Emanuel/Thirmeyer, Stephan, Grundfälle zur Verfassungsbeschwerde, JuS

2012, 316 ff.; Hartmann, Bernd J., Schwerpunktbereichsklausur-Verfassungsprozessrechte:„ Die 90-II-93-I-Falle", JuS 2007, 657 ff.; Höfling, Wolfram, Fälle zu den Grundrechten, 2. Aufl. 2014, Fall 4（S. 33 ff.）; Jeand'Heur, Bernd/Cremer, Wolfram, Der praktische Fall-„Warnung vor Sekten", JuS 2000, 991 ff.; Krausnick, Daniel, Grundfälle zu Art. 19 III GG, JuS 2008, 869 ff., 965 ff.; Pieroth, Bodo/Görisch, Christoph/Hartmann, Bernd: Fälle 3（S. 62 ff.）, 8（S. 163 ff.）, 9（S. 180 ff.）; Thiemann, Christian, Referendarexamensklausur-Öffentliches Recht: Unionsrecht und Verfassungsrecht-Die urheberrechtlich geschützten Sessel, JuS 2012, 735 ff.

一、背景

每个声称公权力侵害了自身基本权利的人都可以提起宪法诉愿——《德国联邦宪法法院法》第93条第1款第4a项、第13条第8a项和第90条以下条款，这些规定向每个人敞开了联邦宪法法院的大门。这些规定背后的理念是，只有每个人被赋予充分有效的权利救济可能性，才能保障**基本权和等同于基本权之权利**的实际**有效性**。基本权利的权利救济虽然首先是由各州和《德国基本法》第92条意义上的联邦专门法院负责，第19条第4款第1句[1]赋予救济途径。为了强调基本权和等同于基本权之权利的意义，允许提起作为**特殊法律救济**（außerordentlicher Rechtsbehelf）的宪法诉愿。不过这受到两方面重要的限制：根据《德国基本法》第93条第1款第4a项，在宪法诉愿中只能指责基本权利或者等同于基本权之权利的损害。另外，专门法院的权利救济享有优先：宪法诉愿人必须首先穷尽专门法院的权利救济可能性，之后才能向联邦宪法法院主张。

从历史上看，1848/1849年《保罗教堂宪法》就为现在的宪法诉愿树立了样板：其第126条第g项赋予每个公民因帝国宪法赋予权利受损在帝国法院起诉的权利。该权利受到帝国立法构建的保留。[2] 而《魏玛帝国

---

[1] 参见页边码914以下。
[2] Vgl. Kühne, Die Reichsverfassung der Paulskirche, 2. Aufl. 1998, S. 197 ff.

宪法》在其第 19 条中没有给公民维护基本权自由提供诉讼可能性。[3] 德意志联邦共和国从 1951 年起就有了宪法诉愿；同年写入《德国联邦宪法法院法》。直到 1969 年紧急状态立法时才将宪法诉愿写进《德国基本法》。

就数量而言，宪法诉愿是联邦宪法法院**最重要的诉讼类型**；2017 年所进行的诉讼中，大约 96.69% 是宪法诉愿。胜诉率则特别低。2017 年裁判的 5376 起宪法诉愿中，只有 100 起（=1.86%）胜诉。宪法诉愿程序中的裁判较为迅速；大约 85.9% 的案件在进入联邦宪法法院后的两个审理年度审结（62.8% 在第一个审理年度内；23.1% 则在第二个审理年度内）。[4]

案例写作提示：

首先对宪法诉讼框架的价值作如下说明：

（1）不同教科书对宪法诉讼法给出不同的框架，但差别不大，并没有一个"正确"的框架。

（2）以框架为准所带来的危险就是，即使具体案件中适法性前提条件没有问题，但是很可能对其进行长篇大论。这会导致重心错误，也会使重要的证成部分过短，而这关系到考试分数。个别审查要点，特别是合乎规定地提起申请、期限和权利救济必要性问题，只有在案情提供相应的要点时才予以说明。从这个意义上来说，框架只是作为一个"检查清单"。

（3）一定不要死记硬背宪法诉愿适法性审查框架，而应根据《德国基本法》第 93 条第 1 款第 4a 项和《德国联邦宪法法院法》第 13 条第 8a 项、第 90 条至第 95 条来分析。

二、宪法诉愿的适法性

案例 5：碎石开采

法国 K 股份有限公司意欲借助德意志民主共和国开放的机会，在柏林建立一家子公司 K 有限责任公司，专门从事碎石开采。为了实现这一目的，K 公司先是取得了碎石地皮，其位于前德意志民主共和国碎石矿床处。根据统一协议，申请地的碎石和碎石沙子被认定为国家准采的矿产。与原

---

[3] Vgl. Anschütz, Die Verfassung des Deutschen Reiches, 14. Aufl. 1933, Art. 19 Anm. 9.
[4] 联邦宪法法院 2017 年数据统计 www. bundesverfassungsgericht. de.

联邦地区的《德国联邦矿业法》不同，这不属于土地所有权人的财产。K公司主张，统一协议规定使得其在碎石上的盈利权被剥夺，而且在所有新的联邦州，信托机构都获得了所有的碎石和碎石沙子土地的矿藏所有权。这些信托机构将所有的碎石运营场所公开招标，并发包出去。K公司直接对协议规定提起宪法诉愿，认为其基本权受损。该宪法诉愿是合法的么？

案例原型 BVerfGE 86, 382 ff. (DDR-Bergbau) 和 Werber, JuS 1995, 114ff.。

当《德国基本法》第93条第1款第4a项和《德国联邦宪法法院法》第13条第8a项、第90条以下规定的实体裁判要件具备时，宪法诉愿就是适法的。

（一）联邦宪法法院的管辖

符合《德国基本法》第93条第1款第4a项和《德国联邦宪法法院法》第13条第8a项、第90条以下规定时可以向联邦宪法法院提起宪法诉愿。

案例写作提示：

关于宪法诉愿，无论是《德国基本法》还是《德国联邦宪法法院法》，都作出了同样语句的规定。问题在于案例写作时以哪条为准。根据一般法优先的原则（《德国基本法》第94条第2款第1句）推荐如下操作：在适法性审查部分——即大前提或者联邦宪法法院管辖权审查时，给出完整的规范链（《德国基本法》第93条第1款第4a项和《德国联邦宪法法院法》第13条第8a项、第90条以下规定），之后只是列举《德国联邦宪法法院法》的规范。"正确"但麻烦的是总引用《德国基本法》第93条第1款第4a项和《德国联邦宪法法院法》的规范。不推荐的是只列举《德国基本法》第93条第1款第4a项。

（二）当事人能力[5]

《德国联邦宪法法院法》第90条第1款赋予每个人向联邦宪法法院提起宪法诉愿的权利。《德国联邦宪法法院法》第90条第1款意义上的"每

---

[5] 也被称为：参与方能力、诉愿能力。

个人"是指具体案件中的基本权利(《德国基本法》第1条至第19条)或者等同于基本权之权利(第20条第4款、第33条、第38条、第101条、第103条和第104条)的主体。[6] 基本权利主体是自然人和根据第19条第3款标准的法人。

1. 自然人

154 原则上,每个自然人都是基本权利的主体。不过个别基本权利只属于德国人(如第8条第1款、第9条第1款、第11条第1款和第12条第1款等),外国人被排除在外。[7] "德国人"是指《德国基本法》第116条第1款意义上的德国人,也就是拥有德国国籍的人。

155 有疑问的是,胎儿是否是基本权利的主体。普遍肯定的是其享有人性尊严(第1条第1款[8])、生命和身体完整权(第2条第2款第1句[9])和第14条第1款所保障的继承权。[10] 死人则不是基本权利的主体;其"死后人格权保护"通过第1条第1款得到保障。[11]

2. 法人——第19条第3款的问题

156 根据基本权利的历史发展,其首先是个人权利、公民权,保护具体、特别是受到威胁的人类自由领域。[12] 相应的,其也主要服务于自然人个体自由领域的保护,用以针对国家权力的干预。魏玛帝国宪法共和国时就对法人是否拥有基本权利存在争议。[13] 立法者在第19条第3款中给出了肯定的回答。其背后的思想是,法人的形成和活动是自然人自由发展的表达(所谓的"人员基础"或者"渗透理论")。[14] 因此,法人也应当成为独立

---

[6] 个别审查框架在这个地方只处理诉愿人是否能够被损害到基本权或者等同于基本权之权利,而不点名具体影响到的权利。之后的诉愿权限部分才重要。

[7] 外国人的基本权利保护见页边码583。

[8] BVerfGE 39, 1 (49 f.) (Schwangerschaftsabbruch I); 88, 203 (254 ff.) (Schwangerschaftsabbruch II); Spranger, AöR 127 (2002), 27 (31 f.).

[9] BVerfGE 39, 1 (37) (Schwangerschaftsabbruch I); 88, 203 (251 f.) (Schwangerschaftsabbruch II). 参见 105a。

[10] Spranger, AöR 127 (2002), 27 (32).

[11] BVerfGE 30, 173 (194) (Mephisto). 参见页边码600。

[12] BVerfGE 50, 290 (337) (Mitbestimmung); 68, 193 (205 f.) (Zahntechniker-Innungen).

[13] 代表的论述 v. Mangoldt, zit. nach JöR 1 (1951), S. 180 f.。

[14] Stern, in: ders., Staatsrecht, Bd. III/1, §71, S. 1097.

的基本权享有者。议会委员会最初计划是对适用于法人的基本权利作出详细的目录性规定。但由于不能对这个目录达成一致且对于代表来说个别权利的排除又过于恣意，才形成了今天的第19条第3款。[15] 根据字面意义，只要基本权在本质上适用于本国法人，那么本国法人就具有基本权利能力。

(1) 第19条第3款意义上的"法人"

第19条第3款将基本权主体扩展到"法人"。从字面上看，所有法人，无论是何种法律形式和是否为公法私法法人，都受到第19条第3款的保护。尽管如此，第19条第3款的**适用范围**存在**争议**。这个争议在两方面较为重要：实体层面上，基本权利能力允许主张基本权；诉讼层面上，第19条第3款能够让其开启宪法诉愿程序。

157

第19条第3款首先包括了**私法法人**。这符合第19条第3款的规范目的：赋予一个私人组成用于人格发展（"人员基础"）的法人独立的基本权保护。受第19条第3款保护的是根据公司法规定作为法人组成的全部资本组合公司（股份有限公司和有限责任公司）。虽然说在大型资本组合公司中，"人员基础"已经难以被识别，但是只要法人能够追溯到私人行为即可。[16] 按照主流观点，"法人"概念**不应当**被**过于技术性**地理解，不取决于一般法的规定来理解。[17] 否则，一般法的立法者会通过限制权利能力对人的基本权利能力和国家的基本权义务作出决定。即使是部分权利能力的组织，如无限责任公司和两合公司、没有登记的社团、民法典上的合伙和继承共同体都可以成为基本权利主体。这也包括不具有权利能力的**人合团体**（如公民动议），只要其具有固定的组织且持续存在。[18]

158

经常作为不具权利能力的私法社团组织而成的**政党**，无论其是否具有权利能力，都具有基本权利能力。[19] 要注意的则是政党在国家组织中的特殊地位。根据《德国基本法》第21条，政党在民众政治意思形成中发挥

159

---

[15] 产生历史见 JöR 1 (1951), S. 180 ff. 和 Stern, in: ders., Staatsrecht, Bd. III/1, §71, S. 1093 f.。
[16] Vgl. Huber, in: v. Mangoldt/Klein/Starck, Art. 19 Rn. 242 ff.
[17] BVerfGE 83, 341 (351)（Baháʾí）.
[18] BVerfGE 122, 342 (355)（Bayerisches Versammlungsgesetz）. Vgl. Krebs, in: v. Münch/Kunig, Art. 19 Rn. 23.
[19] BVerfGE 121, 30 (57)（Parteienrundfunk）.

作用，拥有"宪法机构"的等级。[20] 因此，在政党认为其被第 21 条赋予的宪法地位被其他宪法机构所损害时，不能提起宪法诉愿，而只能根据《德国基本法》第 93 条第 1 款第 1 项和《德国联邦宪法法院法》第 13 条第 5 项、第 63 条以下的规定来提起机构之争诉讼。[21]

160 　　更为棘手的问题则是，**被公权力全部或者部分控制的私法法人**是否为基本权利主体。从形式上看，公共企业虽然是私法形式，但在很多情形下——大部分企业都在执行国家任务。国家对法人的影响越是强大，人员基础越是难以识别，与国家距离和对国家的独立性也就随之减少。联邦宪法法院认为，如果企业的份额全部或者部分地为公权力掌控，那么该企业就不具有基本权利能力。至于该企业的目的或者是否从事公共职能，则不重要。[22] 虽然企业份额多数归于公权力，但部分份额仍然属于私人股东。不过这些私人股东可以自主决定是否参股国家控制的企业。[23] 私人利益方面是个人股份的所有权保护。第 14 条第 1 款提供这方面的保护，这样企业也就无须基本权利能力。联邦宪法法院在欧盟其他成员国拥有份额的私法法人上则是另外的观点。在这些情形下，联邦宪法法院考虑到《欧盟运行条约》第 49 条的迁徙自由和没有在德国行使公权力，认定其具有基本权利能力。[24]

161 　　较为一致的观点是，**公法法人**（营造物、团体、公法基金会）不是基本权利主体。当其主张诉讼基本权利（所谓的"诉讼武器平等"，如损害了《德国基本法》第 101 条的法定法官制度或者第 103 条第 1 款的法定听审制度）时则例外允许。[25] 从第 19 条第 3 款的字面上虽然无法知道是否排除了公法法人，但是从第 19 条第 3 款的体系和意义目的上看是这样的，因此第 19 条第 3 款通常从目的上被限缩。[26]

---

〔20〕 BVerfGE 107, 339 (358) (NPD-Verbotsverfahren).

〔21〕 BVerfGE 85, 264 (284) (Parteienfinanzierung II).

〔22〕 BVerfGE 128, 226 (245 ff.) (Fraport); BVerfG, Beschl. v. 10.05.2016-1 BvR 2871/13, juris Rn. 5. 公共企业基本权义务的问题见页边码 340。

〔23〕 BVerfGE 128, 226 (247) (Fraport); Storr, Der Staat als Unternehmer, 2001, S. 238 ff. m. w. N.

〔24〕 BVerfG, NJW 2017, 217 (219 f.) (Atomausstieg II).

〔25〕 BVerfGE 61, 82 (104) (Sasbach).

〔26〕 Stern, in: ders., Staatsrecht, Bd. III/1, §71, S. 1107.

①从**体系角度**上不应当承认公法法人的基本权利能力,因为国家内部涉及的通常不是个人权利,而是国家组成部分可为与不可为的职权规定。[27] 国家内部的职权规定不涉及基本权利,是国家组织法。基本权利则是保护公民以防御国家。如果承认作为国家一部分的公法法人也享有基本权保护,那么基本权利享有人和义务人是完全相同的。[28] 这种"**混淆**"违背了基本权利的功能。只有在例外情形中,独立于国家的国家机构防御基本权利时,才考虑赋予其基本权利保护。[29] 但前提条件则是一项自主的、独立于国家或者与国家保持距离的机构。[30] 与之相关的要看公法法人被公权力所触及的功能。[31] 只有在这些例外情况下,国家机构与私人一样受制于国家权力,可以称之为"**基本权典型的危险境地**"[32],这时才可以不考虑体系上的质疑。

②第 19 条第 3 款的**意义和目的**[33]是,之所以承认法人拥有基本权利能力,是因为法人是站在其背后的个人实现基本权利的表达,因此其具有**人员基础**。公法法人则不具有这种特征。公法法人既不能追溯私人行为,又不是私人基本权利实现的表达。[34] 公法法人一般仅仅是为了公共利益从事公共任务。从中也可以推出可能的例外:当公法法人在例外情况下构成私人基本权利实现的表达时,方可主张基本权利。

公法法人在上述例外情形下所拥有的基本权利能力取决于**两个须同时满足的标准**:第一,这些公法法人在特定基本权利上充分独立,且处于**基本权典型的危险地位**上;第二,公法法人服务于其背后自然人权利的保障,有**人员基础**。在这个层面上,联邦宪法法院则极为保守。根据裁判,下列

---

[27] BVerfGE 21, 362 (370 f.) (Sozialversicherungsträger).

[28] BVerfGE 15, 256 (262) (Universitäre Selbstverwaltung). 对这种"混淆观点"的批评 Schoch, Jura 2001, 201 (204):国家不是"不可分割的一块"。

[29] BVerfGE 15, 256 (262) (Universitäre Selbstverwaltung);31, 314 (322) (2. Rundfunkentscheidung [Umsatzsteuer]).

[30] BVerfGE 45, 63 (79) (Stadtwerke Hameln);61, 82 (103) (Sasbach);68, 193 (207) (Zahntechniker-Innungen);75, 192 (197) (Sparkassen).

[31] BVerfGE 75, 192 (196) (Sparkassen);法定医疗保险机构的基本权利能力见 BVerfG, NVwZ-RR 2009, 361 (361 ff.).

[32] BVerfGE 45, 63 (79) (Stadtwerke Hameln);61, 82 (105) (Sasbach).

[33] Vgl. Bleckmann/Helm, DVBl. 1992, 9 (10 ff.).

[34] BVerfGE 45, 63 (79) (Stadtwerke Hameln).

情形中,(公法法人)至少部分具有基本权利能力。

165 ③作为公法法人的**教会和宗教团体**(《魏玛帝国宪法》第 137 条第 5 款结合第 140 条)。[35] 尽管是公法法人,但是基于《魏玛帝国宪法》第 137 条第 1 款结合《德国基本法》第 140 条禁止设国教的规定,其并不属于国家,而是为了实现宗教自由,因此其完全可以成为基本权利主体。[36]

166 ④**公法广播营造物**享有第 5 条第 1 款第 2 句的广播自由。[37] 此外,广播营造物在从事广播自由所支持的行为时受到其他基本权保护,这使其具有基本权利能力。联邦宪法法院肯定了第 10 条第 1 款以及第 19 条第 4 款第 1 句的部分[38],否定了第 2 条第 1 款、第 9 条第 3 款和第 14 条第 1 款。[39] 因为指涉节目和(只有)第 5 条第 1 款第 2 句,广播营造物基于宪法要求必须远离国家进行构建,且服务于编辑的广播自由。

167 ⑤**大学和学院**享有第 5 条第 3 款第 1 句的基本权利。因为(只)在第 5 条第 3 款第 1 句上,大学的教学科研领域独立于国家,且服务于学术自由的实现。[40]

168 ⑥在一个裁判中,联邦宪法法院认为**手工业同业公会**也具有基本权利能力,只要其职能是单纯的利益代表。[41] 不过该裁判一般较为谨慎。

> **BVerfGE 68, 193(205 ff.)(Zahntechniker-Innungen):根据基本权利的历史和其今天的内容,基本权利首先是个人权利、公民权利,保护具体的特别是人类自由受威胁的领域。相应的,基本权主要是保护自然人个体自由领域,用以针对国家权力的干预;此外,基本权利为社会的共同作用和共同构建确保前提和可能性。将法人视为基本权**

---

[35] 参见页边码 324。

[36] BVerfGE 19, 1(5)(Religionsgesellschaften);42, 312(322)(Inkompatibilität/Kirchliches Amt);53, 366(387)(Konfessionelle Krankenhäuser).

[37] BVerfGE 31, 314(322)(2. Rundfunkentscheidung[Umsatzsteuer]);59, 231(254)(Freie Mitarbeiter);78, 101(102 f.)(Eigentumsrecht von Rundfunkanstalten).

[38] BVerfGE 107, 299(310 f.)(Fernmeldegeheimnis der Rundfunkanstalten).

[39] BVerfGE 59, 231(255)(Freie Mitarbeiter);78, 101(102)(Eigentumsrecht von Rundfunkanstalten).

[40] BVerfGE 15, 256(262)(Universitäre Selbstverwaltung).

[41] BVerfGE 70, 1(20)(Orthopädietechniker-Innungen);不同的则是医生协会[BVerfGE 62, 354(369)(Heilfürsorgeansprüche der Soldaten)]和牙科技术员同业协会[BVerfGE 68, 193(211 f.)(Zahntechniker-Innungen)]。

利主体，纳入特定实体基本权利的保护范围之中，只有在下列情形中是正当的，即其形成和活动是私人自由发展的表达，特别是直索其背后的人是有意义和必须的。

根据联邦宪法法院的裁判，这些前提条件在私法法人处是得到满足的。**私法法人**原则上具有基本权利能力，在个案中只需要审查其宪法诉愿中的基本权利在本质上是否适用于宪法诉愿人。相反，实体基本权利和为了其防御所赋予的宪法诉愿救济，根据联邦宪法法院的长期裁判，并不能适用于**公法法人**。因为公法法人履行的公共职能并不是在实现原始的自由，而是基于实定法规定且内容上受到限制的职权规定。这些关系的规定和对由此产生的冲突所作决定并不是基本权利的客体，因为并不存在**与人之间的直接关联**。对于争议案件中的权利保护也有特殊程序。作为公民针对国家的特殊权利救济，宪法诉愿不能被用来维护公权力主体之间的职权规定或者作出改变时要求遵守法定形式。

联邦宪法法院在这些原则中承认了**例外**，当公法法人或者其分支从事被法律秩序转交的职能直接属于特定基本权保护的生活领域，或者根据其特质从一开始就属于该领域，那么就承认其基本权利能力。这些例外是（在呈现秩序范围内）服务于公民实现个人基本权利的公法法人，且自主独立于国家或者与国家存在距离的机构。其职能不是执行法律所委派的高权职能，而是实现基本权自由。

上述论述说明：基本权对公法法人不适用的原因并不在于其法律形式。起到决定性作用的是，公法法人的权利地位是否和多大程度上通过事实和法律表明，何种基本权利从"本质"上来说抵触其适用。这个问题不能概括性地得到回答，而是要看公法法人受到公权力行为所影响到的功能。如果这个功能是为了实现法律委派和规定的公共职能，那么这个法人就不具有基本权利能力。

案例写作提示：

公法法人主张基本权的案例很少。只有在这些案例中才需要从体系（"基本权典型的危险地位"）和规范目的（"人员基础"）对其基本权利能力作详细的分析。根据第19条第3款明了的规范文本，私法法人在正常情况下具有基本权利能力。因此只需要简单确认私法法人——只要其没有完全或者部分处于公法掌控之下,为第 19 条第 3 款所囊括。无须再对论点进行叙述。

文献部分观点[42],甚至是联邦宪法法院[43]对公法法人问题的处理出现在合乎本质适用的分析上。根据该规范的产生历史(见上面),这种处理是不能令人信服的。另外,该规范字面上也不支持如此理解,反而导致考试中的论述变得非常困难。从文本出发,推荐在"法人"概念处进行处理。

(2)第 19 条第 3 款意义上的"本国"

170　第 19 条第 3 款将基本权利主体能力限制在本国法人上。在联邦境内拥有**有效住址(Sitz)**,即事实上的活动中心地,该法人就是本国的。不重要的则是法律住址,因此一个在国外法律上拥有住址的公司在德国也享受基本权利保护,只要其在德国拥有活动中心地。国际企业中,如果商业经营决定大多数在本国作出,同样构成这种情形。[44]

171　与第 19 条第 3 款字面("本国")相左的是,根据联邦宪法法院的裁判,基本权利资格还扩展到**欧盟成员国的法人**上。法院考虑到了欧盟法,特别是条约中写入的内部市场基本自由之适用优先(《欧盟运行条约》第 26 条第 2 款)和基于国籍的一般歧视禁止(《欧盟运行条约》第 18 条)。根据联邦宪法法院,超越文本理解的正当性在于,条约使德国基本权利保护适用范围得以扩展,以此避免《德国基本法》与欧盟法之间的冲突。[45]

(3)第 19 条第 3 款意义上的"本质上可以适用"

172　虽然法人和自然人一样,原则上具有基本权利能力,但是并不意味着其就可以像自然人一样主张所有基本权利。第 19 条第 3 款将基本权利能力限制在那些"本质上可以适用"于法人的基本权利。当基本权利所保护的活动被法人集体地从事,而**不单纯属于人的自然特征**时,则符合上述要求。[46] 例如,法人和自然人一样拥有所有权(第 14 条)、可能被不平等

---

[42] Stern, in: ders., Staatsrecht, Bd. III/1, §71, S. 1109; Schoch, Jura 2001, 201 (203 f.).
[43] 结论上不清晰的见 BVerfGE 68, 193 (205) (Zahntechniker-Innungen)。
[44] Huber, in: v. Mangoldt/Klein/Starck, Art. 19 Rn. 299.
[45] BVerfGE 129, 78 (99) (Le Corbusier); BVerfG, NJW 2016, 1436. 参见页边码 584。
[46] BVerfGE 42, 212 (219) (Quick/Durchsuchungsbefehl); 122, 342 (355) (Bayerisches Versammlungsgesetz)。

对待（第3条）、举行集会（第8条）和表达意见（第5条第1款第1句）。其既没有人性尊严（第1条第1款）也没有生命或者健康（第2条第2款第1句），既不能结婚也不能有孩子（第6条第1款和第2款）。[47]

（三）诉讼和辩论能力[48]

具有诉讼能力方可提起宪法诉愿。诉讼能力是指主体可以在诉讼中自己主张基本权利，也就是进行诉讼行为，如提起申请或者通过特定代理人来进行。虽然《德国联邦宪法法院法》中缺乏规定[49]，但其他诉讼法中的行为能力规定不能直接地用于宪法诉讼中[50]，而是要看受影响人是否达到争议中的基本权**资格和具有判断能力**［"基本权利行为能力"（grundrechtsmündig）］。[51] 这取决于每个基本权利的构造、特征以及法律秩序的判断：对于第4条第1款和第2款的基本权利要看《德国宗教儿童抚养法》中的年龄界限，根据该法第5条第1句的选择可能性，其从14岁开始拥有诉讼能力。[52] 不具有诉讼能力的必须通过其法定代表人来进行（未成年人通过其父母，法人则通过其机构或者代理人）。宪法诉愿程序不**要求必须有律师代理**。每个公民可以自己提起宪法诉愿。

173

（四）诉愿标的

根据《德国联邦宪法法院法》第90条第1款，宪法诉愿的标的是"公权力"行为。这包括德国国家权力的所有作为和不作为（《德国联邦宪法法院法》第92条、第95条第1款）。作为包括法律或者判决，不作为则是指宪法诉愿人主张给付请求权，如违反了基本权保护义务。[53][54]

174

合适的诉愿标的是**所有三类权力**的行为，即立法、行政和司法。[55] 立

175

---

[47] 联邦宪法法院裁判一览见 Schoch, Jura 2001, 201（203）和 Krausnick, JuS 2008, 869（872 f.）。
[48] 案情需要的话则进行审查。
[49] 如《德国民事诉讼法》第51条以下规定和《德国行政法院法》第62条。
[50] BVerfGE 1, 87（88 f.）（Querulant）；19, 93（100）（Zwangspflegschaft）；28, 243（254）（Dienstpflichtverweigerung）。
[51] BVerfGE 28, 243（254 f.）（Dienstpflichtverweigerung）。
[52] BVerfGE 1, 87（89）（Querulant）. 参见页边码299。
[53] 参见页边码122以下。
[54] BVerfGE 56, 54（70）（Fluglärm）；77, 170（214）（Lagerung chemischer Waffen）. 违反保护义务的宪法诉愿参见 Möstl, DÖV 1998, 1029 ff. 。
[55] 第19条第4款第1句中的"公权力"概念则只指称行政，参见页边码924。

法行为是指所有形式意义的法律（议会法律）。[56] **行政活动**则是所有执行权力的行为，即最广意义上的行政。这当然包括行政行为和（制定）法律条例。由于不能直接针对行政活动提起宪法诉愿，宪法诉愿在此意义较小，而是首先要通过专门法院来争讼。[57] 如果专门法院终审判决肯定了行政活动，那么该裁判就可以成为宪法诉愿的标的。此外，行政活动也应当总是被指摘，让联邦宪法法院在必要时予以废止。[58] **司法活动**则是所有的法院裁判，包括联邦和各州法院以及公法机构的专业法庭（如律师协会的名誉法庭），而不是联邦宪法法院自身。还要注意的是，撤销的必须是终审裁判。其他裁判也可以被撤销，只要对其仍有诉愿。例如，如果认为损害了诉讼基本原则，且在后续诉讼中没有予以治愈。如果终审裁判出于形式原因没有对实体法律地位进行表态，那么之前的裁判也必须撤销。[59]

176   宪法诉愿的标的原则上是**德国公权力行为**。[60] 因此欧盟条约以及国际条约并不能是诉愿标的。如果是转化法（《德国基本法》第59条第2款），那么作为德国法可以成为诉愿标的。

177   最近还在讨论的是**欧盟措施**是否和何时可能对基本权和等同于基本权之权利造成损害，这些措施如次生欧盟法规范或者基于上述的德国行政机关执行行为，即通过法律、法规或者单个决定如行政行为的转化行为。联邦宪法法院一开始认为，如果欧盟法没有包含与《德国基本法》相同的基本权目录，那么其自身就"一直"拥有权限以德国基本权利的标准来审查次生欧盟法。[61] 宪法诉愿标的由此不再被限制在德国公权力行为之上。联邦宪法法院在1986年对所谓的"只要Ⅰ裁定"作出反转性裁判，在次生欧盟法的适用上，如果当时的欧共体特别是欧盟法院提供的基本权利保障与《德国基本法》所提供的基本权保障实质上相同，那么联邦宪法法院就

---

[56] Lechner/Zuck, BVerfGG, 7. Aufl. 2015, §90 Rn. 124.

[57] 参见页边码188以下。

[58] Vgl. BVerfGE 84, 1 (3 f.) (Kindergeld für Besserverdienende); Ruppert, in: Umbach/Clemens/Dollinger, BVerfGG, 2. Aufl. 2005, §95 Rn. 41 ff.

[59] Klein/Sennekamp, NJW 2007, 945 (948).

[60] BVerfGE 58, 1 (26) (Eurocontrol I); 118, 79 (95) (Treibhausgas-Emissionsberechtigungen).

[61] BVerfGE 37, 271 (280) (Solange I); 联邦宪法法院和欧盟法院之间的关系见页边码1032。

不再行使管辖权（"只要Ⅱ裁定"）。[62] 抛开因"马斯特里赫特裁判"所引起的误解[63]，这一裁判适用至今：只要欧盟法院裁判所发展出的基本权保护不是一般性地降低到低于《德国基本法》的必要水平，那么次生欧盟法以及相应的德国执行行为就**不再是宪法诉愿的客体**。[64] 这也适用于转化《欧盟运行条约》第288条第3句指令的本国法。不过，只要本国法被留有空间，联邦宪法法院就审查这些空间是否被合宪性地使用。[65] 无论如何，德国的国家行为受到完全的基本权约束。除此之外，本国法院在基本权存在质疑时，应当根据《欧盟运行条约》第267条要求欧盟法院进行先行裁决。欧盟法院认为指令无效的，而国家法仍然有效，则仍受宪法法院的完全审查。[66]

对于上述原则，即转化强制性欧盟法的本国法不按照德国基本权标准来审查，继而不构成宪法诉愿的标的，联邦宪法法院近年来作出了**例外**，至于影响效果还不甚明了。[67] 在联邦宪法法院对继续保持的**身份审查**（Identitätskontrolle）这一贯的裁判基础上，《德国基本法》第23条第1款第3句结合第79条第3款为高权转移至欧盟设置了最大的绝对界限[68]，联邦宪法法院审查实体欧盟法是否违反了第1条和第20条的融合固定原则[69]，特别是基于欧盟法或者欧盟法上确定的规定违反人性尊严时，也可以提起宪法诉愿。不过这要求实质阐明（substaniiert dargelegt）对第1条第1款的违反。[70] 至于欧盟法规定违反了单个基本权的人性尊严内涵是否

177a

---

[62] BVerfGE 73, 339 (387) (Solange Ⅱ).
[63] BVerfGE 89, 155 (174 f.) (Maastricht); Vgl. Epping, Die Außenwirtschaftsfreiheit, 1998, S. 193 ff.
[64] BVerfGE 102, 147 (164) (Bananenmarktordnung); 118, 79 (95) (Treibhausgas-Emissionsberechtigungen); 125, 260 (306) (Vorratsdatenspeicherung); BVerfG, NJW 2016, 2247 (2253) (Sampling).
[65] BVerfGE 118, 79 (98) (Treibhausgas-Emissionsberechtigungen); 125, 260 (306 f.) (Vorratsdatenspeicherung); 129, 78 (100 f.) (Le Corbusier).
[66] BVerfGE 118, 79 (97) (Treibhausgas-Emissionsberechtigungen); 121, 1 (16) (Einstweilige Anordnung Vorratsdatenspeicherung).
[67] Vgl. Karaosmanŏglu/Ebert, DVBl. 2016, 875 (878 ff.); Sauer, NJW 2016, 1134 (1136 f.).
[68] BVerfGE 123, 267 (344 ff.) (Vertrag von Lissabon); 132, 195 (238 ff.) (ESM); BVerfG; NJW 2016, 2473 (2474 ff.) (OMT).
[69] BVerfG, NJW 2016, 1149 (1150 ff.) (Europäischer Haftbefehl Ⅱ).
[70] BVerfG, NJW 2016, 1149 (1152) (Europäischer Haftbefehl Ⅱ).

也是如此,需要继续观察,但是根据该裁判的逻辑亦是如此。[71] 有疑问的是,现在实践中所运用的基本权空间区分是否得到软化。这取决于联邦宪法法院未来在个案审查时如何处理欧盟法,这个裁判或多或少地明显落后于 Solange 案中所建立的水平。[72]

(五)诉愿权能

178　　根据《德国联邦宪法法院法》第 90 条第 1 款,声称自身基本权利或者等同于基本权之权利被损害时提起宪法诉愿。从宪法诉愿人的表达中必须能够显示基本权或者等同于基本权之权利受损的可能性。此外,宪法诉愿人必须由此受到妨碍。这要求其自身、当前且直接地受到所主张基本权损害的影响。

1. 声称基本权受损

179　　诉愿人必须主张**基本权利或者等同于基本权利之权利受损**,也就是充分清晰地表明权利损害的**可能性**。不充分的是,诉愿人只是主张法院裁判违反了一般法。指摘行为必须针对"**特别宪法的损害**"[73]。没有认识到或原则上错误认识基本权意义即为这种情形。实践中许多宪法诉愿只是表明裁判存在错误,这并不足够提起宪法诉愿。解释和适用一般法仍然是专门法院的职责。如果基本权或者等同于基本权之权利没有特别受到影响,仅仅是法律适用出现错误并不意味着违反宪法。[74] 不过错误的法律适用可能损害第 3 条第 1 款的**恣意禁止**,即当然要引用的规范没有被考虑到、规范内容严重被误解或者以不可理解的方式被适用。这种情形下宪法诉愿不仅合法而且成立。[75]

180　　除此之外,联邦宪法法院在这点上是极为慷慨的:只有从任何考察方式都能明显和清晰地否定基本权或者等同于基本权之权利受损,才不具有诉愿权能。[76] 这个宽泛的标准也适用于指摘**违反保护义务**的情形。宪法诉

---

[71] Karaosmanŏglu/Ebert, DVBl. 2016, 875 (878); Sauer, NJW 2016, 1134 (1137).
[72] 参见页边码 1030。
[73] BVerfGE 18, 85 (92) (Spezifisches Verfassungsrecht). Vgl. Klein/Sennekamp, NJW 2007, 945 (947).
[74] Vgl. Hillgruber/Goos, Verfassungsprozessrecht, 4. Aufl. 2015, Rn. 178 ff.
[75] BVerfGE 89, 1 (13 f.) (Besitzrecht des Mieters); 96, 189 (203) (Fink).
[76] BVerfGE 38, 139 (146) (Dienstaufsicht); 52, 303 (327) (Privatliquidation); 94, 49 (84) (Sichere Drittstaaten).

愿人在这种情形中必须有说服力地说明违反了禁止保护不足原则,也就是必须说明公权力根本没有采取保护措施或者采取的规定和措施明显完全不合适或者不充分。[77] 如果诉愿人主张公权力只有采取特定措施才能算是履行其保护义务,那么其就还必须对采取该措施的方式进行有说服力的阐明。[78]

案例写作提示:

"声称基本权利损害"在每个宪法诉愿中都要进行审查。在这里应该对所有可能考虑的基本权进行列举,排除那些明显不应当援引的权利。许多案例教材将基本权的损害可能性称为"可能性理论"。这种表达的意义不大;案例写作时绝对不能替代《德国联邦宪法法院法》第90条第1款构成要件的涵摄。

由于基本权利是否确实受到损害需要在证成框架内审查,推荐如下步骤:显而易见地、简短快速地否定基本权利保护范围或者对保护范围的干预,宪法诉愿即不适法。[79] 更多的论述则在证成部分进行;必须肯定基本权利损害的可能性。对审查标准的论述,主要是判决性宪法诉愿和第三人效力案件,保留在证成性的审查中。[80] 这虽然不是必须的,但是能够避免导致适法性审查部分"头重脚轻",不妨碍论述的条理清晰性。案例写作时要经常推定宪法诉愿部分合法,否则,就必须在辅助性鉴定中进行证成审查,这构成极为少见的例外情形。

2. 诉愿

有必要的是,诉愿人必须**自身**、**当前且直接**受到可能的基本权损害的影响[所谓的**受影响三组合**(Betroffenheitstrias)[81]]。下列要点一般只在对法律提起的宪法诉愿中产生问题,但适用于所有的宪法诉愿。

(1)自身受影响

借助自身受影响的前提条件以此排除民众之诉(Popularklage)。申请

---

[77] BVerfGK 17, 57 (61 ff.).
[78] BVerfGE 77, 170 (215) (Lagerung chemischer Waffen).
[79] BVerfGE 80, 137 (150) (Reiten im Walde).
[80] 参见页边码343。
[81] Lechner/Zuck, BVerfGG, 7. Aufl. 2015, § 90 Rn. 128.

人如果是指摘措施的相对人，那么就是自身受影响。[82] 法院判决和裁定的双方就是这种情形；也适用于行政行为的相对人。因此不必要的是，这个法律意义上的措施必须明确指向"相对人"。有疑问的是，组织可以在多大程度上主张其成员的基本权。联邦宪法法院持否定态度，同时其认为，如果章程中写明了成员的代理，那么组织就不能再主张自身基本权。[83] 同样的也不允许诉讼担当——即以自身名义主张他人权利。联邦宪法法院所允许的例外主要是因自身权利而行为的"职权方"（破产管理人[84]、遗产管理人[85]、遗嘱执行人[86]）。[87]

(2) 当前受影响

184 诉愿权能还要求诉愿人当前（目前）受到影响。当妨碍已经发生且还没结束时就是这种情形，对于未来或者过去的妨碍则不可以。例外情形下**即将发生的妨碍**具备下列条件时也可以：

①规范已经强制诉愿人现在作出一个事后不可能更改的决定[88]；

②清晰预期且能够确定诉愿人在未来将要和以何种方式受到影响[89]；

③《德国基本法》第59条第2款意义上的国际条约的转换法。[90] 通过这种方式来阻止联邦共和国德国以违宪的方式来受国际法的约束，从而导致为了忠诚于宪法而违背国际法（同样的也适用于抽象的规范审查）。一般情况下条约法缺乏直接受影响性。

---

[82] BVerfGE 74, 297 (318) (5. Rundfunkentscheidung); 108, 370 (384) (Exklusivlizenz).
[83] BVerfGE 13, 54 (89 f.) (Neugliederung Hessen); 31, 275 (280) (Bearbeiter-Urheberrechte).
[84] BVerfGE 51, 405 (409) (Prozessfähigkeit Gemeinschuldner); 65, 182 (190) (Sozialplan).
[85] BVerfGE 27, 326 (333) (Freiheitsentziehungsschäden).
[86] BVerfGE 21, 139 (143) (Freiwillige Gerichtsbarkeit).
[87] Vgl. Ruppert, in: Umbach/Clemens/Dollinger, BVerfGG, 2. Aufl. 2005, § 90 Rn. 84 f.
[88] BVerfGE 43, 291 (386) (numerus clausus II); 74, 297 (320) (5. Rundfunkentscheidung); 102, 197 (207) (Spielbankengesetz Baden-Württemberg); 106, 225 (230 f.) (Beihilfefähigkeit von Wahlleistungen I).
[89] 例如，BVerfGE 26, 246 (251 f.) (Ingenieur);《工程师法》禁止特定专业的毕业生使用"工程师"这种直接影响到处于学业中的学生的称谓。BVerfGE 97, 157 (164) (Saarländisches Pressegesetz); 101, 54 (73 f.) (Schuldrechtsanpassungsgesetz).
[90] BVerfGE 1, 396 (411 ff.) (Deutschlandvertrag) 的抽象规范审查；24, 33 (53 f.) (Deutsch-Niederländischer Finanzvertrag); 112, 363 (367) (EU-Verfassung) 中的宪法诉愿。

过去的妨碍如果继续产生妨碍效力[91]或者存在重复性危险[92]时，那么对于诉愿人来说就是当前受影响这一情形。

（3）直接受影响

最后，诉愿人必须是直接受影响。即**无须更多的执行行为**来释放对诉愿人的法律效力。对司法活动和行政活动提起的宪法诉愿在这点上没有问题。但是对于法律提起的宪法诉愿则不一样：如果一个法律在执行上要求特别的执行行为（如通过行政行为），那么宪法诉愿只能针对直接干预个人权利的执行行为。诉愿人必须穷尽针对该执行行为的法律救济途径。[93] 针对授权出台条例、章程或者作出行政行为的规范提起宪法诉愿，则是不被允许的。如果法律无须执行行为（"自我执行规范"），那么诉愿具有直接受影响性。

案例写作提示：

对自身、当前且直接受影响的审查一般要简短论述，只对疑问点进行更多论述。特别是针对行政活动司法裁判的宪法诉愿，只需要在这个地方写上一句话，确认自身、当前且直接受影响成立。

（六）穷尽法律救济途径和辅助性原则

1. 穷尽法律救济途径

根据《德国基本法》第94条第2款第2句授权而颁布的《德国联邦宪法法院法》第90条第2款第1句，宪法诉愿只有在穷尽法律救济途径（Rechtsweg）后方能提起。为了清除自己认为违反基本权的高权行为，诉愿人必须穷尽法律规定的所有法律救济（Rechtsbehelf），甚至包括那些合法性不甚清晰的法律途径。[94] 只有明显不合法的法律救济途径，宪法诉愿人才无须尝试。出于这个原因，这种法律诉讼（Rechtsmittel）对于宪法诉愿期限不产生影响。[95] 在这点上主要是针对**司法和行政活动**提起的宪法诉愿。只能对终审法院裁判提起宪法诉愿。法律救济途径的穷尽还要求，诉

---

[91] BVerfGE 15, 226 (230) (Entziehung der Verteidigungsbefugnis).
[92] BVerfGE 56, 99 (106) (Kommunales Vertretungsverbot NRW).
[93] BVerfGE 1, 97 (102 f.) (Hinterbliebenenrente).
[94] BVerfGE 91, 93 (105) (Kindergeld).
[95] BVerfGE 5, 17 (19 f.) (SBZ-Volljährigkeit); 107, 299 (308 f.) (Fernmeldegeheimnis der Rundfunkanstalten).

愿人不得错过诉讼可能性（如错过提起合法的权利救济期限或者没有遵守形式要求）。[96]

189　　听审异议（Anhörungsrüge）则是诉讼法——如《德国民事诉讼法》第 321a 条、《德国劳动法院法》第 78a 条和《德国行政法院法》第 152a 条——中的法律诉讼途径。[97] 听审异议使得法院在针对其决定不存在法律诉讼途径的情况下，继续进行诉讼程序，并将声称的听审违反予以纠正。引发这个新规定的是联邦宪法法院的裁判。联邦宪法法院认为，如果专门法院诉讼程序内部不对违反法定听审请求权（第 103 条第 1 款）[98] 进行纠正，且这种违反发生在终审裁判中，就违背了第 2 条第 1 款的一般司法保障请求权和法治原则。[99][100] 而新规定使得如果对**第 103 条第 1 款的损害**明确或者从本质上予以主张，那么听审异议则成为法律救济路径的一部分。[101] 如果在这些案件中没有进行听审异议，根据所谓的"玛丽皇后二号"（Queen-Mary-II）裁判，即使存在其他被损害的权利，该宪法诉愿都因没有穷尽救济而不适法。[102] 由于诉讼程序的继续进行，如果听审异议胜诉，那么所有声称的基本权利损害就被纠正。不过，诉愿人可以自由选择诉讼标的，在宪法诉愿程序中撤回第 103 条第 1 款的听审损害指摘，这样听审异议就不再重要，也使法律救济路径穷尽条件事后满足。[103] 每个诉愿人必须仔细考虑，第 103 条第 1 款的损害是否严重发生。如果是这个情形，那么他就必须提起听审异议。如果存在怀疑，可以同时提起听审异议和宪法诉愿，在宪法诉愿中请求暂时不予以处理，直至听审异议裁定的作出。[104] 相反，在此类情形中不推荐只是提起听审异议。因为明显不适法的

---

[96]　Vgl. Sperlich, in: Umbach/Clemens/Dollinger, BVerfGG, 2. Aufl. 2005, § 90 Rn. 120 f.
[97]　Desens, NJW 2006, 1243 ff., Heinrichsmeier, NVwZ 2010, 228 f.
[98]　参见页边码 926。
[99]　参见页边码 943 以下。
[100]　Vgl. BVerfGE 107, 395 (410 ff.) (Rechtsschutz gegen den Richter I).
[101]　BVerfGE 134, 106 (113) (Deichsicherheit).
[102]　BVerfGE 134, 106 (113) (Deichsicherheit); BVerfG, NJW 2005, 3059 (3059 f.).
[103]　BVerfGE 126, 1 (17 f.) (Fachhochschullehrer); 134, 106 (113) (Deichsicherheit).
[104]　实践中，这种宪法诉愿首先会被登记进一般登记簿，并不提交给法官。只有诉愿人明确或者含蓄要求，如提交裁定，这个时候才会被登记在诉讼登记簿，交给法官。Vgl. Lübbe-Wolff, AnwBl 2005, 509 (513)。

权利救济手段[105]并不能让宪法诉愿期限重新起算。[106]

针对**立法行为**(议会法律)没有专门法院提供的权利救济,因为针对 190
这些规范不存在法律救济途径(《德国联邦宪法法院法》第 93 条第 3 款)。
行政的立法行为(各州的章程和条例)则可以根据《德国行政法院法》第
47 条第 1 款结合各州法律于高等行政法院处进行规范审查程序。

2. 辅助性

当基本权损害不能以其他方式消除时,宪法诉愿才是合法的。[107] 因 191
此,宪法诉愿人提起宪法诉愿之前必须寻求专门法院进行权利救济的所有
可能性。联邦宪法法院发展出来的**宪法诉愿辅助原则**服务于以下目标[108]:
联邦宪法法院力图确保专门法院基本权利救济优先(《德国基本法》第 92
条)。另外,作为最后的裁判,联邦宪法法院可以确保审理的是一个事实
和法律上都整理好的案件。联邦宪法法院的工作负担也起着重要角色。[109]
在辅助原则之下,即使诉愿人将紧急权利救济程序(《德国行政法院法》
第 80 条和第 123 条)进行到终审,从而穷尽法律救济途径,该诉愿仍然是
不合法的。只要诉愿人在紧急权利救济程序中没有主张权利损害,那么在
提起宪法诉愿之前就必须进行主审理程序。[110] 另外一个例子是听审异议。
即使诉愿人不愿主张听审受损,但如果表明听审违反且可以治愈,那么辅
助原则要求执行听审异议程序。[111]

即使诉愿人自身当前和直接受到**法律**的影响,他必须等待法律的执行 192
或者其他效果,从而针对执行措施请求法院救济,通过这种方式实现附带
规范审查。[112] 不过辅助原则置于**可期待性保留**之中:不可期待的是,基于

---

[105] 根据联邦宪法法院的一贯裁判,当权利救济人根据判例和学说,在请求权利救济时已经知晓不合法时,权利救济途径明显不合法。Vgl. BVerfGE 49, 252 (255) (Rechtliches Gehör/Prüfung durch Instanzgerichte)。

[106] BVerfGE 122, 190 (199) (Fachgerichtlicher Rechtsschutz)。

[107] 更多见 Lechner/Zuck, BVerfGG, 7. Aufl. 2015, §90 Rn. 157 ff.。

[108] BVerfGE 49, 252 (258) (Rechtliches Gehör/Prüfung durch Instanzgerichte); 55, 244 (247) (ModEnG); 69, 122 (125) (KVEG); 74, 69 (75) (LHO).

[109] BVerfGE 69, 122 (125 f.) (KVEG); 72, 39 (46) (Erziehungszeitengesetz).

[110] BVerfGE 104, 65 (70 ff.) (Schuldnerspiegel); 110, 77 (88) (Rechtsschutzinteresse).

[111] BVerfGE 134, 106 (115 f.) (Deichsicherheit).

[112] BVerfGE 97, 157 (166) (Saarländisches Pressegesetz).

已有和一贯的最高司法裁判不可能出现背离性裁判，例如，处于争议标的的行政法律规范没有允许裁量和判断空间，这使得在行政法院的诉讼从一开始就不可能胜诉。[113] 不可期待的还有要求容忍刑法和行政处罚法上的制裁。[114] 这种情形下则要提起《德国行政法院法》第43条第1款规定的**确认之诉**。该诉讼类型是为了确认损害基本权利的法律规范无效或者不可适用，与宪法诉愿人之间没有建立法律关系。无论如何，如果是低于议会法律的行政条例，联邦宪法法院要求提起确认之诉。[115] 这是正确的，因为行政法院拥有自身的非难权。从宪法诉愿辅助角度上来看，当声请的基本权损害是由**议会法律**所产生时，也应当提起确认之诉。[116] 在这种情形中，第100条第1款虽然阻挡行政法院将被指摘的规定解释为违宪，但按照联邦宪法法院的观点，为了避免在没有让专门法院对不确定事实和法律基础发表观点前就由宪法法院作出裁判，也应当提起确认之诉。只有在下列情形下才能直接提起宪法诉愿，即不能期待首先进行的专门法院审查能够带来更好的裁判基础。当案件事实仅仅呈现出宪法问题，且其回答无须更多事实调查也无须专门法院解释和适用一般法规定，仅仅取决于宪法标准的解释和适用时，才能直接提起宪法诉愿。[117]

193　　相反，《德国联邦宪法法院法》第90条第2款第1句并没有让诉愿人负有在专门法院处陈述宪法考量和质疑的义务。换句话说，诉愿人**没有义务将专门法院程序作为宪法诉讼来进行**。[118] 不同的是专门法院程序缺乏宪法理由不能正确进行的情形。宪法诉愿的胜诉取决于法律规范是否违宪时构成这种情形。[119]

---

[113] BVerfGE 78, 155 (160) (Nicht-Kassenzulassung von Heilpraktikern); 123, 148 (172) (Jüdische Gemeinde Brandenburg); 126, 1 (18) (Fachhochschullehrer).
[114] BVerfGE 81, 70 (82 f.) (Rückkehrgebot für Mietwagen); BVerfGK 15, 491 (502).
[115] BVerfGE 115, 81 (95 f.) (Rechtsschutz gegen Rechtsverordnungen). Vgl. Seiler, DVBl. 2007, 538 ff.
[116] BVerfGE 123, 148 (173) (Jüdische Gemeinde Brandenburg); BVerfG, NVwZ-RR 2016, 1 (2).
[117] BVerfG, NVwZ-RR 2016, 1 (2); 例外情形见 BVerfGE 138, 261 (271 f.) (Thüringer Ladenöffnungsgesetz).
[118] BVerfGE 112, 50 (60 ff.) (OEG).
[119] BVerfGE 112, 50 (62) (OEG).

BVerfGE 86, 382 (386 f.)（DDR-Bergbau）：宪法诉愿的**辅助原则**否定了其适法性。虽然宪法诉愿人在专门法院处不能直接获得权利救济，但是可以请求专门法院因法律规定违宪而实现保障和执行权利。为了实现对事实和一般法地位的初步明朗化，诉愿人应当首先在专门法院那里寻求——至少暂时——权利救济。《德国联邦宪法法院法》第90条第2款中规定的辅助原则确保提交给联邦宪法法院的不只是抽象的法律问题和事实陈述，还有主管法院对这些材料的事实和法律地位的判断。专门法院的先行审理在下列情形中意义更甚，即判断宪法诉愿所提起的指摘以对事实和一般法问题的审查为前提，这些程序在专门法院那里更为合适。**辅助原则确保联邦宪法法院在这些情形中，基于专门法院对诉愿要点的先行审查获得进一步审查的事实材料，也能知晓专门法院的事实和法律观点。**

3. 救济穷尽和辅助原则的例外

例外情形下则打破法律救济途径穷尽和辅助原则。联邦宪法法院根据《德国联邦宪法法院法》第90条第2款第2句[120]，在下列情形下可以立即作出裁判。

· 裁判具有一般意义，即期待能够澄清基本性宪法问题或者对大量相同案件法律地位作出明朗化的裁判[121]，或者

· 诉愿人会受到严重和不可逆转的不利[122]；例如，经过所有专门法院的诉讼程序对于诉愿人的年龄和宪法申诉意义来说不可期待[123]。

根据《联邦宪法法院法》第90条第2款第2句，只在下列情况下考虑裁判，即诉愿人的专门法院法律救济途径尚被允许，也就是说相应的权利救济期限还没有过期。[124]

---

[120] 对于法规范宪法诉愿（Rechtssatzverfassungsbeschwerde），由于缺乏权利救济路径，可以相应适用第90条第2款第2句，因为该规定与第1句密切关联，只适用于判决宪法诉愿（"权利救济路径是合法的"）。

[121] BVerfGE 84, 90 (116) (Bodenreform I); 98, 218 (243 f.) (Rechtschreibreform).

[122] BVerfGE 106, 225 (231) (Beihilfefähigkeit von Wahlleistungen I).

[123] BVerfGK 3, 277 (283).

[124] BVerfGE 11, 244 (244) (Zulässigkeit Vorabentscheidung); 13, 284 (288f.) (Fristversäumnis).

案例写作提示：

在直接针对法律提起的所有宪法诉愿中，会产生辅助性与确认之诉的问题（《德国行政法院法》第43条第1款）。对于考试和家庭作业来说，这是个很大的问题。因为一般情况下会认为宪法诉愿具有适法性，重点会在证成审查，辅助性鉴定极为例外。因此，考试与家庭作业中宪法诉愿适法性、可能性往往没问题。只要针对议会法律提起的宪法诉愿，论述辅助性和确认之诉时，推荐对行政法院缺乏非难权（Verwefungskom petenz）（《德国行政法院法》第100条第1款）进行简短论述。低于议会法律的法律规范——如行政条例——则不可以，联邦宪法法院在裁判中明确否定。[125] 因此这里应当将目光投向根据《德国联邦宪法法院法》第90条第2款第2句所作例外。

（七）一般的权利保护必要

权利保护必要性是诉讼法的一般性制度。如果联邦宪法法院的裁判不能给申请人的法律地位带来改善或者存在更为一般且迅速的方法获得权利实现时，即缺乏权利保护必要性。在审查完诉愿权能、救济穷尽和辅助原则后，一般权利保护必要性问题通常没有独立意义。

不过，权利保护必要性问题在下列情形中有意义，即诉愿人的请求已经了结。负担性规定失去法律效力时发生**了结（Erledigung）**，如立法者废除了一部法律或者行政机关废止了行政行为。事实原因，如时间经过或者情况改变，也会发生了结。如果一个犯人被释放，释放所联系的负担也已了结。如果房子烧毁，那么所有权人之前被行政机关施加的拆除处分也就了结。对于这些情形，原则上认为联邦宪法法院的裁判不能给诉愿人的法律地位带来改观，因此宪法诉愿是不合法的。

不过该原则在实践中有重要的**例外**，宪法裁判仍然是有必要的。联邦宪法法院所作例外被分为以下几种情形，囊括实践中的重要情形。下列案件类型尽管出现了结，但仍然存在权利保护必要性。

· **重复发生的危险**[126]；存在着具体证据表明会有相似情形再次出现；

---

[125] BVerfGE 115, 81 (95 f.) (Rechtsschutz gegen Rechtsverordnungen).
[126] BVerfGE 81, 138 (140 f.) (Arbeitsfreistellung); 116, 69 (79) (Jugendstrafvollzug).

单纯的理论可能性不够。这种情形中，尽管了结，但公民的权利保护必要性如诉讼经济要求对宪法诉愿进行裁判。

·尽管直接负担消除，但**事实妨碍持续**[127]；这在特别严重或者歧视性的基本权干预中出现，诉愿人存在着**恢复原状的利益**。

·**对有根本性意义宪法问题的澄清**[128]；当超出个案的问题有明显重要性且联邦宪法法院没有裁判过；这个例外来自联邦宪法法院的职责，即发展宪法。

·**重要且典型的短期内了结的基本权干预**[129]，所指摘的高权行为造成的负担通常限制在短期内，无法得到联邦宪法法院的裁判；这个例外的产生是基于有效的权利救济。这种情形与第二种持续存在的事实负担有重叠。

（八）合乎规定地提起申请[130]

根据《德国宪法法院法》第 23 条第 1 款第 1 句，必须书面提起宪法诉愿。电报亦构成书面提起[131]，电子邮件则不可以。[132] 根据《联邦宪法法院法》第 23 条第 1 款第 2 句和第 92 条的规定，申请必须**说明理由**（Begründung）。不仅要根据第 92 条说明损害到的权利和指摘的行为或者不作为。由于第 23 条第 1 款第 2 句要求申请有必要的理由，联邦宪法法院设置了非常高的要求，也是许多宪法诉愿在适法性审查阶段就失败的重要原因。

为了满足**充分实质地说明理由这一要求**，需要对说明理由要求的意义和目的进行分析。其在于向联邦宪法法院提供宪法诉愿受理的基础，以便根据第 93 条以下规定进行裁判。理由说明必须让其处于无须对适法性前提条件进行更多事实调查，且能够——对于第 93a 条第 2 款受理来说重要的——预测到宪法诉愿的胜诉可能性。理由说明还必须为**事务的处理提供可**

---

[127] BVerfGE 81, 138 (140) (Arbeitsfreistellung); 116, 69 (79) (Jugendstrafvollzug).
[128] BVerfGE 69, 315 (341) (Brokdorf); 139, 148 (171 f.) (TU Cottbus).
[129] BVerfGE 81, 138 (140 f.) (Arbeitsfreistellung); 83, 24 (29 f.) (Polizeigewahrsam).
[130] 案情有需要时才进行审查。
[131] BVerfG, NJW 1996, 2857.
[132] Hillgruber/Goos, Verfassungsprozessrecht, 4. Aufl. 2015, Rn. 88a; Lechner/Zuck, BVerfGG, 7. Aufl. 2015, § 23 Rn. 3.

信赖基础。这要求对裁判重要事实进行完整陈述。[133] 要注意的是,在判决宪法诉愿中,联邦宪法法院为了判断案件是否受理的问题时不会调阅之前各审法院的案卷。重要的是,应当在宪法诉愿中完整地附上或者至少给出请求撤销判决和通知的详细内容。如果不是这样的话,宪法诉愿就因为缺乏充分实质的说明而不合法。[134]

199　　宪法诉愿人还必须附有**法律阐述**（Rechtsausführung）,即强调何种基本权利出于何种原因被损害[135];没有必要的是详细和正确列举所有基本权利。根据《联邦宪法法院法》第 90 条第 1 款,阐述必须表明基本权利有受损可能性。必须考虑联邦宪法法院裁判所确定的标准。[136] 至于在此之外,是否还需要对联邦宪法法院的裁判进行阐释分析则并不清楚。[137] 要求不能过高,因为宪法性考量原则上是联邦宪法法院的根本性职责。针对法院裁判的宪法诉愿,需要对法院的论点进行阐释分析。这也包括了对一般法的论述。[138]

　　（九）期限[139]

200　　期限上,根据《德国联邦宪法法院法》第 93 条,要区分针对法律提起的宪法诉愿和其他宪法诉愿。针对法律提起的宪法诉愿,期限为法律生效后的一年（第 93 条第 3 款）。具有回溯效力的法律则从其公布之日起开始起算。[140] 如果是针对立法不作为提起宪法诉愿,立法者不作为的持续期间不开始起算期限。[141] 其他的宪法诉愿,期限为一个月（第 93 条第 1 款）。原则上,依职权所作决定被送达（Zustellung）或者以非正式形式通知（Mitteilung）时方起算期限（第 93 条第 1 款第 2 句）。其他情形中则是宣布决定（Verkündung）；如果不予宣布,则是向诉愿人公布（Bekannt-

---

[133]　Vgl. Lübbe-Wolff, AnwBl 2005, 509 (513); Klein/Sennekamp, NJW 2007, 945 (952 ff.).
[134]　BVerfGE 88, 40 (45) (Private Grundschule); 93, 266 (288) („Soldaten sind Mörder").
[135]　Vgl. BVerfGE 108, 370 (383 f.) (Exklusivlizenz); 115, 166 (180) (Verbindungsdaten).
[136]　BVerfGE 101, 331 (346) (Berufsbetreuer).
[137]　Vgl. Magen, in: Umbach/Clemens/Dollinger, BVerfGG, 2. Aufl. 2005, § 92 Rn. 41 ff. 过高的要求见 BVerfGK 15, 156 (160).
[138]　Magen, in: Umbach/Clemens/Dollinger, BVerfGG, 2. Aufl. 2005, § 92 Rn. 45 f.
[139]　案情有相应需要时方进行审查
[140]　BVerfGE 64, 367 (376) (Sonderschuloberlehrer).
[141]　BVerfGE 69, 161 (167) (Gefangenenurlaub).

gabe）（第 93 条第 1 款第 3 句）。根据第 93 条第 2 款的规定，申请复权到原有状态在下列情况下是可能的，即宪法诉愿期限不是因诉愿人的过错而错过。《联邦宪法法院法》中没有计算期限的基础；联邦宪法法院在一贯的司法裁判中适用《德国民法典》第 187 条以下规定。[142]

三、《德国联邦宪法法院法》第 93a 条以下的受理程序

宪法诉愿进入联邦宪法法院后，首先由**法官评议会**（Präsidialrat）[143] 进行审查。宪法诉愿如果明显不合法或者不成立的，会首先放在一般登记簿（《联邦宪法法院业务规则》第 60 条第 2a 款），然后向宪法诉愿人提出质疑。只有当诉愿人请求法官裁判，宪法诉愿才会被登记到诉讼登记簿上（《联邦宪法法院业务规则》第 61 条第 2 款）。不存在明显质疑的宪法诉愿则被立即登记在诉讼登记簿。

下一步，宪法诉愿被转交给主管的法官用于制作报告。在这个部门，从**宪法诉愿受理裁判**（Annahme der Verfassungsbeschwerde zur Entscheidung）角度制作裁判建议。受理的前提是，宪法诉愿具有根本性的宪法意义或者其受理是为了执行第 90 条第 1 款所列权利（第 93a 条第 2 款）。根本性的宪法意义是指宪法诉愿抛出的问题不能从《德国基本法》中得到直接回答且现有裁判尚没有解释。[144] 执行第 90 条第 1 款所列权利是指，所主张的基本权或者等同于基本权之权利损害有特别的分量或者严重影响到诉愿人。[145] 这些条件如果不存在，那么宪法诉愿就不会被受理裁判。3 名法官组成分庭（Kammer），由其作出不予受理的裁定（第 15 条）两个审判庭（Senate）则均有 6 名法官。不予受理裁定无须给出理由，在实践中也多半没给出理由（第 93d 条第 1 款第 3 句）。如果宪法诉愿被认为是为了执行诉愿人的权利，宪法问题已经为联邦宪法法院所澄清且宪法诉愿明显理由不足，此时分庭可以通过裁定允许宪法诉愿（第 93c 条第 1 款）。[146]

---

[142] BVerfGE 102, 254 (295) (EALG).
[143] 受理程序的实务角度见 Klein/Sennekamp, NJW 2007, 945 (946 f.)。
[144] BVerfGE 90, 22 (24 f.) (Grundsätzliche Bedeutung).
[145] BVerfGE 96, 245 (248) (Besonders schwerer Nachteil).
[146] 分庭裁判在宪法诉愿案件中的意义见 Zuck, EuGRZ 2013, 662 ff.。

203　　在其他情形中，**审判庭**决定宪法诉愿是否受理（第 93b 条第 2 款）。重要的是，这些程序公开进行。审判庭裁判在实践中较少：2017 年的 5176 份宪法诉愿裁判中，只有 8 个审判庭裁判。[147] 宪法诉愿一般通过法官评议会和分庭审结。

204　　**案例写作提示：**

受理程序一般不出现在宪法考试中。更多细节性知识是没有必要的。对于口试和实践来说，基础性知识则是必需的，因为受理程序对于宪法诉愿的胜诉还是败诉起到核心作用。在课程设计不断向实务靠拢的情况下，要考虑到这些实践性问题。

四、宪法诉愿的证成

205　　根据《德国基本法》第 93 条第 1 款第 4a 项，当公权力行为确实侵害了诉愿人基本权利或者等同于基本权之权利时，宪法诉愿得以证成。原则上，联邦宪法法院全面地审查公权力行为是否合乎《德国基本法》，第一审判庭则将审查标准限制在认为被损害的基本权或者等同于基本权之权利上。除此之外，法律规范在形式和实体上的合宪性细节问题都被审查。理由在于，违法的负担性规范至少损害了诉愿人第 2 条第 1 款的一般行为自由基本权。[148]

206　　存在特殊性的则是**针对法院判决提起的宪法诉愿**。由于联邦宪法法院在法院体系中有特殊地位，每个法院判决作为符合《德国基本法》第 93 条第 1 款第 4a 项意义上的公权力行为，都可以成为宪法诉愿的标的。在所有的司法争议中，联邦宪法法院因此实际上成为终审法院。但联邦宪法法院拒绝对判决合法性进行全面审查。《德国基本法》第 93 条第 1 款第 4a 项的宪法诉愿是基本权损害的一个例外法律救济。联邦宪法法院并不负责审查违反一般法的法院裁判。根据《德国基本法》第 92 条和第 93 条，联邦宪法法院**没有"超级上诉审"**（Superrevisionsinstanz）[149] 的地位；一般法的

---

[147] 2017 年联邦宪法法院的年度统计数字见 www.bverfg.de。
[148] 参见页边码 566。
[149] BVerfGE 7, 198 (207) (Lüth); 18, 85 (92) (Spezifisches Verfassungsrecht)。

适用是专门法院的职责。至于宪法诉愿中所指摘的判决是否违反一般法，联邦宪法法院不进行审查。只有当专门法院错误确定了基本权利的范围和界限，损害了"**特殊宪法**"，判决宪法诉愿才是成立的。[150]

五、分析框架：宪法诉愿的适法性

宪法诉愿

（《德国基本法》第 93 条第 1 款第 4a 项、《德国联邦宪法法院法》第 13 条第 8a 项和第 90 条以下规定）

I. 联邦宪法法院的管辖

《德国基本法》第 93 条第 1 款第 4a 项、《德国联邦宪法法院法》第 13 条第 8a 项和第 90 条以下规定

II. 当事人能力

《德国联邦宪法法院法》第 90 条意义上的每个人是指具体案件中纳入考虑的基本权利主体（《德国基本法》第 1 条至第 19 条）或者等同于基本权利之权利（第 20 条第 4 款、第 33 条、第 38 条、第 101 条、第 103 条和第 104 条）。

· 自然人

– 只赋予德国人基本权的限制

· 法人（第 19 条第 3 款）

– 私法法人，只要是本国的且从本质上可以适用基本权

– 公法法人只有例外情形下拥有

III. 诉讼能力

IV. 诉愿标的

《德国联邦宪法法院法》第 90 条第 1 款：公权力行为

· 所有三种权力的作为或者不作为（立法、行政和司法）

V. 诉愿权能

· 《德国联邦宪法法院法》第 90 条第 1 款：声称基本权利受损

– 前提条件：诉愿人陈述基本权利可能受损

· 自身、当前且直接受影响

---

[150] BVerfGE 108, 282 (294) (Kopftuch Ludin). 联邦宪法法院在民事法院裁判中的审查范围亦见页边码 367。

> **VI. 穷尽法律救济途径和辅助性原则**
> - 《德国联邦宪法法院法》第 90 条第 2 款第 1 句：穷尽法律救济途径
> - 一般没有针对法律规范的救济途径
> - **辅助性**
> - 使用所有其他的权利救济可能性义务
> - **例外**（《德国联邦宪法法院法》第 90 条第 2 款第 2 句）
> - 一般性意义的裁判
> - 重要且不可逆转的不利
>
> **VII. 合乎规定地提起申请**（《德国联邦宪法法院法》第 23 条第 1 款、第 92 条）、**期限**（《德国联邦宪法法院法》第 93 条）

图 4-1　宪法诉愿的适法性

第五章 沟通基本权
(《德国基本法》第5条第1款、第2款)

参考文献:

Epping, Volker/Lenz, Sebastian, Das Grunrecht der Meinungsfreiheit (Art. 5 I 1 GG), Jura 2007, 881 ff.; Grimm, Dieter, Die Meinungsfreiheit in der Rechtsprechung des Bundesverfassungsgerichts, NJW 1995, 1697 ff.; Sajuntz, Sascha, Die Entwicklung des Presse-und Äußerungsrechts in den Jahren 2008 bis 2010, NJW 2010, 2292 ff.; Schoch, Friedrich, Das Grundrecht der Informationsfreiheit, Jura 2008, 25 ff.

案例分析:

Bäcker, Carsten, Öffentliches Recht: Verfassungsrecht-Die O-Söhne, JuS 2013, 522 ff.; Brinktrine, Ralf/Sarcevic, Erin, Klausur Nr. 4 (S. 75 ff.); Castendyk, Oliver/Woesler, Monika, Werbeverbote für überregionale Hörfunksender und Verfassungsrecht, Jura 2007, 791 ff.; Degenhart, Christoph, I, Fälle 15 (S. 222 ff.), 16 (S. 232 ff.), 17 (S. 249 ff.), II, Fall 13 (S. 318 ff.); Frenzel, Eike Michael, Anfängerklausur-Öffentliches Recht: Grundrechte-Marmor, Stein und Eisen bricht..., JuS 2013, 37 ff.; Höfling, Wolfram, Fall 9 (S. 97 ff.); Kremer, Carsten, Warnung vor gentechnisch veränderten Lebensmitteln, Jura 2008, 299 ff.; Mielke, Sebastian K., Religionsgemeinschaften und die Meinungsfreiheit, Jura 2008, 548 ff.; Nolte, Martin/Tams, Christian J.; Grundfälle zu Art. 5 I I GG, JuS 2004, 111 ff., 199 ff., 294 ff.; Pieroth, Bodo, Hausarbeit Nr. 4 (S. 81 ff.), 8 (S. 161 ff.); Volkmann, Uwe, Fall 7 (S. 1777 ff.).

指导性案例：

BVerfGE 7, 198 ff.（Lüth）; 20, 162 ff.（Spiegel）; 25, 256 ff.（Blinkfüer）; 27, 71 ff.（Leipziger Volkszeitung）; 73, 118 ff（4. Rundfunkentscheidung）（Landesrundfunkgesetz Niedersachsen）; 94, 266 ff.（Soldaten sind Mörder）; 103, 44 ff.（Fernsehaufnahmen im Gerichtssaal II）; 114, 339 ff.（Stople）; 117, 244 ff.（Cicero）; 119, 309 ff.（Gerichtsfernsehen）; 120, 180 ff.（Caroline von Monaco II）; 124, 300 ff.（Wunsiedel）.

一、背景知识

208　　和集会自由一样，沟通自由也是德国基本权体系的传统组成部分。早在《保罗教堂宪法》第143条就规定了言论和媒体自由。作为一项政治基本权，沟通自由意义非凡。没有自由言论表达和自由媒体的民主是不能想象的。和集会自由相同，沟通基本权亦是在民主化进程中争取而来。言论自由在德国向来存在着冲突。最近关于右翼极端分子和新纳粹言论自由的讨论即为一例。表达言论损害到德国的基本价值，即民主法治或者人性尊严保障时，还受言论自由的保护吗？《欧洲人权公约》第10条和《欧盟基本权利宪章》第11条也写入了《德国基本法》第5条类似的规定。

二、保护范围

209　　《德国基本法》第5条第1款总共包括了四个不同的基本权：言论自由、信息自由、媒体自由和广播电影自由。

（一）主体保护范围

210　　《德国基本法》第5条第1款在主体保护范围上没有限制，保护每个人。根据《德国基本法》第19条第3款[1]，所有自然人和法人均为该基本权主体。按照联邦宪法法院的裁判，基本权主体还可以是公法广播营造物，如德国二台或者德意志联邦共和国广播电台。他们直接属于第5条第

---

［1］参见页边码156以下。

1款第2句所列保护范围，受基本权保护。[2]

（二）实体保护范围

案例6：鲁道夫·赫斯纪念活动

B作为德国新纳粹活动的领导人物每年在文德希尔举行鲁道夫·赫斯纪念活动。1987年鲁道夫·赫斯在战争犯监狱中自杀，被埋葬在当地墓地。和往年一样，B计划在鲁道夫·赫斯死亡日继续举办活动，于是告知了当地集会主管部门。预计会有成百上千人参加该活动。

当地集会主管部门禁止了该活动以及任何形式的类似活动，理由是依据《德国联邦集会法》第15条第1款和《德国刑法典》第130条第4款，在鲁道夫·赫斯的死亡之日，在他的墓地向其表达敬意是对纳粹暴力极权的赞美。这伤害了受难者的尊严，危害了公共和平。

B在专门法院提起的行政诉讼同样失败。法院认为，《德国基本法》第5条第1款的言论自由并不和禁止集会相冲突。《德国刑法典》第130条第4款的构成要件已经满足。从一个中立的公众角度来看，对鲁道夫·赫斯的颂扬是对纳粹极权和暴行的认同。

B提起合乎期限和形式的宪法诉愿，认为无论是《德国刑法典》第130条第4款还是对其的解释，都侵害了B基于《德国基本法》第8条第1款、第5条第1款和第4条第1款的基本权。《德国刑法典》第130条第4款违反了明确性基本原则，并不是《德国基本法》第5条第2款意义上的一般性法律，而且和《德国基本法》第3条第1款不符，因为该刑事条款只规定了鼓吹纳粹极权的行为，而没有规定其他行为应当受刑罚的制度。即使该刑事条款合宪，《德国联邦集会法》第15条第1款的构成要件也不满足，因为和平非暴力的集会不可能违反刑法。

B有希望赢得诉愿吗？

《德国刑法典》第130条第4款：公开或者在集会上通过赞同、美化或者将纳粹暴力极权正当化，损害受害者尊严，从而扰乱公共和平的，处以三年以下有期徒刑或者罚金。

---

[2] BVerfGE 31, 314 (322) (2. Rundfunkentscheidung Umsatzsteuer); 59, 231 (254f.), (Freie Mitarbeiter).

基于 BVerfGE, 124, 300ff.（Wunsiedel）改编。

1. 言论自由的保护范围（《德国基本法》第 5 条第 1 款第 1 句）

212 宪法文本将言论自由定义为"以语言、文字和图画自由表达、传播其言论的权利"。决定保护范围的核心是"言论"和"表达与传播"。

（1）保护客体：言论

213 联邦宪法法院认为，**言论**是包含"精神讨论范围内意见、观点和主张等元素"的话语。"不考虑表达的价值、正确性和理性"[3]。即使是不符合宪法秩序的言论也受保护。[4] 第 5 条第 1 款第 1 句不仅保护有事实区分的表达，也保护尖锐的、挑衅和言过其实的批评。[5] 简而言之：言论就是**每个判断性的意见**。

BVerfGE 124, 300 (320f) (Wunsiedel)：同样受《德国基本法》第 5 条第 1 款保护的是那些致力于从根本上改变政治秩序的言论，不考虑这些言论在基本法秩序中是否可行。《德国基本法》信赖自由讨论的力量，它们是针对极权、蔑视人权等意识形态的有效武器。相应的，作为对现行秩序的极端挑战而传播纳粹思想也应受《德国基本法》第 5 条第 1 款的保护。为了防范这种危险，《德国基本法》的自由秩序的维护主要通过公民积极参与自由政治讨论和《德国基本法》第 7 条国家的学校教育任务（实现）。

214 同言论相区别的是纯粹**事实**，纯粹事实缺乏判断性元素，不受言论自由的保护。[6] 同言论不同，事实只能作为证据。事实可以分为真和假的事实宣称。这种区分表面上看十分清晰，但是在个案中，言论与事实很难区分开来。言论与事实经常互相交融，成为不可分开的表达。事实一般服务于证明特定言论的正确性。在这种情形下，如果只是保护言论，而不将事实宣称也纳入《德国基本法》第 5 条第 1 款第 1 句保护之中，那么保护整个言论沟通过程的目标就不会实现。常见的还有对特定事实的选择和传播，

---

[3] BVerfGE 65, 1 (41) (Volkszählung).
[4] BVerfGE 124, 300 (320) (Wunsiedel).
[5] BVerfGE 82, 272 (283 f.) (Postmortale Schmähkritik); 85, 1 (16) (Bayer-Aktionäre).
[6] 有争议，亦有主张将其纳入保护范围的，如 Schulze-Feilitz, in: Dreier, Art. 5 I, II, Rn. 64ff.

这往往也包含了判断——言论藏身于事实之后。联邦宪法法院注意到了言论概念的问题并认为，当事实宣称"是言论形成的前提"时，也受言论自由的保护。[7] 当二者不可区分时，言论自由包括整个表达。单纯的不含任何判断的事实通告，如数据搜集[8]，是不受《德国基本法》第5条第1款第1句的保护的。

BVerfGE 90, 241（247f）（Auschwitzlüge）：《德国基本法》第5条第1款基本权保护的客体是言论。这是指表达和传播的自由。个人表达内容的主观性造就了言论。言论包含意见和观点等元素。它不能被证明是真是假。无论表达是正确的还是无根据的、情感性的或者理智的、有价值还是无价值的、危险的抑或无害的，都受基本权保护。这种基本权保护还延伸到表达的形式。即使言论表达过于激进也不得使其失去基本权保护。因此，问题只能是，依照《德国基本法》第5条第2款的标准，是否存在言论自由的界限，以及界限在哪里。

严格意义上讲，事实宣称并非言论表达。与言论表达不同，表达和现实之间的客观关系在事实宣称中居于首要地位。对事实宣称还可以检测其真假。不过事实宣称并不因此完全不受《德国基本法》第5条第1款的保护。由于言论常常涉及对事实的认定，因此它们也同时受到保护，尤其是当事实宣称是意见形成的前提时，也因此受到《德国基本法》第5条第1款的整体保护。

对事实宣称的保护止步于它们不再服务于表达的形成。从这个角度看，不正确的信息不受保护。联邦宪法法院在一系列司法判例中认为，有意或者事后证明不正确的事实宣称不受言论自由的保护。但是对真相义务的要求不能导致言论自由的功能受损，或者合法表达因担心制裁而无法实现。

言论表达和事实宣称很难被区分，因为二者常常相互联系，共同实现表达意义。只有在表达的意义未丧失的情况下才允许分离事实和判断。如果不可能分离，为了实现有效的基本权保护，该表达必须作

[7] BVerfGE, 90, 1（15）（Jugendgefährdene Schriften III）；90, 241,（247）（Ausschwitzlüge）.
[8] BVerfGE 65, 1（41）（Volkszählung）.

为言论自由来看待，纳入言论自由的保护范围之中，否则，对基本权的保护将会被严重削弱。

215 此外，联邦宪法法院对保护范围进行了限制，认为"**被证实或者有意不正确的事实宣称**不受《德国基本法》第5条第1款第1句的保护"[9]。联邦宪法法院认为这些事实宣称无助于言论的形成，因此不受保护。学界则认为，被证实不正确的事实宣称不应该被排除在保护范围之外：言论自由的同时保护犯错人的自由。[10] 联邦宪法法院目前虽然没有接受这种观点，但是对"被证实的不正确"设定了较高门槛：必须在表达的那一刻即能毫不怀疑确定表达的不正确性。[11] 这适用于否认纳粹时期对犹太人施加过迫害的宣称。无法确认真实性的事实宣称受言论自由的保护。[12]

216 受言论自由保护的，原则上还有问题（Fragen）。**真正的问题**作为沟通过程的一部分总是受言论自由的保护，即使没有表达言论，也属于为了引导第三人的言论表达。[13] 否则，《德国基本法》第5条第1款第1句对公共和个人言论自由形成的保护就不那么有效。问题还可以包含言论表达和事实宣称，这使问题的角色趋于次要地位。这种情形是**反问（rhetorische Fragen）**。如果其中有判断性的元素，也应当受言论自由的保护。具体陈述的成分越高，就越可能成为反问。非常具体的问句，对于其应当界定为真正的问题还是反问，要看这个问题是旨在得出一个内容上无法确定的答案，还是提问人在提问时已经实现了自身表达这个目的。有疑义时应当将问题的概念从宽解释。[14]

217 商业广告也受言论自由的保护。[15] 因为言论的广而告之也是言论表达，即使是带来经济好处的表达。[16] 不过，与对公众产生重大影响的政治

---

[9] BVerfGE 90, 241 (247) (Azschwitzlüge).
[10] Sachs, VerfR II, Kap. B 5 Rn. 7.
[11] BVerfGE 99, 185 (197) (Scientology).
[12] BVerfG, NJW 2016, 3360 (3361) (Abwägungsentscheidung bei nicht erweislicher Tatsachenbehauptung).
[13] BVerfGE 85, 23 (32) (Pflegenotstand).
[14] BVerfGE 85, 23 (33) (Pflegenotstand).
[15] BVerfGE 95, 173 (182) (Warnhinweise für Tabakerzeugnisse); 102, 347 (359) (Schockwerbung I). Vgl. Starck, in: v. Mangoldt/Klein/Starck, Art. 5 Rn. 25.
[16] BVerfGE 30, 336 (352) (Jugendgefährdende Schriften).

讨论相比,商业广告和追求私人利益所进行的言论表达所受的保护要弱些。[17] 从中也可以看出言论自由对于民主的重要性。

(2) 受保护的行为

《德国基本法》第 5 条第 1 款第 1 句不仅保护言论,还保护将言论"以语言、文字和图画形式自由表达、传播的权利"。准确来说,言论自由是**言论表达自由**。受保护的是每个形式的言论表达。上面的列举只是例子而已。按照宪法判例,携带海报[18]和收集签名[19]也受保护。就连没有评论的传播照片也是一种受保护的言论表达。[20]

218

言论自由包括**沟通过程的全部方式**,从言论公开到到达接受人。[21] 除了内容,保护还涉及言论的形式和方式。受保护的还有表达地点和时间的选择。[22] 由于该基本权致力于实现言论表达的精神效力[23],表达人可以自由选择在何种情况下使得自身言论达到最大程度的传播并发挥效力。[24] 不受保护的则是超出"言论的精神斗争"[25] 服务于经济利益或者暴力的**表达形式**。联邦宪法法院在"吕特案"[26] 和"布林克菲尔案"[27] 中作出了区分。

219

①在"吕特案"中,汉堡州议长以自身名义号召公众抵制导演哈兰的电影《不死的爱人》。哈兰曾经参与纳粹仇视犹太人电影《甜心犹太》的制作。在公开抵制中,议长多次指明哈兰在纳粹时期的角色,联邦宪法法院认为这种言论斗争是合法的。

220

②联邦宪法法院在 1969 年的"布林克菲尔案"中则作出不同裁判。本案焦点是汉堡发行的一份叫《布林克菲尔周报》,该报在印刷西德电视

221

---

[17] BVerfGE 54, 129 (137) (Kunstkritik); 82, 272 (281) (Schubart).
[18] BVerfGE 71, 108 (113) (Anti-Atomkraftplakette).
[19] BVerfGE 44, 197 (201 f.) (Soldaritätsadresse).
[20] BVerfGE 102, 347 (359 f.) (SchockwerbungI).
[21] BVerfGE 27, 71 (81) (Leipziger Volkszeitung).
[22] BVerfGE 93, 236 (289) (Soldaten sind Mörder).
[23] BVerfGE 7, 198 (210) (Lüth).
[24] BVerfGE 93, 266 (289) (Soldaten sind Mörder); 97, 391 (398) (Missbrauchsbezichtung).
[25] BVerfGE 25, 256 (265) (Blinkfüer).
[26] BVerfGE 7, 198 ff. (Lüth). 该案意见见 Schulze-Fielitz, Jura 2008, 52 ff.。
[27] BVerfGE 25, 256 ff. (Blinkfüer).

节目的同时，还印刷了东德的电视节目。当时控制汉堡报业市场的施普林格出版社号召报纸销售商抵制该报纸，因为无法想象一家出版社竟然"印刷东德电视节目，传播谎言"。如果销售商不参加抵制，与其的商业往来也就岌岌可危。同"吕特案"不同，联邦宪法法院认为这种抵制是不合法的。这不是言论的斗争，而是剥夺报纸销售商的内在自由，因此超越了言论表达自由的保护范围。

BVerfGE 25, 256（265）（Blinkfüer）：然而，抵制手段必须合乎宪法。当抵制呼吁不是基于精神层面，通过陈述、解释和权衡来说服对方，而是使用经济压力手段来剥夺相对人的内在自由时，抵制呼吁就不受言论自由的保护。这特别表现为，抵制呼吁中存在严重的利益威胁和利用对方的社会经济依赖性。精神讨论的自由是自由民主正常运转不可缺少的前提，因为只有这样才能保障对公益和国家政治有意义的公共讨论。通过对当事人造成严重的不利益以阻挡宪法所保障的言论信息传播，施加经济压力损害了言论形成过程中的机会平等。这违反了自由言论表达基本权的意义和本质，而该基本权应当保障言论的精神性斗争。

222 按照联邦宪法法院的观点，**消极的言论自由**也受保护。[28] 这保障了不表达和不传播特定观点的权利，即不被强制发表自身观点。而对一个明显是他人的言论[29]或者事实，如数据、广而告之[30]，这一告知义务并不触及言论自由。这里讨论的是香烟包装上写明健康损害的警示是否构成对言论自由的侵害。[31] 但是这里的警示是由欧盟健康部长们所发出，而不是由香烟生产商发出，生产商只是重复他人的言论，联邦宪法法院认为这不触及《德国基本法》第5条第1款第1句。[32]

---

[28] BVerfGE 65, 1 (40) (Volkszählung); 95, 173 (182) (Warnhinweise für Tabakerzeugnisse).
[29] BVerfGE 95, 173 (182) (Warnhinweise für Tabakerzeugnisse).
[30] BVerfGE 65, 1 (40 f.) (Volkszählung).
[31] Vgl. Hardach/Ludwigs, DÖV 2007, S. 288 ff.
[32] BVerfGE 95, 173 (182) (Warnhinweise für Tabakerzeugnisse); Di Fabio, NJW 1997, 2863 f.

2. 信息自由的保护范围（《德国基本法》第 5 条第 1 款第 1 句）

信息自由保护的是"无障碍地从一般公开来源了解信息"的权利。《德国基本法》第一次保障该自由是对"二战"中禁止收听敌台的反应。 223

信息的客体以及对确定保护范围重要的是"**一般可访问的来源**"。来源 223a 是每个可以想象的信息载体。有疑问的是，什么时候一种来源才被视为"一般可访问"。这里主要有两个解释可能性：可以将标准设定为一种来源在事实上是否为"一般可访问"，也就是说看起来适合了解信息。这种解释会造成《德国基本法》第 5 条第 1 款第 1 句中产生大量针对国家的合适来源的公开请求权。而在传统观点上[33]，这违反了该规定的体系解释和起源解释：《德国基本法》第 5 条第 1 款第 1 句在规定了给付权后，同言论表达自由的防御性角色相违背。另外，该条是对纳粹时期禁止收听敌台的反击。纳粹的规定使得著作权人为公众所提供的特定信息远离公民。联邦宪法法院考虑到了这个目标限定："当一个信息来源适合且明确地让公众而不是特定群体获取信息时，该信息来源即为一般可访问来源。"[34] 必要的是**著作权人将目的确定**为"一般可访问"。缺乏这种目的的，如法庭审判[35]、警用无线电或者不动产登记册[36]，从一开始就不受保护。[37] 对于第三人来说，行使目的确定权并不构成《德国基本法》第 5 条第 2 款意义上的干涉。"只有在一般公开发生之后，才会产生基本权保护问题"[38]。按照著作权人的目的，一般公开来源主要是广播电视播送、国内外报纸[39]、网络、公开举行的演讲、公共信息板上的招贴或者广告柱、传单、

---

[33]　参见页边码 223a。

[34]　BVerfGE 103, 44 (60) (Fernsehaufnahmen im Gerichtssaal II)。

[35]　参见《德国法院组织法》第 169 条第 2 句；庭审时禁止录像录音 BVerfGE 103, 44 ff. (Fernsehaufnahmen im Gerichtssaal II)；庭审前和庭审后的则不同 BVerfGE 119, 309 (318 ff.) (Gerichtsfernsehen)。

[36]　参见《德国不动产登记条例》第 12 条第 1 款第 1 句："如若证明有正当利益，每个人都可以查看不动产登记册。"至于这个一般法对查看可能性的限制可否能使不动产登记簿成为非一般公开的信息途径，有争议。Vgl. BVerfG, NJW 2001, 503 ff. (Grundbuch)。

[37]　更多参见 Wirtz/Brink, NVwZ 2015, 1166 (1169 f.)。

[38]　BVerfGE 103, 44 (60) (Fernsehaufnahmen im Gerichtssaal II)。

[39]　明了的例子是 BVerfGE 27, 71 ff. (Leipziger Volkszeitung)：宪法诉愿人在六十年代订阅了《莱比锡人民报》，但是这在西德邮政检查中以其中可被刑罚的内容而被海关没收。联邦宪法法院认为这损害了信息自由。

书和电影。基于其有限的保护范围，宪法审判在《德国基本法》第 5 条第 1 款第 1 句很少出现问题。

224 　　最近一段时间，上述对信息自由保护范围的狭窄理解得到拷问。欧洲人权法院在特定情形中从平行规定《欧洲人权公约》第 10 条第 1 款第 2 句推出特定信息公开直接请求权，只要这为公共利益所需，特别是当公开能够让公共事务和话题的进行过程透明化，社会整体对此有利益，让更多的公众参与到公共监督之中。[40] 与此相连，联邦宪法法院认为特定情形中可以从《德国基本法》——虽然不一定是第 5 条第 1 款第 1 句，得出直接的信息公开权。[41] 至于这个新的导向范围如何，仍待观察。宪法和公约法上的信息公开请求权在今天不能被立刻否认。

225 　　《德国基本法》第 5 条第 1 款第 1 句所保护的行为方式是"**了解**"。这是指每种形式的了解，包括使用必要辅助手段。因此，购买和使用卫星天线接收广播也受保护。[42] 文献中流传很广的观点认为，信息自由也包括**信息加工过程**，即书面笔记的储存或者制作。[43] 该观点与沟通自由的字面和体系不相符。媒体和广播机构对信息的加工不受第 5 条第 1 款第 2 句的保护[44]，而应当由第 2 条第 1 款的一般行为自由来保护。**与言论自由不同之处**在于所保护的人群。信息自由只保护接受人，而言论自由保护的是表达人。[45]

3. 媒体自由的保护范围

226 　　**案例 7：媒体查阅不动产登记册**

　　H 出版社出版杂志《经济周刊》。该出版社在没有说明详情的情况下向不动产登记局申请，让其一名编辑调阅特定的不动产登记内容。当地法院向出版社指出，查询的前提是需要听取不动产登记册所有权人的意见，并权衡媒体行使的公共利益与所有权人的个人利益。为了利益权衡，要求该编辑告知查阅原因。但该编辑拒绝告知并认为：《德国不动产登记条例》第 12 条意

---

[40] EGMR, AfP 2017, 301（Rn. 154 ff.）（Magyar Helsinki Bizottság v. Hungary）.

[41] BVerfGE 145, 365（373）（Informationszugang zu Archivgut）；Vgl. Engelbrecht, ZD 2018, 1 ff.

[42] BVerfGE 90, 27（32 f.）（Parablantenne I）.

[43] Schulze-Fielitz, in: Dreier, Art. 5 I, II Rn. 83.

[44] BVerfGE 103, 44（59）（Fernsehaufnahmen im Gerichtssaal II）.

[45] BVerfGE 27, 71（81）（Leipziger Volkszeitung）；90, 27（32）（Parablantenne I）.

义上的"正当利益"指涉《德国基本法》第 5 条正当化的媒体公共职能。对特定利益的证明可能会导致要求保密的调查工作无法进行。法官所要求的所有权人的听证权既没有法律基础，也阻碍了宪法的价值判断。提前告知不动产所有权人会使得保密机制丧失，因为对方会被告知。主管当局于是拒绝了 H 的查阅申请。该拒绝决定侵害了 H 出版社的基本权了吗？

《德国不动产登记条例》第 12 条第 1 款第 1 句：如若证明有正当利益，每个人都可以查看不动产登记册。

案例原型 BVerfG, NJW 2001, 503 ff. 。

"媒体自由"受到"保障"。《德国基本法》在第 5 条第 1 款第 2 句的简短规定对民主有重要意义。联邦宪法法院从这几个简短语句中推导出对新闻事业和其从业人员的全面保护，民主社会中**媒体的功能**也共同决定了这种保护。

> BVerfGE 20, 162 (174f.)（Spiegel）：一个自由且不为公权力操纵、没有审查的媒体是自由国家的本质元素所在；尤其是自由定期出版的政治媒体对于现代民主是不可或缺的。公民若要作出政治决策，就必须充分了解各种观点并进行权衡。媒体进行这种讨论，提供信息并发表意见，成为公众讨论的主导力量。在这个过程中，公共意见得到表达；意见和反对意见得到辩论，并取得清晰轮廓，让公民的判断和决定变得简单。在代议制民主制度下，媒体是民众与所选议会政府代表的联系监督机构。媒体批判性地总结社会群体中新形成的言论和要求，并予以解释阐明，传递给国家机构，通过这个方式，国家机构将自身所作决定与人民实际的观点作比较。

媒体的概念决定了该基本权的实体保护范围。生活用语中，这个概念包括了所有定期出版的印刷物，如报纸和杂志。宪法学上的媒体概念则相对宽泛，将其理解为任何适合传播的特定印刷物。[46] 印刷物的内容和形式并不重要，其要求印刷物针对公众，而非个人。这个宽泛的媒体概念有目的和历史考量：从《德国基本法》第 5 条第 1 款第 2 句的意义和目的上来看，不应该将书籍从媒体自由中排除出去，虽然这些比起报纸来说不易受

---

[46] BVerfGE 95, 28 (35)（Werkzeitungen）.

到国家干涉。历史上，新闻出版自由也是以宽泛的媒体概念为基础：《保罗教堂宪法》第143条的新闻出版自由指涉所有印刷物，主要是书籍。为了实现全面保护，《德国基本法》不应该限制解释。

229　　有疑问的是，新闻出版自由是否包括**新媒体**，如 CD、DVD 及其他录音录像制品。联邦宪法法院至今未有相关裁判。如果沿用传统"印刷物"的概念，那么电子媒体不受保护。《德国基本法》第 5 条第 1 款第 2 句则不支持这种理解。相反，更有说服力的是使用具有开放意义的媒体概念，允许印刷品外的其他形式的载体。[47] 只要有载体存在，就受媒体自由的保护。**网络出版物**则不受媒体自由的保护，而是受广播自由或广电自由的保护。[48]

230　　考虑到**媒体自由的行使**，联邦宪法法院选择了更为宽泛的解释：受保护的是与制作和传播媒体制品相关的所有行为方式，即从信息采集到对信息和言论的传播。[49] 这样，维护自由媒体正常运转所必须的媒体活动都被《德国基本法》第 5 条第 1 款第 2 句所涵括。[50] 因此，该基本权的保护范围不局限于与内容直接相关的媒体活动，还有与内容不相关的媒体企业辅助性活动，如审计等。[51]《德国基本法》第 5 条第 1 款第 2 句还保护在搜查时的编辑秘密[52]及记者的拒绝证言权。[53] 媒体自由还可以是针对国家的给付请求权，要求赋予信息使用权。[54]

231　　有争议的是，媒体自由在保护制作媒体产物的同时还保护其**内容**。联邦宪法法院在一系列司法判例中否认这个问题，认为言论内容通过《德国基本法》第 5 条第 1 款第 1 句的言论自由来保护。[55] 媒体自由只是保护自

---

〔47〕 Schulze-Fielitz, in: Dreier, Art. 5 I, II Rn. 90; Jarass, in: ders./pieroth, Art. 5 Rn. 25; Clemens, in: Umbach/Clemens, Art. 5 Rn. 69b.

〔48〕 BGHZ 183, 353（353ff）; anders OLG München, GRUR-RR 2005, 372（373ff.）; 区分性的 Schulze-Fielitz, in: Dreier, Art. 5I, II, Rn. 91. 参见页边码 232。

〔49〕 BVerfGE 20, 162（176）（Spiegel）; 77, 346（354）（Press-Grosso）; 91, 125（134）（Fernsehaufnahmen im Gerichtssaal）.

〔50〕 BVerfGE 77, 346（354）（Presse-Grosso）.

〔51〕 BVerfGE 25, 296（304）（Geib/Stern）; 64, 108（114 f.）（Chiffreanzeigen）.

〔52〕 BVerfGE 20, 163 ff.（Spiegel）; 117, 244（258）（CICERO）.

〔53〕 BVerfGE 64, 108（114 f.）（Chiffreanzeigen）.

〔54〕 BVerfGE NJW 2001, 503（504）.

〔55〕 BVerfGE 85, 1（13）（Bayer-Aktionäre）; 97, 391（400）（Missbrauchsbezichtung）; 不同观点参见 J. Ipsen, Rn. 442 ff. 。

由媒体的运作，即媒体从业人员、印刷产物、机构组织前提和框架条件，以及自由媒体的制度。[56] 媒体产物的言论内容则和其他言论一样，通过《德国基本法》第5条第1款第1句来保护。还有疑问的是，**言论自由与媒体自由，以及广电自由、电影自由之间的体系性关系**。从《德国基本法》第5条第1款第2句的媒体自由的位置来看，比起言论自由，媒体自由是特别法，也指涉内容的保护。[57] 按照这种理解，《德国基本法》第5条第1款第2句完全取代了第5条第1款第2句的规定。而联邦宪法法院则认为，媒体自由是《德国基本法》第5条第1款第1句之外附带地、只对媒体特别行为方式作出的补充性保护。对于媒体产物的内容适用《德国基本法》第5条第1款第1句。不过，按照联邦宪法法院的观点，媒体自由还包括受《德国基本法》第5条第1款第1句保护的第三人的言论表达；《德国基本法》第5条第1款第1句的保护被"植入"媒体自由保护中。[58] 由于《德国基本法》第5条第2款对两者作出同样的限制规定，两种观点都能得出两者同等保护的结论，因此，这种争议只有教义学意义。

BVerfGE 85, 1（11ff.）（Bayer-Aktionäre）：虽然这个包含了争议表达的呼吁涉及印刷物，其适合传播，且按照主流观点满足《德国基本法》第5条第1款第2句的媒体概念。但并不能从中直接得出媒体自由也保护印刷物言论表达这个结论。**媒体自由既不是利用印刷科技传播言论的特殊基本权，也不是针对媒体言论自由的再次强调**。如果被印刷出来的言论也受媒体自由基本权保护，那么就根本不需要媒体自由。相反，只需将《保罗教堂宪法》第143条第1款第1句和《魏玛帝国宪法》第118条第1款中的语言、文字和图片外的"印刷"保留至今即可，而且从议会辩论可以看出，在言论自由中放弃使用"印刷"一词，并专门设置媒体自由并不是说将印刷的表达排除出言论自由的保护范围，继而放到媒体自由中。"印刷"一词从草案中删除，因为按照议会的观点，这在"文字"一词中已经被包含了（JöR N. F. 1, S. 80 ff.）。

---

[56] BVerfGE 85, 1（13）（Bayer-Aktionäre）.
[57] Bethge, in: Sachs, GG, Art. 5 Rn. 47.
[58] BVerfGE 102, 347（359）（Schockwerbung I）.

媒体产物包含的言论表达已通过《德国基本法》第5条第1款第1句得到保护，对媒体自由提供特殊保障的意义在于，媒体对于个人和公共言论的形成有非凡意义，这是《德国基本法》第5条第1款所要保障的。因此，《德国基本法》第5条第1款第2句所保护的主要是**媒体沟通过程为实现自身职能所需的前提条件确切得到满足**。这是从联邦宪法法院所确定的宽泛媒体概念出发，媒体自由基本权保护媒体的制度性独立，从信息采集到信息和言论的传播。媒体的制度性保障和媒体从业人员的主观公权利相连接，像其他公民一样将其言论以合适的表现方式自由无阻碍地表达，这就不是指媒体的单个表达。相反，联邦宪法法院以此为基础审查州法律的合宪性，该州法律授予政府权力，在一定条件下禁止编辑人员从事职业。

媒体自由的保护范围囊括**在媒体行业发挥媒体功能的从业人员、媒体产物、机构组织的前提和框架条件、自由媒体制度**。如果涉及的是一个特定言论表达允许或者不允许的问题，尤其是第三人是否必须忍受对其的不利表达，这个时候不考虑传播媒介而适用第5条第1款第1句。相应的，联邦宪法法院一直以言论自由基本权来处理书籍和传单的言论表达的合法性，即使这些出版物属于媒体概念。

4. 广播与电影自由的保护范围 (《德国基本法》第5条第1款第2句)

232 通过保障广播自由，《德国基本法》纳入了在其生效时刚刚兴起的电磁波传递信息技术。**广播**是向不特定人群以有线或者无线方式传播内容的所有形式。保持开放的"广播"概念包含了电视和广播。[59] 虽然其相对狭窄的字面（"报道"），但联邦宪法法院很早就已经表明，广播自由不仅仅是纯粹的报道："和新闻和政治评论一样，信息和言论同样可以通过电视剧或者音乐节目来传达。"[60]

233 作为媒体自由的补充性权利，广播自由保护所有电磁或者电子转播的无形内容。二者区分在于是否存在**信息实体**。[61] **新媒体**，如**网络**，属于广

---

[59] BVerfGE 12, 205(226)(1. Rundfunkentscheidung); 74, 297(305)(5. Rundfunkentscheidung); 83, 238(302)(6. Rundfunkentscheidung).

[60] BVerfGE 35, 202 (222) (Lebach).

[61] Vgl. Schulze-Fielitz, in: Dreier, Art. 5 I, II Rn. 91.

播自由。[62] 电子邮件由于是个人通讯手段而不属于广播自由。不过这属于《德国基本法》第 1 条第 1 款（一般人格权）[63]、第 2 条第 1 款和第 10 条第 1 款（通讯秘密）[64]。

意义较小的是第 5 条第 1 款第 2 句的电影自由。推动其被写入《德国基本法》的主要是"每周新闻"节目，该节目在电视时代之前是获取政治信息的重要来源。**电影**通过结构化的图片集来传达思想内容。[65] 电影不取决于其录制方式，视频电影和 DVD 都属于电影自由保护对象。根据原有的保护方向，电影自由与广播自由的区别在于，电影是在播放图像载体的地点播放；而广播自由电影是在电视上再次播放。[66] 有疑问的是，非面对大众播放的私人使用视频和 DVD 是电影自由，还是由于其实体化而属于媒体自由。[67]

234

在权利行使方式上，广播自由和电影自由相同。广播的报道自由（《德国基本法》第 5 条第 1 款第 2 句）保护信息的取得和节目内容的制作，以及利用信息录制，特别是用声音图像录制技术等广播手段进行传播。[68]《德国基本法》第 5 条第 1 款第 2 句的保护范围还涉及广播的前提和辅助活动，没有这些，广播无法发挥功能；受保护的还有信息来源的保密、对信息提供者的保密和编辑工作的保密。[69] 一般公开信息途径对媒体和公民的准入仅受《德国基本法》第 5 条第 1 款第 1 句的保护。

235

广播自由的**特别之处**是**波段**（目前）的有限性。德国广播实行二元体系：部分公法、部分私法。这种二元体系被联邦宪法法院认定为合法。另外，联邦宪法法院将《德国基本法》第 5 条第 1 款第 2 句规定的权利称为**规范形塑基本权**（normgeprägtes Grundrecht），其内容必须由立法者来构

236

---

[62] 对网络是否是《德国基本法》第 5 条第 1 款第 2 句的广播参见 Peine, in: FS für Folz, 2003, 257 ff.。

[63] 参见页边码 626 以下。

[64] 参见页边码 688 以下。

[65] Herzog, in: Maunz/Dürig, Art. 5 I, II Rn. 198.

[66] Schulze-Fielitz, in: Dreier, Art. 5 I, II Rn. 111.

[67] Vgl. Schulze-Fielitz, in: Dreier, Art. 5 I, II Rn. 112.

[68] BVerfGE 103, 44（59）（Fernsehaufnahme im Gerichtssaal II）; 119, 309（318 f.）(Ge-richtsfernsehen).

[69] BVerfGE, NJW 2011, 1859（1860）（Durchsuchung Radioredaktion）.

建。[70] 联邦宪法法院要求，各州立法者确定的法律规范要确保言论多元，私法广播也同样。[71]

三、干预

237　　对《德国基本法》第 5 条第 1 款自由的干预体现在很多方面：每个对言论表达的禁止和阻碍都是对第 5 条第 1 款第 1 句的干预。每个对媒体和广播的妨碍都可能干预媒体和广播自由。对媒体的间接影响，如将媒体机构写入宪法保护报告中也构成干预。[72] 对信息自由的干预可以是对接触一般公开信息的阻碍。

238　　按照联邦宪法法院的司法判例，**广播自由**要确保当前多样化的言论在广播中以最大程度的方式得到展示。这个秩序的**构建**是立法者的任务。立法者同时享有构建空间。[73] 立法者必须注意广播机构**独立于国家的原则**。

四、干预的正当化

（一）第 5 条第 2 款的限制

239　　第 5 条第 1 款的基本权并不是无限地被保护，而是受到"一般法律和有关青少年保护，以及个人名誉权的法律规定"的限制。第 5 条第 2 款对限制设定了特定实质条件，主要是特殊的目标设定。该规定是**加重的法律的保留**，在这种法律的保留下，立法者的干预受到特殊标准的约束。[74]《德国基本法》第 17a 条第 1 款也是加重的法律的保留。

1. 一般性法律

240　　第 5 条第 2 款限制性规定的核心概念是"一般性法律"。这个概念起源于魏玛时代。早在《魏玛帝国宪法》第 118 条第 1 款，言论自由就受到限

---

[70] BVerfGE 57, 295 (319) (3. Rundfunkentscheidung) (Frag/Saarländisches Rundfunkgesetz). 规范形塑基本权的概念参见页边码 433 以下。

[71] BVerfGE 83, 238 (297 f.) (6. Rundfunkentscheidung); 97, 228 (257 f.) (Kurzberichterstattung).

[72] BVerfGE 113, 63 (73 f.) (Junge Freiheit).

[73] Vgl. BVerfGE 119, 181 (214) (Rundfunkfinanzierungsstaatsvertrag); 121, 30 (50) (Parteienrundfunk).

[74] 一般法律的保留则不同，如《德国基本法》第 8 条第 2 款。参见页边码 43 和 46。

制。对于限制的范围，对"一般"一词的解释是关键性的。如果严格依照字面解释，则可以对任何人同等适用，而不是适用于个人（抽象普遍性规定）的法律都认定为"一般"法律。这个解释与体系解释相矛盾：个案法律禁止已经在第 19 条第 1 款第 1 句写明，这样，第 5 条第 2 款在这种解释下事实上就不是加重法律的保留，而只是一般法律的保留。"一般"这个词就丧失了限制功能。

基于目的以及历史性考量，联邦宪法法院在 1958 年作出了其他的、与法律内容相关的解释。[75] 联邦宪法法院回溯到《魏玛帝国宪法》第 118 条第 1 款的代表性观点上[76]：权衡理论和特别法理论。按照**权衡理论**（Abwägungslehre），所有服务于更重要的"公共利益"，因其较高价值的法益，从而优先于第 5 条第 1 款自由的法律就是"一般法律"。权衡理论的核心是比例性审查。对衡量理论的批判也在于此：和《魏玛帝国宪法》不同，比例性的审查在今天是每个基本权审查的决定性部分，以至于"一般"这个词丧失了独立的限制功能。 241

特别法理论则没有这个缺点，其关注限制性法律的目标，要求法律有"一般性"的目标设定。因为第 5 条第 1 款的自由也要符合一般法律秩序，只有特别法才阻挡沟通自由的实现。特别法理论有两个变体：第一个变体是，如果法律不是针对特定言论内容，那么该法律就是"一般性"的。法律必须在内容上是中立的（"**一般法律的言论中立**"）。第二个变体是，法律不特别针对第 5 条第 1 款的自由，而只是"一般地"涉及行为活动，不考虑是否影响第 5 条第 1 款的保护范围，那么该法律就是"一般性"的。 242

魏玛时代的历史解释方法被联邦宪法法院融合进一个公式之中，这个公式自"吕特案"之后一直被适用，后来有微小的变化，"当法律既不针对言论自由，也不针对特定言论，而是服务于保护不考虑特定言论的法益时"，该法律即为**一般性**法律。[77] 一般性法律必须满足**两个前提条件**：第一，必须对法益进行一般性保护，而不考虑该法益是否通过言论表达或者 243

---

[75] BVerfGE 7, 198 (209f.) (Lüth).
[76] Vgl. Anschütz, Die Verfassung des Deutschen Reichs, 14. Aufl. 1933, Art. 118 Anm. 3f.
[77] BVerfGE 97, 125 (146) (Caroline von Monaco I); 113, 63 (78) (Junge Freiheit).

其他方式受损。[78] 第二，一般性法律必须被构建得在不同言论前保持中立，鉴于其所保护的法益而不会歧视某个特定言论。

例：《德国刑法典》第130条第4款规定，公开或者在集会上通过赞同、美化或者正当化纳粹暴力极权，损害受害者尊严，从而扰乱公共和平的行为，处三年以下有期徒刑或者罚金。该规定是保护公共和平，这个法益在法律秩序中得到保护，而不考虑该法益是以何种方式被干预的。但是这个规定的构成要件包括了特定言论的表达。因此该规定不是言论中立，其非一般性法律。[79]

BVerfGE 124, 300（322ff.）（Wunsiedel）：审查法律是否是一般性的，首先要问，这个规定是否与言论内容相联系。如果这个规范不取决于言论表达的内容，那么其就是一般性法律。相反，如果与言论表达内容相联系，这个时候要考察该规范是否对法律秩序已保护的法益提供保护。如果是这种情况，一般推定这个法律不是针对特定言论，而是言论中立的、一般性防御法益侵害。单凭与言论内容相关这一点，并不能马上剥夺其一般性法律的定位。**相反，当一个与内容相关的规范明显是为了保护特定法益，而不针对特定言论，也构成一般性法律。**但是不能从这个司法解释倒推出下列结论，即只要一个规范保护一个肯认的法益就肯定该规范的一般性。对言论作出限制的法律同时保护法律秩序肯认的法益，这一事实并不能确保任何情形下该法律都具有一般性，而只能认为该法律符合法治距离（rechtsstaatliche Distanz）和言论中立的要求。当一个与内容相关的言论限制并非开放性规定，而是从一开始针对特定信念、观点和意识形态时，该法律就缺乏一般性特征。**保护法益的法律只有在下列情形中才具有一般性，即从整体上看，法律规定前后一致且抽象，构建时不考虑具体先验的观点。**这包括对损害行为和保护法益的充分一般性描述，以此保证该规范在政治领域内相对开放，而出于不同的政治、宗教或者世界观基本地位，从中产生惩罚性或者禁止性的言论

---

[78] BVerfGE 111, 147（155）（Inhaltsbezogenes Versammlungsgebot）; 117, 244（260）（CICERO）; 124, 300（322）（Wunsiedel）.

[79] BVerfGE 124, 300（Wunsiedel）; anders wohl noch BVerfGE 90, 241（251）（Auschwitzlüge）.

表达。这就要求规范文本与政治或者言论斗争的具体讨论遵守法治距离，保证适用法律有严格的"失明"。规范可以只针对保护的法益，但不能针对具体观点和态度作出有价值或者无价值的判断。

对于一个规范按照这个原则是一般性法律还是特别法律来判断，并不能公式化回答，而是要看整体情况。立足点则是这个规范在多大程度上限制在抽象内容里，对不同观点保持开放的标准，抑或以意识形态划分基础的具体立场。特别法的标志是，该规范是对公共言论斗争具体冲突的回答，或是对个别先觉团体的实质地位的表述，使得该规范主要针对其而作出。相应的，也适用于对行为的制裁，这个行为可能来自具体的精神主张或者特别的世界观、政治或者历史观，也可以是只针对以某行为所形成的特定群体。**一个规范越是超越其特定政治、宗教或者世界观的支持者，而影响到公共言论斗争的，那么这个规范就越有可能是一般法**。当限制言论的法律与特定历史事件的意义相关，或者保护一个不再开放而是已经确定人群的法益时，该法律就是特殊法。总体来说，**要看限制内容的规范是否与政治和世界观言论斗争的不同具体地位保持原则性的、内容性的距离**。

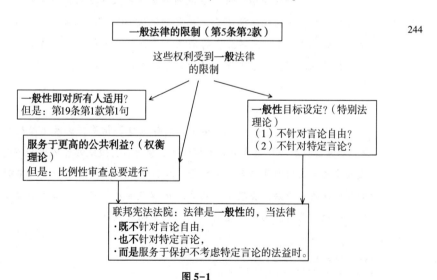

图 5-1

245 　　例外情形中，非一般性法律也可以限制第 5 条第 1 款的言论自由。这主要是为了阻挡美化 1933 年到 1945 年纳粹极权言论的规定。**第 5 条第 2 款的特别法禁止构成宪法的内在限制。**[80]联邦宪法法院在"文德希尔裁定"中认为，《德国基本法》是纳粹极权的对立概念。[81] 不过法院强调，《德国基本法》没有包含一般性的反纳粹基本原则。即使是带有纳粹内容的表达，也属于《德国基本法》第 5 条第 1 款的保护范围。对其的干预要用比例原则来审查。[82]

246 　　"文德希尔裁定"试图允许反击纳粹思想，同时维护《德国基本法》的言论中立原则。[83] 为了达到这个目的，联邦宪法法院突破传统法教义学，利用历史考量，允许特别法来限制言论自由。这只是个案判决，其法教义学的坚固性值得怀疑。还有疑问的是，纳粹思想的传播因其存在滥用危险，如果将其从《德国基本法》第 5 条第 1 款保护范围中排除出去，该做法是否更具有一致性。

> 　　BVerfGE 124, 300（322ff.）（Wunsiedel）：《德国刑法典》第 130 条第 4 款即使不是一般性法律，也与《德国基本法》第 5 条第 1 款和第 2 款相符合。由于纳粹统治在欧洲和世界带来不公正和恐惧，作为其对立面而成立的联邦德国禁止鼓吹美化从 1933 年到 1945 年的纳粹政权，这些法律条款是禁止在特别法中作出言论规定的例外情形，构成《德国基本法》第 5 条第 1 款和第 2 款的内在限制。《德国基本法》仍然是反纳粹极权的，在体系构建和细节处理上旨在以史为鉴，杜绝极权的再次发生。
>
> 　　法律对关涉从 1933 年至 1945 年纳粹极权的相关言论做出特别规定，《德国基本法》第 5 条第 1 款和第 2 款对这些规定的开放性并不会减损言论自由的实质内涵。特别是《德国基本法》并没有规定一般性的反纳粹基本原则，去禁止传播右翼极端或者纳粹思想。基于历史上纳粹极权的罪行和由此产生的责任，对限制言论相关法律的一般性要

---

[80] BVerfGE 124, 300（327.）（Wunsiedel）.
[81] BVerfGE 124, 300（328）（Wunsiedel）.
[82] BVerfGE 124, 300（330 f.）（Wunsiedel）.
[83] Vgl. Schaefer, DÖV 2010, 379 ff., Volkmann, NJW 2010, 417 ff. 也参见页边码 64。

求,《德国基本法》第 5 条第 1 款和第 2 在此作出例外,但这个例外并非"开放大门",而是将消除危险思想的责任交给自由讨论的批判。它只是允许立法者对以纳粹政权历史事实为客体而积极评价的言论表达作出特别规定,这些规定与表达的特殊效果相联系。同时,特别规定也必须符合比例原则,并进行严格字面上的法益保护,而不能对所涉及言论的内容进行评价。

2. 保护青少年的法律规定

第 5 条第 1 款还有两个限制,因对一般性法律概念的过宽解释使这两个限制意义不大。保护青少年的法律规定主要是**保护青少年不受威胁地健康发展**。"道德领域的危险主要是印刷、声音图像产物,它们颂扬暴力或者犯罪、激发种族仇恨、美化战争或者以粗暴侮辱的方式展示性过程,因此会给青少年造成明显严重的或者不可改变的错误发展"[84]。第 5 条第 2 款对限制言论法律所设定的一般性要求同时扩展到青少年保护规定,因此,这里也禁止特别法。[85]

3. 个人名誉权

个人名誉权也限制沟通基本权。即使文本看起来不是这样,但这里同样适用法律的保留。其他部分参见上面对青少年保护的论述。

(二)限制的限制:相互影响学说

早在 1958 年的"吕特案"中,联邦宪法法院在阐述第 5 条第 1 款和第 2 款时认为,限制沟通自由的一般性法律和基本权的价值意义之间存在相互影响的关系。也就是说,必须在第 5 条第 1 款的基本权和一般性法律所追求的目标之间进行权衡。这实际上和严格意义上的比例性审查[86]没什么不同。1958 年比例性审查发展并不充分,因此在当时,**相互影响学说**(Wechselwirkungslehre)取得了独立意义。

> **BVerfGE 7, 198 (208ff.) (Lüth)**:鉴于言论表达自由对自由民主国家有根本意义,如果对一般法(以及以法律为基础进行审判的法

247

248

249

---

[84] BVerfGE 30, 336 (347) (Jugendgefährdende Schriften).
[85] BVerfGE 124, 300 (326 f.) (Wunsiedel).
[86] 参见页边码 48 以下。

院）相对化基本权保护范围这一做法置之不管，将会与宪法体系相背。和上述对基本权与私法制度关系的论述一样，原则上：**一般性法律在对基本权作出限制时，必须充分考虑到该基本权的意义，使得该基本权的特别价值内涵在自由民主的所有领域，尤其是公共生活中得到完整维护**。基本权和"一般性法律"之间的相互关系并不能理解为是对基本权效力的单方限制；二者有相互影响，"一般性法律"虽然在字面上限制基本权，但另一方面鉴于基本权在自由民主国家的价值意义，限制基本权效力的一般性法律也必须得到限制。

从单纯精神效力上而言，言论表达是自由的，但当法律保护的其他法益受到言论表达自由的妨碍，且其他法益取得优先地位时，通过言论表达所进行的干预就不被允许。因此，"利益权衡"是必要的：当其他较高层级的值得保护的法益被言论自由损害时，言论自由退居其次。至于是否有更为重要的利益存在，要结合个案查明。

250 今天，相互影响理论已经不断融入**比例原则**之中。但是第 5 条第 1 款的比例性检验比起其他基本权有自身特点，以至于今天仍然用相互影响理论来论述。[87] 在言论自由受到干预时，联邦宪法法院的审查有**三个层次**[88]，第 5 条第 1 款在三个层次中都有自身意义：意义说明、规范解释和规范适用。这三个层次的审查，无论是法律（规范解释层面）还是个别行为（意义说明与规范适用层面）都是均衡性审查（即为严格意义上的比例性审查）的组成部分。

251 第一个层次是被干预到的表达在理解时要注意第 5 条第 1 款第 1 句。**"意义说明层次"**上要对表达进行谨慎的解释。要看表达的动机、地点、时间、接受人和可能的不同意义。在一个白炽化、充满对立意见的讨论中，一个刺耳的表达可能就是无害的，而这个表达单独看待就可能是损害名誉。对于意义说明极为重要的不是表达人的主观意图，也不是接受人的主观理解，而是从中立理智的公众角度来理解表达的意义。如果表达意义明确，那么就以这个意义为基础进行下面的审查；如果中立且理智的公众认为这

---

[87] Vgl. BVerfGE 124, 300 (331 f.) (Wunsiedel).

[88] Grimm, NJW 1995, 1697 (1700 ff.).

个表达是含糊不清的，或者大多数人理解为不同的内容，那么下面的审查则从含糊不清的内容出发。[89]

对于**含糊不清的表达**（mehrdeutige Äußerungen）必须要审查的是，是否存在从一开始就无须限制的理解方式。这种**善意解释**（wohlwollende Auslegung）[90]要求专门法院寻找与其他法益不冲突的言论表达解释。[91] 例如，在"士兵都是杀人犯"的表达中，单独看是对联邦国防部士兵的名誉损害。但要注意的是用语的情境，即在传单上的表达，只是指涉战争，而非联邦国防部。联邦宪法法院认为单独处理这个句子会扭曲其含义，鉴于第5条第1款的意义，这种解释是不合法的。[92]

252

只有在善意解释不可能时，法院才会使用**充满冲突的解释方案**。[93] 联邦宪法法院在最近的司法判例中对其进行了重要修改[94]：如果多数公众所理解的解释方案[95]会造成一般人格权受损害，那么**请求禁止相关表达时**，法院会以该解释方案为依据。因为表达人被期待用更清晰和选择明确的表达，来消除未来对他人人格权的伤害。相反，如果请求损害赔偿或者刑事处罚，要选择不损害一般人格权的解释方案，因为这是对过去的判断[96]，该司法判例欠缺说服力。[97] 这种做法违背了以往对言论自由的强效保护，严重削弱了保护力度，因为含糊不清的表达有可能面临警告和不作为诉讼。从受影响人的角度来看，警告和不作为之诉也具有制裁色彩。受影响人——主要是私人和动议人——会因此担心诉讼风险，预防性地放弃言论表达。而这正是联邦宪法法院要避免出现的情形。[98] 因此，新的司法判例应

253

---

[89] BVerfGE 93, 266 (295) (Soldaten sind Mörder); 114, 339 (Stolpe).
[90] Pieroth/Schlink/Kingreen/Poscher, Rn. 641.
[91] BVerfGE 93, 266 (295 ff.) (Soldaten sind Mörder).
[92] BVerfGE 93, 266 (297 ff.) (Soldaten sind Mörder).
[93] BVerfGE 94, 1 (9) (DGHS).
[94] BVerfGE 114, 339 (350 f.) (Stolpe); 同样的 BVerfGK 8, 89 (103 ff.).
[95] BVerfGE 13, 97 (102).
[96] BVerfGE 114, 339 (350) (Stolpe); BVerfGK 8, 89 (104).
[97] Vgl. Seelmann-Eggebert, AFP 2007, 86 ff. und ders., NJW 2008, 2551 (2553); 反对的观点参见 Hochhuth, NJW 2006, 189 ff. 亦参见 Mori, Der Staat 47 (2008), 258 ff.。
[98] Vgl. BVerfGK 13, 97 (103).

254   当限定在严重损害人格权的情形上。[99]

第二个层次是"**规范解释层面**",干预沟通自由的规范要从基本权角度来解释。联邦宪法法院在这里推定言论自由优先,对批评的合法性和事实查明谨慎义务不得泛泛地提出过高要求。[100] 每个规范必须独立于个案地进行解释,不得设置过高的要求。

255   第三个层次是"**规范适用**",其是对个案的审查,看具体的法律适用是否合理地解决了沟通基本权和与其相冲突利益之间的矛盾。单个行为的均衡性审查中还包括个案权衡,这是考虑到每个法益的价值和受影响范围。大多数时间,言论自由和人格权相对立。这个时候要看言论表达的动机、场合、内容,以及与其相对立的人格权分量。对利益权衡起到重要作用的,则是言论只是私人为了实现自身利益而讨论,还是公众重要问题上的言论自由。如果有争议的言论有助于公共言论形成,即推定言论自由优先。[101] 原则上,对社会领域事件的真正事实宣称必须容忍,因为人格权并没有赋予在公众前保密的请求权。[102] 不过,联邦宪法法院为言论自由设定了重要的界限:表现为形式侮辱("蠢蛋""胡说八道的人"),或者对他人的贬低谩骂等丑化言论例外地无须在言论自由和人格权间进行权衡,此时,原则上名誉保护高于言论自由。[103] 对形式侮辱和谩骂式批评的认定需要适用严格标准。[104] 实践和考试中,宪法性审查的重点在于此。必要的是对个案中的冲突地位进行谨慎的列举、权重和归入。

256   **案例写作提示:**

案例写作时,相互影响理论是一项困难的工作,尤其是三个层次的论述。由于相互影响理论与比例原则相似,因此可以将相互影响理论概念放到比例性审查中简短(!)叙述。三个层次的真正审查则直接放到法律

---

[99] 正确的 OLG Kökn, NJW-RR 2007, 698 (701); 被 BGH, NJW 2008, 2110 ff. (Müllermilch=Genmilch) 确认。Vgl. Gostomzyk, NJW 2008, 2082 ff.。

[100] BVerfGE 42, 163, (170 f.) (Echternach).

[101] BVerfG, NVwZ 2016, 761 (762).

[102] BVerfGE 97, 391 (403) (Missbrauchsbezichtigung).

[103] BVerfGE 90, 241 (248) (Auschwitzlüge); 93, 266 (294) („Soldaten sind Mörder").

[104] BVerfG, NJW 2016, 2870 (2870 f.) (Einordnung der Äußerung eines Rechtsanwalts als Schmähkritik).

(规范解释层面)和单个行为(说明层面和规范适用层面)的均衡性审查之中。没有必要刻意划分三个层次,但要清楚的是,表达的意义内涵和规范的抽象与具体目标都要借助第5条第1款的"相互影响"来检验。

(三)审查禁止

第5条第1款第3句明确禁止一种干预:审查。[105] 审查只是指**提前预防性审查**。提前预防性审查是指对精神产品的生产或者传播采取限制措施,尤其是生产与传播取决于行政机关提前审查和内容批准(带有批准保留的禁止)。该规定不包括事后审查:如果一件作品已经到达公众,则适用第5条第2款的限制规定,这也使第5条第1款第3句无法适用于事后审查。第5条第1款第3句限制在事前审查可以从其产生原因上来说明:使用同样语句的《魏玛帝国宪法》第118条第2款第1句按照当时主流观点也限定在提前预防性审查,制宪者对此不想改变。[106] 第5条第1款第3句是绝对性适用,不受第5条第2款的限制。

257

五、基本权利的竞合

实践中经常出现多个基本权保护范围被涉及、同时适用的情形。在这种情形下的问题是,基本权保护按照哪个基本权来衡量。妨碍必须按照一个或者多个基本权来衡量。因此要决定基本权之间的竞合关系。[107]

258

处理竞合关系时要谨慎地解释保护范围。经常出现的情况是,根本不存在竞合关系。

259

例1:在一个《德国基本法》第8条第1款意义的集会上,一个参加者举着带有"穆勒是法西斯分子"标语的海报。主管当局没收了这个海报。

这种情形下表面看起来是集会自由和言论自由。但是集会自由只保护集会方面的特别行为。通过海报表达言论并不是集会方面的特别行为。[108]

260

---

[105] 审查禁止参见 Warg, DÖV 2018, 473 ff.。

[106] BVerfGE 33, 52 (71 ff.) (Zensur)。

[107] 详细的基本权竞合参见 Spielmann, Konkurrenz von Grundrechtsnormen, 2008;Heß, Grundrechtskonkurrenzen, 2000. 公法竞合参见 Butzer/Epping, S. 17 ff.。

[108] 参见页边码35。

《德国基本法》第 8 条的保护范围不受触及，只有第 5 条第 1 款第 1 句适用。这里不存在竞合问题。在**保护范围层面**应当予以**区分**。

261　　如果是多个基本权受到影响，它们可以同时适用。

　　例 2：A 持着"穆勒就是法西斯分子"口号的海报呼吁集会游行。主管当局没收了海报。

262　　不同于例 1，这里国家的干预直接针对的是游行示威的准备行为，即游行示威方面的特别活动。第 8 款第 1 句受到影响。同时，言论表达"穆勒是个法西斯分子"被压制，言论自由也被触及。由于两个基本权有完全**不同的保护范围**，在本案中**同时适用**。[109] 只要有一个基本权被损害，就被视为违反宪法。这里的情形是**理想竞合**。

263　　基本权还可能通过其他基本权来增强保护。[110]

　　例 3：因怀疑一名当事人偷税，检察院在律师事务所复制了律师 R 的数据库。

264　　这里的基本权干预要按照第 2 条第 1 款[111]的一般行为自由来衡量。不触及第 12 条第 1 款，因为检察院是在没有考虑 R 的职业行为下做出行为的，缺乏职业规制意图。[112] 尽管如此，在权衡时也要考虑到第 12 条第 1 款。因为 R 的职业行为在事实上被妨碍，检察院在作出决定时必须予以重视。第 2 条第 1 款的构成要件被第 12 条第 1 款所增强；基本权处于**增强联盟**（Verstärkungsverbund）[113] 中。

265　　其他情形中，因为存在**特别关系**，一项基本权保护排挤其他基本权保护。

　　例 4：在第 8 条第 1 款意义的一次集会上，一名参与者举着艺术性加工的海报，上面写着"穆勒处于纳粹犯罪分子集团之中"。主管当局没收了海报。

266　　本案中第 8 条第 1 款不再适用——和例 1 一样，适用的是言论自由和第 5 条第 3 款第 1 句的艺术自由。从构成要件上看，两个自由权都被触及。

---

[109]　BVerfGE 82, 236（258）（Schubart）。

[110]　Vgl. Hofmann, AöR 133 (2008), 523 ff.; ders., Jura 2008, 667 ff.; Meinke, JA 2009, 6 ff., und Spielmann, Konkurrenz von Grundrechtsnormen, 2008, S. 182 ff.

[111]　参见页边码 546 以下。

[112]　BVerfGE 113, 29（48）（Anwaltsdaten）。参见页边码 400。

[113]　Spielmann, Konkurrenz von Grundrechtsnormen, 2008, S. 182 ff. BVerfGE 101, 361（286）（Caroline von Monaco II）；104, 337（246）（Schäten）.

例2中，所触及的基本权有不同的法益，而例4中，无论是言论自由还是艺术自由都保护的是在公共场合展示特定言说的权利，**保护范围出现重叠**。如果是保护范围实体重叠，这个时候要考察基本权的特性。[114] 当重叠只是部分，其中一个规范是完全的、更接近实体且针对特定事实的，即存在**规范特性**。[115] 应当从判断性的观察中寻找规范特性。[116] 例4中，言论自由和艺术自由保护言论表达。这里出现保护范围的重叠，但又不是全面重叠。并不是每个艺术作品都包含言论，且受第5条第1款第1句的保护。第5条第3款第1句的艺术自由由于其无保留的特别地位，完全地保护整个艺术范围。于是它于言论自由是规范特性的关系，作为特别规范而单独适用。[117]

例5：一名牧师在布道时表达自己的信仰，并批评了其他宗教。

本案中一方面是信仰表达自由（第4条第1款）；另一方面是言论自由（第5条第1款第1句）。两个基本权保护范围重叠。与例3不同，这里的重叠是完全的。两个基本权保护的都是言论的表达。言论以宗教或者世界观信仰的形式表达，且与言论自由相比有附带特征时，才可援引第4条第1款。信仰表达自由保护言论自由的一部分，在逻辑特性上优先于言论自由。[118] 当有不同法律结果的两个规范有相同事实，而其中一个规范——这里是信仰表达自由——基于事实要件而包含了附带要求时，即存在**逻辑特性**。[119] 其他自由权与第2条第1款一般行为自由之间也存在逻辑特性。[120]

案例写作提示：

竞合问题在案例写作时总是会产生。考试或者家庭作业中往往会出现特殊自由权，因此最好在结尾写明，《德国基本法》第2条第1款的一般行

---

[114] Butzer/Epping, S. 20 f. 及例子。
[115] Vgl. Larenz/Canaris, Methodenlehre der Rechtswissenschaft, 3. Aufl. 1995, S. 89 f. ; Heß, Grundrechtskonkurrenzen, 2000, S. 62 ff. und S. 149 ff.
[116] Stern, in ders., Staatsrecht, Bd. III/2, § 92, S. 1400. Vgl. Spielmann, Konkurrenzen von Grundrechtsnormen, 2008, S. 166 ff.
[117] BVerfGE 30, 173 (200) (Mephisto); 81, 278 (291) (Bundesflagge).
[118] Stern, in; ders, Staatsrecht, Bd. III/2, § 92, S. 1403.
[119] Vgl. Larenz/Canaris, Methodenlehre der Rechtswissenschaft, 3. Aufl. 1995, S. 88 f.
[120] 参见页边码577以下。更多例子 Spielmann, Konkurrenzen von Grundrechtsnormen, 2008, S. 158 ff.。

为自由虽然于构成要件上可适用，但是基于特性而不再被审查。当多个基本权因其不同的保护方向而同时适用时，竞合关系总是需要加以重视的。这主要是第4条、第5条、第8条和第12条的基本权，第12条和第14条，以及第9条内部之间。而且和刑法一样，在案例写作开始的时候就应该明确竞合关系。如果对一个被其他基本权排挤的基本权进行了较长的审查（可能在考试开始），会给改卷人负面印象。另外，还会产生时间问题，从而错失审查重点。因此应当重视竞合问题，特别是当只有少数案子有争议时更是如此。规范特性与逻辑特性的划分在考试中不会出现。增强联盟作为新问题，可能出现。很多评论集在每条评论结尾时都对竞合问题作出论述。

269 **一览：典型的考试问题**

言论概念/与事实的区分/言论（页边码213）。

一般性法律的限制（页边码239以下）。

相互影响理论（页边码249以下）。

言论自由的右翼极端、相关刑法规范的合宪性（页边码245）。

言论自由与人格保护、不作为之诉范围的言论表达的说明（页边码251）。

媒体自由的范围（印刷物的保护、销售途径）（页边码230）。

言论自由的间接第三人效力/民法诽谤之诉（页边码343）。

沟通自由之间的关系（尤其是媒体自由与言论自由的区分）和其他基本权（页边码231和页边码258以下）。

基本权的增强联盟（页边码263）。

第六章 艺术和学术自由
(《德国基本法》第 5 条第 3 款)

参考文献:

Henschel, Johann Friedrich, Die Kunstfreiheit in der Rechtsprechung des BVerfG, NJW 1990, 1937 ff.; Karpen, Ulrich/Nohe, Bianca, Die Kunstfreiheit in der Rechtsprechung seit 1992, JZ 2001, 801 ff.; Lenski, Sophie, Die Kunstfreiheit des Grundgesetzes, Jura 2016, 35 ff.; Loef, Robert C. J./Ujica, Matei, Quod licet jovi, non licet bovi-Was darf die Kunst, was die Medien nicht dürfen? ZUM 2010, 670 ff.; Nettesheim, Martin, Grund und Grenzen der Wissenschaftsfreiheit, DVBl 2005, 1072 ff.; Vosgerau, Ulrich, Das allgemeine Persönlichkeitsrecht als Universalschranke der Kunstfreiheit, Der Staat 48 (2009), 107 ff.

案例分析:

Betzinger, Michael, Grenzen der Kunstfreiheit, JA 2009, 125 ff.; Degenhart, Christoph, I, Fall 11 (S. 165 ff.); Frenzel, Eike Michael, Anfängerklausur-Öffentliches Recht: Grundrechte-„Marmor, Stein und Eisen bricht…", JuS 2013, 37 ff.; Graf von Kielmansegg, Sebastian/Rolfes, Louis Jakob, „Rotlicht am Himmel", JA 2013, 910 ff.; Höfling, Wolfram, Fall 10 (S. 109 ff.); Kremer, Carsten, Persönlichkeitsschutz für Prominente, Jura 2006, 459 ff.; Merhof, Katrin/Giogios, Christopher, „Die nackte Oberbürgermeisterin", JA 2015, 519 ff.; Schäfer, Anne/Merten, Jan O., Der Skandalroman, JA 2004, 548 ff.; Schmidt am Busch, Birgit, Anfängerklausur-Öffentliches Recht: Grundrechte-Jeder Mensch ein

Künstler? JuS 2014, 37 ff.; Volkmann, Uwe, Fall 7 (S. 177 ff.).

艺术自由方面的指导性案例：

BVerfGE 30, 173 ff.（Mephisto）; 67, 213 ff.（Anachronistischer Zug）; 81, 278 ff.（Bundesflagge）; 83, 130（Josephine Mutzenbacher）; 119, 1 ff.（Esra）.

学术自由方面的指导性案例：

BVerfGE 35, 79 ff.（Hochschul-Urteil）; 90, 1 ff.（Jugendgefährdende Schriften III）; 111, 333 ff.（Brandenburgisches Hochschulgesetz）; 127, 87 ff.（Hamburgisches Hochschulgesetz）; 136, 338 ff.（MHH）.

一、背景

270　艺术和学术自由虽然不是经典意义上的自由权，但学术自由在德国有悠久的历史传统，《保罗教堂宪法》第152条就已经规定："科学及其教学是自由的。"可能是由于保罗教堂议会的组成，制宪者才特地如此规定：当时586名议员中有106名是教授（因此，被称为"教授的议会"）。另外，科学启蒙思想方式对民主化和宪法发展有重要贡献。艺术自由则出现在魏玛时期。《魏玛帝国宪法》第142条写入了和今天相似的规定，即艺术是自由的，应当对其进行保护。《欧洲人权公约》没有规定艺术和学术自由，但《欧盟基本权利宪章》第13条则有所规定。

二、艺术自由的保护范围（《德国基本法》第5条第3款第1句）

271　**案例8：作为艺术的色情？**

V是小说《约瑟芬妮·莫兹巴哈——奥地利妓女向你讲述人生故事》的出版人。该书以匿名方式出版于世纪之交的维也纳，近来在德国可以购买到。书中可以读到性工作者露骨的性生活和所有相关细节，而且使用了很多维也纳式粗俗语言。从整体上看，该书有明显的色情特征。主管当局将该书列入危害青少年的书目，随之限制和禁止该书出售。主管当局认为这本小说是色情书刊，宣扬了娼妓活动，且以粗俗的语言描述了性行为，会严重危害青少年成长。V认为这损害了其基本权：即使小说有色情特征，也是艺术。国家不能在这个领域妄自监管。禁令损害了 V 的基本权吗？

1.《青少年保护法》第 18 条（对青少年有害的媒介名单）

（1）媒介载体和电子媒介，在可能危害儿童或青少年的成长及其自我责任和社群能力人格的培养时，危害青少年媒体联邦审查处将会把上述媒介纳入对青少年有害的名单之中。这主要包括渲染不道德的、粗野的、暴力的、犯罪或者种族仇恨的媒介。

……

（3）下列媒介不得列入名单：

2. 服务于艺术、科学、研究或者其教学的。

案例原型 BVerfGE 83, 130 ff.（Josephine Mutzenbacher）。

从字面上（"艺术是自由的"）看，艺术自由是作为客观保障规定的；但赋予个人自由权。[1]

（一）主体保护范围

在字面上，对艺术自由没有作出特别限制，因此每个人都可以主张。联邦宪法法院对其主体保护范围作出扩大解释：不仅艺术家可以主张艺术自由，"在艺术家和公众之间发挥不可缺少的中间功能"的人也受到第 5 条第 3 款第 1 句保护。[2] 这包括书籍出版人，因为没有其运作，书籍不可能接触公众。

（二）实体保护范围

艺术自由实体保护范围的核心是对**艺术概念**的确定。有问题的是，《德国基本法》使用的艺术概念在法律之外的领域尚未有一致的认识。由于艺术概念有必要对新的艺术形式保持开放，因而给其下一个一般有效的定义是不太可能的。但对于法律领域来说，定义又不可完全舍弃，否则，法律适用中无法确定第 5 条第 3 款第 1 句的保护范围。

联邦宪法法院试图给艺术概念下一个既具有操作性又保持必要开放的定义。在艺术自由方面的第一个裁判中，联邦宪法法院认为："艺术活动的本质是自由发挥创作，通过特定形式语言的媒介将艺术家的印象、经验

---

[1] BVerfGE 67, 213 (224) (Anachronistischer Zug).

[2] BVerfGE 30, 173 (191) (Mephisto); 119, 1 (22) (Esra).

和经历直接展现出来。"[3] 这个"**实质艺术概念**"的核心元素，一方面是自由发挥创作；另一方面是形式语言。但对于小说艺术形式、艺术家创作的自传、报道和其他表现形式（讽刺、纪录片、幻想）来说，皆为文学创作和现实的交织，按照艺术陌生化手法来区分艺术和非艺术是不可能的。[4] 因此，一张对现实没有改变的写实照片也构成艺术，有意地现实场景选择和拍摄手段构造都表明了特殊的艺术性。[5]

1984年，联邦宪法法院对艺术的定义又扩展了两个其他概念：艺术的本质在于，"在形式和类型上满足特定作品式样的类型要求"。所以这是"一个**形式艺术概念**，与绘画、雕塑及文学创作的活动和成果相联系"[6]，即取决于作品可否被归入一种传统艺术形式之中。还有一个"**开放艺术概念**"，其核心元素是"表现力的多样性"，即"根据描述，通过深层理解得出丰富意义，产生无穷且多层次的信息传递"可能性。[7] 联邦宪法法院并未在裁判中给出一个"真正的"艺术概念，而是同时使用上述三个概念。在判断是否为艺术时，有经验第三人对作品的肯认[8]和著作权人的艺术请求[9]对于艺术的认定起着证明作用。

而与艺术认定无关的则是该描述或者内容是否有伤风化。水平审查，即区分"高水平""低水平""好的"和"坏的"（不受或者受较少保护的）艺术，联邦宪法法院正确地认为，这将会变成**宪法所不允许的内容审查**。[10] 艺术家通过自己的作品传达特定观点这一事实，也不排除第5条第3款第1句的保护。[11]

BVerfGE 67, 213（226 f.）（Anachronistischer Zug）：联邦宪法法

---

[3] BVerfGE 30, 173 (188 f.) (Mephisto); 119, 1 (20f.) (Esra).
[4] BVerfGE 119, 1 (21) (Esra).
[5] BVerfG, NJW 2018, 1744.
[6] BVerfGE 67, 213 (226f.) (Anachronistischer Zug).
[7] BVerfGE 67, 213 (226) (Anachronistischer Zug).
[8] Wittreck, in: Dreier, Art. 5 III (Kunst) Rn. 43; 其他观点见 Starck, in: v. Mangoldt/Klein/Starck, Art. 5 Rn. 299。
[9] BVerfGE 119, 1 (21) (Esra); BVerfGK 4, 54 (56).
[10] BVerfGE 75, 369 (377) (Strauß-Karikatur); 81, 278 (291) (Bundesflagge).
[11] BVerfGE 81, 278 (291) (Bundesflagge); 新近热点裁判 LG Hamburg B. v. 17. 05. 2016-324 O 255/16 (Einstweilige Verfügung gegen Jan Böhmermann)。

院强调，艺术活动的本质在于"自由发挥创作"，"通过特定形式语言的媒介将艺术家的印象、经验和经历直接展现出来"。所有的艺术活动都是有意和无意交融的过程，理性上无法分开。艺术家创作中，直觉、幻想和艺术理解相互作用；这主要不是消息通知，而是表达，而且是艺术家个人人格最直接的表达。文学中实质的、价值描述的类似尝试也同样强调了具有创作性的个人经历表达、艺术造型，以及具有沟通意义传递的特征。如果将艺术作品的本质理解为形式、类型上满足特定作品式样的类型要求，那么这就构成形式艺术概念，只与绘画、雕塑及文学创作的活动和成果相联系，此时也不能否定"不合时宜的游行"所具有的艺术特征。一个艺术表达的标志特征是表现力的多样性，根据描述、通过深层理解得出丰富的意义，产生无穷且多层次的信息传递，"背时的游行"也满足该特征。

艺术自由的保障范围包括了**作品领域**和**作用领域**。[12] 前者是指艺术活动本身，即艺术创造过程，而作用领域则是指演出和传播，使得公众能够接触到该艺术作品。将保护范围扩展到作用领域也限制了作为艺术特有过程的行为，即必要的与作品相接触的行为。包括复制、传播和出版等所有的媒介（沟通工具），它们在艺术家和公众间发挥着不可缺少的中间功能。[13] 由于公众效果，艺术自由的保障在作用领域容易出现冲突，但这对于艺术的有效保护又是极为重要的。艺术自由成为广泛的艺术活动自由，考虑到第 5 条第 3 款第 1 句的无保留性，这是有问题的。

278

尽管保护范围界定在表面上看似清楚，但是鉴于其所保护的活动形式，实际上有很多没有解决的问题。主要问题在于，主张艺术自由时要求**豁免**与艺术内容没有特别关系的法秩序的**一般性规定**。比如，将艺术形象喷射在他人所有物上，这受艺术自由保护吗？[14] 或者国家有义务免除艺术交易的销售税吗？[15] 街道上制作艺术作品应当取得街道法特殊使用许可，这是

279

---

[12] BVerfGE 30, 173 (189) (Mephisto)；119, 1 (21 f.) (Esra)；BVerfG, NJW 2016, 2247 (2248) (Sampling).
[13] BVerfGE 36, 321 (331) (Schallplatten)；77, 240 (251) (Herrnburger Bericht).
[14] 否定的观点见 BVerfG, NJW 1984, 1293 (1294)。
[15] 否定的观点见 BVerfGE 36, 321 (332) (Schallplatten)。

否触及其保护范围?[16] 或者艺术自由赋予在帝国大厦前举办艺术表演的请求权吗?[17] 这些问题之所以突出,是因为第5条第3款第1句是无保留赋予的,只有例外地出现宪法权利冲突情形时,干预才是正当的。在扩大艺术自由保护范围的同时,也使其与一般法律秩序产生更多冲突,干预也成为家常便饭,这与第5条第3款第1句的体系相违背。从这个角度上看,应当考虑将艺术自由的基本权保护范围限制在内容相关的、艺术"价值"的保护上。[18]

三、学术自由的保护范围(《德国基本法》第5条第3款第1句)

280　　和艺术自由一样,"学术、研究和教学是自由的"作为客观基本规范规定了学术自由。同时,学术自由也为个人自由权。尽管如此,基本权的客观内涵仍在联邦宪法法院的裁判中发挥着重要作用。[19]

281　　**案例9:饲养研究**
汉诺威医学院是一家根据《德国下萨克森州高校法》第1条第1款第1句结合第2条第1句第1项第f目成立的公法高校,计划开展饲养猫咪的研究项目,让其适应狭窄的正方形容器。这个项目意图培育遗传天性,证明动物机体在极端生活环境中的适应能力,但饲养的动物及其后代在项目中遭受明显的痛苦。这与《德国动物保护法》第11b条第1款相违背,该规定禁止虐待饲养。高校在主管当局处申请许可,但被当局以上述规定拒绝。在穷尽权利救济之下,汉诺威医学院提起宪法诉愿。有望成功吗?

《德国动物保护法》第11b条第1款(旧法):如果预料到在培育过程中,被改变基因的动物本身或者后代物种正常使用的身体部分或者器官缺乏、不适宜或者被重组,从而产生痛苦、患病或者受到损害,那么禁止饲养脊椎动物或者要求通过基因措施来改变。

---

〔16〕 赞同的观点见 BVerwGE 84, 71 (74)。
〔17〕 否定的观点见 BVerfG, NJW 2005, 2843 (2843 f.)。
〔18〕 精细化的尝试见 F. Müller, Freiheit der Kunst als Problem der Grundrechtsdogmatik, 1969. Vgl. Lenz, Vorbehaltlose Freiheitsrechte, 2006, S. 242 ff. 持否定态度 BVerfGE 119, 1 (23) (Esra)。
〔19〕 BVerfGE 35, 79 (Ls. 1 und 2) (Hochschul-Urteil); 127, 87 (114) (Hamburgisches Hochschulgesetz)。

(一) 主体保护范围

主体方面,第5条第3款第1句保护"学术、研究和教学领域活动"的每个人。[20] 这是指所有的科研人员,特别是高校教师,但也可以是助教和学生。[21] 从事的必须是自身科研活动,单纯的中间、辅助或者经济功能不享有保护。[22] 法人在自身从事学术活动时,也可以根据第19条第3款主张学术自由。公立高校和其学院都享有学术自由。[23]

(二) 实体保护范围

联邦宪法法院把**学术**定义为一种"内容和形式上严肃且有计划地尝试查明真相"的活动。[24] 学术,原则上是不受他人决定的、自主责任的自由区域。该自由权的理念是,只有不受社会功利和政治目的思想影响的自由科学,才能更好地实现其所承担的职责。[25] 在这个背景之下,"严肃"是指从一定的科学认知程度出发且对其起到促进作用。[26] "有计划"是指根据理解可行的章法来进行。[27] "尝试查明真相"则是指对自身观点保持批判性距离,这就是说能够对自身结论进行再批评。[28] 联邦宪法法院在上述概念的适用上十分慷慨。单方面性或有漏洞、其他瑕疵并不排除学术自由保护,科学性从根本上缺失时才否定受其保护。[29]

> **BVerfGE 90, 1 (12 f.) (Jugendgefährdende Schriften III)**:第5条第3款第1句不保护特定学术观点或者特定学术理论。学术是用来追求真相的,原则上是不完整和不具有终结性的。这一基本权的保护既不取决于方法和结论的正确,也不取决于论证和证据的无懈可击或者学术作品角度和证明的完整性。好与坏的科学、结论的真或假都只能

---

[20] BVerfGE 47, 327 (367) (Hessisches Universitätsgesetz).
[21] BVerfGE 55, 37 (67 f.) (Bremer Modell).
[22] Britz, in: Dreier, Art. 5 III (Wissenschaft) Rn. 29 und 31.
[23] BVerfGE 15, 256 (262) (Universitäre Selbstverwaltung); 93, 85 (93) (Universitätsgesetz NRW). 参见页边码164。
[24] BVerfGE 35, 79 (112) (Hochschul-Urteil); 47, 327 (367) (Hessisches Universitätsgesetz).
[25] BVerfGE 136, 338 (362) (MHH).
[26] Pieroth/Schlink/Kingreen/Poscher, Rn. 693.
[27] Britz, in: Dreier, Art. 5 III (Wissenschaft) Rn. 19 und 24.
[28] Britz, in: Dreier, Art. 5 III (Wissenschaft) Rn. 19.
[29] BVerfGE 90, 1 (13) (Jugendgefährdende Schriften III).

科学判断；学术讨论中的主流观点也会面临着修订和转变。因此，学术自由保护少数观点，以及那些被认为错误的研究方法和结论。非正统或者直觉主义的进路也同样受到保护。前提条件是，这是学术，即内容和形式上严肃且有计划地尝试查明真相。

《德国基本法》所使用的学术概念保持着学术的开放性和转变性，但这不意味着一项出版在被作者认为或者描述为学术的时候，就为学术。因为不受第5条第2款保留的学术自由，不能单单取决于基本权人的主张。

一项作品即使存在单方面性、漏洞和没有考虑到相对观点，也不能就此否定其科学性。这样的作品会被科学根据自我定义的学术标准来证明其存在瑕疵。只有当学术性要求作品不仅有个别错误或者按照特定学派发生错误，而是从根本上出现错误，这个时候才否定其为学术。特别是作品不是为了探索真相，而只是给其所论观点或者结论提供一个科学研究或者可证实性的假象。与作者观点相左的事实、来源、观点和结论存在根本性缺失时，可以成为非学术的标志。如果学术内部争议中的不同内容或者方法对一项作品的学术性存在争论，那么不可否定其为学术。

284 《德国基本法》除了规定学术，还提及了**研究和教学**。学术是总的上位概念，其与洪堡意义上的研究和教学有紧密关系。"研究"是指"精神活动，即通过方法、体系和可检测的方法获取新的知识"[30]，一方面，提出新的问题促进科学进步，将研究获取的知识进行传授，保障教学；另一方面，教学中的科学对话也促进了研究工作。[31]

285 研究自由包括选择"提出问题、方法基本原则，以及研究结果评价和传播"[32]。其他的研究活动也受研究自由的保护，因此，该自由赋予该领域以特有的行为自由。无关紧要的研究活动则是由大学、工业界或者私人举行的活动。第三方资助和委托研究也受第5条第3款第1句的保护。[33]

---

[30] Bundesbericht Forschung III, BT-DrS. V/4335, S. 4.
[31] BVerfGE 35, 79 (112) (Hochschul-Urteil).
[32] BVerfGE 35, 79 (112) (Hochschul-Urteil); 128, 1 (40 ff.) (Gentechnikgesetz).
[33] Britz, in: Dreier, Art. 5 III (Wissenschaft) Rn. 24.

高校教师在高校的协作权也受研究自由保护。[34]

教学自由是指"其内容、方法和表达科学教学意见的权利"[35]。这包括自主决定教学活动内容和流程的权利、在专业范围中参与科学对话的权利。[36] 这也不排除出于大学教育目的所要求的职务和组织义务。教学是指带有科学要求的授课。[37] 中小学授课并非第5条第3款第1条意义上的教学。学习自由并不是第5条第3款第1条的直接组成部分。[38]

在确定保护范围上,无保留被保障的学术自由和艺术自由存在类似问题。他人所有物或者生命的实验受保护吗?个人研究项目的选择受保护吗?实践中,这些问题在学术自由中几乎没有扮演过角色。基因科技的极端情形目前还没有到达联邦宪法法院。

第5条第3款第1句包含了一个重要的**给付权职能**:国家必须确保学术自由能够在公共高校中无障碍地开展。[39] 联邦宪法法院从第5条第3款第1句中为高校组织推导出详细的要求,特别是高校委员会的组成和高校职务法制。[40]

四、干预

对该自由的干预构成对艺术和学术活动的妨碍,比如,禁止出版或者表演,以及要求考虑到学术知识引发社会效果的相关规定。[41]

五、干预的正当化

第5条第3款只是在此条第2句中规定了教学自由的限制(所谓**忠诚条款**)。教学自由不得违反宪法,是指在教学活动中忠诚于自由民主基本

---

[34] BVerfGE 51, 369 (379) (Auflösungsgesetz).
[35] BVerfGE 35, 79 (112 f.) (Hochschul-Urteil). 参见《高校框架法》第4条第3款。Kaufhold, Die Lehrfreiheit–ein verlorenes Grundrecht?, 2006。
[36] BVerfG, NVwZ 2016, 675 (676) (Akkreditierung).
[37] BVerfGE 55, 37 (68) (Bremer Modell).
[38] Vgl. Glaser, Der Staat 47 (2008), 213 (221 ff.).
[39] BVerfGE 111, 333 (354) (Brandenburgisches Hochschulgesetz);136, 338 (363) (MHH).
[40] BVerfGE 35, 79 (122 ff.) (Hochschul-Urteil);136, 338 (364 ff.) (MHH).
[41] 对学术自由的干预参见 Hufen, NVwZ 2017, 1265 (1267 ff.)。

秩序。[42] 但是，第 5 条第 3 款第 2 款的适用范围狭窄：一方面，政治言论表达不受学术自由保护；另一方面，教学中对宪法的科学批评是允许的。[43] 只有当科研教学被滥用于反击《德国基本法》时，第 5 条第 3 款第 2 句的限制授权国家进行干预。这也适用于法律的保留。干预不能直接以第 5 条第 3 款第 2 句为支撑。

291　　此外，第 5 条第 3 款第 1 句的自由权是无保留被赋予的。从规定的字面和体系上都无法主张第 5 条第 2 款的限制。[44] 因为第 5 条第 3 款从其地位上看是第 5 条第 1 款的特别法。例外情况下，**宪法权利冲突**可以授权立法者采取干预措施。[45] 尤其是艺术自由经常与国家对青少年的保护义务（《德国基本法》第 2 条第 1 款结合第 1 条第 1 款、第 5 条第 2 款、第 6 条第 2 款第 1 句）、国家对个人名誉的保护义务（第 2 条第 1 款结合第 1 条第 1 款、第 5 条第 2 款），或者在极端情况下与国家对人性尊严的保护义务相冲突[46]，这导致很多限制。[47] 甚至第 14 条第 1 款规定的所有权也可能（例如，在著作权法领域）导致干预。只要没有影响到人性尊严，总要在个案中对艺术意义和本质进行谨慎权衡。干预不能使国家免受批评。[48] 学术自由与其他权利发生冲突的情形比较少见。在当前的案件中，联邦宪法法院认为，高校神学教师学术自由的界限在于宗教团体自主决定权（《德国基本法》第 140 条结合《魏玛帝国宪法》第 137 条第 3 款）和第 5 条第 3 款保护的维护神学院身份及履行神学教学职责。[49] 此外，由于大学学习与第 12 条第 1 款的职业选择自由紧密联系，教学质量保障目标授权国家对其进行干预。[50]

---

〔42〕　概念上 BVerfGE 39, 334（347）（Extremistenbeschluss）。
〔43〕　Starck, in: v. Mangoldt/Klein/Starck, Art. 5 Rn. 428.
〔44〕　BVerfGE 30, 173（191 f.）（Mephisto）.
〔45〕　参见页边码 77 以下。
〔46〕　BVerfGE 75, 369 ff.（Strauß-Karikatur）中的例子：本案中，杂志将施特劳斯称为"交配的猪"。联邦宪法法院认为施特劳斯的人性尊严受损（弗朗茨·约瑟夫·施特劳斯当时是德国基督教社会联盟的主席、联邦国防部长、基督教社会联盟/基督教民主联盟 1980 年的总理候选人，长年担任巴伐利亚州政府总理）。
〔47〕　BVerfG, NJW 2016, 2247（2248）（Sampling）.
〔48〕　BVerfGE 81, 278（294）（Bundesflagge）.
〔49〕　BVerfGE 122, 89 ff.（Theologieprofessor）.
〔50〕　BVerfG, NVwZ 2016, 675（677）（Akkreditierung）.

联邦宪法法院最近的"埃斯拉案"（Esra-Urteil）涉及如何用法律标准来公正衡量艺术。对于该案，可以从作家马西姆·彼勒尔的小说《埃斯拉》中的"拉勒"和"埃斯拉"识别出实际存在的人。但仅是这种**可识别性**（Erkennbarkeit）不能使小说损害实际存在人的一般人格权，否则，所有关涉的实际存在人的艺术形式都将面临被禁。联邦宪法法院认为，起到决定性标准的是宣称错误事实或者描述触及人格的核心部分，而且描述这部分是真实的。[51] 推定描述具有**虚构性**。描述和原型越是一致，那么人格权被妨得就越严重。[52] 艺术家写作越是触及受保护的人格权，虚构性就必须越强，以排除人格权损害。这一标准的适用存在问题。文学创作和真实，无论是读者还是法院都无法区分。陌生化手法的要求最终落空。因此，最好是对小说进行整体观察，然后拷问艺术形式是否被滥用为手段来侮辱、诽谤或者贬低特定人。只有这个时候，艺术自由才退居于冲突权利地位之后。[53]

六、竞合

第 5 条第 3 款第 1 句的自由和第 5 条第 1 款第 1 句的言论自由经常竞合；比起后者，前者因规范特殊性优先适用。[54]

一览：典型考试问题

- 艺术自由和保护范围确定（页边码 274 以下）。
- 建设法/街道法许可（如街道绘画）（页边码 278）。
- 他人所有权对艺术活动的妨碍（页边码 278）。
- 艺术自由和青少年保护（如色情）、名誉保护（页边码 291）。
- 学术自由的基本权资格（页边码 282）。
- 宪法权利冲突的限制（页边码 77 以下）。

---

[51] BVerfGE 119, 1 (33) (Esra).
[52] BVerfGE 119, 1 (Ls. 4) (Esra).
[53] 参见 Gaier/Hohmann-Dennhardt 和 Hoffmann-Riem 对 BVerfGE 119, 1 (37 ff.; 48 ff.) (Esra) 异议投票。同样持批判态度的 Lenski, NVwZ 2008, 281 (282 ff.); Vosgerau, Der Staat 48 (2009), 107 (112 ff.). 原则上赞同的见 Wittreck, Jura 2009, 128 ff.。
[54] 参见页边码 258 以下和 Jarass, in: ders./Pieroth, Art. 5 Rn. 117 及其他竞合问题。

第七章 宗教、世界观和良心自由
(《德国基本法》第4条)

参考文献：

Böckenförde, Ernst-Wolfgang, Das Grundrecht der Gewissensfreiheit, VVDStRL 28 (1970), 33 ff.; Frenz, Walter, Glaubensfreiheit und Schulpflicht, JA 2013, 999 ff.; Klein, Tonio, Das Kopftuch im Klassenzimmer: konkrete, abstrakte, gefühlte Gefahr? DÖV 2015, 464 ff.; Kloepfer, Michael, Der Islam in Deutschland als Verfassungsfrage, DÖV 2006, 45 ff.; Lenz, Sebastian, Schutzbereich und Schranken der Religionsfreiheit, VR 2003, 226 ff.; Mosbacher, Wolfgang, Das neue Sonntagsgrundrecht – am Beispiel des Ladenschlusses, NVwZ 2010, 537 ff.; Muckel, Stefan, Die Grenzen der Gewissensfreiheit, NJW 2000, 689 ff.; Pieroth, Bodo/Görisch, Christoph, Was ist eine „Religionsgemeinschaft"? JuS 2002, 937 ff.; Tillmanns, Rainer, Die Religionsfreiheit (Art. 4 I, II GG), Jura 2004, 619 ff.

第三人效力问题的参考文献：

Augsberg, Ino/Viellechner, Lars, Die Drittwirkung der Grundrechte als Aufbauproblem, JuS 2008, 406 ff.; Canaris, Claus-Wilhelm, Grundrechte und Privatrecht, AcP 184 (1984), 201 ff.; Gurlit, Elke, Grundrechtsbindung von Unternehmen, NZG 2012, 249 ff.; Lehner, Roman, Diskriminierungen im allgemeinen Privatrecht als Grundrechtsproblem, JuS 2013, 410 ff.; Lenz, Sebastian/Leydecker, Philipp, Privatrecht als Freiheitsordnung, ZG 2006, 407 ff.; Oldiges, Martin, Neue Aspekte der Grundrechtsgeltung im Privatrecht, in: FS für Friauf, 1996, 281 ff. ; de Wall, Heinrich/Wagner, Roland, Die sog. Drittwirkung der Grundrechte, JA 2011, 734 ff.

案例分析：

　　Bellardita, Alessandro/Neureither, Georg, Zwischenprüfungsklausur – Öffentliches Recht: Turban statt Helm? JuS 2005, 1000 ff. ; Brinktrine, Ralf/Šaŕcevic, Edin, Klausuren Nr. 3（S. 43 ff.）und Nr. 6（S. 119 ff.）; Degenhart, Christoph, I, Fälle 14（S. 206 ff.）, 20（S. 290 ff.）, II, Fall 12（S. 298 ff.）; Enders, Christoph,（Original –）Referendarexamensklausur-Öffentliches Recht: Verwaltungsrecht und Grundrechte–Hüllenbad statt Hallenbad? JuS 2013, 54 ff. ; Groh, Kathrin, Übungsklausur – Öffentliches Recht: Eine Muslima als Schöffin? JuS 2007, 538 ff. ; Höfling, Wolfram, Fall 2（S. 11 ff.）; Neureither, Georg, Grundfälle zu Art. 4 I, II GG, JuS 2006, 1067 ff. , JuS 2007, 20 ff. ; Pieroth, Bodo/Görisch, Christoph/Hartmann, Bernd, Hausarbeit Nr. 2（S. 55 ff.）; Tangermann, Christoph, Glauben ist alles, Jura 2005, 119 ff. ; Volkmann, Uwe, Fall 6（S. 141 ff.）.

宗教自由方面的指导性案例：

　　BVerfGE 24, 236 ff.（[Aktion] Rumpelkammer）; 32, 98 ff.（Gesundbeter）; 83, 341 ff.（Bahá'í）; 93, 1 ff.（Kruzifix）; 105, 279 ff.（Sektenwarnung）; 108, 282 ff.（Kopftuch I）; 125, 39 ff.（Sonntagsschutz）; 138, 296 ff.（Kopftuch II）; BVerwGE 141, 223 ff.（Islamisches Schulgebet）; BVerwG, NJW 2014, 804 ff.（Krabat）; NVwZ 2014, 81 ff.（Schwimmunterricht）. V. Epping, Grundrechte, Springer-Lehrbuch, DOI 10. 1007/978-3-662-54106-7_7146 Kapitel 7: Religions-, Weltanschauungs-und Gewissensfreiheit（Art. 4 GG）

良心自由方面的指导性案例：

　　BVerfGE 28, 243 ff.（Dienstpflichtverweigerung）; 69, 1 ff.（Kriegsdienstverweigerung II）; BVerwGE 105, 73 ff.（Teilnahme an Tierversuchen）;

127, 302 ff. (Befehlsverweigerung).

第三人效力方面的指导性案例：

BVerfGE 7, 198 ff. (Lüth); 25, 256 ff. (Blinkfüer); 81, 242 ff. (Handelsvertreter); 89, 214 ff. (Bürgschaftsverträge); 128, 226 ff. (Fraport).

一、背景知识

宗教自由是最古老的自由权利之一。16世纪初，欧洲四分五裂的信仰经常导致战争，特别是三十年战争（1618—1648年）。此时的德国，个人并没有什么宗教自由可言。例如，1555年的《奥格斯堡宗教和约》就约定，臣民必须遵从邦君的宗教信仰。1648年的《威斯特法伦和约》蕴含了宗教自由的萌芽：邦君应当容忍自身臣民的宗教信仰。腓特烈二世则在18世纪时为普鲁士引入了宗教自由；其逝世后1794年生效的《普鲁士一般邦法》赋予其公民"完整的信仰和良心自由"。《保罗教堂宪法》在第144条之下的条款中全面地保障了宗教自由和良心自由。对世界观自由作出规定，则由《德国基本法》首创。欧盟层面上，宗教、世界观和信仰自由的保护被规定在《欧洲人权公约》第9条和《欧盟基本权利宪章》第10条中。

二、宗教和信仰自由（《德国基本法》第4条第1款和第2款）

案例10：鬼磨坊

S的父母归属于耶和华见证人宗教团体。S是他们14岁的儿子，就读八年级。德语课堂上，老师讲授了德国儿童作家奥飞·普斯乐的作品《鬼磨坊》，作为课程的组成部分，计划观看电影《鬼磨坊》。电影中存在施展黑魔法的情节。由于S的父母的宗教团体原则上禁止接触了解黑魔法，他们向学校申请其儿子不参加电影的观看活动。学校拒绝了父母的申请。然而，S还是缺席了电影观看活动。

S的父母和S向法院提起诉讼，请求法院确认学校拒绝免除课程的做法违法，但未获法院支持。法院认为，学校的电影展映活动并没有违反课程构建宗教中立的宪法要求。对宗教信念的妨碍原则上是国家教育职责附带现象,转化实施国家教育职责的上学义务,个人必须予以容忍。

S 的父母和 S 提起宪法诉愿。其有望胜诉吗?

《德国北莱茵-威斯特法伦州学校法》第 43 条第 1 款第 1 句:学生有义务经常参加课程和其他必修课。

《德国北莱茵-威斯特法伦州学校法》第 43 条第 4 款第 1 句:在父母提出申请时,出于重要理由,校长可以让学生休假或者免除其参加个别课程的义务。

案例原型 BVerwG, NJW 2014, 804 ff. 。

《德国基本法》第 4 条第 1 款和第 2 款中规定了宗教和世界观表达自由。这些规定并不能分开来看。《德国基本法》第 140 条结合《魏玛帝国宪法》第 136 条以下条款规定了更多的与宗教相关的条款。《魏玛帝国宪法》的这些条款通过《德国基本法》第 140 条并入《德国基本法》之中。这种不同寻常的立法技术设立的原因在于议会委员会对教会和国家之间的关系存在意见分歧。[1] 通过承袭《魏玛帝国宪法》的规定,虽然仍有异议,最终达成了各方同意的妥协方案。

297

(一) 保护范围

1. 主体保护范围

《德国基本法》第 4 条第 1 款和第 2 款在主体方面并无限制,而是将其作为人权以及每个人的基本权来规定的。每个自然人都可以根据上述规定主张个人宗教和世界观自由。

298

对于《德国基本法》第 4 条第 1 款和第 2 款,常见的问题是,**儿童和青少年是否**、可以在多大程度上主张该基本权。换句话说,是否存在基本权主张的最低年龄,达到该年龄时是否具备"**基本权利行为能力**"?《德国基本法》并没有对这个问题作出回答。该概念来自《德国民法典》上的交易行为能力概念,是指独立行使基本权的实体法能力。有疑问的是,基于是否必须承认这种"基本权利行为能力"的一般要求,主要应当区分下列不同问题。[2]

299

---

[1] Vgl. JöR 1 (1951), S. 899 ff.
[2] 清楚明了的见 Pieroth/Schlink/Kingreen/Poscher, Rn. 137 ff. 。

300　　　（1）**面对国家时**，未成年人总是享有基本权利能力。国家干预未成年人基本权利时，并无特殊之处。

301　　　（2）**针对父母时**，未成年人不能主张基本权，因为基本权只能直接适用于国家与公民之间的关系。不过，国家必须确保未成年人根据自身发展能够行使宗教自由。为了履行保护义务[3]，国家对儿童教育作出了规定，以构建父母与儿童之间的关系。例如，《宗教儿童教育法》第5条第1款规定，未成年宗教问题的唯一决定权在14岁时转移给儿童。

302　　　（3）在联邦宪法法院提起**诉讼**时，适用诉讼行为能力的基本原则，即只要未成年人在所主张的基本权上是成熟的且具有判断能力，即可具有诉讼行为能力。[4] 如果不具备，则应当由其法定代理人行使。个别情况下，普通法——如《宗教儿童教育法》第5条第1款，对基本权行使规定了特定年龄界限，同时适用于宪法诉讼。[5]

303　　　法人则可以根据《德国基本法》第19条第3款[6]的规定主张第4条第1款和第2款规定的权利，只要基本权依其性质能够对其适用。[7] 但如果一种信仰或者世界观是直接关系到人自然特征的精神现象，那么就不能认定法人存在性质上的适用性。法人从性质上看，并不能拥有自身信仰，但法人可以追求宗教目的。只要法人所确立的目的是由宗教或者世界观所引发，那么按照第4条第1款和第2款结合第19条第3款的规定受到保护。[8] 也就是说，第4条第1款和第2款结合第19条第3款保障集体宗教和世界观自由。

304　　　文献中有争议的是第19条第3款能在多大程度上适用。有观点认为，第4条第1款和第2款直接保障了集体宗教和世界观自由，无须再适用第19条第3款。[9] 这种"双面向基本权"（Doppelgrundrecht）的构建并不是

---

[3] 参见页边码122。
[4] 参见页边码173。
[5] BVerfGE 1, 87 (89) (Querulant).
[6] 参见页边码156。
[7] 参见页边码172。
[8] BVerfGE 53, 366 (383) (Konfessionelle Krankenhäuser); 70, 138 (160) (Loyalitätspflicht).
[9] Dreier, in: ders., Art. 19 III Rn. 88 ff.; BVerfGE 102, 370 (383) (Körperschaftsstatus der Zeugen Jehovas); 105, 279 (293) (Osho) 则不明朗。

毫无疑问的：更多人认为，第 19 条第 3 款是关于法人可否以及在多大程度上主张基本权的特别性规定。无论是字面上还是体系上，第 4 条第 1 款和第 2 款都没有被特殊化。[10]

案例写作提示：

在案例写作时，是从《德国基本法》第 4 条第 1 款和第 2 款抑或第 4 条第 1 款和第 2 款结合第 19 条第 3 款中得出基本权资格，这个问题一般并不重要。仅需简单提及，无须作出实质性判断。切不可长篇大论。这也适用于其他不影响案例答案的争议性问题。

从《德国基本法》第 140 条结合《魏玛帝国宪法》可以得出**宗教和世界观团体的特殊地位**。[11] 无须援引第 19 条第 3 款，即可直接得出宗教和世界观团体的基本权利资格。组织形式对其不产生影响。甚至按照《德国基本法》第 140 条结合《魏玛帝国宪法》第 137 条的规定，作为公法团体组织的宗教团体也能主张该基本权。德国联邦宪法法院认为，《德国基本法》第 140 条结合《魏玛帝国宪法》第 137 条第 5 款的规定并不是将宗教团体并入国家之中。[12] 公法组织的教会既不是国家的组成部分，也不行使国家交付的职责。它们不是国家机构，而是出于自身权利和本来职责而存在。公法组织的教会在宗教自由基本权保护的生活领域内承担职责。对其公法身份的肯认虽然构成优待，但并不能阻挡教会像"每个人"一样向国家主张自身权利。因此，所有的宗教和世界观团体，无论其地位，都按照《德国基本法》第 140 条结合《魏玛帝国宪法》第 137 条的规定具有基本权能力。[13]

2. 宗教和世界观自由的实体保护范围

（1）概念：宗教和世界观

实体角度上，宗教和世界观的概念也决定了其保护范围。两个概念之间是排除关系：尽管二者都是对世界和生活人类的存在作出形而上学的解

---

[10]《德国基本法》第 9 条的类似问题参见页边码 866。
[11] 国家教会法参见页边码 322 以下。
[12] BVerfGE 18, 385 (386)（Teilung einer Kirchengemeinde）；42, 312 (321)（Inkompatibilität/Kirchliches Amt）；125, 39 (73)（Sonntagsruhe）.
[13] 法人的基本权利资格参见页边码 156 以下。

释。但**宗教**是关于创世主的，**世界观**则不关涉超验模式。[14] 这些定义指出了《德国基本法》相关宗教规定的核心因素：内容中立性。因此，宗教不仅是指传统的基督教会，也包括外国信仰，如伊斯兰教或者所谓的教派。[15] 至于是否构成宗教，有时很难确定。德国联邦宪法法院采用客观标准，认为团体自称为宗教并不能满足条件。重要的是，"其宗教内涵和在外部表现上确实为宗教和宗教团体"[16]。至于该团体的人员数量和社会重要性并不重要。[17]

（2）保护范围：一体性保护

308　　在保护范围上，第4条第1款和第2款规定了三种不同的与宗教和世界观相关的保障。

①第4条第1款保障信仰和表达的自由。**信仰自由**保护的是持有宗教或者世界观信仰的自由（内心层面）；而**信仰表达自由**（Bekenntnissfreihei）保护的是以宗教或者世界观言论表达[18]的方式对外公开信仰或者世界观（外部层面）。[19]

②第4条第2款保护的则是**宗教活动自由**，也即不受干扰地从事宗教习俗和宗教仪式。

308a　　德国联邦宪法法院则超越宪法文本，将第4条第1款和第2款的保护范围一体化，以全面的宗教和世界观自由来保护。[20] 这样，第4条第1款和第2款包含了一个广泛意义上的**一体性基本权**。[21] 联邦宪法法院认为，这个基本权不仅包括内在的信仰或者不去信仰自由，即拥有和拒绝信仰、脱离原有信仰和转投其他信仰；也包括外在自由，即表达信仰、传播信仰、宣传信仰和说服他人脱离信仰。因此，受保护的不仅是宗教仪式和从事宗教习俗，还包括宗教教育以及宗教和世界观生活的其他表现形式。这也包

---

[14]　BVerfGE 12, 1 (3) (Glaubensabwerbung).
[15]　BVerfGE 83, 341 (353) (Bahá'í) 涉及相同信仰指引；BVerwG, NJW 2006, 1303 (1309 f.) 涉及山达基教。
[16]　BVerfGE 83, 341 (353) (Bahá'í).
[17]　BVerfGE 32, 98 (106) (Gesundbeter).
[18]　宗教表达自由与第5条第1款的关系参见 BVerwG, NVwZ 2011, 1278 (1279).
[19]　Starck, in: v. Mangoldt/Klein/Starck, Art. 4 Rn. 36.
[20]　自 BVerfGE 12, 1 (4) (Tabak-Missionierung) 来的一贯裁判。
[21]　BVerfGE 138, 296 (328 f.) (Kopftuch II).

括个人将其全部行为遵从信仰教义并按照确信从事,也就是说遵从信念地生活。从中产生的**宗教行为自由**包括出于宗教动机进行的旧衣物收集活动[22],德国联邦宪法法院在论述时认为,宗教自由对个人人性尊严和自我自由决定权有重要意义;二者都要求"扩大解释"。

宗教自由保护的不仅是依据强制性信条所从事的行为,而且保护不具约束力的宗教信念。[23] **只要生活中践行信仰的特定行为看起来是最好且合适的手段,即可受宗教自由保护。**[24] 至于个案中的行为是受第4条第1款和第2款的宗教自由保护抑或仅仅是文化所驱使的行为,从而受到第2条第1款的保护,国家都必须对其进行审查和判断。重要的是,该行为从其精神内涵和外部形态上可否以可信的方式归属到第4条的保护范围之中,即确实存在宗教动机。尤其要考虑到每个宗教或者宗教团体的自我理解(Selbstverständnis)。[25] 国家不得对其公民的信仰信念作出判断,不得称其"正确"或者"错误";特别是即使在同一宗教内也存在不同观点。[26]

BVerfGE 32, 98(106)(Gesundbeter):在一个人性尊严作为最高价值且个人自我决定权被肯认为社会奠基价值的国家中,信仰自由赋予个人不受国家干预的自由权利空间,在这个自由权利空间内,个人可以按照自身信仰构建生活。因此,**信仰自由并不是单纯的宗教容忍,也就是说单纯容忍宗教表达或者非宗教信念。它不仅包括信仰或者不予信仰的(内在)自由,也有展示、表达和传播信仰的自由。这包括个人将其全部行为遵从信仰教义并按照确信从事活动的权利。宗教自由不仅保护依据强制性信条所从事的行为,保护具体生活情景中虽然宗教反应不为强制,但是践行信仰的反应看起来是最好且合适的手段。如若不这样,信仰自由就不能完全得到发挥。**

文献中[27],这种超出字面扩大保护范围存在争议:首先,真正宗教行

---

[22] BVerfGE 24, 236 ff.([Aktion] Rumpelkammer).
[23] BVerfGE 108, 282(297)(Kopftuch I);138, 296(328 f.)(Kopftuch II).
[24] BVerfGE 32, 98(106, 107)(Gesundbeter).
[25] BVerfGE 137, 273(315 f.)(Chefarzt);BVerfG, Beschl. v. 09.05. 2016-1 BvR 2202/13, juris Rn. 73.
[26] BVerfGE 138, 296(329)(Kopftuch II).
[27] 批评见 Muckel, in: Friauf/Höfling, Art. 4 Rn. 6。

为，如祷告、礼拜仪式或者庆祝活动，和其他宗教驱动下的行为，如在人行道出售宗教书籍，存在重大的区别意义，一体化保护范围的认定则忽略了上述区别，将所有行为置于同等保护之中。其次，过宽的保护范围导致宗教自由和其他基本权或者一般法律秩序之间产生更多冲突。宗教自由成为一个不断要求例外的基本权。因此，很多人主张应当将保护范围限制在宪法文本直接推导出的自由之上。[28]

311　　进一步确定第 4 条第 1 款和第 2 款的**保护范围**时，应当注意到通过第 140 条纳入《德国基本法》的《魏玛帝国宪法》条款。这些条款虽然不是基本权或者等同于基本权之权利，但**魏玛教会条款**的保障功能是为了实现宗教自由基本权。其规制了教会和国家之间的关系，与《德国基本法》构成有机整体。出于这个原因，宗教团体有权根据《德国基本法》第 4 条第 1 款和第 2 款结合《魏玛帝国宪法》第 139 条通过宪法诉愿的方式来主张星期日休息的保护。[29]

312　　不直接受到第 4 条第 1 款和第 2 款保护的则是实践中容易引发冲突的**父母在宗教事务上的教育权**。《德国基本法》第 6 条第 2 款第 1 句结合第 4 条第 1 款和第 2 款保障父母向其孩子传输信仰问题上的、其自认为正确的信念。该宗教教育权赋予父母下列权限，即促使其孩子的日常生活行为遵从其所认为正确且意欲传输给孩子的信仰教义[30]，还包括父母让其孩子远离其认为错误或者有害信仰教义的权利。[31]

（3）消极自由

313　　第 4 条第 1 款、第 2 款和第 9 条[32]存在的一个重要问题是消极自由的肯认。这是指不从事的自由，也就是说——以第 4 条第 1 款和第 2 款为例，不持有信仰、不表达信仰以及不从事信仰活动。和大多数文献一样，德国联邦宪法法院采用**反向推理**（Umkehrschluss）从积极自由的字面中得出消

---

[28] Vgl. Lenz, VR 2003, 226（226 ff.）; Muckel, Religiöse Freiheit und staatliche Letztentscheidung, 1997, S. 125 ff.

[29] BVerfGE 125, 39（78 ff.）（Sonntagsruhe）.

[30] Vgl. BVerfGE 93, 1（17）（Kruzifix）; BVerwG, NJW 2014, 804（804ff.）（Krabat）. 父母教育权参见页边码 519。

[31] BVerfGE 138, 296（337 f.）（Kopftuch II）.

[32] 参见页边码 880 以下，消极行动自由参见页边码 720。

极自由。[33] 概括性地肯认自由权的消极方面存在弊端[34]：特别明显的是"第二次头巾案"[35]，在该案中，自由权的消极面和积极面产生冲突，宪法文本中没有写入的消极自由导致自由权的积极面受到限制。

除了第4条第1款和第2款中消极自由的推出问题，《德国基本法》中也存在详尽指明的消极宗教自由：第7条第2款、第3款第3句，《德国基本法》第140条结合《魏玛帝国宪法》第136条第3款和第4款以及第141条。

BVerfGE 93, 1 (15 f.) (Kruzfix):《德国基本法》第4条第1款保护信仰自由。有信仰抑或无信仰是个人的事务，而非国家的。国家既不能规定个人的信仰或者宗教，也不能禁止。信仰自由不仅包括持有信仰的自由，也包括按照自身信仰生活和行为。信仰自由特别保护参加表达信仰的宗教仪式。**相应地也保护远离非自身信仰的仪式行为。这种自由还涉及展示信仰或者宗教符号。第4条第1款交给个人来决定自己肯认或者拒绝何种宗教符号。**在一个不同信仰并存的社会，个人虽然没有权利完全远离他人信仰表达、宗教仪式和符号，但是要与此区分的是国家所造成的环境，在这个环境中，个人受到某种信仰的影响，对某种信仰所表现的行为和所呈现的符号缺乏回避的可能性。因此，不是在社会自我组织领域内，反而是在国家实现的生活领域内，第4条第1款发挥其基本权保障的效果。《德国基本法》第140条结合《魏玛帝国宪法》第136条第4款也考虑到这点，明确禁止强制个人参加宗教仪式。

（二）干预

对宗教和世界观自由保护范围的干预主要是将不利的法律后果与信仰或者信仰表达联系起来的要求和命令。一般义务，如上学义务也能对宗教和世界观自由造成干预，如要求学生违反信仰教条参加男女混合体育课。[36] 国家关于青少年教派方面的警告作为事实性妨碍也可能对该基本权

---

[33] Vgl. BVerfGE 93, 1 (15) (Kruzifix); 108, 282 (301 f.) (Kopftuch I); Starck, in: v. Mangoldt/Klein/Starck, Art. 4 Rn. 23 ff.

[34] 批评见 Hellermann, Die sogenannte negative Seite der Freiheitsrechte, 1993, S. 130 ff.。

[35] BVerfGE 138, 296 (337 f.) (Kopftuch II).

[36] BVerwGE 94, 82 ff.

构成干预。[37]

(三) 干预的正当化

1. 限制

316　　第 4 条第 1 款和第 2 款按其字面意义，并不包含法律的保留；宗教和世界观自由是**无保留**赋予的。

317　　不过，《德国基本法》第 140 条结合《魏玛帝国宪法》第 136 条第 1 款规定，民事和公务上的权利和义务不被宗教自由活动附条件或者受限。民事和公务上的权利和义务是指民法和公法上的所有权利地位。[38] 这可能意味着，对所有人同等适用且非宗教特殊相关的义务优先于宗教活动自由，即以**一般法律的保留**的方式限制宗教活动自由。和《德国基本法》第 5 条第 2 款的言论自由类似[39]，排除"特殊法"限制宗教活动自由，因此，只能通过《魏玛帝国宪法》第 136 条第 1 款来限制。《魏玛帝国宪法》第 136 条第 1 款中虽然只是言明"宗教活动自由"，但是《德国基本法》第 4 条第 1 款和第 2 款同时保护信仰、表达和世界观自由。如果按照德国联邦宪法法院的观点，将第 4 条第 1 款和第 2 款作为一体保护，那么就必须将《魏玛帝国宪法》第 136 条第 1 款的限制指涉整个保护范围之上。[40]

318　　虽然《德国基本法》第 140 条结合《魏玛帝国宪法》第 136 条第 1 款（"义务"）被作为宗教和世界观自由的限制来规定，但是德国联邦宪法法院一直拒绝这种法律适用：法院主要是从体系和目的性考量出发：《魏玛帝国宪法》第 136 条第 1 款位于第 11 章的过渡及结束规定中，而非基本权部分。[41] 一般情况下，基本权保障和其限制被规定在一个部分甚至一个条款之中。与这种**限制体系**不同，《德国基本法》第 140 条结合《魏玛帝国宪法》第 136 条第 1 款被规定在许多涉及国教的过渡性规定

---

[37] BVerfGE 105, 279 (300 f.) (Sektenwarnung). 参见页边码 392 以下。
[38] Morlok, in: Dreier, Art. 136 WRV/Art. 140 Rn. 15.
[39] 参见页边码 240 以下。
[40] 这和第 12 条第 1 款一样。参见页边码 402。
[41] BVerfGE 33, 23 (30 f.) (Eidesverweigerung aus Glaubensgründen); Morlok, in: Dreier, Art. 136 WRV/Art. 140 Rn. 1; Fischer/Groß, DÖV 2003, 932 (936); Janz/Rademacher, NVwZ 1999, 706 (709).

之中。[42] 由此可以显示出第 4 条的优先性以及与《德国基本法》第 140 条结合《魏玛帝国宪法》第 136 条第 1 款的重合。联邦宪法法院接着认为，从宪法的一体性原则出发[43]，第 4 条的规范目的禁止实行法律的保留：宗教自由基本权的范围、其在《德国基本法》秩序中的意义和内在分量都要求无限制地对宗教自由进行保障。最后考虑到产生历史，第 4 条第 1 款、第 2 款和规定了法律的保留的《魏玛帝国宪法》第 135 条第 3 句是对应的。[44] 但制宪者并没有有意将后者的法律的保留完全纳入《德国基本法》之中，而是毫无保留地规定了第 4 条。原本计划在第 4 条第 2 款第 2 句加入的法律的保留在议会委员会处被删除。[45] 因此，对于第 4 条第 1 款和第 2 款，联邦宪法法院采用**宪法权利冲突**来限制宗教和世界观自由。[46]

BVerfGE 33, 23（29 ff.）（Eidesverweigerung aus Glaubensgründen）：《德国基本法》保障的信仰自由既没有被一般法律秩序相对化，亦没有被不确定的利益衡量条款相对化。信仰自由的界限只能由宪法自己来决定，也就是按照《德国基本法》的价值秩序标准，考虑该基本价值体系的统一性来确定界限。尤其是信仰自由与作为基本权体系中最高价值的人性尊严之间的紧密关系，其禁止国家将公民出于特定信仰的行为和方式——不管其合乎信仰的动机，置于制裁之下。对于一个将人性尊严作为最高宪法价值，将信仰和良心自由毫无保留且不可失效保障的国家来说，重要的是，国家要允许不信教公民和信教公民按照自身主观信仰不受干扰地发展人格，只要这不与宪法的其他价值秩序产生矛盾且其行为对于社会或者他人的基本权没有造成明显妨碍。

《魏玛帝国宪法》第 136 条结合《德国基本法》第 140 条也没有作出限制。《魏玛帝国宪法》中被纳入《德国基本法》的条款与今天信仰自由基本权之间的关系，并不能将欲撤销的州高等法院对《魏玛

---

[42] BVerfGE 33, 23（31）（Eidesverweigerung aus Glaubensgründen）. 该裁判虽然是关于《魏玛帝国宪法》第 136 条第 4 款的，但是联邦宪法法院的论述明确指涉第 136 条第 1 款。不同于 BVerwGE 112, 227（232 f.），对第 136 条第 1 款和第 4 款区别处理是站不住脚的。

[43] 概念参见 Butzer/Epping, S. 40 f.

[44] BVerfGE 33, 23（29 ff.）（Eidesverweigerung aus Glaubensgründen）.

[45] JöR 1（1951），S. 74 f.

[46] BVerfGE 108, 282（299）（Kopftuch I）；BVerfGE 138, 296（333）（Kopftuch II）.

第七章　宗教、世界观和良心自由（《德国基本法》第 4 条）　151

帝国宪法》第136条第4款所得出的反向结论正当化,即每个人都被允许在有效法律范围内强制使用一个非宗教的宣誓形式。基本法立法者将信仰和良心自由从《魏玛帝国宪法》的教会条款中拆脱开来,毫无法律的保留地将其置于宪法顶端,作为有约束力的可直接适用的基本权。因此,应当在信仰和良心自由基本权保护范围比起以前(《德国基本法》第135条)明显扩大的情况下解释《魏玛帝国宪法》第136条;根据《德国基本法》第4条第1款基本法秩序相关联的意义和内在分量,其保护范围相重叠。何种《魏玛帝国宪法》第136条第1款意义上的公法义务能够相对于《德国基本法》第4条第1款的自由权通过国家强制实施,在《德国基本法》实施之下,只能按照第4条第1款所作出的价值判断标准来确定。

319　　文献中[47],联邦宪法法院的论点遭受质疑,联邦行政法院也在一个裁判[48]中提出相反结论:联邦宪法法院所认定的重叠问题在于,按照这种观点,《德国基本法》第140条所纳入的《魏玛帝国宪法》条款成为德意志联邦共和国的完全有效的宪法。[49] 这使得比起其他的条款,上述条款不再是低一级效力的规定。认定重叠导致《德国基本法》第140条结合《魏玛帝国宪法》第136条第1款事实上丧失效力[50];这样的结论与《德国基本法》的体系不一致。目的角度上还要注意的是,认定第4条第1款和第2款存在全面一体的保护范围会导致宗教活动与一般法律秩序间产生大量冲突。而**法律的保留**允许国家将不同的利益和法律地位调和,以至于不必寻找宪法权利冲突。最后,联邦宪法法院追溯产生历史并不能否定《魏玛帝国宪法》第136条第1款限制的功能:因为对丁联邦宪法法院扩大解释保护范围的做法,制宪者既没有相关意愿也没有预见,出于这个原因,对限制的历史解释不应该起到重要作用。[51]

----

　　[47] Ehlers, in: Sachs, GG, Art. 140 Rn. 4; Lenz, VR 2003, 226 (229 ff.); Mager, in: v. Münch/Kunig, Art. 4 Rn. 48; Muckel, in: Friauf/Höfling, Art. 4 Rn. 52 f.; Starck, in: v. Mangoldt/Klein/Starck, Art. 4 Rn. 87 ff.; Tillmanns, Jura 2004, 619 (626).
　　[48] BVerwGE 112, 227 (231 f.).
　　[49] BVerfGE 19, 206 (219) (Kirchenbausteuer); Muckel, in: Friauf/Höfling, Art. 4 Rn. 52.
　　[50] Ehlers, in: Sachs, GG, Art. 140 Rn. 4.
　　[51] Jarass, in: ders./Pieroth, Art. 4 Rn. 30 ff.

2. 限制的限制

审查比例性时，《德国基本法》第 4 条第 1 款、第 2 款并没有特殊之处。遵从联邦宪法法院的观点，采用宪法权利冲突，就必须在个案中借助"**实践调和**"[52] 对冲突的宪法地位作出妥善平衡。即使是将《魏玛帝国宪法》第 136 条第 1 款作为限制来看待，按照对《德国基本法》第 5 条第 1 款适用的交互影响理论[53]，其无法对第 4 条第 1 款和第 2 款的基本权作出单方面限制，而是必须实现妥善平衡。[54]

一览：典型的考试问题

- 确定保护范围：宗教的概念、作为行为自由的宗教自由（页边码 307 以下）。
- 宗教自由和一般法律秩序（牲畜屠宰、教堂钟声、穆安津召唤）（页边码 307 以下 和页边码 320）。
- 国家的中立性（十字架案、头巾案等）（页边码 322）。
- 向民众警告教派（干预问题）（页边码 390 以下）。
- 《德国基本法》第 140 条结合《魏玛帝国宪法》第 136 条第 1 款作为限制（页边码 317 以下）。
- 个案中的权衡问题，"实践调和"（页边码 320）。

三、专论：国家宗教法（《德国基本法》第 140 条结合《魏玛帝国宪法》第 137 条以下规定）

虽然《德国基本法》第 140 条结合《魏玛帝国宪法》第 137 条以下规定的国家宗教法不是基本权，但是作为基础知识对于案例分析不可或缺。国家宗教法规定的核心是《德国基本法》第 140 条结合《魏玛帝国宪法》第 137 条第 1 款："不立国教。"尽管如此，《德国基本法》**并没有严格区分教会和国家**，而是将二者视为合作关系（"有缺陷的分离"）。明显的例子是《德国基本法》第 140 条结合《魏玛帝国宪法》第 137 条第 5 款和第 6 款。实践中，社会领域内二者也达成了全面的合作。

---

[52] 页边码 91 以下。
[53] 参见页边码 249。
[54] Starck, in: v. Mangoldt/Klein/Starck, Art. 4 Rn. 89; BVerwGE 112, 227 (231 f.)。

323　　　不过这种合作关系不能导致出现国家教会融合或者国家干预宗教事务的情况。因此，宪法上规定了组织分离，也就是**严格中立**。[55] 国家不得认同宗教团体的内容（"**不认同要求**"），且必须平等对待所有宗教团体（"**平等对待要求**"，参见第3条第3款第1句）。《德国基本法》第140条结合《魏玛帝国宪法》第137条第3款保护教会不受国家干扰，赋予教会广泛的自我决定权（kirchliches Selbstbestimmungsrecht）。[56] 个别情况下该自我决定权可以限制基本权。[57]

BVerfGE 93, 1（16 f.）（Kruzifix）：**面对不同宗教和表达时，从《德国基本法》第4条第1款的信仰自由得出国家中立原则。在一个多样或者完全不同宗教和世界观信仰的国家，国家只有在信仰问题上保持中立性，才能保障和平共处。国家不得威胁到社会的和平共处。这一要求不仅存在于《德国基本法》第4条第1款，而且存在于第3条第3款、第33条第1款以及第140条结合《魏玛帝国宪法》第136条第1款和第4款、第137条第1款。上述条款防止引入国教、禁止优待特定宗教以及排斥异教者。**

324　　　《德国基本法》第140条结合《魏玛帝国宪法》第137条第5款第2句则让大教会和其他宗教团体能够被肯认为**公法团体**。这条规定存在诸多争议。有疑问的首先是，"宗教团体"应当满足什么要求。[58] 文本中明确的标准是"确保持续"。意图成为公法社团的宗教团体必须通过自身章程和成员数目来支撑未来其继续存续的预测。德国联邦宪法法院在文本之外还要求对法的忠诚（rechtstreu）："意图成为公法社团的宗教团体（《德国基本法》第140条结合《魏玛帝国宪法》第137条第5款第2句），必须对法律忠诚。其必须保证遵守现行法律，特别是行使国家转交给其的权力时，遵守宪法和其他法律约束。此外，其必须确保未来的行为不会危及《德国基本法》第79条第3款中对第三人基本权予以保护的基本宪法原则和《德

---

[55]　BVerfGE 138, 296（338 f.）（Kopftuch II）.
[56]　Vgl. BVerfGE 137, 273（306 ff.）（Chefarzt）m. w. N.
[57]　Vgl. BVerfGE 122, 89（107 ff.）（Theologieprofessor）；137, 273（314 ff.）（Chefarzt）.
[58]　Vgl. BVerfGE 102, 370 ff.（Körperschaftsstatus der Zeugen Jehovas）. Muckel, Jura 2001, 456ff.

国基本法》中的自由宗教和国家宗教法。"[59] 联邦宪法法院还认为，除此之外，《德国基本法》并没有要求更多的忠诚于国家的义务。[60]

四、良心自由（《德国基本法》第4条第1款和第3款）

案例11：工作岗位上的良心危机

德国人P是一名坚定的和平主义者，在冶金行业的一家企业工作多年。为了扩展产品线，该企业新近制造武器零配件，并出售给其他企业。根据工作安排，P有时被安排到此类生产制造中。P拒绝该工作安排，认为自己的良心不允许从事此类活动。制造武器的工作使他陷入良心危机，让他无法安心生活。因此P按照工作安排虽然出现在工厂，但是没有做任何事情。之后，该企业依据《德国民法典》第626条第1款立即解雇了P。拒绝工作构成了《德国民法典》第626条第1款意义上的立即解雇的重要原因。P针对解雇提起的诉讼都没有获得支持，法院认为，良心危机并不是拒绝工作的原因。现在P针对上述法院裁判提起宪法诉愿。有望获得支持吗？

《德国民法典》第315条第1款：给付应由合同订立人一方确定的，存有疑义时，应当认定该项决定依照公平裁量作出。

《德国民法典》第626条第1款：合同当事人任何一方可以由于重大原因而通知终止雇佣关系，无须遵守通知终止期间，但以如下事实存在为前提：根据这些事实，在考虑到个案的全部情况，并衡量合同当事人双方利益的情况下，将雇佣关系延续到通知终止期间届满或约定的雇佣关系终止之时，对于通知终止的一方是不能合理期待的。

案例原型 BAG, AP Nr. 1 zu §611 BGB。

《德国基本法》第4条第1款规定了良心自由。与宗教和世界观自由一样，它是一个独立的基本权。[61] 第4条第1款将良心自由置于保护之中，第4条第3款则是拒绝兵役的特殊规定。2011年停止征兵制后，该特殊规定在实践中意义不大。[62]

---

[59] BVerfGE 102, 370 (Ls. 1) (Körperschaftsstatus der Zeugen Jehovas).
[60] BVerfGE 102, 370 (Ls. 2) (Körperschaftsstatus der Zeugen Jehovas).
[61] Vgl. Starck, in: v. Mangoldt/Klein/Starck, Art. 4 Rn. 63.
[62] BVerfG, NJW 1990, 241 (241).

(一) 保护范围

1. 主体保护范围

327　　第 4 条第 1 款和第 3 款在其字面意义上是每个人的基本权。由于"良心"概念是人的自然特征，良心自由从其本质上不适用于法人（第 19 条第 3 款）。

2. 实体保护范围

328　　第 4 条第 1 款保护的是"良心"自由。良心是指可认知的心灵现象，其要求、告诫和警告对于人构成应然直接的重大诫命。[63] 实践中的出发点则是**良心决定（Gewissensentscheidung）**。联邦宪法法院将其界定为"每个严肃灵魂性的，即以'善恶'为导向、个人在特定情境中认为受束且内在有义务所作出的决定，否则，其将面临严重的良心危机行为"[64]。

329　　良心自由的保护范围不仅包括拥有良心，其保护还扩展到不受公权力强制违背良心诫命和禁止地做出行为。[65] 这样，原则上每一个由**良心所引发的行为**都受到保护。个人在构成其人格内核的内在上不应当受到干扰。随之产生问题的则是，宪法赋予每个人主张自身主观且法院适用一般规则标准无法审查的自由。这在极端情形下威胁到法律秩序的一般性效力。另一方面，只保护持有良心信念但不保护相应行为的做法将丧失保护意义。法院对这个难题的解决方案是，对良心决定的认定设置**高要求**。[66] 联邦行政法院认为，社会现实中并不是每一件事情都关涉良心，作为规制和要求，主要适用于行为可能性或者行为要求使人格在框架和**保持自身认同可能性上受到严重影响**。[67] 作为内在的伦理要求，身份认同的人格只有在受到严重威胁之时，才触及良心。除此之外，良心自由并不必然保护个人不受其自身视为负担措施的任何影响。个案中，面对冲突情形，只要给个人提供维护其良心的行为替代方案即可。[68]

330　　与第 4 条第 1 款相比，第 4 条第 3 款构成特殊规定，保障出于良心而

---

[63]　BVerwGE 127, 302 (325) (Befehlsverweigerung).
[64]　BVerfGE 12, 45 (55) (Kriegsdienstverweigerung I).
[65]　BVerfGE 78, 391 (395) (Dienstflucht).
[66]　拒绝纳税参见 BVerfG, NJW 1993, 455 (455 f.).
[67]　BVerwGE 127, 302 (328).
[68]　BVerwGE 127, 302 (329).

拒绝参加兵役。虽然字面上是指"带有武器的兵役",但亦包括武器被用于防御目的的保护性兵役(如急救)的情形。[69] 对于良心决定,联邦宪法法院设置了较高的要求,必要的是,良心不允许"战争中杀戮"[70]。受情境限制的拒绝("只在特定战争中杀害")则不受第4条第3款的保护。

(二)干预

对良心自由的干预是指国家强制个人违背其良心采取行为。联邦宪法法院的判例则要求主张良心的主体自我避免干预,如避免良心负担情形的出现或者提供替代方案。[71] 如果一个女大学生主张良心自由,在生物学专业学习中不进行动物实验,那么判例要求其自己提供替代方案,另外提供同等的成绩。[72]   331

强制参加兵役构成对第4条第3款的干预。强制参加民兵代替兵役对于拒绝兵役者来说构成间接干预,因为对其施加了兵役压力。   332

(三)干预的正当化

1. 限制

良心自由是毫无保留地被赋予的。**宪法权利冲突**是其唯一的限制。至于宪法权利冲突是否也能够作为第4条第3款第1句的限制,存有疑问。在两个判例中,虽然存在良心决定,但联邦宪法法院将服兵役视为合宪,将不同宪法规范所推导出的"国家防御能力"作为宪法权利冲突来处理。[73] 这些判例是有缺陷的。联邦宪法法院的判例使每个良心决定都被置于国家防御能力保留之下,从而使基本权从内涵上被掏空。从宪法文本来看,个人的良心决定"为军事防御的扩建和组织设定界限,而不是相反"。[74]   333

第4条第3款第1句还受到更多限制:**第12a条第2款**明确规定了民防   334

---

[69] BVerfGE 69, 1 (55 ff.) (Kriegsdienstverweigerung II). Vgl. BVerwGE 80, 62 (65 ff.).
[70] BVerfGE 12, 45 (57) (Kriegsdienstverweigerung I).
[71] BVerfGE 32, 98 (106 f.) (Gesundbeter).
[72] BVerwGE 105, 73 (87).
[73] BVerfGE 28, 243 (261) (Dienstpflichtverweigerung);69, 1 (21 f.) (Kriegsdienstverweigerung II). 对宪法权利冲突的批评参见页边码80以下。
[74] BVerfGE 69, 1 (65) (Kriegsdienstverweigerung II) 中,波肯福德和马伦霍尔茨两位法官有不同意见。

替代役。另外，**第 4 条第 3 款第 2 句**还授权立法者，对拒绝兵役的情况"具体"进行"规定"。这种所谓的规范保留并不是传统意义上授权干预的法律的保留。立法者只能对拒绝兵役的程序进行构建（"规定"）；第 4 条第 3 款第 1 句的保护范围不能因此被缩减。不过上述论断并不能一般化：在第 12 条第 1 款的职业自由相关判例中，联邦宪法法院以第 12 条第 1 款第 2 句的规范保留来支撑重大干预，不过，联邦宪法法院将其不作为规范保留，而是作为一般法律的保留来理解。[75]

BVerfGE 28, 243（259 f.）（Dienstpflichtverweigerung）：宪法等级之下的规范如果触及基本权内涵，那么就不能正当化这种强制。立法者不能通过一般法限制基本权的实质内涵，即使是立法者授权作出具体规定。（立法者）只能规定肯认性程序。因为第 4 条第 3 款第 1 句并不保护任何的拒绝兵役，而是基于良心决定所作出的拒绝。按照《德国基本法》的意图，立法者可以规定肯认程序，但其没有义务。因为在出现紧急且实际理由时，立法者可以删除该肯认程序。

第 4 条第 3 款第 2 句包含了肯认程序，并不意味着这也适用于将肯认效力限制在其法律效力之后的时间上。如果上述规定与第 4 条第 3 款第 1 句保障自由权的内涵不一致，会导致限制基本权，不再构成"具体规定"。

2. 限制的限制

和其他基本权一样，干预必须使用比例原则审查。由于良心决定与第 1 条第 1 款绝对保障的人性尊严有密切联系[76]，因此需要**最大程度克制**。

一览：典型的考试问题

· 确定保护范围：良心的概念；保护范围（页边码 328）。

· 干预和替代行为；第三人效力（特别是出于良心原因拒绝工作、学业中的动物实验）（页边码 331）。

· 宪法权利冲突的限制（页边码 78 以下）。

---

[75] 参见页边码 403。
[76] 参见页边码 617。

五、基本权义务人

根据第1条第3款，基本权作为直接有效的法律约束立法、行政和司法。三大权力机关均是基本权的义务人。基本权作为干预防御权，限制三大权力行使国家权力权限，以给付权的形式要求国家做出令公民受益的行为。[77]

（一）国家作为基本权义务人

1. 所有高权受到全面的基本权约束

按照第1条第3款，**每个国家权力都受到全面的基本权约束**。立法受到的约束包括联邦和各州的立法机关。对行政的约束扩展到行政的所有领域，即行政机关的直接国家行政以及独立权利主体的间接行政，如社会保险主体或者高校。被授权人，也就是法律授权以自身名义行使高权的私人，如地区烟筒清洁工或者技术检测协会专家，也受基本权约束。这也同样适用于行使国家赋权的公法形式的宗教团体。[78] 所有法院都受到基本权约束。不过，在具体约束范围上，负责民事案件的法官有特殊性。[79]

无论任何行为形式，都受**基本权约束**。这既指传统的高权行为，如行政行为的作出，也指非正式活动。国家在完成自身职责时如果采用了私法行为或者组织形式，对其基本权约束不产生影响。国家不能通过遁入私法（Flucht ins Privatrecht）来摆脱基本权约束。[80] 直接的基本权约束**也包括国家的私法行为**，如国库辅助交易。

2. 私法形式的公共企业

私法形式的公共企业同样是直接的基本权义务人。这不仅包括企业所有份额属于国有、不存在私人权利的情形。如果私法组织的企业被公权力控股，其也受直接的基本权约束。[81] 一半以上的份额处于公权力财产之中

---

[77] 参见页边码14。
[78] BVerfGE 30, 415 (422 f.) (Mitgliedschaftsrecht).
[79] 参见页边码358以下。
[80] BVerfGE 128, 226 (245) (Fraport).
[81] BVerfGE 113, 208 (2011) (Deutsche Post AG); 128, 226 (246) (Fraport); 以建立目的为准的观点参见 Herdegen, in: Maunz/Dürig, Art. 1 Rn. 96。公共企业的基本权资格参见页边码160。

时即为这种情形。如果公权力的企业份额只是处于次要地位,则不受基本权约束。这种情形构成国家参与的私人活动,其本身受到基本权的保护。[82]

BVerfGE 128, 226 (244 f.) (Fraport):**使用私法形式并不能让国家权力免于第 1 条第 3 款的基本权约束。**这不仅适用于私法行为方式的情形,也包括使用私法组织和公司形式。公权力控制的混合制经济企业和国家完全所有且以私法形式组织的公共企业一样,直接受到基本权约束。

根据第 1 条第 3 款,基本权作为直接有效的法律约束立法、行政和司法。它们不仅适用于国家职能履行的特殊领域、功能或者组织形式,而且全面约束全部国家权力。**应当扩大理解国家权力的概念,不局限于强制性措施。**以所有公民名义作出的,国家决定层面上的决策、表态和行为都受到基本权的约束。因此,第 1 条第 3 款意义上的受基本权约束的国家权力是国家机构或者组织的每个行为,因为该行为是为了实现公益所履行的职责。

第 1 条第 3 款的基础是一项基本区分:**公民原则上享有自由,而国家原则上受到约束。**通过基本权,公民被肯认为自由的个体,发展个人同时自我担责。个人和其建立的社团机构可以按照其主观想法自由地活动,而无须说明(理由)。法律秩序对其施加的义务从一开始就是相对的——特别是按照比例原则,这些义务是受到限制的。与此相对,国家应当忠诚地完成职责,有义务向公民解释说明。国家的活动不是实现个人自由主观信念,而是要对公民的多样信念保持尊重,被宪法相应地约束于基本权。只要国家履行职责,其就受基本权约束,无论是何种法律形式。这也包括国家借助私法形式来履行职责。让国家从基本权约束遁入私法之中,从而将其作为民事主体来对待,不受第 1 条第 3 款的约束,这是不被允许的。

3. 国外事件的基本权约束

第 1 条第 3 款对公权力广泛的**基本权约束**也体现在**空间方面**。国家权

---

[82] BVerfGE 128, 226 (245) (Fraport).

力的行使"没有地理界限地处于基本权之下"[83]。对基本权保护的法益，如生命、健康、自由和财产的干预，通常是德国军队驻扎的附随产物，即使发生在外国，仍然需要正当化。[84] 比如，德国联邦海军在非洲之角对海盗的管束措施，在相应期间内，如果没有法官对剥夺自由措施的合法性和期限作出决定，此时对其是否满足第 104 条第 2 款和第 3 款的要求就存有疑问。[85]

联邦宪法法院肯认，**在涉及国外时，立法者的构建权限**要比国内法律关系的规制更大。国家可以考虑构建领域的现实条件，特别是超出其处分权力范围的事实。即使如此，立法者有义务在现存且自身无法影响的条件下最大可能地保证基本权的适用。[86] 因此，与外国相关联的事件并不排除基本权的适用，其适用范围的确定则要考虑《德国基本法》第 25 条的规定。此时可以按照相关宪法规范进行修改或者区别化。[87] 根据这一裁判，立法者在相应的立法中应当考虑到与外国相关的事件的特殊性。[88]

342

（二）私法关系中的基本权："第三人效力"

国家所受到的广泛基本权约束与**公民**所享有的全面**自由**是相对的。国家受到的约束和公民享有的自由是一枚硬币的两面。第 1 条第 3 款言及的基本权约束只是指向三大权力。

343

1. 直接第三人效力？

上述明确的论断在《德国基本法》诞生之后就不断受到批评，很多人主张，私法关系中也存在基本权的直接第三人效力。这使得不但国家必须注重基本权，而且每个公民在其日常行为中也必须将其他人的基本权作为适用的法律规范来对待。这也就意味着每个人受到特别平等权的约束（第

344

---

[83] Herdegen, in：Maunz/Dürig, Art. 1 Abs. 3 Rn. 71.

[84] Baldus, in：v. Mangoldt/Klein/Starck, Art. 87a Rn. 86 ff.（insbes. Rn. 89, 90 f.）；Beck, Auslandseinsätze deutscher Streitkräfte, 2008, S. 126 ff., 271；Werner, Die Grundrechtsbindung der Bundeswehr bei Auslandseinsätzen, 2006；Augsberg, JuS 2011, 128（132 f.）；Thym, DÖV 2010, 621（628 ff.）.

[85] 赞同观点 OVG NRW, DVBl 2015, 375 ff.；其他观点 Epping, in：ders./Hillgruber, Art. 87a Rn. 37 ff.。

[86] BVerfGE 92, 26（41 f.）（Zweitregister）.

[87] BVerfGE 100, 313（362 f.）（Telekommunikationsüberwachung I）.

[88] Vgl. Epping, in：ders./Hillgruber, Art. 87a Rn. 32.

3条第3款第1句），在交易往来中不得优待下萨克森州人，而亏待巴伐利亚州人。宗教上，他必须对他人中立，作为雇主，必须尊重所有求职人的职业选择自由（第12条第1款第1句）。

345　　德国联邦劳动法院在早期基于**目的性考量**确认这种直接第三人效力[89]；基本权应当确保出现不正当限制时个人的自由，尤其是存在权力不平衡关系之时。典型的是采用强制手段的国家和公民之间的关系。但这种权力不平衡关系也可能是因私人之间的经济力量不平衡引起的。对于处于劣势的个人来说，他面对的是强势国家还是强势个人，结果并不存在区别。从结果上来看，应当肯定私人受基本权的直接约束。

346　　这个看起来有说服力的论点实际上和《德国基本法》的规定并不一致：从基本权约束的范围上来看，**第1条第3款规定**，立法、行政和司法受基本权约束，并未提及个人。另外，《德国基本法》第9条第3款第2句、第20条第4款和第48条第1款和第2款明确规定了直接第三人效力，使私人之间负有权利和义务。**体系解释**之下，根据反向推理（argumentum e contrario）[90]，在所有的其他情形中不应当存在此种效力。此外，从基本权的**意义和目的**上来看，它是针对国家的个人防御权。基本权作为"消极的权限规范"[91]限制了国家权力。与国家权力相反的则是，个人总是受到基本权保护，发展自由。承认直接效力则导致基本权在民事交往中会产生限制自由的效力，这与其保障自由的功能背道而驰。无论如何，《德国基本法》并没有有意限制自由。最后一点，直接的第三人效力在**历史解释**上也站不住脚：早在《魏玛帝国宪法》第118条第1款第2句和第159条第2句中就规定过直接第三人效力，当时被称作"重大例外"[92]。《德国基本法》第9条第3款第2句继承了《魏玛帝国宪法》第159条规定的例外，这也证实了上述的反向推理。仅是以利益地位的可比性为论点，是不能支撑起直接第三人效力的。

---

[89]　BAGE 1, 185 (193); 7, 256 (260).
[90]　对这一论点参见 Butzer/Epping, S. 52 f. 。
[91]　Hesse, Rn. 291.
[92]　Anschütz, Die Verfassung des Deutschen Reiches, 14. Aufl. 1933, Art. 118 Anm. 5 und Art. 159 Anm. 1.

2. 间接第三人效力（私法效力）

即使对上述结论今天不再有异议，但是这并不意味着基本权在私法往来中毫无效力。判例和文献认为基本权存在间接第三人效力。这是指个人虽然不受基本权的直接约束，但是基本权在私法关系中"间接"产生效力，立法者在构建私法以及民事法院审理民事争议时，都必须尊重基本权。不能误解间接第三人效力这个概念。个人受普通法所传递的间接约束；立法者和法院所受约束则是第 1 条第 3 款所言的直接约束。这样，准确来说，间接第三人效力应该是**私法效力**。尽管如此，间接第三人效力这一概念仍被使用。[93]

347

基本权产生间接第三人效力的理由在于，基本权并不单纯是个人针对国家的防御权，而是构成一种**客观价值秩序**。[94] 这种价值秩序作为宪法的基本决定，适用于所有的法律领域，同样也就适用于私法。因此，联邦宪法法院认为，所有的民事法律规定必须按照宪法的精神予以解释。用联邦宪法法院的话来说，基本权的目的不是一味尽可能地减少对基本权的干预，而是作为基础性决定来**均衡具有同等地位的自由**。一个人的自由必须和另一个人的自由协调一致。冲突的基本权地位相互影响，根据实践调和的原则取得平衡，使得基本权利对于所有参与者而言尽可能地有效。[95] 乍看之下，这里适用联邦宪法法院基于宪法权利冲突干预正当化所适用的标准[96]，但存在重要区别。基于宪法权利冲突的干预必须经受住严苛的比例性审查。在私法法律关系秩序中，国家机关则拥有构建空间。[97]

347a

基本权的间接第三人效力主要体现在民事法院适用和解释私法时，尤其是**民法的不确定法律概念和概括条款**，他们构成基本权不可缺失的[98] "**引入大门**"（**Einfallstore**），而且还不限于此。[99] "间接第三人效力"的典型例子是《德国民法典》第 138 条第 1 款的违反"善良风俗"概念。何

347b

---

[93] Vgl. BVerfGE 128, 226 (248) (Fraport).

[94] BVerfGE 6, 32 (40) (Elfes); 7, 198 (205) (Lüth); 25, 256 (263) (Blinkfüer); 39, 1 (41) (Schwangerschaftsabbruch I). 参见页边码 15。

[95] BVerfG, NJW 2018, 1667 (1668) (Stadionverbot).

[96] 参见页边码 77。

[97] 参见页边码 57。

[98] Vgl. BVerfGE 138, 377 (391 f.) (Scheinvater).

[99] BVerfGE 7, 198 (205 f.) (Lüth).

种情况构成违反，何种情形视为《德国民法典》第 138 条第 1 款的违反善良风俗，从而使得法律行为无效，对上述问题的回答也要考虑基本权的标准。**间接基本权效力的范围**取决于个案具体情形。起到决定作用的是公民的自由得到平衡，让基本权中的价值决定得到充分体现。情境的不可避免性、相对立双方的不平等、特定给付的社会意义或者一方强大的社会实力起到决定性的作用。[100] 两个同等强度的双方通过自由协商一致形成的合同规定，往往也就没有宪法疑问。相反，特别是劳动法和租赁法中，当双方有明显的权力差别，存在依赖关系，则要特别注意基本权的意义。在这种情形下要以基本权判断标准对所谓的自由协商的协议进行审查。

间接基本权效力的执行主要是由民事法院来进行。民事法院适用私法并按照一般解释规则对其进行解释。此时必须注意到《德国基本法》和欧洲联盟法[101]的基本权约束以及《欧洲人权公约》。[102] 联邦宪法法院则将自身的审查密度进行限缩。私法的适用和解释是民事法院的核心职责，其有广阔的空间。联邦宪法法院不审查私法是否得到正确适用。**达到下列界限时违反了宪法**，即民事法院在解释时犯了错误，对所涉基本权意义有完全错误的认识，而这对于具体法律案件来说在实体意义上有自身分量，特别是在私法规定框架内双方权利地位的权衡有错误。[103] 联邦宪法法院并非依据一般法是审查裁判的"超级审"[104]。至于民事法院直接审查基本权利，仅仅通过一般法的考量和借助民法解释规则来说明自身裁判，并为法律秩序发展敞开大门，这并不重要。重要的仅仅是，基本权判断在结论上得到充分的考虑。民事法院不负有作出宪法论述的特别义务。[105]

BVerfGE 7, 198（204 ff.）（Lüth）：基本权规范是否对民法产生影响以及效力如何，对这个问题存在争议。这个争议中，一方认为，基本权只是针对国家的，另一方则认为，基本权利，至少最重要的几项基本权利也适用于所有人的私法交易。联邦宪法法院的判例并不能被

---

[100] BVerfG, NJW 2018, 1667（1668）(Stadionverbot).
[101] 参见页边码 1033。
[102] 参见页边码 1019。
[103] BVerfGE 7, 198（206 f.）(Lüth).
[104] 页边码 206 和 367，特别是页边码 371。
[105] BVerfG, NJW 2018, 1667（1669）(Stadionverbot).

解读为上述任何一种极端观点；而联邦劳动法院在这方面得出的结论有失偏颇。在这里无须对基本权所谓的第三人效力作出完整论述。为了能得出公正结论，进行下列考量：

毫无疑问的是，基本权主要是为了保障个人面对公权力干预时的自由空间，是公民针对国家的防御权。这是基本权思想史发展以及在将基本权纳入宪法的历史过程中所得出的结论。《德国基本法》的基本权意义在于，将基本权利部分置前，用以强调面对国家权力时人的优先和其尊严。相应的，为了维护这些权利，立法者构建宪法诉愿，只针对公权力行为。

同样正确的是，非中立价值秩序的《德国基本法》在其基本权章节构建了客观价值秩序，以此强化基本权的效力。这个价值体系的核心在于，在社会共同体内让个人自由发展人格和其尊严，这应当作为宪法的基本决定，适用于法律的所有领域；立法、行政和司法从中汲取指令和动力。这个价值体系也就自然对民法产生影响；民法规定应当与其保持一致，以其精神为解释标准。

基本权的权利内涵作为客观规范在私法中发挥作用，主要是通过这个法领域内直接占统治地位的法律规定。和新法必须与基本权价值体系保持一致一样，旧法也应当在内涵上以该价值体系为准，其中融入宪法内涵，影响其解释。受基本权影响的民法规范所产生的权利义务，私人之间对此存有争议时，在实体和程序上仍是民事争议。即使在解释民法规范时遵从公法、宪法，解释和适用的仍是民法。基本权价值标准的影响主要是在下列私法规范中出现，即包含强制法构成广义上的公共秩序的一部分，也就是说出于公益对于个人之间法律关系的构建产生约束力的、私人意思被剥夺的原则。这些规定从其目的上来看，与公法关系紧密，补充了公法。它们也就深受宪法的影响。为了实现这些影响，主要是借助"概括条款"，如《德国民法典》第826条判断人的行为是借助民法以外的，甚至是法律之外的标准，如"善良风俗"。对于社会戒令在个案中作出何种要求的判断，首先要从特定时间点民众思想文化发展所达到的且在宪法中沉淀下来的价值理念整体上考虑。因此，概括条款很正确地被描述为基本权利在民法的

"渗入点"。

349　　对上述论述目前不再有争议。不过，间接第三人效力仍然是基本权教义学中最有争议和最困难的领域。直到今天仍缺一致且实用的解决方案。症结主要是以下三个方面。[106]

①仅是指出"客观价值秩序"就能充分说明基本权的间接第三人效力吗？抑或需要更多理由？

②基本权在私法领域也作为干预防御权发挥作用吗？

③间接第三人效力对私法适用者（民事法院）所带来的约束力，会对联邦宪法法院的审查范围有何影响？

（1）间接第三人效力的理由：保护义务

350　　对于基本权在私法关系之间产生间接第三人效力问题，除了"吕特案"[107]外，联邦宪法法院并未再作详细的教义学说明。作为"裁判员"的法院在审理民事争议案件时，往往会重复"吕特案"中的论述。[108] 不过联邦宪法法院也开始对其进行**精细化**。作为对20世纪80年代文献观点的衔接[109]，基本权的保护义务作为间接第三人效力的理由被不断提及。[110] 与其原先的理由相比，引入国家保护义务构成了深化，而非推翻。因为保护义务是基本权客观法功能的特别体现。

351　　保护义务[111]，用联邦宪法法院的话来说，即"保护和促进"地去实现基本权是国家的职能[112]，而这也适用于**私法关系**。保护义务要求国家公权力主体确保基本权在私法关系中得到切实有效的实现，接受方是整个国家。这主要是，立法者在构建民法时必须履行保护义务。[113] 立法者必须将

---

[106] 上述三个问题的详细论述参见 Lenz, Vorbehaltlose Freiheitsrechte, 2006, S. 157 ff.。
[107] BVerfGE 7, 198 ff. (Lüth).
[108] 最近的 BVerfGE 95, 28 (37) (Werkszeitungen); 97, 391 (401) (Missbrauchsbezichtigung); 101, 361 (388) (Caroline von Monaco II); 102, 347 (362) (Schockwerbung I)。
[109] 基本性的见 Canaris, AcP 184 (1984), 201 (225 ff.)。
[110] BVerfGE 81, 242 (255) (Handelsvertreter); 97, 169 (175 f.) (Kleinbetriebsklausel I); 99, 185 (194) (Scientology); 103, 89 (100) (Unterhaltsverzichtsvertrag); 114, 1 (37 f.) (Übertragung von Lebensversicherungen); 114, 73 (89 f.) (Überschussermittlung bei Lebensversicherungen); 128, 226 (249) (Fraport); 137, 273 (313) (Chefarzt)。
[111] 参见页边码122以下。
[112] BVerfGE 39, 1 (42) (Schwangerschaftsabbruch I)。
[113] Oeter, AöR 119 (1994), 529 (537 f.)。

个人之间的自由空间相互区分，使得个人自由在私人领域得到发挥。负责审理具体争议的民事法官也负有保护义务，其在审理时应当注意使个人自由在私法范围内得到保护。不过《德国基本法》自身不用对个人之间的自由领域进行界定划分；落实相关标准的职责是国家的立法者和法官。因此，对于冲突权利和利益的平衡，国家享有**构建空间**；国家的（不）行为的界限只是**禁止保护不足**。[114] **只有当国家行为重大且明显地没有达到必要的最低保护程度时**，才视为违反了禁止保护不足。至于个案中裁决一个私法争议，并不能直接从基本权中得出结论。国家保护义务的实现是普通法和其解释适用的事情。[115]

从国家保护义务来解释基本权对民法的作用影响，这一做法获得了赞同。在第三人效力的案件中，实际上往往是下列情形，即个人因其他私人的行为而向国家法院寻求保护。因此，国家保护义务的教义可以为此提供有益的解释，能够予以利用。联邦宪法法院在第 5 条第 1 款相关的"**吕特案**"和"**布林克菲尔案**"的裁判可以清楚展示这一点[116]："吕特案"中，民事法院禁止宪法诉愿人对威特·哈兰的抵制呼吁。此时可以将民事法院的禁止视为传统的基本权干预，无须动用保护义务。"布林克菲尔案"则完全不同。在该案中，同名杂志出版人所声请的民事法官拒绝了禁止施普林格出版社发出的抵制呼吁，将其抵制视为合法。布林克菲尔出版人针对该民事裁判提起宪法诉愿。该案的情形是保护一个私人（这里指布林克菲尔出版人）不受另外一个私人的干涉（这里指施普林格出版社）。民事法院拒绝提供保护的做法被联邦宪法法院认为违反基本权。[117] 如果国家提供的保护有缺陷，从而损害了基本权，那么就可以将基本权对私法和私法关系的影响看作基本权保护义务的表现。

BVerfGE 81, 242（252 ff.）（Handelsvertreter）：《德国基本法》并不是价值中立的秩序，而是在其基本权部分作出客观的基本决定，该

---

[114] BVerfGE 88, 203（254）（Schwangerschaftsabbruch II）. 参见页边码 127 以下。
[115] Vgl. BVerfGE 54, 129（139）（Kunstkritik）.
[116] BVerfGE 7, 198 ff.（Lüth）; 25, 256 ff.（Blinkfüer）. 案情参见页边码 220。
[117] 对于这些裁判参见 Oeter, AöR 119（1994）, 529（535 f.）。
* 依原书体例，此处疑似不应有段码；为与原书一致，故保留。——译者注

决定适用于法律的所有领域,也适用于民法。民法规定必须与基本权表达出来的原则保持一致,这主要适用于包含了强制规范、限制私法自治的私法规定。

这些限制是不可缺少的,因为私法自治基于自我决定的原则,也就是说以自由自主决定条件确实存在为前提。如果合同一方过于强势,能够事实上单方面决定合同条件,那么对于另一方来说就不能视为自我决定。在双方不存在势力均衡的情况下,利用合同法工具就很难实现利益的公正均衡。如果在这种情形下存在基本权保护的地位,那么国家规定必须充分干预,来提供基本权保护。阻挡社会和经济不平衡的法律规定在这里实现了基本权章节的客观基本决定,落实了基本法的社会国原则(第20条第1款和第28条第1款)。

从宪法并不能直接得出不平等地位如此严重,以至于必须通过强制法律规范来限制或者补充合同自由。只能通过类型化方式理解设置必要保护性条款的特征。立法者在此有宽泛的判断和构建空间。不过,国家不能坐视明显的错误发展而不顾,其必须注意到,每个出于保护一方而对合同自由的限制同时构成了对另外一方自由的干预。如果是考虑到企业的合作方而限制合同条款的合法性,那么构成对企业的职业活动自由的干预。立法者必须对这种竞争的基本权地位进行充分权衡。此处其拥有宽泛的构建自由。

即使立法者没有为特定生活领域或者为特定合同形式出台强制合同法规范,并不意味着就合同实践放任自流。相反,民法概括性条款作为过度禁止进行干预,如《德国民法典》第138条、第242条和第315条。具体化和适用这些概括性条款时,要注意基本权。**宪法相应的保护职责指向法官,其必须在缺乏合同平等时,运用民法手段来实现基本权的客观基本价值决定,且通过不同方式来履行该职责。**

(2) 私法和干预防御?

354 借助国家保护义务而对第三人效力论证产生的问题则是,基本权在私法领域是否也发挥其传统功能,也即干预防御权。一个民事法官如果在判决中禁止重复言论表达或者基于该表达确认损害赔偿,那么他是否干预了言论自由，对于受益公民来说构成"通过干预提供保护"[118]？在何种程度上私法规范构成了对基本权的干预，从而使其必须从基本权的防御权角度来衡量？规定所有国家权力受基本权约束的《德国民法典》第1条第3款并没有回答这个问题。[119] 因为第1条第3款并没有规定其约束为何种方式，即是否受束于作为防御权的基本权或者（只）受束于请求国家保护的基本权。

从实用角度上看，这个问题有重要意义：只有存在基本权限制依据且与国家追求的目标符合比例原则时，基本权干预方合法。国家在此并不具有构建空间；需要联邦宪法法院的全面审查。相反，实现保护义务时，国家拥有宽泛的构建空间[120]，其首要职责是查明所涉基本权，并通过"实践调和"来对其进行谨慎权衡。联邦宪法法院的审查限制在于国家是否违反了禁止保护不足["**明显性审查**"（Evidenzkontrolle）]。

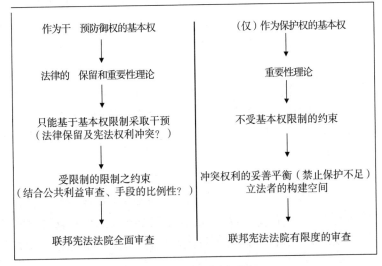

图 7-1 国家的基本权约束

---

[118] Wahl/Masing, JZ 1990, 553 ff. 的论文题目即为此。
[119] Ruffert, Vorrang der Verfassung und Eigenständigkeit des Privatrechts, 2001, S. 90 有不同观点。
[120] 参见页边码 126 以下。

357　　对于上述问题，联邦宪法法院的判例并不明朗且避免作出细致回答。为了对上述问题进行分析，要区分民事法官和民法立法者的干预。

①民事法官的干预

358　　民事法官的基本权干预可以从两方面进行。首先，在诉讼发生程序错误时，民事法官亦可能损害到基本权或者等同于基本权之权利（尤其是《德国基本法》第 101 条和第 103 条）。此种情形构成对基本权的干预，而不会产生私法中干预防御的问题。因为法官是诉讼法公法规范的适用者。[121] 相应的，该基本权不是在原告和被告之间发生作用，而只是在原被告与法官之间，亦适用于**第 3 条**的平等权。民事法官受到其传统职能的约束，实践中最重要的是**恣意禁止**。[122]

359　　另一方面，法官的判决可以从实体上减损当事人的自由。比如他可以判决一方不再发表言论，或者因已经发表的言论支付损害赔偿。乍看确实构成对败诉方基本权的减损。尽管如此，认为此时构成基本权干预的观点[123]并不是那么令人信服。[124] 因为民事法官是根据民法规范来裁决，即使没有法官，该民法规范也在民事双方之间适用。基本权作为干预防御权则不属于这些规范；基本权只约束国家及其机关。因此，只要对公民适用的普通法要求之，那么其就必须尊重其他公民基于第 5 条第 1 款享有的言论自由。没有适用基本权防御功能，那么法官的行为也就不能导致其发挥防御功能。基本权并不因为法院裁判而产生干预防御权，法院必须基于声请之前适用的法律规定裁判。[125]

360　　另外，民事法官如果受束于产生干预防御权功能的基本权，则会导致其与诉讼双方关系上的**不平等**。[126] 比如，如果公民甲贬损公民乙，乙在民事法院起诉甲，法院有两个可能的做法：它可以支持乙的诉讼请求或者驳回乙的诉讼请求。如果此时将基本权作为干预防御权，法院支持乙的诉讼

---

[121]　BVerfGE 52, 203 (207) (Fristgebundener Schriftsatz).

[122]　参见页边码 795。

[123]　Alexy, Theorie der Grundrechte, 1994, S. 486 f.; Höfling, Vertragsfreiheit, 1991, S. 54.

[124]　Vgl. Lenz/Leydecker, ZG 2006, 107 (410 ff.).

[125]　Stern, in: ders., Staatsrecht, Bd. III/1, §76, S. 1551; Bleckmann, §10 Rn. 75; Hermes, NJW 1990, 1764 (1765).

[126]　Vgl. Lenz/Leydecker, ZG 2006, 107 (411 ff.).

请求,判处甲不得发表相关言论或者承担损害赔偿,那么会构成对甲言论自由的干预(第5条第1款第1句)。而如果法院驳回诉讼请求,一开始就排除了基本权干预。因为法院的自身行为没有造成基本权减损,而只是拒绝了乙的保护请求。[127] 相应的,基本权会给不同的裁判可能性设置不同的要求:法院驳回诉讼请求,只需受保护义务的约束,且拥有宽泛的构建空间。法院如果支持,则要受到基本权及其限制(这里为第5条第2款的加重法律的保留)全面约束和限制的限制(比例原则)。对于法院来说,支持诉讼请求时的说明义务要比驳回时更重。而这明显地违反了甲和乙之间平等的基本权地位。双方不应当受束于彼此的基本权,在其内部关系上甲的言论自由和乙的人格利益处于一个等级。相应的,在处理民事争议时,不应给国家提出不同的宪法性要求,从而对判决产生影响。

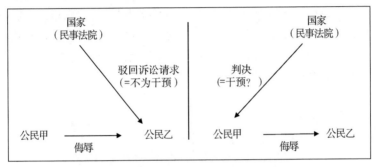

图7-2 民事法官受束于作为干预防御权的自由权?

因此按照可能的主流观点,对于民事法官来说,基本权并不发挥干预防御权功能,而只是保护义务功能。[128] 联邦宪法法院在判例中也都否定了在民事争议中让基本权发挥干预防御权效力,虽然有时并没有表达清楚[129],且存在背离性裁判。[130]

---

[127] 对于这一情形清晰的是 Oeter, AöR 119 (1994), 529 (536)。

[128] Stern, in: ders., Staatsrecht, Bd. III/1, § 76, S. 1582 m. w. N. 不同观点参见 Alexy, Theorie der Grundrechte, 1994, S. 486 f. 和 Hellermann, Die sogenannte negative Seite der Freiheitsrechte, 1993, S. 212 m. w. N. in Fn. 37。

[129] 仅见 BVerfGE 7, 198 (204 ff.) (Lüth); 34, 269 (280) (Soraya); 42, 143 (147 ff.) (Deutschland-Magazin); 101, 361 (381) (Caroline von Monaco II)。

[130] Vgl. BVerfGE 119, 1 (22) (Esra)。

②民事立法者的干预？

363 至于民事法律立法者是否受束于作为防御干预权的基本权，多数持肯定观点。[131] 赞同者的主要理由在于，立法者在很大程度上能够自由决定是否使用民法或者公法规范来规制冲突。因此其所受约束应当一样，基本权总是作为干预防御来发挥作用。早期判例中，联邦宪法法院用所涉基本权的限制性规定来衡量民法规范。[132]

364 这是令人惊讶的，因为否定民事法官受束的论点也适用于此。[133] 特别是对于立法者来说，保护义务方面的行为（干预）或者不行为（非干预）适用不同的标准，这会导致对于国家来说，赋予保护比起不采取行为更困难。如果国家采取行为，必须注意到基本权作为干预防御权的限制和其限制的限制；如果不采取行为，审查标准只是保护义务及其宽泛的构建空间。公民相互之间不受束于基本权，在请求国家保护时平等，那么这与对行为或者不行为设定不同标准并不一致。因此，联邦宪法法院在最近判例中的做法更具有说服力，即放弃干预审查，肯认较大判断和构建空间，通过实践调和来权衡所涉权利的地位。[134]

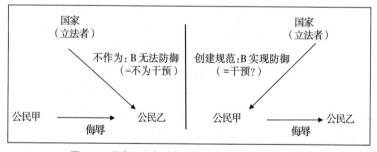

365 图7-3 民事立法者受束于作为干预防御权的自由权？

---

[131] Vgl. Canaris, AcP 184 (1984), 201 (212 f.); Röthel, JuS 2001, 424 (425).

[132] Vgl. BVerfGE 7, 198 (211) (Lüth); 97, 127 (146) (Caroline von Monaco I); 102, 347 (360) (Schockwerbung I).

[133] Lenz/Leydecker, ZG 2006, 407 (416 ff.); Oldiges, in: FS für Friauf, 1996, S. 300 ff.

[134] BVerfGE 134, 204 (223 f.) (Übersetzerhonorare); BVerfG, NJW 2016, 1939 (1940 f.) (Abstammungsklärung); NJW 2016, 2247 (2248) (Sampling). 亦见 BVerfGE 97, 169 (175 f.) (Kleinbetriebsklausel I)。

另外，在私法和将基本权作为干预防御权的公法之间存在重大区别[135]：私法用来平衡处于平等关系的公民之间的权利和利益，而公法主要是平衡国家和公民上下之间关系中的私人利益和公共利益。虽然很多时候公法规范也用于服务私人利益。公法直接赋予国家权力和义务，而私法则需要个人的积极行为。国家可以以（公法）警察法禁止公民发表诽谤性言论，无须被诽谤人协力。但如果被诽谤人没有积极主动提起诉讼，国家不可能从民法上判决其承担损害赔偿责任。在一个禁止私刑且提供权利救济的法治国家，**私法是私人自治的表达**。[136] 相反，公法为了公益的国家行为。因此公法和私法二者发挥相同效力的观点是站不住脚的。基本权在民法中发挥干预防御权效力这种观点应当予以否定。而且无法解释的是，为何在涉及不同规制对象时，要对行为的国家机关——法官或者立法者，设定不同的标准。（我们）期待进一步的相关讨论。

（3）宪法法院的审查范围

通过国家保护义务说明第三人效力可以得出，民事法官在审理民事主体间法律争议时所受的约束：**民事法官裁判的基础是私法**，所以法律争议应当只根据私法规范来裁判。在适用和解释该规范时，民事法官必须注意到诉讼双方**基本权中所产生的保护义务**。这也适用于那些需要填充的概括性条款（《德国民法典》第 138 条、第 242 条、第 823 条、第 826 条和第 1004 条）；亦适用于所有的其他民法规范，只要其赋予法官解释空间。而法官也应当更新自身要履行的保护义务。合理顾及基本权的民法规范如果没有解释空间，则法官自己不能履行保护义务，此时必须尊重立法者的决断。[137] 如果法官认为该规范违宪，其必须中止程序，按照《德国基本法》第 100 条第 1 款提交给联邦宪法法院（具体规范审查）。

民事法官在**适用法律**时必须对相对立的**基本权地位相互权衡**，使之达到妥善平衡。和所有履行国家保护义务职责的国家机关一样，其享有构建

---

[135] 公法与私法的区分参见 Wolf/Neuner, Allgemeiner Teil des Bürgerlichen Rechts, 11. Auflage 2016, § 2 Rn. 1 ff. 。

[136] BVerfGE 103, 89 (100 f.) (Unterhaltsverzichtsvertrag); 114, 1 (34 f.) (Übertragung von Lebensversicherungen).

[137] 民法的法律约束参见 Röthel, JuS 2001, 424 (427 ff.)。

空间；诉讼双方基本权的衡量、归属和权重是裁判法律争议的法官的职责。

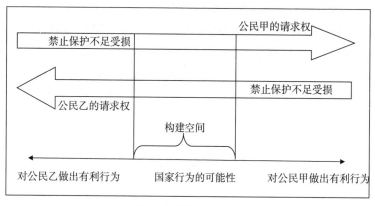

图7-4 保护义务的冲突

从民事法官的地位可以推导出联邦宪法法院对民事案件的**审查范围**。由于民事法官在诉讼双方基本权归类和权衡上的构建空间，联邦宪法法院的审查不能是全面性的。其并不能对判决的合法性进行全面审查，而是要看双方基本权在法律适用中是否得到注意。因为审查权限不能超越基本权对私法的影响。[138] 联邦宪法法院考虑到法院在履行保护义务时的构建空间，不以自身对所涉基本权地位的权衡取代民事法院的权衡，而只能审查**民事法院在关涉基本权时是否作出了合理裁判**。如果对基本权的意义作出错误理解而作出裁判，特别是对其保护范围的错误认识，即民事法院没有意识到或者错误认识基本权的意义，那么就构成上述情形。[139] 只有在例外情况下（联邦宪法法院）才进行全面审查，即"禁止保护不足"将国家的构建空间限缩到特定形式的保护上。[140]

文献中指出，和其他针对判决提起的宪法诉愿一样[141]，联邦宪法法院有限的审查范围表明，联邦宪法法院并非"超级审"，应当限制在"宪法

---

[138] BVerfGE 95, 28 (37) (Werkszeitungen). 之前已经存在 Klein, NJW 1989, 1633 (1640)。

[139] BVerfGE 18, 85 (93) (Spezifisches Verfassungsrecht); 89, 214 (230) (Bürgschaftsverträge); 101, 361 (388) (Caroline von Monaco II).

[140] BVerfGE 35, 202 ff. (Lebach); 119, 1 (22) (Esra).

[141] 参见页边码206。

特有"上。[142] 从联邦宪法法院的功能地位所得出的这个理由并非错误，但过于简单。因为联邦宪法法院正确地指出，其审查范围在实体方面并不超越基本权利对私法的影响。[143] 国家机关享有构建空间的权力，基本权利对私法的影响被限制，法院必须考虑到这点。

BVerfGE 95, 28（36 f.）（Werkszeitungen）：州劳动法院必须对关涉《德国营业组织法》的私法争议作出裁决，并不意味着其无须考虑该基本权。《德国营业组织法》的解释和适用虽然是劳动法院的事务，但《德国营业组织法》的相关规范或者其个案适用限制性地对基本权保护活动产生影响，那么劳动法院在适用时必须考虑到所涉基本权的范围和意义。**这要求对基本权利益和法律保护法益作出权衡**，权衡原则上在相关法律需要解释的事实要件中进行，且考虑到具体案情。**对这一基本原则的遵守可以由联邦宪法法院来审查。不过其对民事法院的审查权限不能超越基本权利对私法的影响。**尽管存在基本权的影响，法律争议仍然为民法性质，联邦宪法法院只是审查所涉基本权价值意义在适用和解释普通法时是否得到充分注意。如果民事法院没有考虑到基本权影响或者错误理解且建立在错误认识基本权影响时，就缺乏充分注意。冲突权利地位的权衡在宪法上并没有固定套路。这是立法者的职责，其拥有广阔的构建空间。对于适用法律的法官来说，其亦拥有一定的解释空间，至少当法律对争议问题——如本案情形，没有详细规定，而是要利用一般原则来解决。每个权衡角度在这些情形中都对结果产生影响。

根据上述论述，**立法者构建私法**时也不受束于作为防御干预权的基本权。私法规范的审查限定在，构建私法时基本权利是否得到充分注重，即立法者是否履行了其保护义务。限制和限制的限制（比例性原则）等全面审查则不予进行。[144] 传统的三层基本权审查（保护范围—干预—正当化）改为双层审查（保护范围—违反保护义务）。[145] 而如果将私法立法者受束

372

---

[142] Canaris, AcP 184 (1984), 201 (212 f.).
[143] BVerfGE 95, 28 (37) (Werkszeitungen).
[144] BVerfGE 89, 276 (286) (§611a BGB); 97, 169 (175 f.) (Kleinbetriebsklausel I). BVerfGE 63, 88 (109) (Versorgungsausgleich II) 有不同观点。
[145] 参见页边码 141。

于作为防御权的基本权,那么私法规范和其他法律规范一样要接受全面的合宪性审查。

373 **案例写作提示:**

对于第三人效力问题,至今判例和文献并没有一个满意答案。很多探讨该问题的著作徒有"表面逻辑"。即使本书,也不能解决所有问题,只是尽量展示所有难点和观点。案例写作时则不会涉及教义学难点。[146] 不过,"正确"展现第三人效力问题存在难度。要区分两种情形:

①如果是审查**私法规范**,那么应当按照经典框架(保护范围—干预—正当化)对其合宪性进行全面审查。干预层面上,特别是完成家庭作业时,面对私法规范,可以抛出基本权是否作为干预防御权这个问题。尽管如上所述存有疑义,但考虑到改卷人的期许和文献主流观点,推荐同意其效力。

②如果公民针对一个**民事裁判**提起宪法诉愿,首先要在合法性中的"诉愿资格"(声称损害基本权)中对该问题进行论述。要确定的是,在私法关系中,基本权也是通过民法规范和法官的适用产生效力(间接第三人效力)。早已被放弃的"直接第三人效力"无须再作论述。在理由部分,论述保护范围之后,要对何种方式的基本权妨碍作出阐述。决定性的地方则是对"干预"的审查;这里需要言及保护义务以说明间接第三人效力。

公民针对的如果是一个**驳回诉讼请求的判决**,自身保护请求被拒绝,那么从定义上看,并不构成国家干预。要澄清的是,国家是否违法地没有尽到保护义务。如果是这种情形,其不作为——驳回诉讼请求,损害了诉愿人的基本权,无须对其正当化作出进一步论述。

公民针对的如果是法院**有责判决**,那么可以根据通常的干预概念认定存在干预,且需要进行正当化。此处与其他判决宪法诉愿并无区别。不过得出这一论断的前提是,认定民事法官受束于作为干预防御权的基本权与可能构成主流的代表性观点不同,如果否定这一点,那么在审查"干预"时要看有责判决是否合乎国家保护义务。这里只是审查民事法官对基本权的权衡和归类是否合宪,且通过"实践调和"来达到平衡。这个审查是两阶层的。笔者亦持赞同态度。

---

[146] 不同处理方法参见 Augsberg/Viellechner, JuS 2008, 406 ff.。

第八章 职业自由
(《德国基本法》第 12 条)

参考文献：

Huber, Peter M., Die Informationstätigkeit der öffentlichen Hand – ein grundrechtliches Sonderregime aus Karsruhe? JZ 2002, 290 ff.; Schoch, Friedrich, Staatliche Informationspolitik und Berufsfreiheit, DVBl 1991, 667 ff.; Vosskuhle, Andreas/Kaiser, Anna-Bettina, Grundwissen-Öffentli-ches Rech: Der Grundrechtseingriff, JuS 2009, 313 ff.

案例分析：

Bausback, Winfried/Hein, Michael, Bessere Chance für den Nachwuchs? JA 2005, 873 ff.; Brinktrine, Ralf/Sarcevic, Edin, Klausur Nr. 6 (S. 119 ff.); von Coelln, Christian, Übungsklausur – Öffentliches Recht: Die Verfassungsmäßigkeit der Ausbildungsplatzabgabe – Der aufgedrängte Azubi, JuS 2009, 335 ff.; Degenhart, Christoph, I, Fälle 15 (S. 222 ff.), 17 (S. 249 ff.), 19 (S. 275 ff.), II, Fall 4 (S. 113 ff.); Frank, Malte/Platzer, Maximilian, Kein Alkoholverbot ist auch keine Lösung? JA 2012, 680 ff.; Höfling, Wolfram, Fall 13 (S. 151 ff.); Goldhammer, Michael/Hofmann, Andreas, Anfängerklausur – Öffentliches Recht: Grundrechte. Gefährliche Bräune, JuS 2013, 704 ff.; Langenfeld, Christine/von Bargen, Oliver/Müller, Thomas, Anfängerhausarbeit-Öffentliches Recht: Nichtrauchschutz in Gaststätten, JuS 2008, 795 ff.; Lüdemann, Jörn/Hermstrüwer, Yoan, Referendarexamensklausur – Öffentliches Recht: Staatrecht – Das Verkaufsverbot für Schokoladenzigaretten, JuS 2012, 57 ff.; Nolte, Martin/

Tams, Christian, J. Grundfälle zu Art. 12 I GG, JuS 2006, 31 ff., 130 ff., 218 ff.; Pieroth, Bodo, Fälle 5 (S. 103 ff.), 6 (S. 121 ff.); Reuter, Thomas/Wiedmann, Marcel, Blauer Dunst ade, Jura 2009, 221 ff.; Schoch, Friedrich, Fall 1 (S. 109 ff.); Volkmann, Uwe, Fall 9 (S. 253 ff.); Wehr, Matthias, Grundfälle zum Vorrang und Vorbehalte des Gesetzes, JuS 1997, 231 ff., 419 ff.; Weinbuch, Christain, Du sollst nicht rauchen, JA 2013, 197 ff.

职业自由方面的指导性案例：

BVerfGE 7, 377 ff. (Apotheken-Urteil); 9, 338 (Hebammenaltersgrenze); 11, 30 ff. (Kassenarzt-Urteil); 84, 34 f. (Gerichtliche Prüfungs-kontrolle); 121, 317 ff. (Rauchverbot).

扩展的干预概念方面的指导性案例：

BVerfGE 105, 279 ff (Sektenwarnung), letzinstanzliche Entscheidung BVerwG, NJW 1991, 1770 ff.; BVerfGE 105, 252 ff. (Glykohlwarnung), letztinstanzliche Entscheidungen BVerGE 87, 37 ff. und JZ 1991, 624 ff.

一、背景知识

宪法实践中，职业自由因其全面的保护是重要的基本权之一。该基本权有悠久的历史传统。早在《保罗教堂宪法》的第158条就有和《德国基本法》第12条第1款相似的规定。当时的规定是："每个人有权自由选择和培训自身的职业、职业方式和地点。"相反，《魏玛帝国宪法》并没有保护职业自由的规定。《魏玛帝国宪法》第157条只是说帝国保护工人力量。不过《魏玛帝国宪法》第163条第1款又规定个人负有道德义务、为公众利益而工作，第163条第2款规定了工作的权利。但是在当时既不存在工作的法律义务，亦不能从第2款中引申出针对国家诉请工作的权利。《德国基本法》放弃了这种方针条款（Programmsatz）的规定，在第12条第1款规定了保持无职业的权利（消极职业自由）。[1]《欧洲人权公约》没有写入职业自由。《欧盟基本权利宪章》第15条和第16条规定了相似但更详细的规定。

---

[1] 参见页边码383以下。

纳粹时期的劳动组织强烈限制公民自由，以强制劳动为手段来束缚人民，因此《德国基本法》第12条第2款和第3款写入了禁止工作强制和禁止强制劳动。这种剥夺人性的行为不应再次发生。[2]《欧洲人权公约》第4条和《欧盟基本权利宪章》第5条也规定了禁止强制劳动。

二、职业自由[3]的保护（《德国基本法》第12条第1款）

案例12：药店案

A作为药剂师按照《巴伐利亚药店法》第1条申请在巴伐利亚的特豪恩施塔因开设药店。主管当局拒绝了申请，并在拒绝申请中指出，《巴伐利亚药店法》第3条第1款a、b的规定：为了民众的药品供应而开设的药店应当符合公共利益。该地区大约有6000居民，现有的一个药店就已足够提供药品了。因此新药店的经济性基础得不到保障。申请人开设一个不长久存续的药店会对其自身利益带来损害，而且现存药店的经济基础也会因为新设药店受损，以至于无法保障药店正常运行。经营情况不佳的药店倾向于在没有医生处方的情况下出售药品，更容易非法出售含有鸦片的药品。药剂师A则持相反观点，《巴伐利亚药店法》第3条第1款违反《德国基本法》第12条，是无效的。在救济途径无果后，A提起宪法诉愿。联邦宪法法院如何决定这个合法的宪法诉愿？

《巴伐利亚药店法》第3条第1款：

对于新开设的药店，在下列情况下才授予营业许可：

a) 开设药店保障民众的药品供应并符合公共利益

b) 能推定其经济基础有保障，并不对相邻药店的经济基础产生较大影响，以至于药店无法正常经营。

案例原型 BVerfGE 7, 377 ff. （Apotheken-Urteil）。

（一）保护范围

1. 主体保护范围

主体上，第12条第1款保护所有德国人。构成"德国人的基本

---

[2] 产生历史参见 BVerfGE 74, 102 (116ff.) (Erziehungsmaßregeln)。
[3] 本书中，"职业自由"与"职业选择自由"语义相同。——译者注

权"[4]。而第12条第2款和第3款保护每个人。由于职业自由和人的自然特征不相互联系，也可以集体从事，所以法人也可以按照第19条第3款主张基本权。[5]

2. 实体保护范围

378 　　第12条第1款保护职业选择和从业行为。**职业**是**每个持续**从事的作为自身生计基础的活动。[6] 无关紧要的是该活动是独立的还是非独立的、是公职还是私人经济。即使是双重职业或者兼职都受第12条第1款保护。不视为职业的则是私人领域的爱好，因为爱好不能保证生存基础。"持续"要从宽解释。临时工作和假期工作也是，但一次性的工作行为不算职业。

379 　　有争议的是，职业的认定是否要求其**行为不是一般禁止**[7]和**不对社会公众产生危害**。[8] 联邦宪法法院认为，可以从行为本质是否被禁止来界定保护范围，当行为对社会和公众有害时，不能受职业自由的保护。[9] 但是自从2002年《德国性服务法》生效，性服务职业得到法律性肯认，不再属于危害社会的职业。

380 　　有观点认为，联邦宪法法院的上述限制会使立法者通过一般性法律来限制职业自由的保护范围，造成立法者的措施不再按第12条第1款的标准来衡量。[10] 这种观点没有说服力。第12条第1款保护的不是一般的职业行为自由。相反，职业自由**保护的是职业行为免受职业特有限制的自由**。职业包含了多种多样的行为，以此实现维护生存基础这个目的。第12条第1款并没有将每个从事职业的行为都予以特权化。保护的是职业本身。一项行为，如偷盗无论是否为职业行为都被禁止，并不能因为其是职业的客体就取得特别价值。[11] 这种情形下仅能通过第2条第1款的基本权得到保

---

[4] 欧盟公民通过《德国基本法》第2条第1款来保护职业自由，参见页边码583以下。
[5] 参见页边码156以下。
[6] BVerfGE 7, 377 (397) (Apotheken-Urteil); 97, 228 (252) (Kurzberichterstattung).
[7] BVerfGE 87, 37 (40 f.); 结论上Pieroth/Schlink/Kingreen/Poscher, Rn. 879; 其他观点见BVerwGE 96, 293 (296 f.); Sachs, VerfR II, Kap. B 12 Rn. 4亦表示存疑。
[8] BVerwGE 22, 286 (289).
[9] BVerwGE 115, 276 (301) (Sportwetten); 117, 126 (137) (Hufbeschlagsgesetz).
[10] Breuer, in: HStR VIII, § 170 Rn. 68 f.
[11] Lenz, Vorbehaltlose Freiheitsrechte, 2006, S. 248 ff.

障。一项针对职业行为的禁止——如国家赌场垄断[12]，则要按照第 12 条第 1 款来衡量。因为这种情形并不是对赌场运营各种行为的一般禁止，而只是禁止商业性运营赌场。这种教义学争论在实际中意义并不大，因为一项针对公众但不影响职业主体的规定因缺乏**职业规制的意图**，不会干预到第 12 条第 1 款。[13]

（1）一体的保护范围

第 12 条第 1 款在第 1 句中首先规定了职业选择自由。第 2 句则提到了从业行为（Berufsausübung）。有疑问的是，职业选择和从业行为的关系如何。二者区分并不明确。进行从业行为才能践行职业选择。[14] 从业行为也会影响职业选择。如果从业行为方面有特别规定，会对职业培训和职业选择产生影响。个人面临的问题是，他能否满足相应条件来进入所欲从事的职业。因此第 12 条第 1 款保障的是一个**一体性的职业自由**。这包括从业行为、职业选择，即职业的所有方面，直至职业结束。

381

虽然第 12 条第 1 款第 2 句只规定从业行为受到"**规范保留**"（Regelungsvorbehalt），但一体的保护范围造成的规范保留也扩展到职业选择自由上。字面上职业选择自由不受限制，如果没有上述的一体性保护范围，对职业选择的限制只能通过冲突权利来实现。联邦宪法法院 1958 年的"药店案"判决[15]后，规范保留亦适用于职业选择自由，逐渐成为一致的观点。[16]

382

职业选择自由（"是否"）保护的是个人能否选择一项职业或者放弃一项职业。不得强制选择一门职业。《魏玛帝国宪法》中虽然没有规定强制劳动，但是在其第 163 条规定，"每个人负有道德义务发挥自身的精神和体力，以此促进社会公众福利"；与此相对，《德国基本法》第 12 条按照主流观点，规定了消极的职业自由，即不选择某项职业的自由。[17] 职业选

383

---

[12] BVerfGE 102, 197 (213 f.) (Spielbankengesetz Baden-Württemberg); BVerfGK 10, 525 ff.
[13] 参见页边码 400。
[14] BVerfGE 7, 377 ff. (Apotheken-Urteil).
[15] BVerfGE 7, 377 ff. (Apotheken-Urteil). Vgl. Kaiser, Jura 2008, 844 ff.
[16] 其他观点见 Lücke, Die Berufsfreiheit, 1994; Hufen, NJW 1994, 2913 (2917)。
[17] BVerfGE 58, 358 (364) (Bewährungsauflagen); 68, 256 (267) (Leistungsfähigkeit bei Unterhaltspflicht). 消极自由参见页边码 313 和 880。

自由还包括了选择特定职业或者决定更换职业。

384 **从业行为**的保护("如何")涵盖了整个从事职业的活动,包括方式、手段和职业内容。[18] 劳动者在职业领域内的合同自由也受其保护。[19] 职业选择和从业行为在个案中很难区分。[20]

(2)其他保障

385 第 12 条还保护**工作地点的选择**:工作地点是指空间性的地点,即职业活动区域。工作地点自由不只保障雇员,还保障独立开业人员,职业自由迁徙和开业自由都得到保护。[21] 非独立劳动人员则拥有选择工作地点和合同对象的权利。[22] 因此,第 12 条第 1 款规定了所有阻碍获得现有工作地点或者强迫接受、保有或者放弃特定工作地点。对于雇主要强调的则是劳动协议签订的合同自由和支配自由。[23]

386 第 12 条第 1 款第 1 句用语是**选择教育场所的自由**。联邦宪法法院认为,这保障的是"对教育领域自由限制的防御权"[24]。要求教育的一般性权利——如要求提供如愿工作地点的权利,第 12 条第 1 款是不支持的。但从第 12 条第 1 款第 1 句保障的自由选择职业和教育场所的权利、第 3 条第 1 款平等原则和第 20 条第 1 款社会国原则中可以推出,在国立高等院校现存能力范围内,个人有权请求得到高校的录取。对于满足主观录取条件的人来说,其对国家提供的深造机会有**同等参与权**,因此对自身选择的学业有平等录取衍生请求权。[25] 根据联邦宪法法院的裁判,参与权并不赋予个人下列请求权,即要求国家实现符合需求的教育容量(**没有原始参与权**)。测算现有教育容量数量的问题要由民主正当的立法者来解决,其要考虑到不同的利益,如财政经济、申请人的基本权和其他公共利益。[26]

---

[18] 联邦宪法法院裁判细节参见 Jarass, in: ders./Pieroth, Art. 12 Rn. 10。
[19] BVerfG, NZA 2018, 774 (775) (Sachgrundlose Befristung).
[20] 参见页边码 411 以下。
[21] Vgl. Wieland, in: Dreier, Art. 12 Rn. 60, 67; Scholz, in: Maunz/Dürig, Art. 12 Rn. 267.
[22] BVerfGE 128, 157 (176) (Universitätsklinikum Gießen und Marburg).
[23] Vgl. BVerfG, NZA 2018, 774 (775 f.) (Sachgrundlose Befristung).
[24] BVerfGE 33, 303 (329) (numerus clausus I).
[25] BVerfGE 147, 253 (305 f.) (numerus clausus III).
[26] BVerfGE 147, 253 (306) (numerus clausus III); BVerfGE 33, 303 (329 ff.) (numerus clausus I) 则对这个问题敞开。参见页边码 772。

有争议的是，第 12 条第 1 款是否保护**竞争自由**；抑或竞争自由受一般行为自由（第 2 条第 1 款[27]）的保护。竞争自由包括竞争中的行为，尤其是与其他竞争者的竞争行为。按照司法裁判和文献的主流观点，进入市场和与他人竞争均构成从业行为。[28] 力图销售货物和服务的行为与从业行为紧密联系，因为从业行为不仅取决于自身意志，还要看销售机会。第 12 条第 1 款不保护个人免于竞争和维持特定商业范围的行为。第 12 条第 1 款也不保障成功参与市场或者未来交易机会请求权。[29] 但是当国家规制处于竞争中的企业做出的行为，如对其竞争者采取优惠措施从而扭曲竞争时，就触及了职业自由的保护范围。同样，国家将企业的运营和商业秘密公开，从而可能被竞争者所利用，也触及职业自由的保护范围。[30] 即使是面向官方信息，当其直接作用于具体个别企业的市场条件时，也能够因其间接事实效果而等同于干预。[31]

没有得到清晰解释的是第 12 条第 1 款对国家从事经济活动产生何种效力（"**作为企业的国家**"）：一种观点从**保护范围**层面上认为，第 12 条第 1 款不保护市场特定地位。相应的，不能援引第 12 条第 1 款来对抗国家竞争。国家和私人竞争居于平等地位。[32] 但是当国家竞争使竞争变得不可能或者严重地受到限制时，特别是产生非法（事实）垄断地位时，应当允许例外援引第 12 条第 1 款。[33] 相反观点则从干预层面出发，认为私人企业和国家企业不能被假定具有同等地位。第 12 条第 1 款保护的是不受国家影

387

388

---

[27] 认为应当适用第 2 条第 1 款的：BVerwGE 30, 191 (198)；60, 154 (159)；65, 167 (174)；认为应当适用第 12 条：BVerwGE 39, 329 (336)；没有表态 BVerwGE 71, 183 (189, 192)。

[28] BVerfGE 105, 252 (265 f.) (Glykol)；116, 202 (221) (Tariftreuegesetz Berlin). 竞争自由参见 Jarass, in: ders./Pieroth, Art. 12 Rn. 20。

[29] BVerfG, NJW 2018, 2109 (2110) (amtliche Information im Lebensmittel-und Futtermittelrecht)。

[30] BVerfGE 115, 205 (230) (Geheimnisschutz)。

[31] BVerfG, NJW 2018, 2109 (2110 f.) (amtliche Information im Lebensmittel-und Futtermittelrecht)。

[32] 参见 BVerwG, NJW 1995, 2938 (2939)；BVerwGE 39, 329 (336 f.)。

[33] Pieroth/Hartmann, DVBl 2002, 421 ff. (m. w. N. in Fn. 19). 此外，当国家行为违反一般法的约束而违法时，即为损害了《德国基本法》第 12 条第 1 款（Pieroth/Hartmann, DVBl 2002, 421 (427)）。基本权教义学的考量则反对这种观点。是否存在干预，国家行为的合法性并不能起到决定作用，而属于正当化层面。

响的竞争。因此，国家如果从事经济活动，那么总是会影响到职业自由的保护范围。至于是否产生干预，要从强度和意图来判断。[34] 当竞争被不合理地限制或者无法实现时，即被认为满足条件，两种观点能得出同样的结论。

(3) 实现国家功能的职业活动及其与《德国基本法》第33条的关系

389　　公职和受国家约束的职业（如公证员、烟囱清洁工、科技检测协会检测员）也是第12条第1款意义上的"职业"[35]。相应的，第12条也适用，但是被第33条的特别规定覆盖并修正。因此，可以对公职作出**特别规定**，干预公职人员的职业自由。对于受国家约束的职业，国家将个别公共职能转移给职业从事者，此时应当适用第33条第4款和第5条。按照联邦宪法法院的裁判，立法者做出规制的可能性取决于职业与公职的密切关系。[36] 国家利用组织权力对各个领域的限制是正当的。

(二) 干预

390　　是否干预到特定基本权的保护范围，这个问题在很多方面是重要的。从基本权防御性的角色来看，国家行为只有在对基本权形成干预时才需要正当化。对于干预适用法律的保留（《德国基本法》第20条第3款），即干预必须有法律规定。[37] 这里要区分经典的干预概念和扩展的干预概念。

391　　**案例13：二甘醇警告**

1985年夏天，食品监管机关查明，在德国境内出售的很多红酒含有二甘醇，这种物质作为防冻液和化学药品来使用。联邦青少年、家庭和健康部发布了一份含有二甘醇的红酒名单。在第一页上写道："重要提示：本名单列举的检查结果涉及的只是被检查的红酒。也有可能带有同样标志、包装相同装瓶商的红酒在市场上流通，而不含该物质。本名单列举的德国红酒情况的数据不能得出所有红酒都含有该物质。只有在标签上除了仓储

---

[34] Ehlers, JZ 1990, 1089 (1096); Wieland, in: Dreier, Art. 12 Rn. 88; Storr, Der Staat als Unternehmer 2001, S. 1660 ff. (ins. S. 162f.; 162 ff.). 较为严格的是 Cremer, DÖV 2003, 921 (925ff.) 将国家每个经济活动都作为基本权的侵害。

[35] Vgl. Manssen, in: v. Mangoldt/Klein/Starck, Art. 12 Rn. 47 f.

[36] BVerfGE 73, 280 (292 ff.) (Zulassung von Notaren); 73, 301 (315 ff.) (Öffentlich bestellter Vermessungsingenieur Hessen); 批判性的观点见 Mann, in: Sachs, GG, Art. 12 Rn. 55 ff. 。

[37] 参见页边码404以下。

信息，还有本名单列入的同品牌装瓶商以及官方检测数字的，方是含有二甘醇的红酒。"

A 德国装瓶商被列入了该名单。由于被列入，A 担心这会对没有含有二甘醇的红酒销售造成损害，因为消费者无法分辨。因此 A 在 1985 年 11 月 5 日提起诉讼，要求联邦青少年、家庭和健康部不得将该企业的红酒纳入该名单。该名单妨碍了 A 的职业行为。在救济无果情况下，他提起宪法诉愿。联邦宪法法院如何对这个合法的诉愿作出决定？

BVerwG, NJW 1991, 1766 ff. 和 BVerfGE 105, 252 ff. （Glykohlwarnung）。

1. 经典的干预概念

经典的干预概念需要满足四个条件。

①**目的性**：目的性是国家行为有意对基本权保护范围形成妨碍。国家行为因追求其他目标，非有意所产生的附随结果造成的妨碍则缺乏该特征。

②**直接性**：国家行为没有中间原因造成基本权妨碍。妨碍结果是中间原因造成的则缺乏直接性。

③**法律行为**：法律行为是法的（法律、行政行为和判决）效果，而不是单纯事实效果。

④**强制性**：国家行为必须是有约束力的命令行为，必要时可以强制执行。单纯的请求则没有这个特征。

BVerfGE 105, 279（299f.）（Sektenwarnung）：使用"破坏性的""虚伪宗教"等字眼，以及指责其操纵成员妨碍了《德国基本法》第 4 条第 1 款和第 2 款保障的宪法诉愿人的权利，即宪法诉愿人有权要求在宗教和世界观角度上得到中立和保守的对待。不过传统意义上的基本权干预要件在这里并没有得到满足。传统的基本权干预被理解为**法形式过程**（rechtsförmiger Vorgang），国家宣布的、必要时**强制执行**的命令或者**禁止**，也即**强制性的，直接且有针对性（有目的）**地减损基本权。而这里的国家言论表达不满足上述要件。

2. 扩展的干预概念

传统意义上的干预概念过于狭窄。国家行为的事实间接效力也可能会妨碍基本权。若不承认成立干预，在很大范围内公民的基本权无法受到国家保护。因此扩展的干预概念（"等价干预"）扩展了传统干预概念的四个条件，这样每个国家行为都可能构成干预。[38]

394 基本权的妨碍必须**归因于国家**。该特征取代直接性要求。妨碍效果必须来自公权力的行为。[39] 当没有重要的中间原因出现，即没有产生独立的中间环节，即可归因于国家。经典的例子是警察的警告性射击，没有其他中间原因地伤害了一名非当事人。即使第三人中间出现，只要第三人与国家行为相联系且没有自我独立的调控过程，即可归因于国家。[40] 归因上的特殊问题是，如何判断**国家批准的私人行为**。例如，建设许可或者污染防治法的许可（《德国污染防治法》第4条第1款）。许可本身没有妨碍基本权，对邻居的妨碍只是基于许可建设的建筑或者设施，是私人所为。有观点认为，基于许可产生的妨碍也可以归因于国家，这样许可也可以被视为对基本权的干预。[41] 这个观点不正确：国家许可并没有拓展被许可人的权利范围，而只是解除之前的禁止设定的暂时阻碍。许可使得没有国家干预的自然状态得以恢复，而且公民有权无阻碍地建设设施。因此，许可不能导致私人行为归责于国家，不构成基本权干预。[42] 对许可的基本权审查应当通过国家的保护义务，审批可能会违反国家的保护义务。[43]

395 目的性要求国家行为有针对性，对于扩展的干涉概念来说，存在**可预见的结果**即可。基本权妨碍意图无关紧要。妨碍是国家行为典型或者所容忍的附随效果时，即可认定为可预见。个案中要注意下列**判断要点**（Wertungsgesichtspunkt），特别是与强度的相互影响：威胁结果越严重，对可

---

[38] 相对的，功能性保护范围理论从干预角度来确定个别基本权保护范围：基本权的保护目的是否包括了具体（间接）的干预？[Albers, DVBl 1996, 233（236）]。如在竞争自由问题上，第12条第1款的保护范围可以理解为，它只保护免受特定违法的国家经济活动的影响。这方面的裁判，如 BVerfGE 105, 252（272 f.）（Glykol）。这导致保护范围与干预正当化之间划分存在模糊。Vgl. Huber, JZ 2003, 290（293 f.）。

[39] BVerfGE 66, 39（60）（Nachrüstung）。

[40] 关于共同造成的基本权妨碍见 Sachs, VerfR II, Kap. A 8 Rn. 28 ff.。

[41] BVerwGE 32, 173（178）；36, 248（249）则是这个方向。

[42] BVerfG, NJW 1998, 3246（3265）. Zustimmend Krings, Grund und Grenzen grundrechtlicher Schutzansprüche, 2003, S. 126 ff. 和 Dietlein, Die Lehre von den grundrechtlichen Schutzpflichten, 1992, S. 93 ff.。

[43] 参见页边码123以下。

预见性的要求就越低。这和警察法中的危险概念相似，损害发生的充分可能性要根据受保护法益的重要性来判断。[44] 当行政机关评比不同产品的质量，并认为消费者不再购买差评产品，这就是可预见的。同样视为可预见的还有国家警告或者国家向发出警告的私人进行补贴。[45] 如果官方公开违反食品法和饲料法规定企业的信息，从而影响到市场条件，那么在其目标指向性和效果上作为"**功能性等同**"，等同于对职业自由的干预。[46]

基本权妨碍可以（间接）通过法律行为，也可以通过**事实行为**实现。 396

基本权妨碍的**强度**特征则取代了原来要求的强制性。当高权行为使得 397
个人特别严重且不合理地受损，以至于和经典基本权干预的命令或者禁止所造成的妨碍一样时，该妨碍即有特别强度。个案判断中要进行**评价**，尤其要考虑**措施目的的针对性**：有意的事实性妨碍也构成干预，即使结果轻微。

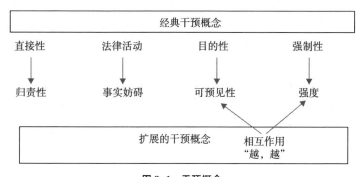

图 8-1　干预概念

398

BVerfGE 105, 279（299f.）（Sektenwarnung）：将奥修运动和其所属社团描述为"破坏性"和"虚伪宗教"，并宣称该社团操作其成员，这一切行为并不是以法的形式，而是包含在议会回答中，是议会讨论的一部分。该讨论并不是指向奥修运动和其成员，而是告知议会和公

---

[44] Vgl. Schenke, Polizei-und Ordnungsrecht, 8 Aufl. 2013, Rn. 69 ff.

[45] Vgl. Voßkuhle/Kaiser, JuS 2009, 313.

[46] BVerfG, NJW 2018, 2109 (2110) (amtliche Information im Lebensmittel- und Futtermittelrecht).

众这个组织的运动、目标和活动。其表达目的并不是使其产生劣势，而是给议会、公众和感兴趣的公民展示该运动和组织化相关的风险。社团必须忍受对其所产生的负面效果。

这种负面效果即使不是通过执行国家必要的命令或者禁止，而是个人由于接触信息而远离组织或者退出，也会对他人产生影响或者影响社团的财政来源。这并不妨碍将该言论按照《德国基本法》第4条第1款和第2款来衡量。《德国基本法》对基本权的保护并不受干预概念的约束。上述表达对宪法诉愿人产生了**间接事实效果**。作为对《德国基本法》第4条第1款和第2款基本权的妨碍，只有从宪法上被正当化才能成立。

398a　　助推情形（Nudgings）也可以从可预见性和强度的角度进行观察。助推是指公权力没有采取命令的方式，而是"推动"（"助推"）公民进入其所希望的方向。由此对人几乎有意识或者无意识地进行操控。[47] 其特征是，公民虽然能够自主决定自身行为，但是公权力希望公民以特定的方式来做出行为，例如，在食品包装上告知卡路里或者在食堂收银台处放置水果篮。对于作为助推中间人的企业来说，如果法律明确对其包装作出规定，那么构成对第12条和第14条的经典干预。国家警告和信息妨碍基本权行使时，则构成扩展的干预。对于在特定决定情形中被引导的公民来说，一般缺乏基本权干预的必要强度。在实现个人决定时，公民置身于多样的信息和诱惑当中，不受任何影响作出一个决定是不可能的。不存在不对事物了解的权利，因此，缺乏对基本权保护法益的妨碍。餐后甜点比起不健康的食物更为触手可得，并不会阻挠食堂用户的独立自主决定，所以缺乏构成一般行为自由妨碍的明显程度。当农场主决定出售农庄，只能以其所缴费用为基础得到养老金时，联邦宪法法院认为这是通过间接事实压力对物的所有权造成的干预。[48] 这不构成严格意义上的"助推"，因为助推是在没有经济激励下的影响人的行为。[49] 如果公民被强制从事活动，以避免发生不被期待的法律结果［所谓的预设默许制度（Opt-out-system）］，那么

---

[47] Kirchhof, ZRP 2015, 136 f.; Weber/Schäfer, Der Staat 56 (2017), 561 ff.
[48] BVerfG, NJW 2018, 3007 (3009) (Hofabgabeverpflichtung).
[49] Weber/Schäfer, Der Staat 56 (2017), 561 (575).

也不是助推。法律规定的当公民没有明确反对时，即为器官捐赠决定就是这种情形。这种情形是经典意义上的干预，器官捐赠的反对可能性涉及比例性问题。

3.《德国基本法》第 12 条干预时的客观职业规制意图

第 12 条有一个不同于其他基本权的特征。如果不存在传统意义上的干预，即直接与职业相关的干预，依照联邦宪法法院长期司法判例，要看高权行为是否显示出客观的职业规制意图。[50]

> BVerfGE 95, 267（302）（Altschulden）：《德国基本法》第 12 条第 1 款保障了职业行为的自由。一方面，该基本权的保护范围极为全面，包括职业选择、培训场所、工作地点的选择和从业行为；**另一方面，它只保护公民免受涉及职业行为的妨碍**。一个法律规范或者在特定情形下该规范的适用对职业行为产生影响，仅仅这些是不够的。很多法律规范都会对职业行为产生影响。只有在规范有职业规制意图时，才是对职业自由的干预。不过，这并不意味着职业自由必须直接受影响。一个规范如果没有触及职业行为，但改变了职业的框架条件，这也构成干预。这种情况下产生职业关联性。尤其是法律强制的金钱给付义务。当其构建同从业行为紧密相连，并有职业规制意图时，就触及了《德国基本法》第 12 条第 1 款。

国家措施涉及**典型的从业行为**[51]或者主要是**从业行为的法律框架条件**，那么该行为就有客观职业规制意图。[52] 如国家对重型卡车，尤其是商业性货物运输的卡车收取高速公路费。目的性在这里不起决定性作用。而如果和职业行为没有紧密联系，则只要没有干涉特别基本权，那么应当援引第 2 条第 1 款的一般行为自由。比如，一项行为被施加特定义务，而不考虑是针对私人还是针对职业，像著作权法上的报酬请求权[53]或者道路交

399

400

---

[50] Vgl. BVerfGE 95, 267（302）（Altschulden）. Vgl. Jarass, in: ders./Pieroth, Art. 12 Rn. 14 ff.; 对该裁判批评性的 Epping, Die Außenwirtschaftsfreiheit, 1998, S. 68 ff.。BVerfGE 109, 64,（84）中放弃客观规制意图大概是因为，立法者将企业的金钱给付义务直接与职业行为相联系，联邦宪法法院认为这对干预的成立已经足够了。

[51] BVerfGE 97, 228（254）（Kurzberichterstattung）.

[52] BVerfGE 128, 1（58）（Gentechnikgesetz）.

[53] BVerfGE 31, 255（265）（Tonbandvervielfältigung）.

通不只针对商业性运输还适用于所有汽车驾驶人,那么此时就不具有职业规制意图。但在适用法律时,要考虑国家措施对从业行为所产生的间接效力。[54] 这增强了第 2 条第 1 款对公民基本权的保护。

4. 叠加基本权干预

401　联邦宪法法院在最近裁判中所使用的叠加基本权干预[55]并不是干预的特别形式,只是涉及**干预正当化**的问题。从整体效力上来看待不同类型的看起来微不足道的干预。如果这会造成严重妨碍,从而超出法治容忍的干预强度,那么即使是微不足道的干预也是违宪的。[56] 立法者和行政机关必须采取程序性预防措施,保证干预强度保持在合法范围内。[57]

> **BVerfG, NJW 2016, 1781 (1788)(BKAG)**:考虑到**不同监控措施的共同作用**,其也有自身的宪法界限。当监控时间更长、监控范围更广,当事人所有行为和生活表达事无巨细地被记录下来,成为其个性特征文件的基础时,这种做法与人性尊严不相符。在使用现代隐蔽性的调查手段时,安全机关必须顾及**叠加基本权干预给当事人带来的潜在威胁**,从而限制自身的监控范围。

(三)干预的正当化

1. 限制

402　第 12 条第 1 款区分了职业选择自由和从业行为自由。按照第 12 条第 1 款的字面意思,只有后者才可以受限制。但是第 12 条第 1 款包含了职业自由的一体性保护[58],这样第 12 条第 1 款第 2 句的规范保留也扩大适用到职业选择自由上。工作地点和教育场所的选择也同样受到规范保留的限制。[59]

403　根据第 12 条第 1 款第 2 句,从业行为可以被规制(geregelt)(所谓的**规范保留**)。《德国基本法》在其他地方,如第 4 条第 3 款第 2 句、第 12a

---

[54] BVerfGE 113, 29 (48 f.)(Datenträger).
[55] Vgl. BVerfGE 112, 304 (319 f.)(Global Positioning System).
[56] BVerfGE 130, 372 (392)(Maßregelvollzugszeiten).
[57] Vgl. BVerfGE 112, 304 (319 f.)(Global Positioning System).
[58] 参见页边码 381。
[59] Vgl. BVerfGE 33, 303 (336)(numerus clausus I).

条第 2 款第 3 句、第 104 条第 2 款第 4 句使用"规制"时,主要是指程序性构建。[60] 而第 12 条第 1 款中的规制范围要更加广泛,这是制宪者的意思,而且职业自由所产生的冲突也要求制定出台实质性的规定。"药店案"中,联邦宪法法院确认,立法者只能对基本权本质所具有的界限进行细致规定,而不能从"外部"上限制基本权的实质内涵。[61] 同时,联邦宪法法院将规范保留和一般法律的保留进行了相同处理;在"药店案"判决中所持的保守观点,联邦宪法法院已经放弃。[62] 规范保留只在第 19 条第 1 款第 2 句的指明条款要求中较为重要,因为按照其明确的字面意思,规范保留不能被视为第 19 条第 1 款第 2 句意义上的限制。相应的,其就不适用指明条款要求。[63] 但如果考虑到规范保留的实质内涵,这个结论是有问题的。

2. 限制的限制

(1) 法律的保留和议会保留

从法治国原则(《德国基本法》第 20 条第 3 款和第 28 条第 1 款)和基本权则得出**法律的保留(Vorbehalt des Gesetzes)**的要求。[64] 法律的保留是指,干预个人自由和财产等基本权的国家行为必须能够追溯到一项法律。法律的保留之意义和目的在于,使国家行为可预见和可计算,力求平等杜绝恣意。法律的保留也具有个人保护功能。同法律的保留相区别的是**议会保留**,是指何时需要议会作出决定。议会保留使根本性决定由议会作出或者追溯到议会,以此维护议会职权(民主原则,《德国基本法》第 20 条第 1 款第 2 句)。[65] 议会对特定问题的决定权予以保留,原因在于,公民选举产生的议会具有直接正当性(《德国基本法》第 38 条第 1 款第 1 句)。

案例写作提示:

议会保留所涉及的问题在于,是议会抑或行政有权进行基本权干预,

---

[60] 参见页边码 334。

[61] BVerfGE 7, 377 (404) (Apotheken-Urteil).

[62] Vgl. BVerfGE 54, 224 (334) (Mitteilungsrechte).

[63] Dreier, in: ders., Art. 19 Rn. 10. 指明条款要求参见页边码 759 以下。

[64] 有时被错误地写为"法律的保留"(Gesetzesvorbehalt),但是"法律的保留"主要是基本权限制(如"一般法律的保留")。

[65] Wehr, JuS 1997, 419 (420).

这一问题要在干预行为的形式合宪性中进行审查，而且要放到"管辖权"中来处理。如果应当适用议会保留，那么必须是立法机关，而不是行政来决定干预和授权。

405　　至于是否适用议会保留，要看**重要性理论**。[66] 对公众或者基本权实现有特别意义的决定，同时有重要的基本权关联性，即为重要决定：所作决定会使基本权行使不可能被妨碍或被严重妨碍，或者给基本权保障的自由带来极大危害。[67] 在衍生分享请求权领域中，对于限制录取专业来说，学习位置的分配作为重要问题，议会立法者必须自己作出规定。[68] 重要性理论还决定了规范密度，即议会立法者应当如何做出细节性规定。例如，考虑到学习选择决定对于教育和职业选择的意义，应当由民主正当的立法者对选拔标准作出规定，而不是高校。[69] 此外，必要时，立法者可以自己通过一项形式法律（与纯粹实体性法律相对，如条例或章程）来作出规制，使得法律的保留变为议会保留。相应的，根据重要性理论，要考察措施的重要性：决定对于公众和公民越重要，立法者就必须自己作出决定，通过议会法律来给行政提供全面的行为标准。

406　　如前述，**不存在完全保留**。不是每个国家行为都需要法律授权。在**给付行政**中，对给付的赋予只有在干预到基本权的地位时，才适用法律的保留，如国家利用补贴有意将特定企业从市场上排挤出去。当一项给付对基本权实现非常重要，并对基本权的行使产生长久影响时，应当适用议会保留。例如，对媒体的补贴会造成媒体依赖于国家给付，而影响到媒体的批评功能。[70] 相应的补贴应当通过议会法律赋予。按照《德国基本法》第110条第2款第1句，通过预算法确定预算案，而预算案则为议会法律。[71]

---

　　[66] BVerfGE 47, 46（79）（Sexualkundenunterricht）；49, 89（127）（Kalker I）；80, 124（132）（Postzeitungsdienst）；108, 282（311 ff.）（Kopftuch Ludin）.

　　[67] BVerfGE 80, 124（132）（Postzeitungsdienst）.

　　[68] BVerfGE 147, 253（310）（numerus clausus III）.

　　[69] BVerfGE 147, 253（310）（numerus clausus III）.

　　[70] BVerfGE 80, 124（132）（Postzeitungsdienst）.

　　[71] BVerwGE 6, 282（287 f.）；BVerwG, NVwZ 1998, 273（273 f.）；补贴相关问题参见Wehr, JuS 1997, 419（421）.

有疑问的是，法律的保留是否适用于**扩展的干预概念**。这种干预的特点在于，干预仅具有事实性，而缺乏目的性。颁布法律时是无法预测到的，或者由于生活事实的多样性而无法全面规定，都可以在后来构成基本权干预。如果法律的保留也严格适用于扩展的干预概念，会力求出台一部概括一切的法律，而这种法律因缺乏明确性而威胁到法的安定性。联邦行政法院在"警告"系列案件中（"二甘醇红酒警告案"[72]或者"青少年教派案"[73]）则认为，法律的保留也可能适用于扩展的干预概念。由于上述"警告"案中，警告时缺乏法律基础[74]，联邦行政法院从《德国基本法》第65条中推出国家领导权限是对作为警告的授权。联邦行政法院的这一裁判得到联邦宪法法院的肯认[75]，而学界则对此有严重质疑：不应当从职权分配中推导出干预权限。[76] 法律规范如果要成为授权基础，就必须指明构成要件和法律结果。《德国基本法》第65条缺乏两者，其只是政府内部法的规定。对第三人基本权的干预不能以此为法律基础。[77] 不同于单纯的"警告"案件，联邦行政法院认为，借助国家补贴来支持私人协会，让私人协会针对青少年开展公众工作，这些活动仅仅有职权规范是不够的。[78]

联邦行政法院和联邦宪法法院的司法裁判总结起来就是，对扩展的干预概念也适用法律的保留[79]，对授权法律的要求则根据具体情况来判定，例外情况下具有职权规范即可。

> **BVerfGE 105, 279（303ff.）（Sektenwarnung）**：一方面，各种原因导致基本权保护和法律的保留不断扩大；另一方面，将保护范围扩展到事实间接的基本权妨碍上，并不一定要扩大法律的保留的范围。对

---

[72] BVerwGE 87, 37 ff. und BVerwG, JZ 1991, 624 ff.

[73] BVerwG, NJW 1991, 1770 ff.

[74] 联邦层面上，《产品保护法》第26条第2款第2句第9项和第31条第2款对产品警告行为作出了授权，而在各州层面将警察法概括条款作为授权基础。

[75] BVerfGE 105, 252 ff.（Glykolwarnung）；105, 279 ff.（Sektenwarnung）. 要注意的是，联邦宪法法院在"二甘醇红酒警告案"中不认为行使了第12条的干预，因为国家在职权范围内传播市场相关信息，相应地不适用法律的保留。

[76] Wehr, JuS 1997, 419 (420).

[77] Vgl. Gusy, NJW 2000, 977 ff.；Lege, DVBl. 1999, 569 ff.；Schoch, DVBl 1991, 667 ff.

[78] BVerwGE 90, 112（123 ff.）.

[79] Cremer, JuS 2003, 747 (750). Vgl. Huber, JZ 2003, 290 (294 f.).

法律授权的要求也要看这些要求是不是有助于实现法治和民主原则下法律的保留的目的。这取决于立法者的知识与行为可能性。国家规范应当触及事实领域。是否和何时属于这种情形，只能根据事实领域和受影响规制客体的特性来判断。

aa）立法者可以在规范上确立国家活动的职责，也可以对直接干预的前提条件做出规范。对于具有间接事实效力的国家行为，则往往不是这样。这里的妨碍不是国家对规范相对人所要求的行为所致，而是国家活动对第三人所产生的效果，效果的产生取决于其他人的行为。妨碍产生于复杂的发生过程，其结果对基本权有重要影响，与使用手段或实现目的只是间接相关。**这种事实间接性的影响一般未进行规范化**。

bb）政府信息行为就是这样，公民根据政府信息作出相应的反应，因此政府信息行为会造成间接事实性的妨碍。而法律对这类行为的前提条件不能进行有意义的规定。政府的一项重要职能就是信息行为，考虑到生活现实的多样性，并不能提前确定何种情况应当进行何种信息行为。国家信息行为涉及生活的所有领域。相应的，国家信息活动的目的也是多样的。国家活动的方式也要视具体情形而定，具体事件经常是短暂且迅速变化的，无法预测。无法确定的还有国家信息行为对公民的影响和结果。政府信息行为在个案中对基本权主体会产生何种不利影响，取决于很多不同的因素和这些因素的共同作用。第三人的行为往往起着重要作用，由于第三人可以自由决定，无法预测，因此难以计算后果。

对于这种情形，无论是法治、基本权保护、权利保护还是法律的保留的民主功能，都没有要求法定授权基础，按职权分配即可。国家信息行为的客体和形式如此丰富多样，但因在知识和行为可能性上受限，立法者只能规定一般性条款和概括性条款。对于公民来说，这种规定下的国家行为无法实现可计算性，而如果不这样，将会影响国家信息行为的实现。出于民主正当性而将基本权实现等重要问题交给议会立法者这一目标也面临这样的问题。**如果一般法对政府信息行为的授权过宽和缺乏明确性，那么这样的授权在实践中无法切实可用**。

(2) 比例性

①查明干预阶段

考虑到第 12 条第 1 款的字面意思，联邦宪法法院对干预的宪法正当化的前提条件作出了不同要求。对"职业自由"进行一体化保护无法掩盖的是，第 12 条第 1 款第 2 句只是规定了从业行为，而没有规定职业选择。另外要考虑的是受影响人的职业选择自由受到的影响越大，其权利受到的限制也就越大。区别是，个人是否被妨碍到无法选择自身希冀的职业，还是仅仅——例如，因为卫生规定而受限其从事希冀的职业。为了能公正处理不同的干预强度，联邦宪法法院在"药店案"中发展出了三阶层理论。从中区分了是对从业行为的干预还是对职业选择的干预，而在后面一种情形中则分为主观准入条件和客观准入条件。

> BVerfGE 7, 377（402 f.）（Apotheken-Urteil）：第 12 条第 1 款是一体化（职业）基本权，规范保留从业行为和职业选择。但这并不意味着立法者有权对职业行为的每个"阶段"作出内容相同的规定。因为第 12 条第 1 款字面意思上的宪法意愿也要被考虑到，"职业选择"应当自由，而从业行为应当被规制。从中得出的解释即，立法者不能对两个"阶段"以同种实体性的强度来处理，立法者在职业选择自由上干预越多，所受限制就越多。这种解释符合宪法的基本立场和其前置的人性图像（Menschenbild）。职业选择是自我决定的行为，是个人的自由意志决定；公权力应当尽量不予以干涉。而个人的从业行为直接关系到社会生活；为了他人和社会整体利益，可以对该行为进行限制。

案例写作提示：

有时会在检验是否存在干预时就审查干预阶层。[80] 不过，不推荐这种写作方式，因为干预是否存在并不取决于干预阶层。联邦宪法法院和之后的文献将干预阶层的审查放在了干预正当化之中。[81] 这样在审查"干预"

---

[80] 在这个意义上 Kimms, JuS 2001, 664（667, Fn. 60）; Pieroth/Schink/Kingreen/Poscher, Rn. 894 ff. 。

[81] Wieland, in: Dreier, Art. 12 Rn. 107 ff. 。

时就可以确定对保护范围的干预，而无须对从业行为和职业选择过度论述。对于接下来的论述重要的是比例性审查，即是否有正当目的。还有可能对均衡性审查作出论述。出于教学方法的原因，在这里提前介绍查明干预阶段这个问题。虽然联邦宪法法院不再详细提及三层段理论，在"药店案"判决后扩大了比例性审查并予以细化[82]，但我们认为，对于基本权审查框架化来说，这个理论仍然合适。[83]

②从业行为

411　　从业行为（"怎样"的职业行为）是指从业行为进行的条件（方式和方法）。重要的是，高权规定既没有阻挡个人从事某个职业，又没有强制个人放弃某个职业。

例如：确定商店关门时间[84]、律师不得打广告[85]、严禁律师收费价格与诉讼成功与否相结合（Erfolgshonorar）[86]、饭店设置抽烟区域的义务[87]、住房出租中引入订购原则。[88]

③职业选择

412　　从业行为与职业选择要区分开来。职业选择是指"可否"进行职业行为，即个人是否有权选择某特定职业。其区分主观职业准入条件和客观准入条件。

（a）主观准入条件

413　　主观准入条件是指，个人因**自身所处条件**较为困难或者不可能进入所希冀的职业中。按照联邦宪法法院判例，不考虑个人是否能够影响条件的满足。[89] 这种情况主要是看个人特征、技能及教育需求。

例如：要求特定年龄[90]、成为法官和律师需要通过第二次国家司法考试（《德国法官法》第 5 条和《联邦律师条例》第 4 条）、马蹄的治疗限定

---

[82]　Vgl. Mann, in: Sachs, GG, Art. 12 Rn. 137 ff.。
[83]　Mann/Worthmann, JuS 2013, 385（390）；相左观点 Muckel, JA 2016, 876（878）。
[84]　BVerfGE 13, 237 ff.（Ladenschlussgesetz II）；111, 10 ff.（Ladenschlussgesetz III）。
[85]　BVerfGE 76, 196 ff.（Werbeverbot für Anwälte）；82, 18 ff.（Berufsbezeichnung）。
[86]　BVerfGE 117, 163（181 f.）（Erfolgshonorare）。
[87]　BVerfGE 121, 317（347 ff.）（Raucherverbot）。
[88]　BVerfG, NZM 2016, 685 ff.（Bestellerprinzip）。
[89]　BVerfGE 9, 338（345）（Hebammenaltersgrenze）。
[90]　BVerfGE 9, 338 ff.（Hebammenaltersgrenze）；64, 72（82）（Prüfingenieure）。

在经过培训的马掌铺[91]、缺乏实质理由地规定劳动合同的期限,导致取得一个工作岗位的机会降低。[92]

(b) 客观准入条件

如果进入某特定职业的前提条件是职业意愿人个人以外的、独立于资质之类的个人特征,这样的高权措施即为客观准入条件。行政垄断,如赌场垄断即为客观准入条件。

例如,出租车的需求条款(《德国客运法》第13条第4款)[93]、赌场垄断[94]、游戏厅距离要求和联盟禁止[95]、绝对限定录取(将某一专业长期冻结[96])、急救服务的许可以需求为准[97]、法人不得担任破产管理人。[98]

案例写作提示:

要回答是对职业选择还是从业行为的规制,需要对每个职业做出准确定义才能判断。但判断所从事或者意欲从事的职业也非易事。因为对于争议行为到底是独立的职业,抑或只是另一个职业的组成部分或者扩展部分,有时会很不明了。例如,门诊医生的活动可以是独立性职业,但也可以涵射到"医生"概念之下。[99] 相应的还有联邦最高法院依据《联邦律师条例》第164条准入的律师。[100] 开设第二个药店也不构成独立的职业。[101] 公式化记忆的话,可以分析个人行为是否因其特别方式而从职业范围中凸显,以至于能被视为独立的职业。其中一个标准是职业活动是否需要特定

---

[91] BVerfGE 119, 59 (79) (Hufversorgung).
[92] BVerfG, NZA 2018, 774 (776) (Sachgrundlose Befristung).
[93] BVerfGE 11, 168 (Taxi-Beschluss); BVerwGE 79, 208 ff.
[94] BVerfGE 102, 197 (214 f.) (Spielbankengeetz-Baden-Wüttemberg).
[95] BVerfG, NVwZ 2017, 1111 (1116) (Abstandsgebot Spielhallen).
[96] BVerfGE 33, 303 (337 f.) (numerus clausus I).
[97] BVerfGE 126, 112 (138) (Privater Rettungsdienst).
[98] BVerfG, NJW 2016, 930 (934) (Juristische Personen als Insolvenzverwalter),不过不涉及三阶段理论,参见 Sachs, JuS 2016, 474 (475 f.)。
[99] 联邦宪法法院在BVerfGE 11, 30 (41)(Kassenarzt-Urteil)裁判中认为,并没有"门诊医生"这一职业;Scholz, in: Maunz/Dürig, Art. 12 Rn. 265 则持不同观点。
[100] Vgl. BGHZ 170, 137 (141).
[101] BVerfGE 17, 232 (241) (Mehrbetrieb von Apotheken).

资质。[102]

④职业形象典范

416　　有疑问的是对所谓职业形象典范（Berufsbildfixierung）的归类。这是指特定行为被确定为特定职业所有，而其他行为则因不典型而被排除。立法者享有权限将带有传统或者法律所形塑职业形象的多种职业统一成一个职业。[103] 职业形象典范可能会构成明显的基本权干预。如果一个人的职业限制在典型活动上，职业形象典范即为对从业行为的规制；而对于将要融合典型与非典型行为方式的人来说，职业形象典范意味着职业选择规制。因此，要看法律规定在个案中对当事人的影响，再将职业形象典范归入三阶段之中。[104]

例如：《德国手工业条例》中的附件 A 就是职业形象典范，手工业者限制在附件中所列举的分支上。[105] 当立法者归纳特定职业或者解释特定职业与个人形象不相容时，也构成职业形象典范（不相容规定）。[106]

（3）比例性审查

417　　干预职业自由保护范围的高权措施只有在合乎比例时，才是正当的。此处的审查中，联邦宪法法院的三阶层理论发挥重要作用。比例性审查范围内，对**正当目的**所设定的要求取决于对职业自由的侵害发生在哪个层面。从业行为还是职业选择（客观和主观）受限制，对此会有不同的前提条件。这种区分，如前所述[107]，和职业自由基本权的框架有关。

《德国基本法》第 12 条第 1 款第 2 句在字面上只是对从业行为作出了规范保留。如果采用严格的字面解释，职业选择只能在冲突的宪法利益下受到限制。但是第 12 条的职业自由是被一体化保护的，第 12 条第 1 款第 2 句的规范保留也适用于基本权，即包括职业选择。联邦宪法法院充分考虑到对职业自由的干预越大，干预正当化的前提条件也要越充分。这个做法

---

[102]　相关文献参见 Kimms, JuS 2001, 664（665）。
[103]　BVerfGE 119, 59（79）（Hufversorgung）。
[104]　BVerfGE 117, 126（137）（Hufbeschlaggesetz）；119, 59（79 f.）（Hufversorgung）; Mann, in: Sachs, GG, Art. 12 Rn. 68 ff.
[105]　对其合宪性参见 BVerfGE 13, 97（117）（Handwerksordnung）。
[106]　Vgl. BVerfG, NJW 2016, 2016, 700（701）（Sozietätsverbot）。
[107]　参见页边码 381。

是正确的：比起从业行为规定，职业选择的限制会给个人带来更加严重的效果。

表 8-1 三阶层理论

从业行为	职业选择	
第一阶	主观准入条件（第二阶）	客观准入条件（第三阶）
·目的：保护公益 ·适当 ·必要 ·均衡 = "经典比例审查"	·目的：保护公益 ·适当 ·必要 ·均衡 = "经典比例审查"	·目的：为了保护极度重要的公益，而防御严重的、可证明的具有高度可能性的危险 ·适当 ·绝对必要 ·均衡

对**从业行为**的干预（"怎样"——第一阶）是**普通的比例性审查**。具有任何正当目的即可。接着要看使用的手段是否适合、必要且均衡地达到目的。

如果制定了**主观准入条件**，即对第二阶（"是否"）的干预，那么这个干预必须服务于保护特别重要的公益。要在比例性的"正当目的"处审查。联邦宪法法院肯认的特别重要的公益有：能源供应安全[108]、有序的税法司法制度[109]、法和平性（Rechtsfrieden）[110]、减少失业和维护社会保障体系的财政稳定[111]、通过无限期劳动作为正常劳动形式来实现对劳动者社会保障意义上的劳动促进。[112] 必要性审查的特殊之处在于，要看在第一阶段进行干预是否足够达到目的，因为对从业行为的干预原则上较为温和。

对职业选择**客观准入条件**施加的干预会对个人产生更强限制。个人的职业准入不得不取决于同个人完全不相关及其个人无法影响的因素。相应的，客观准入条件只能用来防御严重的、可被证明的，以及高度可能发生

---

[108] BVerfGE 30, 292 (323 f.) (Erdölbevorratung).
[109] BVerfGE 59, 302 (316 f.) (Lohnbuchhaltung).
[110] BVerfGE 73, 301 (316) (Öffentlich bestellter Vermessungsingenieur [Hessen]).
[111] BVerfGE 116, 202 (223) (Tariftreuegesetz Berlin).
[112] BVerfG, NZA 2018, 774 (777) (Sachgrundlose Befristung).

的危险，以此保护极为重要的公益。这种法益如保障公众健康[113]、大众营养的供给[114]、大学的运转[115]、司法制度[116]和防止赌博上瘾。[117] 此外，对于实现目的，客观准入条件必须是强制必要的，这种必要性必须涉及第三阶段的干预，即一个较低层次的规定不能取得相同效果。第一阶段和第二阶段被视为较为温和的手段。

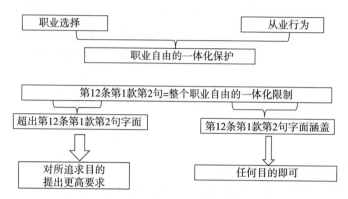

图 8-2 《德国基本法》第 12 条第 1 款的保护范围和干预正当化

案例写作提示：

有些案例中，干预阶层和干预强度是相互分离的，即较低阶层上的干预和较高阶层的限制极为相近。例如，门诊医生的准入。联邦宪法法院的观点是，被公立医疗保险机构认可的门诊医生（Kassenarzt）并非独立职业，要放到上位概念"医生"下面。这被公立医疗保险机构拒绝，对于一名医生来说这是对从业行为的限制，因为他还可以自由地接受私人病患。但事实上，在没有被公立医疗保险机构认可的情况下，医生不具有经济生存条件，无法开业。这样的从业行为规定从强度上看构成了客观许可条件。联邦宪法法院对此没有公式化地使用阶层理论，而是适用了基于较高层面的前提条件。

---

[113] BVerfGE 7, 377 (414) (Apotheken-Urteil).
[114] BVerfGE 25, 1 (16) (Mühlengesetz).
[115] BVerfGE 33, 303 (339) (numerus clausus I); 66, 155 (179) (Hochschule Hannover).
[116] BVerfGE 93, 213 (235 f.) (DDR-Rechtsanwälte).
[117] BVerfG, NVwZ 2017, 1111 (1117) (Abstandsgebot Spielhallen).

BVerfGE 11, 30 (43f.) (Kassenarzt-Urteil)：如果没有公立医疗保险机构的许可，自由执业的医生就无法顺利执业，因此取决于比例数的许可发放，由于医生对此无能为力，这些许可发放规定实际上构成了需求条款，是"客观许可条件"。只有为了保护特别重要的公共利益，而其他手段无法达到时，才可以将上述准入条件正当化。

相反，对职业选择自由的干预强度也可能变弱，如法律虽然不让法人作为破产管理人进行独立商业活动，但实质性的辅助性活动仍然有可能。[118]

三、禁止工作强制和强制劳动（《德国基本法》第 12 条第 2 款和第 3 款）

第 12 条第 2 款和第 3 款的禁止工作强制和强制劳动被作为统一基本权来理解，是人性尊严的具体化。[119] 同第 12 条第 1 款不同，这是每个人的基本权。要保守地理解禁止**工作强制**。只有当被强制的工作需要一定消耗，而且通常情况下可以通过交易提供的，才能构成干预。[120] 因此下列不被认为是劳动强制：名誉活动的义务[121]、街道居民清扫人行道的义务[122]、人口普查员的义务。[123]

第 12 条第 3 款还包括了禁止强制劳动。这款在今天没有多大意义。法院以命令剥夺自由权利的强制劳动，在《德国刑罚执行法》第 41 条中有所规定，这是禁止的例外。按照联邦宪法法院的观点，缓刑负担（《德国刑法典》第 56b 条第 2 款第 3 项）也同样不属于禁止劳动强制和强制劳动的保护范围。[124]

---

[118] BVerfG, NJW 2016, 930 (932) (Juristische Personen als Insolvenzverwalter).
[119] BVerfGE 74, 102 (120) (Erziehungsmaßregeln); Jarass, in: Jarass/Pieroth, Art. 12 Rn. 113.
[120] Pieroth/Schlink, Rn. 938.
[121] VGH München E 7, 77 (80).
[122] BVerwGE 22, 26 ff.
[123] VGH München, NJW 1987, 2538 (2539)
[124] BVerfGE 83, 119 (125 ff.) (Bewährungsauflagen gemeinnützige Leistungen).

一览：典型考试问题

三阶层理论（页边码 409 以下）。

配额性的职业选择规定：出租车许可、被公立医疗保险机构认可的医生等（页边码 414）。

国家的经济活动（页边码 387）。

国家的形象典范（页边码 416）。

商业性规定（师傅资格强制、商店营业时间）。

干预的职业规制意图（页边码 397）。

国家产品警告（有问题的是干预的条件和对这种警告的法定授权）（页边码 390 以下）。

第九章 财产权和继承权
(《德国基本法》第 14 条)

参考文献:

Berg, Wilfried, Entwicklung und Grundstrukturen der Eigentumsgarantie, JuS 2005, 961 ff.; Dittrich, Lars, Verfassungsrechtliche Vorgaben des Erbrechts, ZEV 2013, 14 ff.; Ehlers, Dirk, Eigentumsschutz, Sozialbindung und Enteignung bei der Nutzung von Boden und Umwelt, VVDStRL 51 (1992), 211 ff.; Kingreen, Thorsten, Die Eigentumsgarantie, Jura 2016, 390 ff.; Lege, Joachim, Enteignung als Güterbeschaffungsvorgang, NJW 1993, 2565 ff.; Papier, Hans-Jürgen, Die Weiterentwicklung der Rechtsprechung zur Eigentumsgarantie des Art. 14 GG, DVBl. 2000, 1398 ff.; Schnöckel, Stefan, Die gerechte Entschädigung für Enteignungen, DÖV 2009, 703 ff.

案例分析:

Brinktrine, Ralf/Šarcevic, Edin, Klausur Nr. 7 (S. 139 ff.); Degenhart, Christoph, I, Fälle 4 (S. 71 ff.), 20 (S. 290 ff.), II, Fälle 5 (S. 134 ff.), 16 (S. 399 ff.); Glaser, Andreas, Übungsklausur - Öffentliches Recht: Grundrechtsschutz gegen Steuern, JuS 2008, 341 ff.; Höfling, Wolfram, Fälle 14 (S. 165 ff.), 15 (S. 177 ff.); Hummel, Lars, Grundfälle zu Art. 15 GG, JuS 2008, 1065 ff.; Jochum, Heike/Durner, Wolfgang, Grundfälle zu Art. 14 GG, JuS 2005, 220 ff.; Schladebach, Marcus/Beutler, Lilly, „Die Dritte Startbahn ", JA 2015, 835 ff.; Volkmann, Uwe, Fall 10 (S. 284 ff.).

指导性案例：

BVerfGE 24, 367 ff. (Hamburgisches Deichordnungsgesetz); 58, 137 ff. (Pflichtexemplar); 58, 300 ff. (Nassauskiesung); 74, 264 ff. (Boxberg); 93, 121 ff. (Einheitswerte II); 95, 1 ff. (Südumfahrung Stendal); 100, 226 ff. (Denkmalschutz); 102, 1 ff. (Altlasten); 115, 97 ff. (Halbteilungsgrundsatz II); 134, 242 ff. (Garzweiler II); BVerfG, NJW 2017, 217 ff. (Atomausstieg II).

一、背景

427　对私人财产权的保障是经典自由权的一种。在德国，《保罗教堂宪法》第164条以下条款就规定了财产权的相关保障。从内容和表达上看，《德国基本法》第14条的前身是《魏玛帝国宪法》第153条，两者十分接近。对继承权的保障首先是《魏玛帝国宪法》第154条。欧洲层面上，《欧洲人权公约》1952年3月20日第一议定书第1条和《欧盟基本权利宪章》第17条亦作出了规定。德国联邦宪法法院的裁判中，《德国基本法》第14条在教义学上长期没有得到发展。直到1981年的"湿采石案"[1]，联邦宪法法院才根本性地触及第14条。之后有关第14条的裁判也使得相比其他基本权而言，该基本权的框架更为清晰且争议较少。因此，应当首先理解这种框架，再在案例分析中处理第14条的具体问题。

二、框架性基础概念

428　**案例14：自然保护区**

下萨克森州的乡镇G处有一处湖泊，湖岸长年生长着芦苇丛。芦苇丛紧挨着湿地。无论是芦苇还是湿地，都栖息和生长着许多濒临灭绝的动植物。大部分草地和湖岸的财产权人最近变更为农场主B。为了扩大生产，B计划把湿地改造成草原以便发展养殖，为此需要先把湿地抽干。另外，B打算清理部分芦苇给牲畜做饮水池。主管当局在得知这一消息之后，立即根据《德国联邦自然保护法》第23条结合《德国下萨克森州联邦自然保

---

[1] BVerfGE 58, 300 ff. (Nassauskiesung).

护法执行法》第 16 条第 1 款出台了形式合法的条例,将整个地区认定为自然保护区,禁止任何变动和使用。该条例没有规定例外情形,理由在于:由于自然保护区的特别敏感性,任何例外规定都会违背其保护目的。农场主 B 十分恼怒:自然保护条例剥夺了其财产权,让其无法再使用该地,对于他来说,这块地变得毫无价值。无论如何,在没有补偿的情况下不能剥夺其财产权。在寻找权利救济无果之后,B 提起宪法诉愿。该合法宪法诉愿理由充分吗?

《德国联邦自然保护法》第 23 条:

(1) 自然保护区是由法律约束力所确定的区域,在该区域内,对自然和风景在整体或者部分上给予特殊保护存在下列必要性:

①维护、发展或者重建特定野生动植物的栖息地和群落环境;

②出于科学、自然史或者当地原因或者;

③因其稀有、特质或者突出美观的。

《德国联邦自然保护法》第 68 条:

(1) 因本法规定使得财产受到限制,个案中产生不可期待负担且不能通过其他措施,特别是例外或者豁免矫正的,应当承担适当补偿。

(2) 补偿以金钱方式做出。亦可是多次给付。如果财产继续运营,经济上不可期待时,财产权人可以要求接受该不动产。

《德国下萨克森州联邦自然保护法执行法》第 16 条:

(1) 自然保护机关可以通过条例将《德国联邦自然保护法》第 23 条第 1 款意义上的区域确立为自然保护区。

案例原型 BVerwGE 94, 1 ff. 。

(一) 作为私法制度保障的第 14 条

1. 私法制度保障的概念和内涵

《德国基本法》第 14 条包含了财产权和继承权保障,它们是两个不同但相互关联的保障。从宪法文本上看,这是客观地向国家提出的要求:国家必须保障财产权和继承权,即实现相应的法律制度。第 14 条第 1 款也构成私法制度保障(Institutsgarantie)。

制度性保障(Einrichtungsgarantie)这一概念源自魏玛共和国;《魏玛

帝国宪法》包含了许多制度性保障。[2]《德国基本法》中，制度性保障作为一个上位概念，是指国家负有的实现或者维持特定规范领域的义务。**下位概念是私法制度保障和公法制度保障**（Institutionelle Garantie）。私法制度保障是保障私法的"制度"；而公法制度保障的则是指实现和维持公法制度（如保障第28条第2款意义上的乡镇自治）。因此，第14条是一项私法制度保障。其他的私法制度保障，如第2条第1款（合同法）、第6条第1款和第2款（婚姻、父母照顾），以及第9条第1款（结社和合伙法）。

431　　和《魏玛帝国宪法》不同，《德国基本法》在相关保障上明显不多：《德国基本法》私法制度并不保障私法制度的现状[3]——即《德国基本法》生效时的整个财产权制度，而只是保障那些根本基础框架规范的存在（Grundbestand）。例如，财产的本质特征是财产权人能够自由处分。如果每个财产权的使用都需要国家同意，那么这个本质特征就不再存在，从而损害私法制度保障。但这也同时意味着，只要其基本框架没有受到损害，立法者就可以对其做出修改。私法制度保障指向立法者，要求实现规范；同时立法者在**构建**时有一定的余地，只要决定本质的基本框架得到尊重。

432　　如果立法者违反私法制度保障，将一项新财产权在未来完全取消或者抽空其核心实质，那么就会损害第14条第1款。对于这种损害，每个人都可以提起宪法诉愿。第14条第1款的私法制度保障虽然是客观宪法所赋予的，让国家负有义务，但是其包含了一项个人请求权，即财产权和继承权本质特征是存续的**主观权利**。[4] 第14条第1款在这些情形中是**给付权**，要求立法者在财产权和继承权上实现维护基础规范的存在和宪法保障的最低限度，对此予以构建。

2. 作为国家规范形塑的构建

433　　和第2条第1款、第6条第1款、第2款和第9条第1款一样，第14条具有特殊性："财产权"和"继承权"保护的是**并非天然而生，而是由**

---

[2] 历史方面参见 Mager, Einrichtungsgarantien, 2003, S. 96 ff.。

[3]《魏玛帝国宪法》的保障被作为现状保障来解读，参见 Sachs, VerfR II, Kap. A 4 Rn. 51。

[4] 参见页边码137以下。

法律制度构建的制度。[5] 特定的、由人实现的利益分配或者处分权限受到基本权保护。不过，这种保护开始于规范的实现，这些规范决定了"财产权"和"继承权"如何理解。缺乏一般法规范，就缺乏相应的标准，而《德国基本法》自身并没有规定更多的内容。因此，一般法规范通过确定"财产权"和"继承权"法律概念的内容，塑造了保护范围。对于那些保护范围不是天然而生的，而是与法律概念相关的基本权，则构成了规范形塑基本权，即通过一般法确立其具体范围的基本权。比如，第14条第1款第2句规定，"内容和限制通过法律"确定。如果立法者规定，私人不动产在特定情形下可以让第三人进入[6]，那么他就确定了财产权的内容，也就是确定了基本权保护范围，那么未来只保护带有进入权限的财产权。

如果一个基本权是规范形塑的，那么**立法者的国家行为和行使基本权的个人之间存在着相互关系**。个人依赖于国家规定来有效实现自身基本权；国家规制、限制和勾勒出基本权保护。即使立法者通过这种方式限制了基本权保护范围，此时也不构成只在基本权限制前提下才合法的基本权干预。因为这些规定的特殊性在于，它们让基本权行使成为可能，便于主张基本权。对于基本权保护范围内的这种国家行为，应当区分**"构建"**（Ausgestaltung）和"干预"。构建是指国家对规范形塑基本权保护范围进行确定的每个立法行为，而不干预该基本权的实质内涵。

434

准确区分构建和干预是困难的。[7] 这里主要有两种思路。第一种是联邦宪法法院在适用第6条第1款和第9条第1款所使用的，即规范形塑基本权的意义和目的：**确保法律生活中的自由**，也即**自治**。给予个人自我构建法律关系的权限。[8] 国家为了构建和区分不同私人法律领域，履行基本

435

---

[5] Lübbe-Wolff, Die Grundrechte als Eingriffsabwehrrechte, 1988, S. 75 ff. 将其称作"自然权利"，以与"国家构建自由（权利地位）"相区分。

[6]《北威州景观法》第49条规定了自然景观中进入不动产的权限。另一个例子则是邻地使用权，即使使用权人有权进入邻居的土地，以修理自己的房屋，如《德国下萨克森州相邻权法》第47条和《北威州相邻权法》第24条。

[7] 联邦宪法法院在裁判BVerfGE 84, 212（223, 226, 228）中显示出不确定性，首先认为干预，接着认为是构建，最后认定为基本权限制，进行干预审查。缺乏安定性的还有BVerfGE 118, 1 (19 ff.) (Kappungsgrenze Anwaltsvergütung)。

[8] Mager, Einrichtungsgarantien, 2003, S. 435.

权制度义务，即为构建。[9] 法律中的自治也有必要界限。如果立法者在立法中规定了这个界限，为了保护弱势一方而对合同订立作出规定，那么即为构建。如果立法者是为了实现公共利益，这与区分不同权利范围没有直接的关联，那么就不为构建。比如社团法的规定，出于公共安全而限制结社。这种情形并不是将与之不同个人的权限归位，区分相互之间的自治领域，而是为了实现公共安全这一公共利益。这样的规定使得立法者超出了"结社"这一法律制度，而是考虑到"外部的"公共利益。这种对公共利益的追求应当被称作基本权干预，只能在满足限制前提条件下才能得到正当化。

436　　实践中，构建和干预的**区分**经常**根据相关规定的法律性质**来进行。[10]《德国基本法》保障的制度，如婚姻、结社、财产和继承权是私法制度。其确立和限定一般是通过规制个人之间法律关系的私法进行的，且以平等和自我决定为基础。与此相对的则是公法，其规定了国家和机构以及公民之间的关系。原则上，私法具有构建性质，而产生负担的公法则被视为干预。

437　　对于第 2 条第 1 款（合同自由[11]）和第 14 条第 1 款，联邦宪法法院选择了另外一条思路。在这里，联邦宪法法院区分现有权利地位，如合同或者财产权地位是否受到国家规定的影响。[12] 如果是这种情形，联邦宪法法院认为构成基本权干预。如果不是这种情形，则认为是私法制度保障的构建。至于联邦宪法法院对存续保护的强调是否正确，是有疑问的。[13]

438　　构建导致特定基本权的防御权功能只能适用**一般法**的标准。从规范等级上看，这似乎有些奇怪，却是基本权依赖于立法者行为的必然结果。因此，第 14 条第 1 款规定的财产权是立法者通过一般法赋予个人的财产权且根据《水务法》第 4 条第 2 款，土地财产权不包括地下水，地下水无法成

---

〔9〕 BVerfGE 77, 275 (284) (Zustellungsfiktion der öffentlichen Bekanntmachung); 92, 26 (42) (Zweitregister). 盖尔对 BVerfGE 118, 1 (30 f.) (Kappungsgrenze Anwaltsvergütung) 的异见投票。

〔10〕 更深入的论述参见 Lenz, Vorbehaltlose Freiheitsrechte, 2006, S. 130 ff. 。

〔11〕 参见页边码 562 以下。

〔12〕 参见页边码 565 与 569 第 2 条第 1 款和第 14 条第 1 款的页边码 462 以下。

〔13〕 Lenz, Vorbehaltlose Freiheitsrechte, 2006, S. 123 ff. 对此持批评态度。

为财产权的客体。构建的法律——这与干预基本权的限制性法律有共性，应当在《德国基本法》被构建基本权规范下进行解释。在这个意义上，《德国民法典》中的社团法是对《德国基本法》第9条第1款结社自由的构建。[14] 这些是有效行使结社自由的前提条件。具有法律约束力地进行结社，该自由只在结社法提供相关可能性的情况下才可能存在。不过，在解释结社法时应当注意到第9条第1款的判断。如果国家禁止社团选出一名董事，由于第9条第1款的实质内涵受到影响，这里就不为构建，而为干预。

BVerfG，NJW 2001，2617（2617）：根据《德国基本法》第9条第1款，所有个人有权结社。根据联邦宪法法院的裁判，结社自由保障个人组建和加入合宪社团。在这一积极内涵外，该基本权还保护退出私法社团或者从一开始就远离该社团。第9条第1款对结社自由的保障并不是没有限制的，结社自由保障并不意味着国家对社团组织和意思形成的任何规定都被禁止。**结社自由或多或少在很大范围上依赖于下列规定，即那些将自由结社纳入一般法律秩序当中、保障法律往来安全、确保成员权利，以及考虑到第三人需要保护的利益或者公共利益。**因此，宪法对结社自由的保障与对该自由进行法律构建的必要性紧密相连，如果没有这些构建，结社自由将会失去实际效力。

3. 构建的界限

构建基本权保护范围时，立法者应当遵守界限。虽然其拥有构建余地，但是其必须以基本权的保护利益为导向。构建时立法者必须注意到**基本权的基础框架**，以实现和维护私人自治为目标。对于第14条第1款范围内的立法行为，要看私法制度保障的实质特征（如财产的自由使用权和私用益性）是否被违反。另外，立法者应当妥善平衡相冲突的利益。[15] 最后，其受束于《德国基本法》第3条第1款。[16] 财产权构建的负担必须在实质相同的案件中得到平等分配。不平等对待需要实质理由的正当化，其对于目标和不平等范围来说必须是均衡的。

---

[14] 参见页边码891。
[15] BVerfGE 50，290（355）（Mitbestimmung）.
[16] BVerfGE 143，246（373）（Atomausstieg II）.

439a　　有争议的是，承担构建职能的立法者是否受束于比例原则。对于这个问题，联邦宪法法院没有明确表态，但在个别裁判中，联邦宪法法院将比例原则作为审查标准。[17] 这种裁判的正确性值得商榷。因为比例原则与干预紧密相连，正当化干预时应当权衡相互冲突的权利地位。联邦宪法法院对此进行全面审查。由于宪法文本有限，承担构建职责的立法者必须享有形成空间，全面审查与其并不匹配。[18] 鉴于需要维护的构建空间，立法者应当放弃比例原则的适用。

　　BVerfG, NJW 2001, 2617（2617 f.）：这种构建的要求是：承担构建职能的立法者所受的约束，属于第9条第1款的内容。构建第9条第1款时，立法者不受束于社团法原有的法律形式和规范整体。**原有的构建没有宪法等级**。同时，**立法者不能随心所欲地进行构建**。应当**以第9条第1款的保护利益为导向**；应当考虑到在有序的社团生活和其他受保护利益的情况下，将自由结社和社团自我决定进行适当平衡。因此，立法者必须准备好不同的法律形式，以适合不同类型的社团，且让其有所选择。立法者必须如此构建法律形式，以保障社团特别是其机关的正常运转。至于何种立法规定存有必要性，并不能泛泛且终结性地回答。因此，对于必要规定的范围和密度，实体范围、秩序和从中产生的保护必要性起到决定性作用；在任何情形下，自由结社和自主决定原则都应当得到维护。

4. 构建和干预之间的关系

440　　没有得到澄清的问题是，**构建**因违反基本权基本框架，在**违宪**的同时是否作为**基本权干预**来处理，从而借助基本权的限制，如法律的保留得到正当化。联邦宪法法院在这个问题上并没有清楚表态。在"短工津贴案"中，从联邦宪法法院的论述来看，违宪构建转换为需要正当的干预是可能的。[19] 联邦宪法法院对第14条第1款的裁判明确表明：违宪的内容规定（＝构建）绝

---

　　[17]　Vgl. BVerfGE 50, 290 (361) (Mitbestimmung); 60, 329 (339) (Versorgungsausgleich II); 99, 341 (352) (Testierausschluss Taubstummer).

　　[18]　Gellermann, Grundrechte im einfachgesetzlichen Gewande, 2000, S. 331 ff. m.w.N. Vgl. Maschmann, Tarifautonomie im Zugriff des Gesetzgebers, 2007, S. 151 ff.

　　[19]　BVerfGE 92, 365 (394 f., 403) (Kurzarbeiterbeitergeld).

不能作为征收而被认为是正当的，因此，内容规定不能转换为征收。[20]

将违宪构建**转换**为可以正当化的干预，这一做法应当**被否定**：国家只有在减缩个人原有基本权地位时，才构成基本权干预。构建并不是这种情形；其基本权地位是国家予以建立和具体化的。因此，构建和干预是两个完全不同的法律形式。[21] 构建不能转换为干预。构建违宪时，不能以基本权限制为基础来正当化。[22]

5. 构建和重构

立法者的构建权存在于所有规范形塑的基本权之中。与此严格区分的是下列问题，即多少现存构建受到基本权保护，换句话说，对现有权利的**重构（Umgestaltung）**是否被视为基本权干预，原则上并不是这样的。[23] **现有构建并没有宪法等级**。立法者如果修改社团法，决议需要三分之二多数人同意，而非简单多数人（《德国民法典》第 32 条），这不构成对第 9 条第 1 款基本权的干预，即使新规定适用于现存的社团且对其意思形成产生负担。这同样适用于婚姻法、合同法、同盟法或者权利救济体系的构建。

根据联邦宪法法院的裁判，**第 14 条第 1 款**及第 2 条第 1 款保障的合同自由则有特殊性[24]：具体财产权或者继承权地位、具体合同及其相应内容受到基本权保护，而不是法律构建本身。如果立法者对其内容的修改导致该基本权现有地位改变，那么这里构成对现有基本权的干预，而不再是单纯构建。与其他规范形塑基本权相比，第 14 条第 1 款和第 2 条第 1 款有特殊性，因为其他规范形塑基本权一般不保护现有地位。只有第 14 条第 1 款和第 2 条第 1 款包含着限制性的**存续性保障（Bestandsgarantie）**。[25] 可以

---

[20] BVerfGE 58, 300 (331 f.) (Nassauskiesung). 参见页边码 469 以下。
[21] Bumke, Der Grundrechtsvorbehalt, 1998, S. 104f. 有不同观点。
[22] So auch Gellermann, Grundrechte im einfachgesetzlichen Gewande, 2000, S. 364 ff., insbesondere S. 371 und Butzer, RdA 1994, 375 (381).
[23] BVerfGE 50, 290 (355) (Mitbestimmung); 97, 169 (175 f.) (Kleinbetriebsklausel I). Lübbe-Wolff, Die Grundrechte als Eingriffsabwehrrechte, 1988, S. 150 f. 有不同观点。
[24] 参见页边码 562 以下。
[25] 第 14 条第 1 款参见 BVerfGE 58, 300 (351) (Nassauskiesung); 78, 58 (75) (Weingesetz); 第 2 条第 1 款参见 BVerfGE 89, 48 (61) (Verlängerter Versorgungsausgleich); 95, 267 (304) (Altschulden). Gellermann, Grundrechte im einfachgesetzlichen Gewande, 2000, S. 408 ff. 持怀疑态度。

从信赖保护方面对该裁判进行说明。

BVerfGE 58, 300 (335 f.) (Nassauskiesung)：《德国基本法》要求立法者实现一种对个人利益和公众都公正的财产秩序。立法者有双重职责：一方面必须在私法中给公民相互之间的法律往来和法律关系作出决定性规定（如财产权的转让或者负担、相邻权及在第三人对财产造成妨碍时的赔偿权）；另一方面，在大多数公法规定中，必须对公共利益予以考虑——对此每个不动产财产权人都负有义务。如果说民法法律关系一般被称为主观私法，那么在确定财产权人的宪法地位时，民法和公法发挥同等作用。民法的财产权秩序并不是对财产内容和限制的全部规定。私法财产条款在第14条范围内并不优先于作出财产权规定的公法条款。

财产权人在特定时刻具体享有哪些权限，要看在此时间点所有有效的、规制财产权人地位的法律规定。如果其中表明财产权人没有特定权限，那么该权限就不为财产权。至于立法者如何排除，是法律技术的问题。立法者如果首先全面赋予财产权人权利地位，在之后的规定中又将特定权限排除出去，那么受影响人从一开始只被赋予有限的权利地位。第14条第1款第1句存续性保障的标的和范围来自规定财产权内容合宪法律的整体。

（二）作为防御权的第14条

第14条第1款作为**防御权**，保护每个人具体的、已经存在的财产权或者保护被继承人地位不受剥夺或者妨碍。[26] 对第14条第1款的这种解释来自字面意义（"保障财产权和继承权"），这有体系性的考量：第14条属于基本权部分，而基本权是典型的针对国家的防御权。第14条是一个带有——严格区分开来的——基本权效力的基本权。一方面其作为对公民的私法制度保障；另一方面其属于个人防御权，它还有一项功能是要求保护的权利。这一保护不仅扩展到已经存在的具体财产权，还扩展到刚产生的地

---

[26] BVerfGE 24, 367 (400) (Hamburgisches Deichordnungsgesetz); BVerfG, NVwZ 2014, 211 (213 f.) (Garzweiler II).

位，只要其不是一个单纯的机会。[27]

BVerfGE 24, 367（389 f.） （Hamburgisches Deichordnungsgesetz）：第14条第1款第1句将私人财产权既作为法律制度，又对单个财产权人拥有的权利具体形态予以保障。财产权是一项根本性的基本权，与个人自由保障紧密相关。它在基本权整个体系中的作用在于，确保基本权主体在财产权法领域有自由空间，让该主权能够构建自我承担责任的生活。财产权保障作为法律制度保障的一种服务于该基本权。个人基本权以法律制度"财产权"为前提；如果立法者在私人财产权上作出了实际上不符合"财产权"的规定，那么这项基本权就不会得到有效保障。

私法制度保障确保了该基本权在规定意义上被称为财产权规范的基本存在。财产权的内容和功能应当根据社会和经济关系进行修订，在考虑到根本宪法价值决定的情况下，对财产权的内容和限制作出决定是立法者的职责（第14条第1条第2款）。私法制度保障禁止将属于财产法领域基本权保护活动的核心组成部分从私法制度中剥夺出去，从而废除或者实质上削弱基本权保护的自由领域。

财产权呈现出支配的形式，是不同于物权关系的统称。这种支配形式可以在不同方面和角度予以构建。民法财产权的标志是私用益性和处分权限。

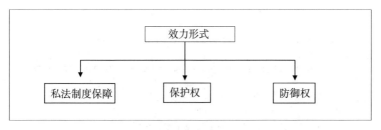

图9-1　第14条第1款的保护范围："财产权和继承权"

445

----

[27] BVerfGE 114, 1（37 f.）（Übertragung von Lebensversicherungen）；114, 73（90 f.）（Überschussermittlung bei Lebensversicherungen）.

三、保护范围

(一) 第 14 条的主体保护范围

446 在权利主体上,第 14 条并没有特别要求,其涉及每个人的基本权。按照第 19 条第 3 款,私法人也能主张第 14 条,而公法人的财产则不适用;联邦宪法法院认为,第 14 条保护私人的财产,而不保护私有财产。[28]

(二) 第 14 条实体保护范围

1. 财产权

447 第 14 条的保护范围取决于"财产权"的概念。**宪法上的财产权概念**和口语中使用的财产权概念并不一样,后者限制在动产和不动产上。宪法上的财产权概念着眼于保障的意义和目的,赋予"个人在财产法领域有自由空间,让其能够构建自我承担责任的生活"[29]。因此,财产权包括了法律秩序归属于权利人的所有财产价值权利,权利人可以根据自我担责的决定来行使相关的权限。[30] 因此,第 14 条意义上的财产权除了涉及物以外,还包括著作权[31]、股票[32]、商标[33]、先买权[34]和债权[35],不过单纯机会和希望被排除。有争议的是,占有是否也构成第 14 条第 1 款意义上的财产权。[36]

448 不过,对财产权的保护只扩展到单个财产价值的权利地位,而**不保护**

---

[28] BVerfGE 61, 82 (108 f.) (Sasbach). 参见页边码 161 以下。

[29] BVerfGE 51, 193 (218) (Schloßberg).

[30] BVerfGE 112, 93 (107) (Zwangsarbeiterentschädigung); 115, 97 (110 f.) (Halbteilungsgrundsatz II).

[31] BVerfGE 31, 229 (Ls. 1) (Schulbuchprivileg); BVerfG, NJW 2016, 2247 (2248) (Sampling).

[32] BVerfGE 14, 263 (276 ff.) (Feldmühle-Urteil).

[33] BVerfGE 51, 193 (216 ff.) (Schloßberg).

[34] BVerfGE 83, 201 (Ls. 2) (Bundesberggesetz).

[35] BVerfGE 45, 142 (179) (Rückwirkende Verordnung). 至于债权是否构成《德国民法典》第 823 条第 1 款意义上的"其他权利"存在争议,参见 Wagner, in: Münchener Kommentar zum BGB, Bd. 5, 6. Aufl. 2013, § 823 Rn. 223 f.。

[36] 赞同态度:BVerfGE 89, 1 (5) (Besitzrecht des Mieters). 民法中对占有是否属于《德国民法典》第 823 条第 1 款意义上的"其他权利"存在争议,参见 Wagner, in: Münchener Kommentar zum BGB, Bd. 5, 6. Aufl. 2013, § 823 Rn. 220 f.。

作为整体的**资产**（Vermögen）。[37] 资产只是被第 14 条保护权利的总和，作为整体的资产是不为法秩序所保护的。这个论断有重要的现实意义：国家如果给个人施加了金钱给付义务，如赋税，那么就不构成对财产权基本权的干预[38]；因为国家通过纳税并没有干预具体的财产价值权利地位，而是从整体上对财产形成负担。公民可以自主决定使用何种物质手段来履行金钱给付义务。

这一清晰明了的裁判经历了两个重要的**相对化**。首先，联邦宪法法院认为下列情形违反财产权保障，即"金钱给付义务给受影响人形成过重负担，对其资产关系造成重大妨碍，也就是说产生了**扼杀性效果**（erdrosselnde Wirkung）"[39]。这一前提条件是不确定的，教义学上无法理解的是，只是达到一定强度，不受第 14 条保护的资产负担如何构成对第 14 条的干预。资产税上的个别裁判也带来不确定性，在这些裁判中，第 14 条的保护明确地被扩展到整个资产上，只是没有点明。[40] 其次，联邦宪法法院第二审判庭在附带意见中指出，税收与第 14 条第 1 款意义上的财产权相关联，赋税也应根据第 14 条第 1 款来衡量。**商业和收入税**就属于这种情形，因为受第 14 条第 1 款保护的财产组成部分，即纳税人的收入，被施加了不利法律后果。[41] 至于这一点是否足够使税收成为第 14 条第 1 款的难题，存在疑问。因为连接点只是财产权的取得，而这正好被联邦宪法法院认定为不受第 14 条第 1 款保护。[42] 通过相对化实现第 14 条对财产的保护，这在法律上是没有必要的，因为国家对个人财产的任何行为都要用第 2 条第 1 款基本权来衡量。[43]

449

不确定的是，第 14 条第 1 款是否也保护民法上长期承认的已**设立且运营的营业权**（Recht am eingerichteten und ausgeübten Gewerbebetrieb），即具

450

---

[37] BVerfGE 4, 7 (17) (Investitionshilfe); 91, 207 (220) (Bremer Hafengebühren); 95, 267 (300) (Altschulden); Wieland, in: Dreier, Art. 14 Rn. 65.

[38] BVerfGE 95, 267 (300) (Altschulden); 96, 375 (397) (Sterilisation).

[39] BVerfGE 78, 232 (243) (Altershilfe für Landwirte).

[40] BVerfGE 93, 121 (137) (Einheitswerte II). 参见波肯福德的少数意见 (149 ff.), 推荐阅读。

[41] BVerfGE 115, 97 (112 f.) (Halbteilungsgrundsatz II).

[42] 参见页边码 456。

[43] 参见页边码 546 以下。

体营业的经济价值整体,也就是为收益而创办的企业,其营业所有人手中拥有的物力、人力和其他资源。[44] 联邦宪法法院在这个问题上一直回避[45],但它在"湿采石案"中认为,商业营业的保护无论如何不能超过对其基础的保护。[46] 联邦宪法法院认为,受保护的是单个财产权地位,而非商业运营整体。第14条的规范目的在于确保个人在经济领域中的自由空间,而上述论述与该规范目的并不相符:商业运营整体比起其单个部分具有更高价值,因为营利机会也要考虑在内。不过,"财产权"概念是指单个的、具体的归于个人的财产价值权利地位,而商业运营则是不同权利地位的总和,包括营利机会和希望。另外,定义财产权内涵(第14条第1款第2句)的立法者并没有将商业运营作为独立权利地位来保护。因此,设立及进行营业的权利不应当受到第14条第1款的保护,只能保护其单个组成部分。[47]

451　　有疑问的还有,**公法地位**受到第14条第1款的何种保护。这个问题在社会保险和国家补贴上尤为重要。联邦宪法法院根据上述一般定义来考察公法地位,即被赋予的权利地位是否和物的财产权人相一致,即是否"以专属权形式归于其"[48]。如果公法地位是权利人自身给付的等价物,即为联邦宪法法院所说的情形。[49] 裁判中的早期例子是法定养老保险中对被保险人退休金的期待。[50] 这种情况中,已经支付的费用和已经取得的给付请求权相匹配,法定养老保险的随收随付制也是如此,缴费没有保存下来,而是直接用于支付不再工作的一代人的养老金的支付。权利人的自我给付不一定是缴费,也可以是劳动形式。对期待的保护不会失效,且已成立请求权;不受保护的则是特定退休金数额。[51] 与此区别的则主要是或者全部

---

[44] Papier, in: Maunz/Dürig, Art. 14 Rn. 95; Epping, Die Außenwirtschaftsfreiheit, 1998, S. 74 ff.
[45] 没有作出判断的 BVerfGE 84, 212 (232) (Aussperrung); 96, 375 (397) (Sterilisation); 105, 252 (278) (Glykolwarnung); BVerfG, NZM 2016, 685 (691) (Bestellerprinzip)。
[46] BVerfGE 58, 300 (353) (Nassauskiesung)。
[47] Leisner, in: HStR VIII, § 173 Rn. 26. 有其他观点。
[48] BVerfGE 69, 272 (300) (Krankenversicherung der Rentner); 72, 175 (195) (Wohnungsfürsorge)。
[49] BVerfGE 116, 96 (121) (Fremdrentengesetz)。
[50] BVerfGE 53, 257 (290 ff.) (Versorgungsausgleich I)。
[51] BVerfGE BVerfGE 131, 66 (80) (RV-Satzung); 136, 152 (167) (VBL)。

是基于国家给付的公法地位,这不受第 14 条的保护。[52] 因此,设施许可等公法许可,不享受保护。[53]

这些乍看之下清晰明了的区分在实践中产生了很多问题:国家给付经常是自身给付和国家补贴的混合体。那么在这些情形中怎么办呢?联邦宪法法院认为,国家补贴明显占多数时,该公法地位不受第 14 条的保护;国家给付越多,第 14 条所赋予的保护也就越少。[54] 实践中,遗孀退休金体系也存在困难,退休金支付受到第 14 条的保护,而对于遗孀退休金,也即缴费人死后继续向其遗孀支付退休金,联邦宪法法院则有其他观点[55]:此处遗孀并没有直接的自我给付。这些存疑情形还有很多。[56]

452

联邦宪法法院在相对新的**社会保险**方面的司法裁判也为上述问题的回答增加了难度。此案中,联邦宪法法院加入了新的标准:公法地位必须服务于个人的**生存保障**。[57] 从法律上看,这个限制是有疑问的,因为私法权利地位受到第 14 条的保护并不取决于其是否具有生存保障功能。"以备急用"和施塔恩贝格湖的别墅一样受到保护。为何在公法地位上要做出如此区分?[58] 该裁判的实质理由可能在于,联邦宪法法院在社会保险领域不想过度束缚立法者。由于每年德国社会保险数额巨大,过严的裁判会埋葬国家的财政行为能力。[59]

453

BVerfGE 69, 272 (299 ff.) (Sozialversicherungsrechtliche Eigentumspositionen):宪法的判断取决于,该权利地位是否具备第 14 条财产权保护的实质特征。对于回答何种社会保险法的给付请求权能作为第 14 条意义上的财产权这个问题,必须要看财产权保障的目的和功能,以

---

[52] 如 BVerfGE 48, 403 (413) (Wohnungsbauprämie)。其他例子,如《德国社会法典》第十二编的社会救助和失业金 II("哈茨 IV"),而非缴纳费用的失业金 I。

[53] BVerfG, NJW 2017, 217 (223) (Atomausstieg II)。

[54] BVerfGE 53, 257 (291 f.) (Versorgungsausgleich I)。

[55] BVerfGE 97, 271 (284 f.) (Hinterbliebenenrenten)。

[56] Depenheuer, in: v. Mangoldt/Klein/Starck, Art. 14 Rn. 170 ff.; Wieland, in: Dreier, Art. 14 Rn. 61 ff.

[57] BVerfGE 69, 272 (300) (Krankenversicherung der Rentner); 100, 1 (32 f.) (DDR-Rentenanwartschaften); 128, 90 (101 ff.) (Abschaffung Arbeitslosenhilfe)。

[58] 持批评态度 Wieland, in: Dreier, Art. 14 Rn. 63 ff.。

[59] 据联邦统计局数字,2017 年德国的社会预算约 9655 亿欧元(www.bmas.de)。

及其在整个宪法中的意义。财产权保障的职能是确保基本权主体在财产法领域有自由空间，让其能够自我担责地构建生活。

社会保险法中财产权保障的前提条件是资产价值的权利地位，根据绝对权形式作为私用益属于权利主体，如果其基于被保险人明显的自我给付且服务于其生存的，则受到财产权保护。如果这些条件不存在，那么对社会保险法地位的干预要通过其他基本权保护，而非第14条。财产权保障之外的保护会与其在宪法中的职责不相符。

社会保险法地位的基础应当是**被保险人的明显个人给付**。财产权保护很大程度上是由其权利地位通过受保人个人劳动给付共同决定的，这主要是与收入相关的个人给付。与自我给付的关系被认为是财产权人地位受到特殊保护的原因。当权利地位很大程度上取决于国家给付时，并不排除认定其存在明显个人给付，也就不排除借助国家补助或者减税而取得的物的财产权保护。自我给付的范围主要对于下列问题重要，即立法者在多大程度上可以对受财产权保障的地位进行规定。

社会保险法地位上的财产权保障一个根本特征是，其**服务于权利人的生存保障**。在1980年2月15日的裁判（BVerfGE 53, 257, Versorgungsausgleich I）中，法官鲁普-冯·布吕内克就指出，财产权保障必须扩展到公民日益依赖经济生存的公法权限上。联邦宪法法院在上述裁判中接纳了这种说法，当今社会大多数公民的经济生存保障比起私人物品财富，更多的是依靠劳动收益和之后团体共济承担的生存照顾，这与财产权思想紧密关联。这不限于受保人的退休金。其他的社会保险法的地位也给多数民众的生存照顾提供了重要基础，尤其是重要的持续给予的给付，以至于受保人以此作为自身生存基础。在存在财产权其他本质特征的情况下，如果不保护这些财产法地位，则会与社会法治国中的财产权保障不相符，从而使得财产权的保障功能丧失。至于基本权主体因个人财产状况或多或少依赖于社会保险给付，并不重要，而是要从客观上确认，公法给付在其目标设定上是否被用于服务权利人的生存保障。不是针对个人的需求，而是下列情形更为重要，即权利地位服务于大多数国民的生存保障。

案例写作提示：

在该部分会出现大量案例，靠死记硬背是不行的。案例写作时，要从宪法财产权定义出发，将其涵摄到具体特征。牢记第 14 条的意义和目的是有帮助的：确保个人在财产法领域的自由空间，让其能够自我担责地构建生活。

2. 保护范围

第 14 条不仅保护财产权的**存续**，即保护权利地位的所有关系，还保护**使用、管理和处分财产权的权利**。[60] 使用权限的保护范围则是有争议的。联邦宪法法院至今没有明确表态，考虑到军犬的使用，禁止饲养军犬要以第 14 条第 1 款来衡量。[61] 为了避免与其他基本权产生区分困难，不能使每个财产权的使用行为都落入第 14 条第 1 款的保护范围之中。因为人的行为在很多情形中都构成使用财产，如开自己的车。单纯这一行为不受第 14 条第 1 款的保护，因此，禁止驾车也就不应当用该基本权来衡量。只有在财产权地位的使用可能性受限制或者被排除时，财产权作为基本权才受到影响。干预的连接点是财产权地位，而非单纯行为。行为的保护则要看其他基本权。第 14 条保护的是财产权标的与其社会环境的关联。[62] 特别重要的是土地财产权。宪法对财产权的保护虽然不赋予维持或者实现特定居住环境的请求权，但是由于住宅与当地环境有密切的社会关联，以及与城市建筑条件紧密相连，故而在对财产权干预时必须予以考量。[63] 至于该新近裁判对建设和规划法的影响尚不明朗。

3. 区分问题

有时区分第 12 条和第 14 条存在困难。联邦宪法法院总结了**大致公式**："与第 12 条第 1 款的重要区别在于，第 14 条第 1 款第 1 句保护已经取得的、行为的结果，而第 12 条保护取得、行为本身。"[64] 简而言之：**第 12**

---

[60] BVerfGE 105, 17 (30) (Sozialpfandbriefe); 115, 97 (111) (Halbteilungsgrundsatz II).
[61] BVerfGE 110, 141 (173) (Kampfhunde).
[62] BVerfGE 134, 242 (331 f.) (Garzweiler II).
[63] BVerfGE 134, 242 (331 f.) (Garzweiler II).
[64] BVerfGE 30, 292 (335) (Erdölbevorratung); 88, 366 (377) (Tierzuchtgesetz II); 126, 112 (135 f.) (Privater Rettungsdienst).

条第 1 款保护取得，第 14 条保护已经取得的结果。这个区分源自两个基本权不同的保护方向：第 12 条第 1 款涉及职业行为的特殊行为自由，而第 14 条保护单个财产价值的财产权地位，它是其他基本权保护人性自由发展的基础。

BVerfGE 30, 292（334 f.）（Erdölbevorratung）：在何种前提条件下，一个从业行为规定触及财产权保障这个问题，还没有得到回答。判断标准上要看两个基本权都分别保护了什么自由领域。如联邦宪法法院所述，第 12 条保护公民的下列自由，即从事认为合适自身的活动，也就是说将其作为发展生活的基础，决定为社会贡献自身。职业自由基本权首先是与人格相关的。它在个人活动和生存维护领域内，将自由发展人格基本权具体化。职业自由在很大程度上是"指向未来的"。基本权体系中，财产权的功能在于确保个人在财产法领域的自由空间，让其能够自我担责地构建生活。财产权承认个人通过自身劳动所取得财产的存续，使得财产权保障对行为和构建自由起到补充作用。借助这个"客观相关"的保障功能，第 14 条第 1 款保护法律主体已经拥有的权利地位，而不保护机会和利益机会。从中产生了与第 12 条第 1 款的区别：**第 14 条第 1 款第 1 句保护已经取得的、行为的结果，而第 12 条保护取得、行为本身**。公权力行为如果对个人取得和工作行为构成干预，那么第 12 条第 1 款的保护范围则被触及；如果其限制了现存财产的拥有和使用，那么便触及第 14 条。

4. 继承权

457   和财产权一样，继承权也属于私法制度保障，是防御权。[65] 继承权包含被继承人死后，继承人对财产权的处分可能性。该权利从时间上扩展了财产权保障。

458   作为**私法制度保障**，第 14 条第 1 款保障《德国民法典》第 1922 条以下的继承权基本框架。和财产权一样，国家不得对其**实质特征**作出修改。

---

[65] BVerfGE 91, 346（358）（Ertragswertabfindung）；99, 341（350）（Testierausschluss Taubstummer）.

这包括遗嘱自由[66]、以民法亲属关系为准的法定财产继承顺序[67]及必留份制度。[68] 如果规定在遗嘱缺乏或者无效时，国家为法定继承人，这就与第 14 条第 1 款不相符。此外，立法者有较大的构建空间，不排除限制继承权。这里的**构建空间**要比财产权的保障还要大，因为构成保障的不是存续，而是资产转移。[69]

作为**防御权**，第 14 条主要保护被继承人的遗嘱自由，这是第 14 条第 1 款所要保障的部分，但受惠的继承人也受其保护。在被继承人死亡后，继承人可以根据第 14 条第 1 款主张继承权。联邦宪法法院认为，如若不这样，继承权会在被继承人死后被消灭贬值。[70] 因此，遗产取得上设定的遗产税要根据第 14 条第 1 款的继承权保障来衡量。[71]

459

四、干预

对第 14 条第 1 款第 1 句基本权的干预，《德国基本法》在两方面作出了规定。第 14 条第 1 款第 2 句规定，财产权和财产权的**内容和限制**要通过法律来确定。第 14 条第 3 款在征收上作出了特殊规定。没有现实意义的则是**社会化**（第 15 条）。《德国基本法》没有规定更多的干预授权。

460

案例写作提示：

461

对内容和限制规定与征收之间的区分，在干预层面才有意义，因为对于不同的干预类型，有不同的干预前提条件。为了叙述清晰，这里直接论述干预的种类。在案例写作中，对干预的检测应当简短表明，第 14 条第 1 款第 1 句意义上的财产权被妨碍，干预的种类应被放在干预正当化中论述。

（一）内容和限制规定（第 14 条第 1 款第 2 句）

第 14 条第 1 款第 2 句的干预授权使立法者能够确定财产权和继承权的

462

---

[66] BVerfGE 99, 341 (350 f.) (Testierausschluss Taubstummer); 112, 332 (348 f.) (Pflichtteilsrecht).
[67] BVerfGE 91, 346 (358) (Ertragswertabfindung).
[68] BVerfGE 112, 332 (349 ff.) (Pflichtteilsrecht).
[69] BVerfGE 93, 165 (174) (Einheitswerte III); 112, 332 (348) (Pflichtteilsrecht).
[70] BVerfGE 91, 346 (360) (Ertragswertabfindung).
[71] BVerfGE 97, 1 (6 f.) (Erbschaftsbesteuerung).

内容和限制。内容和限制规定的概念包括了所有立法者在其构建权限范围内**抽象概括**界定财产权和继承权的法律规定。[72] 那些给自身财产处理带来事实压力的规定也具有干预特征，构成内容和限制规定。[73]

463 　　由于第 14 条第 1 款第 2 句要求立法者**确定内容**，因此第 14 条第 1 款第 1 句构成规范塑造的基本权。[74] 通过规定内容，立法者**为未来**构建了财产权和继承权的法律概念，同时决定了第 14 条第 1 款第 1 句对未来的保护范围。如果立法者今天决定，新财产权人必须容忍特定稀有植物在不动产上生长，那么未来不动产财产权只能以这个标准取得，立法者在此时为未来所有的财产权人确定了个人财产权的保护内容。

464 　　同时，确定未来的财产权和继承权将来为何内容时，通常会对现有权利构成限制。上面的例子中，如果立法者规定不但新财产权人，而且所有财产权人都必须容忍特定植物，那么也就意味着对所有现在的财产权人构成限制，虽然当时并没有该容忍义务。对未来新财产权人作出的内容规定也同时对**现在的财产权人构成限制规定**。财产权新规定的双重效力在第 14 条第 1 款第 2 句中也就表述为"内容和限制规定"[75]。

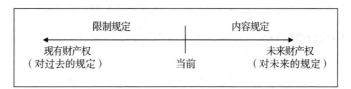

465　　　　　图 9-2　内容和限制规定（第 14 条第 1 款第 2 句）

466 　　由于现存和未来财产权同时受到影响，使内容和限制规定经常重合，但并不是每一种情形都是如此。立法者可以自由决定，不让现有的财产权地位受到影响。在这种情形下只构成内容规定，不妨碍现有财产权，也就不构成干预。

---

[72] BVerfGE 52, 1 (27) (Kleingarten)。
[73] VerfG, NJW 2018, 3007 (3009) (Hofabgabeklausel)。基本权事实干预见页边码 407。
[74] 参见页边码 433 以下。
[75] 相同的如 BVerfGE 52, 1 (27) (Kleingarten); 72, 66 (76 f.) (Flughafen Salzburg); Ehlers, VVDStRL 51 (1992), 211 (225); Wieland, in: Dreier, Art. 14 Rn. 90 ff. 有不同观点。

从个案中不同的效果诞生了宪法**审查标准**：限制规定作为对现有权利的干预，主要从第 14 条第 1 款第 1 句的防御权，以及私法制度保障上衡量。单纯的内容规定对现有权利地位造成侵犯时，只能用私法制度保障来审查。

实践中，对财产权和继承权的**干预**不只是立法者造成的。**行政和法院**也可以对第 14 条保护的权利地位进行干预。例如，如果一个房子面临倒塌的危险，那么行政机关为了防御危险，可以基于建设秩序法的规定命令禁止使用该房屋。立法者只是在建设秩序法条款中规定行政机关有权行为，也即为个案中的干预提供了法律基础。这个法律基础在本案中就构成了内容和限制规定。相同的是警察出警时造成了财产权损害。此时警察出警的法律基础作为内容和限制规定，也要根据第 14 条第 1 款衡量。这些案件中的重点是下列问题，即具体出警与第 14 条第 1 款是否相符。至于法律规定应当多具体，需要看法治确定性要求和适用于议会领域的重要性理论。[76] 无论如何，第 14 条没有要求立法者对任何细枝末节都作出规定。内容和限制规定在个案中的填充应该留给行政机关。在这个方面上，第 14 条没有特殊性。对于现有财产权地位，第 14 条第 1 款第 2 句的**效力**等同于**一般法律保留**。

（二）征收（第 14 条第 3 款）

与立法者抽象概括确定财产权内容的内容和限制规定相区分的，则是征收（第 14 条第 3 款）。征收只能在严格的形式和实体条件下得到允许，且必然产生赔偿义务（第 14 条第 3 款）；而内容和限制规定上，《德国基本法》没有作特别要求。在对如何区分经历常年争议后，联邦宪法法院在 1981 年的"湿采石案"中划定了清晰界限[77]，放弃了之前采用的干预强度的实体标准。[78] 区分采用**形式标准**：征收是为了完成公共职责，通过专门高权行为部分或者全部地剥夺具体财产价值权利地位。内容和限制规定

467

468

469

---

[76] 参见页边码 405。

[77] BVerfGE 58, 300 (330 ff.) (Nassauskiesung); 之前相近的 BVerfGE 52, 1 (27) (Kleingarten)。

[78] BGHZ 6, 270 (278 ff.); BVerwGE 5, 143 (145 f.); 19, 94 (99); 也被称为"门槛理论"或者"特别牺牲理论"，参见该书第 5 版页边码 470。

是抽象和概括地确定财产权的内涵；而面临征收时，财产权人全部或者部分丧失具体财产地位。联邦宪法法院的更多要求直接出自《德国基本法》：根据第 14 条第 3 款第 1 句，征收只能服务于履行公共职责，必须通过或者基于法律实现（第 14 条第 3 款第 2 句）。根据这个裁判，不是干预的强度，而是其形式和目的方向有决定性作用。具体来讲：

470　　（1）**全部或者部分的剥夺**是指对财产权地位的征收使现有财产权人失去权利地位。一般是地位转移给新的财产权人，虽然联邦宪法法院认为这不是必须的。[79] 第 14 条第 3 款中征收与赔偿义务的关联表明，征收是一种特别牺牲，个人为了公共利益而向国家转移财产权。因此，征收的特征是，对财产权的动用服务于财物——如不动产——的高权性获取，以进行具体的、服务于履行公共职能的建设项目，如建设高速公路。一般情况下，**征收应当理解为通过公权力获取财物的过程**。[80] 刑法所规定的没收、追缴和销毁则不属于征收，因为国家没有将征收用于具体的公益项目，不是物的取得。[81]

471　　（2）具体地位的**部分剥夺**也可导致征收，这产生了区分的问题。这里要考虑的是剥夺的形式地位。要思考的是，法律独立或者具有独立能力的权利地位是否也能被剥夺，也即整体权利中涉及法律能分离的部分。[82] 清晰明了的情形如不是整个不动产，而是其中一部分被剥夺。部分征收情形还有如存在依赖关系或者其他物权负担。[83] 使用或者处分限制没有剥夺独立地位，因此被不能视为征收。[84]

472　　（3）**具体资产价值的权利地位**是指所有构成第 14 条第 1 款第 1 句意义上财产权的地位。

473　　（4）剥夺必须通过专门的高权行为进行。高权行为是指所有公法上具

---

[79] BVerfGE 24, 367 (394) (Hamburgisches Deichordnungsgesetz); 83, 201 (211) (Bundesberggesetz).

[80] BVerfGE 104, 1 (10 f.) (Baulandumlegung); 115, 97 (112) (Halbteilungsgrundsatz II).

[81] BVerfGE 143, 246 (337 f.) (Atomausstieg I); ähnlich schon BVerfGE 110, 1 (24 f.) (Erweiterter Verfall).

[82] Maurer/Waldhoff, Allgemeines Verwaltungsrecht, 19. Aufl. 2017, § 27 Rn. 47.

[83] BVerfGE 45, 297 (339) (Öffentliche Last); 56, 249 (260) (Gondelbahn).

[84] BVerwGE 94, 1 (3 ff.).

有法律重要性的措施；这一特征没有问题。重要的是，这项措施必须是有针对性的（**目的性**）。措施是为了剥夺权利地位且是有意的。如果剥夺是行政活动无意的附带效果，则不构成征收。[85]

（5）征收是为了**实现公共职责**。这是指国家必须追求公益目标的实现，对其规定被保留在议会立法者手中。[86]（仅）让私人受益的征收是不被允许的[87]，可能作为内容和限制规定予以正当化。[88] 如果背后有重要的公共利益，宪法并不排除使私人受益的征收。[89]

BVerfGE 58, 300 (330 ff.)（Nassauskiesung）：以《德国基本法》标准审查规定时，**立法者在第14条范围内可以以三重方式来出台与财产权相关的规定**。财产权作为法律主体拥有的法益，为了能够在生活中得到应用，需要法律的构建。相应的，第14条第1款第2句转交给立法者这项职责，即确定**财产权的内容和限制**。这些规范概括抽象地确定财产权人的权利和义务，确定了财产权的"内涵"。由此，立法者在客观法层面上确立和构造了财产权人的权利地位；这些规定可以是私法和公法性质的。根据第14条第3款第2句，立法者还能通过法律将特定或者可确定的人群基于第14条第1款第2句意义上的一般适用法律合法取得的具体财产权剥夺。同时立法者——根据第14条第3款第2句，同样可以授权行政剥夺个人的具体财产权。基于法律的征收（**行政征收**）要求行政执行行为，与**立法征收**不同的是，行政征收可以借助法律救济予以撤销。

表9-1　联邦宪法法院区分内容和限制规定/征收的裁判

内容和限制规定	征收
·法律规定	·完全或者部分剥夺

---

[85]　比如，一名警察无意中毁坏了一辆私人小轿车。参见页边码468。
[86]　BVerfG, NVwZ 2014, 211 (214) (Garzweiler II).
[87]　BVerfGE 74, 264 (284 f.) (Boxberg)；BVerfG, NVwZ 2014, 211 (214) (Garzweiler II).
[88]　BVerfGE 49, 220 (225) (Zwangsversteigerung III)；104, 1 (9) (Baulandumlegung) 中的例子。为了财产权人利益而重新规划建设区域，《德国建设法》第45条以下的征收个别不动产构成内容和限制规定，同样适用于为了满足私人债务人而进行的强制拍卖。
[89]　BVerfGE 66, 248 (257) (Energiewirtschaftsgesetz)；74, 264 (284) (Boxberg).

(续表)

内容和限制规定	征收
·立法者	·具体财产权地位
·对财产权的内容和限制	·专门的高权行为
·作出抽象和概括的确定	·履行公共职责

476 联邦宪法法院如此裁判的原因,很大程度上在于作为规范塑造基本权之**第 14 条的结构上**:通过第 14 条第 1 款第 2 句的内容和限制规定,立法者履行自身职责,抽象和概括地构建财产权。与之完全不同的则是立法者在个案中触及具体财产权地位,为了履行公共职责而将其从财产权人处剥夺。即使内容和限制规定对现有财产权地位产生特别严重妨碍,使得财产失去使用价值,也不构成上述意义上的对具体财产地位的剥夺。内容和限制规定可能超出比例地对现存权利造成严重干预,从而违宪和无效,但这仍然不构成征收。因此,抽象概括的内容和限制规定在逻辑上不能转换为个案中影响具体权利地位的征收。

477 使用形式标准对内容和限制规定及征收予以区分,这消除了原有裁判的**法不安定性**。[90] 立法者在出台法律的时候必须决定:如果意欲采取征收,必须出台一部法律,直接剥夺财产权地位的同时赋予具体确定的赔偿(立法征收),或者"基于法律"(第 14 条第 3 款第 2 句第 2 项,行政征收)授权行政进行征收。[91] 在后一种情形中,行政在个案决定中必须对赔偿进行详细规定;反之,该征收是违宪的。对于公民来说,这实现了**法的安定性**。他可以基于财产权干预的形式和目的清楚判断,是否为征收或者为内容和限制规定。公民如果认为财产权妨碍——无论任何形式——是违法的,必须直接去行政法院起诉[所谓的第一次权利救济优先(Vorrang des Primärrechtsschutzes)]。[92] 通常情况下,只有法律规定赔偿时,公民方可请求(参见第 14 条第 3 款第 2 句)。例外情况下,在国家赔偿法中,如果不存在第一次权利救济,面对具有和征收效果相同的干预,都可以请

[90] 参见第 5 版的页边码 480。
[91] 严格依法进行补偿的好处是,议会预算权可以得到维护,参见页边码 488。
[92] BVerfGE 58, 300 (323) (Nassauskiesung)。对征收中权利保护的要求参见 BVerfG, NVwZ 2014, 211 (216 f.) (Garzweiler II)。

求赔偿。[93]

BVerfGE 58, 300 (323 f.) (Nassauskiesung): 财产权保障保护财产权人所拥有的具体存续。宪法保护的权利地位被剥夺时，只有在满足第14条第3款所规定的前提条件下，财产权人才必须忍受。在这种情形中，价值保障取代存续保障，即赋予立法者所决定的赔偿。而违宪的征收，其后果则是废除干预行为。

当所依据法律没有赔偿规定或者出于其他原因导致规定无效时，通过让财产权人前往行政法院救济，《德国基本法》给予受影响人质疑行政行为的机会。行政法院如果不支持受影响人所持的违宪观点，那么其可以提起宪法诉愿。上述法律情境对于一般法院在第14条第3款第4句方面的程序规定来说意味着：公民如果认为针对他的措施构成征收，那么只有存在法定请求权基础时，才可以起诉请求赔偿。如果没有法定请求权基础，那么他必须在行政法院请求权废除干预行为。在放弃撤销时，公民不能请求法律并没有赋予的赔偿；缺乏法律基础时，法院也不能赋予赔偿。

因此，受影响人在下列问题上没有选择权，即是否针对一项缺乏法律赔偿规定的违法"征收"主张救济还是直接请求赔偿。如果其坐等干预行为变得不可撤销，那么他的赔偿请求也不会得到支持。个人如果没有及时行使宪法赋予的恢复合宪秩序的可能性，那么就不能因为自身导致的权利丧失而要求国家赔偿。

(三) 社会化 (第15条)

根据《德国基本法》，可以对土地、自然资源和生产资料进行社会化。社会化是指，上述物资成为公有财产，剥夺私人处分权。[94] 社会化是征收的特别形式（第15条第2款）。第15条在德国实践中的意义不大。这个规定却表明，《德国基本法》在经济秩序上是中立的[95]，公有和私有经济都

---

[93] Vgl. Maurer, Allgemeines Verwaltungsrecht, 18. Aufl. 2011, § 27 Rn. 87 ff.
[94] 细节参见 Hummel, JuS 2008, 1065 ff. 中的举例。
[95] BVerfGE 4, 7 (17 f.) (Investitionshilfe); 7, 377 (400) (Apotheken-Urteil). 参见第15条以及其产生历史的相关材料 JöR 1 (1951), S. 154 ff. 。

被允许,只要不违背其他基本权。但第15条并没有包含社会化委托,也不反对私有化。[96]

五、干预的正当化

479 何种条件下,对第14条基本权的干预是正当化的,取决于干预是构成内容和限制规定、征收,还是几乎不可能出现社会化。

(一) 内容和限制规定的正当化

480 如果构成第14条第1款第2句意义上的内容和限制规定,干预到现有财产权,其正当化适用已知的前提条件:法律必须在形式和实体上符合宪法,在具体适用中不得违反宪法。重要的是比例原则的约束:内容和限制规定必须有正当目的,适当、必要且均衡。在干预的均衡性上,第14条有自身特性。

1. 财产权的社会义务(第14条第2款)

481 "财产权负有义务,财产权行使应当有利于社会公共利益",通过这些文字,《德国基本法》使得立法者负有下列义务,在确定财产权内容和限制时需考虑公共利益。《德国基本法》第14条第2款是**对不受限制地使用财产权基本权的拒绝**,要求财产权人在行使权限时受束于公共利益。第14条第2款是社会国家要求(第20条第1款)的体现。[97] 立法者应当在个人自由和社会公正财产权秩序要求之间进行妥善平衡。

> **BVerfGE 72, 66(77f.)(Flughafen Salzburg)**:履行第14条第1款第2句所托职责,即确定财产权内容和限制时,立法者必须将宪法保障的权利地位和对于社会来说公正的财产权秩序这两个元素以同等方式考虑到;立法者应当将参与人值得保护的利益予以公正平衡并置于妥善关系之中。单方面的优待或者亏待都与宪法上负有社会义务的私人财产权不相符。相应的,立法者也受到比例原则的约束。公共利益不只是对财产权人施加限制的原因,也是施加限制的界限。为了经得起宪法审查,对于所规制领域及其构建必须是公正的。财产权人权限

---

[96] BVerfGE 12, 354 (364) (Volkswagenprivatisierung).
[97] BVerfGE 25, 112 (117) (Nds. Deichgesetz).

的限制不能超过规范所服务的保护目的。任何情况下，宪法要求保障维护财产权的实质和遵守第3条第1款的平等原则。

第14条第2款本身**没有授权**限制财产权基本权，而是包含在第14条第1款第2句之中。而第14条第2款在比例原则审查时是重要的：**权衡**范围内，社会约束的功能在于强化作为财产权限制的社会利益的分量，从而以相对简单的条件来将社会限制正当化。但是必须充分考虑到财产权人个人自由的平衡。[98] 财产权客体的社会关联性越强，限制就越正当化。相反，财产权对于财产权人个人自由的保障越重要，那么对其正当化要求也就越高。[99]

BVerfGE 70, 191 (201)（Fischereirechte）：立法者的构建权界限并不对所有领域都是相同的，因此也不能固定不变。财产权保障的保护范围一方面要看实行立法措施之时，财产权人具体有哪些权限；另一方面立法者在内容和限制规定上的权限越宽，财产权的客体社会关联和社会功能也就越多。如果财产权是为了保障个人自由，那么个人就享有更高的保护程度；非财产权人使用财产权客体是为了保障自由且构建生活，那么《德国基本法》以公益为导向的使用就包含了对非财产权人的照顾义务。变化的经济和社会关系可能导致标准的改变。

2.（土地）财产权的情势相连

均衡性审查的**标准还有财产权的情势相连（Situationsgebundenheit）**。限制土地财产权时，裁判将财产权的情势相连作为社会义务（第14条第2款）的体现来使用。这个概念来自联邦最高法院早期的赔偿裁判[100]，现在也为行政法院的裁判所引用。[101] 联邦宪法法院虽然有节制地使用该概念[102]，但是本质上并没有差别[103]；财产权的情势相连是指，立法者为了

---

[98] BVerfGE 25, 112 (117)（Nds. Deichgesetz）；72, 66 (77 f.)（Flughafen Salzburg）；100, 226 (240)（Denkmalschutz）.

[99] BVerfGE 70, 191 (201)（Fischereirechte）.

[100] BGHZ 23, 30 (35)；90, 4 (15).

[101] Vgl. BVerwGE 84, 361 (371)；94, 1 (4).

[102] BVerfGE 74, 264 (280)（Boxberg）.

[103] Vgl. BVerfGE 21, 73 (82f.)（Grundstücksverkehrsgesetz）；52, 1 (32 f.)（Kleingarten）.

确定财产权的内容和限制，对特定前提条件的发现，而在不动产上则是指**空间地位、特性和环境关系**。土地财产权受其具体情境的影响。面对土地财产权的影响，立法者可以通过两种方式解决：可以不考虑现在的情境，直接作出规定，在特定情况下使得财产权产生新的特性；立法者也可以将其与已经查明的情境相关联，作出情势相连的规定。自然保护法即为一例：立法者可以命令将特定地区的所有土地转变为沼泽地，即使其目前是森林，且本区域不存在沼泽地。立法者也可以将现存沼泽地严格保护，或者命令将现有退化的沼泽地再自然化。第一种情形中，立法者不考虑现有情况即作出法律规定，第二种情形则将现有环境因素作为规制的动机。[104] 这种不同的做法导致其在干预的正当化上也有不同要求：如果干预与现有环境关系相联系，存在财产权情势相连的情况，那么干预的正当化压力降低。如果干预有重构特征，不以已有情况为导向，那么干预的正当化压力变大。

3. 现有权利：信赖保护和过渡规定

484 从第14条的特殊规范框架来看，对财产权未来的规定同时也构成了对现有财产权地位的限制性规定，干预了现有财产权地位。对于信赖该地位存续的受影响人来说，这是有问题的。当内容和限制规定看起来能够通过公共利益正当化时，立法者必须顾及受影响人多年所产生的**值得保护的信任**。这是法治原则中的信赖保护原则所要求的[105]，它对于财产权基本权中的资产价值商品具有重要影响。[106] 不过，非法使用，如非法开采矿藏则不受信赖保护。新规定所影响的财产权地位，如果存在值得保护的信赖，那么干预的正当化压力就随之提升。造成干预的公共利益理由必须如此重要，使得其优先于公民对自身权利存续的信任。[107]

485 但立法者**另外的解决方案**，即便在实践中不无争议，立法者也可以出台**过渡规定**，将现有地位从新规定中排除出去[108]，或者循序渐进地引入而减少负担。对于原有财产权人的过渡性规定降低了干预的正当化压力，对

---

[104] Vgl. Lege, JZ 1994, 431 (438 f.).
[105] 概述参见 Schulze-Fielitz, in: Dreier, Art. 20 Rn. 146 ff.。
[106] BVerfGE 36, 281 (293) (Patentanmeldungen); 45, 142 (168) (Rückwirkende Verordnungen).
[107] BVerfGE 83, 201 (212) (Bundesberggesetz).
[108] 这种情形下缺少干预，参见页边码466。

现有权利地位越是不干预，那么干预的正当化压力就越小。

BVerfGE 83, 201 (212 f.) (Bundesberggesetz)：立法者不仅可以根据第 14 条第 1 款第 2 句赋予财产权新的内涵，还可以引入新的权利，或者将现行法律中的权利在将来予以排除。立法者还可以使原有法律所赋予的权利适应新的规定，即使与权利相关的权限受到限制；财产权保障并不要求曾经构建的权利地位在将来一成不变。**甚至在特定条件下完全消除现有由财产权保障保护的权利地位都是被允许的。**

不过，立法者受到**特殊的宪法限制**。通过法律对现有权利地位的干预，其合法的前提条件是：无论现有权利地位的清除或者限制，该新规定必须合宪。此外，还必须在考虑比例原则下，对依据旧法产生的权利进行干预，通过公共利益理由使其正当化。支持干预的公共利益理由必须如此重要，使得其优先于第 14 条第 1 款第 1 句存续保障所赋予的公民对自身权利存续的信任。合法的干预范围取决于背后公共利益的份量。

即使间接适用第 14 条第 3 款，也要在权衡时注意财产权保护的份量，因为对受影响人的干预在效果上如同（部分或者全部）征收。对于权利的重构或者消除，立法者虽然不必使用赔偿或者过渡规定减轻影响，但是只能在特别条件下允许完全无赔偿和过渡规定地清除权利地位。单纯为了法律一体性而制定新规定则不能被正当化。

4. 有补偿义务之内容和限制规定

在一些案件中，一项措施虽然有过渡规定，但是仍然不合乎比例，或者过渡规定与规范目标完全不相符。这些案件经常涉及建设、文物保护和自然保护法。后两个法律领域包含的法律规定[109]，对于财产权的维护和使用都可能施加负担。作为文物保护的建筑和自然保护区的维护负担给财产权人的财政压力，很多时候超出了财产的利用价值，甚至财产权被完全禁止使用都时有发生。极端情形下，财产权的**形式地位没有被侵犯**，但其经济价值、处分和使用权限荡然无存。财产权成为"**一副空壳**"，没有经济

---

[109] 如《德国下萨克森州文物保护法》第 6 条和《联邦自然保护法》第 13 条以下规定。

或者实际价值,甚至成为负担。但是这些情形仍然**不是征收**[110],也不构成部分征收,因为没有剥夺其具体独立地位[111];财产权仍被财产权人掌握;相应的,不存在第 14 条第 3 款第 2 句的赔偿义务。

即使这些情形构成内容和限制规定,无论是财产权的社会义务(第 14 条第 2 款),还是情势相连都无法将该过重的负担正当化。联邦宪法法院也意识到了这个问题:在所谓的"**法定送存案**"中[112],黑森州媒体法规定,必须无偿地向黑森州图书馆提交一定数额的样本。针对这一送存义务,一出版人提起诉讼,因为其制作的书籍是对旧文献极其费力且昂贵的翻印,但发行量小。[113] 由于发行量小和极高的经济压力,出版人认为该规定不合乎比例。联邦宪法法院支持了这种观点,认为"在昂贵印刷且发行量少的情况下,无偿送存义务对于出版人财产权的内涵来说不合乎比例且不可期待"[114]。联邦行政法院从该案中反向推理,认为在这种情形中,对不合乎比例的内容和限制规定予以赔偿能够让干预合乎比例[115],从中产生了有补偿义务之内容和限制规定。补偿的支付减轻了对财产权人的负担,从而使得在没有补偿时,干预缺乏**比例原则**。有补偿义务之内容和限制规定在之后取得了明显的意义。特别是在自然保护法中,对重大限制采取经济补偿成为惯例。要严格区分对不合乎比例的内容和限制规定所给予的补偿与征收补偿:(前者)补偿的**根源是第 14 条第 1 款第 2 句**,而征收补偿的根源则是第 14 条第 3 款。不能混淆二者。

联邦宪法法院在"**文物保护案**"中证实了联邦行政法院 1999 年的裁

---

[110] 联邦最高法院早期裁判则不这样认为,而是基于干预的严重程度认为构成征收。虽然该裁判早已过时,且与联邦宪法法院的长期裁判并不一致,但是很多作者仍然坚持这种观点(如),即严重情形下,内容和限制规定应当转变为征收。这个观点应当予以否定(如Depenheuer/Froese, in: v. Mangoldt/Klein/Starck, Art. 14 Rn. 257 ff., Maurer/Waldhoff, Allgemeines Verwaltungsrecht, 19. Aufl. 2017, § 27 Rn. 48)。这与形式征收概念不相符,继续存在着法不安定性,比起联邦宪法法院的新裁判,这一解决方案在个案中并不会带来更多正义。

[111] BVerfGE 100, 226 (240) (Denkmalschutz).

[112] BVerfGE 58, 137 ff. (Pflichtexemplar).

[113] 送存义务并非征收,而是内容和限制规定。因为出版人没有被剥夺具体的财产权地位,而是因出版印刷品而负有一般送存义务。出版人给图书馆转交哪些具体书籍,其可以自主决定。

[114] BVerfGE 58, 137 (150) (Pflichtexemplar).

[115] BVerwGE 77, 295 (297 f.); 84, 361 (367 f.); 94, 1 (5 ff.). Vgl. Maurer/Waldhoff, Allgemeines Verwaltungsrecht, 19. Aufl. 2017, § 27 Rn. 82 ff. m. w. N.

判，但对有**补偿义务之内容和限制规定作出了限制**[116]：该裁判涉及的是莱茵兰-普法尔茨州的文物保护法的规范，在纳入文物保护时，个别情况下会导致该法的使用可能性变小，而使财产权人出现重大经济负担。该法只在**保留条款**（salvatorische Klausel）[117]中规定了补偿可能性，将较少特定形式的补偿交给行政机关决定。联邦宪法法院在该案中明确将有补偿义务之内容和限制规定作为其裁判的补充。立法者如果规定了经济补偿，那么可以让超出比例的干预得到正当化。不过，联邦宪法法院设定了重要界限：具体承担的补偿必须和干预同时作出[118]，在法律中具有明确的基础。法律基础应当确定补偿义务的前提条件，**没有该法律基础则不能给予赔偿**。[119]由于保留条款存在不确定性，不满足上述条件，因此不合法。**财产权的存续保障**应当具有优先地位：立法者必须首先完全避免没有补偿的超出比例的措施，设置豁免或者过渡条款，万不得已方可采用补偿方式。[120] 在此之后，经联邦宪法法院确认，在财产权被完全抽空的情况下，第14条第3款的征收也可以成为较为缓和的手段。[121] 在这种情形下，内容和限制规定就没有必要了。

BVerfGE 100, 226（245 f.）（Denkmalschutz）：第14条第1款第2句适用范围内的补偿规定必须满足下列要求：aa）具备法律基础。决定财产权的内容和限制原则上是立法者的职责。立法者必须维护内容确定的法律的宪法界限，不能取信于行政或者法院，让其通过补偿性的措施或者金钱给付避免损害财产权保障。如果应当建立补偿请求权，那么考虑到议会的预算权，只能通过法律来进行。

**bb）为了维护极端情形中的比例原则，补偿规定如果限制在给受

---

[116] BVerfGE 100, 226 ff.（Denkmalschutz）.
[117] 《莱茵兰-普法尔茨州文物保护法》第31条旧法：基于本法采取的措施，如果使得合法使用该物不再可能继续下去，给其经济使用性带来明显限制，那么州应当承担适当的赔偿。该措施以其他方式产生征收效果时，也适用上述条款。
[118] 出于实际原因BVerfGE 102, 1（24）（Altlasten）包含了一个例外。
[119] BVerfGE 100, 226（245）（Denkmalschutz）. 亦参见BVerfGE 79, 174（192）（Straßenverkehrslärm）.
[120] BVerfGE 100, 226（245 f.）（Denkmalschutz）. Vgl. Epping, Die Außenwirtschaftsfreiheit, 1998, S. 510 f.
[121] BVerfGE 100, 226（243）（Denkmalschutz）.

影响人金钱赔偿，那么这种规定是不充分的。第14条第1款第1句的**存续保障要求**，首先应当采取预防措施，避免给财产权人造成不符合比例的负担，尽量让财产权的私利益得到保持。立法者为此可以采取过渡性规定、例外或者豁免规定，以及使用其他行政和技术措施。如果个案中这种补偿不可能实现或者产生不合乎比例的费用，才考虑经济补偿，或者赋予财产权人请求公权力机关以交易价值接受财产权的权利。

cc）立法者在规范层面上对财产权的内容和限制作出规定，确定超出比例的负担应予补偿的前提条件、种类和范围，**行政机关也必须在财产权限制变化时，必须根据上述内容对必要补偿作出决定。**如果财产权人认为行政行为对自身的基本权造成不合乎比例的妨碍，那么财产权人必须通过行政诉讼撤销。如果产生存续力，那么他也不可以主张第14条第1款第2句规定范围内的补偿。因此，受影响人必须决定，他是容忍干预行为所带来的财产权限制还是请求撤销该行为。这个决定只有在下列情况下才能有意义地作出，即他明白自己是否获得补偿。受影响人如果认为行政行为与《德国基本法》财产权保障不相符，在不能确定后续程序中是否能够获得补偿的情况下，就不能坐等行政行为产生存续力。为了能够判断干预财产权地位的行政行为的合法性，行政法院必须知道不可期待的负担是否得到补偿，以及以何种方式得到补偿。因此，立法者必须通过行政程序法条款来补充实体法上的补偿规定，确保出现限制财产权行政行为的同时，对给予财产权人的补偿作出裁决；经济补偿上，至少要对请求权是否存在作出决定。

（二）征收的正当化

案例15：为了工作岗位而进行的征收

博克斯贝尔格乡镇（巴登州）出台了建造规划"特殊区域测试区"。借助这些规划来满足建设规划法规定的前提条件，以便将原来农业和林业使用的614公顷土地作为戴姆勒公司汽车测试、检测和实验目的的区域。这一建造规划的理由部分提及了一份架构鉴定报告，认为该镇的经济区域主要为农业，经济架构较弱。如果改造为测试区，该乡镇能够促进就业、提高税收。早在进行规划程序过程中，戴姆勒公司已经取得了建造规划所包含区域的地皮。但有一块土地财产权人 G 不愿意出售自己用于农业的土地，而该块土地对于实现规划案又不可或缺。因此，在对戴姆勒和 G 之间进行调解失败后，该镇在 2001 年以《德国建设法》第 85 条第 1 款第 1 句、第 86 条第 1 款第 1 项、第 87 条第 1 款和第 93 条第 1 款为依据，以形式上合法的方式征收了该地块，且确定了适当补偿，理由是该镇认为建造方案在缺乏 G 的地块时无法实现。另外公共利益也要求实现征收，因为只有这样才能促进就业、提高该镇的经济实力。

G 对征收十分不满。他认为，戴姆勒作为一个私人公司却从征收中获利。对于征收来说最重要的是公共利益，而非私人资本利益。博克斯贝尔格乡镇成为戴姆勒的帮凶。G 提起合法的宪法诉愿。该宪法诉愿理由充分吗？

《德国建设法》第 85 条第 1 款第 1 句：根据该法，在下列情形中下方可征收，即按照建造法案确定使用土地或者准备这样使用时。

《德国建设法》第 86 条第 1 款第 1 句：通过征收，土地的财产权可以被剥夺。

《德国建设法》第 87 条第 1 款：只有当公共利益要求且征收目的以其他可期待方式不能实现时，个案中的征收方被允许。

《德国建设法》第 93 条第 1 款：征收时必须承担赔偿。

案例原型：BVerfGE 74, 264 ff.（Boxberg）。

对征收的要求直接规定在第 14 条第 3 款：为了公共利益、通过或者基于法律且给予适当补偿时方可征收。 490

1. "通过法律或者基于法律"（第 14 条第 3 款第 2 句）

作为对财产权基本权的干预，征收受到法律的保留。[122]《德国基本法》允许**行政征收**（"基于法律"）和**立法征收**（Legalenteignung）[123]（"通过法律"）。在任何情况下，征收都需要具备法律基础，其充分规定了细节。这包括确定征收目的，也即征收所追求的公益目标。[124] 491

立法征收存在**特性**[125]：根据联邦宪法法院的裁判，虽然第 14 条第 3 492

---

[122] 参见页边码 404 以下。
[123] 也作 Legislativenteignung。
[124] BVerfG, NVwZ 2014, 211 (214) (Garzweiler II).
[125] 产生所谓的"征收法先前效力"的法律规定也为立法征收，即虽然没有具体进行征收，但是对个别土地征收的合法性已经作出终局性规定，参见 BVerfGE 95, 1 (21 f.)（Südumfahrung Stendal）"立法规划"的例子。

款第2句将其同等写入,但是只在例外情况下方可。[126] 因为形式上的法律所作出的征收——基于行政条例作出的征收则为行政征收,此时公民的权利救济可能性变小,这有违第19条第4款、第14条第1款第1句的规定。针对形式法律的权利救济只能通过联邦宪法法院来进行。有管辖权的行政法院基于《德国基本法》第100条第1款又无法予以纠正。另外,从权力分立来看,个案中作出具体决定是典型的行政任务,只有在有绝对必要理由时才能落入立法者之手(《德国基本法》第19条第1款第1句)。出于体系和目的考量,第14条第3款第2句应当作限缩解释。

2. "为了公共利益"(第14条第3款第1句)

征收只有在为了公共利益时方合法。必要的是正当的公共利益;个案中的干预必须符合比例。在选择**公益**目标时,立法者有宽阔的构建空间,只受到宪法有限度的审查。根据宪法,仅为了私人利益、追求国库利益或者为《德国基本法》所不允许目标的,这些征收目的从一开始就被排除。[127] 尽管如此,这并不意味着排除**利于私人的征收**;此时必要的是,征收的间接后果清楚地表现为具体的公共利益,如因征收受益的企业能够促进就业。另外,允许征收的法律必须清楚写明公益目的,规定相关程序和真正实现目的的保障。[128] 因征收而受益的私人企业,因其营业范围越是较少地服务于公益,故而供长期公益使用的被征收商品也就越需要细致和准确的法律规定来确保。[129]

考虑到所追求的公共利益,总是要进行**比例审查**。征收作为对财产权最严重的干预,只能作为最后手段使用。因此,国家必须首先自由购买所需土地或者进行替代规划。

> **BVerfGE 74, 264 (285 f.)(Boxberg)**:利于私人的征收,财产权强制性地从国家公民转移给另一个私人,如果只是间接服务于公益,且给弱势方造成的负担具有严重滥用风险时,就产生特别的宪法问题。此时要承担宪法给议会民主立法者在财产权规定上施加的责任。正如

---

[126] BVerfGE 45, 297 (332ff.) (Öffentliche Last); 95, 1 (22) (Südumfahrung Stendal).
[127] BVerfG, NVwZ 2014, 211 (214) (Garzweiler II).
[128] BVerfGE 74, 264 (Ls. 2) (Boxberg); BVerfG, NVwZ 2014, 211 (214) (Garzweiler II).
[129] BVerfGE 134, 242 (296) (Garzweiler II); 更多宪法裁判参见 Hoops, NVwZ 2017, 1496 ff.; Ogorek, DÖV 2018, 465 (468 ff.).

联邦宪法法院在"缆车案"中所论述的那样,立法者在法律上必须确定,何种项目、何种前提和何种目的下,征收方合法。利于私人的征收要考虑的是,其不同于直接履行国家职能且受公权力法律约束的公共行政主体,原则上是利用私人自治追求自身利益。至于是否及以何种项目允许征收,立法者必须清晰界定。利于私人征收且必须保障措施所追求的公共利益目的能够实现且持续,只有此时公益才要求征收。如果私人企业经营范围可以归属于生存照顾所属领域,如交通或者供应领域,只要作好了充分预防措施,保障"公共"职能得到有序实现即可。如果公共利益不能从企业运营范围表现出来,而是企业活动的间接结果,那么上述的预防措施则不够。间接实现从一开始不明确征收目的的,还必须对征收法律具体化作出特殊要求。

本案中,第14条第3款第2句要求准确描述征收目的,征收合法性的判断不能落入行政之手。**此外还要做出区别化的实体和程序法规定,以确保比例原则和平等原则在个案的公益—被征收人—受益人,这一利益三角关系中得到充分考虑,尤其要对征收必要性进行仔细审查。最后不可缺少的是,企业活动的公共利益关联性并不是单纯的事实反射,而是长期得到保障。**为此,受益私人有必要根据法律规定对公共利益作出有效的法律承诺。

3. "规定补偿的方式和程度"(第14条第3款第2句)

征收只有在有补偿时方合法,允许征收的法律必须自身对此作出规定〔所谓的**"唇齿条款"(Junktimklausel)**,第14条第3款第2句〕。如果没有如此规定,那么法律就无效,该征收就违宪。在欠缺法律基础的情况下,也不能援引第14条第3款直接给予补偿;公民必须能够对征收采取防御措施。[130] "唇齿条款"服务于以下三个目标:首先,在补偿问题不明了时,公民不丧失财产权;其次,该规定使得立法者应当意识到"唇齿条款",对关系到预算的征收法进行辩论[131];最后,确保立法者的预算

496

---

[130] BVerfGE 58, 300 (323) (Nassauskiesung). 联邦最高法院则借助《普鲁士一般邦法》第74条和第75条,在具有征收效果或者与征收相同的干预时,可以获得补偿,参见 BGHZ 90, 17 ff.; 91, 20 ff.; Arnauld, VerwArch 2002, 394 ff.; Sproll, JuS 1996, 125 ff.。

[131] 指明条款要求(第19条第1款第2句)不适用于第14条,参见页边码759以下。

高权,通过自身确定赔偿来约束行政机关。[132]

4. 补偿的数额(第14条第3款第3句)

《德国基本法》第14条第3款第3句对补偿数额作出了规定。对此,"充分权衡公共利益和相关人员利益予以确定"。从其字面上来看,补偿既不是损害赔偿也不是价值赔偿,也就是说不必然是征收导致的损失或者不动产价值的全额赔偿。但如果根据联邦宪法法院的观点,第14条第1款第1句的存续保障转变为价值保障,那么补偿在**通常情形**下就是价值损失的赔偿,以**市场价值**为准。例外情形则可能背离。[133]

BVerfGE 24, 367(420 f.)(Hamburgisches Deichordnungsgesetz):《魏玛帝国宪法》第153条第2款第2句要求给予"适当"补偿,《德国基本法》第14条第3款第3句要求在充分权衡公共利益和相关人员利益下确定补偿。帝国法院将《魏玛帝国宪法》的规定解释为,虽然不为损害赔偿,但是必须给予"全额补偿";认为公益不应当作为补偿适当性的衡量因素。而第14条第3款第3句要求利益衡量。征收补偿标准的确定,一方面是相关人员的利益;另一方面则是公共利益,它们要以公正方式得到权衡。征收补偿应当是利益权衡的结果,**不能是对相关人员利益的单方面权衡,也不是只看公共利益**。第14条第3款第3句的权衡要求使立法者——同时也强制立法者,考虑到案情本身的特性和时间情况,从而实现征收时公正的补偿。《德国基本法》并没有要求固定的、仅以市场价值为标准的补偿。补偿必须让被征收人得到"被取走的完全等价",这一论断是不正确的。立法者可以根据具体案情确定全额补偿,但也可以是少于全额的补偿。

(三)社会化的正当化

第15条的社会化目前不曾出现,因此其正当化在实践(和案例写作)时不重要。[134]

---

[132] Maurer, Allgemeines Verwaltungsrecht, 18. Aufl. 2011, § 27 Rn. 62.

[133] BVerfGE 24, 367(Ls. 11, 421)(Hamburgisches Deichordnungsgesetz); 46, 268(285)(Bayerisches Bodenreformgesetz)中的例子。

[134] 相关理论问题参见 Wieland, in: Dreier, Art. 15 Rn. 17 ff. 。

一览：典型的考试问题

- "财产权"概念（占有、财产、商业运营、公法地位）（页边码 447 以下）。
- 制度性保障/私法制度保障（页边码 429 以下）。
- 征收/内容和限制规定的区分（页边码 469 以下）。
- 部分征收（页边码 471）。
- 内容和限制规定的均衡性（特别是补偿义务）（页边码 480 以下）。
- 与第 12 条第 1 款的区分/经济活动自由（页边码 456）。
- 税收/公课——"扼杀性效果"（页边码 448）。
- 保留条款（文物保护）（页边码 488）。
- 金融机构的拯救接收（页边码 495）。

审查构造：第 14 条

第一部分

A. 损害到作为防御权的第 14 条第 1 款

I. 保护范围

1) 主体
   - 每个人，法人也可（第 19 条第 3 款）
2) 实体
   - 现行法的财产权/继承权地位

II. 干预
   - 现有财产权/继承权地位是否受到限缩？
   （在正当化层面上才区分征收/内容和限制）

III. 正当化

1) 限制

   a) 第 14 条第 3 款的征收（只有财产权）？
   征收 = "专门高权行为在履行公共职责时完全或者部分的剥夺具体财产价值权利地位"

   b) 第 14 条第 1 款第 2 句的内容和限制规定（ISB）？
   ISB = "立法者抽象概括定义的所有法律规定"

图 9-3

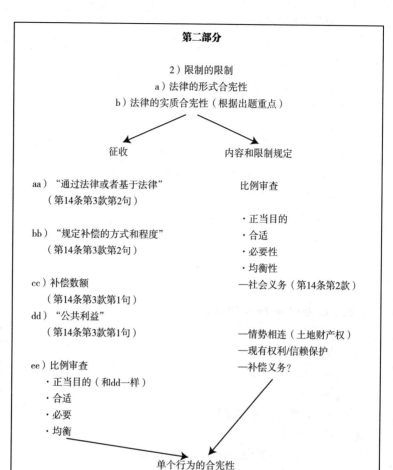

图9-4

第十章 婚姻、家庭和学校
(《德国基本法》第6条、第7条)

参考文献:

Burgi, Martin/Hölbling, Pamela, Die Struktur des elterlichen Erziehungsrechts nach Art. 6 II und 6 III GG, Jura 2008, 901 ff.; Büscher, Tobias/Glasmacher, Stefan, Schule und Religion, JuS 2015, 513 ff.; Coester-Waltjen, Dagmar, Art. 6 I GG und der Schutz der Ehe, Jura 2008, 108 ff.; dies., Art. 6 I GG und der Schutz der Familie, Jura 2008, 349 ff.; dies., Art. 6 GG und die Familienautonomie, Jura 2009, 105 ff.; Frenz, Walter, Glaubensfreiheit und Schulpflicht, JA 2013, 999 ff.; Isensee, Josef, Grundrechtliche Konsequenz wider geheiligte Tradition, JZ 2013, 317 ff.; Pieroth, Bodo, Erziehungsauftrag und Erziehungsmaßstab der Schule im freiheitlichen Verfassungsstaat, DVBl. 1994, 949 ff.; Oebbecke, Janbernd, Reichweite und Voraussetzungen der grundgesetzlichen Garantie des Religionsunterrichts, DVBl. 1996, 336 ff.

案例分析:

Degenhart, Christoph, I, Fall 14 (S. 206 ff.); Franz, Einiko B./Günther, Thomas, Grundfälle zu Art. 6 GG, JuS 2007, 626 ff., 716 ff.; Kramer, Urs, Grundfälle zu Art. 7 GG, JuS 2009, 1090 ff.; Krüger, Heike, Grundgesetz versus SGB V, Jura 2008, 621 ff. (zu Art. 6 Abs. 1 GG); Rademacher, Sonja/Janz, Norbert, Schulpflicht auch im Glauben?, Jura 2008, 223 ff.; Reimer, Franz/Thurn, John Philipp, Fortgeschrittenenhausarbeit-Öffentliches Recht: Homeschooling, JuS 2008, 424 ff.; Viellechner, Lars, Anspruch auf islamischen Religionsunterricht, Jura 2007, 298 ff.

指导性案例：

BVerfGE 6, 55 ff. （Steuersplitting）; 47, 46 ff. （Sexualkundeunterricht）; 59, 360 ff. （Schülerberater）; 74, 244 ff. （Religionsunterrichtsteilnahme Konfessionsfremder）; 76, 1 ff. （Familiennachzug）; 92, 158 ff. （Adoption II）; 99, 216 ff. （Familienlastenausgleich）; 105, 313 ff. （Lebenspartnerschaftsgesetz）; 131, 239 ff. （Lebenspartnerschaft von Beamten）; 132, 179 ff. （Grunderwerbsteuer Lebenspartnerschaft）; 133, 59 ff. （Sukzessivadoption）; 136, 382 ff. （Erweiterter Familienbegriff）; BVerwGE 123, 49 ff. （Islamischer Religionsunterricht）.

一、背景知识

502　《德国基本法》第6条、第7条的基本权利与其他规定不同。它们包含了自由权、平等权、防御权、给付权、程序权。《德国基本法》第6条、第7条一部分是一般性的，部分规定则较为详尽，似乎应属于特别行政法（《德国基本法》第7条第4款）。特殊性尤其体现在议会委员会对《德国基本法》第7条关于宗教、教育和学校问题的深刻意见分歧。特别在《德国基本法》第6条、第7条的调整范围内——婚姻、家庭、学校——有很多不同的价值观，议会委员会在长期的讨论中寻求平衡，其影响持续到今天。目前对同性伴侣的法律地位（关键词：全民婚姻）、儿童看护，以及婚姻家庭在社会法和税法中的地位［关键词：夫妻共同报税（Ehegattensplitting）］等争议表明，随着社会变迁，这一领域仍存在极不相同的观点。这使得这些生活领域的法律制定一如既往地困难。这部分基本法的规定基于《魏玛帝国宪法》而定。《魏玛帝国宪法》第119条至第122条包含了大量关于婚姻、家庭的规定，第143条至第149条则是公共教育的详细规定。关于学校的规定，之前已经被包含在《保罗教堂宪法》第153条及后续条款中。婚姻和家庭在欧洲层面受《欧洲人权公约》第8条、第12条及《欧盟基本人权宪章》第7条、第9条、第33条保护。受教育权包含在《欧洲人权公约》1952年3月20日议定书第2条及《欧盟基本人权宪章》第 14 条。

二、《德国基本法》第 6 条的基本权利

《德国基本法》第 6 条有 5 款，涉及个人生活领域，各发挥着不同的作用。

（一）婚姻和家庭的保护（《德国基本法》第 6 条第 1 款）

《德国基本法》第 6 条第 1 款将婚姻和家庭置于国家的特殊保护之下。其客观表述引人注目：根据条文内容，《德国基本法》规定了国家的保护任务，没有提及个人的主观权利。但是根据联邦宪法法院的裁判，《德国基本法》第 6 条第 1 款在**三方面**发挥作用：作为私法制度保障（Institutsgarantie）、作为对整体婚姻和家庭法的价值判断的基本规范、作为防御国家干预的典型基本权。[1]

1. 《德国基本法》第 6 条第 1 款作为私法制度保障

与《德国基本法》第 14 条一样，《德国基本法》第 6 条第 1 款中的"**婚姻**"概念为**法律概念**。因为婚姻受各种法律的约束，不仅仅是男性和女性自然的共同生活。因此，没有相应的肯认和构建的婚姻是不可想象的。但是这种肯认和构建不能同样来自教会而不（只是）来自国家吗？反对声音认为，教会不属于国家组成部分，没有法律约束力。如果国家对教会婚姻赋予法律效力，将自动与其负有的中立义务[2]冲突。因此，没有国家的婚姻法律制度，对此的基本权保护是不可能的，《德国基本法》第 6 条第 1 款对婚姻的规定是一项**规范形塑基本权**。[3] 国家对婚姻的保护必须从建立法律制度开始，所以《德国基本法》第 6 条第 1 款（对应《德国基本法》第 14 条第 1 款第 1 句的所有权和继承权[4]）包含婚姻的私法制度保障。立法者必须确定婚姻的内容，在构建制度时有相当大的**构建空间**，但也必须尊重婚姻的本质结构特征。[5] 从历史上流传的婚姻概念中所提取出的**结**

---

［1］ BVerfGE 31, 58（68）(Spanier-Beschluss), 80, 81（92）(Volljährigenadoption I).

［2］ 宗教团体中立义务，参见页边码 323。

［3］ 参见页边码 433 以下。

［4］ 参见页边码 429 以下。

［5］ BVerfGE 105, 313（345）(Lebenspartnerschaftsgesetz).

构特征包括：两个人在国家的协助下自愿无限期地共同生活。[6] 与《德国基本法》早期不同，现在的特征则是确定共同的个人和经济生活方式上的平等性。立法者的活动必须以此为衡量基础。私法制度保障禁止一夫多妻、有期限婚姻或者配偶一方占据主导地位的婚姻。即使婚姻的内容受到社会变革的影响，这些基本的结构原则仍是宪法的最低要求。[7]

505a　　有争议的是，婚姻的结构特征是否包括**婚姻双方的性别不同**，只有男性和女性才能成立婚姻。联邦宪法法院在 2013 年之前没有更多论述的情况下，认为婚姻总是男性与女性的结合[8]，这也符合当时的一般法规定。由此很难得出联邦宪法法院的当前立场。文献中，这个问题的讨论存在争议。"全民婚姻"的赞成者认为[9]，宪法上的婚姻概念不能与社会发展相脱离且应处于宪法变迁之中。与早期不同，同性伴侣在今天已经被社会所认同；对其歧视在宪法上是不允许的。因此，没有理由根据宪法将此类伴侣关系排除出婚姻。第 6 条第 1 款及其他地方也都承认了**宪法变迁（Verfassungswandel）**。[10] 例如，夫妻平等和婚姻不可解除都曾经是婚姻的结构特征。在欧洲，即使是宗教色彩浓厚的国家，如爱尔兰，同性婚姻都已理所当然。这表明，今天的婚姻概念更为宽泛。而这种观点的反对者[11]则强调历史上的婚姻概念，即它是不同性别的结合。出于法律和/或者事实原因，应当拒绝宪法变迁；应当修改宪法（《德国基本法》第 79 条）。最后，"全民婚姻"的反对者认为，婚姻的目的就是生育孩子和建立家庭。

505b　　尽管有这种争议，但是立法者在 2017 年决定让"全民婚姻"成为可能。《德国民法典》第 1353 条第 1 款第 1 句规定："婚姻是两个不同或者相同性别的人为了终生所建立的。" 更好的论据认为，立法者无须修宪即具有权限。考察婚姻和家庭概念在《德国基本法》下所经历的变迁，也应当

---

〔6〕 BVerfGE 105, 313（345）(Lebenspartnerschaftsgesetz), 121, 175（193）(Geschlechtsumwandlung bei Eheleuten).

〔7〕 BVerfGE 10, 59（66）(Elterliche Gewalt); Friauf, NJW 1986, 2595 (2600).

〔8〕 BVerfGE 133, 377（409）(Ehegattensplitting für Lebenspartner).

〔9〕 Blome, NVwZ 2017, 1658 ff.; Wasmuth, NJ 2017, 353 ff.; Bäumrich, DVBl. 2017, 1457 ff.

〔10〕 家庭概念参见页边码 505c。

〔11〕 Schmidt, NJW 2017, 2225 ff.; von Coelln, NJ 2018, 1 ff.; Ipsen, NVwZ 2017, 1096 ff.; Hayn-Quindeau, NVwZ 2018, 206 ff.

将社会广泛接受的同性之间的结合承认为婚姻。宪法在婚姻保护方面的职责在于为那些基于法律基础，愿意相互承担责任的人提供支持。这不仅关涉不同性别，还触及相同性别的婚姻。宪法在婚姻保护方面的职责并非固化以往的生活形式。对于这种意图，联邦宪法法院在其配偶平等和家庭概念的裁判中正确地予以否定。

"家庭"的概念原则上不需要用法律工具来实现，法律制度中不存在全面的家庭制度。因此，宪法的"家庭"概念主要可以通过参考社会现实来确定[12]，而"家庭"概念在各个时期都在变化。社会的观念变革可以导致宪法上家庭概念的改变，因此宪法和社会观念两者相互作用。但是这种改变必须从保护家庭的意义和目的上进行衡量。首先，是保证儿童在被保护空间内有特别的发展可能性。其次，保护涵盖所有特定家庭关系（也包括成年人之间），因为这对个人和个性发展非常重要。[13]

505c

以此出发，根据目前的状况，家庭主要是**由青少年儿童及其家长组成的实际生活和教育共同体**。这包括由父亲、母亲及其子女组成的典型的小家庭。但单亲家庭，即家长一方与子女也构成家庭，以及没有亲属关系的寄养家庭。[14] 这也适用于存在事实亲子关系的登记生活伴侣与儿童。[15] 亲属关系或社会性的亲子亲系并不是受家庭基本权保护的必要条件。近亲之间的亲密家庭关系也受到《德国基本法》第 6 条第 1 款的保护。**近亲属间的密切家庭关系**。具有决定性的是，是否真的存在特殊感情和亲近性、互相之间的家庭责任感及照顾和帮助的意愿。祖父母和孙子女也可以组成家庭。[16]《德国基本法》第 6 条第 1 款保护程度的确定和保护内容的具体化要求必须考虑到家庭成员间稀疏的亲属关系。[17] 在此基础上，《德国基本法》第 6 条第 1 款包含一项**私法制度保障**。虽然家庭概念植根于实际，但是家庭生活领域需要一个法律框架以发展家庭关系，这尤其适用于相互

506

---

[12] Sachs, VerfR II, Kap. B 6 Rn. 12.
[13] BVerfGE 136, 382（388）（Erweiterter Familienbegriff）.
[14] BVerfGE 68, 176（187）（§ 1632 Abs. 4 BGB/Pflegefamilie）.
[15] BVerfGE 133, 59（82 ff.）（Sukzessivadoption）.
[16] BVerfGE 136, 382（389）（Erweiterter Familienbegriff）.
[17] BVerfGE 136, 382（389）（Erweiterter Familienbegriff）.

的义务和权限。[18]

507　　尽管《德国基本法》将"婚姻和家庭"联系在一起，但对婚姻的保护与生育子女无关。反之，拥有子女的未婚夫妇也作为家庭享有《德国基本法》第6条第1款的保护。尽管"婚姻和家庭"历来被理解为一体，二者作为两个独立的保护对象明确体现了社会的**变革**。[19]

2.《德国基本法》第6条第1款作为对整体婚姻和家庭法的价值判断的基本规范

508　　《德国基本法》第6条第1款在客观法方面的一个特点是其作为价值判断基本规范的作用。联邦宪法法院对此理解为国家负有为婚姻和家庭提供特殊国家保护的职责，这与普遍认可的基本权的保护义务层面相一致。该**保护义务**要求国家不仅不得侵害或者妨碍婚姻和家庭，还要通过适当的措施支持婚姻和家庭。[20] 负有考虑家庭关系且履行保护义务的国家作用于整个涉及家庭的法律制度，被授权进行干预、给付、参与或者有义务作为、容忍或克制。[21] 这也尤其适用于社会法和税法。即使原则上，从保护要求中无法得出国家采取具体措施的义务[22]，联邦宪法法院在这一领域也一再对立法者提出了详细且引发费用上升的要求，触及立法者的构建空间，从而引发了权力分立的问题。[23]

509　　《德国基本法》第6条第1款**没有包含歧视**，即歧视婚姻外其他生活形式，并给予婚姻特别保护的要求。根据《德国基本法》第6条第1款（"特殊"保护），尽管立法者有权实施特别保护，但是却没有义务给予保护。[24] 同其他生活形式相比，优待婚姻并不总是被允许的。联邦宪法法院

---

[18] BVerfGE 133, 59 (84 f.) (Sukzessivadoption).
[19] 婚姻和家庭的社会变革参见联邦政府第7次家庭报告 BT-Drs. 16/1360, S. 68 ff.。
[20] BVerfGE 76, 1 (49) (Familiennachzug); 80, 81 (93) (Volljährigenadoption I); 126, 400 (420) (Steuerliche Diskriminierung eingetragener Lebenspartnerschaften).
[21] BVerfGE 80, 81 (93) (Volljährigenadoption I).
[22] BVerfGE 130, 240 (252) (Landeserziehungsgeld); BVerfG, NJW 2015, 2399 (2401) (Betreuungsgeld).
[23] BVerfGE 99, 216 ff. (Familienlastenausgleich) 对税法作出全面具体的要求和 BVerfGE 103, 271 ff. (Pflegeversicherung IV). 对后一个裁判持批评意见 Ruland, NJW 2001, 1673 ff.。
[24] BVerfGE 105, 313 (348 ff.) (Lebenspartnerschaftsgesetz); 132, 179 (191) (Grunderwerbsteuer Lebenspartnerschaft); 133, 377 (410 f.) (Ehegattensplitting für Lebenspartner).

认为，在税法、工资和收养上对登记的伴侣关系进行更差的对待有违《德国基本法》第3条第1款。[25] 这是基于性取向而进行的不被允许的不平等对待。认为婚姻是长期建立且对伴侣具有法律约束力的责任，由此给予婚姻特权化是正当的。在这一点上，登记生活伴侣与婚姻没有区别。[26]

3. 《德国基本法》第6条第1款作为防御国家干预的典型基本权

《德国基本法》第6条第1款还起到典型的免受国家干预的防御权作用。[27] 一方面，《德国基本法》第6条第1款属于基本权部分；另一方面，该条款使婚姻和家庭的私人领域免受国家侵犯，具有保护意义。《德国基本法》第6条第1款的效用是多方面的，如《德国基本法》第6条第1款保护个人婚姻缔结自由，即进入婚姻的自由及建立家庭的自由。[28] 此外，婚姻和家庭的共同生活也受到保护。[29] 然而，防御权的内涵是《德国基本法》第6条第1款本身的"自然"保护内涵在此范围内不需要法律构建。[30] 这适用于事实层面家庭的保护，但也针对事实婚姻的共同生活。但是如果《德国基本法》第6条第1款的基本权取决于保护范围内的法律制定和构建，那么防御权只能在如此构建的法律地位上发挥效力。

根据主流观点，《德国基本法》第6条第1款具有作为**特别的平等原则**[31]的作用：原则上，国家不得在法律上亏待婚姻和家庭。禁止任何对婚姻和家庭的歧视，除非通过有说服力的事实理由予以正当化。[32] 然而，鉴于《德国基本法》第6条第1款不包含任何平等权特征，这项功能不是完

---

[25] BVerfGE 124, 199 (219 ff.) (Gleichbehandlung eingetragener Lebensgemeinschaft); 126, 400 (419 ff.) (Steuerliche Diskriminierung eingetragener Lebenspartnerschaften); 131, 239 (255 ff.) (Lebenspartnerschaft von Beamten); 132, 179 (188 ff.) (Grunderwerbsteuer Lebenspartnerschaft); 133, 59 (98) (Sukzessivadoption).

[26] BVerfGE 124, 199 (225) (Gleichbehandlung eingetragener Lebensgemeinschaft); 131, 239 (261) (Lebenspartnerschaft von Beamten); 132, 179 (190 f.) (Grunderwerbsteuer Lebenspartnerschaft).

[27] BVerfGE 6, 55 (71) (Steuersplitting).

[28] BVerfGE 31, 58 (67) (Spanier-Beschluss).

[29] BVerfGE 76, 1 (42) (Familiennachzug).

[30] Gellermann, Grundrechte im einfachgesetzlichen Gewande, 2000, S. 126 ff. 宪法裁判参见 BVerfGE 31, 58 (69) (Spanier-Beschluss); 36, 146 (161 f.) (Eheverbot der Geschlechtsgemeinschaft). 构建问题参见页边码434以下。

[31] 参见页边码854。

[32] BVerfGE 76, 1 (72 f.) (Familiennachzug); 99, 216 (232) (Familienlastenausgleich).

全无争议的。[33] 联邦宪法法院的裁判也不是一致的，而且总是首先援引《德国基本法》第3条第1款，然后在其框架下考虑《德国基本法》第6条第1款的内涵。[34] 鉴于《德国基本法》第3条对平等权的明确规定，从教义学的角度来看，后一种方法似乎可取，虽然这个问题在实践中无意义。

BVerfGE 6, 55 (71 ff.) (Steuersplitting)：《德国基本法》第6条第1款是一项价值判断的基本规范。它将婚姻和家庭作为每个人类社会的基本单位置于国家秩序的特殊保护下，在重要性上，其他人类关系无法与之相比。首先，这是一项典型基本权意义上的规定，鉴于纳粹统治时期的经验，对婚姻和家庭特别私人领域的保护应当免受来自国家的外部强制。在脱离纳粹主义的国家专制的同时，基本法致力于人在这一生活领域的自主和责任自负。无可争议的是宪法对婚姻和家庭的表述也包含了对两种生活秩序的保障，即包含所谓的**私法制度或制度性保障**。在这方面只确保婚姻和家庭的本质结构，其法律现实中的法律效力在于从宪法上保证婚姻和家庭法的规范内核。(……)

由《德国基本法》第6条第1款作为价值判断的基本规范这一功能得出立法自由裁量的法律界限。与所有宪法规范一样，《德国基本法》第6条第1款是对立法者有现实意义约束力的法律，可以使用其文本对更低等级的规范进行衡量。这里确定性的标准来自"保护"的概念，其字面意思即帮助受保护对象防御干扰或损害，以及特别是国家放弃对个人造成干扰的干预。因此，《德国基本法》第6条第1款中规定的国家秩序对婚姻和家庭的特别保护包括两方面：积极方面是，国家不仅保护婚姻和家庭免受其他力量侵害，还通过合适的措施对家庭加以帮助；消极方面是，禁止国家本身损害婚姻或施加其他侵害的行为。在满足《德国基本法》第6条第1款的积极保护功能的情况下，至于其文本是否足够确定，以衡量一低阶规范，可以暂不讨论。从消极方面看，在任何情况下都能够确定禁止国家通过干扰性的干预侵犯婚姻和家庭，这是有现实意义的宪法。

---

[33] Kingreen, Jura 1997, 401 (406 f.) m. w. N.
[34] BVerfGE 87, 1 (36) (Trümmerfrauen).

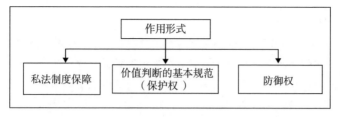

图 10-1 《德国基本法》第 6 条第 1 款的保护范围:"婚姻和家庭"

案例写作提示:

在案例写作中,建议与联邦宪法法院一样,分别考查《德国基本法》第 6 条第 1 款的三种不同作用形式。个人自由的干预以防御权来衡量;在私法制度保障和价值判断基本规范的考查下,需要审查国家构建对婚姻和家庭的影响。

4. 干预

对《德国基本法》第 6 条第 1 款防御权功能的干预主要体现在对现存婚姻和家庭的干涉。需要区分干预和国家在婚姻上的**构建**。[35] 只要国家遵守其构建权限并以此在法律意义上设定和勾勒婚姻,就不会干预《德国基本法》第 6 条第 1 款。这也适用于国家对婚姻法现有规范的重构。构建行为只能以《德国基本法》第 6 条第 1 款的私法制度保障来衡量,忽视传统婚姻基础结构的构建是错误的,从而违宪。[36] 同时,拒绝保护和促进婚姻家庭可能违反作为价值判断基本规范的《德国基本法》第 6 条第 1 款。[37]

5. 干预的正当化

《德国基本法》第 6 条第 1 款不包含法律的保留。因此,干预只有基于宪法权利冲突正当化干预。[38] 联邦宪法法院的裁判有时并不明确。[39]

---

[35] 干预和构建的区分参见页边码 435。

[36] 构建不可以转变为干预,参见页边码 440。

[37] BVerfGE 6, 55 (76) (Steuersplitting). 反之,没有权利要求通过承担人工授精的费用支持组建家庭,参见 BVerfGE 117, 316 (329) (Homologe Insemination)。

[38] 宪法权利冲突参见页边码 77 以下。

[39] "出于事物本质"而正当化配偶自由限制见 BVerfGE 42, 95 (100) (Ehegattenbesuch in Untersuchungshaft)。

(二) 父母的教育权 (《德国基本法》第 6 条第 2 款第 1 句)

案例 16：伦理课程

下萨克森州规定，不参加宗教课程的学生必须参加替代科目"价值与规范"。课程内容是使学生接触宗教、哲学和世界观的问题。课程在宗教和世界观方面严格中立，但不是不作评价。学生应被传授多种价值，诸如个人自由、人性尊严、平等、民主、团结和宗教宽容。《德国下萨克森州学校法》中没有规定豁免。有义务参加"价值与规范"的 10 岁学生 S 的家长感到其基本权受到侵犯。尤其令其不满的是，课程包含宗教元素而且培养儿子宗教宽容。整个家庭皈依基督教派，有严格的排他性要求；他们认为天主教和新教教义及其他宗教都是异端。因此，父母不让儿子参加宗教课程。在穷尽所有权利救济途径后，父母最终对《德国下萨克森州学校法》提出宪法诉愿，声称他们及其子女源自《德国基本法》第 2 条第 1 款、第 4 条第 1 款、第 2 款、第 6 条第 2 款第 1 句及第 7 条第 2 款的权利受到侵犯。宪法诉愿能胜诉吗？这里不审查平等权。

《德国下萨克森州学校法》第 128 条

(1) 不参加宗教课程者，有义务参加价值与规范课程。(……)

(2) 价值与规范课程中讲授宗教知识，包括对社会中有效价值观和规范的理解，以及哲学、意识形态和宗教问题入门。

案例依据 BVerwGE 107, 75 ff.。

《德国基本法》第 6 条第 2 款第 1 句指出，父母有抚养和教育子女的权利，同时也是义务。从该规定中可得出第一个特殊性：《德国基本法》第 6 条第 2 款第 1 句不仅对国家，还对**个人即父母**规定了**义务**，同时它也有确保自由和限制自由的功能。[40] 像《德国基本法》第 6 条第 1 款一样，该基本权作用于不同方面，但不像《德国基本法》第 6 条第 1 款一样存在作用形式的区分。防御权的功能居于首要地位。

1. 保护范围

《德国基本法》第 6 条第 2 款第 1 句保障父母对其子女的抚养权和教育权。**主体保护范围**通过父母的概念来确定。**父母**包括亲生父母，即生物学意

---

[40] Vgl. BVerfGE 121, 69 (92) (Umgangspflicht).

义上的父母，但父母也包括法律承认的人，即养父母（Adoptiveltern）。[41]寄养父母（Pflegeeltern）及其他亲属由于缺乏血缘亲子关系和法律承认，不属于父母概念。没有得到法律承认的社会—家庭共同体也不足够。[42] 立法者在确定法律承认何者为父母的问题上有较大的构建空间，必须以身世和社会—家庭责任共同体存续为导向来使用这一构建空间。[43] 基本权利的拥有者是父母双方。[44]

实体层面的保护范围包括抚养和教育。**教育**意为关注儿童的才智和心理的发展，即儿童的文化教育、技能培养、价值和基本态度的传授。[45] **抚养**指对儿童及其身体和精神健康的实际照顾。首先，《德国基本法》第6条第2款第1句指定这两项任务为父母的"自然任务"。他们应该能够按照自己的想法自由安排抚养和教育，且原则上与其他教育者相比有优先地位。因此，《德国基本法》第6条第2款第1句保护父母恰当处理自身责任上的自由选择。[46] 连同《德国基本法》第4条第1款、第2款，规范也保护父母在宗教方面教育其子女的权利。传授给子女他们认为正确的信仰是父母的责任。与此相应，父母的**宗教教育权**包括使其子女在其日常行为中，遵守父母认为正确的并意图传授给其子女的信仰。父母还有权利使其子女远离他们认为有害的信仰。[47] 父母可以通过援引《德国基本法》第6条第2款第1句来防御国家的干预。时间层面上，该基本权利在子女成年时失效。[48]

519

实体层面的保护范围被限定，关于父母权利方面的规定本身不是目的。之所以将抚养和教育委托给父母，是因为这通常是最符合儿童的利益的。《德国基本法》第6条第2款第2句含蓄地表达了这一限定。国家应当监督父母是否实际重视**子女的利益**。因此，联邦宪法法院将父母权利描述为父

520

---

[41] BVerfGE 108, 82（106）（Biologischer Vater）；133, 59（79）（Sukzessivadoption）.
[42] BVerfGE 133, 59（81 f.）（Sukzessivadoption）.
[43] BVerfGE 108, 82（106）（Biologischer Vater）.
[44] BVerfGE 47, 46（76）（Sexualkundeunterricht）.
[45] Brosius-Gersdorf，in：Dreier, Art. 6 Rn. 159.
[46] BVerfGE 47, 46（70）（Sexualkundeunterricht）.
[47] BVerfGE 93, 1（17）（Kruzifix）；138, 296（337 f.）（Kopftuch II）；BVerwG, NJW 2014, 804（804 f.）（Krabat）.
[48] BVerfGE 59, 360（382）（Schülerberater）.

母代其子女支配的"受托的自由"（treuhänderische Freiheit）[49]。因此《德国基本法》第 6 条第 2 款第 1 句不保护不尊重子女利益，不能被视为"抚养和教育"的行为。[50] 联邦宪法法院将父母的"法律忠诚"义务称为《德国基本法》第 6 条第 2 款第 1 句中的基本权利的实质边界[51]，因此，保护范围排除教唆子女犯罪。

BVerfGE 59, 360（376 f.）（Schülerberater）：《德国基本法》第 6 条第 2 款第 1 句保障父母对其子女抚养和教育的权利。教育子女首先是父母的责任，父母的这一"天然权利"不是国家赋予的，而是作为预先确定的权利被承认的。**父母原则上可以免受国家影响和干预，按照自己的想法自由决定如何抚养和教育其子女，从而恰当地处理父母责任。父母权利区别于其他基本自由权的本质在于它不给予父母自决意义上的自由，而是为了保护儿童。**它的基本思想是，通常情况下，父母比任何其他人或机构更关心子女的利益。父母权利是对抗国家的自由权，原则上只有当国家根据《德国基本法》第 6 条第 2 款第 2 句具有监督职责要求时，国家才允许干预父母的教育权。在与子女的关系中，子女的利益必须是父母抚养和教育的最高准则。《德国基本法》第 6 条第 2 款第 1 句以明确的表达同时规定了基本权利和基本义务。因此，父母权利被称为一项受托权利，一项利他的基本权利，一项真正意义上基于信任**受托的自由**。

521　　其次，《德国基本法》第 6 条第 2 款第 1 句不仅作为典型的防御权，还作为**父母抚养的私法制度保障**。[52] 因此，国家的职责和义务主要是规定针对第三人的抚养权和相处权。根据私法制度保障的本质[53]，《德国基本法》第 6 条第 2 款第 1 句不保护抚养权规定的整体存续。立法者仍有一定构建空间。尽管如此，立法者不得触及抚养权和相处权（Sorge - und Um-

---

[49]　BVerfGE 59, 360（376）(Schülerberater), BVerfGE 121, 69（92）(Umgangspflicht).
[50]　BVerfGE 24, 119（Ls. 3）(Adoption I); 103, 89（107）(Unterhaltsverzichtsvertrag).
[51]　BVerfGE 99, 145（156 f.）(Gegenläufige Kindesrückführungsanträge).
[52]　Brosius-Gersdorf, in: Dreier, Art. 6 Rn. 147：父母关系的私法制度保障。
[53]　参见页边码 429 以下。

gangsrecht）的本质框架，使得父母无法履行其责任。[54] 立法者依据《德国民法典》第 1626 条及后续条款保证其构建空间。此外，《德国基本法》第 2 条第 1 款连同《德国基本法》第 6 条第 2 款第 1 句赋予儿童要求国家保障其父母抚养和教育的权利。[55]

最后，从《德国基本法》第 6 条第 2 款第 1 句可得出一项国家的**保护义务**，尤其作用于程序法领域。《德国基本法》第 6 条第 2 款第 1 句要求立法者通过抚养和教育领域的组织和程序确保基本权，从而维护父母权利。因此，立法者必须在家庭诉讼程序[56]和学校领域[57]中规定父母的听证权和参与权。

2. 干预

干预父母权利可以通过不同方式：如可以通过领养完全撤销父母权利。根据《德国民法典》第 1666a 条，完全排除父母抚养是对父母权利最严重的干预。此外，与父母想法相悖的学校教育[58]，以及学生在学校能够参加独立于家长的学生咨询，都被视为干预。[59]

立法者的**构建**区别于干预。与《德国基本法》第 6 条第 1 款一样，《德国基本法》第 6 条第 2 款第 1 句也要求国家在法律层面上塑造子女与父母的关系。就儿童的最大利益而言，划定儿童和父母之间权利的规定不构成干预，也就不产生正当化的问题。这种规定的一个例子是禁止侮辱人格和暴力的教育手段（《德国民法典》第 1631 条第 2 款）。[60] 顾及儿童随年龄增长而增强的自主性，并同时限定父母权利的规定也不构成干预。[61] 然而，可以假设这些规定有干预的特征。但这种假设遭到下列原因的否定，即儿童日益增长的自主性是天然的，而削减这种自主性的措施将对儿童并

---

[54] BVerfGE 84, 168 (180) (Sorgerecht für nichteheliche Kinder).
[55] BVerfGE 133, 59 (73 f.) (Sukzessivadoption). 儿童权见页边码 656。
[56] BVerfGE 55, 171 (179) (Sorgerecht); 92, 158 (179 ff.) (Adoption II); 99, 145 (162 f.) (Gegenläufige Kindesrückführungsanträge). 家庭法院诉讼的实际构造参见《家庭事务法》第 151 条。
[57] 例如，开展性教育 [BVerfGE 47, 46 (76) (Sexualkundeunterricht)] 或残疾学生考察特殊学校 [BVerfGE 96, 288 (309) (Integrative Beschulung)]。
[58] BVerfGE 98, 218 (252 f.) (Rechtschreibreform).
[59] BVerfGE 59, 360 (383 ff.) (Schülerberater).
[60] Brosius-Gersdorf, in: Dreier, Art. 6 Rn. 163.
[61] 例如，《宗教儿童抚养法》及《德国民法典》第 1303 条第 2 款（婚姻能力）、第 1671 条第 1 款（照顾权转移）。

无好处。此外，鉴于儿童的利益居首要位置，父母相对于其子女没有独立的法律地位。因此，联邦宪法法院已经否认了干预特征。[62] 这种构建的规定只需要审查其是否符合儿童利益。[63]

3. 干预的正当化

(1)《德国基本法》第 6 条第 2 款第 2 句（国家的监督职责）

525 对父母教育权的**限制**首先源于《德国基本法》第 6 条第 2 款第 2 句，即赋予国家**监督职责**。国家必须确保父母实际履行其抚养和教育子女的任务。该义务可从两方面提出根据：一方面，下一代的福祉是国家的正当公共利益；另一方面，源于《德国基本法》第 1 条第 1 款和《德国基本法》第 2 条第 1 款的儿童基本权利使国家有义务对其进行保护。[64]

526 《德国基本法》第 6 条第 2 款第 2 句授权国家负有下列义务，即在构建之外，对父母的教育设定界限。同时，国家也受到**限制之限制**的约束：所有的国家措施必须符合《德国基本法》第 6 条第 2 款第 1 句的规范目的，因此它们必须有利于**儿童的利益**。然而，国家不能完全无视父母的意愿，在父母拒绝的情况下仍尽可能给予子女好的支持。[65] 这与《德国基本法》第 6 条第 2 款第 1 句规定的教育"首先"是父母的职责不符，并且违反国家监督职责的辅助属性，其目的仅为阻止或终止父母权利的滥用。[66] 因此必须找到准确的平衡。此外和其他基本权干预一样，国家措施受到法律的保留。《德国基本法》第 6 条第 2 款第 2 句的作用相当于**加重法律的保留**。

527 另一个限制的限制是**比例原则**。基于《德国基本法》第 6 条第 2 款第 1 句保障父母在教育上的优先地位，国家只能在儿童利益有迫切要求的情况下和范围内进行干预。

> **BVerfGE 24, 119（143 ff.）（Adoption I）**：父母有权利根据自己的想法自由抚养和教育其子女，在《德国基本法》第 7 条的规定下，较其他教育者享有优先权。但该基本权保护只能在下列情况中被请求，

---

[62] BVerfGE 59, 360 (382) (Schülerberater).
[63] 关于构建是否必须合乎比例，参见页边码 439。
[64] BVerfGE 24, 119 (Ls. 4 und 144) (Adoption I); 103, 89 (107) (Unterhaltsverzichtsvertrag). 一般保护义务参见页边码 122 以下。
[65] BVerfGE 60, 79 (94) (Sorgerechtsentzug).
[66] BVerfGE 60, 79 (91) (Sorgerechtsentzug); 103, 89 (107) (Unterhaltsverzichtsvertrag).

即从抚养和教育上以最大程度认可父母的自我责任，而非相反：忽视儿童。宪法通过将抚养和教育的权利与义务联系在一起明确了这一点。这一义务约束将父母权利区别于其他基本权利；这也与财产权的社会约束性不同（《德国基本法》第14条第2款）。《德国基本法》第6条第2款第1句中，权利和义务从一开始就是不可分割的；义务不是限定权利的限制，而是这种"父母权利"或可更确切地称为"父母责任"的本质组成部分。《德国基本法》第6条第2款第1句保护父母自由决定如何恰当地处理这一自然责任；它不保护逃避该责任的父母。

若父母在这种意义上失职，则《德国基本法》第6条第2款第2句规定的国家监督将进行干预；国家不仅有权利，还有义务确保儿童的抚养和教育。国家的这一义务不仅出于在教育后代上的国家共同体的正当利益，或出于福利国家的考虑，或出于公共秩序，它还主要源于儿童作为基本权利人，本身对国家的保护有请求权。儿童是在《德国基本法》第1条第1款和《德国基本法》第2条第1款的意义上，拥有独立的人性尊严和独立人格发展权利的主体。在此意义上，儿童的利益构成了《德国基本法》第6条第2款第2句规定的国家任务的基准点。这并不意味着每次失职或疏忽，国家都有权利撤销父母的抚养和教育权或甚至自己接管这一任务；相反，国家必须始终考虑父母原则上的优先权。此外这里也适用比例原则。干预的性质和程度取决于父母失职的程度及儿童利益的要求。因此，国家必须尽可能首先试图寻找帮助和支持，通过旨在建立或重建自然父母合理负责行为的措施来实现其目标。

最后，《德国基本法》第6条第3款限定了特别严重的干预，即儿童与其父母分离，该干预受到特别严格的前提条件的约束[67]：必须存在教养权人的失职或疏忽的危险。分离指将儿童从家庭中脱离出来，因父母教育的失职而施加国家教育影响。[68] 交往规定（Umgangsnegelngen）[69][70] 或移

---

[67]《德国基本法》第6条第3款作为限制之限制的功能，参见 BVerfGE 60, 79 (91) (Sorgerechtsentzug)；76, 1 (48) (Familiennachzug)。

[68] BVerfGE 76, 1 (48) (Familiennachzug)；其他观点 Jarass, in: ders./Pieroth, Art. 6 Rn. 64 (不考虑目标，任何分离即可)。

[69] 父母与孩子的交往权等。——译者注

[70] BVerfGE 31, 194 (201) (Verkehrsrecht des nichtsorgeberechtigten Elternteils)。

民局限制家庭团聚的措施[71]不构成分离。分离作为可想象的对父母权最严重的干预，须严格适用比例原则。[72]

(2)《德国基本法》第 7 条第 1 款（国家对学校的监管）

529 对《德国基本法》第 6 条第 2 款第 1 句规定的父母权利的一项限制来自《德国基本法》第 7 条第 1 款。该规定将学校置于国家监管之下，而且根据其文本，这是一项**组织法规定**。[73]《德国基本法》第 7 条第 1 款规定的权利不是赋予个人主观权利的基本权利。

530 联邦宪法法院赋予该规定更深远的意义，并从中推出（文献亦认可[74]）**国家的全面的权限和义务**，即规划和组织教育系统及确立教育目标。[75]《德国基本法》第 7 条第 1 款允许国家有组织地划分教育系统并详细确立培养进程和教学目标。特别是《德国基本法》第 7 条第 1 款涵盖了对学校教育内容的规定。[76]《德国基本法》第 7 条第 1 款意义上的学校是指在一定时间内设立并提供一系列学科的连贯课程的机构。[77] 因此，幼儿园和业余大学不是《德国基本法》第 7 条第 1 款意义上的学校。高等学校也不属于《德国基本法》第 7 条第 1 款范畴。[78]

531 《德国基本法》第 7 条第 1 款的实际意义主要是其规定了作为**其他基本权利的限制**，特别是出自《德国基本法》的第 2 条第 1 款（必要时结合《德国基本法》第 1 条第 1 款）（学生的人格权）[79]、第 4 条第 1 款、第 2 款（宗教内容）[80]、第 5 条第 1 款第 2 句（学校广播）[81]、第 6 条第 2 款

---

[71] BVerfGE 76, 1 (48) (Familiennachzug).

[72] Burgi/Hölbling, Jura 2008, 901 (905).

[73] 学校监管概念参见 J. Müller, Schulische Eigenverantwortung und staatliche Aufsicht, 2006, S. 59 ff.。

[74] Robbers, in: v. Mangoldt/Klein/Starck, Art. 7 Rn. 80 ff.; Brosius-Gersdorf, in: Dreier, Art. 7 Rn. 34 ff.

[75] BVerfGE 34, 165 (181) (Förderstufe); 47, 46 (71 f.) (Sexualkundeunterricht); 93, 1 (21 f.) (Kruzifix); 98, 218 (244 f.) (Rechtschreibreform).

[76] BVerfGE 26, 228 (238) (Sorsum).

[77] Badura, in: Maunz-Dürig, Art. 7 Rn. 11.

[78] BVerfGE 37, 314 (320) (Private Fachhochschulen).

[79] BVerfGE 47, 46 (73) (Sexualkundeunterricht).

[80] BVerfGE 93, 1 (21) (Kruzifix).

[81] BVerfGE 83, 238 (340) (6. Rundfunkentscheidung [Nordrhein-Westfalen-Urteil]).

第 1 句（学校教育措施）[82] 和第 12 条第 1 款（中学高年级、职业学校）[83] 规定的基本权利。联邦宪法法院在实践中也将《德国基本法》第 7 条第 1 款作为地方自治（《德国基本法》第 28 条第 2 款）的限制。[84] 限制功能的依据是——不能从条文文本推出——《德国基本法》第 7 条第 1 款向国家提出教育系统的构建任务。国家要完成这一构建任务，就不可避免地与父母和学生的基本权产生冲突。体系和目的论解释生成了《德国基本法》第 7 条第 1 款的限制功能。

但是，《德国基本法》第 7 条第 1 款并不以不受限制的方式作用于父母的教育权。相反，与其他多种宪法法益相冲突的情况一样，必须注意**限制的限制**：冲突的宪法法益必须在**实践调和**[85]的意义上达到平衡。为此，需要进行比例审查。联邦宪法法院因此制定了普遍使用的标准，用以审查对父母教育权的干预：出发点是，**父母教育权和学校原则上相互平等**[86]且双方承担一个**共同的教育任务**。[87] 因此双方一开始都没有优先权；学校也可以独立于父母设定自己的教育目标，但是始终需要衡量教育措施是否符合儿童的利益。在个人教育方面，联邦宪法法院认为父母权于原则上优先。[88] 知识传授则与此不同，这是学校的传统任务。在这方面受过专业培养的教师通常比父母更加权威。此外，知识传授造成的干预是最小的，因为它不会发生灌输或进一步的控制。就知识传授而言，原则上，《德国基本法》第 7 条第 1 款规定的权利优先于《德国基本法》第 6 条第 2 款第 1 句规定的权利。[89] 价值导向教育领域则没有优先，而考虑到国家的中立义务，允许引入宗教和价值导向的内容。[90] 因此，国家的伦理课程[91]和通

---

[82] BVerfGE 47, 46 (71 f.) (Sexualkundeunterricht).
[83] BVerfGE 58, 257 (272 f.) (Schulentlassung).
[84] BVerfGE 26, 228 (238) (Sorsum).
[85] 参见页边码 91 以下。
[86] BVerfGE 47, 46 (72) (Sexualkundeunterricht); 98, 218 (244 f.) (Rechtschreibreform).
[87] BVerfGE 34, 165 (183) (Förderstufe).
[88] BVerfGE 47, 46 (76 f.) (Sexualkundeunterricht).
[89] BVerfGE 47, 46 (75) (Sexualkundeunterricht).
[90] BVerfGE 41, 29 (44 f.) (Simultanschule); 93, 1 (21 f.) (Kruzifix).
[91] BVerfGK 10, 423 ff.

过赋予学校融合功能以防止出现"平行社会"一样,不会面临质疑。学校的教学和教育计划原则上不受参与的学生及其父母的意愿所左右。[92] 如果国家必须按照所有利益相关方想法的最低共同标准构建学校和教学设计,那么《德国基本法》第 7 条第 1 款中宪法上承认的学校**教育和融合功能**则无法完全实现。[93]

BVerfGE 47, 46 (71 f.) (Sexualkundeunterricht):国家教育任务的联邦宪法基础在《德国基本法》第 7 条第 1 款有所规定。如联邦宪法法院所指出的,《德国基本法》第 7 条第 1 款中规定的国家对学校的监督在任何情况下包括计划和组织教育系统的权限,以保障建立一个如此的学校教育系统,其向所有年轻公民开放,根据他们的才能提供符合当今社会生活的教育可能性。国家构建的领域不仅包括学校的组织结构,还包括培养进程和课程目标的内容确立。**因此,国家原则上可以不受父母影响,在学校追求自己的教育目标。**学校教育和培养儿童的一般任务并非排在父母权利后面,而是平等的。父母权或国家的教育任务都没有绝对的优先权。与文献中有时采用的观点相反,**学校的教育和培养任务也不局限于传授知识。以《德国基本法》第 7 条第 1 款为前提的国家任务内容其实也包括将每个儿童培养成为自我责任的社会成员。**学校的任务因此也体现在教育领域中。

(三)母亲保护(《德国基本法》第 6 条第 4 款)

533 《德国基本法》第 6 条第 4 款规定的属于少数直接表述为**请求权规范**的基本权。由于国家有义务组织对母亲的保护和照顾,相应的,母亲对给付有请求权。然而,只有在绝对例外情况中存在一项具体给付的请求权,这是基本法所规定给付请求权的一个典型弱点。[94] 通常立法者有广泛的构建空间。[95] 此外,《德国基本法》第 6 条第 4 款作为禁止歧视条款,不得给母亲造成负担,例如,禁止将怀孕与法律上的不利相联系。[96]

---

[92] BVerfGK 1, 141 (143).
[93] BVerwG, NJW 2014, 804 (806) (Krabat).
[94] BVerfGE 115, 259 (271 ff.) (Beschäftigungsverbot).
[95] BVerfGE 60, 68 (76) (Mutterschutz). 构建空间参见页边码 127。
[96] BVerfGE 44, 211 (215) (Schwangerschaft kein Eignungsmangel).

(四)非婚生儿童(《德国基本法》第 6 条第 5 款)

《德国基本法》第 6 条第 5 款也包含一项国家任务:国家应负责给非婚生儿童和婚生儿童以同等地位。此外,《德国基本法》第 6 条第 5 款是一项**特殊的平等原则**。[97] 在转化《德国基本法》第 6 条第 5 款要求上,立法者曾经长期拖延,以至于联邦宪法法院不得不多次以不无争议的方式,作为"代替立法者"从宪法中推出直接适用的法律。[98] 与此同时,非婚生儿童和婚生儿童在法律上(几乎)实现了平等。

三、《德国基本法》第 7 条的基本权利

《德国基本法》第 7 条在第 6 款中包含了不同规定,明确了一些学校教育系统的基本问题,偶尔充当主观权利。根据《德国基本法》第 70 条,教育领域体系的立法权属于各州,其必须遵守上述规定。

(一)宗教课程(《德国基本法》第 7 条第 2 款、第 3 款)

"宗教课程是公立学校的(……)正规科目"。《德国基本法》第 7 条第 3 款第 1 句通过这一规定确定了**教会与国家合作**的基本法模式。[99] 同时,《德国基本法》第 7 条第 3 款第 2 句确定了宗教团体对课程内容的责任。国家的责任仅限于一般的学校监督。相反,基于从《德国基本法》第 4 条第 1 款、第 2 款及第 140 条,并结合《魏玛帝国宪法》第 137 条第 1 款,得出国家在宗教和世界观上具有**中立义务**,国家不得作内容规定。因此,如果想提供宗教课程,需要与宗教团体合作。从《德国基本法》第 7 条第 3 款第 2 句可得出,宗教团体有对国家自行确定"宗教课程"内容的防御权。

《德国基本法》第 7 条第 3 款第 1 句意义上的宗教课程是指将宗教团体的教义作为现有真理进行传播。[100] 因此,重在比较研究和提供信息的宗教教育活动不属于宗教课程。"一言以蔽之:宗教课程不仅教授什么被信仰,还要教授什么应该被信仰"。[101]

---

[97] BVerfGE 25, 167 (Ls. 1) (Nichtehelichkeit); zuletzt BVerfGE 118, 45 (62) (Betreuungsunterhalt).
[98] Sehr deutlich BVerfGE 25, 167 (Ls. 1 und 182 ff.) (Nichtehelichkeit).
[99] 参见页边码 322。
[100] BVerfGE 74, 244 (252) (Religionsunterrichtsteilnahme Konfessionsfremder).
[101] Oebbecke, DVBl. 1996, 336 (341).

1. 作为基本权利的《德国基本法》第 7 条第 3 款第 1 句

538 至于《德国基本法》第 7 条第 3 款第 1 句在多大程度上可以作为宗教团体和父母学生主张**开设宗教课程**的**主观给付权**的依据，并没有得到最终解答。根据文本，《德国基本法》第 7 条第 3 款第 1 句仅确定了宗教课程是公立学校的正规科目。与之相应，国家有义务设立宗教课程，因此《德国基本法》第 7 条第 3 款第 1 句包含一项**制度性保障**(公法制度保障)。[102] 然而，公法制度保障是宪法规定，任何情况下都不以主观权利保障为主要目的，而是以特定法律制度的客观法保障为主要目的。[103] 尽管如此，公法制度保障可以赋予宗教团体主观权利。[104] 宗教团体至少拥有开设宗教课程的可诉请求权。[105]

539 请求权的范围，特别是在引入**伊斯兰宗教课程**方面存在争议。因为《德国基本法》第 7 条第 3 款第 1 句的请求权以该条款第 2 句的存在宗教团体为前提条件，后者与国家合作确定宗教课程的原则。按照联邦宪法法院的裁判，对宗教团体概念的理解，应当与《德国基本法》第 140 条、《魏玛帝国宪法》第 136 条及后续条款相结合，对宗教团体概念作出相同理解。[106] 必要的是至少存在最小限度的组织，即人们在共同信仰的基础上联合起来所形成的履行所产生职责的组织。穆斯林协会在过去缺乏这一特点，因为其主要是一种伞式组织（Dachverband），联合不同团体并仅在有限范围内履行职责。不过情况正在变化。一旦穆斯林团体联合成为《德国基本法》第 7 条第 3 款第 2 句意义上的宗教团体，原则上就不能否定引入伊斯兰宗教课程的请求权。[107]

2.《德国基本法》第 7 条第 3 款第 1 句的界限：《德国基本法》第 141 条

540 提供宗教课程义务的一个界限是，《德国基本法》第 141 条的所谓不

---

[102] Brosius-Gersdorf, in: Dreier, Art. 7 Rn. 94; Robbers, in: v. Mangoldt/Klein/Starck, Art. 7 Rn. 119. 制度性保障参见页边码 429 以下。

[103] Anschütz, Die Verfassung des Deutschen Reiches, 14. Aufl. 1933, Vor Art. 109 Anm. 8.

[104] 主观权利的前提条件参见页边码 137。

[105] BVerwGE 123, 49 (52 ff.) (Islamischer Religionsunterricht).

[106] BVerwGE 123, 49 (54 ff.) (Islamischer Religionsunterricht). 参见页边码 324。

[107] BVerwGE 123, 49 (54 ff.) (Islamischer Religionsunterricht). 解读参见 Häußler, NVwZ 2005, 1396 f., 以及 Stock, NWVBl. 2005, 285 ff.。实践问题参见 Kreß, ZRP 2016, 115 ff.。

来梅条款（Bremer Klausel），该条款限定了《德国基本法》第7条第3款第1句的区域适用范围。因此，《德国基本法》第141条无争议地适用于不来梅州和柏林州。而对新联邦州的适用性则存在争议。[108]

3. 教养权人的决定权（《德国基本法》第7条第2款）

《德国基本法》第7条第2款发挥基本权利的效力，保障教养权人对其子女参加宗教课程的决定权。《德国基本法》第7条第2款是对第4条第1、第2款、第6条第2款第1句和第7条第1款的特别规定。权利终止于子女达到法定宗教年龄之时。[109] 根据《德国基本法》第7条第3款第3句，教师有拒绝讲授宗教课程的权利。由于缺乏利益地位的类似性，这些规定不能类推适用于宗教和世界观中立的学科，如伦理课程。

541

（二）私立学校自由（《德国基本法》第7条第4款、第5款）

《德国基本法》第7条第4款包含所谓的私立学校自由。据此，任何人都有权利建立和经营私立学校。需要区分两种不同类型的私立学校：**替代学校和补充学校**（die Ersatz-und die Ergänzungsschulen）。替代学校替代公立学校的地位，而补充学校仅提供补充。《德国基本法》第7条第4款第1句既保护替代学校也保护补充学校，而《德国基本法》第7条第4款第2句至第4句仅适用于替代学校。特别规定适用于私立国民学校（《德国基本法》第7条第5款）。

542

《德国基本法》第7条第4款作为自由权有两方面作用：一方面保障建立私立学校并获得许可的权利；另一方面，保护学校理念不受干预。**《德国基本法》第7条第1款**中的学校监督作为**限制**，也包括私立学校。国家干预时必须注意到私立学校在教学内容上的自由。

543

根据联邦宪法法院的裁判，《德国基本法》第7条第4款赋予**保护和支持私立学校的请求权**。[110] 但是，在这里立法者也有较大的构建空间；仅当私立学校的存在受到威胁时，才产生具体的行为义务。联邦行政法院一度

544

---

[108] Heckel, ZevKR 44 (1999), 147 ff.; Pieroth/Kingreen, in: Gedächtnisschrift für Jeand'Heur, 1999.
[109] 参见页边码299以下。
[110] BVerfGE 75, 40 (62) (Privatschulfinanzierung I).

承认的运营补贴宪法直接请求权[111]，不能由《德国基本法》第7条第4款得出。但是立法者必须为私立学校的创设提供法律条件。《德国基本法》第7条第4款包含相应的**公法制度保障**。

BVerfGE 27, 195（200 f.）（Hessische Privatschulen）：《德国基本法》第7条第4款第1句旨在实现教育系统的自由；保障每个人建立私立学校的基本权利。但是建立替代公立学校的私立学校（替代学校）的权利通过国家许可的保留被限制（《德国基本法》第7条第4款第2句）。只有在《德国基本法》第7条第4款第3句和第5款所列的条件下，颁发许可请求权才受到宪法的保障。《德国基本法》第7条第4款第1句在规定私立学校建立自由的同时也构成公法制度保障，从宪法上确保私立学校实现自身特性。免受国家影响领域所表现出的特征是，私立学校通过责任自负来塑造和构建教学，特别是教育目标、意识形态基础、教学方式和教学内容。该保障意味着取消国家的学校垄断，同时也是一个价值决定，禁止仅仅因为教育形式和内容的不同，而使具有同等价值的替代学校处于比国立学校更不利的地位。国家对学校中所呈现的形式和内容的多样性保持开放态度，这符合拥护人性尊严和宗教及意识形态中立的自由民主基本秩序的价值观。但是，**私立学校自由基本权不意味着私立学校可以免受国家干预**。与《魏玛帝国宪法》一样，《德国基本法》认可私立学校"有限的教学自由体系"，但加强了保障。因为各州不仅有对私立学校系统的立法权限；根据《德国基本法》第7条第1款，私立学校也要受到国家监督。但根据《德国基本法》第7条第1款，和对公立学校的监管一样，国家对私立学校的监管并不是一项国家对学校的全面决定权，而是受《德国基本法》第6条第2款和第7条第3款第2句的限制。

一览：典型的考试问题

父母的教育权（保护范围、限制）（页边码519以下）。

学校中的基本权/《德国基本法》第7条第1款的限制（页边码529以

---

[111] BVerwGE 70, 290（292 f.）.

下）。

伊斯兰宗教课程、伦理学课程（页边码539及页边码532）。

婚姻和家庭保护的防御权内涵（《德国基本法》第6条第1款）（页边码510）。

婚姻、家庭和税法（给付请求权、平等原则）（页边码508及页边码511）。

非婚生和同性生活伴侣的保护（"全民婚姻"）（页边码509）。

第十一章 一般行为自由
(《德国基本法》第2条第1款)

参考文献：

Burgi, Martin, Das Grundrecht der freien Persönlichkeitsentfaltung durch einfaches Gesetz, ZG 1994, 341 ff.; Lege, Joachim, Die allgemeine Handlungsfreiheit gemäß Art. 2 I GG, Jura 2002, 753 ff.; Pieroth, Bodo, Der Wert der Auffangfunktion des Art. 2 Abs. 1 GG, AöR 115 (1990), 33 ff.

案例分析：

Brinktrine, Ralf/Šarčević, Edin, Klausur Nr. 1 (S. 1 ff.); Degenhart, Christoph, I, Fall 10 (S. 148 ff.); Kahl, Wolfgang, Grundfälle zu Art. 2 I GG, JuS 2008, 499 ff., 595 ff.; Volkmann, Uwe, Fall 2 (S. 27 ff.).

指导性案例：

BVerfGE 6, 32 ff. (Elfes); 54, 143 ff. (Taubenfütterungsverbot); 80, 137 ff. (Reiten im Walde); 90, 145 ff. (Cannabis); 97, 332 ff. (Kindergartenbeiträge); 104, 337 ff. (Schächterlaubnis) zum Grundrechtsschutz für Ausländer.

一、背景知识

保障"一般行为自由"，即个人根据自身意愿为或者不为的自由，是德国宪法传统中的一个创新。但行为自由属于最古老的基本权利保障：1791年的第一部法国宪法在第4条中这样规定："自由是指能从事一切无害于他人的行为。"《德国基本法》的前身放弃了这种一般条款，规定了许多单独性保障。这当然无法全面覆盖一般行为自由，很快出现保护漏洞。

因此，魏玛时期大量讨论是否可以将保障个人自由的《魏玛帝国宪法》第114条解释为全面的行为自由就不足为奇了。制宪者从中借鉴，并在《德国基本法》中写入了一般行为自由。《欧洲人权公约》和《欧盟基本人权宪章》没有相应规定。

二、保护范围

案例 17：陶醉权？

547

研习法律的学生 J 在荷兰就读的一个学期里获得了偶尔消费大麻的乐趣。回到德国后他面临两难：一方面他想要继续消费大麻；另一方面他不想断送未来的职业生涯。因为根据《德国麻醉药品法》第 29 条第 1 款第 1 项及第 3 项，交易和持有大麻是违法的。J 认为这一惩罚性规定及以其为依据的禁止持有和交易大麻侵犯了他进行陶醉的权利。因此他直接向联邦宪法法院提出宪法诉讼：禁止大麻的依据已经在科学上受到反驳。禁止大麻不适合减少毒品消费。大麻仍然可以轻易买到。禁止绝不是必要的。大麻并不是"入门毒品"，其消费并不总是导致成瘾性毒品消费。目前研究证实，大约三分之一的青少年曾一次或多次消费过大麻制品。此外，大麻不会造成生理依赖。偶尔消费也不会产生心理依赖。仅偶尔消费带来的健康风险低于酒精。联邦政府对大麻的惩罚性禁令辩护道：至少约有百分之五的大麻消费者转而使用成瘾性药物。对脆弱的人来说，心理依赖的风险是绝对的。最后，大麻消费对道路交通安全造成危险。J 的宪法诉愿能胜诉吗？

提示：如果否定合法性，必须借助辅助鉴定审查证成。宪法诉愿超过期限（《德国联邦宪法法院法》第 93 条第 3 款）和平等权问题不需要探讨。

《德国麻醉药品法》第 29 条

（1）有下列行为的，处五年以下有期徒刑或处罚金，

1. 非法种植、制造和交易麻醉药品，进口、出口、转让、出售，或投入流通，购买或以其他方式获取（……）

3. 未持有书面购买许可而持有麻醉药品（……）

（5）若犯罪人仅为个人使用，少量种植、制造、进口、出口、实施、购买、以其他方式获取或持有麻醉药品，法院可以不按照第 1 款、第 2 款

及第 4 款进行惩罚。

案例原型 BVerfGE 90, 145 ff.（Cannabis）。

（一）主体保护范围

548 《德国基本法》第 2 条第 1 款规定的权利是每个人都享有的基本权利。根据《德国基本法》第 19 条第 3 款，第 2 条第 1 款也合乎性质地适用于法人，因为在联邦宪法法院的解释中，该基本权利与人的自然属性无关。[1]

（二）实体保护范围

1. 出发点：《德国基本法》第 2 条第 1 款的条文

549 根据文本，《德国基本法》第 2 条第 1 款保护**人格的自由发展**。没有提到一般行为自由。相反，表达相当模糊的条文也允许对第 2 条第 1 款作更严格的解释。《德国基本法》制定早期，有建议指出将保护限制在对人格发展特别重要的要素上，即核心领域（"人格核心理论"）。[2] 如果不想这样收缩保护范围，那么可以将其保护范围限制到对人格发展具有"重要意义"上。[3] 这样第 2 条第 1 款的保护会被限定在较窄的个人生活领域内的行为，当然不限于纯粹的精神和道义发展。[4] 无论如何，条文对所有这些解释可能性保持开放。

2. "艾尔弗斯案"的路线设定

550 联邦宪法法院在"艾尔弗斯案"（Elfes-Urteil）[5] 中将《德国基本法》第 2 条第 1 款确定为全面的"一般行为自由"，选择了最宽泛的解释。该案中，门兴格拉德巴赫市前市长威廉·艾尔弗斯，在 1953 年被行政机关拒绝延长其旅行护照有效期。艾尔弗斯是"德意志人联盟"的成员，他反对阿登纳的政策，特别是西方一体化和重新武装，因为他认为这对两德统一有害。他曾在联盟工作中签署"全德声明"，当时的东方国家代表也有加入。此外，他曾参加在东柏林和布达佩斯举办的国际会议活动。主管部门因此认为联邦共和国的外部利益受到威胁。联邦宪法法院没有支持艾尔

---

[1] 参见页边码 156 以下（特别是页边码 172）。

[2] Peters, BayVBl. 1965, 37 ff.

[3] BVerfGE 80, 137 (166) (Reiten im Walde, abw. Meinung Grimm); Duttge, NJW 1997, 3353 (3354).

[4] Hesse, Rn. 428.

[5] BVerfGE 6, 32 ff. (Elfes).

弗斯的诉求。联邦宪法法院否定了从《德国基本法》第11条第1款中得出"出境自由"的观点，利用该机会对第2条第1款一般行为自由意义上的保护范围和限制进行了确定。

3. 支持"一般行为自由"的理由

联邦宪法法院的看法主要基于两点**体系上的考量**：第一，要否定"人格核心理论"，因为考虑到《德国基本法》第2条第1款的限制，人格核心领域内的发展能够如何违反道德法则或宪法秩序是不可理解的。[6] 这些全面的限制反而表明"个人作为集体成员"受到保护，这显然超出核心领域的活动范围。因此联邦宪法法院在解释中纳入了**基本权利的限制**并扩大了保护范围。[7] 第二，联邦宪法法院从对《德国基本法》基本权利部分的总体考虑得出另一个理由：连同各种特别自由权及其不同的限制，构成了一个**基本权利保护的层级化体系**，其基础是第2条第1款。[8] 相比第2条第1款对每个人行为的规定，根据历史经验，个人行为特别容易受到公权力侵犯的领域，故应当通过特别规定被更强地保护。基于此观察，《德国基本法》第2条第1款是："主基本权或母基本权"，从中派生其他特别自由权。这一观点的正确性有明显的证据，即第2条第1款的突出地位，被规定在其他自由权之前。

上述体系论证无疑是正确的，但是有些偏离问题的核心。保护范围的解释争议主要围绕《德国基本法》第2条第1款在基本权结构中的**意义和目的**。若根据联邦宪法法院的观点，每个人的作为和不作为都受《德国基本法》第2条第1款保护，第2条第1款保护个人自由免受任何国家干涉。[9] 公民可以通过宪法诉愿（《德国基本法》第93条第1款第4a项）声称第2条第1款的基本权受到损害，从而使任何负担性的高权行为接受宪法法院的审查。

对个人自由的干预适用由法治原则（《德国基本法》第20条第2款和

---

[6] BVerfGE 6, 32 (35)（Elfes）.
[7] 这里的论点和无保留基本权利的情况正好相对：在无保留基本权利中，倾向于限缩解释保护范围，因为限制只能例外地通过宪法权利冲突得以正当化（参见页边码81）。
[8] BVerfGE 6, 32 (37)（Elfes）.
[9] BVerfG, NJW 2018, 1667 (1669)（Stadionverbot）.

第 3 款）所推出的**法律的保留**。[10] 对自由和财产的干预总是需要法律依据，即使干预看起来尚且微不足道。[11] 然而，由于法律的保留来源于完全针对国家的法治原则，有天然的不足之处：它只构成客观宪法，并不赋予个人主观权利。即使国家违反法律的保留并且无法律依据地干预个人自由，也没有言及个人是否以及如何能够防御。在德国法律体系中，（仅）违反客观法原则上不能被诉讼，而只是限制在保护个人主观权利的少数例外情况下。这一原则也适用于宪法；根据《德国基本法》第 93 条第 1 款第 4a 项，个人通过宪法诉愿只能主张基本权和少数等同于基本权之权利受到损害。

554　　通过将法律的保留与个人的权利救济相勾连，联邦宪法法院总结出，国家对个人自由的每一次妨碍，都干预第 2 条第 1 款，这样一来，针对国家干预的基本权保护就不存在漏洞。如果缺乏法律依据，那么便违反了法律的客观法保留，则干预也侵犯了第 2 条第 1 款的主观基本权。因此，只有对第 2 条第 1 款作广义的解释才能**有效保护个人自由**免受国家限制。

555　　同时，联邦宪法法院更进一步，将"合宪性秩序"（《德国基本法》第 2 条第 1 款）的限制理解为"**各方面形式和实质合宪的保留，特别是合比例的法律的保留**"[12]。对第 2 条第 1 款及所有特别自由权的干预只能通过各方面合宪的法律进行。公民不仅能够防御对其自由实质违宪不符合比例的限制，还能防御形式上违宪的干预。因此，只要有任何自由限制，所有的形式宪法，特别是立法程序、立法权限和行政权限的规定（《德国基本法》第 70 条及后续条款）都具有宪法诉愿可诉性。例如，如果联邦立法者颁布了一项负担性的法律，那么其立法权限不属于联邦而属于州，便可以通过宪法诉愿成功攻击该法律，即使该法律在实质层面完全没有问题。即使各州在联邦参议院同意，以及各州通过内容相同的可导致同等负担效果的法律也于事无补。立法程序的缺陷也可以造成宪法诉愿程序中的可受攻击性；

---

〔10〕　参见页边码 404。

〔11〕　例如，BVerfGE 54, 143 ff.（Taubenfütterungsverbot）对鸽子喂养者的监管禁令构成对第 2 条第 1 款的干预。

〔12〕　BVerfGE 6, 32（41）（Elfes）；9, 83（88）（Eingriffsfreiheit）；80, 137（153）（Reiten im Walde）。

同时，根据联邦宪法法院的裁判，诉愿人甚至可以在实质层面指责侵犯第三者基本权利。[13] 考虑到自身受影响这一要求，后者备受质疑。

尽管特别自由权基于宪法诉愿全面的审查范围无可争议地具有这一作用，但这仅适用于相对简单的生活领域，同时对一般行为自由的认可使得诉愿人可以对任何负担提出宪法诉愿，以全面审查合宪性。

556

正是《德国基本法》第2条第1款的这些作用受到联邦宪法法院少数批评者的攻击。格林（Grimm）法官在其对联邦宪法法院"林中骑马案"的反对意见中尖锐地阐述了这一点。[14] 诉愿人在该诉讼中反对北莱茵-威斯特法伦州景观法的一项规定，即将林中骑行限定在指定的骑行道路上，诉愿人认为依据《德国基本法》第2条第1款，他的权利受到损害。联邦宪法法院审判庭达成一致，认为应驳回宪法诉愿。占多数的六位法官坚持之前的路线，认为构成对第2条第1款的干预，不过干预是正当的；而格林法官认为不触及第2条第1款的保护范围。批评的出发点是，在联邦宪法法院的解释下，《德国基本法》第2条第1款保护人类的任何普通活动。这最终导致**基本权保护的庸俗化**（Banalisierung des Grundrechtsschutzes）。[15] 第2条第1款也会因此保护危害社会的行为方式，如吸毒和谋杀，而这是荒谬的。[16] 此外，还会产生无法执行的结论：第2条第1款的宽泛限制会导致其过广的保护范围始终可以被限制，在实践中也会被限制。更重要的是，无限制地针对负担性国家措施提起宪法诉愿会遇到矛盾：如果对客观宪法的任何违反都可以被攻击，那么第2条第1款保护的权利将会从一般自由保障转变为不被国家非法阻碍实现个人意志的权利。[17] 然而，基本权利只是针对严重妨碍个人自由的逐项保障，不保障个人根据自身意愿为或者不为的权利。[18] 格林法官没有提及的还有联邦宪法法院的过重负担，这

557

---

[13] BVerfGE 61, 82（112 f.）（Sasbach）; 85, 191（205 f.）（Nachtarbeitsverbot）; offen gelassen in BVerfGE 96, 375（398）（Sterilisation）. Vgl. Hillgruber, in: Umbach/Clemens, Art. 2 Rn. 183 ff., und Kube, JuS 2003, 461（463）.

[14] BVerfGE 80, 137 ff.（Reiten im Walde）.

[15] BVerfGE 80, 137（168）（Reiten im Walde, abw. Meinung Grimm）.

[16] Duttge, NJW 1997, 3353（3354）.

[17] BVerfGE 80, 137（167）（Reiten im Walde, abw. Meinung Grimm）.

[18] Hesse, Rn. 428.

由大量宪法诉愿程序造成的，完全可以视为"艾尔弗斯案"的后果。[19]

然而该批评几乎没有受到赞同：主要是因为无法成功确定何者应属于狭窄的生活领域或人格核心。应以何种标准区分一项行为的重要性和不重要性？所有以特别自由权为导向的区分尝试都含有武断成分，缺乏说服力。而被批评的通过第 2 条第 1 款对客观宪法的全面维护——首先是对法律的保留——也是宪法保护的重要基础。[20] 如果公民在特别自由权范围之外的违法行为不能被攻击，那么法律的保留将毫无价值。这与其自由保障功能形成明显的矛盾。[21]

最后，**历史起源解释**确认了联邦宪法法院的立场：议会委员会用"一般行为自由"的概念描述《德国基本法》第 2 条第 1 款。[22] 此外，由当前版本替代最初规定的版本（"任何人可以根据自身意愿为或者不为"），语言原因起决定作用。[23]

4. 保护范围

因此，《德国基本法》第 2 条第 1 款保护根据自身意愿为或者不为的自由。"一般行为自由"的概念并不能精准地表达出这种全面的自由；更准确地应称为"**一般举止自由**"（allgemeine Verhaltensfreiheit）。[24] 第 2 条第 1 款保护所有人的行为，例如，出境自由[25]、饲养鸽子[26]、消费大麻[27]、不佩戴头盔驾驶摩托车[28] 及免于纳税[29] 和付费[30] 的自由。第 2 条第 1 款一般不具有间接第三人效力。[31]

> **BVerfGE 6, 32 (36 f.)（Elfes）**：联邦宪法法院尚未确定，是否应

---

[19] 参见页边码 147。
[20] Kunig, in: v. Münch/Kunig, Art. 2 Rn. 15.
[21] Pieroth, AöR 115 (1990), 33 (38 f.).
[22] BVerfGE 6, 32 (38 ff.)（Elfes）m. w. N.
[23] Vgl. Mangoldt, Parlamentarischer Rat, 42. Sitzung des Hauptausschusses, S. 533.
[24] Sachs, VerfR II, Kap. B 2 Rn. 5.
[25] BVerfGE 6, 32 (36)（Elfes）.
[26] BVerfGE 54, 143 (144)（Taubenfütterungsverbot）.
[27] BVerfGE 90, 145 (171)（Cannabis）.
[28] BVerfGE 59, 275 (278)（Schutzhelmpflicht）.
[29] BVerfGE 87, 153 (169)（Grundfreibetrag）.
[30] BVerfGE 97, 332 (340 f.)（Kindergartenbeiträge）.
[31] BVerfG, NJW 2018, 1667 (1669)（Stadionverbot）.

以最具广泛意义上的人的行为自由来理解人格自由发展的概念,或者是否将《德国基本法》第2条第1款限制在最低限度的行为自由保护,缺乏此种保护,人将无法发展作为精神道德人的基本能力。

《德国基本法》的"人格自由发展"不可能只是指构成人的精神道德本质的人格核心领域的发展,因为这一核心领域内的发展如何违反道德法则、他人权利甚至自由民主合宪秩序都会是不可理解的。不是法律上的考量,而是语言上的原因使得立法者用现行版本替代了原来的"每个人都可以依愿行事"的措辞。

除《德国基本法》第2条第1款保障的一般行为自由外,《德国基本法》通过特定基本权规定,保护根据历史经验,特别容易受公权力侵犯的、人在特定生活领域行动的自由;宪法通过层级式的法律的保留界定了可以在多大程度干预相应的基本权领域。只要不是在这些特定生活领域受基本权利保护,个人可以在自由受到公权力干预时援引《德国基本法》第2条第1款。

BVerfGE 80, 137 (152 ff.) (Reiten im Walde): 根据联邦宪法法院裁判发展出的原则,《德国基本法》第2条第1款保障全面意义上的一般行为自由。受保护的不仅是人格发展,还包括人们行为的所有形式,但不包括活动对人格发展的重要性。除了受绝对保护、排除公权力影响的私人生活结构的核心领域以外,一般行为自由仅通过《德国基本法》第2条第1款第二半句得到保障,尤其受制于合宪性(法律)秩序保留。如果涉及行为自由的公权力行为基于法律规范,则可以通过宪法诉愿援引《德国基本法》第2条第1款进行审查该规范是否属于合宪性秩序,即形式和实体是否符合宪法规范。不仅要从实体上以《德国基本法》第2条第1款作为衡量规范,还要从合宪性的其他方面审查。这里特别还要审查该规范是否符合宪法的权限规定。如果涉及联邦州法律规范,除了《德国基本法》第31条权限问题,还要审查州法律规范内容上是否与(符合权限颁布的)联邦法律(包括联邦框架法)一致。实体方面,比例原则确定了允许限制一般行为自由的标准。如果一项现有的权利被去除,那么根据法治原则,确定的信赖保护必须得到保障;此外,必须满足法律的保留原则的要求。

目前，文献中提出了对联邦宪法法院已有裁判的疑虑。（……）但是背离目前的裁判，缩小《德国基本法》第 2 条第 1 款保护范围是不正当的，这会与基本权利规范的起源相冲突。除了所列自由权，对人行为自由的全面保护还在自由保障方面发挥着宝贵功能，因为即使有着广泛的限制可能性，第 2 条第 1 款的基本权利按照上述标准也可以起到实质性保障的作用。任何以评价方式限制其保护范围的尝试都会导致公民失去自由，这是不正当的，其他基本权利的保护范围更为狭窄，本质上也有所区别，而且没有其他明显的令人信服的理由。即使不限制纯粹的精神和道义发展，如果将保障限制在更为狭窄的人格生活领域或者其他标准上，也会带来困难的、在实践中难以顺利解决的区分问题。

BVerfG, NJW 2018, 1667（1669）（Stadionverbot）：从宪法诉愿人角度看，《德国基本法》第 2 条第 1 款的一般行为自由不能否定被告的财产权。一般行为自由是针对国家的防御权，抵御国家各种形式的不正当行为，特别是不合比例的禁令，所以也保护观众进入场地观看足球比赛。这是法治的不对称性。公民原则上是自由的，但国家在干预公民自由时受到约束，承担起责任。然而，**一般行为自由的基本权保障不能以其一般性得出下列宪法的价值决定，即在每个私法争议中，以任何自我决定方式行动的无名自由必须通过间接第三人效力指引私法的解释。**根据主观喜好实现特定行为的自由——如本案中的进入场地观看足球赛，不能通过援引一般行为自由否定私法主办者的财产权权限。

不过在特殊情形中，如典型的案件产生特别的负担，能够明显看出合同一方的结构性弱势，或者在个案中作为兜底性权利，第 2 条第 1 款也可以在私法关系中提供保护。

案例写作提示：

即使对《德国基本法》第 2 条第 1 款的解释仍存在争议，在案例写作中也需要谨慎对待。仅当解决重要的具体案例时，才需要具备内容广泛的论据阐述。《德国基本法》第 2 条第 1 款主要在四种情况中较为重要。

（1）除第 2 条第 1 款外，从保护范围看，至少涉及其他一项自由权。

《德国基本法》第 2 条第 1 款作为兜底基本权在这种情况下必须退让。[32] 保护范围的论述是完全多余的。

（2）除第 2 条第 1 款外，没有涉及其他自由权，但被干预的行为对人格发展有重大意义。这种情形下，对保护范围的不同观点所得出的结论是一致的：属于《德国基本法》第 2 条第 1 款的保护范围。因此，应简要论述"正确的"保护范围的问题，而不是深入论述。

（3）除第 2 条第 1 款外，没有涉及其他自由权，而且被干预的行为不属于核心生活领域。只有在这种（案例写作中罕见）情况下，才需要以各种解释方法深入研究《德国基本法》第 2 条第 1 款。

（4）需要严格区分一般行为自由形式下的第 2 条第 1 款与一般人格权（《德国基本法》第 2 条第 1 款结合《德国基本法》第 1 条第 1 款）。后者现在是一项独立的基本权利。[33]

（三）合同自由作为一般行为自由的特殊表现形式

作为在法律层面拥有基础性特征的自由，合同自由是《德国基本法》第 2 条第 1 款规定的一般行为自由的一种表现形式。合同自由的目标是建立个人在法律生活中自主决定的**私人自治**[34]，其中首要包括原则上依照个人意愿缔结合同的权利。[35] 因为对与他人之间的自由和自我答责的实现，主要是通过订立合同，即缔约方自主决定如何以法律约束的形式，使彼此的个人利益达到适当平衡。相互的约束和自由活动在合同中得到具体化。[36] 但是为了保障合同自由中的私人自治，国家能够对合同自由的事实存在产生影响，即通过适当的规定防止合同因个人经济或社会权力落差而成为非自主决定的手段。[37]

合同自由通常由《德国基本法》第 2 条第 1 款规定，因为不像《魏玛帝国宪法》第 152 条的明确保障，《德国基本法》对此没有规定。但是其他基本权也包含合同自由的要素：如通过劳动合同法构建的与职业相关的

---

[32] 参见页边码 577 以下。
[33] 参见页边码 623 以下。
[34] BVerfGE 89, 214 (231) (Bürgschaftsverträge).
[35] BVerfGE 95, 267 (303 f.) (Altschulden).
[36] BVerfGE 103, 89 (100) (Unterhaltsverzichtsvertrag).
[37] BVerfGE 81, 242 (255) (Handelsvertreter); 89, 214 (232) (Bürgschaftsverträge).

合同自由，由《德国基本法》第12条第1款保障[38]；所有权转让是《德国基本法》第14条第1款保障的自由处分权的一部分；婚姻从法律上看也构成合同，受《德国基本法》第6条第1款特别保障。[39] 联邦宪法法院意识到了合同自由的多种来源，仅将第2条第1款视为基础，合同自由没有被更为特殊的基本权规定所保障。[40]

564　　合同自由因与《德国基本法》第6条第1款、第14条第1款一样属于**规范形塑基本权**[41]而获得法律特性。仅当国家通过制定合同法，为缔结合同创造法律可能性时，才存在合同自由。若没有合同法，作为自然自由只能达成没有法律约束力的约定。当国家承认约定的法律约束力，此类约定才成为合同。因此，作为合同自由的关键要素，合同的法律约束力取决于国家立法和执法。与《魏玛帝国宪法》第152条[42]相连，合同自由被正确地认为是**私法制度保障**。[43]

565　　作为完全的规范形塑基本权，合同自由需要立法者的**构建**。[44] 一方面，《德国基本法》第2条第1款要求立法者制定合同法，根据合同法才能发展私人自治[45]；另一方面，立法者在构建的范围内必须遵守基本权的客观法评价。因此，立法者构建时并不是不受约束的。立法者必须在其广泛的构建空间范围内追求个人自由的实现，同时确保参与者相对立的基本权地位得到平衡（"实践调和"[46]）。由于所有民事法律事务交往的参与者受《德国基本法》第2条第1款保护，并且参与者可以平等地主张对其私人自治的基本权保障，不能成为强者的权利（das Recht des Stärkeren），因而必须在其相互影响中判断冲突的基本权地位并加以限制，使其对所有参与者

---

[38] BVerfGE 81, 242 (260 f.) (Handelsvertreter); 116, 202 (221) (Tariftreuegesetz Berlin); BVerfG, NZM 2016, 685 (686) (Bestellerprinzip).

[39] Höfling, Vertragsfreiheit, 1991, S. 9 ff. 中有更多例子。

[40] BVerfGE 8, 274 (328) (Preisgesetz); 70, 115 (123) (AGB); 116, 202 (221) (Tariftreuegesetz Berlin).

[41] 参见页边码433。

[42] Anschütz, Die Verfassung des Deutschen Reiches, 14. Aufl. 1933, Art. 152 Anm. 2.

[43] 参见页边码429以下。

[44] 参见页边码434以下。

[45] BVerfGE 89, 214 (232) (Bürgschaftsverträge).

[46] 参见页边码91以下。

尽可能有效。[47] 若立法者未达到这一标准，则构建是违宪的。

BVerfGE 89, 214 (231 f.) (Bürgschaftsverträge)：根据联邦宪法法院的一贯裁判，个人根据其意愿形成法律关系是一般行为自由的组成部分。《德国基本法》第2条第1款保障私人自治作为"个人法律生活中的自主决定"。

私人自治必然有限并且需要法律构建。因此，私法制度由一个规定和构建手段互相协调且符合宪法制度的差别系统构成。然而，这并不意味着私人自治可以被立法者任意支配，从而让基本权利的保障失去意义。相反，立法者在进行必要的构建时，必须符合基本权利的客观法规定。立法者必须为个人在法律生活中的自主决定开辟适当的操作空间。根据其规范对象，私人自治必然依赖于国家的执行。其保障包括司法实现，因此，立法者有义务提供法律行为构建工具，而法律行为要具有约束力且在出现争议时确立可执行的法律地位。

由于承担构建司法秩序的义务，立法者面临实践调和的问题。参与民事交易的同等基本权主体追求不同利益，有相对立的目标。由于民事交易的所有参与者都享有《德国基本法》第2条第1款的保护，并且可以同样地主张对其私人自治的基本权保障，因此，该权利不能成为强者的权利。必须在其相互影响中，判断相互冲突的基本权地位并加以限制，使其对所有参与者尽可能有效。

合同法中合理的利益平衡源于缔约方的合意。双方承担义务并同时实现个人行为自由。若其中一缔约方优势过强以致其可以实质上单方决定合同内容，则将导致另一缔约方不自主。（……）如果（……）可以判定一方存在结构性劣势并且使得合同造成劣势方负担过重，则民法秩序必须做出反应，促其改正。这源于私人自治的基本权保障（《德国基本法》第2条第1款）和社会国家原则（《德国基本法》第20条第1款、第28条第1款）。

---

[47] BVerfGE 89, 214 (232) (Bürgschaftsverträge); 97, 169 (176) (Kleinbetriebsklausel I).

三、干预

566 对个人自由的妨碍都构成《德国基本法》第 2 条第 1 款的干预,即**任何负担性高权行为**,包括做某事的命令以及要求不做某事的禁令。对《德国基本法》第 2 条第 1 款的干预还包括一度被认可的法律地位又被剥夺。[48] 干预也应该包括建立强制会员制(Zwangsmitgliedschaft),例如,手工业商会、国际商会或学生团体,以及其后续活动〔关键词:一般政策的委任(allgemeinpolitisches Mandat)〕。[49]

567 考虑到保护范围的广度,有疑问的是,是否在《德国基本法》第 2 条第 1 款中完全适用扩展的**干预概念**[50]——干预指对保护范围的任何减损。可以考虑的是,与其他基本权不同,只有符合下列条件,方构成对第 2 条第 1 款的干预,即干预通过法律行为实现——不是事实上的,并且对于受影响人来说具有目的性——而不是针对第三方。[51] 这等同于传统的、被认为是过于狭窄的干预概念。

568 即使是保留广泛的干预概念,仍然需要非常仔细地区分基本权干预和单纯的不便(Belästigung)〔**"琐事"(Bagatellen)**〕,如《德国基本法》第 12 条第 1 款所要求的。否则,《德国基本法》第 2 条第 1 款所保障的法律的保留范围将扩大到任何可能对个人行为产生影响的国家行为。这只会严重妨害国家的行为能力。因此,只有当妨碍显示出或意图达到一定程度,即对其基本权利效果有意为之,才构成对第 2 条第 1 款的干预——这和其他基本权相同。[52] 与其他基本权利的区别仅在于,第 2 条第 1 款中单纯的不便和干预的区分,比起保护范围更窄的特别自由权,这种区分更为重要。

569 与所有规范形塑基本权一样,在**合同自由**上也存在**干预和构建的区分**

---

〔48〕 例如,在 BVerfGE 51, 77 (89)(Personalrat)案件中,从职工委员会中解职导致一度授予的法律地位——成员资格不再存在,构成干预。裁判更认为对现有体系的任何一次恶化都构成基本权干预,参见 BVerfGE 97, 271 (286)(Hinterbliebenenrenten); 115, 25 (42 f.) (Behandlungsmethoden in der Krankenversicherung)。

〔49〕 消极结社自由参见页边码 880 以下。

〔50〕 参见页边码 393 以下。

〔51〕 Höfling, in: Friauf/Höfling, Art. 2 Rn. 62 m. w. N.; Pieroth/Schlink/Kingreen/Poscher, Rn. 421 ff。

〔52〕 参见页边码 393 以下。

问题。[53] 原则上，要看国家行为的目标设定。若对现有合同关系采取行动，则是干预。[54] 如果改变合同法本身，没有触及已有合同的内容则仅为构建。

四、干预的正当化

（一）限制

根据《德国基本法》第 2 条第 1 款文本，其包含三种不同限制，即所谓三重限制（Schrankentrias），具体指合宪性秩序、他人权利和道德法则。 570

1. 合宪性秩序

合宪性秩序的限制具有重要意义，联邦宪法法院已在"艾尔弗斯案"中确定其意义：《德国基本法》第 2 条第 1 款意义上的"合宪性秩序"**包括一般法律秩序，即所有形式及实体与宪法一致的法律规范**。[55] 因此，宪法秩序限制是**一般法律的保留**。 571

从《德国基本法》第 2 条第 1 款的**文本**来看，这一解释不是必须的。可以考虑较窄的解释，如《德国基本法》第 9 条第 2 款规定的同样的"合宪性秩序"概念。[56] 如果根据联邦宪法法院的观点，第 9 条第 2 款意义上的"合宪性秩序"指自由民主的基本秩序[57]，并且仅包含第 79 条第 3 款所列的基本宪法原则，那么这一狭义理解与第 2 条第 1 款作为一般行为自由的**体系性**则不一致。因为鉴于保护范围的广度，个人行为自由与合法集体利益之间的冲突是正常的。因此，还需要一个相应的全面限制以平衡个人权利、利益，以及相对的集体诉求。[58] 此外，第 2 条第 1 款作为主基本权或母基本权构成了所有特别自由权的基础。有的自由权适用一般法律的 572

---

[53] 参见页边码 434。
[54] BVerfGE 97, 169（175 f.）（Kleinbetriebsklausel I）。
[55] BVerfGE 6, 32（38）（Elfes）；80, 137（153）（Reiten im Walde）。
[56] 参见页边码 893。
[57] BVerfGE 80, 244（254）（Vereinsverbot）。不同观点参见 Jarass, in: ders./Pieroth, Art. 9 Rn. 19。
[58] 这种说法有一定的循环推理倾向。因为一方面鉴于"全面限制"，对保护范围作广泛解释；另一方面，保护范围的广度及其导致的限制必要性又为限制的广泛范围提供理由。因此，根据限制这一论证不能支撑起联邦宪法法院和主流观点对《德国基本法》第 2 条第 1 款的解释。

保留（《德国基本法》第 8 条第 1 款和第 2 款、第 10 条第 1 款和第 2 款），而第 2 条第 1 款提供比特别自由权更多的保护，这与作为母基本权是不相符的。

因此，如果遵循联邦宪法法院广泛的保护范围，也就只能对"合宪性秩序"限制作同样广泛的解释。[59]

  BVerfGE 6, 32 (36 ff.) (Elfes)：《德国基本法》第 2 条第 1 款的人格自由发展保障一般行为自由发展，只要不侵犯他人权利或违反道德法则、仅受合宪性秩序的约束，那么这一概念就只能被理解为遵守宪法实体和形式规范的一般法律秩序，即必须是合宪的法律秩序。（……）

  这一结论不能被下列理由反驳，即指出"合宪性秩序"在其他《德国基本法》规定中有其他含义，故该概念必须在各处具有相同内容。相反，解释必须取决于该概念在相应规范内所实现的功能。对该概念法定构成要件的分析表明，它始终应当解释为规范相对人受约束的一系列规范。由此可以说明，具有这种约束效果的合宪秩序规范集合，对每个不同的规范相对人是不尽相同的。例如，尽管立法者必然受宪法绝对约束（《德国基本法》第 20 条第 3 款），但是也可以在其他关系中将"合宪性秩序"的概念限定于某些基本原则，正如《德国基本法》第 9 条、《德国刑法典》第 90a 条中所要求的；但是公民一般行为自由不是仅通过宪法或仅通过"基本宪法原则"被限制，而是通过形式和实体上合宪的法律规范。（……）

  文献中经常有反对意见认为，《德国基本法》第 2 条第 1 款的基本权利将会因此"落空"，因为其被置于一般法律的保留之下。这种观点忽略了根据《德国基本法》，立法权受到比 1919 年帝国宪法更强的限制。当时不但很多基本权利因为每部合宪颁布的法律而必须遵守一般法律的保留事实上的"落空"，而且立法者还可以借助一部修宪多数所颁布的法律，在个案中随时跨越与其相对的宪法限制。相比之下，《德国基本法》建立了限制公权力的价值约束秩序。通过这一秩序，

---

[59] Kunig, in: v. Münch/Kunig, Art. 2 Rn. 22 则是正确的。

人们在国家共同体中的自主、自负其责和人性尊严应当被保障。该价值秩序的最高原则在修宪时不得被改变（《德国基本法》第 1 条、第 20 条、第 79 条第 3 款）；排除宪法的取消（Verfassungsdurchbrechung）；宪法法院监督立法者遵守宪法的标准。法律即使形式合乎秩序，并不一定就是"合宪的"，必须在实体上与作为宪法价值秩序自由的民主基本秩序的最高基本价值相一致，也要符合不成文的基本宪法原则和基本法的基本判断，特别是法治国原则和社会国原则。最重要的是，法律不能损害人的尊严，这是基本法中的最高价值（……）。

综上所述，法律规范只有符合所有这些要求时才成为"合宪性秩序"的一部分，从而有效限制公民一般行为自由的范围。诉讼权方面意味着，每个人可以通过宪法诉愿主张限制其行为自由的法律不符合合宪性秩序，因为其（形式或内容上）违反个别宪法规定或一般宪法原则；因此，其源于《德国基本法》第 2 条第 1 款的基本权利受到损害。

2. 他人权利

他人权利指个人所有的主观权利，无论其来源于宪法还是普通法。[60] 除合宪性秩序的全面限制，即所有形式和实体合宪的法律规范以外，"他人权利"不具有独立意义。确切地说这本身是"合宪性秩序"的一部分。

3. 道德法则

出于同样的原因，"道德法则"也没有多大意义。只要道德规则是实证化的，就是宪法秩序的一部分并受其限制。只有当不成文的道德规则，如**道德和习俗公共观念**可能作为《德国基本法》第 2 条第 1 款的限制时，"道德法则"才具有独立意义。但是，这与无例外适用的法律的保留不符。而且"道德法则"的概念不满足法治国定义的标准：联邦宪法法院曾经在 1957 年简明地指出，"同性恋活动明显违反道德法则"[61]。然而，1993 年联邦宪法法院在一个分庭裁判中认为，同性伴侣关系受《德国基本法》第 2 条第 1 款保护。[62] 出于法治国原因，使用这种变化的"一般"观念来直

---

[60] Starck, in: v. Mangoldt/Klein/Starck, Art. 2 Rn. 34.
[61] BVerfGE 6, 389 (434) (Homosexuelle).
[62] BVerfG, NJW 1993, 3058 (3058 f.).

接限制基本权是不合适的，总是需要实证化。

（二）限制的限制

576 《德国基本法》第 2 条第 1 款在限制的限制上没有特殊性，因此适用一般规则：限制性法律必须在形式和实体上合宪并且遵守比例原则。同其他大多数基本权利一样，这是对第 2 条第 1 款真正的限制的限制。因此，一般法律的保留实际上是合**比例原则法律的保留**。

五、竞合

（一）《德国基本法》第 2 条第 1 款的补充性

577 如果将《德国基本法》第 2 条第 1 款理解为受任何负担性高权行为影响的"一般行为自由"，那么第 2 条第 1 款与特别自由权的重叠则是常规的而非例外。任何对特别自由权的妨碍同时也是对第 2 条第 1 款的妨碍。这导致在这些情况下存在竞合关系：**特别自由权**以其**特别性**优先于第 2 条第 1 款；第 2 条第 1 款作为补充，不构成审查独立要素。[63] 仅在不涉及特别自由权时，第 2 条第 1 款产生效力。[64]

578 由于这一效果，《德国基本法》第 2 条第 1 款经常被称为"**兜底性基本权**"。这一称呼在本质上是完全恰当的。但是不能误解为其规定了更少法益的基本权，相比于特别自由权保护更少。只有这样才能够解释联邦宪法法院有时将行为方式置于特别基本权的保护，而这些特别基本权的限制不允许在个人自由和公共利益之间实现合理平衡。这里要提到的是对宗教自由及宗教行为自由[65]的无限扩展，以及在《德国基本法》第 13 条上的裁判，其甚至将公共足球场解释为第 13 条意义上的住宅，荒谬地导致了第 13 条第 7 款的加重法律的保留。[66]

579 **案例写作提示：**

一旦特别自由权受影响，就必须在自由权审查的结尾（仅！）一句提及《德国基本法》第 2 条第 1 款，表达这种特殊关系。在特别自由权之外

---

[63] BVerfGE 6, 32 (37) (Elfes); 89, 1 (13) (Besitzrecht des Mieters).
[64] BVerfGE 95, 173 (188) (Warnhinweise für Tabakerzeugnisse).
[65] 参见页边码 309。
[66] BVerfGE 97, 228 (265) (Kurzberichterstattung).

单独审查第 2 条第 1 款是错误的。

但是，一项特别自由权何时"受影响"？触及实体保护范围是否满足条件？这里有特殊要求吗？必须同时触及实体和主体保护范围才使《德国基本法》第 2 条第 1 款作为补充吗？当特别基本权利的保护范围虽然受影响，但是不存在干预的情形下，第 2 条第 1 款是否仍作为补充？ 580

（二）自由权在实体方面"受影响"

要使《德国基本法》第 2 条第 1 款作为特别自由权的补充，必须触及**特别自由权的保护范围**。因为其特别性要求人的行为（至少）纳入两种不同规范，并且行为的两个规范之一出于规范或逻辑原因而成为决定性规定。[67] 例如，任何人的表达都受第 2 条第 1 款保护。但只有意见表达属于《德国基本法》第 5 条第 1 款的保护范围，并且只有宗教的意见表达作为表达信仰受《德国基本法》第 4 条第 1 款保护。在这个例子中，相对于第 5 条第 1 款和第 2 条第 1 款，第 4 条第 1 款是特别法。相对于第 2 条第 1 款，第 5 条第 1 款是特别法。 581

但是并非所有的基本权利都这样明确。当基本权利已经在保护范围层面上显示出**实体限定**，这时往往出现问题。最重要的例子是《德国基本法》第 8 条第 1 款，该条保护对象限定于和平且无武器进行的集会。[68] 那么是否只要出现集会就触及第 8 条第 1 款的保护范围，从而使第 2 条第 1 款作为补充？这意味着非和平或武装集会也不适用第 2 条第 1 款。[69] 由此可以从第 8 条第 1 款得出一项否定内容，即非和平或武装集会完全不受基本权保护。或者相反，涉及整个保护范围，从而使非和平和武装集会仍受第 2 条第 1 款保护？[70] 鉴于第 2 条第 1 款发挥着保障法律的保留的功能，后者似乎更可取。即使武装和非和平集会在结论上必然不受保护，国家也不能没有法律根据并以不符合比例原则的方式干预公民的自由。但是，如果国家为干预建立了法律依据，则基于第 2 条第 1 款中合宪性秩序的广泛限制，那么干预可以轻易地得到正当化。 582

---

[67] 基本权竞合问题，参见页边码 258 以下。
[68] 参见页边码 36。
[69] Starck, in：v. Mangoldt/Klein/Starck, Art. 2 Rn. 71；Schwarz, JZ 2000, 126 (130).
[70] Kunig, in：v. Münch/Kunig, Art. 8 Rn. 38.

(三)主体方面自由权"受影响":外国人、欧盟公民和基本权保护

583 仅当一项特别自由权的实体保护范围受影响时,《德国基本法》第2条第1款才退让。但是退让是否同时还要求适用特别自由权的主体保护范围?这一问题通常出现在仅德国人享有的基本权利上(《德国基本法》第116条第1款)。[71] 只是构成集会(第8条)或职业活动(第12条),第2条第1款就予以退让?这种结论会导致外国人从事德国人基本权利所涵盖的活动时完全不受保护:外国人无法援引德国人基本权利。第2条第1款将作为辅助而退让。只有在对德国人基本权利条款作出消极性规定,即外国人在受影响领域完全不享有基本权保护,这种退让才是正当的。考虑到非欧盟公民的身份,可以认为根据《德国基本法》,外国人在德意志联邦共和国不应该做某些事情。此外,文献中常有论证提出,第2条第1款的保护范围在个案中可能比特别自由权更广泛,这将从结果上导致外国人有着更好的待遇。[72] 但是,法律的保留始终适用于外国人,这是第2条第1款所保证的。此外,更好待遇的观点不具有说服力,因为第2条第1款的全面限制所允许的干预至少与特别自由权的限制所允许的同样多。因此,相对于第2条第1款,一项自由权的特殊性只出现在下列情形中,即实体和主体保护范围都受影响。[73]

584 **在欧盟外国公民的基本权保护问题上**,类似问题则以更为严重的形式出现。《欧盟运行条约》第18条禁止在**欧盟条约适用范围内**,以国籍为由的任何歧视。从《欧盟运行条约》第18条得出,全面禁止在欧盟条约适用范围内,将欧盟公民置于低于本国国民的地位。而《德国基本法》第9条、第11条、第12条的与经济相关的行为自由等活动也通常处于欧盟条约适用范围内。因此,在这一领域内减少或者完全排除欧盟公民的基本权保护,与优先于《德国基本法》的欧盟法是不相符的。[74] 符合欧盟法的解决办法有两个:要么将德国人基本权的"德国人"涵盖欧盟公民;[75]

---

[71] 参见《德国基本法》第8条、第9条、第11条和第12条。

[72] Starck, in: v. Mangoldt/Klein/Starck, Art. 2 Rn. 44.

[73] BVerfGE 104, 337 (346) (Schächten). 参见文献中的主流观点: Bauer/Kahl, JZ 1995, 1077 (1081)。

[74] Bauer/Kahl, JZ 1995, 1077 ff. 中对欧盟法规定的详细阐释。

[75] 联邦宪法法院对第19条第3款的裁判,参见页边码171。

要么通过第 2 条第 1 款，从实质上用特别自由权相应方式保护欧盟公民。[76] 这里的导向是所谓的合乎欧盟法解释，即欧盟法院在不同的裁判中，基于成员国对欧盟的忠诚义务（《欧盟条约》第 4 条第 3 款）所发展出来的。[77] **符合欧盟法的解释**相当于合宪性解释[78]，要求下列前提条件：

(1) 规范条文允许多种解释可能性；

(2) 其中至少一种解释可能性与欧盟条约相符合，并且

(3) 所选择的解释与规范的意义不矛盾。

涉及德国人基本权，《德国基本法》第 116 条第 1 款中"德国人"的概念是法律定义，在不突破字面含义的界限的情况下，这个概念不具有解释能力。因此，对欧盟公民的基本权保护和对其他外国人一样，也通过第 2 条第 1 款保障。值得注意的是，通过第 2 条第 1 款所赋予的保护必须在实质上与特别自由权相符。因此，以符合欧盟法的方式解释第 2 条第 1 款时，必须让欧盟公民比其他外国人受到更强的"加重"[79] 保护，而德国人则通过德国人基本权获得这种加强保护。在比例原则审查时，必须符合《欧盟条约》第 4 条第 3 款，特别考虑欧盟公民的利益。

585

（四）特别自由权"受影响"而不存在干预？

还有一些案件中，尽管特别自由权的保护范围受影响，但是并未对基本权利构成干预。这一问题通常但不仅仅出现在《德国基本法》第 12 条第 1 款，经常出现的情况是尽管一项国家规定影响了职业活动，但是同时既不意图对职业规定产生"最终"影响，也看不出"客观职业规制意图"。[80] 如果这些情形中，第 12 条第 1 款保护范围单纯"受影响"，使得第 2 条第 1 款退让，那么将形成没有任何基本权作为审查标准的窘境。而这与由第 2 条第 1 款连同特别自由权得出的无漏洞基本权保护理念不符。因此，必须始终根据第 2 条第 1 款，衡量那些影响特别自由权但不构成权

586

---

[76] Bauer/Kahl, JZ 1995, 1077 (1081 ff.).
[77] EuGH, Slg. 1984, 1891 (Rn. 26) (von Colson); Slg. 1987, 3969 (Rn. 14) (Kolpinghuis).
[78] 参见页边码 66。
[79] Bauer/Kahl, JZ 1995, 1077 (1085).
[80] BVerfGE 37, 1 (17) (Weinwirtschaftsabgabe); 98, 106 (117) (Kommunale Verpackungssteuer). 参见页边码 400。

利干预的国家规定。[81] 这也符合联邦宪法法院的裁判[82]，即使其表述有时正好相反。原因可能在于，联邦宪法法院并不总是区分保护范围和干预。正确表述应该是，对特别自由权的干预会导致第2条第1款退让。[83]

587 **案例写作提示：**

在案例写作中应表述为：不但保护范围受影响，而且对特别自由权的干预方引发第2条第1款的补充性。

588 **一览：典型的考试问题**

- 《德国基本法》第2条第1款的保护范围，特别是"琐碎"活动（页边码549以下）。

- 药物消费与一般行为自由（页边码560）。

- 三重限制，特别是"合宪性秩序"限制（页边码570以下）。

- 竞合问题/补充性/《德国基本法》第2条第1款作为兜底性基本权（页边码577以下）。

- 外国人/欧盟公民的保护（页边码583以下）。

---

[81] Kämmerer, in: v. Münch/Kunig, Art. 12 Rn. 46; Heß, Grundrechtskonkurrenzen, 2000, S. 218.
[82] BVerfGE 37, 1 (17) (Weinwirtschaftsabgabe); 95, 267 (302 f.) (Altschulden).
[83] Murswiek, in: Sachs, GG, Art. 2 Rn. 137.

第十二章 人性尊严
(《德国基本法》第1条第1款)

参考文献:

von Bernstorff, Jochen, Pflichtenkollision und Menschenwürdegarantie, Der Staat 47 (2008) 21 ff.; Hufen, Friedhelm, Die Menschenwürde, JuS 2010, 1 ff.; Isensee, Josef, Menschenwürde-die säkulare Gesellschaft auf der Suche nach dem Absoluten, AöR 131 (2006), 173 ff.; Lenzen, Manuela, Wo beginnt die Menschenwürde…, Psychologie heute 2004, 48 ff. (zum Begriff aus ethischer Sicht mit entsprechenden Nachweisen)

案例分析:

Degenhart, Christoph, II, Fall 10 (S. 248 ff.).; Enders, Christoph/Jäckel, Normann, „Selbstverschuldete Rettungsbefragung ", JA 2012, 119 ff.; Grote, Rainer/Kraus, Dieter, Fall 3 (S. 31 ff.); Volkmann, Uwe, Fälle 1 (S. 1 ff.), 3 (S. 62 ff.), 13 (S. 391 ff.).; Kadelbach, Stefan/Müller, Lisa/Assakkali, Mohamed, Anfängerhausarbeit-Öffentliches Recht: Grundrechte-Organspende und Widerspruchslösung, JuS 2012, 1093 ff.; Windthorst, Kay/Sattler, Andreas, Referendarexamensklausur-Öffentliches Recht: Staatsrecht „Hartz IV", JuS 2012, 826 ff.

指导性案例:

BVerfGE 30, 1 ff. (Abhörurteil); 30, 173 ff. (Mephisto); 45, 187 ff. (Lebenslange Freiheitsstrafe); 82, 60 ff. (Steuerfreies Existenzminimum); 96, 375 ff. (Sterilisation); 115, 118 ff. (Luftsicherheitsgesetz); 125, 175 ff. (Hartz IV-Regelsatz); 132, 134 ff. (Asylbewerberleistungsgesetz).

一、背景

589 明确规定人性尊严及将人权承诺写在《德国基本法》第1条第1款的显著位置,这在德国宪法史上为首创。在此之前,基本权一直是个别保障的组合,并不存在国家全面尊重人性尊严及人权的义务。尽管如此,对人权及人性尊严的尊重是思想启蒙的核心组成部分;人因其为人而有不可出让的自我价值。人不服务于国家,相反,国家服务于人。这个思想在过去(和现在)是宪法发展的重要动力。

590 对人权的尊重在第二次世界大战结束和纳粹独裁终结后迎来了新的篇章。战争的残酷和纳粹德国对犹太人和其他少数群体不可想象的犯罪,让世界开始反思,并开始纲领性地加强对个人的保护。1945年6月26日的《联合国宪章》在其序言中就肯认"人性的尊严和价值";《联合国宪章》第1条第3项直接将尊重人权作为联合国的目标。1948年12月10日,联合国全体大会上宣布的《世界人权宣言》则在第1条中规定了和《德国基本法》类似的对人性尊严的承诺。《德国基本法》第1条与国际领域对人权友好的保护相对接,和纳粹政治形成鲜明对立。欧盟层面上,《欧盟基本权利宪章》第1条写入了受《德国基本法》强烈影响的规定。《欧盟基本权利宪章》第4条和第5条、《欧洲人权公约》第3条和第4条(禁止酷刑和奴隶)则涉及人性尊严的个别方面。

591 《德国基本法》第1条第1款具有**特殊地位**:无论其在宪法开端的位置,还是《德国基本法》第79条第3款规定的所谓永久保障,对第1条基本原则的特殊保护都证明,尊重和保护人性尊严是宪法的核心基础。修宪者可以限制或者取消第2条至第19条规定的基本权,因为第19条第2款的本质内涵保障只适用于普通立法者,而修宪不能触及第1条的基本原则。因此甚至存在违宪的宪法。[1] 该条款的特殊地位还在于,与其他基本权不同[2],主流观点认为第1条第1款具有**直接第三人效力**。私人也直接受束于人性尊严保障,故私人损害人性尊严的行为也被《德国基本法》所禁

---

〔1〕 BVerfGE 84, 90 (120 f.) (Bodenreform I);109, 279 (310) (Großer Lauschangriff)。
〔2〕 参见页边码343以下。

止。[3] 这也是制宪者的设想,将第1条第1款作为"针对每个人的绝对确立,无论是国家权力还是每个私人"[4]。联邦宪法法院对这个问题目前没有明确表态。

近期,和犯罪相关,特别是与**反恐**相关的人性尊严保护使得全世界陷入压力之中。这涉及美国关塔纳摩监狱中对犯人使用酷刑和剥夺权利,德国小范围也有这种情况,特别是有段时间在无视《德国基本法》明确规定的情况下,对酷刑合法性所进行的荒谬讨论。对这一讨论应当予以批判性地看待。对安全需求的增加决不能导致国家建立在人性尊严不可处分基础上的价值基础相对化。这种相对化会使其抛弃核心内容。

二、人性尊严保障的权利内涵

从第1条第1款的**字面**上来看,第一句是"人的尊严不可侵犯"。这句话是单纯的确认;从中既不能得出权利,亦不能得出义务。第1条第1款第1句被下一句所具体化,即尊重和保护人的尊严是一切国家权力的义务。因此,按照字面意思,国家对个人的尊严负有保护义务。另外,对人性尊严的尊重还表现在,国家机关在解释和适用普通法时,必须注意到第1条的内涵。第1条第1款的**客观法效力**被普遍承认。

没有完全得到澄清的则是,第1条第1款规定的**基本权利**,是否具有**主观权利效力**。[5] 基于第1条第1款的顶端地位和人性尊严的特殊意义,第一眼会觉得对第1条第1款的基本权内涵进行质疑十分奇怪。但是宪法文本在第1条第3款中则指出,"下述基本权利"是直接有效地约束立法、行政和司法的法律,表明第1条第1款并非基本权。因此,反向推理可以得出,之前的第1条第1款不应当是直接有效的基本权利,而且根据联邦

592

593

594

---

[3] BVerwGE 115, 189 (199); Kunig, in: v. Münch/Kunig, Art. 1 Rn. 27 m. w. N.

[4] 据议员聚斯特亨,转引自 JöR 1 (1951), S. 51。

[5] 相反的观点参见 Dreier, in: ders., Art. 1 Rn. 124ff., 更多细致论述参见 Enders, Die Menschenwürde in der Verfassungsordnung, 1997, S. 101ff., 和 Lenz, Vorbehaltlose Freiheitsrechte, 2006, S. 14ff.; 赞同的如 Herdegen, in: Maunz/Dürig, Art. 1 Abs. 1 Rn. 29; Robbers, in: Umbach/Clemens, Art. 1 Rn. 33, 对于争论全面的论述参见 Teifke, Das Prinzip Menschenwürde, 2011, S. 68ff.。

宪法法院的裁判，所有基本权是人性尊严保障的具体化，根基在于此。[6] 因此，很难认定人性尊严基本权利有独立的适用范围。[7] 第 2 条以下的基本权利能够提供无漏洞的保护，而无须再将第 1 条第 1 款作为基本权来认定。

595　　尽管如此，多数观点认为第 1 条第 1 款应当被视为基本权。第 1 条第 3 款虽然规定，下述基本权利直接约束公权力，但是根据该规定，将第 1 条第 1 款排除出基本权利范围的论断是没有说服力的。从第 1 条第 1 款第 2 句可以看出，第 1 条第 1 款第 1 句是具有直接约束效力的，无须在第 1 条第 3 款中再进行重复。[8] 另外，第 1 条第 1 款处于《德国基本法》的基本权部分（第 1 条第 1 款之前的标题："基本权利"）。最后，如果不承认人性尊严保障的基本权内涵，那么就会出现保护漏洞。[9] **联邦宪法法院也认为第 1 条第 1 款是基本权利**。例如，其在关于欧盟逮捕令的宪法诉讼中，以第 1 条第 1 款为标准来审查下列问题，即该逮捕令的执行是否损害人性尊严。[10] 联邦宪法法院还直接从第 1 条第 1 款（结合第 20 条第 1 款）中推出生存最低限度保障。[11] 不过，这些裁判构成例外情形。任何情况下，审查的标准都是其他基本权利结合第 1 条第 1 款。人性尊严经常与第 2 条第 1 款（一般行为自由）或者第 2 条第 2 款第 1 句（生命和身体完整权）一起处理，适用于基本权利。

596　　**案例写作提示：**
　　案例写作时，审查受影响人的主观权利时，对第 1 条第 1 款的基本权属性应当简短处理。在那些第 1 条第 1 款不是考试重点的案例中，应当援引其他基本权利，如一般人格权。在这些案例中，应当以其他基本权为开

---

[6] BVerfGE 93, 266 (293) (" Soldaten sind Mörder "); 107, 275 (284) (Schockwerbung II).

[7] Lenz, Vorbehaltlose Freiheitsrechte, 2006, S. 17ff.

[8] Dreier, in: ders., Art. 1 Rn. 125.

[9] 参见 Herdegen, in: Maunz/Dürig, Art. 1 Abs. 1 Rn. 29. 如联邦宪法法院从第 1 条第 1 款中引申出的死后人格保护（参见页边码 600），以及对修宪的权利保护。不过也可以从一般人格权（第 2 条第 1 款结合第 1 条第 1 款）中引申出死后人格保护。

[10] BVerfGE 140, 317 (341 ff.) (Identitätskontrolle); 147, 364 (378) (Haftraumgröße); ebenso bereits BVerfGE 61, 126 (137) (Erzwingungshaft).

[11] BVerfGE 82, 60 (85) (Steuerfreies Existenzminimum), 99, 216 (233) (Familienlastenausgleich); 125, 175 (222) (Hartz IV-Regelsatz).

端，之后像联邦宪法法院个别时候的处理那样确认[12]，第1条第1款的基本权不提供更多的保护。这样避免了对案例解决无益的理论和容易出错的论述。但第1条第1款的规定应当在干预正当化（关键词：损害人性尊严时干预无法得到正当化）时予以考虑。只有在人性尊严保障成为重点的案例中，才对第1条第1款的基本权属性进行讨论。这里还可以用第1条第1款的审查作为开端，但不是必须的。

第1条第1款作为极少数的基本权，联邦宪法法院从中推导出**个别给付的原始请求权**。从第1条第1款结合第20条第1款（社会国原则）得出对人性尊严生存最低限度保障基本权。[13] 国家必须给予收入处于生存最低限度的公民免税待遇，必要时提供社会给付。考虑到公共供应、社会保障、一般危险防御和风险预防等特定基础领域中**国家的保障职责**，第1条第1款还被认为具有更多给付权内涵。[14] 基于一方面该条款具有人性尊严的分量；另一方面是对其扩大后的给付请求权对于国家行为能力的影响，应当对此抱着极为谨慎的态度；只能是**宪法保障的最低限度**。[15] 对其的肯认有疑问的还有，由于真正的给付请求权（没有在预算案中做出安排）会造成更多支出，给国家财政带来压力。相应的，对其个案中的肯认会妨碍议会的预算高权和权力分立原则。[16]

三、保护范围

案例18：维利·勃兰特纪念硬币

U是制造和运营硬币的企业主。在联邦德国总理维利·勃兰特于1992年去世后，U制造了一枚硬币，上面印有"纪念维利·勃兰特"和年份"1913"和"1992"，中间是死者的图像。硬币背面边缘则是"联邦德国总理"和"社会主义国际主席"和"诺贝尔奖得主"。制造销售该硬币时，

---

[12] 参见页边码620。
[13] BVerfGE 82, 60（85）（Steuerfreies Existenzminimum），99, 216（233）（Familienlastenausgleich）；125, 175（222）（Hartz IV-Regelsatz）。
[14] 详细的论述参见Butzer, in：HStR IV, §74 Rn. 38 ff.。
[15] 司法裁判参见Höfling, in：Sachs, GG, Art. 1 Rn. 31 ff.。
[16] Vgl. Starck, in：v. Mangoldt/Klein/Starck, Art. 1 Rn. 189. 参见页边码508。

U 既没有得到维利·勃兰特的同意，也没有得到其遗孀 S 的同意。S 在了解上述情形后，向法院起诉，要求 U 停止制造和销售该硬币。州法院和州高等法院支持了 S 的诉讼请求。法院的理由主要是："告别硬币"的传播违反了《德国艺术著作权法》第 22 条所保护的自身图像的权利。U 不能主张《德国艺术著作权法》第 23 条第 1 款第 1 项。虽然维利·勃兰特是当代人物，但是人格保护在下列情形中优先，即从整体情况看，信息传达目的居于次要地位。联邦最高法院则将上述判决废除，驳回了 S 的诉讼请求权，因为 U 制造销售该硬币虽然出于商业利益，但是满足了民众受保护的信息利益。维利·勃兰特本人对于公众来说具有特殊利益。硬币不仅对其图像展示，还亮明其国家领导人和政客身份。针对该裁判，S 提起宪法诉愿。S 认为，联邦最高法院错误地认为，"告别硬币"具有值得受保护的信息价值。相反，比起信息内涵，该硬币的收藏和投资价值明显居于首要地位。即使维利·勃兰特已逝世，如果不是为了满足公众的信息利益，该图像的展示也是不合法的。该宪法诉愿有望取胜吗？

《德国艺术著作权法》第 22 条（对自身图像的权利）

肖像只有在取得肖像人事先同意下，才能传播或者公众展览。在肖像人死亡后，十年内需要肖像人亲属的同意。本法意义上的亲属是指现存配偶。

《德国艺术著作权法》第 23 条（第 22 条的例外）

1. 没有第 22 条必要的同意时，下列情形也可被用于传播或者公众展览：

（1）当代史领域的肖像

2. 但权限不延伸至肖像人正当利益；在其死亡时，其亲属正当利益损害时的传播和展览。

案例原型 BVerfG, NJW 2001, 594 ff.（Willy-Brandt-Gedenkmünze）。

（一）主体保护范围

承认第 1 条第 1 款的基本权特征，其字面上指出了主体保护范围：每个人的尊严不可侵犯。第 1 条第 1 款是每个人的基本权利。按照联邦宪法法院的裁判，没有出生的生命也有人性尊严。[17] 尚未澄清的则是何时给予这种保护[18]，这个问题在科研领域（关键词：干细胞）和医学领域（关键词：产前诊断）[19] 具有重要意义。

主体保护领域的特点在于，不同于其他基本权，人性尊严还延伸至死亡后（所谓的**死后人格保护**）。[20] 毫无疑问的是，死者本身不能享有第 1 条第 1 款的基本权，因为死者不是权利主体，逻辑上，也就不能被赋予主观权利。但是，联邦宪法法院认为，"第 1 条第 1 款中施加给所有国家权力的义务，即赋予个人防御侵犯其个人尊严的保护，并不在死后终止"[21]。人性尊严不是死者的主观权利，而是国家的客观法**保护义务**。[22] 侵害保护义务时，死者家属可以通过宪法诉愿来主张权利。[23] 但是联邦宪法法院还认为，"对死者的印象逐渐淡薄，随着时间流逝对其生活图景的非伪造利益也就减少，那么保护需求——与保护义务相对应，相应地消失"[24]。换句话说，死者的人格保护随着时间流逝逐渐变小，以至于对其保护力度也逐渐变小。

联邦宪法法院在"**梅菲斯特裁定**"（Mephisto-Beschluss）中发展出死后人格保护[25]，宪法诉愿人是一家印刷和销售书籍《梅菲斯特升官记》的出版社，作者为克劳斯·曼。这部小说讲述了富有天赋的演员亨得瑞克·何夫根的职业生涯，他否定自身政治信仰，抛弃所有人性和伦理教育，与纳粹德国的掌权者合谋，以换取艺术上的飞黄腾达。亨得瑞克·何夫根的原型被认为是演员格林德根斯·古斯塔法。20 世纪 20 年代，格林德根斯·古斯塔法在汉堡小剧场活动，和克劳斯·曼结为朋友，并与其妹艾瑞

600

601

---

[17] BVerfGE 39, 1 (41) (Schwangerschaftsabbruch I); 88, 203 (251) (Schwangerschaftsabbruch II)。

[18] Starck, in: v. Mangoldt/Klein/Starck, Art. 1 Rn. 18f.；卵子受精；Kunig, in: v. Münch/Kunig, Art. 1 Rn. 14：怀孕 14 天后。对这个问题详细论述 Hufen, JuS 2010, 1 (5 f.)。

[19] Hufen, MedR 2017, 277 (278 f.)。

[20] BVerfGE 30, 173 (194) (Mephisto); BVerfG, NJW 2001, 594 (594 f.)。

[21] BVerfGE 30, 173 (194) (Mephisto)。

[22] 参见页边码 123 以下。

[23] BVerfG, NJW 2001, 594 (594)。

[24] BVerfGE 30, 173 (196) (Mephisto). 民事法院司法实践的阐述见 Hager, Jura 2000, 186 (189ff.)。

[25] BVerfGE 30, 173 ff. (Mephisto)。

卡·曼结婚。小说关于亨得瑞克·何夫根的很多细节——外在、表演剧目、时间表、加入普鲁士国家参议院，以及成为普鲁士国家剧院总管，这些都和格林德根斯·古斯塔法的外在表现形象和生活经历一一对应。每个对上述关系稍微了解的读者都能在这部小说中看到古斯塔法的形象——一个没有气节、被好胜心腐蚀的机会主义者。针对该书的印刷和销售，格林德根斯·古斯塔法的养子和唯一继承人取得了法院禁令，宪法诉愿人针对该法院禁令的诉讼也没有成功。但今天该书被允许销售，因为随着时间流逝，人格保护已经消除。

> BVerfGE 30, 173 (194)（Mephisto）：法院判断死者古斯塔法的人格领域保护效力时，正确地将第1条第1款纳入其中。如果人因其为人而享有的尊严及一般尊重请求权在其死后被允许诋毁或者贬低，则与所有基本权的基础——人性尊严不可侵犯的宪法要求不相符。相应的，**第1条第1款中施加给所有国家权力的义务，即赋予个人防御侵犯其个人尊严的保护，并不在死后终止**。联邦最高法院和高等法院还承认了第2条第1款对逝世演员古斯塔法民法保护的辐射效力，但因其逝世，该保护范围有限。然而，应当否认人格权在死后的持续效力，因为该基本权主体只能是存活的人；在其死亡后该基本权保护也就消除。第2条第1款的基本权前提是存在一个至少潜在的或者未来有行为能力的人。

（二）实体保护范围

602　实体角度上看，保护范围取决于"人的尊严"定义。《德国基本法》使用了一个几百年来哲学家和神学家所研究的概念。对此也有不同的回答：基督教义将人性尊严作为上帝恩赦来看待，是人因其存在而享有；其他学说则认为人性尊严是自身劳动和争取来的结果。[26]

603　上述解释对于人性尊严的法律概念来说只有有限的意义。不过可以从哲学和神学对人性尊严的解释中看出，人性尊严是**人的自我价值**。从自身功劳推导出人性尊严的观点则必须予以否定；因纳粹（"消灭没有价值的生命"）教训而来的《德国基本法》全面保护理念也与其相对立。如果以自

---

[26] Vgl. Isensee, AöR 131 (2006), 173 (199 ff.).

身功劳作为人性尊严的基础，那么严重残疾或者新生婴儿的人性尊严就将不复存在，这与前述前提不相符。因此，人性尊严可以被描述为人因其为人所享有的自我价值。[27] 每个人——按照联邦宪法法院的说法，作为人都拥有尊严，无论其特征、身体或者精神状态，或其劳动或者社会地位。[28] 任何人不得被剥夺人性尊严，也不能因"不尊严的"行为而丧失人性尊严。容易受损的是人性尊严所保障的尊重请求权。[29] 人性尊严保障保护每个人的主体特征不被质疑，而成为**国家行为的客体**。[30]

这个**"客体公式"**（Objektformel）为联邦宪法法院在长期裁判中所使用，文献主流观点也均赞成。尽管如此，在有疑义的案件中，这个公式并不能作出清晰区分，这也为联邦宪法法院所觉察。早在监听判决中，法院对客体公式提出**质疑**，认为在很多时候，人不仅是关系和社会发展的客体，还是法律客体，对此不考虑其利益，人必须服从。[31] 但是，对人性尊严保障内涵作出更加精确的定义很困难，甚至是不可能的。根据损害方式，可以将其描述为保护不受蔑视、污名、迫害、逐出社会，以及对人性生存的商业化[32]，这种描述有必要保持开放性。因此，在实践中，以及对于案例写作来说，还是以客体公式为准。

BVerfGE 30, 1 (25 f.) (Abhörurteil)：第1条所列的人性尊严不可侵犯基本原则所要求的内涵，根据第79条第3款，宪法修改时不得予以改变，这些取决于确认何种场合下人性尊严被损害。而这并不能一概而论，只能看具体情形。一般性的公式，如人不能被贬低为国家权力的单纯客体，只是指明出现人性尊严损害相关案件的方向。在很多时候，人不仅是关系和社会发展的客体，还是法律客体，对于此，不考虑其利益，人必须服从。不能单凭上述而认定存在人性尊严的损害。

---

[27] BVerfGE 30, 1 (Ls. 6) (Abhörurteil). Teifke, Das Prinzip Menschenwürde, 2011, S. 66 将人性尊严如此定义"人性尊严保障自由、自我承担责任的人格得到承认的权利"。
[28] BVerfGE 96, 375 (399) (Kind als Schaden); 115, 118 (152) (Luftsicherheitsgesetz).
[29] BVerfGE 87, 209 (228) (Tanz der Teufel); 109, 133 (150) (Lebenslange Sicherungsverwahrung).
[30] BVerfGE 96, 375 (399) (Kind als Schaden); 115, 118 (152) (Luftsicherheitsgesetz).
[31] BVerfGE 30, 1 (25) (Abhörurteil); ebenso BVerfGE 109, 279 (312) (Großer Lauschangriff).
[32] BVerfGE 1, 97 (104) (Hinterbliebenenrente I); 96, 375 (400) (Kind als Schaden).

还要有的是，个人所面对的国家处理使其主体特质原则性地被质疑，或者具体个案中的处理对个人尊严造成恣意蔑视。个人被执行法律的公权力处理时，如果触及人性尊严，那么就必须是对人因其为人所享有价值的轻视，在这个意义上即"轻视的处理"。

BVerfGE 30, 1 (39 f.) (Abhörurteil, Geller, v. Schlabrendorf, Rupp法官的背离性意见)：按照联邦宪法法院的裁判，第1条是贯穿《德国基本法》规定的支撑性宪法原则。《德国基本法》将自由的人格和尊严作为最高的法律价值来对待。在回答何为"人性尊严"这个问题时要谨防将庄严的字眼仅仅理解为最高意义，如认为执行法律的公权力对人的处理，是对人因其为人享有价值的轻视，在这个意义上构成"轻视的处理"，人性尊严才受到损害。如果按照这样的理解，第79条第3款就会缩减为禁止重新引入酷刑、耻辱柱和第三帝国的手段。这样的限制与《德国基本法》的精神和理念是不符合的。第79条第3款结合第1条有实质上更为具体的内涵。《德国基本法》将自由人格置于价值秩序的最高级别，从中肯认其自我价值和独立性。所有的国家权力必须尊重和保护人的自我价值与独立性。个人不得被没有人性地像一个物体那样被处理，即使不是轻视人的价值，而是以善意的面目出现。该院第一合议庭曾经认为，将人作为国家行为的单纯客体，被当权者随意处分，即违背人性尊严。这绝不是仅仅指明人性尊严受损的方向。这是第1条所蕴含的原则，直接设定标准。

606 司法裁判对第1条第1款的适用情形分析，更能明确保护范围。主要分为以下六种**案例群**，不过并不是完整的。

607 ①**保护身体完整性**，如不受酷刑[33]和其他使人蒙羞和灭绝人性的刑罚。[34] 这种保护的特别表现是第102条规定的禁止死刑[35]，属于这个保护范围的还有联邦宪法法院从第1条第1款中所推导出的禁止终身自由刑。

---

[33] 参见页边码724以下。
[34] BVerfGE 140, 317 (341 ff.) (Identitätskontrolle).
[35] 关于死刑参见 BVerfG, NVwZ 2018, 1390 (1393 ff.)。

不能出现"无论其人格发展,被判处人放弃重新取得自由的希望"的情形。[36]

②保护基本的生存基础,尤其是保障有人性尊严的生存最低限度权利。按照联邦宪法法院裁判,人性尊严要求生存最低限度不能被征税。[37] 此外,联邦宪法法院从第1条第1款结合社会国原则(第20条),推导出保障人性尊严的生存最低限度权利。[38] 除了人的实体生存必要的实体条件,这个基本权直接包含给付请求权,还有对于人参与社会、文化和政治生活中不可缺少的最低程度给付。这是立法者的职责,且通过透明和公正的程序来具体化该请求权。[39]

③保护个人名誉,即保护个人不受贬低、严重侮辱[40]和被商业性利用的请求权。[41] 不过,这里要注意的是,不是每个侮辱和贬低都触及人性尊严。只有一个人的请求权被原则上和重大轻蔑方式所损害,才能主张第1条第1款。[42]

④保护私人生活构建核心领域不可侵犯。第1条第1款的前提是,每个人能够对不受国家监控的内在过程予以表达,如感受、思考、高度人身性质的观点和经历及其性取向。[43] 因此,禁止对这一领域采取监控措施,如监听私人住宅。[44] 相应的,日记和类似的私人记录不能直接被置于任何

608

609

610

---

[36] BVerfGE 45, 187 (245) (Lebenslange Freiheitsstrafe); 109, 133 (150) (Lebenslange Sicherungsverwahrung).

[37] BVerfGE 82, 60 (85) (Steuerfreies Existenzminimum); 99, 216 (233) (Familienlastenausgleich II).

[38] BVerfGE 125, 175 (222) (Hartz IV-Regelsatz); 132, 134 (159) (Asylbewerberleistungsgesetz); BVerfGE 137, 34 (72 f.) (Besondere Regelbedarfe).

[39] BVerfGE 125, 175 (223 ff.) (Hartz IV-Regelsatz); 132, 134 (160) (Asylbewerberleistungsgesetz); 对程序法方案的批判参见 Dann, Der Staat 49 (210), 630 ff.。

[40] BVerfGE 30, 173 (214) (Mephisto); 102, 347 (367) (Schockwerbung I).

[41] BVerfGE 96, 375 (400) (Sterilisation).

[42] BVerwGE 93, 56 ff. 中的例子:一名少尉在一次训练中将一名作为"破坏者"的上等兵逮捕、捆绑起来,在其他士兵面前多次对其口头威胁死亡、以淫虐或者性暗示等方式羞辱。联邦行政法院认为这是有将受害人矮化为"客体"、"展示"其优势和自身权力,明显损害了第1条第1款保障的人性尊严不可侵犯这一基本权。同样,命令烹饪和吃蚯蚓也被联邦行政法院认定为损害人性尊严的行为 (BVerwGE 93, 108 ff.)。

[43] Vgl. Baldus, JZ 2008, 218 ff.

[44] BVerfGE 109, 279 (313 ff.) (Großer Lauschangriff); 113, 348 (390 ff.) (Telekommunikati-onsüberwachung Niedersachsen); NJW 2016, 1781 (1797 f.) (BKAG). 参见页边码683。

国家干预之下，如在刑事诉讼中使用。[45]

611　　⑤**保护个人身份**。国家法律禁止性别转变时，人性尊严受影响。[46] 保护个人在刑事诉讼中不被作为客体对待也属于保护个人身份。出于对比目的而强制地改变头发和胡须，根据《德国刑事诉讼法典》第81a条是合法的[47]，但违背自愿地使用测谎仪则为不合法的。[48]

612　　⑥**保护基本的法律平等性**，歧视和贬低处理，如将人作为第二等级或者"无价值"对待，严重违反平等原则的情形可能损害人性尊严。人性尊严是平等的；它只存在人类这一物种上。[49]

613　　认定侵犯人性尊严时**应当谨慎**。[50] 人性尊严的保障是《德国基本法》的核心要素；从字面、体系和历史上看，其具有特殊意义。草率地认定对人性尊严造成干预，以及草率地推导出对国家的具体请求权，会带来巨大的危险，即放弃人的尊严，走向武断，最终走向平庸，从而使第1条第1款作为国家行为绝对界限失去其特殊地位。人性尊严是没有限制，绝对予以保障的。对人性尊严的干预无法得到正当化，总是违宪。这种无保留性要求，需要对其保护范围进行严格和谨慎的解释。[51] 因此，只有在个人最核心的生活领域受到非常严重的干预时，才能考虑对人性尊严保障的侵犯。其他情形下只能援引第2条以下的基本权。特别是一般人格权（第2条第1款结合第1条第1款）能够覆盖很多轻微情形，而且很难对两个基本权进行精准区分。

614　　**案例写作提示：**

案例写作时，人性尊严是最困难的基本权。在展开大段论述时，推荐采用可信性审查，即国家行为是否确实以充分严重的方式损害人格权。只有在这种情形中，才可以对第1条第1款全面审查，使用客体公式。出于检查考虑，可以考虑上述案例群可否援引。否则，应当只审查一般人格权

---

[45] BVerfGE 80, 367 (374) (Tagebuch).
[46] BVerfGE 49, 286 (298) (Transsexuelle I).
[47] BVerfGE 47, 239 (247) (Haartracht-Veränderung).
[48] BVerfG, NJW 1982, 375.
[49] BVerfG, Urt. v. 17.01.2017-2 BvB 1/13, juris Rn. 541 (NPD-Verbot).
[50] BVerfGE 107, 275 (283 f.) (Schockwerbung II).
[51] 艺术自由中限制对保护范围的影响见页边码279。

(第2条第1款结合第1条第1款)。案例写作时，对于第1条第1款，要特别注意论证时法律上的分析，而非政治、道德或者感觉上的分析。不是每一个无法容忍的国家行为都触及人性尊严。很多情况下是特殊基本权。因此，推荐使用客体公式，因为借助该公式能够进行清楚明了的法律涵摄。

四、干预

对人性尊严的干预表现在将人作为单纯"客体"来对待。和其他基本权一样，这里并不取决于是否有意对人性尊严形成干预。事实性妨碍也具有干预属性。

615

受影响人的事先同意并不排除对人性尊严的违反。对于大多数自由权利来说，受影响人可以放弃行使自由权，甚至保护消极自由[52]，但对第1条第1款的基本权放弃[53]则是不可能的。[54] 在一个案例中，行政法院认为秩序机关禁止"矮人抛"（Zwergenweitwurf）[55] 是合法的，虽然被抛者事先同意。法院给出的理由是，人被作为单纯的客体对待，对此人不能事先同意。[56] 联邦行政法院在"镭射射击游戏裁判"中也如此认为[57]：法院在本案中对一个"镭射射击游戏"的官方禁止作出裁判，该游戏中，参加人使用红外线长枪试图射中对方。联邦行政法院着眼于下列事实，即人被"射中"，从而模仿杀戮行为。这种出于娱乐目的而进行的模仿性杀戮伤害到了人格的个人性、身份性和完整性。[58] 而与此相类似的彩弹射击游戏则被行政法院认为与人性尊严相符合。[59]

616

---

[52] 参见页边码313和880以下。
[53] 参见页边码111。
[54] BVerfG, ZfBR 2016, 582（583 f.）没有做出回答。
[55] 一种酒吧运动，给小个子戴上腰带，由其他人抛掷取乐。——译者注
[56] VG Neustadt, NVwZ 1993, 98 ff.
[57] BVerwGE 115, 189 ff.
[58] BVerwGE 115, 189（200 ff.）.
[59] OVG Lüneburg, BauR 2010, 1060 ff.；VGH München, DVBl. 2013, 525 ff.

五、干预的正当化

617　　**案例 19：儿童绑架案**

1月份时，汉诺威有一个6岁儿童被绑架。很快，警方逮捕了犯罪嫌疑人A。拷问阶段，其承认绑架、虐待和性侵了孩子。至于孩子现在在哪里，他则拒绝透露：只是说孩子在汉诺威郊区的一处洞穴之中。基于虐待事实和夜里低于0度的气温，警方认为，孩子处于生命危险之中。另外，警方认为，孩子的人性尊严基于上述情形很可能受到伤害，特别是被放置于洞穴中受冻。由于进一步拷问没有成效，在所有区域内搜寻耗时，主管警察决定对A使用暴力，强制其供出孩子所在的地点。警察首先威胁A，再不供出就让其受苦受痛，甚至死亡。由于威胁不起效力，警方对其使用了酷刑，虽然没有威胁到其生命和健康，但是使A供出了孩子的地点。当警方赶到地点时，遇到了另一名罪犯B和孩子。B用手枪威胁孩子，要求警方离开，否则，他就杀害孩子。警方认为B极具暴力。在谈判无果B放枪警告以及形势面临恶化之时，警方射中了B。孩子最终得救。本案中，警方的措施损害A和B的基本权或者与基本权相似的权利了吗？请做出完整的鉴定。

《德国下萨克森州公共安全和秩序法》第76条第2款第2句：与安全相关的，很有可能造成死亡的射击，只有在下列情形中方被允许，即该射击是用来防御当前生命危险或者当前对身体完整性严重损害的危险。

618　　第1条第1款是被无保留赋予的。对于无保留的基本权来说，可以基于宪法权利冲突的限制，从而实现对干预的正当化[60]，第1条第1款则不存在这一可能性。因为第1条第1款处于宪法的顶端，从第79条第3款和人性尊严的意义上可以得知，人性尊严作为《德国基本法》的建构要素，从不允许被限制。人性尊严作为所有基本权的基础，不能与个别基本权和其他宪法法益相权衡。[61] 相反，每个国家行为根据第1条第1款第2句，

---

[60] 参见页边码77以下。

[61] Vgl. BVerfGE 107, 275 (284) (Schockwerbung II); 109, 279 (314) (Großer Lauschangriff).

必须尊重人性尊严。[62] 因此，**第 1 条第 1 款**不但是无保留的，而且在**事实上是无限制的**。对人性尊严的干预总是构成违宪。

基于人性尊严的特殊地位，不能为了**保护其他人的人性尊严而限制人性尊严**[63]，同样不被允许的还有通过利益权衡来确定人性尊严的构成要件。[64] 将人性尊严保障与其他利益进行权衡的不可控制危险在于，个案中人性尊严防御权与人性尊严保护请求权相对立。国家通过自身的行为掌握了人性尊严，从而对其公民拥有绝对的权力诉求，这与民主法治国家是不相符的，也是《德国基本法》严格避免的情形。这也符合联邦宪法法院明确的裁判：国家保护义务不能达到其要求采用违反人性尊严的手段。[65]

六、竞合

没有得到澄清的则是第 1 条第 1 款和其他基本权之间的关系。如果认为所有基本权的核心部分是人性尊严，那么将导致其与第 1 条第 1 款出现重叠。因此，可以考虑的是，在出现重叠时，要么认定其他基本权对于第 1 条第 1 款有特殊性[66]，要么第 1 条第 1 款对于其他基本权有特殊性。上述情形很少发生，且与第 1 条第 1 款的特殊意义不相符。更能体现该保障意义的则是将第 1 条第 1 款与其他基本权平行适用。[67] 联邦宪法法院没有对竞合问题做出回答。其有时则认为，第 1 条第 1 款的一般保障"在所考虑的角度中，不超过单个基本权"[68]。

案例写作提示：

考虑到竞合问题，对于人性尊严不构成焦点的案件，联邦宪法法院认

---

[62] BVerfGE 75, 369 (380) (Strauß-Karikatur); 93, 266 (293) („ Soldaten sind Mörder ").
[63] Starck, in: v. Mangoldt/Klein/Starck, Art. 1 Rn. 79; Wittreck, DÖV 2003, 873 (877 ff.).
[64] Herdegen, in: Maunz/Dürig, Art. 1 Abs. 1 Rn. 46ff.
[65] BVerfGE 115, 118 (160) (Luftsicherheitsgesetz). Vgl. Lenz, Vorbehaltlose Freiheitsrechte, 2006, S. 296 ff.; v. Bernstorff, Der Staat 47 (2008), 21 ff. 欧洲人权法院的裁判同样如此，参见 EGMR, NStZ 2008, 699 ff.。
[66] BVerfGE 51, 97 (105) (Zwangsvollstreckung I) 即如此：与第 1 条第 1 款相比，第 13 条作为特殊法。
[67] Kunig, in: v. Münch/Kunig, Art. 1 Rn. 69; Höfling, JuS 1995, 857 (862).
[68] BVerfGE 53, 257 (300) (Versorgungsausgleich I); 56, 363 (393) (Sorge-und Umgangsrecht für nicht eheliche Kinder).

为，只要其他基本权利可供援引，就应当否定超出应当审查的其他基本权之外的保护。根据第1条第1款，在构成重点的案例中，应当考虑改卷人的期望，将第1条第1款作为独立条款来审查。鉴于这种不清楚的竞合关系并不是必须的。

622 **一览：典型的考试问题**

・保护范围的确定：客体公式（页边码603以下）。

・与其他基本权，特别是一般人格权的区分（第2条第1款结合第1条第1款）（页边码620）。

・永久保障（第79条第3款）（页边码591）。

・人性尊严损害的事先同意（"矮人抛"、钢管舞、镭射射击游戏、测谎仪"老大哥"）（页边码616）。

・第1条第1款作为宪法权利冲突；为了他人的人性尊严而限制人性尊严（"酷刑案"）（页边码618）。

・违宪的宪法（页边码591）。

第十三章 一般人格权（《德国基本法》第 2 条第 1 款结合第 1 条第 1 款）

参考文献：

Desoi, Monika/Knierim, Antonie, intimsphäre und Kernbereichsschutz, DÖV 2011, 398 ff.; Frenz, Walter, Das Grundrecht auf informationelle Selbtbestimmung-Sand nach Antierrordatei Urteil des BVerfG, JA 2013, 840 ff.; Gusy, Christoph, Grundrechtsschutz des Privatlebens, in: FS fpr Folz 2003, S. 103 ff.; Ehmann, Horst, Zur Struktur des Allgemeinen Persönlichkeitsrechts, JuS 1997, 193 ff.; Gusy, Christoph, Grundrechtsschutz des Privatlebens, in: FS für Folz, 2003, S. 103 ff.; Jarass, Hans D., Das allgemeine Persönlichkeitsrecht im Grundgesetz, NJW 1989, 857 ff.; Kläver, Marlene, Rechtliche Entwicklungen zum Allgemeinen Persönlich-keitsrecht, JR 2006, 229 ff.; Sachs, Michael / Krings, Thomas, Das neue„ Grundrecht auf Gewährleistung der Vertraulichkeit und Integrität informationstechnischer Systeme ", JuS 2008, 481 ff.; Schoch, Friedrich, Das Recht auf informationelle Selbstbestimmung, Jura 2008, 352 ff.; Teichmann, Christoph, Abschied von der absoluten Person der Zeitgeschichte, NJW 2007, 1917 ff.

案例分析：

Degenhart, Christoph, Fall 11 (S. 237 ff.); Schoch, Friedrich, Fall 6 (S. 259 ff.); Hinz, Christian, Onlinedurchsuchung, Jura 2009, 141 ff.; Kahl, Wolfgang / Ohlendorf, Lutz, Grundfälle zu Art. 2 I i. V. mit 1 I GG, JuS 2008, 682 ff.; Kremer, Carsten, Persönlichkeitsschutz für Prominente,

Jura 2006, 459 ff.; Molsberger, Philipp, Der Anspruch auf Resozialisierung, JuS 2007, 560 ff.

指导性案例:

BVerfGE 65, 1 ff. (Volkszählung); 115, 320 ff. (Rasterfahndung): Recht auf informationelle Selbstbestimmung; 47, 46 ff. (Sexualkundeunterricht): Recht auf sexuelle Selbstbestimmung; 35, 202 ff. (Lebach): Resozialisierung; 34, 238 ff. (Tonband): Recht am eigenen Wort und am eigenen Bild; 120, 274 ff. (Grundrecht auf Computerschutz): Gewährleistung der Vertraulichkeit und Integrität informationstechnischer Systeme.

一、背景知识

《德国基本法》并没有明确提及一般人格权,而是产生于第2条第1款,并受到第1条第1款(人性尊严)的影响。一般人格权逐渐独立为单独基本权,和其他特别列明的自由权地位相同。无论是《魏玛帝国宪法》还是《保罗教堂宪法》都没有赋予这种保护。只不过今天被视为一般人格权的个别方面在当时的一般法中有所规定。这包括对自身图片的权利(《德国艺术著作权法》第22条、第23条)[1]和姓名权(《德国民法典》第12条)的规定。[2] 国际法上,《欧洲人权公约》第8条和《世界人权宣言》第12条也作出了规定。《欧洲人权公约》第8条第1款:"每个人有权注重自身私人家庭生活、住宅和交往。"这个保障在《欧盟基本权利宪章》第7条也有类似规定,只不过用"通讯"代替了"交往"。

与作为基本权的一般人格权所不同的是**民法上的一般人格权**。[3] 民法典的制定者虽然拒绝将一般人格权写入民法典,但是从民法裁判和《德国民法典》第823条第1款的其他权利中可以推导出来。后来作为基本权被肯认才得以实现。[4] 作为基本权的一般人格权与《德国民法典》第823

---

[1] Vgl. Schulz/Jürgens, JuS 1999, 664 ff., 770 ff.
[2] Vgl. Emmerich, JuS 2000, 1222 (1222).
[3] Vgl. BVerfG, NJW 2006, 3409 (3409).
[4] 民法上的一般人格权在1954年的BGHZ 13, 334 ff. im Jahr 1954 ("Leserbrief")裁判中得到肯认。民法和宪法上私人领域的概念参见BVerfGE 120, 180 (213 f.) (Caroline von Monaco III)。

条第1款的其他权利的一般人格权是不同的，因为后者只是个一般法上的制度。另外，基本权缺乏直接的第三人效力。但是要注意的是，两个人格权的保护范围极为相似，而且民法上的一般人格权要依照宪法规定来解释。[5]

二、保护范围

案例20：雷巴赫案

1989年1月，F和D突袭了位于雷巴赫的联邦国防部的弹药库哨兵队伍。他们杀害了四名士兵，重伤一名士兵。当时，B在得知犯罪计划后，向D解释P 38手枪的使用方式，予以提供帮助。这一事件在公众中引起轩然大波，一时间1990年9月的审判在媒体、广播和电视上被大肆报道。刑事陪审法庭判决F和D终身监禁，以提供帮助犯罪判处B有期徒刑6年。民营电视台S在1994年以"L的士兵谋杀"为题制作了关于这起犯罪行为的纪录片，B在片头图像中被展示，演员表列明了B的名字。纪录影片中，这起犯罪行为被理解为同性恋群体所导致的结果。纪录片将B和其他两名犯罪分子置于同等责任，而提供帮助只不过是因为他自身怯懦。S打算播出该纪录片。B服刑四年后，后面的刑期以缓刑来执行，他打算返回家乡，但担心纪录片会造成他的生活困难，而且有可能剥夺他的再社会化。因此B向民事法院起诉，依据《德国艺术著作权法》第22条，要求不得放映该纪录片。但他的诉求并没有被法院支持。法院在判决中进行了基本权权衡。B认为这个判决造成他的基本权受损，提起了合乎形式和期限的宪法诉愿。他会胜诉吗？

《德国艺术著作权法》第22条：照片只能在被照人同意的情况下传播或置于公开场合观赏。

《艺术著作权法》第23条：1. 没有第22条的同意不得传播或者置于观赏：（1）当代历史领域的照片；2. 权限不得扩展到可能损害被照人正当利益的传播或者展览上。

本案原型BVerfGE 35, 202 ff. (Lebach)，另外参见BVerfG, NJW 2000,

---

[5] Vgl. Jarass, NJW 1989, 857 (858) m. w. N.; Ehmann, JuS 1997, 193 (197).

1859 ff.（Lebach II）。

（一）主体保护范围

626　　首先一般人格权适用于**自然人**，且不限制于德国人。由于这是生者的权利，死者不在此保护范围内。死后人格权[6]受人性尊严保护。

627　　**私法人**可以根据《德国基本法》第19条第3条主张其特有的一般人格权，但这种特有的一般人格权不能是为了保护人性尊严，如保护个人私密或者沉默权利[7]，因为人性尊严只有自然人才可主张。但如果一项行为可以集体进行，那么私法人也可以主张。特别是当私法人处于和自然人相似的危险地位时，例如，对自身话语的权利[8]和信息自决权[9]。联邦最高法院还将民事一般人格权整体适用于法人，虽然保护强度不如自然人。[10]从宪法角度上看，这是不正确的，因为人性尊严的保障要限定在自然人上。

（二）实体保护范围

628　　一般人格权的实体保护范围相对开放。这是其优势所在，因为这种开放性可以防御对个人人格出现当前并不清楚的危害。因此，其保护范围都是由联邦宪法法院在裁判中勾勒出来的。**一般人格权的职能在于**，"以人性尊严作为最高宪法原则（第1条第1款）来保障紧密的个人生活和基本条件的保持"[11]。一般人格权起源于个人的"实然"。和人的尊严一样，保护范围不取决于主体是否知道自己的人格。因此，一般人格权同样保护儿童、无意识的人或者严重残疾的人。

629　　一般人格权的第一个保护方向是为个人确保一个他可以自主决定私人生活构建的领域（独处和与信任之人在紧密关系中自我发现的权利[12]；"**在该领域内独处和自主决定生活的权利**"[13]）。这个领域应该是与第三人交往并走向社会的起点。第二个保护方向则是保护社会认同。联邦宪法

---

[6]　参见页边码600。
[7]　BVerfGE 95, 220 (242) (Aufzeichnungspflicht).
[8]　BVerfGE 106, 28 ff. (Mithörvorrichtung).
[9]　BVerfGE 118, 168 (203) (Kontosammdaten).
[10]　BGHZ 81, 75 (78); 98, 94 (97); 批判性的观点见 Jarass, NJW 1989, 857 (860)。
[11]　BVerfGE 54, 148 (153) (Eppler); 72, 155 (170) (Grenzen elterlicher Vertretungsmacht); 96, 56 (61) (Vaterschaftsauskunft).
[12]　Jarass, NJW 1989, 857 (859).
[13]　BVerfGE 35, 202 (220) (Lebach).

法院对一般人格权的塑造充分考虑到**私密领域**（Intimsphäre）和**社会领域**的区别，即完全归隐和社会交往。处于完全的隐居和参与公共生活之间的则是**私人领域**（Privatsphäre），更接近于私密隐私，如家庭范围的共同生活或者个人住宅内的隐居行为。[14]

为了能正确把握一般人格权，要注意上述区分。干预正当化的前提条件也要看是哪个领域被触及。为了形成体系化，联邦宪法法院的相关判决可以分为以下几类。

1. 在公众前展示个人

对于个人来说，比较重要的是他有权自己决定如何在公众前展现自身。这里并不是一般行为自由所保障的个人行为（《德国基本法》第2条第1款），而是要保障基本权主体在维护自身人格下与（不相识）第三人结交的实现条件。一般人格权应当保护他不被丑化或者歪曲形象。这包括**肖像权**[15]、**个人话语的权利**[16]和**个人名誉权**。[17]

> BVerfGE 34, 238 (246)（Tonband）：《德国基本法》第2条第1款保护每个人自由发展个性的权利，只要不损及他人权利且不与宪法原则和道德规范相抵触。这个基本权还保护个性发展所必要的法律地位。这在一定界限内包括肖像权、个人话语的权利。因此，原则上每个人都可以自己决定，谁可以录下自己的话语和将录下来的声音在何处向何人播放。

一般人格权还保护个人不被"施加自己并未进行的表达，从而妨碍自身所认为的效力请求权"。[18]

---

[14] Gusy, in: FS für Folz, 2003, S. 106 ff.; BayObLG, NJW 1979, 2624 ff. 将私密领域与私人领域等同；联邦宪法法院有时也将二者同时使用，没有说明区别（BVerfG, NJW 1997, 1632 ff.）。不同于联邦宪法法院，欧洲人权法院则没有对私人领域作出空间限制。参见页边码655。

[15] BVerfGE 34, 238 (246) (Tonband). 肖像权在《德国艺术著作权法》第22条和第23条有规定。

[16] BVerfGE 34, 238 (246) (Tonband).

[17] BVerfGE 54, 208 (217) (Böll).

[18] BVerfGE 54, 148 (Ls. 1) (Eppler). 在新裁判［BVerfGE 106, 28 ff. (Mithörvorrichtung)］中，联邦宪法法院将保护范围扩展到在电话上安装窃听器，确定其也是侵害一般人格权。

633　　属于在公众前展示的还有**提及自己的名字**，即通过说出自身姓名将其与自身身份相联系，从而让自身言语更有分量。联邦宪法法院对上述的论述出现在一起父亲性虐待女儿的案件之中。父亲试图（结果是徒劳的）要求法院禁止女儿在电视上讲述性虐待时提及她的全名。

> BVerfGE 97, 391（399ff.）（Missbrauchsbezichtigung）：人的名字不仅有区分功能。还是身份与个人的表达。因此，每个人都可以主张自己的名字受到保护和尊敬。在目前的司法裁判中，这个保护只是针对国家规定的结婚时名字变化。不过，这种保护还包括要求在特定场合使用公认的名称而不得使用假名来代替。因此，不提及名字也会妨碍个性。这也同样适用于在表达中提及名称。表达是表达人个性的表达。**由于说出全名，这样第三人不仅知道表达的发出人是谁，还可以对其人格图像有所了解。**

2. 信息自决权

634　　对个性自由发展具有重要作用的是信息自决权。这和"在公众前展示自己"紧密相关，因为二者都是个人在社会领域中维护自身个性的前提条件。

635　　对于公民来说，他很难知道哪些数据、是否和在哪里储存，以及利用数据做了什么：公共场合的监视器、警察检查时身份证被电脑扫读、医生编制病人档案、信用卡企业知道某人于某处购买了什么。在1983年的"**人口普查案**"中，联邦宪法法院对不受监督的数据调取所存在的危险做出反应，认为公民行使自身权利、批评国家对于民主社会来说具有基础性意义。个人数据被体系化地搜集和感觉被监视则会严重影响公民行使自身权利，惧怕在公众前展示自身。联邦宪法法院对此表述为"**对自由行使产生长期恐吓效果**"[19]。因此，个人必须保有对**自身数据的掌控权**，自己来决定个人数据的转让和使用。[20] 联邦宪法法院认为，在现代数据编辑系统下，无须花费时间即可将微不足道的信息汇总制作为全面的**人格剖面图**（Persönlichkeitsprofilen），因此，这种保护显得愈加重要（关键词：透明

---

[19] BVerfGE 125, 260（332）（Vorratsdatenspeicherung）.

[20] BVerfGE 65, 1（43）（Volkszählung）；78, 77（84）（Öffentliche Bekanntmachung）；118, 168（184）（Kontostammdaten）.

人）。[21]

联邦宪法法院将信息自决权还扩展到个人不得被强制做出不利自身的表达，但有疑问的是，是否仅援用第1条第1款（人性尊严）。[22] 数据可以是不同种类的：离婚文件、日记、私人记录、生病存档或者税务信息。[23] 联邦宪法法院对信息自决权所形成的裁判，现在已经在联邦和各州数据保护法得到规定。

BVerfGE 65, 1 (41 ff.) (Volkszählung)：审查标准首先是《德国基本法》第2条第1款和第1条第1款所保护的一般人格权，考虑到现代社会的发展和其对人格造成的新危险，因此，一般人格权意义重大。司法裁判对人格权的具体化并不是封闭性的。它还包括个人的自我决定权限，即自己决定何时和在什么界限内公开个人生活事实。

这个权限在自动化数据编辑的当今和未来条件下要受到特别保护。因为特定人的个人或者实体关系方面的数据可以被科技无限制地储存，并无限制地快速提取。此外，在融合性的技术体系中，上述数据和其他的数据集能够组成完全的人格图像，而受影响的人无法控制其正确性和使用。这样，对数据审视和影响的可能性以一种未知方式被无形扩大，而这会对个人形成心理压力，影响到其公共参与。

在现代信息加工科技条件下，个人自我决定权的前提是，个人对意欲进行或者放弃的行为享有决定权，且被赋予践行自身决定的可能性。如果一个人不能充分了解自身信息在社会环境中有多大程度地被公开，不能猜测与他交流的对方所了解的信息，这个人就不能出于自我决定来规划或者决定。**当公民无法知道有谁在何种情况下对自身了解到了什么时，社会秩序与在其基础上的法律秩序不再与信息自决权相一致。个人不再确定自身非常见行为是否被记录且被作为信息永久保存、使用或者传递，这会造成个人尽量使得自己的行为方式不显眼。**当一个人意识到参加游行示威或者民众集会的情况会登记在册，他很

---

[21] BVerfG, NJW 2016, 1781 (1787) (BKAG).

[22] BVerfGE 65, 1 (63) (Volkszählung); 95, 220 (241) (Aufzeichnungspflicht); BVerfGE 55, 144 (150)《Auskunftspflicht》则是第1条。

[23] 更多参见 Jarass, in: Jarass/Pieroth, Art. 2 Rn. 44.

有可能放弃行使该基本权（《德国基本法》第 8 条、第 9 条）。这不但妨碍了个人的自我发展机会，而且妨碍了公益，因为自我决定是公民在自由民主社会中发挥作用的功能性条件。

3. 保障信息科技系统私密性和完整性的基本权

637　最近联邦宪法法院对一般人格权的扩展还表现在保障信息科技系统的私密性和完整性上。这个"新基本权"的背景是北威州尝试在宪法保护中加入**"在线搜查"**[24]。在线搜查中，国家机关无须查收电脑，即可对电脑数据进行调取。这种调取可以是在电脑上安装国家监控软件。监控软件将硬盘上储存信息通过网络转给行政机关。[25] 有争议的是，相应的国家措施要用哪个基本权来判断。联邦宪法法院将其称为电脑权利，同第 10 条、第 13 条和信息自决权相区分。这在一定程度上明确了该基本权的意义和框架。

638　有问题的是，联邦宪法法院是从功能性角度，即从干预角度来确定保护范围的。[26] **电脑基本权的保护范围**被联邦宪法法院界定为科技系统，该科技系统为单个用户所用，并对第三人封闭。至于该基本权还可以适用于何种情形，尚有待观察。在一起判决中，联邦宪法法院将查封用户服务器上的电子邮件认定为远程通讯秘密（《德国基本法》第 10 条第 1 款），而非电脑基本权。[27] 电脑基本权的保护范围有下列要素。

(1) 必须是信息科技系统（个人电脑、导航仪、电话、汽车或者住宅的电子器材）；

(2) 当事人自身使用，只能由自身或者授权人调取；

(3) 包含了关键的个人相关数据，能够推导出用户的相关特征和行为。

BVerfGE 120, 274 (303 ff.) (Grundrecht auf Computerschutz)：信息科技的新近发展使信息技术系统成为很多公民日常生活的重要组成部

---

[24] GVBl. NRW 2006, 620.
[25] 科技背景参见 Buermeyer, HRRS 2007, 154 ff.。
[26] Vgl. Sachs, JuS 2008, 481 (485).
[27] BVerfGE, 124, 43 (54 ff.) (E-Mails beim Provider). Vgl. zu dieser Problematik BGH, NJW 2009, 1828; Gaede, StV 2009, 96 (97 f.).

分。这首先是**个人计算机**，很多德国家庭都拥有。计算机运行能力的不断上升，存储容量和媒体也不断增多。今天，计算机可以被用于多种目的，如对个人和社会事务的全面管理和存储、电子图书馆或者聊天。相应的，个人计算机对于个人发展起着重要作用。

信息科技对生活的重要性还不仅仅涉及个人计算机的运行能力。**当今民众日常使用的物品都具有信息科技的职能**，如住宅和汽车的通讯器材或科技器材。**信息科技系统在实现联网**时，会对人格发展起到更大的作用。随着越来越多的民众使用网络，联网已经变成平常事。私密性和完整性的基本权保护不取决于侵入信息科技系统是简单还是费力。基本权所肯认的私密性和完整性意图在于，当事人将该系统为**己所用，并根据具体场合，允许自己或者和其他有使用权的人来自我决定处分信息科技系统**。当信息科技系统处于他人处分权力之下时，对用户的保护延伸至此。

当国家机关没有实际进入住宅而搜查计算机时，联邦宪法法院认为不得主张《德国基本法》第 13 条。因为干预和系统坐落地无关。干预的发生无须考虑空间特殊性，直接进入系统。[28] 不过，干预强度上，对住宅的干预和对信息系统的干预具有相似性。[29] 这个司法裁判值得赞扬。用户信息科技系统的特别保护需求不取决于用户身处何处。如果不这样，会造成笔记本电脑数据的调取还要看是在住宅里还是住宅外进行的这种偶然情形。两种情形下，国家并没有通过住宅影响个人私人领域的保护，而只是突破电脑技术性防御。因此，搜查住宅时查封电脑和之后使用硬盘具有可比性。对于硬盘使用则不再援用第 13 条，而是信息自决权。[30]

即使是《德国基本法》第 10 条也不足以保护信息科技系统的用户。因为远程通信秘密并不保护通讯过程结束后参与者所掌控的信息。[31] 如果电脑上储存的电子邮件被国家机关以在线搜查或者硬盘查封的方式远程调取，则第

---

[28] BVerfGE 120, 274（310 f.）(Grundrecht auf Computerschutz); Kutscha, NJW 2007, 1169 (1170) 认为适用第 13 条；Beulke/Meininghaus, StV 2007, 60 (62) 则持不同意见；von Kemper, ZRP 2007, 105 (106) 没有作出回答。

[29] BVerfG, NJW 2016, 1781 (1794) (BKAG).

[30] Vgl. BVerfGE 113, 29 (45) (Datenträger).

[31] BVerfGE 120, 274 (307 f.) (Grundrecht auf Computerschutz).

10条不能被援用。但如果电子邮件储存在供应商服务器上,则不同。这种情形下电子邮件和通讯信息并不属于通信参与人的掌控范围,可以援用第10条。[32] 在所谓的来源电信监控(Quellen-Telekommunikationsüberwachung)中首要适用第10条。这种情形中,数据如正在进行的电信过程中的聊天信息,在其被加密和发送之前,被通过技术手段阅读。[33]

641　　同时,联邦宪法法院区分了电脑权和**信息自决权**,两种情形下,受害人的信息都被搜集、储存和编辑。由于在当代,电脑日益取代档案柜和纸质储存,上述行为可能影响到个人生活的核心领域。联邦宪法法院则认为信息自决权不能援用,因为这不是调取个别数据,而是对数据库的调取,使其能够观察到生活构建的重要部分。

BVerfGE 120, 274 (312 f.) (Grundrecht auf Computerschutz):但是信息自决权并不能完全顾及对人格的威胁,特别是个人为了人格发展而依赖于使用信息科技系统,将个人信息托付给科技系统或者使用中必须提交。**调取该系统的第三人可以取得潜在且有说服力的巨大数据库**,无须更多信息调取和加工措施。这种做法比起信息自决权保护的调取单个数据更加严重。

642　　联邦宪法法院的理由并不充分。信息自决权并不局限在对单个数据的调取上。没有原因可以证明单个数据调查才属于信息自决权,而调取整个可能危及人格权的数据库就不是了。因此,联邦宪法法院的判决遭受批评。[34] 有说服力的观点是,联邦宪法法院应当援用信息自决权,然后在比例性审查中考虑到侵害的特别严重性。这样就无须创制"新"的基本权和漫无边际的裁判法,联邦宪法法院利用目前发展的教义学就足以解决科技发展对人格权带来的危险。如果借助联邦宪法法院发展的现有基本原则不能实现保护,通过创设来赋予公民特别自由这种做法是值得怀疑的。不过,当把保护重点放在信息科技系统的"**完整性**"上时,联邦宪法法院的创设具有正当性,因为单纯地为入侵系统实现的科技条件已构成基本权妨碍。

---

〔32〕　BVerfGE 124, 43 (54 f.) (E-Mails beim Provider).
〔33〕　BVerfGE 120, 274 (309) (Grundrecht auf Computerschutz).
〔34〕　Britz, DÖV 2008, 411 (413); Eifert, NVwZ 2008, 521 (521 f.); Murswiek, in Sachs, GG, Art. 2 Rn. 73c (Fn. 130); Sachs, JuS 2008, 481 (483 f.); 赞同观点见 Hirsch, NJOZ 2008, 1907 ff.。

无论如何,"前置措施"和后面的数据调取一样需要正当性说明。

4. 对个人核心生活领域核心的保护

私人领域保护的是"个人核心生活领域"[35],这包括性领域的隐私[36]和性自主决定权。

BVerfGE 47, 46(73 f.)(Sexualkundeunterricht):《德国基本法》将人的私密和性作为私人领域的一部分放在第2条第1款和第1条第1款的宪法保护之下。这些规定保障了人们可以自主决定对性的看法。他可以建立性关系,并自主决定是否、在何种界限和以何种目标容忍第三方的影响。人与性的关系处于宪法保护之下,那么第2条第1款结合第1条第1款所推导出来的基本权,青少年也拥有。学校性教育举办的方式则会严重触及青少年的私密领域。

受保护的还有亲戚间的亲密关系,虽然《德国刑法典》第173条第2款第2句对该种行为进行刑事处罚。[37] 从**性自主权**可以推出自由决定更改性别的权利,以及居民登记法的后果。[38] 归属于一个性别也属于保护性别身份。这意味着,既不归属于男性或女性也不归于无性别的人,而是根据自身感受拥有超于男性或者女性的性别,不得被户政法强制在各种性别间进行选择。[39] 即使是**家庭事务**也受一般人格权保护。夫妻在离婚时有权通过合同关系来确定财产事宜。[40] 夫妻可以选择一个家庭姓氏,立法者可以禁止两个姓氏以上的组合。[41] 家庭成员之间有权利保持联系,即使是囚犯。[42] 一般人格权还包括了父母对子女的照顾,第6条第1款和第2款增强了这种保护。[43]

---

[35] BVerfGE 54, 148(153)(Eppler).
[36] BVerfGE 96, 56(61)(Vaterschaftsauskunft);119, 1(30)(Esra).
[37] BVerfGE 120, 224(238 f.)(Geschwisterbeischlaf).
[38] BVerfGE 49, 286(297 ff.)(Transsexuelle I);60, 123(134)(Altersgrenze für Geschlechtsanpassung).
[39] BVerfG, NJW 2017, 3643(3644 f.)(Drittes Geschlecht).
[40] BVerfGE 60, 329(339)(Versorgungsausgleich II);Jarass, in:Jarass/Pieroth, Art. 2 Rn. 49认为,第6条第1款可供援用。
[41] BVerfG, NJW 2009, 1657(1657 f.)(Ehedoppelnamen).
[42] BVerfGE 57, 170(177 ff.)(Briefe an Eltern in der Untersuchungshaft).
[43] BVerfGE 101, 361(386)(Caroline von Monaco II).

5. 个人发展的保护

645 　　一般人格权还保护个人免受在自身发展和**私人自治**上的限制。这种情形主要指保障未成年人没有负债地成年[44]，还有囚犯与第三人完全保密交流的权利，而不必担心受到《德国刑法典》第 185 条的刑事制裁（"没有诽谤的领域"）[45]发展自身还包括知道自身**起源**和知晓孩子是否是自己的[46]。一般人格权还包括囚犯的**再社会化权利**，犯罪之后在适当时间内"重新开始"[47]。

　　BVerfGE 35, 202 (Ls. 3) (Lebach)：对于严重犯罪行为的新闻报道，公众的信息利益优先于犯罪分子的人格权保护。考虑到其核心领域的不受触及性，要求注意比例原则，提及姓名、图片或者其他指明身份的行为并不总是合法的。人格的宪法保护不允许电视在新闻报道之外以纪录片形式无限制地触及犯罪分子本人和他的私人领域。如果比起当前新闻报道，后期的新闻报导会对犯罪分子造成新的或者附加的妨碍，那么最新的新闻报道就是不合法的，特别是威胁到他**在社会中的再社会化**时。当犯罪分子在被释放后或者距释放较近时间内，播放了可识别出犯罪分子的节目，可以认定为对犯罪分子再社会化的威胁。

三、干预

646 　　干预可以是法律行为亦可是实施行为。[48] 第一类，如公开个人信息的义务。第二类，如为了刑事调查而秘密录音、对个人数据的存储、使用和转达。国家机关的表达也可能构成干预，如联邦政治教育中心对一个经济学家的表态。[49] 如果是自动的信息调取，如汽车牌号，无声无息地、匿名且无法知晓个人关系，那么就不构成干预信息自决权。[50] 不同的则是通过

---

[44] BVerfGE 72, 155 (170 ff.) (Grenzen elterlicher Vertretungsmacht).
[45] BVerfGK, 9, 442 (444 f.).
[46] BVerfGE 117, 202 (225) (Vaterschaftsfeststellung).
[47] BVerfGE 35, 202 (236) (Lebach).
[48] 干预概念参见页边码 376 以下。
[49] BVerfGE, NJW 2011, 511 (512).
[50] BVerfGE 120, 378 (399) (Automatisierte Kennzeicherfassung).

录像进行测速,汽车驾驶员能够被识别且被处罚。[51] 当国家采取的措施具有数据调查功能时,即构成了对信息科技系统私密性和完整性基本权的干预。信息科技系统的完整性具有重要意义。

BVerfGE 120, 274 (314) (Grundrecht auf Computerschutz): 受保护的是信息技术系统的私密性和完整性基本权,这首先表现在,用户对自身使用信息技术系统所产生、编辑和储存的数据拥有**秘密性**的利益。当保护的信息技术系统受到调取,其成果、功能和储存内容为第三人使用,系统**完整性**受到妨碍,也构成对该基本权的干预;针对侦查、监控和系统操纵的实质性科技屏障不复存在时,亦为对基本权的干预。

四、干预的正当化

(一) 限制

和人性尊严不可侵犯不同,一般人格权可以进行限制。因此,一般人格权的保护范围也比人性尊严要广。与一般行为自由一样,人格权也受到**第 2 条第 1 款的限制**,即为了保护他人权利、道德规范和宪法秩序,可以限制一般人格权。[52] 这是司法裁判转变的结果,因为在 1983 年 "人口普查案" 之前,联邦宪法法院总是引用第 2 条第 2 款第 3 句来作为限制。[53] 由于很多生活领域被规范化,因而 "合宪性秩序"——形式和实质性的合宪法律规范不断取得意义。和一般行为自由一样,第 2 条第 1 款所列其他限制的意义不断增加。[54]

(二) 限制的限制

对一般人格权的限制只有在遵守比例原则下才是合法的。比例性审查拥有何种要求,具体要看人格权在哪些领域受到干预。之前所说的个人领域的划分有很重要的意义。总的来说,对**私密领域**的干预不能被正当化。因为这触及人性尊严,不可相对化。私密领域的行为不触及其他人或者公

---

[51] BVerfGK 16, 123 (127).
[52] BVerfGE 65, 1 (43 f.) (Volkszählung).
[53] 第 2 条第 2 款第 3 句作为限制参见 BVerfGE 32, 373 (379) (Ärztliche Schweigepflicht); 34, 238 (246) (Tonband).
[54] 参见页边码 571.

众,缺乏社会关联性。联邦宪法法院对其没有作出更加细致的定义。对第2条第1款保护的**人性发展核心**的损害,联邦宪法法院是在大型窃听案中确定的。1998 年《德国刑事诉讼法》增加的住宅监控会妨碍私人生活构建绝对受保护的领域。[55] 对私密领域的干预还可以是强制使用测谎仪。[56] 性也属于私密领域。[57] 对**社会领域**的干预只有在注意到比例原则的情况下才可以正当化;对个人生活干预的越大,对其追求目的设定的要求也就越高,比起对一般行为自由的干预,这里适用更加严格的条件。

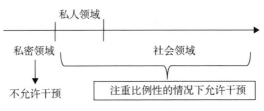

图 13-1 干预正当化

对于国家对**个人采取的监控**措施,联邦宪法法院发展出核心领域的裁判(Kernbereichsrechtsprechung),并继续了之前不受侵犯的私密领域与社会领域的划分。该裁判不仅适用于对保障信息科技系统私密性和完整性基本权的干预,还适用于受一般人格权特别影响的第 10 条和第 13 条。国家**必须维护个人生活构建不受侵犯的核心领域**。联邦宪法法院认为,私人生活构建核心领域内的人格发展可以是表达内在过程的可能性,如感受、思考和具有高度人身性质的观点和经历。尤其受保护的是与带有高度人身信任的人进行的非公开交流,且认为这种交流不被监控。[58] 这个领域的监控是不合法的,亦不能正当化。联邦宪法法院由此发展出**两阶层保护理念**。[59]

第一阶层,法律规定必须如此构建,即使信息技术和调查技术可行,

---

[55] BVerfGE 109, 279 (327 ff.) (Großer Lauschangriff).
[56] 参见页边码 611。
[57] BVerfGE 119, 1 (29 f.) (Esra).
[58] BVerfG, NJW 2016, 1781 (1786) (BKAG).
[59] BVerfGE 120, 274 (338 f.) (Grundrecht auf Computerschutz);认为核心领域的数据不应当调取的观点见 Sachs, JuS 2008, 481 (485 f.).

也不得调取核心领域相关的信息；第二阶层，如若关涉个人生活构建核心领域的信息被调取，应当立即删除；不得使用和转交。

联邦宪法法院在"人口普查案"中对**信息自决权**干预的审查就遵循了这样的步骤。要区分数据是匿名调取并储存还是进行了个性化数据编辑。无论如何，立法者必须采取组织和程序性的防御措施，避免损害到一般人格权。这里适用《德国基本法》第20条第3款的**规范清晰要求，即数据搜集的内容、目的和范围都必须在法律中进行精确和清晰的规定**，如果编辑加工的数据对人格意义重大，那么对法律的要求更高。[60] 原则上，数据必须**符合目的地使用。变更目的构成新的需要正当化的干预**，这和新调取数据情况相同。[61]

> **BVerfGE 65, 1（43 ff.）（Volkszählung）**：信息自决权并不是不受限制地受到保护。个人对"自身"数据没有绝对的、不受限制的主权；相反，他身处社会共同体，依赖于与他人的沟通交流。个人信息是社会现实的反映，并不能完全归于受影响人。正如联邦宪法法院多次强调的那样，《德国基本法》从社会相关性和社会依赖性对个人与社会间的紧张局面作出了决断。原则上，为了公共利益，个人必须忍受对其信息自决权的限制。按照第2条第1款，这种限制需要（合宪性的）**法律基础**，在法律基础中，限制的前提条件和范围清晰明确、对于公民来说可识别，并符合法治的规范明确性要求。立法者必须注意比例原则。这个具有宪法层次的基本原则来自基本权的本质，它要求只有在保护公共利益不可缺少时，国家公权力方可对公民自由权作出限制。基于自动信息加工存在的危险，立法者要提前作好**组织和程序性防御**，避免损及一般人格权。只有知晓数据的需求目的和使用可能性，才能回答信息自决权合法性限制问题；同时，要区分个人数据，即个人性的、非匿名调取加工的数据，以及那些纯粹用于统计的数据。

联邦宪法法院对干预**信息科技系统私密性和完整性保障**这一基本权提

---

[60] BVerfGE 110, 33（53）（Zollkriminalamt）；115, 320（345, 348）（Rasterfahndung）；118, 168（186 f.）（Kontostammdaten），以及页边码703。

[61] BVerfG, NJW 2016, 1781（1800 ff.）（BKAG）.

出特别的正当化要求，这些要求在审查其他监控措施时可供引用。相应的干预具有高强度，因为国家掌控了全面数据库，"（能够）对当事人的人格甚至行为交流轮廓得出整体性的观察结论"[62]。此外，这种干预的严重性还在于是**秘密**进行的，这样当事人的法律防御手段受限。对于干预所追求的目标，联邦宪法法院也提出更高的条件。一方面必须设定程序性的防御措施，这样，受影响人的权利在执行措施时就能得以注意；另一方面，和所有的秘密措施一样，受影响人必须在事后得到通知，使其有机会进行权利救济。[63] 另外，数据调取和加工应当尽量透明，从而赢得信赖和法的安定性，让数据相关领域处于**民主辩论**之中；同时，应当消除国家秘密监视所带来的多重危害。[64]

  BVerfGE 120, 274 (326)（Grundrecht auf Computerschutz）：只有个案特定事实表明**特别重要的法益面临危险**，即使不能充分确定风险马上发生，在防御目标设定下，秘密进入信息技术系统所产生的基本权干预在其强度上才符合均衡性要求。另外，授权干预的法律必须构建合适的程序来保障受影响人的基本权。特别是在进入系统这一问题上，原则上，要求**法官命令保留**。立法者委托具有独立性和中立性——像法官那样——的**其他机构**来进行监督。即使这样的其他机构，也要作出合法性的说明。

五、一般人格权的给付权内涵

653 除了防御性功能，也要注意一般人格权的给付权功能。只要储存特定数据干预到基本权，从一般人格权中可以引申出个人针对国家的告知请求权。联邦行政法院在一些案件中肯认了告知请求权，如行政机关没有提及告密人名字，造成无法实现有效的名誉保护。[65] 对自己出身的了解也是一般人格权，从第2条第1款和第1条第1款中，当事人拥有查阅关于自己

---

[62] BVerfGE 120, 274 (323)（Grundrecht auf Computerschutz）.
[63] 参见页边码711。
[64] BVerfG, NJW 2016, 1781 (1788)（BKAG）.
[65] BVerwG, NJW 1983, 2954 (2954).

出身文件的权利。[66] 为了潜在父亲的利益，立法者还负有义务提供合适程序，以解释孩子的出身。[67] 不过立法者并没有义务为孩子设计单独的、无法律结果的说明（rechtsfolgenlose Klärung）程序，用来解释可能的生父，而不是法律意义上的父亲。[68]

一般人格权中还包含国家的**保护义务**。国家拥有许多**建构可能性**。只有在违反禁止保护不足时，国家的不作为才对基本权有所损害。[69] 例如，一般人格权的保护可以作为《德国民法典》第 823 条第 1 款规定的其他权利的一种，作为一项国家保护措施来看待。超出《德国民法典》第 253 条字面，即使不是性自决权，损害到一般人格权时也可以得到精神损害赔偿。通过合宪性解释得以确保，从《德国基本法》第 2 条第 1 款和第 1 条第 1 款引导出的国家保护任务得到公正实现。[70] 一般人格权的民法保护只是公正实现《德国基本法》价值判断的一个可能性。立法者还可以作出刑法的保护。[71] 个人在一些劣势合同关系中，如订立保险合同时也会受到保护，防止负有交出大量数据的义务。[72] 保护性预防措施的另外一个例子是媒体法上的回应声明的权利（Gegendarstellungsrecht）。[73]

654

BGHZ 35, 363 (367 f.)：本审判庭同意第一民庭的意见，有过错地损害受影响人的人格权时，应当赋予赔偿。虽然《德国民法典》第 253 条规定，对精神的金钱损害赔偿只有在法律明确规定的情形下才可以要求，但是司法裁判通过肯认人的一般人格权，支持《德国民法典》第 823 条第 1 款的保护，这是《德国基本法》重视人性尊严和自由发展对民法所产生的结果。**如果人格权的损害不能得到同等适当的**

---

[66] BVerfGE 79, 256 (268 ff.) (Kenntnis der eigenen Abstammung).

[67] BVerfGE 117, 202 (225) (Vaterschaftstest); Brosius-Gersdorf, NJW 2007, 806 ff.; Wellenhofer, NJW 2008, 1185 ff.

[68] BVerfG, NJW 2016, 1939 ff.

[69] 参见页边码 120。

[70] BGHZ 35, 363 ff. („Ginsengwurzel"); 该裁判被 BVerfGE 34, 269 ff. (Soraya) 所赞同；批评见 Medicus, Bürgerliches Recht, 24. Aufl. 2013, Rn. 615。

[71] Jarass, NJW 1989, 857 (858).

[72] BVerfGK, 9, 353ff.

[73] BVerfGE 63, 131 (142 f.) (Gegendarstellung); 73, 118 (201) (4. Rundfunkentscheidung [Landesrundfunkgesetz Niedersachsen]).

制裁，则受《德国基本法》价值判断影响的民法一般人格权保护就是**不充分的**。同样，侵权法限定在特定法益上的保护过于狭窄，不能有效保护《德国基本法》所要求的人格保护，精神损害赔偿的局限造成只有法律列举的法益才会得到支持，这与《德国基本法》的价值体系不符。因为该法第1条就将国家的第一要务定为保护人不可侵犯的尊严。第2条第1款将人性自由发展的权利置于基本权的顶峰。如果精神人格权侵权保护远远落后于第2条第2款的特殊人格法益，那么民法就忽视了《德国基本法》的价值判断。民法秩序的首要任务是，当重大价值被严重妨碍时，侵权人必须为自己的不法行为向受害人提供赔偿，人格权保护排除精神性损害赔偿，将意味着对人的尊严和名誉的损害不会得到民法秩序的任何制裁。**此时法律秩序放弃了实现个人价值受到尊敬的最有效和唯一的手段。**

655 法院经常审理的问题还有：**名人**在多大范围内被国家保护，这样名人的生活照未经其同意就不会出现在报纸和杂志上。这里媒体自由与一般人格权保护义务相冲突。联邦宪法法院认为，绝对的新闻人物（absolute person der zeitgeschichte）（《德国艺术著作权法》第22条）只有在明显的封闭空间之中停留时，才享有私人领域的保护[74]，而欧洲人权法院根据《欧洲人权公约》第8条要求公开场合也应给予更强的人格权保护。[75] 联邦最高法院按照欧洲人权法院的要求修改了自身的司法裁判[76]，现在联邦宪法法院也遵循了欧洲人权法院的观点，认为名人在封闭空间之外，私人领域也受到保护，即"在职业义务和日常义务以外，媒体对名人放松和欢愉（Sich Gehen Lassen）时刻的报道"[77]。

656 联邦宪法法院从一般人格权推导出了特别的**儿童权**：儿童需要受到保护和帮助，以便在社会共同体中发展自身人格。自由发展人格权使立法者有义务保证儿童健康成长具备必要生活条件。[78] 至于是否存在"教育的

---

[74] BVerfGE 101, 361 (384 ff.) (Caroline von Monaco II).
[75] EGMR, NJW 2004, 2647 ff.
[76] Vgl. BGHZ 171, 275 (280 f.); hierzu Teichmann, NJW 2007, 1917 ff.
[77] BVerfGE 120, 180 (207) (Caroline von Monaco III); Frenz, NJW 2008, 3102 ff.
[78] Vgl. BVerfGE 121, 69 (92) (Unterhaltungspflicht); 133, 59 (73f.) (Sukzessivadoption). 将儿童权利纳入《德国基本法》的讨论，参见 Wabnitz, ZKJ 2013, 199 ff.。

权利"和要求安排特定课程专业的请求权，在宪法诉讼上尚未得到回答。[79]

基于一般人格权保护，**平等对待和独立于特别法构建的禁止歧视**（如《德国一般平等对待法》）也可以引入民法中。一般人格权包括了平等权的范畴。性别、种族和来源甚至残疾方面的歧视也严重侵犯人格。因此，就无须再适用《德国基本法》第3条第1款，该条款作为针对国家的基本权，不具有第三人效力。[80]

六、基本权竞合

第2条第1款的一般行为自由作为全面的基本权保障，比起其他自由权，第2条第1款是辅助性的，这意味着只要其他自由权可供援用，就不引用一般行为自由。一般人格权也是如此。[81] 一方面，**一般人格权不是兜底性的权利**，受人性尊严影响的一般人格权具有独立价值；另一方面，也要注意，通过特别自由权，一般人格权被具体化。这适用于第10条（通信、邮政和电信秘密）和第13条（住宅的不可侵犯）。因此，如果上面列举的特别权利保障无法援用时，为了保护私人领域，可以在其他自由基本权外援用一般人格权。[82] 这种情形下，一般人格权增强了基本权保护。[83] 一般人格权并不是人性尊严的补充。[84]

与具有相同保护目的的基本权相比，作为基本权的保障信息科技系统的私密性和完整性是辅助性的。《德国基本法》第10条和第13条和信息自决权即为这样的基本权。[85]

657

658

659

---

[79] BVerfG, NVwZ 2018, 728 (730).
[80] 参见页边码 773。
[81] 参见页边码 577 以下。
[82] 援引第 13 条的裁判 BVerfGE 109, 279 (325 f.) (Großer Lauschangriff); 援引第 10 条的裁判 BVerfGE 115, 166 (188 f.) (Verbindungsdaten) 以及页边码 685。
[83] 考虑到第 5 条第 1 款第 1 句 BVerfG, NJW 2007, 1194 (1195)。
[84] 人性尊严的适用性参见页边码 620。
[85] BVerfGE 120, 274 (302) (Grundrecht auf Computerschutz); BVerfG, NJW 2009, 2431 (2433) (E-Mails beim Provider).

660 **一览：典型的考试问题**

个人在新闻报道和媒体公布照片时的保护（一般人格权和媒体自由/言论自由之间的权衡）（页边码 655）

在媒体上发表回应声明（页边码 654）

损害赔偿、精神损害赔偿（民法规范的解释）（页边码 654）

数据保护（尤其是在线搜查）（页边码 634 以下）

第十四章 私人领域的保护

参考文献：

Arndt, Claus, Grundrechtsschutz bei der Fernmeldeüberwachung, DÖV 1996, 459 ff.；Ennuschat, Jörg, Behördliche Nachschau in Geschäftsräumen und die Unverletzlichkeit der Wohnung gemäß Art. 13 GG, AöR 2002, 252 ff.；Gurlit, Elke, Verfassungsrechtliche Rahmenbedingungen des Datenschutzes, NJW 2010, 1035 ff.；Gusy, Christoph, Das Grundrecht des Post-und Fernmeldegeheimnisses, JuS 1986, 89 ff.；Lepsius, Oliver, Der große Lauschangriff vor dem Bundesverfassungsgericht, Jura 2005, 433 ff., 586 ff.；Roßnagel, Alexander, Die „Überwachungs-Gesamtrechnung"-Das BVerfG und die Vorratsdatenspeicherung, NJW 2010, 1238 ff.；Schoch, Friedrich, Die Unverletzlichkeit der Wohnung, Jura 2010, S. 22 ff.；Schwabenbauer, Thomas, Kommunikationsschutz durch Art. 10 GG im digitalen Zeitalter, AöR 2012, 1 ff.

案例写作：

Augsberg, Ino, Anfängerhausarbeit-Öffentliches Recht: Unverletzlichkeit der Wohnung und Beweisverwertungsverbot, JuS 2011, 605 ff.；Degenhart, Christoph, I, Fall 12（S. 181 ff.）, II, Fall 14（S. 348 ff.）, 18（S. 428 ff.）；Doege, Michael, Postkontrolle im Strafvollzug, Jura 2006, 778 ff.；Funke, Andreas/Lüdemann, Jörn, Grundfälle zu Art. 10 GG, JuS 2008, 780 ff.；Höfling, Wolfram, Fall 7（S. 67 ff.）；Hofmann, Andreas, Anfängerklausur-Öffentliches Recht: Grundrechte-Kontrolle im Copy-Shop, JuS 2013, 322 ff.；Miller, Wolfgang/Schweighart Florian, Hausfriedensbruch oder Verletzung des Art. 13 GG?, JuS 2008, 607 ff.; Volkmann, Uwe, Fall 5 (S. 107 ff.); Werkmeister, Christoph/Pötters, Stephan, Anfängerklausur －Öffentliches Recht: Grundrechte-Verfassungsrechtliche Anforderungen an „Online－Durchsuchungen", JuS 2012, 223 ff.; Wißmann, Hinnerk, Grundfälle zu Art. 13 GG, JuS 2007, 324 ff., 426 ff.

指导性案例：

BVerfGE 30, 1 ff. (Abhörurteil); 32, 54 ff. (Betriebsbetretungsrecht); 33, 1 ff. (Strafgefangene); 96, 44 ff. (Durchsuchungsanordnung II); 103, 142 ff. (Wohnungsdurchsuchung); 109, 279 ff. (Großer Lauschangriff); 110, 33 ff. (Zollkriminalamt); 115, 166 ff. (Verbindungsdaten); 125, 260 ff. (Vorratsdatenspeicherung); 130, 151 ff. (Zuordnung dynamischer IP-Adressen); BVerwGE 78, 251 ff. (Betretungsrecht).

一、背景知识

《德国基本法》第10条和第13条都保护个人的私人领域。两项基本权要确保公民有自己可以支配的领域，国家和第三人被阻挡在外。两项基本权对个人自由发展的意义在很早就被确认。早在《保罗教堂宪法》第142条就已经开始保护通信秘密了。《魏玛帝国宪法》在第117条（和《德国基本法》第10条第1款的保护范围相同）将保护范围扩展到邮政、电报和电话秘密上。《保罗教堂宪法》第140条和《魏玛帝国宪法》第115条认为住宅不可侵犯。《欧盟基本权利宪章》第7条和《欧洲人权公约》第8条也规定了相应的保障。《德国基本法》第10条的意义在于，相应的服务曾经由国家邮政来提供，国家容易不为人察觉地检查公民说的和写的话语。但是在邮政和电信民营化后，国家对私人领域所造成的危险并没有消减。

二、住宅不可侵犯（《德国基本法》第13条）

案例21：参观经营

B是经过培训的油漆工，拥有"涂漆工作"的流动经营卡（Reisegewerbekarte）。他没有满足登记载入《德国手工业登记册》（Handwerksrolle）的个人前提条件，而且对《德国手工业条例》第7b条的执业许可或者第8

条的例外同意也不感兴趣。同时，B也没有特定的商业运营场所。他平时把工作用具放在私人储藏室。手工业协会专员因为怀疑存在违法手工活动，想要对B进行"参观经营"，B则禁止其进入房屋。手工业协会遂以违反《德国手工业条例》第118条第1款第2句为由开启违反秩序程序。B被手工业协会的行为惹怒，向行政法院提起确认诉讼，要求确认手工业协会没有权力依据《德国手工业条例》第17条第2款"参观房屋和/或经营参观"。他没有胜诉。B认为他的基本权受损，现在向联邦宪法法院提起诉讼。

这个合法的宪法诉愿会胜诉吗？

《德国手工业条例》第17条：

（1）手工业登记册上登记的或者必须登记的运营者有义务向手工业协会提交审查登记条件是否满足所需要的信息，包括运营方式和范围、运营地点、运营的熟练工与非熟练工的数量、运营所有人和负责人的手工业审查、运营负责关系的合同与实际构建，并在要求时提交证明。而对于第一句中审查登记条件不必要的问询、证据和信息不得被手工业协会使用，更不得用于追踪犯罪和违反秩序。手工业协会可以对问询设置一定期限。

（2）手工业协会专员按照《德国工商业条例》第29条的标准，有权为了第一款所列的名目进入被问询人的不动产和营业空间内，并进行检测和参观。被问询人必须容忍该措施。住宅的不可侵犯性（《德国基本法》第13条）被限制。

《德国手工业条例》第118条：

（1）违反秩序是指，2. 违反第17条第1款或者第2款第2句、第111条第1款或者第2款第2句或者第113条第2款第11句，没有、不正确、不完整或者不及时提交答复，没有提交文件，不允许进入不动产或者运营空间，拒绝检查或者查看。

（2）第1款第1项、第2项的违反秩序行为可以被处以1000欧元以内的罚款。

本案原型 BVerfG, NVwZ 2007, 1049 ff.。

（一）保护范围

1. 主体保护范围

663　　第 13 条规定的基本权没有主体上的限制。这个基本权的主体是每个受保护空间的**住户**（Bewohner）。住户是否为所有权人不重要，对于私人领域的保护来说，占有起着决定性作用。[1] 占有的合法性不重要，即使有占有辅助的限制（《德国民法典》第 855 条）也可以，只要存在个人性的私人领域。[2] 在涉及营业和商业空间时，私法人可以按照第 19 条第 3 款主张第 13 条的保护。[3]

2. 实体保护范围

（1）私人住宅的保护

664　　第 13 条第 1 款规定，住宅不受侵犯。如何理解该条款，必须从第 13 条的保护目的来解释。借助这个基本权，住宅的私人性作为服务于个人人性自由发展的"基础性生活空间"[4] 被保护。联邦宪法法院将其与一般人格权相联系，称之为"不受打扰的"权利[5]。**住宅**理解为借助空间阻断一般人不能达到的，用于私人生活和活动的场所。[6] 短暂的居住亦可，如酒店或者病房。[7] 缺乏相应阻断的是汽车和沙滩椅，因此不受保护。野营车和帐篷则受保护。尚未建设的土地如果被遮挡在公众视野之外，或者紧邻建筑物并且具有明显居住目的的，也受保护。[8]

665　　按照联邦宪法法院的观点，不受第 13 条保护的是**犯人监狱**。[9] 监狱工作人员在没有事先声明的情况下可以进入，无须正当化。原因在于，监

---

[1] BVerfGE 109, 279 (326) (Großer Lauschangriff).

[2] BVerfGK 16, 22 (29). 2 Jarass, in: ders./Pieroth, Art. 13 Rn. 6; Krings, Der Grundrechtsberechtigte des Grundrechts aus Art. 13 GG, 2009, S. 43 ff., 53 ff.; Kühne, in: Sachs, GG, Art. 13 Rn. 19 中在明显存在第三人优先权时作出例外。

[3] 详细参见 Krings, Der Grundrechtsberechtigte des Grundrechts aus Art. 13 GG, 2009, S. 106 ff.。营业和商业空间的实体保护范围参见页边码 666 以下。

[4] BVerfGE 42, 212 (219) (Quick/Durchsuchungsbefehl); 51, 97 (110) (Zwangsvollstreckung I).

[5] BVerfGE 27, 1 (6) (Mikrozensus).

[6] Jarass, in: ders./Pieroth, Art. 13 Rn. 4.

[7] 病房中独白的监听参见 BGHSt 50, 206 ff.; Kolz, NJW 2005, 3248 ff.。

[8] Kühne, in: Sachs, GG, Art. 13 Rn. 3.

[9] BVerfG, NJW 1996, 2643 (2643). Kritisch dazu Ruthig, JuS 1998, 506 (512).

狱设施已有的屋主权（Hausrecht）构成对该基本权保护范围的限制。

（2）营业和商业空间的保护

第13条字面看起来相对明晰：按照传统的语言使用，住宅只能理解为用于**私人生活**的空间。有争议的是营业和商业空间是否也属于住宅。一般情况下，对"住宅"的理解，**营业和商业空间**被排除出保护范围，第13条第1款限制在私人基础性生活空间范围上。[10] 结果是，营业和商业空间只受第2条第1款的保护。相反，按照联邦宪法法院的裁判，营业和商业空间也受第13条的保护。[11] 这样，不仅是销售场地，甚至购物中心及体育场也被作为第13条的"住宅"来处理。[12] 亦有区分性的观点认为，只有是公众的且进入可控制时，营业和商业空间才作为住宅受到保护。[13]

反对扩大解释第13条的观点则简练指明，房屋主人的立足点，即企业属于企业家的私人领域已经是过去的时代了。社会观念的变化要在第13条保护范围中有所体现。[14]

历史解释则主张更宽的住宅概念。1850年《普鲁士宪法》第6条和《魏玛帝国宪法》第115条就是这种含义。[15]《德国基本法》制宪者和1998年对第13条第3到第6款的修改者都没有限缩其概念。[16] 从目的权衡上来看，营业和商业空间也受第13条保护。因为住宅概念必须考虑到该基本权的保护目的。第13条是为了保护私人领域和个人自由发展。即使相应的空间不对公众开放，家宅权（Hausrecht）人可以决定每次进入，这种保护的需求性依然存在，毕竟人们通过工作、职业和商事实现自身发展。[17] 有疑问的是，任何人都可以进入的地方是否还受第13条保护。让公众进入并不代表放弃屋主权：超市主肯定不想让小偷进来；体育场入口

666

667

668

---

[10] Stein/Frank, S. 293；Behr, NJW 1992, 2125（2126）.

[11] BVerfGE 32, 54（71 ff.）（Betriebsbetretungsrecht）；详细参见 Hermes, in: Dreier, Art. 13 Rn. 23 ff. 。

[12] BVerfGE 97, 228（265）（Kurzberichterstattung）.

[13] Ruthig, JuS 1998, 506（510）.

[14] Stein/Frank, S. 293；对此批评参见 Kunig, in: v. Münch/Kunig, Art. 13 Rn. 11。

[15] BVerfGE 32, 54（69 f.）（Betriebsbetretungsrecht）；Ennuschat, AöR 127（2002），252（266）.

[16] JöR 1（1951），S. 139；Ennuschat, AöR 127（2002），252（266）.

[17] Pieroth/Schlink/Kingreen/Poscher, Rn. 949.

肯定要有监督人，不让闹事儿的人进来。对一般法的解释（《德国刑法典》第 123 条）不能倒推得出第 13 条或者第 2 条第 1 款是否可供援用的结论。因为体育场和购物中心的工作缺乏私人领域或者人格发展因素，因而在这点上不受第 13 条的保护，只受到一般行为自由和职业自由的保护。

BVerfGE 32, 54 (71 f.)（Betriebsbetretungsrecht）：在基本权保护不足的年代，营业和商业空间已经是公民个人自由的组成部分，被置于保护房屋和平的宪法和法律之下，如果现在将营业和商业空间排除出住宅基本权的保护范围，则会和 1949 年制宪者的态度相左。**超过一个世纪的一贯解释逐渐成为一般性法律信念**，并给基本权设定了相应的保护范围，只有证明存在强制实质理由且在与基本权历史不相抵触的情况下才可缩小保护范围。本案则是相反情形。不但基本权的传统表述没有改变地被接受，而且当时立法者理由也清楚表明，今天的解释应当坚守当年的表达。从之前的历史来看，生活领域很容易被公权力侵蚀，因此，不能缩小基本权的保护范围。**有疑问时，应当选择释放基本权规范最强法律效力的解释方式，作出从宽解释。**这也与联邦宪法法院对职业自由的解释相契合。**当职业工作被视为人性发展的重要组成部分**，对个人自身生活构建有非凡意义时，只有对其工作空间区域赋予相应有效的权利保护，才是正确的。总而言之，没有必要缩小现存的保护范围。

第 13 条第 1 款的**字面措辞**不是那么重要。对这项基本权利采用了朗朗上口的简短公式，这种语言修饰降低了法律的精准性。"住宅"应当被理解为"空间上的私人领域"。

(3) 保护义务

669　　防御权之外，第 13 条还是国家的保护义务。国家必须保证空间私人领域在出现私法性妨碍时得到有效保护。民法规定了住宅出租人进入房间权利的限制。[18]

（二）干预

670　　第 13 条防止国家进入住宅和在其中逗留。后者是指，起初合法进入住

---

〔18〕 BVerfGE 89, 1 (12 f.)（Besitzrecht des Mieters）.

宅，后来按照房屋主人的意思变得违法。对第 13 条保护范围的干预可以是搜查（第 2 款）、其他的干预、限制（第 7 款）和技术措施（第 3 到第 6 款）。只要数据是通过对第 13 条第 1 款干预所调取的，该基本权也适用。这里要区分目的约束和目的改变。所获取信息的**目的约束**是指，和数据调取一样，该信息只能被同一行政机关在同一事务中按照原来设定目的用来保护相同的法益。[19] **目的改变**则是将数据用于不同于数据调取时所设定的目的。即使这样，不能绕开数据调取时的原则和限制。[20] 目的改变的前提条件是，使用数据所意欲保护的法益或者揭露的犯罪拥有较重分量，使得重新调取数据在宪法层面上依然具有正当性（**推定的数据重新调取**）。由于对第 13 条的干预有较重分量，和数据调取一样，只有存在紧急危险或者在个案中有充分具体危险时，才能正当化地使用数据。而其他的基本权中，只需要有具体调查征兆即可使用数据。[21]

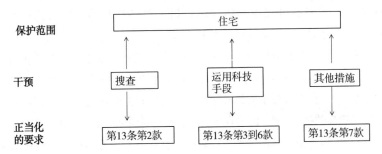

第 13 条的框架：
凡是第 13 条列举出来的特定干预类型，它们构成第 7 款其他措施的特别法，因此，干预必须按照相应的条款所列前提条件来衡量。

图 14-1　住宅的保护

搜查是国家机关对人或者物进行有针对性、有目的性的搜寻，或者对事实进行调查，以便找到住宅所有人不愿透露或主动交出的东西。[22] 前提是有形地进入住宅；规定利用科技器材从外部监控则是第 3 款和第 4

---

[19] BVerfG, NJW 2016, 1781 (1800 f.) (BKAG).
[20] BVerfGE 133, 277 (327 ff.) (Antiterrordatei).
[21] BVerfG, NJW 2016, 1781 (1802) (BKAG).
[22] BVerfGE 51, 97 (106 f.) (Zwangsvollstreckung I); BVerwGE 47, 31 (37)

款。[23] 第13条第7款（其他措施）的**干预和限制**，包括所有对住宅私人性的妨碍，即不是为了搜查而是以其他目的的进入、参观和逗留。不必要的则是有形的进入。因为从外部监视住宅也可能妨碍私人性。前提是使用科技手段，因为受影响人的生活表达处于住宅保护之中，并不是"街道上"的每个人都可以行使。[24] 虽然搜查也可以归于第7款，但是第2款的情形是特别法。使用科技手段（小型的和大型的窃听）适用第3款到第6款，比起第7款它们是特别法。

673　　基本权的特别问题是所谓的**在线搜查**。联邦宪法法院已经确认，国家机关只有在进入房间控制了信息技术系统时，才触及第13条。如果一个电脑是通过网络或者电子邮件被监控，从其硬盘中取得内容，那么这是对信息技术系统私密性和完整性基本权的干预（电脑基本权），是一般人格权的一部分。[25] 国家对提供商服务器电子邮件的调取是第10条通信自由的过程。[26] 住宅不可侵犯基本权还包括了对科技基础设施的保全和查收。[27] 这些只有提供商可以主张。

674　　由于第13条具有较宽的保护范围，联邦宪法法院制定了特定前提条件，出于**检查**（Nachschau）目的而进入**商业空间**的行为不构成对第13条的干预。[28] 检查服务于监督遵守法律规定，如卫生状况，并不是第13条第2款规定的搜查。[29] 因为在检查中，只是对空间一览，也被称为"进入参观权"，但不得寻找隐藏物。行政机关遵守下列**条件**的检查不构成第13条第7款的干预或者妨碍。

（1）进入房间必须基于特殊的法律授权。如《德国饭店法》第22条和《德国手工业法》第17条;[30]

---

[23] Jarass, in: ders./Pieroth, Art. 13 Rn. 8; Ruthig, JuS 1998, 506 (513).

[24] Guttenberg, NJW 1993, 567 (568 f.); Jarass, in: ders./Pieroth, Art. 13 Rn. 8; Ruthig, JuS 1998, 506 (512).

[25] Vgl. BVerfGE 120, 274 ff. (Grundrecht auf Computerschutz), sowie Rn. 637.

[26] BVerfGE 124, 43 (58) (Beschlagnahme von E-Mails).

[27] BVerfGE 124, 43 (57) (Beschlagnahme von E-Mails).

[28] BVerfGE 32, 54 (76 f.) (Betriebsbetretungsrecht); BVerfGK 10, 403 (410 ff.).

[29] 同样适用于出于传染病防治目的而进入（私人）住宅。Vgl. OVG Münster, WuM 2008, 740 (741)。

[30] 更多例子参见 Ennuschat, AöR 127 (2002), 252 (253, Fn. 2)。

(2) 进入和参观必须服务于允许的目的，并且必要；

(3) 法律必须清楚地写明进入目的、允许参观的物体和范围；

(4) 进入和参观时间必须是该场所正常用于商业或者运营时。

只要检查——主要是从法治原则而来——符合这些要求，就无须依照第 13 条第 7 款的标准来正当化。对于这个特别做法，原因在于受影响人的商业空间对大部分人开放，这使私人领域在一定程度上不再存在。相应的，联邦宪法法院**推定**，营业和商业空间的对话都是服务于经营或者交易目的，因此具有社会性，缺乏与不可侵犯的人格核心的关联性。[31] 不过要注意的是，当检查不仅触及商业空间，还有纯粹的居住空间，那么仍然要依照第 13 条第 7 款来审查。此时不应削弱保护强度。

案例写作提示：

有时检查的合法条件会被作为正当理由来理解，在"宪法正当化"中审查。这种观点认为，类似于比例审查，这一般在正当化层面进行。但也会给法教义学带来困扰，因为将保护范围扩大到营业和商业空间，使得相应的干预要依据第 13 条第 7 款所规定的前提条件来衡量，鉴于第 7 款所要求的"给公共安全和秩序造成危险"、"紧急"这一法律概念必须限制性地予以解释。[32] 因此，具备上述条件时，更应当否定其干预属性。联邦宪法法院在目前司法裁判中也是这样做的。[33]

(三) 干预的正当化

1. 限制

第 13 条对不同种类的干预设置了限制。这里是加重的法律的保留。**搜查**只有按照第 2 款才合法：原则上法官的命令是必要的，例外情况则是紧急危险。**其他措施**则必须按照第 7 款来审查：按照主流观点，"防御公共危险"是基本权的直接限制[34]；其他情况下，干预只有在基于法律且发生危及公共安全和秩序紧急情况时才被允许。此外，第 17a 条第 2 款关于防

---

[31] BVerfGE 109, 279 (320) (Großer Lauschangriff).

[32] BVerfGE 120, 274 (307 f.) (Grundrecht auf Computerschutz).

[33] BVerfGE 32, 54 (76 f.) (Betriebsbetretungsrecht); BVerfGK 10, 403 (410). Vgl. Ennuschat, AöR 127 (2002), 252 (256 ff.).

[34] Kühne, in: Sachs, GG, Art. 13 Rn. 50.

御和民防的规定含有加重的法律的保留。

678　　对住宅的科技性监视在《德国基本法》第13条第3到第6款中有特别限制，这是1998年经过长期辩论才加入宪法中的（所谓的窃听措施）。这个宪法修改的可疑之处在于，第13条第3款和第4款字面允许进行居住空间的监听，而这会妨碍私人生活构建的核心领域，如与家庭成员或者牧师的对话。授权国家干预第13条所蕴含的人类尊严内涵，这一宪法修改违反了第1条第1款的基本原则，而按照第79条第3款，立法者不得违反该基本原则。所以，该宪法修改可能是违宪的。[35] 联邦宪法法院却认为，《德国基本法》的修改是合宪的，因为当时《德国刑事诉讼法》的一般法规定不足以满足宪法要求。联邦宪法法院在判决中以人性尊严（第1条第1款）为导向对第13条进行了合宪性解释，充分保护私人生活构建的核心领域不受侵犯。[36] 按照联邦宪法法院的严格要求，第13条第3款规定的大型监听措施只剩下很小的适用范围。由于条文字面和产生历史都不支持严格解释，联邦宪法法院两个法官以规范明确性为由反对合乎人性尊严的解释，认为条文修改违宪。[37]

（1）小型监听措施

679　　小型监听措施[38]规定在第13条第5款。其利用技术措施**保护住宅中隐藏的调查人员**（《德国刑事诉讼法》第110a条第2款）或者安置的卧底线民（调查犯罪过程中被安置的人）。该措施的特点在于，话筒所听或者照相机所拍内容都只能是受保护人所听到和看到的。第13条第5款的限制性规定中没有要求法官保留，只需法定特定机关的命令即可。只有在获取的信息用于刑事调查或者风险防御时，才需要法官的审查。在迟延可能出现风险时，必须在事后毫不迟延地取得法官命令。

---

〔35〕　参见页边码591。

〔36〕　BVerfGE 109, 279 (311 ff.) (Großer Lauschangriff); kritisch Lepsius, Jura 2005, 433 (437 ff.). 参见页边码683。

〔37〕　BVerfGE 109, 382 ff. (Großer Lauschangriff, abw. Meinung Jaeger/Hohmann-Dennhardt). 对此的质疑参见 Geis, CR 2004, 338 (339); Gusy, JuS 2004, 457 (458 f.)。

〔38〕　"监听措施"（Lauschangriff）起源于政府秘密部门的语言使用；它不是对警察持批判态度的"政治斗争概念"。相关论述参见 Kutscha, NJW 1994, 85 (85)。

（2）大型监听措施

第 3 款和第 4 款的大型监听措施服务于从**私人领域取得信息**。同小型监听措施相区别的是，取得信息的现场并没有为警察工作的人。第 3 款和第 4 款规定涉及不同的生活事实。

①第 13 条第 3 款授权通过科技手段进行监控以**追究刑事责任**（**Strafverfolgung**）（压制）。要注意的是，只能使用监听（Gkustische Überuaching）技术手段。对住宅的技术性监视只能是最后的手段，即如果不进行监视可能会对事实的调查造成不合比例的困难或者没有希望成功。该措施总需要法官的命令（《德国基本法》第 13 条第 3 款第 3 句和第 4 句），且有期限。

②第 13 条第 4 款允许为了**防御危险**（积极性）而使用科技手段，而不只是监听。视觉和其他手段（如录像、定位跟踪器等）也被允许。第 13 条第 4 款只能用于防御公共安全的紧急危险。在迟延可能出现危险时，必须在事后毫不迟延地取得法官命令。

2. 限制的限制

（1）搜查

搜查必须符合第 13 条第 2 款的要求；适用第 7 款是不可以的，因为第 2 款是特别法。他还需要**法官命令**，除非是"危险迟延"。第 13 条的干预需要**法律授权**，且满足**指明条款要求**。如果法律没有要求法官命令，可以直接从第 13 条第 2 款中推出法官保留。相应的，联邦宪法法院认为，规定了法院执行人搜查权的《德国民事诉讼法》第 758 条即使没有规定法官保留，但仍然要适用。在联邦宪法法院出台该裁定后，该法增加了第 758a 条。

BVerfGE 51, 97（114）（Zwangsvollstreckung I）：基本权受损的原因是，根据《德国基本法》第 13 条第 2 款的严格解释，《德国民事诉讼法》第 758 条没有包含搜查时法官命令的必要性规定。因此《德国基本法》第 13 条第 2 款直接适用。《德国民事诉讼法》第 758 条通过第 13 条第 2 款得到填补，只要迟延不会出现危险，就需要法官的命令。相应程序应当类推第 761 条的规定来构建。《德国民事诉讼法》第 8 编的规定也供援用。第 758 条违宪的观点不予考虑。

682 　　迟延可能出现危险（Gefahr im Verzug）的概念要从严解释，是指法官介入所造成的迟延会威胁到搜查结果。[39] 至于是否存在合理时间来让法官作出决定，调查机关必须自身按照第13条第2款的理念予以审查。同早期裁判不同，联邦宪法法院认为，"迟延可能出现危险"是否存在受法院完全的司法审查，其他机关没有自身的判断空间。[40] 因此，刑事调查机关在动用紧急权限时，负有记录和理由说明义务，只有这样法院才能进行有效的权利保护。[41] 主审法官着手处理案件时，只有在事后出现或者刚知晓的实际情况下才能再赋予紧急权限。[42] 第13条要求国家承担组织义务。法院必须安排紧急公务（Eil-und Notdienst）来确保日常案件能够联系到侦查法官。[43] 同时，要注意**比例原则**，这会对搜查决议产生影响。如果搜查影响了其他基本权，其他基本权也应当在比例框架内一同得到考量，如律所因怀疑从事犯罪行为被搜查时的律师职业自由。[44]

　　BVerfG, NJW 1992, 551（551 f.）：联邦宪法法院一再重申，**搜查因其本质会严重干预受影响人基本权保护的生活领域，因此，法官在依据《德国刑事诉讼法》第102条发布搜查令时，应当考虑到强制措施的限定。只要干预到受基本法保护的搜查为法官所保留，那么法官作为刑事追查机关的监督机构负有义务，在可能和可期待范围内以适当的方式来发布搜查令，保证对基本权的干预可衡量和可控制。**

　　（2）大型监听措施

683 　　用于追究刑事责任的大型监听措施（第13条第3款）由**三名法官**组成合议庭才能作出决定；迟延可能出现危险时可以由一名法官作决定。为了危险防御（第13条第4款），**一名法官**也可以命令采取技术性监控；迟延可能出现危险时，可以是法律规定的其他机关，但事后应当补充取得法官

---

〔39〕 BVerwGE 28, 285（291）；Ruthig, JuS 1998, 506（508 f.）.
〔40〕 BVerfG 103, 142（157 ff.）（Wohnungsdurchsuchung）. 该裁判参见 Ostendorf/Brüning, JuS 2001, 1063 ff. 和页边码921.
〔41〕 BVerfGE 139, 245（272）（Eilkompetenz bei Durchsuchung）. Vgl. Rabe von Kühlewein, NStZ 2015, 618 ff.
〔42〕 BVerfGE 139, 245（273 ff.）（Eilkompetenz bei Durchsuchung）.
〔43〕 BVerfGE 103, 142（156）（Wohnungsdurchsuchung）；BVerfGK 9, 287 ff.
〔44〕 BVerfGK 9, 149（153）.

命令。其他**前提条件**是：

①事实足以证明能够充分怀疑存在特别严重的犯罪行为（第 3 款，明显超出平均水平的犯罪行为）或者对公共安全存在着紧急危险（重要法益的威胁，第 4 款）；

②可以期待监控能带来可利用知识，用以澄清嫌疑；

③事实调查的替代形式必须是毫无希望或者不合比例地困难（第 3 款）；

④第 13 条第 3 款第 2 句中，措施是有期限的。第 4 款的措施则没有；

⑤必须重视比例原则。如果**私人生活构建的本质领域**受到影响，这方面的监控措施必须取消；已经取得的信息必须删除。[45] 不过，从其内容上看，犯罪行为的说明和规划并非属于私人生活构建的本质领域，而有社会属性。[46]

有疑问的是，大型监听措施中，卧底线人（《德国刑事诉讼法》第 52 条、第 53 条、第 53a 条）的行为能多大程度上不受住宅监控。第 13 条第 3 款和第 4 款对这种情形没有规定。[47] 联邦宪法法院在第 13 条的合宪性解释中认为，卧底线人与第三人的具体交流属人性尊严时，不得监控。受保护人的范围与拒绝证言权人只是部分相同。[48] **特别信任的人**，如亲密的家庭成员、刑事辩护人或者牧师、医生。对于媒体代表或者议会代表来说，《德国刑事诉讼法》第 53 条的拒绝作证权只是维护其发挥制度功能，而不是保护被指控人的人格权。[49] 如果与特别信任人的对话在私人空间内进行，那么就**推定**这个对话属于私人生活构建的核心领域。第 13 条第 5 款（小型监听）不存在这个问题。与警方合作的第三人在场时，受监视的人自愿放弃了其特别受保护的私人领域。

（3）小型监听

对于第 13 条第 5 款的小型监听，可以参引上面对其限制的论述。[50] 和每个基本权限制一样，也要注意比例原则。

---

[45] BVerfGE 109, 279 (324)（Großer Lauschangriff）；BVerfGK 11, 164 (169 ff.).
[46] BVerfG, NJW 2016, 1781 (1787 f.)（BKAG）.
[47] Vgl. Gornig, in: v. Mangoldt/Klein/Starck, Art. 13 Rn. 107 ff.
[48] BVerfG, NJW 2016, 1781 (1786)（BKAG）.
[49] BVerfGE 109, 279 (322 f.)（Großer Lauschangriff）.
[50] 参见页边码 679。

(4) 其他措施

686 按照第 13 条第 7 款的标准,只能是为了达到下列**目的**,其他妨碍才是正当的:防御公共危险或者生命危险、为了公共安全和秩序而防止出现紧急危险。**危险**是指个案中存在着充分可能性,在可预测时间内会出现对公共安全和秩序造成损害的事态。当损害威胁到不特定数量的法益时,即为**公共危险**。[51] **紧急**危险是指重要法益发生损害有充分可能性。[52] 即使第 13 条第 7 款第 1 句的**法律的保留**只是提及防御紧急危险,但是对整个半句都适用法律的保留;区别在于,对授权法律的明确性上要求较低。[53] 同第 2 款搜查相对的是,第 7 款中,警察法的概括条款构成足够的基础。第 19 条第 1 款第 2 项的指明条款要求和比例原则都要得到遵守。

三、通信、邮政和电信秘密(《德国基本法》第 10 条)

687 **案例 22:泄露秘密**

H 警察部门调查两名涉嫌袭击美国机构的人。两名嫌疑人被提前逮捕。检察院在第二天上午向主管法官 E 提交了颁发逮捕令的申请。E 随之签发针对两人的逮捕令。随之,许多新闻报道人员包括 K 联系到两名被告的律师,打探调查详情。检察院怀疑公务秘密泄露,着手调查(《德国刑法典》第 353b 条第 1 款)。得知 E 和 K 私下认识后,检察院将调查方向指向了 E。对 E 使用的通信联系数据进行了审查,没有发现两人联系的数据。对相关人员的讯问也没有什么结果。E 没有被讯问。五个月后,根据《德国刑事诉讼法》第 94 条和第 102 条,搜查 E 住宅和公务办公室的命令被签发,用以寻找相关日期的联系数据。E 的公务电脑和公务电话也被命令扣押。E 被怀疑向媒体吐露公务秘密,从而危及公共利益。告密者应当是对调查文件、被告人辩护等细节知晓的人。E 成为犯罪嫌疑人是因为她认识 K,K 才可能打电话给被告人律师。对电脑和移动电话进行检查后并没有发现在嫌疑时间段的通话和其他通讯数据。

E 认为搜查和扣押命令违法,其犯罪嫌疑不成立。此外,措施严重不

---

[51] Fink, in: Epping/Hillgruber, Art. 13 Rn. 28.
[52] Jarass, in: ders./Pieroth, Art. 13 Rn. 35.
[53] Jarass, in: ders./Pieroth, Art. 13 Rn. 36; Hermes, in: Dreier, Art. 13 Rn. 117.

符合比例。特别是扣押移动电话并调取数据损害了自身依据《德国基本法》第10条的基本权。在穷尽法律救济后,她提起了合法的宪法诉愿。她有希望赢吗?

案例原型 BVerfGE 115, 166 ff. (Kommunikationsverbindungsdaten)。

(一) 保护范围

1. 主体保护范围

主体角度上,第10条没作出任何限制;它是每个人的基本权。第19条第3款范围内,私法人也可以主张自身通讯媒介的私密性受保护。

2. 实体保护范围

第10条保护的法益和第13条一样属于**私人领域**。受保障的是私人在公众前不为人知地交流信息,自由发展人格。第10条保护的是人性尊严。[54]

> BVerfGE 85, 386 (396) (Fangschaltungen):第10条第1款是保护私人领域的基本权。保护的客体是参与双方因空间距离而借助第三方的交流,通常是邮政。**基本权应当防御传达人给讯息私密性所带来的任何危险**。特别是国家往往以其国家安全和公民安全为名对私人通信进行监控。

通信秘密是含有个人书面信息的物品。若是封闭物品,从其外在无法判断内容,推定含有内容。通信不仅包括常说的信件。因为"个人书面信息"还包括电报、明信片和包裹。报纸和书、没包装的印刷物或者纯粹的广告并不属于个人性的信息。通信秘密不取决于邮寄商[55],也就是说不一定是德国邮政集团。第10条不仅要求国家不得了解书信内容,还扩展到和书信物品相关的数据,如收信人和发信人的地址、送交人和寄送信息。[56]

邮政秘密保护所有邮政寄送的物品。这不涉及寄件人所选择的通讯手

---

[54] BVerfGE 113, 348 (391) (Telekommunikationsüberwachung Niedersachsen).
[55] 参见页边码692。
[56] Pagenkopf, in: Sachs, GG, Art. 10 Rn. 12.

段（"书信"），而是通讯中间人（Kommunikationsmittler）。[57] 其不仅涵盖书信，还包括报纸、试用品、广告等缺乏个人性信息而不受通信秘密保护的物品。和通信秘密一样，邮政秘密保护从发出到接收，一直延伸到与寄送相关的数据。邮政信箱的物品也属于邮政秘密。[58]

692 　　认识尚不统一的一个问题是，哪些**邮递渠道**负有邮政秘密义务。很久以前，国家邮政负有这一义务，因为国家邮政利用邮寄垄断搜集顾客信息并转给其他国家机关。在德国邮政私营化后，邮政秘密的独立意义被否认。[59] 现在，德国政府只掌握民营化（《德国基本法》第143b条）的德国邮政股份公司少数股份，而对民营化后的德国铁路掌握全部份额（《德国基本法》第143a条）。只要联邦政府仍然施加控制性影响，这些企业就直接受基本权约束。[60] 至于"邮政"这个概念是否具有组织性，还是功能性地扩展到整个民营化的邮寄机构。这个问题已经过时。[61]

693 　　通信秘密和邮政秘密之间存在**交叉**，带有个人书面信息的物品由（国家主导的）邮政来邮递时，则产生二者关系的问题。第10条的两个部分同等地保护通讯内容和信息。通信和邮政秘密之间不存在优先问题，而是适用竞合。[62]

694 　　**电信秘密**则是利用无形信号传递个人之间的交流（电子通讯）。[63] 除了电话外，还有电报、电邮和手机短信。不重要的是电信机构是否供公众使用；家庭和工厂内部的电话和计算机设施与德国电信的公共电话网络一样受到第10条保护。即使是对外国电子通讯的监控也受第10条约束，只要电信往来的收集和记录是用位于德国本土的联邦情报局接收器材实现的。[64]《德国联邦情报局法》的最新修改又将这个问题抛出，特别是对基

---

[57] Gusy, in: v. Mangoldt/Klein/Starck, Art. 10 Rn. 52.
[58] BVerwGE 79, 110 (115).
[59] Hermes, in: Dreier, Art. 10 Rn. 47.
[60] BVerfGE 128, 226 (244) (Fraport) 和页边码340。
[61] Pieroth/Schlink/Kingreen/Poscher, Rn. 835. 直接第三人效力参见页边码696。
[62] Gusy, in: v. Mangoldt/Klein/Starck, Art. 10 Rn. 29.
[63] J. Ipsen, Rn. 306.
[64] BVerfGE 100, 313 (363f.) (Telekommunikationsüberwachung I); Becker, NVwZ 2015, 1335 (1339); Papier, NVwZ 2016, 1057 (1057) 主张不分国土疆界的适用。

本权约束的范围存有较大争议。[65] 不属于电信秘密的是广播传送或者针对公众设立的网页；这里缺乏接受人群的个体性。根据联邦宪法法院的观点，秘密监视"冲浪"形式的网络使用也属于电信秘密，因为"接受者所控制的网络信息调取（满足）没有身体接触地将信息传递给个人接收人这一标准"。[66] 除了交流内容，交流地点、时间和方式也受到电信秘密的保护。[67] **联系数据**对个人的重要性在联邦宪法法院的数据预存裁判中得到体现。2007 年 12 月 21 日[68]电信监视的新法律中，立法者在《德国电信法》第 113a 条中要求电信服务商存储通话或者使用网络时的联系和地点数据，存储时间长至 6 个月。如果实现上述法律规定，可能会制定出当事人的**行为剖面图（Bewegungsprofilen）**和其不能控制的数据使用，联邦宪法法院认为这一规定会"对行使自由产生持续的恐吓作用"。[69]

> BVerfGE 125, 260（318 ff.）（Vorratsdatenspeicherung）：这种储存是一个触及很大范围的特别严重的干预，不合乎法律秩序：被搜集的数据是所有公民六个月内的所有电信数据，包括可被归责的行为，这构成抽象的危险或者加重的情形。基本上所有电信形式都被存储。从受影响人方面，按照其对电信服务的使用，可以从其数据中——即使数据用于调查——发现每个公民的个人好恶和社交情况。虽然《德国电信法》第 113a 条只是要求存储联系数据（时间、长度、联系方和地点），而非内容。但即使是这些数据在被全面地自动化加工后，也可以得出个人隐私领域的信息。电话接受人（属于特定职业群体、机构或者利益代表或者其提供的给付）、日期、时间和地点如果被长期观察，会得出其对社会或者政治的态度、个人偏好甚至弱点。私密保护将不复存在。**考虑电信使用及其未来不断增加的密度，这种储存会使每个公民的人格和行为剖面图被描述出来。**
>
> 重要的是，不考虑数据使用，公民在没有任何理由的情况下就处

---

[65] Vgl. Huber, ZRP 2016, 162 ff.
[66] BVerfG, NJW 2016, 3508（3510）；Eidam, NJW 2016, 3511（3512）则持否定观点。
[67] BVerfGE 100, 313（358）（Telekommunikationsüberwachung I）.
[68] BGBl I. S. 3198.
[69] BVerfGE 125, 260（332）（Vorratsdatenspeicherung）.

于调查之中的风险上升。公民在不利时间内在特定地点通话或者与特定人商议，都有可能被置于调查之中和解释压力之下。滥用搜集来的数据也激化了这种负面压力。数据管理和向行政机关传递数据要求具备合格的技术软件，而这往往存在着被第三人操纵的风险。特别重要的是，受影响人并不直接知晓电信数据的储存和使用，一些原本意欲保密的联系也被保存下来。没有动机的电信数据储存**很容易给被观察者带来威胁感，而这会严重影响到许多领域内不受拘束地行使基本权**。

3. 与其他基本权的区分

695 　　国家如果干预电信数据，第 10 条作为特别基本权优先于信息自决权。[70] 这相应地也适用于邮政传达的数据。第 13 条和第 10 条要从基本权保护目的上来区分。第 10 条保护的是不在场的与对方的交流，需要第三方传达。交流内容和情况很容易被第三方所干涉。如果信息在交流结束后处于基本权主体掌控范围内，那么就缺乏与沟通渠道相联系的典型危险地位。也就是说，如果一封信被收信人保存在屋内，那么就不再是通信秘密，而是第 13 条和一般人格权。相应的，第 10 条只保护电信企业掌控范围内的信息。如果服务商的电子邮件被查封，接受人可以主张第 10 条保护，因为电子邮件不在其掌控范围内，而服务商只能通过第 13 条第 1 款来保护。[71] 但如果数据在沟通参与者的掌控范围内，则不再用第 10 条来保护。例如，搜查住房时封存一部移动电话来使用其中储存的数据，那么只能主张信息自决权（第 2 条第 1 款、第 1 条第 1 款和第 13 条第 1 款）。[72]

4. 基本权义务人

696 　　和所有的其他基本权一样，第 10 条的义务人是**国家**。属于国家的，在 20 世纪 90 年代以前有邮政和电信产业，即德国联邦邮政。在这两部分被民营化后，有一定区分。只要上述职能继续由公共控制的企业来行使，即国家多数入股的企业，那么其继续直接受基本权约束。[73] 对于**民营邮政和**

---

[70] BVerfGE 115, 166 (188 f.) (Verbindungsdaten).

[71] BVerfGE 124, 43 (57) (Beschlagnahme von E-Mails).

[72] BVerfGE 115, 166 (183 f.) (Verbindungsdaten); 120, 274 (307 f.) (Grundrecht auf Computerschutz).

[73] BVerfGE 128, 226 (246 ff.) (Fraport).

电信提供商，即没有国家多数参股的企业，基本权没有直接适用效力。[74]
第 10 条则使**国家负有保护义务**。国家必须确保民营服务商和当时的国家邮政一样，实现第 10 条所列通讯媒体的私密性。[75]

5. 特别地位关系中的基本权

关于基本权保护是否无限制地适用于任何情况，长时间存在争议。特别是下列问题，即犯人是否可以主张《德国基本法》第 10 条的保障，如对犯人的书信往来进行监控是否具有宪法正当性。1972 年的"**犯人通信案**"之前，司法裁判长期认为，特别权力关系内的基本权受到限制。[76] **特别权力关系**是指"为达成公共行政的特定目的，为所有进入具有特殊联系的个人所建立的高度依赖关系"[77]。这里的个体与国家并不是一般的权力关系，个体是国家组织的一部分。特别权力关系如行政官员、学生、士兵和服役人员以及犯人。如行政官员处于忠诚关系中，受束于公务员基本原则（第 33 条第 5 款）。《德国基本法》第 12a 条和第 17a 条规定了士兵和服役人员的特殊地位，第 7 条规定了学生的特殊地位。策勒高等法院在其后来被联邦宪法法院废除的裁定中认为，刑罚执行的本质和目的就导致犯人基本权受到限制或者不存在效力，这是由刑罚目的使然下的机构关系本质所决定。[78] 特别是法治原则中的**法律的保留**不再适用。这个司法裁判导致，基本权可以受行政内部规则的限制。直到 1972 年，联邦宪法法院才肯定了基本权的全面适用。

> BVerfGE 33, 1（9 f.）（Strafgefangene）：《德国基本法》在第 104 条第 1 款和第 2 款、第 2 条第 2 款第 2 句和第 3 句中规定，短期和长期自由刑应当由法院刑事判决作出，必须适用《德国刑法典》和其他程序性条款。相反，《德国基本法》并没有对自由刑的执行方式作出规定。而至于基本权限制，相关宪法规范只是规定了要通过法律或者基

---

[74] 没有作出判断参见 BVerfGE 128, 226（249 f.）（Fraport）。基本权第三人效力参见页边码 343 以下。

[75] BVerfGE 106, 28 (37)（Mithörvorrichtung）. Vgl. zu den Schutzpflichten Rn. 122 ff.

[76] 特别权力关系参见 Stern, in: ders., Staatsrecht, Bd. III/1, § 74, S. 1376 ff.。

[77] Vgl. Kopp/Schenke, VwGO, 20. Aufl. 2014, Anh. § 42 Rn. 67. 特殊身份关系参见 Hesse, Rn. 321 ff.

[78] OLG Celle, zitiert nach BVerfGE 33, 1 (4)（Strafgefangene）.

于法律方可进行（第10条第2款第1句和第5条第2款）。《德国基本法》生效后，裁判和学说并没有认为立法者应当将目前主要通过行政规则规范的刑事执行事项出台为相应的法律。相反，人们使用了"**特别权力关系**"，理解为对犯人基本权独立且暗含的限制；从宪法上看，并不需要刑罚执行法。

这种观点只能解释，刑罚执行的传统构建是从"特别权力关系"出发的，以一种令人无法忍受的不确定性使得犯人的基本权利受到相对化。《德国基本法》是受价值约束的秩序，将保护个人自由和尊严作为法律的最高目的；其人性图像并不是专断的个人，而是处于社团中的多样化人格。**第1条第3款规定，基本权对立法、行政和司法具有直接约束力。如果基本权利可以在刑罚执行中被任意或者酌情限制，就会与国家权力全面受约束相矛盾。**只有当限制是实现《德国基本法》价值秩序所涵盖的共同目的所不可或缺的，且以宪法所规定的形式出现时，才能考虑限制基本权利。犯人的基本权利只能通过法律或者基于法律受到限制，不过法律不能舍弃尽可能严格界定的概括条款。

698 相应地，联邦宪法法院确认，禁止教师课堂上佩戴头巾的规定也必须有法律基础。[79] 但是在"犯人通信案"后，并不是行政机关的每个措施都要依据基本权衡量。对于个案中基本权被干预是否适用法律的保留这个问题，起初仍然借助"特别权力关系"概念，区分（与国家处于外部）基础关系和（纯粹行政内部）运营关系。[80] 后来逐渐被称为"特别地位关系"（有时也作为特别法律关系），相应地区分作为公民的个人法律地位和行政职务（如公务员法；在学校法中要区分，这个规定是否服务于学校内部运转）。第一种情形中，个人可以无限制地主张自身的基本权，享有主观权利。如果只是行政职务地位受到影响（特殊身份关系的成员才受影响），则并不构成对基本权的干预。

699 基本权适用的结果是，干预需要法律基础且正当化。对犯人书信的监

---

[79] BVerfGE 108, 282 (306 f.) (Kopftuch Ludin). 联邦宪法法院法官的少数观点则认为（S. 314 ff.），官员处于国家领域，执行公务时代表国家。因此，教师只能享有不违背自身公务的行为自由。也因此，禁止佩戴头巾无须法律基础。

[80] 概念参见 Ule, VVDStRL 15 (1957), 133 (151).

控并截留在《德国刑罚执行法》第 29 条、第 31 条中规定,并且在将该立法权交给各州后,由各州法律所规定。[81] 联邦宪法法院也要求出台青少年刑罚执行法,以授权执行机构干预青少年犯人的基本权[82],在联邦制改革后,各州负有转化义务。[83]

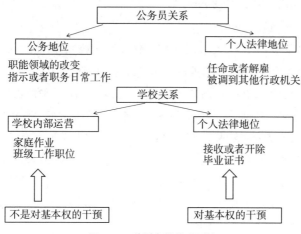

图 14-2 特别身份关系示例

(二) 干预

借助对第 10 条的干预,国家可以**知晓通讯的内容和与其相关联的数据**(发出人、收件人和沟通渠道)。沟通数据必须和具体的沟通过程具有关联性。而电话号码的个人分类则缺乏关联性。不同的则是动态 IP 地址,不同于长期分配的静态 IP 地址,动态 IP 地址同具体交流过程紧密相关,对其的储存要根据第 10 条来衡量。[84] 如果调取数据,后面的数据使用也要以第 10 条的基本权来衡量。[85] 纯粹地阻挡交流,如拒绝通电话或者截留犯

---

[81] 只要各州没有颁布自己的刑罚执行法,按照《德国基本法》第 125a 条第 1 款,继续适用联邦层面的刑罚执行法。

[82] BVerfGE 116, 69 (92 ff.) (Jugendstrafvollzug); Ostendorf, NJW 2006, 2073 f.

[83] Vgl. Eisenberg, NStZ 2008, 2008, 250 ff.; Ostendorf, ZRP 2008, 14 ff.

[84] BVerfGE 130, 151 (179 ff.) (Zuordnung dynamischer IP-Adressen).

[85] BVerfGE 125, 260 (313) (Vorratsdatenspeicherung); 133, 277 (327 ff.) (Antiterrordatei).

人的信件，并不构成对第 10 条的干预；这种行为要看第 2 条第 1 款和第 5 条第 1 款。[86]

702　　电信秘密并不适用于交流双方。相应的，第 10 条不保护国家机关录下与基本权主体之间的交流。[87] 基于这个理由，当交流对象允许警察窃听时，并不构成对第 10 条的干预。[88]

(三) 干预的正当化

703　　第 10 条第 2 款第 1 句规定的是**一般法律的保留**，而非加重法律的保留。第 10 条第 2 款第 1 句涉及的法律，如《德国刑事诉讼法》第 99 条以下条款、《德国电信法》第 112 条以下。干预必须满足一般的正当化要求，特别是必须**合乎比例**，并注意**指明条款**。法律基础也要符合法治原则的**规范明确和规范清晰的要求**。第 10 条的干预在大多数情形下都是秘密进行的，会强烈干预受影响人的人格权。授权规范的明确性和清晰性通过三点实现：受影响人可以根据法律基础来调整自己的行为。行政的活动按照内容、目的和程度受到限制。最后，法院能够依照法律标准来审查行政，以此来保证监控措施符合比例性。[89]

704　　不同于第 13 条，第 10 条并**没有法官保留**。原因在于，第 10 条没有像第 13 条那样与人性尊严有那么紧密的联系。对于具有高度人身性质的交流来说，住宅比起使用电信手段更加重要和基础。[90] 但是，从其干预严重程度来看，出于有效权利救济原则，法官保留也可能会有必要。[91] 一般来说，对于通讯秘密，限制性的法律中会有程序上的保障。法官保留的意义和目的在于，对基本权的干预能够得以衡量并可控制。这也正好适用于国家秘密地对受影响人采取措施的情形，因为受影响人无法知晓国家措施，无法行使有效的权利保护。比勒费尔德大学的一份 2002 年报告指出，一般

---

[86] Gusy, JuS 1986, 89 (92); Pagenkopf, in: Sachs, Art. 10 Rn. 39.
[87] BVerfGE 120, 274 (341) (Grundrecht auf Computerschutz).
[88] BGH, NJW 1996, 596 (597). 联邦宪法法院认为，当其中一个谈话对象不知道使用窃听设施时，这损害了其一般人格权 [BVerfGE 106, 28 ff. (Mithörvorrichtung)]。
[89] BVerfGE 110, 33 (53 ff.) (Zollkriminalamt); 立法者对该裁判的反应参见 Huber, NJW 2005, 2260 ff.。参见页边码 650。
[90] BVerfGE 113, 348 (391) (Telekommunikationsüberwachung Niedersachsen).
[91] BVerfGE 125, 260 (337 ff.) (Vorratsdatenspeicherung).

法中的法官保留在实践中并没有完全发挥其功能。只有四分之一的电话监听申请按照法律的要求进行了法官审查，其他情形则缺乏对前提条件的独立审查。[92]

第 10 条第 2 款第 2 句则提供了下列**可能性**，为了保护自由民主的基本秩序[93]，可以**不将对基本权利的限制告知受影响人**，而是由议会指定机构和辅助机构对有关情况进行审核。立法者为此颁布了《德国限制书信、邮政及电信秘密法》（G 10），赋予联邦情报局、德国军事情报局和宪法保护局相关职能。根据该法第 12 条，原则上应当在限制性措施结束后告知受影响人，告知延期超过 12 个月时必须取得委员会的同意。另外，如果决定不告知，应当取得委员会的全数同意。委员会在提出要求时，应当毫不迟延地予以告知（第 15 条第 7 款）。委员会依法定或者投诉而履行职责，对个人信息调取、加工和使用整个过程进行监督（第 15 条第 5 款）。依据第 5 条第 1 款和第 8 条第 2 款，战略性地干预第 10 条，如电脑排查时，需要提前告知议会监督委员会，取得其同意。和其他的法官保留措施一样，按照第 14 条第 2 款第 1 句，迟延可能产生危险时，在取得议会监督委员会主席或者副主席的临时同意后，可以采取第 5 条和第 8 条的措施，事后（毫不迟延地）取得监督委员会的决定。但如果没有告知受影响人，也就无法进行司法审查（第 13 条）。联邦宪法法院认为委员会独立于司法权，是独有的审查机构，替代法院的权利救济。[94] 即使联邦宪法法院认定《德国基本法》第 10 条第 2 款第 2 句合宪，文献仍有观点结合人性尊严、法治原则和分权原则，对其合宪性提出质疑。[95]

四、讨论：国家的监控措施

立法者在最近几年出台了很多新的法律规定，明显地扩展和精细了国

---

[92] Backes/Gusy, Wer kontrolliert die Telefonüberwachung? – Eine empirische Untersuchung zum Richtervorbehalt bei der Telefonüberwachung, 2003; dies., Strafverteidiger 2003, 249 ff.

[93] 概念参见页边码 893。

[94] 随之使委员会不具有《德国联邦宪法法院法》第 63 条意义上的申请权限，参见 BVerfG v. 20.09.2016-2 BvE 5/15-Rn. 41 (Organstreit G 10-Kommission)。

[95] BVerfGE 30, 1 ff. (Abhörurteil). Vgl. Jarass, in: ders./Pieroth, Art. 10 Rn. 20；《德国限制书信、邮政及电信秘密法》与《欧洲人权公约》的相符性见 EGMR, NJW 2007, 1433 ff.。

家的监控手段。鉴于2001年9月11日恐怖袭击和国际恐怖主义危险，国内安全压倒了个人自由。联邦和各州立法者对公民信息的搜集、储存和联网达到了前所未有的程度。特别是国家对一些犯罪行为过早地采取监控措施，缺乏清晰明确的构成要件等趋势越来越大。为了保证公民不感觉自身被国家监视，维护其自由领域，联邦宪法法院试图阻挡这种趋势；同时，也是为了让国家行为更加具有可预见性，受束于干预要件。出于公民人格权的保护，这是值得欢迎的，因为人格权涉及内心独处的地方，同时保护人格权也符合正常运转民主社会的利益。自由权行使和参与社会生活在很大程度上取决于个人面对无法预测的负面效果时所受到的保护。不受限制的个人数据调取、储存和使用及传送给个人带来不安定性，导致人们避免公共讨论、远离集会或者放弃组织社团自由。联邦宪法法院在"人口普查案"中的明确话语在今天依然有效。[96] 尽管裁判客体的多样性涉及不同基本权，但是一般人格权和其在第10条、第13条的特别体现，信息自决权及保障信息技术系统的私密性与完整性（所谓的电脑基本权），仍可以从**司法裁判中总结出一般适用的发展线路**，基于此可以衡量立法者的新举措：

(1) 对绝对核心领域的保护；

(2) 对所提及法益存在着具体危险；

(3) 规范清晰和明确原则；

(4) 秘密措施的程序性要求。

707　在**大型监听措施**的裁判中，联邦宪法法院确认，**私人生活构建绝对保护核心领域**的肯认是第1条第1款的人性尊严的不可侵犯的应有之义。在这个范围内国家监控不得干预。[97] 该裁判在所谓的**"在线搜查案"**裁判中得到细化。联邦宪法法院形成**两阶层保护理念**。授权干预的法律规定必须在第一层面确保核心领域的数据不会被调取。由于技术和人员的原因，这在所有情形中不太可能，因为一些外语电话对话必须首先翻译过来。如果在调取后发现是核心领域重要的信息，那么在第二层面必须立即清除这些

---

[96] BVerfGE 65, 1 (43) (Volkszählung). 参见页边码636。
[97] BVerfGE 109, 279 (313) (Großer Lauschangriff). 参见页边码683。

数据。[98]

联邦宪法法院还在很多裁判中对**危险概念**作出要求，因为只有存在危险，对私人领域的干预才是合法的。联邦宪法法院认为**电脑搜寻**（Rasterfahndung）对信息自决权构成特别严重的干预。这种调查方法的特点是，把从其他行政机关或者私人企业所要求的年龄、性别、培训、宗教信仰或者国籍等不同种类的信息放在一起，从特定方面进行搜查。目标是将在德国的没有被识别出和不引人注目的恐怖分子识别出来并挫败其恐怖袭击。这种做法有极高的干预强度，因为许多人被纳入电脑搜寻之中，而他们同具体的恐怖活动并无关系，而且干预也不是由他们的行为所引起的。对受影响人的风险是，他们可能成为行政机关更多调查措施的目标。加之，受影响人对调查不知情，不能取得法院的权利保护，因而增强了干预的强度。出于这个原因，只有**对联邦及各州的安全或者人的生命自由存在具体危险**时，电脑搜寻才是正当的。而具体的危险是，"存在充分的可能性，在可预见时间内发生法益的损害"[99]。在其他裁判中，如在线搜查[100] 或者数据预存[101]中，联邦宪法法院要求对重大法益产生具体危险。一般性的威胁情境，如考虑到 2001 年 9 月 11 日之后发生的恐怖袭击，按照联邦宪法法院的观点是不足够的。

调取账户基本数据干涉特定的账户信息。按照法律规定，信用卡机构应当储存账户信息，这样财政局可以在自动程序中调取。联邦宪法法院认为该法律规定干预了信息自决权。与"人口普查案"相对接，联邦宪法法院要求授权基础必须确保**规范清晰性和明确性**。干预的**动机、目的和界限**都必须是专属的、精确的且表达清晰的。对信息自决权的干预还要求精确界定所搜集信息的使用目的。[102] 使用指引链，即立法者"利用较长的、

---

〔98〕 BVerfGE 120, 274（338 f.）（Grundrecht auf Computerschutz）. 参见页边码 650。

〔99〕 BVerfGE 115, 320（364）（Rasterfahndung II）. 危险概念参见 Volkmann, Jura 2007, 132（135 ff.）。

〔100〕 BVerfGE 120, 274（328）（Grundrecht auf Computerschutz）; Britz, DÖV 2008, 411（415）对此提出批评。

〔101〕 BVerfGE 125, 260（330）（Vorratsdatenspeicherung）。

〔102〕 BVerfGE 115, 320（365）（Rasterfahndung II）; 118, 168（186 f.）（Kontostammdaten）。

多个层级交错的、多种可变的指引链来确定规范内容"[103]（所谓的**指引瀑布**（Verweisungskaskaden）），而这是不符合法治国要求的。该裁判也适用于公共场合的视频监控。这里也需要授权基础来规定数据调取的动机和界限。只是向受影响人竖个牌子指明此处有监控，并不意味着取得默许。[104]

710　　**自动收集车牌号**是通过移动或者固定机构来扫描车牌号、确定地点、时间和行驶方向来校正数据银行。就连行驶目标——如去游行示威，也被纳入其中，甚至车内的乘客也被录入。[105] 联邦宪法法院要求授权基础必须**符合规范的清晰性和明确性**。[106] 授权基础必须突出**特定的嫌疑或者危险级别**。对于"漫无目的"（ins Blaue hinein）[107] 的调查，联邦宪法法院持否定观点。

711　　最后，不同裁判的共同之处在于，国家措施的隐密性增强了干预的严重性，因此这种行为应当是例外，而且需要特别的正当化。出于这个原因，立法者必须形成特别的程序性规定。[108] 干预结束后马上告知受影响人。基本权所要求的**通知义务**和基本权所受的限制一样。[109] 这意味着，措施结束后如果没有告知受影响人，那么需要正当理由。此外，法官或者其他独立和中立的合适机构要确保在措施开始前就考虑受影响人的权利。联邦宪法法院将之称为受影响人利益在行政程序中的"**弥补性代表**"[110]。向议会和公众的报告义务可以促使对数据调取的方式和范围进行**公众讨论**，将其置于民主监督和审查之中。[111]

712　　**一览：典型的考试问题**
  ・第 13 条营业和商业区域的保护、行政机关进入参观（检查）（页边

---

[103]　BVerfGE 110, 33 (64) (Zollkriminalamt).
[104]　BVerfGK 10, 330 (330 ff.). Vgl. Zöller/Fezer, NVwZ 2007, 775 ff.
[105]　Vgl. Roßnagel, NJW 2008, 2547 (2548).
[106]　BVerfGE 120, 378 (401 ff.) (Automatische Kennzeichenerfassung); Vgl. Breyer, NVwZ 2008, 824 ff.
[107]　BVerfGE 120, 378 (429) (Automatische Kennzeichenerfassung).
[108]　BVerfGE 118, 168 (197, 202) (Kontostammdaten); 124, 43 (70 ff.) (Beschlagnahme von E-Mails); 125, 260 (334 ff.) (Vorratsdatenspeicherung).
[109]　BVerfGE 109, 279 (363 f.) (Großer Lauschangriff).
[110]　BVerfGE 120, 274 (332) (Grundrecht auf Computerschutz).
[111]　BVerfG, NJW 2016, 1781 (1789) (BKAG).

码 666 和 674)。

- 搜查令的要求（例如，时间效力的限制）（页边码 681)。
- 监听的合法性、电话监控和所谓的在线搜查（页边码 652、683 和 703)。
- 私人的基本权约束（第 10 条）（页边码 696)。

第十五章 个人自由(《德国基本法》第 2 条第 2 款第 2 句、第 104 条和第 11 条)

参考文献：

Dingelstadt, Andreas/Fickenscher, Guido, Richterlicher Bereitschaftsdienst „Rund um die Uhr"?, NJW 2009, 3473 ff.; Gusy, Christoph, Freiheitsentziehung nach dem Grundgesetz, NJW 1992, 457 ff.; Hantel, Peter, Das Grundrecht der Freiheit der Person nach Art. 2 II 2, 104 GG, JuS 1990, 865 ff.; Lisken, Hans, Richtervorbehalt bei Freiheitsentziehung, NJW 1982, 1268 ff.; Schoch, Friedrich, Das Grundrecht der Freizügigkeit (Art. 11 GG), Jura 2005, 34 ff.; Singer, Jörg, Das Bundesverfassungsgericht und das Zitiergebot, DÖV 2007, 496 ff.

案例分析：

Brodowski, Dominik, Grundfälle zu den Justizgrundrechten: Art. 104 GG-Freiheit der Person, Folterverbot, Benachrichtigungsgebot, JuS 2012, 980 ff.; Degenhart, Christoph, I, Fall 13 (S. 193 ff.), II, Fall 7 (S. 174 ff.); Frenzel, Eike Michael, Grundfälle zu Art. 11 GG, JuS 2011, 595 ff.; Krausnick, Daniel, Grundfälle zu Art. 19 I und II GG, JuS 2007, 1088 ff. (zum Zitiergebot); Volkmann, Uwe, Fälle 4 (S. 87 ff.), 13 (S. 391 ff.).

指导性案例：

BVerfGE 6, 32 ff. (Elfes); 19, 342 ff. (Wencker); 45, 187 ff. (Lebenslange Freiheitsstrafe); 105, 239 ff. (Richtervorbehalt bei Freiheitsentziehung); 130, 372 ff. (Maßregelvollzugszeiten); 134, 242 ff. (Garzweiler II); EGMR, NVwZ-RR 2006, 513 ff. (Dzelili/Deutschland); zu

Art. 19 Abs. 1 S. 2 GG；BVerfGE 129, 208 ff.（TKÜ-Neuregelung）。

一、背景知识

个人自由在基本权保障中具有特殊地位。作为人权，其受到《欧洲人权公约》第5条和《欧盟基本权利宪章》第6条的保护。传统上，个人自由权可追溯到英格兰发展出来的"人身保护令"（Habeas Corpus）（1679年）。[1]借助于此，公权力进行的逮捕和与身体强制相关的自由限制受到约束，此外，还制定出了程序性要求；人身保护令要求监狱长必须落实逮捕的合法性审查。《德国基本法》第2条第2款第2句和第104条的前身是《保罗教堂宪法》第138条和《魏玛帝国宪法》第114条。

不同于个人自由基本权，自由迁徙基本权在联邦宪法法院的司法裁判中没有太大意义。紧急状况下该基本权可能会有更大的意义，而且第11条的表达正是第二次世界大战的结果。至于第11条被指责为"可怕的空洞无物"或者"花花公子、退休人员和旅游人员的权利"[2]，忽略了该权利的本质。现代工业社会的正常运转建立在人们不受国家限制地移动的基础之上。第11条的自由迁徙权具有长久的历史渊源，早在《保罗教堂宪法》第133条就有相应规定。《魏玛帝国宪法》中自由迁徙通过第111条来保障。欧盟层面上《欧洲联盟运行条约》第21条具有相应规定，特别是《欧洲联盟运行条约》第45条和《欧洲人权公约》第4议定书的第2条和第3条。

二、个人自由（《德国基本法》第2条第2款第2句、第104条）

案例23：临时逮捕

汉诺威将要开幕世界展览会，届时15000名人士会举办一个大型游行示威。基于以往大型游行示威的经验，警察在汉诺威周边设置了很多检查点。在这些地方，警方检查了到达的D并确认，1995年到1997年有四项针对他涉嫌示威活动犯罪的刑事调查。因此，D在11点40分被警方控制。"警方

---

[1] Vgl. Riedel, EuGRZ 1980, 192 ff.；历史发展参见 Hantel, JuS 1990, 865（865）；Amelung, Jura 2005, 447 ff.。

[2] Dicke, in: v. Münch/Kunig, 2. Aufl. 1981, Art. 11 Rn. 2；对此持反对观点的见 Pieroth, JuS 1985, 81（81）和 Randelzhofer, in: BK, Art. 11 Rn. 175。

关押记录"上写明的原因是"身份检查"。D 被赋予法定听审权,他表示不愿多说。"被捕人员单据"上的逮捕原因是:"因破坏州的安宁而被众所周知。"警方立刻请法官对管束决定的合法性作出审查。同一天,法院决议认为管束合法。理由是,按照警方的申请,D 在前往游行示威的路上被捕,基于对他之前的了解和整体印象,这次他也很可能有暴力参与的行为。《德国刑法典》第 125 条(破坏州安宁)规定的犯罪行为即将出现。决议要求在同一天 18 点释放 D;警方照做。D 认为警方的措施是"极大的不公正",以至于他无法参加游行示威。他还担心在将来参加游行示威的时候也会被阻拦。为了弄清这次逮捕,D 在穷尽法律救济的情况下,以《德国基本法》第 103 条和第 104 条为法律依据提起了合乎期限的宪法诉讼。他有希望赢得诉讼吗?

提示:无须检测第 8 条。

《德国下萨克森州警察法》第 10 条:基于该法律,人的自由基本权(《德国基本法》第 2 条第 2 款第 2 句)可以被限制。

《德国下萨克森州警察法》第 18 条第 1 款第 2a 项:为阻挡直接来临的犯罪或者继续犯罪不可缺少时,行政机关和警察可以管束一个人。

《德国下萨克森州警察法》第 19 条第 1 款:如果第 18 条的一项措施剥夺人身自由,那么行政机关或者警察必须毫不迟延地请求法院对剥夺人身自由的合法性和时间长短作出决定。

案例原型 BVerfGE 83, 24 ff.(Polizeigewahrsam)。

(一)保护范围

1. 主体保护范围

716　个人自由的基本权主体是每个自然人。判断能力的缺乏并不妨碍第 2 条第 2 款第 2 句的保护,因此患有精神疾病者和行为能力未满者也受其保护。[3] 由于只保护身体的行动自由,法人不是该基本权的主体。[4]

2. 实体保护范围

(1)身体行动自由

717　第 2 条第 2 款第 2 句一般性地保护个人自由。该个人自由不是指意思

---

〔3〕　BVerfG, NJW 2018, 2619 (2620) (Fixierung von Patienten).

〔4〕　Starck, in: v. Mangoldt/Klein/Starck, Art. 2 Rn. 202; Di Fabio, in: Maunz/Dürig, Art. 2 Abs. 2 Rn. 21.

自由,而只是指**身体行动自由**(körperliche Bewegungsfreiheit)。联邦宪法法院的司法裁判一度扩大了该基本权的保护范围,身体行动自由被理解为探访或者离开任何地方空间的自由。[5]将保护范围扩大到探访特定地点的自由,使得基本权丧失了清晰轮廓。这与传统上的理解有些差别,后者将"身体行动自由"作为从一个地点移动的自由。因此,有必要在干预层面予以限制,以使得该基本权与一般行为自由相区分。[6]保护范围的扩大还使得其与第11条无法区别,因为除去进入联邦区域,第11条的迁徙自由变成了个人自由的一种特别情形。因此,应当将第2条第2款第2句的保护范围限制在**从一个地点移开的自由**(Fortbewegungsfreiheit)之身体行动自由上。[7]联邦宪法法院在一个裁判中采用了这种解释,指出《德国难民程序法》第56条施加的难民申请者必须居住在主管的外管局区域内的这一义务不按照《德国基本法》第2条第2款第2句来衡量。由于难民申请者能够在足够的空间范围内活动,因而不被视为身体行动自由受到影响。[8]

根据联邦宪法法院的裁判,只有当个人被阻挡探访在**一般法律秩序范围**内可以接触到的空间时,才可援用身体行动自由。[9]一般法律秩序这个概念与《德国基本法》第5条第2款的一般性法律概念相同。[10]当法律秩序不是专门针对个人自由时,法律秩序就是一般性的。相应的,对于难民申请者来说,像《德国难民程序法》第18a条规定的那样,机场程序(Flughafenverfahren)并不是对自由的限制,即使是通过飞行入境的外国人在难民程序中被安置在机场入境区域。对入境人员来说,联邦德国空间并非法律可达到的区域。与规定只有德国人才享有身体行动自由的第11条相比,第2条第2款第2句不保护入境自由。

**BVerfGE 94, 166(198 f.)(Flughafenverfahren):按照一般法律秩

---

[5] Vgl. BVerfG, NVwZ 2011, 743(742).
[6] 参见页边码726。
[7] 第11条参见页边码758。
[8] BVerfG, NVwZ 1983, 603(603);不清晰的则是 BVerfGE 96, 10(21)(Räumliche Aufenthaltsbeschränkung)。
[9] BVerfGE 94, 166(198)(Flughafenverfahren).
[10] 参见页边码240以下。

序，国家边境是自由行动的界限。每个国家都有权界定区域的自由进入，并为外国人确定进入国家疆域的标准资格。**对自由穿越国家边境所设定的法律和事实障碍并不触及第 2 条第 2 款第 2 句规定的身体行动自由的保障内涵。**

难民申请的地位也不因此改变。无论是国际法还是德国的本国法，难民都没有请求权要求入境。对于没有相应旅行证件的难民申请者来说，在确认他们的难民资格之前，德意志联邦共和国的领土在法律上是不允许庇护者进入的。他们到达飞机场已经处于德国领土的事实不能改变对其入境还要作出判断。除此之外，对于机场的难民身份寻求者来说，他们行动自由的实际限制是为了在德国寻求保护和通过相应的程序。虽然不能要求他们回到原所在国，但是对其行动自由的限制并不能归责到德国国家权力上。

719 《德国基本法》第 104 条是一个等同于基本权的权利，对其的损害可以按照第 93 条第 1 款第 4a 项提起宪法诉愿。第 2 条第 2 款第 2 句和第 104 条具有同样的保护范围。因此，**两个规范的关系体现在**，第 2 条第 2 款第 2 句规定是否和在多大范围内允许限制自由；第 104 条则对限制自由提出程序性要求。

BVerfGE 58, 208 (220) (Baden-Württembergisches Unterbringungsgesetz)：第 104 条对自由的形式保障与第 2 条第 2 款第 2 句的实质自由保障是不可分割的；第 104 条第 1 款纳入了第 2 条第 2 款第 2 句的法律的保留并增强了限制自由时出台"正式"的法律效力，并将注重方式的义务提升到宪法要求层面。违反第 104 条所保障的限制自由法律的前提条件和方式总是构成对个人自由的损害。**借助第 104 条第 1 款，遵守各个法律中保护自由的方式并被提升为宪法义务，且通过宪法诉愿的法律救济来保障。**

(2) "消极"行动自由

720 有争议的是，第 2 条第 2 款第 2 句是否保护"消极"行动自由[11]，即

---

[11] 消极自由参见页边码 313 和 880 以下。

不探访特定地点的自由,因此,可以不停留在自身不愿意停留的地方。[12]主流观点则认为,消极自由不属于第2条第2款第2句的保护范围[13],只有被直接强制进入特定地点时才受保护。[14] 对于下面的问题来说,消极自由比较重要,即要求服役、参加交通课程或者要求在官方指定医生那里体检是否构成限制自由。

自由只有被当作身体行动自由而不是意思自由来理解时,第2条第2款第2句的这种字面理解才排除保护消极自由。该基本权只保护积极行为而非被动性,如不允许离开某地。此外,扩大第2条第2款第2句的保护范围将会导致其丧失权利轮廓的明确性,最后扩展成免受行为义务的保护,而行为自由属于第2条第1款的保护范围。只有将保护范围解释为防止国家干预身体行动自由才能避免上述不足。

721

(3) 保护义务

个人自由的基本权不只是防御权。国家有义务对身体行动自由的私法性妨碍采取措施。个人对国家有保护请求权。[15] 国家在履行这个义务时有一定的自由空间,只有在保护义务履行明显不足——即措施完全不充分时,个人才能从第2条第2款第2句拥有直接给付请求权。

722

(4) 禁止虐待身体和精神

除了对限制自由的程序提出要求外,第104条第1款第2句还禁止对被拘禁人进行身体和精神上的虐待。这句话对自由限制的方式提出要求。这不是独立的基本权保障。对囚犯也适用与此相同的基本权。[16] 第104条第1款第2句的特别意义在于,不只是强调禁止虐待,而是将其作为保护囚犯不可缺少的原则;即使是囚犯也不能事先同意虐待自己。与此相关的是**举证责任负担**:警察管束时发生的损害,国家有责任证明这不是警察虐待造成的。[17]

723

---

[12] Pieroth/Schlink/Kingreen/Poscher, Rn. 442 ff.
[13] Vgl. Hantel, JuS 1990, 865 (866); Murswiek, in: Sachs, GG, Art. 2 Rn. 230 ff.
[14] Jarass, in: ders./Pieroth, Art. 2 Rn. 114; Kunig, in: v. Münch/Kunig, Art. 2 Rn. 76.
[15] 保护义务参见页边码123以下。
[16] BVerfGE 33, 1 (10 f.) (Strafgefangene). 特殊法律关系中的基本权适用参见页边码697。
[17] Vgl. EGMR, EuGRZ 1996, 504 (511 f.).

724　　精神虐待是指侮辱人格和名誉的行为。典型的例子是诽谤或者妨碍自由意志形成或者记忆力的措施。[18] **身体虐待**是指——和刑法一样，每个对身体健康或者身体完整性的恶劣对待和不当处理。[19] 这也包括酷刑禁止，即为了歪曲受影响人的意思而有意进行的恶劣行为。[20]

725　　尽管有《德国基本法》第 104 条第 1 款第 2 句、《德国刑事诉讼法》第 136a 条，以及其他国际和欧盟义务规定，如《联合国禁止酷刑条约》《欧盟反酷刑条约》《欧盟基本人权宪章》第 4 条和《欧洲人权公约》第 3 条的明确规定，但最近仍有关于**酷刑**例外合法的讨论。[21] 这令人震惊，因为这些法律规定十分清晰，并没有什么讨论空间。酷刑使得个人沦落为国家行为的客体，这违反了人性尊严[22]，因此，不允许进行个案权衡。尽管公共紧急状态"威胁到民族生命或者个人权利"，但是仍然禁止虐待个人以取得信息。[23] 第 79 条第 3 款要求国家必须遵守第 1 条第 1 款的原则，即使不顾及国际条约义务也要禁止酷刑。不过仍有观点主张"当然论证"：如果国家能利用救援射击杀死绑架者来保护被绑架人员的生命，此时酷刑是合法的。这个观点没有意识到，人的生命和人性尊严是不同的。第 2 条第 2 款第 3 句的法律的保留清楚指明，生命可以被干预，因此射击是允许的，而这不妨碍人性尊严。《欧洲人权公约》同样也只是绝对禁止酷刑（第 3 条），而不是绝对保护生命（第 2 条第 2 款）。[24] 人性尊严要保护的则是，当个人自由被剥夺、毫无保护地交由国家处理时，个人意志不被歪曲。

---

〔18〕　Kunig, in: v. Münch/Kunig, Art. 104 Rn. 15.

〔19〕　Kunig, in: v. Münch/Kunig, Art. 104 Rn. 14.

〔20〕　Schulze-Fielitz, in: Dreier, Art. 104 Rn. 62. 人性尊严角度下的酷刑禁止参见本书页边码 617 以下。

〔21〕　Vgl. Miehe, NJW 2003, 1219 f.; Hamm, NJW 2003, 946 f.; Schaefer, NJW 2003, 947 ff. 特别是"达施纳案"（Daschner）中，警察局副主席威胁犯罪嫌疑人如果不说出被绑架人的地点，就会对其动用酷刑。Vgl. EGMR, NJW 2010, 3145 ff.; Grabenwarter, NJW 2010, 3128 ff. 相关案例参见页边码 617。

〔22〕　参见页边码 602 以下。

〔23〕　EGMR, NStZ 2008, 699 (700).

〔24〕　Vgl. Meyer-Ladewig, Europäische Menschenrechtskonvention, 3. Aufl. 2011, Art. 3 Rn. 1 ff.; Grabenwarter/Pabel, EMRK, 6. Aufl. 2016, § 20 Rn. 1, 11 ff.

(二) 干预

第 2 条第 2 款第 2 句的干预包括限制自由和剥夺自由。如第 104 条体系构建显示,两种情形是上位概念(第 1 款)和下位概念(第 2 款)间的关系。**限制自由**是指所有对身体行动自由的严重干预。[25] 为了区分个人自由与一般行为自由,只有**有目的**地限制行动自由的国家行为,才按照第 2 条第 2 款第 2 句来判断。[26] 相应的,不以限制身体行动自由为目的的义务教育就要按照第 2 条第 1 款来判断,而非第 2 条第 2 款第 2 句。

当行动自由被限制在狭窄隔开的空间中,个人则丧失在各个方向上的行动自由,即为**剥夺自由**,构成"自由限制最为严重的方式"[27]。行动自由的丧失要满足一定的最短期限。联邦宪法法院认为,措施预计不超过半小时的即为短暂。[28] 这个前提条件是从第 104 条推导出来的,短暂剥夺自由使得程序性要求意义不大,而且会给受影响人造成额外负担。另外,如果(单纯)直接强制也需要取得法官的裁决,那么程序性要求会造成警察工作难以继续。[29] 由于第 104 条将剥夺自由的特定程序要求提升至宪法层面,违反形式性规定时——在例外情形下,赋予个人遵守请求权,则可以提起宪法诉愿的干预。第 104 条第 1 款第 1 句的形式是指形式、程序和管辖权。

放弃自身行动自由排除干预的构成,只要个人**同意**符合基本权抛弃[30]的要求。[31] 监护人或者照料人的同意则不足够。[32] 被捕人对自身身体或者精神虐待的同意无效。

---

[25] Jarass, in: ders./Pieroth, Art. 104 Rn. 2. 关于驱离现场(Platzverweis)参见 Murswiek, in: Sachs, GG, Art. 2 Rn. 240。

[26] Murswiek, in: Sachs, GG, Art. 2 Rn. 233; Gusy, NJW 1992, 457 (459 f.);其他观点见 Jarass, in: ders./ Pieroth, Art. 2 Rn. 86。参见页边码 721。

[27] BVerfGE 10, 302 (323) (Vormundschaft)。

[28] BVerfG, NJW 2018, 2619 (2621) (Fixierung von Patienten)。

[29] Hantel, JuS 1990, 865 (870); Jarass, in: ders./Pieroth, Art. 104 Rn. 10. Lisken, NJW 1982, 1268 (1268) 认为期限不是剥夺自由的前提条件。关于这个争论,一般性的叙述参见 BGH, NJW 1982, 753 ff.。

[30] 参见页边码 111 以下。

[31] 关于第 104 条第 4 款告知是否可以放弃的问题,参见本书页边码 737。

[32] BVerfGE 10, 302 (309 f.) (Vormundschaft)。

(三)干预的正当化

1. 限制

729　按照第 2 条第 2 款第 3 句,个人自由受到一般法律的保留。这意味着限制自由的措施只能基于(形式)法律作出。

2. 限制的限制

(1) 一般性要求

730　第 2 条第 2 款第 3 句没有对限制性**法律**作出特别要求,但是第 104 条第 1 款要求,对自由的限制只能是形式法律(也即形式意义上的法律),条例或者行政内部规定则不可以。限制自由的法律必须对实质性条件作出清晰规定,以符合明确性要求,对授权法的要求随着干预强度而增加。

> **BVerfGE 14,174(186 f.)** (Gesetzesgebundenheit im Strafrecht):《德国基本法》第 103 条第 2 款影响到法院判决的各种形式的刑罚,第 104 条第 1 款第 1 句致力于为限制自由提供特别保护,这不仅针对行政还针对刑事司法。按照第 104 条第 1 款第 1 句,个人自由只能基于正式法律,而且受到方式条款的限制。**第 104 条与第 2 条第 2 款第 2、3 句在保护个人自由上是不可分割的**。就连判决有期徒刑也是依照第 104 条第 1 款第 1 句的自由限制。即使刑罚单独看不限制自由,但是与刑罚执行结合则构成剥夺自由。按照第 104 条第 1 款第 1 句的保留,只能是正式法律,即通过正式立法程序制定的法律规范。一个条例并不是第 104 条第 1 款第 1 句的正式法律,即使它是基于正式法律的授权而出台;因此,"**干预的前提条件,包括干预合法性和本质都必须在正式法律中予以确定**"。立法者充分清晰地确定何种行为应受刑罚,在正式法律中确定方式和范围,只能将刑罚构成要件的特别化留给条例制定者,以此才能符合第 104 条的意义和目的来保障个人的法律安定性和自由,《德国基本法》赋予立法者承担的责任才不会减少。

731　对个人自由的干预必须符合**比例原则**,这是说,干预必须服务于正当目的,并且适合、必要和均衡。[33] 至于对干预所要实现的目的提出何种要

---

[33] 参见页边码 48 以下。

求,这要看对自由限制的强度。[34] 而剥夺自由的正当化还应该加入《欧洲人权公约》第5条的判断。[35] 个人自由"不可侵犯"这一宪法基本决定将自由作为特别重要的法益来对待,只有在具备重要理由时才能予以干预。这尤其适用于非罪责抵偿的预防性干预,如保安监督和管束措施。[36] 从生命和身体完整基本权所推导出的国家保护义务能够正当地将精神病患强制安置在封闭机构且进行固定,只要表明这是为消除威胁重要健康所必需。[37] 安置一名接受强制治疗的精神病患,不只关系到保护其自身,只有在强制治疗不损害其基本权时才是合乎比例的。[38]

有疑问的是,判处**无期徒刑**是否符合比例原则。这种情形下,个人最基本的自由被干预,人性尊严面临威胁[39],其中的危险还在于,犯人成为消除犯罪的客体。联邦宪法法院则认为,无期徒刑具备下列条件方合宪,即无期徒刑必须被用于保护最高法益的最严重侵害,且犯罪行为人有机会再次取得自由。[40] 作为对这个判决的回应,立法者在《德国刑法典》加入第57a条,按照该条,无期徒刑可以变为缓刑,不过在犯人还有危险时不得缓刑。[41] 联邦宪法法院对无期徒刑合法性问题上所确定的基本原则对刑法适用具有实际性的影响,特别是《德国刑法典》第211条的谋杀要件的合乎比例的解释。[42] 有疑问的是,《德国刑法典》第211条只是规定了无期徒刑的法律结果,也就是说法官在肯定构成要件后,没有自由空间来考量个案具体情形,例如,犯罪行为人的冲突情势。

还有**待审拘留**(Untersuchungshaft)的合法性也要结合比例原则来判断,虽然在这个程序阶段,宪法上推定无罪(法治原则的无罪推定[43];

---

[34] BVerfGE 130, 372 (388 ff.) (Maßregelvollzugszeiten).
[35] BVerfG, NVwZ 2016, 1079 (1080).
[36] BVerfGE 128, 326 (327f.) (EGMR Sicherungsverwahrung); BVerfG, NVwZ 2016, 1079 (1079).
[37] BVerfG, NJW 2018, 2619 (2622) (Fixierung von Patienten).
[38] BVerfG, NJOZ 2016, 593 (596).
[39] 参见页边码606。
[40] BVerfGE 45, 187 (228 f.) (Lebenslange Freiheitsstrafe); Erichsen, NJW 1976, 1721 ff. 则认为违宪。
[41] 关于合宪性见 BVerfGE 117, 71 (87f.) (Strafrestaussetzung). 这和事后的保安监督(Sicherungsverwahrung)(参见页边码963)无关。
[42] Vgl. Eser/Sternberg-Lieben, in: Schönke/Schröder, 29. Aufl. 2014, §211 Rn. 10a.
[43] Jarass, in: ders./Pieroth, Art. 20 Rn. 108. 参见《欧洲人权公约》第6条第2款。

同样的问题是遣送拘留和引渡拘留），但会对个人自由形成干预。不但"是否"拘留要符合比例，而且拘留时间长短也要符合。从第2条第2款第1句推导出**加速要求**（Beschleunigungsgebot）。国家有义务采取可能和合理措施对指控作出具有法律效力的裁判。[44] 如果没有及时提起诉讼，被指控人可有权要求释放。刑事诉讼因为法院不合宪的配备而导致发生迟延时，不能正当化待审拘留的延续。[45] 相应的加速要求也可以从《欧洲人权公约》第5条第3款中得出，在违反该规定时，当事人有权请求判决减少刑罚以作为补偿。[46]

BVerfGE 19, 342 (347 f.) (Wencker)：待审拘留法律制度中，第2条第2款和第104条保障的个人自由权和**有效追究刑事责任需求**间的紧张关系十分清晰。如果不让刑事调查机关在判决前逮捕可能的犯罪行为人并予以拘留，那么迅速和公正地追究严重刑事犯罪行为在很多情形中是不可能的。但是，关进拘留所而完全剥夺个人自由是极其严重的，法治国家中，只有基于法律规定刑罚的行为被判决时，才能允许剥夺个人自由。对只是有嫌疑的犯罪行为采取这种措施，只能在严格限制的例外情形中才可以。这是**无罪推定**的必然要求，即使是紧急的犯罪行为，针对嫌疑人不应采取和有期徒刑一样效果的刑罚措施。解决这两个对法治同等重要的原则所产生的冲突，可行的解决方案是，追究刑事责任所采取的自由限制是必要的、合乎目的的，且尚未被判决的嫌疑人拥有自由请求权以纠正该自由限制。这就意味着：**拘留在命令和执行时必须符合比例原则**：一方面，以具体线索为支撑存有紧急犯罪嫌疑，对犯罪嫌疑人的无罪有合理怀疑；另一方面，国家、社会对澄清犯罪行为和迅速惩罚犯罪分子的正当要求只有通过将嫌疑人提前拘留才能得到保障时，才可以忍受对自由的干预。通过待审拘留来实现其他目的，原则上是被禁止的。

734 对于限制个人自由的法律，适用第19条第1款第2句的指明条款要

---

[44] BVerfGK 6, 384 ff.; 7, 21 ff.; 140 ff.; hierzu Jahn, NJW 2006, 652 ff.
[45] Vgl. BVerfG, NJW 2018, 2948 ff.
[46] Vgl. EGMR, NVwZ-RR 2006, 513 ff. (Dzelili Deutschland).

求。[47] 由于第 2 条第 2 款第 2 句和第 104 条有相同的保护范围，首先要指明被限制的基本权。至于第 19 条第 1 款第 2 句是否适用与基本权相同的权利，这个问题不重要。[48]

（2）剥夺自由时的程序

第 104 条第 1 款到第 4 款则规定，剥夺自由必须满足特定程序要求。

①事先取得法官命令后的剥夺自由

按照第 104 条第 2 款，剥夺自由是**法官保留**。这意味着剥夺自由要由法官（之前）作出命令。和第 1 款一样，该程序性规定要求，任何情形都应当具备充分精确的法律授权。对于追究刑事责任的逮捕，还要注意第 104 条第 3 款。第 2 款适用于所有的剥夺自由，不仅是"犯罪的"，还是"救助性的"。如安置在精神病治疗机构或者将儿童放在封闭的住房中，这些情形都要符合第 104 条第 2 款才合法。剥夺自由的措施必须予以记录，以保证权利救济的有效性和干预的合乎比例性。[49]

第 104 条第 4 款要求将法官裁决、命令或者剥夺自由期限告知亲属或者可信赖之人，如辩护人。通知义务是被逮捕人的主观权利，而不是被通知人的。[50] 而这导致主流观点认为受影响人可以放弃通知。但是这应当置于法律的保留之下，法官必须审查放弃的理由，要看第 4 款所列人员对通知是否存在重大公共利益。[51]

②没有事先得到法官命令所进行的剥夺自由

原则上，必须在剥夺自由措施之前取得法官裁决。按照第 104 条第 2 款第 2 句的例外情形，也可以事后取得法官裁决，也就是说在剥夺自由开始后再取得。这种例外情形只有当"如果逮捕以法官裁决为前提，那么剥夺自由所追求目的无法实现"时方可。[52] 法官裁决必须毫不迟延地补充。

---

[47] 参见页边码 759 以下。

[48] Jarass, in: ders./Pieroth, Art. 2 Rn. 95; Art. 104 Rn. 4; Art. 19 Rn. 4; Remmert, in: Maunz/Dürig, Art. 19 Abs. 1 Rn. 34 主张适用于等同于基本权的权利。

[49] BVerfG, NJW 2018, 2619 (2623) (Fixierung von Patienten).

[50] BVerfGE 16, 119 (122) (Benachrichtigungspflicht); BVerwG, NJW 1985, 339 (339).

[51] BVerfGE 16, 119 (123 f.) (Benachrichtigungspflicht) 认为应当严格认定放弃的合法性。告知义务参见 Dürig, in: Maunz/Dürig, Art. 104 Rn. 43。

[52] BVerfGE 22, 311 (317) (Arreststrafe).

"**毫不迟延**"不是指《德国民法典》第 121 条第 1 款定义的"没有错误地迟延"。每个迟延必须是必然使之，这要按照客观标准来判断。[53] 国家负有义务迅速作出法官裁决。白天的时候必须能联系到一名法官，夜间的时候如果不只是例外而存在实际需求，必须有法官值班。[54] 重大事件，如核废料运输就是这种情形。此外，第 104 条第 1 款规定的一般性要求也适用。

739　　对于取得法官裁决的时间范围，第 104 条第 2 款第 3 句规定：裁决最晚在逮捕第二天（24 小时）内取得。不管第二天是周日还是节假日。这意味着，超过 48 小时，警察没有权力拘留一个人。超过这个期限必须释放。法官必须亲自来权衡，而不能依赖于行政的可信性审查。法官必须自身查明对于逮捕命令所必要的事实。[55]

③用于追究刑事责任的逮捕

740　　第 104 条第 3 款对追究刑事责任设定了特别要求。对于警察追究刑事责任所进行的逮捕，第 3 款优于第 2 款适用。因为犯罪嫌疑而被逮捕的人（《德国刑事诉讼法》第 127 条第 2 款）必须最迟在逮捕后的次日提交给法官。"提交"应当按字面理解为个人性的对质，即告知逮捕原因，以及被逮捕人提出异议。法官审查范围和第 2 款规定的前提条件一样。

BVerfGE 83, 24（33 f.）（Polizeigewahrsam）：法官在适用《德国非讼事件程序法》第 12 条（有义务依照职权调查原则）调查时，如果只是审查警察所列举的剥夺自由原因是否可信，那么即使是紧急情形，也不满足第 104 条的要求。按照第 104 条第 2 款，法官必须对剥夺自由的合法性作出决定，并承担下列责任，即对于防止受影响人直接违法犯罪，管束是不可缺少的。法官的裁决起到决定性作用，而不只是对行政决定的批准或者确认。**法官必须查明剥夺自由的正当化事实。基本权干预的严重性尤其要求对剥夺自由措施的必要性进行细致审查。**对于紧急逮捕，档案、收缴物、参与官员话语和受影响人旁听，都可以作为法官自身澄清事实的手段。

---

〔53〕 BVerwGE 45, 51 (63).

〔54〕 BVerfGK 2, 176 (178); 7, 87 (102).

〔55〕 BVerfGE 83, 24 (33 f.) (Polizeigewahrsam).

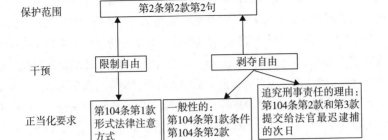

图 15-1 人的自由

三、自由迁徙（《德国基本法》第 11 条）

（一）保护范围

1. 主体保护范围

第 11 条规定的是德国人的基本权，只能由第 116 条第 1 款规定的德国人主张。外国人可以主张一般行为自由（第 2 条第 1 款）、个人自由（第 2 条第 2 款第 2 句）和人性尊严（第 1 条第 1 款）。[56] 即使是法人也可以按照第 19 条第 3 款主张自由迁徙权。虽然这种情形下不是个人生活构建，但是自由迁徙也服务于经济生活的发展。[57]

2. 实体保护范围

第 11 条保护的是在整个德国境内的自由迁徙。**自由迁徙**是指"在德国境内任意地点居留（Aufenthalt）及建立住所（Wohnsitz）"[58]。作为自我决定构建生活的权利[59]，该权利早已被写入《保罗教堂宪法》第 133 条。

---

[56] Pieroth, JuS 1985, 81 (82). 欧盟公民的保护参见页边码 583。

[57] Vgl. Epping, Die Außenwirtschaftsfreiheit, 1998, S. 110 ff.

[58] BVerfGE 2, 266 (273) (Notaufnahme); 43, 203 (211) (CSSR-Vertrag). 历史发展参见 Hetzer, JR 2000, 3 ff.

[59] BVerfG, NVwZ 2014, 211 (223) (Garzweiler II).

"住所"同"居留"相对，是更特别的概念，其是指"在一个地方长期定居"（《德国民法典》第 7 条第 1 款的法定含义）。"长期定居"是具有法律行为意思的居留，不只是短期，而是将这个地点作为生活关系的中心或者重心。[60]"居留"意味着短期逗留。第 2 款中的加重法律的保留的规定似乎可以将其理解为，应当对其保护范围进行严格解释。有争议的是，居留是否要求一定期限，这样纯粹的几个小时的居留不被第 11 条保护，抑或无须附加条件。[61] 不过，设定时间期限显得过于恣意了，因为短期逗留对于个人发展来说也可以是非常重要的。因不同于第 2 条第 2 款第 2 句，第 11 条要求的不只是一般的行动自由，"居留"应当从这个角度上解释。但必须要求的是，该居留对于个人具有意义（可以称之为个人重要性），而期限可以作为证据。[62] 没有争议的是第 11 条的目的中立性，为何种目的而迁徙不影响对权利的保护。

744　　第 11 条首先保护的是移居一个地点以居留或者建立住所。这是**移居的自由**。此外，该权利还保护行使自由迁徙权时停留在所选择的地点。[63] 第 11 条包括了**"消极的迁徙"**。不过，联邦宪法法院否定了与住所地长期相联的城市建筑和社会环境意义上的**故乡权**（das Recht auf Heimat）。[64]

745　　第 11 条并没有赋予**个人给付请求权**。无论是请求提供住宅还是特定的代步工具[65]都不被法律保障。第 11 条对私法关系也产生间接作用，例如，劳资合同要求雇员将住所地选择在工作场所附近。[66]

746　　虽然法律字面是"在德国境内自由迁徙"，但是第 11 条的保护范围还可以扩展到**进入德国境内**（用于居留的移居）和**移民到德国境内**（用于建立

---

[60]　Pieroth, JuS 1985, 81 (83).

[61]　Vgl. zu diesem Streit Kunig, Jura 1990, 306 (307 f.)；Pieroth, JuS 1985, 81 (83).

[62]　Vgl. Epping, Die Außenwirtschaftsfreiheit, 1998, S. 123 f.；Gusy, in：v. Mangoldt/Klein/Starck, Art. 11 Rn. 27 f.；Kunig, Jura 1990, 306 (308).

[63]　BVerfG, NVwZ 2014, 211 (223 f.) (Garzweiler II).

[64]　BVerfG, NVwZ 2014, 211 (224 ff.) (Garzweiler II).

[65]　BVerfGE 80, 137 (50) (Reiten im Walde).

[66]　BAG, NZA 2007, 343 ff.

住所地的移居）。相反，**出境自由**和**移民到外国的自由**不被保护。[67] 这只能由一般行为自由（第2条第1款）来保护。[68] 理由在于，即使是《魏玛帝国宪法》第111条和第112条也区分了自由迁徙和移民到外国的自由。

BVerfGE 6, 32 (34 ff.) (Elfes)：第11条第1款保障的是在整个德国疆域内的自由迁徙。这个**字面意思**已经清楚表明不保障从德国移出的自由。该规定的产生历史亦如此。自由迁徙权只能在第11条第2款列举的特定条件下通过法律作出限制。**制定限制构成要件时，立法者考虑的明显是本国自由迁徙的限制，并没有提及出境自由的合理限制。**很久以前出于国家安全的原因，出境在许多国家，即使是在民主国家，也有通过拒绝签发护照而限制出境的情况。德国从第一次世界大战后就开始适用这样的规定。但不能认为立法者忽视重要且长久以来的限制原因——国家安全——从而在第11条中赋予出境自由。相反，应当认定第11条不保障出境自由。因此，以**体系**为由——像一些文献认为的那样，将自由出境的权利也纳入第11条的自由迁徙当中，联邦宪法法院认为这是不具有说服力的。而且出境自由作为**一般行为自由的结果**并不缺乏适当的基本权保护（第2条第1款）。

（二）干预

对第11条的干预可以体现在对自由移居的阻挡或者妨碍。代表性观点认为，只有**直接性的妨碍**才能构成对第11条的干预，保护范围是国家措施的出发点。不直接针对迁徙自由的一般性法律就不构成对保护范围的干预。理由是，第11条第2款只包含了对直接干预的限制。[69] 事实性基本权妨碍只在例外情况下构成干预，即从意图或者强度上看，该妨碍和传统基本权干预——目的性、直接性和命令或者禁止——相似时。[70] 从上述可以看

---

[67] BVerfGE 2, 266 (273) (Notaufnahme); 6, 32 (34 ff.) (Elfes); BVerwGE 3, 130 (132); Pieroth, JuS 1985, 81 (84); 认为保护出境自由的观点见 Epping, Die Außenwirtschafts-freiheit, 1998, S. 129 ff.。

[68] 参见页边码550。

[69] Kunig, in: v. Münch/Kunig, Art. 11 Rn. 19; Pieroth, JuS 1985, 81 (85)。

[70] BVerfGE 110, 177 (191) (Freizügigkeit von Spätaussiedlern); Kunig, Jura 1990, 306 (309)。干预概念参见页边码390以下。

出，剥夺自由的措施不能按照第 11 条，而只能按照第 2 条第 2 款第 2 句来衡量，而第 104 条又为之设置了特别条件。但是当剥夺自由针对的是自由迁徙时则又不同；这样的措施也要按照第 11 条来衡量。[71]

BVerfG, NVwZ 2014, 211（224）（Garzweiler II）：当土地秩序或者土地使用性规定阻止这种长期居住、已经排除或者限制移居入内、抑或事后强制搬走，自由迁徙基本权并不赋予个人在联邦境内的上述地点居留。上述规定如果**一般性适用**，而不是针对特定人或者人群的迁徙，那么就不触及第 11 条第 1 款的保护范围。

(三) 干预的正当化

1. 限制

第 11 条被置于**加重法律的保留**之中。根据第 11 条第 2 款，通过法律或者基于法律可以对自由迁徙权进行干预。文献一致地援用联邦行政法院的裁判[72]，该"**法律**"只能是形式上的，即议会通过的法律。[73] 上述裁判观点是站不住脚的。很明显，联邦行政法院的裁判建立在对"法律"概念过时的理解之上。法律的保留中的"法律"通常情况下是指实体意义的法律，除了议会法律外，还有条例。[74]《德国基本法》如果要是作例外性规定，肯定是像第 104 条第 1 款第 1 句那样，使用"形式"法律。为了保护个人基本权而将法律概念限定在形式法律上是不必要的。与基本权干预相关的法律的保留只是为了保障干预的可预见性和可预测性以及防止专断。[75] 这个目标在条例中同样可以实现。法律的保留不是为了保证议会职权。何时议会保留适用，要看重要性理论。[76]

第 11 条第 2 款意义上的"法律"，原则上是联邦或者各州的法律。产生问题的则是州法中限制自由迁徙的权限性规范，尤其是在危险防御领域。根据《德国基本法》第 73 条第 1 款第 3 项，联邦立法者对**自由迁徙具有专**

---

[71] Gusy, in: v. Mangoldt/Klein/Starck, Art. 11 Rn. 25 亦是如此结论。
[72] BVerwGE 11, 133 (134).
[73] Gusy, in: v. Mangoldt/Klein/Starck, Art. 11 Rn. 52; Jarass, in: ders./Pieroth, Art. 11 Rn. 11; Kunig, Jura 1990, 306 (311).
[74] 参见页边码 43。
[75] 参见页边码 404。
[76] 参见页边码 405。

属立法权，这会排除州法的限制。[77] 有观点则认为，联邦第 73 条第 1 款第 3 项的专属立法权虽然包含了自由迁徙的立法性构建，但是并不排除各州在防御直接危险时的传统规范权限。因为第 11 条第 2 款规定的法律的保留有时（如灾难救助、犯罪行为预防）也涉及州的立法权客体。在这个范围内各州仍有立法权限。警察法和秩序法，以及危险防御法不属于联邦专属立法权。[78]

第 17a 条第 2 款也包含了法律的保留，因为在防御或者保护民众的法律中可以对自由迁徙作出限制。

2. 限制的限制

所有的基本权中，对保护范围的干预必须满足**比例原则**，这就意味着限制必须服务于正当目的，并且适当、必要和均衡。至于哪些**目的**允许追求且是"正当的"，第 11 条第 2 款作了封闭性列举：

①**缺乏足够的生活基础**并给社会公众带来特别负担，"从申请人职业、年龄和健康中能够理性期待，其自身能够赚取生活最低所需"，即为有足够的生活基础。[79] 与第 117 条第 2 款体系性联系显示，充分的住宅空间不属于足够的生活基础。

②抵御对联邦或者各州存续或自由民主基本秩序所产生的危险（所谓的内部紧急状态）："联邦或者各州存续"不仅在第 11 条中出现，还在第 10 条第 2 款第 2 句、第 21 条第 2 款第 2 句和第 73 条第 1 款第 10b 项中被使用。"存续"包括民众、领土完整性和国家的行为能力。自由民主基本秩序概念在第 18 条第 1 句中也被使用，其与第 9 条第 2 款的合宪秩序[80]，以及第 98 条第 1 款具有相同内容。

③处理传染病危险、自然灾害和特别重大事故："传染病危险"并不是指每个健康危险。必要的是，这是一种能直接或者间接传染给他人的疾病（《德国传染病防治法》第 1 条）。自然灾害和重大事故的特点表现在，危险出现的不可预见性，以及对大量人群和大范围地区的威胁。自然灾害

750

751

752

753

754

---

[77] Vgl. etwa Waechter, NdsVBl. 1996, 197 ff.
[78] OVG Bremen, NVwZ 1999, 314（315 f.）；Schoch, Jura 2005, 37 f.
[79] BVerwGE 3, 135 (140).
[80] 参见页边码 893。

是由自然力引发的，而重大事故是由人类危险造成的，如清理炸弹而疏散民众。

755 ④**防止青少年堕落**：主流观点认为，"青少年"是指不满18周岁的所有人。[81] 堕落则是指从身体、灵魂和精神上危害青少年的健康，特别是危害培养其具有担当责任和社会性人格这一目标。[82]

756 ⑤**预防犯罪行为**：必要的是，这里是预防性措施；压制性措施（拘留、自由刑）不在其列。例如，《德国刑法典》第56c条第2款第1项（中止服刑缓刑考验期的居住指示）、《德国刑法典》第68b条（行为监督的居住相关指示）和《德国青少年法庭法》第10条第1款第1项和第2项（居住相关的教育措施）。

757 与其他带有加重法律的保留的基本权一样，存在疑问的是，除了上述列举，是否还可以通过**宪法权利冲突**进行正当化。[83] 例如，联邦宪法法院认为，未成年人的自由迁徙可以通过第6条第2款的父母的照顾权来限制。[84] 每个干预都需要注意第19条第2款第2句的指明条款要求。

（四）竞合

758 第11条和第2条第2款第2句要**互相区分**：**第11条**的自由迁徙保障包含了每个德国人在德国境内居留和定居的权利。从中可以得知，第11条保护的是每个基本权主体探访一个地点，以在当地居留和定居。第11条保护的是"前往的行动自由"（Hinbewegungsfreiheit）。迁往德国疆域的入境自由也单独被第11条保护。第2条第2款第2句保护的是身体移开自由，即离开某地的自由，而不是寻找某地的自由。对离开目的没有提出特定要求。只要两个基本权的保护范围有交叉，那么两个基本权同时适用，但是要注意每个权利限制的限制。[85] 此种情形如剥夺自由以防止居留在特定

---

[81] Vgl. Durner, in: Maunz/Dürig, Art. 11 Rn. 148. 《青少年保护法》虽然区分了儿童，即不满14周岁（第1条第1款第1项）和少年，即14周岁到18周岁（第1条第2款第2项），而青少年则包括了两者。

[82] BVerfGE 60, 79 (91)；Durner, in: Maunz/Dürig, Art. 11 Rn. 148.

[83] 参见页边码89。

[84] BVerfG, NJW 1996, 3145 (3146).

[85] Kunig, in: v. Münch/Kunig, Art. 2 Rn. 74, 92 (Idealkonkurrenz)；Jarass, in: ders./Pieroth, Art. 2 Rn. 111 (Spezialität des Art. 2 Abs. 2 S. 2 GG).

地点。

四、指明条款要求（《德国基本法》第 19 条第 1 款第 2 句）

按照第 19 条第 1 款第 2 句，限制基本权的法律必须提及限制的条款（指明条款要求）。[86] 按照联邦宪法法院的司法裁判，这也适用于导致新基本权限制的法律修改。[87] 违反该要求的法律若损害被限制的基本权，则是无效的。[88]

指明条款要求的目的在于，通过向立法者施加此义务，警告立法者对基本权的限制，让其知晓法律产生的影响，并对限制结果进行思考（**警告和思考功能**）。立法者必须详细说明对基本权产生的影响。[89] 指明条款要求还对法律解释和法律适用具有**澄清功能**。[90] 赫尔佐克正确地将其表达为心理限制。[91] 联邦宪法法院担心，指明条款要求可能会不必要地妨碍立法者的工作，导致指明条款要求僵化为空洞的形式。[92] 因此，指明条款要求被严格适用，在每个基本权处要问，指明条款要求是否能够服务于所列目的的实现。因此，联邦宪法法院认为第 19 条第 1 款第 2 句只适用于经典的干预，因为事实或者间接妨碍缺乏可预见性。[93] 在法律修改时，如果干预可能性被明显扩大，也应当适用指明条款要求。[94]

正如第 19 条第 1 款第 1 句和第 2 句显示的那样，指明条款要求只适用于法律的保留下的基本权。这意味着无保留的基本权不适用第 19 条第 1 款。同样，在规范保留的基本权中不适用指明条款要求。[95]

---

[86] 例如，《德国集会法》第 20 条和《德国饭店法》第 22 条第 2 款。
[87] BVerfGE 113, 348（366 ff.）（Telekommunikationsüberwachung Niedersachsen）.
[88] BVerfGE 5, 13（15 f.）（Blutgruppenuntersuchung）.
[89] BVerfGE 120, 274（343）（Grundrecht auf Computerschutz）.
[90] Vgl. Singer, DÖV 2007, 496（497 f.）.
[91] Herzog, in: Maunz/Dürig, Art. 19 Abs. 1 Rn. 48（Erstbearbeitung）.
[92] BVerfGE 35, 185（188）（Haftgrund Wiederholungsgefahr）.
[93] BVerfGE 28, 36（46 f.）（Zitiergebot）. Vgl. Sachs, VerfR II, Kap. A 10 Rn. 23.
[94] BVerfGE 129, 208（237）（TKÜ–Neuregelung）.
[95] 详细参见 Krebs, in: v. Münch/Kunig, Art. 19 Rn. 15 ff. 和联邦宪法法院的裁判、文献中相对立的观点。

762　**案例写作提示：**

指明条款要求应当在基本权的形式合宪性中审查。

763　**一览：典型的考试问题**

・违反交通规则的培训义务（消极自由的保护）（页边码720）。

・出境的自由（流氓的出境限制，VGH Mannheim, DVBl. 2000, 1630 ff.）（页边码560和746）。

・居留禁止/驱散（例如针对乞丐、公开吸毒或者行使暴力的丈夫，Traulsen, JuS 2004, 414 ff.）（人格关联性参见页边码726和743）。

764
> 联邦宪法法院认为《德国基本法》第19条第1款第2句的指明条款要求不适用于下列情形：
>
> a) 基本权限制是宪法出台前的立法者作出的：
> ・立宪前的法律
> ・立宪后的法律，对已经适用的基本权限制没有修改、轻微偏离下的重复或者指引（联邦宪法法院的这个例外令人生疑，因为指明条款要求还是能发挥其警告和澄清功能的）。
>
> b) 缺乏第19条第1款第2句意义上的限制：
> ・宪法权利冲突作为宪法内在限制予以固定化。
> ・规范保留（如第12条第2款第1句；这个例外令人质疑，因为联邦宪法法院等同于适用规范保留和干预保留）
> ・立法者有构建空间（如第14条、第9条和第6条）。
> ・平等权（第3条）。
>
> c) 指明条款要求会僵化为空洞的形式，既不能警告立法者也不能起到澄清作用：
> ・干预第2条第1款的法律，因为这个基本权只在合乎宪法秩序的保留下予以保障（由于实际上每个法律都妨碍一般行为自由，所以会导致指明条款要求丧失意义）。
> ・征收法律。第14条第3款第2句的唇齿条款发挥着指明条款同样的功能。
> ・第5条第2款的一般性法律，因为和第2条第1款一样，大部分法律都具有限制性效果。
> ・基本权限制极为明显（有争议）。
>
> **因此，指明条款要求只对下列基本权有意义：**
> 第2条第2款、第6条第3款、第8条第2款、第10条、第11条、第13条和第16条第1款第2句。

图15-2

第十六章　平等权

参考文献：

Albers, Marion, Gleichheit und Verhältnismäßigkeit, JuS 2008, 965 ff. ; Britz, Gabriele, Der allgemeine Gleichheitssatz in der Rechtsprechung des BVerfG, NJW 2014, 346 ff. ; Brüning, Christoph, Gleichheitsrechtliche Verhältnismäßigkeit, JZ 2001, 669 ff. ; Bryde, Brun-Otto/Kleindiek, Ralf, Der allgemeine Gleichheitssatz, Jura 1999, 36 ff. ; Jarass, Hans D., Folgerungen aus der neueren Rechtsprechung des BVerfG für die Prüfung von Verstößen gegen Art. 3 Abs. 1 GG, NJW 1997, 2545 ff. ; Lehner, Roman, Diskriminierungen im allgemeinen Privatrecht als Grundrechtsproblem, JuS 2013, 410 ff. ; Sachs, Michael, Die Maßstäbe des allgemeinen Gleichheitssatzes - Willkürverbot und sogenannte neue Formel, JuS 1997, 124 ff. ; Scherzberg, Arno/Mayer, Matthias, Die Prüfung des Gleichheitssatzes in der Verfassungsbeschwerde, JA 2004, 137 ff.

案例分析：

Brinktrine, Ralf/Šarčević, Edin, Klausur Nr. 2（S. 25 ff.）; Degenhart, Christoph, I, Fall 10（S. 148 ff.）, II, Fälle 1（S. 48 ff.）, 5（S. 132 ff.）, 10（S. 246 ff.）; Höfling, Wolfram, Fälle 6（S. 55 ff.）, 16（S. 191 ff.）; Kadelbach, Stefan/Müller, Lisa/Assakkali, Mohamed, Anfängerhausarbeit - Öffentliches Recht: Grundrechte - Organspende und Widerspruchslösung, JuS 2012, 1093 ff. ; Pieroth, Bodo, Fall 7（S. 141 ff.）; Schwarz, Kyrill-A., Grundfälle zu Art. 3 GG, JuS 2009, 315 ff., 417 ff. ; Volkmann, Uwe, Fall 11（S. 325 ff.）.

指导性案例：

BVerfGE 1, 14 ff. (Südweststaat); 33, 303 ff. (numerus clausus I); 55, 72 ff. (Präklusion I); 75, 40 ff. (Privatschulfinanzierung I); 82, 126 ff. (Kündigungsfristen für Arbeiter); 84, 239 ff. (Kapitalertragsteuer); 85, 191 ff. (Nachtarbeitsverbot); 88, 87 ff. (Transsexuelle II); 92, 91 ff. (Feuerwehrabgabe); 99, 367 ff. (Montan‐Mitbestimmung); 129, 49 ff. (BAföG‐Teilerlass); 131, 239 ff. (Lebenspartnerschaft von Beamten).

一、背景

765 　　和经典自由权一样，平等权保障是**宪法传统的核心组成部分**。早在法国大革命的时候，革命分子不仅要求自由，还要平等，这一原则被写入了1791年8月26日的《法国宪法》第1条。而且在这部法国宪法里，自由与平等的关系很清晰：如果认为所有人应当拥有不可转让的使之为人的人权，那么原则上，每个人都应该享有同等的权利和自由。只要存在这种"自然平等"，那么国家就不能忽视。自由和平等是一体的，一个硬币的两面。

766 　　近代也存在**自由和平等的冲突**。这主要是因为"平等"这个概念有不同的维度，如"机会平等"（前提条件的平等）和"结果平等"（事实平等）。自由和平等之间经常在下列情形中产生冲突，即当国家为了追求结果平等，干涉社会发展的不平等结果并试图调控修改。其中的例子是课税和社会保障体系的再分配机制。另外，平等权可以从绝对或者相对平等来理解：每个人绝对地缴纳等额的税是平等吗？或者平等要求根据每个人的给付能力而相对性地赋税？这个例子表明，个案中的"平等"强烈以**正义观念**为导向。

767 　　在德国，首次全面规定平等原则的是《保罗教堂宪法》中的第137条。魏玛帝国宪法也在第109条规定了平等保障。《德国基本法》中，平等权分散在许多条款之中；除了第3条第1款的一般平等，在很多地方还有特别平等权。比如《欧洲人权公约》第14条和1984年11月22日《公约第7议定书》第5条（夫妻），以及2000年11月4日《公约第12议定书》第1条（全面禁止歧视）。欧盟层面则是在《欧盟基本权利宪章》第

20 条中写入全面的平等权规定。

二、一般平等权（《德国基本法》第 3 条第 1 款）

案例 24：解除保护

十月初，U 企业开始解除一批劳动合同。在 U 工作的工人（Arbeiter）A 也收到解约通知，让他月底走人。在解约通知中，U 正确地指出当前企业订单不足的情况。A 对劳动合同解除很生气，要求至少工作到年底。U 拒绝了该要求，A 向当地劳动法院提起诉讼，要求确认劳动关系维持到年底。

劳动法院虽然认为劳动合同解除是正当的。《德国民法典》第 622 条第 2 款所要求的解除期限 U 也遵守了。如果该规定有效，那么 A 的诉讼请求就会被驳回。法院却对该条款的合宪性产生质疑，因为比起职员（Angestellte），工人受到不正当对待。对工人和职员的不同解除期限在当时是可以的，但是在今天，这种区别对待不再具有正当理由。随着办公室和行政工作的工业化，单调机器工作的职员范围不断扩大，而产品科技的转变也使得技术工人的资质水平不断上升。两个种类的区分也不能从资质水平的不同来解释。对工人适用较短解除期限丧失了法律的保护目的。比起职员来说，工人受解除的影响更大。

U 则认为这种质疑是没有理由的。职员在今天仍然主要承担脑力工作，而工人则是体力工作。职员有较长解除期限是因为其有较高的保护需求。职员的活动一般需要较强的资质。职业活动越需要资质，那么找到新工作的时间也就越长。此外，职员进入劳动生涯的时间也较晚于工人。这种不同长度解约期限的另外原因是雇主利益。职员由于具有较高特殊资质，使得其寻找合适继任者需要较长时间。较长的解约期限可以让雇主及早寻找新的工作人员。

1. 劳动法院对《德国民法典》第 622 条第 2 款的质疑，你赞同吗？
2. 劳动法院如果不想适用该款，有什么可能性吗？

《德国民法典》第 622 条（旧版）

（1）在遵守 6 个星期解除期限的情况下，职员劳动关系可以在季度结束解除；

(2) 在遵守 2 个星期解除期限的情况下，与工人的劳动关系可以解除。案例原型 BVerfGE 82, 126 ff. （Kündigungsfristen für Arbeiter）。

769 《德国基本法》第 3 条第 1 款表达很简短："所有人在法律面前平等。"按照字面是指**法律适用平等**，即在行政和司法适用法律时，要平等对待。从字面意思上来看，立法者则不受之约束。联邦宪法法院则将其适用到立法者身上，即第 3 条第 1 款也保障**立法平等**。[1]《德国基本法》第 1 条第 3 款支持这种解释，该款将立法者也受束于"以下基本权"，也即受约束于第 3 条第 1 款。另外，如果允许立法者恣意地不平等对待，那么行政和司法按照第 20 条第 3 款必须转化实施这种不平等法律，那么单纯的法律适用很难起到保护作用。第 3 条第 1 款因此是法律适用平等和立法平等的全面保障。[2]

770 与其他基本权一样，一般平等权包括了客观法和主观权利两个效力：客观法上，平等权要求所有的国家权力平等对待所有人。主观权利上，平等权是**针对不平等对待的防御权**。[3] 有争议的是，平等权是否作为自身目的而要求制造平等[4]，抑或要求平等以服务于其他目标。[5] 实践中，这个争议只会出现在很少的情形中，即主张第 3 条第 1 款不是为改善自身地位，而只是要求被优待者受到更差的对待。

771 主观权利角度上，第 3 条第 1 款是**衍生的给付权**[6]（也称为分享权）。通过主张平等权，可以要求分享国家赋予其他人的给付、促进和配置。国家不得违反平等原则赋予一个人群范围利益，而排除另外的。[7] 作为分享权的第 3 条第 1 款与自由权或者第 20 条第 1 款规定的社会国原则相结合，在实践中具有重要的意义：因为宪法中的原始给付权只在很少的情形中出现，而个人一般没有权利请求给付，而他至少希望现存资源得到平等分配，即相同、机会平等和合乎资质的请求权分配。平等分享权经常成为**程序性**

---

[1] BVerfGE 1, 14 (52) (Südweststaat).

[2] Alexy, Theorie der Grundrechte, 1994, S. 358 f.

[3] BVerfGE 2, 237 (266) (Hypothekensicherungsgesetz); 3, 58 (157 f.) (Beamtenverhältnisse).

[4] Sachs, VerfR II, Kap. B 3 Rn. 2 f.

[5] Osterloh, in: Sachs, GG, Art. 3 Rn. 40 ff.

[6] 衍生=推导而来/非原始的。参见页边码 18。

[7] BVerfGE 110, 412 (431) (Teilkindergeld); 126, 400 (416) (Besteuerung eingetragener Lebenspartnerschaften); 129, 49 (68) (BAföG-Teilerlass).

权利,这对提供给付的组织和程序产生影响。公职的准入上,第 33 条第 2 款有特殊规定。

第 3 条第 1 款作为衍生给付权的著名例子是联邦宪法法院 1972 年的"大学录取名额限制案"(Numerus-clausus-Entscheidung)[8]。这个裁判中,联邦宪法法院主张,基于第 12 条第 1 款职业自由选择而要求提供更多招生名额的原始给付请求权在宪法上是不存在的。虽然从职业自由基本权来看,国家有义务提供足够的招生名额,但是在所有的给付权上[9],立法者享有一定的自由空间,以至于宪法性的结果——提供更多招生名额的请求权,只在出现明显错误时才被考虑。联邦宪法法院认为,给付请求权总是处在"个人对社会理性要求的可能性保留之下"[10]。不过,第 3 条第 1 款和第 2 条第 1 款,以及第 20 条第 1 款(社会国原则)赋予同等分享现有招生名额的请求权。按照联邦宪法法院的观点,这首先对程序提出要求,现有招生名额的选择和分配必须按照公平的标准,使得每个具有大学录取资格的申请者都有机会,同时兼顾个人对教育地点的选择。另外,现有招生名额必须全部用完。[11] 基于第 3 条第 1 款和被第 12 条第 1 款,以及第 20 条第 1 款所强化的分享请求权具有实质性和程序性的效力。

第 3 条第 1 款**不能推出保护义务**。[12] 第 3 条第 1 款只是决定,所有人法律面前平等。但并没有要求私人主体间的相互平等,或者要求社会实现一定程度的平等。[13] 如果肯认保护义务,将会导致国家大肆干涉公民自由权利。每个公民自主选择和自由决策是《德国基本法》保护的自我决定重要组成部分。如果肯认平等权蕴含保护义务将会与此不相符。第 3 条第 1 款没有包含必须平等构建私人法律关系的客观宪法原则。与何人、何时和在何种条件下与他人构建法律关系原则上属于个人自由。因此,如果个案不存在特殊之处——如明显的权力不平等或者垄断地位,那么第 3 条第 1

---

[8] BVerfGE 33, 303 ff. (numerus clausus I).
[9] 参见页边码 16 和 126。
[10] BVerfGE 33, 303 (333) (numerus clausus I).
[11] BVerfGE 33, 303 (338) (numerus clausus I).
[12] 参见页边码 19。
[13] Dietlein, Die Lehre von den grundrechtlichen Schutzpflichten, 1992, S. 84; Erichsen, Jura 1997, 85 (87); Krings, Grund und Grenzen grundrechtlicher Schutzansprüche, 2003, S. 185 f.

款原则上不产生间接第三人效力。[14][15] 不过联邦劳动法院作出了一定的背离，要求雇主有义务平等对待雇员。这个一般平等对待原则[16]成为劳动法独立的私法制度，这有宪法性根源——联邦劳动法院在早期裁判中认为第3条具有直接第三人效力。第3条第2款的规定可以产生保护义务，国家负有具体行为的职责。至于第3条第3款是否让国家负有保护义务，则有争议。[17] 这个问题意义不大，因为极端和歧视性不平等对待还可以通过自由基本权（如一般人格权和人性尊严保障[18]）来保护。

774 **主体角度**上，第3条第1款保护每个人：每个人都可以主张一般平等权。第3条第1款还可以按照第19条第3款合乎本质地适用到法人之上。**实体保护范围**上，联邦宪法法院从第3条第1款中引申出，不存在不平等对待的正当理由时，禁止"在重要的相同之处不平等对待，或者在重要的不同之处平等对待"。[19]

775 **案例写作**则具有下列特点：不同于其他自由权，这里是**双阶构造**。第一阶审查是否具有法律上重要的不平等对待，第二阶则是寻找不平等对待的正当化理由。

776

```
┌─────────────────────────────────────────────┐
│        1. 法律上重要的不平等对待？              │
│  在重要的相同之处时不平等对待，或者在重要的不同之处时平等对待？  │
│                     ↓                        │
│        2. 不平等对待的正当化？                  │
└─────────────────────────────────────────────┘
```

图16-1　平等权的审查构造

---

[14] 参见页边码347以下。

[15] BVerfG, NJW 2018, 1667 (1669) (Stadionverbot).

[16] Vgl. BAG, AP Nr.39, 162 zu §242 BGB Gleichbehandlung; DB 2006, 1684 ff.

[17] 赞同观点：Dietlein, Die Lehre von den grundrechtlichen Schutzpflichten, 1992, S. 84; Erichsen, Jura 1997, 85 (87); 反对观点：Krings, Grund und Grenzen grundrechtlicher Schutzansprüche, 2003, S. 186 f.; 关于旧法第3条第2款见 BVerfGE 89, 276 (286) (§611a BGB). 参见页边码848。

[18] 参见页边码657和页边码612。

[19] BVerfGE 1, 14 (52) (Südweststaat).

案例写作提示：

案例写作中，平等权要和自由权一起审查。只审查平等权的案例在考试中少见。一般情况是，所有可能考虑到的自由权在平等权之前检测。虽然这不是强制的，但是考虑到第3条第1款规定的选择正确审查标准[20]，也应当遵循"自由权先于平等权"的审查顺序。

（一）法律上重要的不平等对待

依联邦宪法法院，法律上重要的不平等对待是指，存在**重要之处相同却被不相同**（wesentlich Gleiches ungleich）地对待。也就是说，构成要件上实质相同的案件就必须发生相同的法律结果。如果不这样，则构成法律上重要的不平等对待。

从法律结果层面来看，这个公式并没有困难。平等在这里是指法律结果严格相同。困难的是对构成要件相同性的确认。因为没有两个具体的案件在构成要件上是完全相同的。两个人被不同对待，构成要件的同一性根本不存在，因为这里是两个完全不同的人。因此，"相同"不能理解为构成要件的同一。

联邦宪法法院认识到了这个问题，因此，要求出现"重要"的相同之处时就应当相同对待。"重要的"这个概念表明不是指同一性的相同，而是**相似性**（Vergleichbarkeit）的相同。至于何时是相似的，何时不是，并没有严格标准，而是要结合判断来回答。[21]

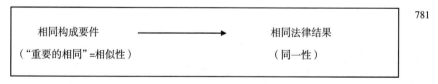

图 16-2

形成比较群体[22]这一出发点是寻找和受影响人相似的案件，即那些在

---

[20] 参见页边码 801 以下。
[21] Boysen, in: v. Münch/Kunig, Art. 3 Rn. 19; Heun, in: Dreier, Art. 3 Rn. 24 f.
[22] Vgl. BVerfGE 52, 277 (280) (Tanzveranstaltungen).

法律上被更加优待，但又和受影响人的案件具有许多共同点的案件。因此，这取决于受影响人的自身目标。比较群体总是受影响人力图实现目标的群体。不同对待一般来自法律规定或者长期的行政实践。当一个规定虽然在法律上对所有情形作出同等处理，但是实践中出现不同等转化适用时，也构成不同对待。[23] 这也构成受影响人的更差地位。同时，比较群体的情况必须和所要判断的受影响人情况尽**可能相近**。法律规定和立法者的目标起到重要的作用。很多情形中，可以从法律规定判断出哪些群体要不同处理。选择最相近的比较群体是极为重要的。区别越大，国家不平等对待的正当化也就越简单。如果国家认为有充足的不同，那么他就不需要被平等对待。当缺乏"重要"相同，即类似性时，国家无须遵守平等原则，因为不同点多于相同点。

783　　下一步则是要查明包括了受影响人情况和法律上优待情形的**上位概念**。作为立足点，在不同规定时应当选择与之最为密切的上位概念。上位概念必须包含这两种比较群体，而且不超出这些可能性。只有选择了相对紧密的共同上位概念，重要的区别性标准才能更清晰。如果上位概念过宽，那么就会有许多不同的区别标准和区分目标，使审查变得不可能。

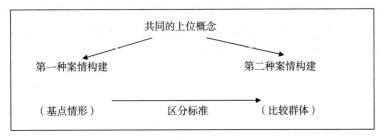

图 16-3

---

[23] BVerfGE 84, 239（271 ff.）（Kapitalertragsteuer）：这个裁判涉及当时对资本受益的征税性规定，即红利和利息。从法律角度上看，虽然平等对待所有资本受益，但是也依靠纳税人的诚实性。如果某人在税务申报中没有写入资本收益，而且以犯罪方式偷逃税款，那么因税法规范的实施缺陷在实践中就不了了之。银行秘密也导致财政局只能靠偶然得知这种违法行为。联邦宪法法院认为这个规定（而且不能正当化）是不平等对待："如果调取程序、法律构建在负担结果上不能实现平等，那么这个法定课税基础就是违宪的，损害了纳税义务人的纳税平等基本权。" BVerfGE 110, 94 ff.（Spekulationssteuer）亦是如此。这个问题参见 Meyer, DÖV 2005, 551 ff.。

案例1：一条军犬的饲养者指责，他比其他狗的饲养者多交了税，因此，军犬饲养者和其他狗的饲养者都要涵摄到"**养狗人**"概念下。这样区分标准也就清晰起来：狗的危险性。立法者的规范目标则是在经济上对饲养军犬施加负担。

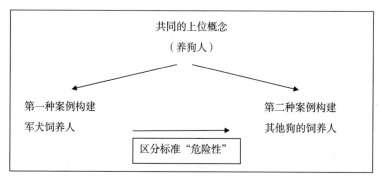

图16-4

案例2：军犬饲养人抱怨他被赋税，但没有将其他养狗人作为比较群体。而所有养狗人都被课税。这里的上位概念应该是"**动物饲养人**"，包括不用交税的兔子、荷兰猪、小猫和要交税的军犬饲养人。这种区分标准是动物种类。规范的目标则是，考虑到养狗人更高的给付能力，兼顾保护健康和减少饲养犬类给社会带来的噪声干扰。[24]

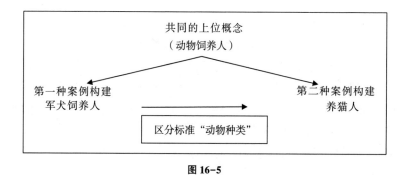

图16-5

---

[24] BVerwG, NJW 1978, 1870 认为目标是预防狗瘟。

786　**案例3**：从课税义务上看，也可以将占有军犬和占有其他名贵物品相比较，如占有别墅。这个比较群体的构建是没有意义的。军犬饲养人和别墅占有人虽然都属于奢侈物品占有者，但是两者差异太多，无法清楚地明确区分标准和区分目标。对于不平等对待，两者缺乏可比性。

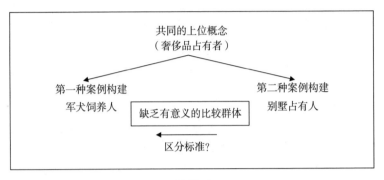

图 16-6

787　联邦宪法法院认为，不但重要的相同之处不同等处理违反第 3 条第 1 款，而且**存在重要的不同之处时仍然同等处理**也违反一般平等权。如果立法者未重视生活事实的不相同，而这种不相同如此重要，以至于在以正义为导向的观察方式下必须被注意到，那么这就违反了第 3 条第 1 款。[25] 第 3 条第 1 款超出字面意义，不仅禁止区别对待，还要求必要情形中须区别对待。

788　一些被认为有重要不相同而同等对待的案件，实际上可能是对重要相同的不同等对待。重要的是对**比较群体的正确选择**。[26]

其中一个例子是 1961 年的"商店关门案"[27]。一名在法兰克福中央火车站经营药店的药师起诉，他认为自家药店应当一般性地适用于火车站售货亭的规定，而非适用更严格的药店关门时间。这个情形中可以是重要不同的同等对待（火车站药店——其他药店；上位概念：药店）或者重要相同的不同等对待（火车站药店——其他火车站的售货亭；上位概念：火

---

[25] BVerfGE 98, 365 (385) (Versorgungsanwartschaften); 110, 141 (167) (Kampfhunde).
[26] Vgl. Rüfner, in: BK, Art. 3 Rn. 10.
[27] BVerfGE 13, 225 ff. (Bahnhofsapotheke Frankfurt).

车站的售货亭）。后一种情形更好，因为对于药师来说，诉求的核心是得到和火车站其他售货亭一样的对待。

比较群体的选择并不能解决所有案件。还有一些情形，立法者出于简化管理的原因进行了**典型化和概括化**。[28] 典型化是将不同种类的事实进行构成要件总结，而概括化则是在法律结果层面上对给付作出统一的测定。两种情形中，立法者有意地忽略个案实际存在的差异：即使案件不相同，但仍同样处理。[29]

联邦宪法法院用第 3 条第 1 款来审查概括性和典型性的规定。[30] 有疑问的是，这是否具有说服力，因为这可能带来**平等权内容改变**的危险，即从"每个人相同的"转变为"每个人自身的"。这个角度并不是平等权，而是自由权。[31] 而且出于实际原因，毫无例外地将构成抽象法律规定基础的典型化和概括化按照平等权来衡量，是有问题的。如果审查标准过于严格，会不适当地束缚立法者，导致何时平等对待不能忍受的宪法标准很难确定下来。如果只是很粗略地审查，那么收益甚微；相应的角度应该是自由基本权，即基本权保护义务[32] 和生存最低限度的保障。[33] 在这个背景下，应当优先适用字面上清晰的禁止在重要相同之处进行不平等对待，再选择比较群体。只有在个案中这种比较群体被证明不可能时，才考虑使用禁止重要不同时的相同处理。

不平等对待可以由**三个权力**作出。立法者可能在立法时不平等对待公民，行政在适用法律时不相同对待，司法在法律审查时不平等对待。特别之处在于**行政**：法院按照法律来决定，一般并没有自身的裁量空间，而行政机关则不同。依据《德国联邦行政程序法》第 40 条，可以授予行政裁量权。这意味着，在一些情形中，在裁量空间内所作出的不同行政决定都

---

[28] Vgl. Butzer/Hollo, in: Heine, 60 Jahre Sozialgerichtsbarkeit Niedersachen und Bremen, 2014, S. 213 ff.

[29] Britz, Einzelfallgerechtigkeit versus Generalisierung, 2008, S. 40.

[30] BVerfGE 84, 348 (359 f.) (Zweifamilienhaus); 87, 234 (255 f.) (Einkommensanrechnung); 98, 365 (385) (Versorgungsanwartschaften); 100, 138 (174) (Rentenüberleitung IV).

[31] Sachs, VerfR II, Kap. B 3 Rn. 42 的举例。

[32] 参见页边码 122 以下。

[33] 参见页边码 597。

可以是合法的。行使裁量权时，行政必须受到约束：如果行政长期作出特定的法律结果，那么在将来相同（＝类似）情形中，也必须产生同等（＝同一）的法律结果（"**行政的自我约束**"）。[34] 如果行政机关没有这样做，那么公民可以依据第 3 条第 1 款要求同等对待。但是这个请求权具有实质界限：行政可以在一些案件中作出背离性处理，而且**不法没有平等**。[35] 即如果行政错误地赋予公民一项给付，那么其他公民不得请求同样的违法给付。第 3 条第 1 款不承认这样的重复错误请求权。[36]

792　　**司法**也有一定特殊性，其受平等权约束这个问题目前仍没有定论。[37] 按照联邦宪法法院的司法裁判，第 3 条第 1 款要求法院在解释和再造法律规定时不得进行立法者被禁止的区别对待。[38] 只有在解释结果与第 3 条第 1 款不符时，联邦宪法法院才会得出违宪的结论。此外，联邦宪法法院对司法适用第 3 条第 1 款的审查相当保守。法院基于《德国基本法》第 97 条第 1 款规定的法官独立性，可以对其他法院的长期裁判作出背离。第 3 条第 1 款并没有**要求司法裁判的一致性**。[39] 即使是一个法院在个案中错误适用了法律，也不是违宪的不平等对待。虽然比起正确适用是不平等处理，但联邦宪法法院并非超级法律上诉审，[40] 只有当法院裁决**客观恣意**，明显没有注意到援引规范或者以显著方式错误理解规范内容，联邦宪法法院才介入其中。如果法院对法律基础进行了讨论并给出——即使是错误的——实质理由，那么就不存在恣意。[41] 仅仅一般法适用错误不违反平等权。

793　　不平等对待（或者平等对待）只有是**相同的高权主体在其自身职权范围内作出的**，才构成**法律上重要**。[42] 不同的州对州内部作出不同规定时，

---

[34]　行政内部规定引起的行政自我约束，参见 Sachs, in: Stelkens/Bonk/Sachs, VwVfG-Kommentar, 8. Aufl. 2014, §40 Rn. 103 ff. 。

[35]　BVerfGE 50, 142 (166) (Unterhaltspflichtverletzung).

[36]　Vgl. Jestaedt, in: Erichsen/Ehlers, Allgemeines Verwaltungsrecht, 14. Aufl. 2010, §11 Rn. 65.

[37]　Vgl. Heun, in: Dreier, Art. 3 Rn. 62 ff. m. w. N.

[38]　BVerfGE 98, 49 (62) (Sozietätsverbot); 112, 164 (174) (Familienleistungsausgleich).

[39]　BVerfGE 87, 237 (278) (Erörterungsgebühr).

[40]　参见页边码 206。

[41]　BVerfGE 87, 237 (279) (Erörterungsgebühr); 96, 189 (203) (Fink).

[42]　BVerfGE 21, 54 (68) (Lohnsummensteuer); 42, 20 (27) (Öffentliches Wegeeigentum); 76, 1 (73) (Familiennachzug); 79, 127 (158) (Rastede).

不属于不平等对待。这符合《德国基本法》的联邦秩序。[43] 相应地适用于联邦和各州的关系，以及按照主流观点，也适用于欧盟法和国家法之间的关系。如果在德国境内的一名欧盟公民被手工业法（《德国手工业法》第9条）优待，而欧盟法要求这样（所谓的"反向歧视"或者"本国歧视"），这时对德国人造成的劣势并不违反第3条第1款。[44] 因为不平等对待在这种情形中是由不同高权主体作出的。考虑到受影响的自由权，这种规定的比例性常常会受到质疑。[45]

（二）不平等对待的正当化

如果具有法律上重要的不平等对待，那么问题则是个案中是否存在正当化理由。第3条第1款没有写明是否可以正当化和法律的保留，但是从第3条的体系可以推论出，不平等对待并不必然违宪：第3条第3款明确禁止因所列个人因素而受到优待或者歧视。如果依照第3条第1款，每个不平等对待都是不合法的，那么第3条第3款就是多余的了。

1. 历史发展：恣意公式和新公式

从对《德国基本法》第3条的第一个裁判开始，联邦宪法法院认为不平等对待可以予以正当化，平等权"只是禁止存在重要相同之处时进行不同的处理，而不禁止重要的不同，其根据不同之处而进行不同等处理。如果法律区别或者同等对待缺乏符合事物本质或者有说服力的理性理由，简而言之，决定被视为恣意时，即违反了平等原则"[46]。按照联邦宪法法院这个所谓的**恣意公式**（**Willkürformel**），如果存在实质理由表明不平等对待不是恣意作出的，那么不平等对待会是正当的。恣意公式赋予国家更宽阔的构建空间。这是"生活关系的哪些因素对于立法者来说是重要的，从而同等或者不同等地对待，这些是立法者的事务"。联邦宪法法院"只能对立法自由的最外围界限是否得到遵守（恣意禁止）进行审查，而不能审

---

[43] BVerfGE 106, 62 (145) (Altenpflege).
[44] Ehlers, Jura 2001, 266 (269); Riese/Noll, NVwZ 2007, 516 (520 f.) 和 Bösch, Jura 2009, 91 ff. 则持批评态度。
[45] Vgl. BVerfG, JZ 2007, 354 ff.
[46] BVerfGE 1, 14 (52) (Südweststaat).

查立法者在个案中是否作出合乎目的、理智地或者公正的解决方案"。[47]

自1980年起,联邦宪法法院第一审判庭强化了平等权,不加解释地放弃了恣意公式,用"**新公式**"(neue Formel)来确定平等权的违反:"比起其他规范接受人,规范接受人的一个群体被另外对待,且两个群体之间不存在方式和分量上的区别以至于能够正当化不同对待,此时就损害了一般平等权。"[48] 按照这个新公式,不仅需要实质理由来正当化不平等对待,还要考虑两个群体之间所存在的区别的方式和分量,法律上的区分必须得到实体区别充足的支撑。[49] 这个审查和自由权的比例性审查较为相似,提高了审查密度,同时消减了国家的构建自由。[50]

BVerfGE 55, 72 (88) (Präklusion I):宪法规范(第3条第1款)要求所有人在法律面前得到同等处理。相应的,**比起其他规范接受人,规范接受人的一个群体被另外对待,且两个群体之间不存在方式和分量上的区别以至于能够正当化不同对待**,此时就损害了一般平等权。除了禁止不正当地对不同人群进行不公平对待,平等权给予了立法者很大的自由按照规范联系来对个人生活现实和行为作出不同处理。以该规定为指向,尽量消除对其自身行为的负面影响,这原则上是受影响人的自身事务。按照联邦宪法法院的裁判,平等权不只是禁止规范接受人受到不正当的不平等对待。相反,恣意禁止作为基础性法律原则表明,不仅为司法,还为立法设定了界限。法院在理智尊重《德国基本法》主导思想时,就可避免法律适用错误,从而看出法院超出本质地权衡,那么法院就超越了界限。即使立法者选择的解决方案不是最合乎目的、理智或者公正的,那么他也不是恣意的;法律规定只

---

[47] BVerfGE 50, 57 (77) (Zinsbesteuerung I);之前的 BVerfGE 4, 7 (18) (Investitionshilfe) 亦是如此;17, 319 (330) (Bereitschaftspolizei);48, 346 (357) (Witwenrenten)。

[48] BVerfGE 55, 72 (88) (Präklusion I);132, 72 (82) (Elterngeld für Ausländer)。

[49] BVerfGE 87, 234 (255) (Einkommensanrechnung)。

[50] Vgl. BVerfGE 88, 87 (96) (Transsexuelle II);92, 277 (318) (DDR);95, 39 (45) (NATO-Betriebsvertretungen);99, 367 (388) (Montan-Mitbestimmung);104, 126 (145) (Dienstbeschädigtenrente);105, 73 (110) (Pensionsbesteuerung);107, 27 (46) (Doppelte Haushaltsführung);110, 141 (167) (Kampfhunde);117, 272 (300 f.) (Beschäftigungsförderungsgesetz);126, 400 (418) (Besteuerung eingetragener Lebenspartnerschaften)。

有缺乏合乎事物本质的理由时，才能认为立法者超越了界限；也即客观意义上的恣意，也就是说，法律规定在立法客体上缺乏实际的和明确的均衡性。

恣意公式和新公式在联邦宪法法院的裁判中曾经长期**并行**；适用两种审查标准。[51] 至于使用哪个公式，要看个案不平等对待的强度，联邦宪法法院以类型化为基础：在个人和人群遭受严重不平等对待的情形中，在新公式之后还要进行比例性审查。如果是对案件事实的不平等对待，且个案不严重，那么只进行简单的恣意审查。[52] 立法者的界限在哪里，并不是在每个案件中都能轻易把握。

2. 最新法律地位：新外观下的新公式

2010年，联邦宪法法院更新了自身的司法裁判。**不平等对待总要用新公式审查标准**来衡量，恣意公式的元素则与必要的比例性审查相融合。这样统一性的审查标准取代了原来的二分法。按照规范标的和区分特征，联邦宪法法院从一般平等权中给立法者设定了不同的界限，这些界限从宽松、限制在恣意禁止的约束到需要进行严格的比例性审查。区别对待总是需要实质理由来正当化，而这些实质理由必须与不平等对待的区分目标和程度相均衡。因此，其适用**以比例原则为导向的可变型（stufenlos）宪法审查标准**，其内容和界限不是抽象的，而是按照每个受影响的不同事物和规范领域来决定。[53]

这个新的司法裁判将不平等对待的正当化向自由基本权干预正当化靠拢。整个不平等对待的正当化审查成为比例性审查。要考察的是不平等对待的正当目的、适当性、必要性和均衡性。与对自由基本权干预一样，**不平等对待的强度**在**均衡性审查中具有重要作用**。强度决定了审查标准有多严格。这个标准是可变的，可以是较轻微不平等对待时的单纯恣意审查，也可以是触及人性尊严歧视时提出的严格要求。只有在这里，原来的恣意公式才发挥一定作用。

797

798

799

---

[51] Vgl. Britz, NJW 2014, 346 (347).

[52] Vgl. BVerfGE 88, 87 (96) (Transsexuelle II).

[53] BVerfGE 129, 49 (68) (BAföG-Teilerlass); 132, 72 (81) (Elterngeld für Ausländer); 132, 179 (188 f.) (Grunderwerbsteuer Lebenspartnerschaft).

BVerfGE 129, 49 (68 f.) (BAföG-Teilerlass)：《德国基本法》第 3 条第 1 款要求立法者对重要的相同做出同样的处理；对重要的不同做出不同的处理。这适用于不相同的负担和不相同的受益。被禁止的是违反平等的排除，即授予一个人群优惠，而扣押另外一个人群的优惠。一般平等权按照规范标的和区分特征给立法者设定不同的界限，该界限从宽松的限制在恣意禁止上的约束，到需要进行严格的比例性审查。区分总需要实质理由来正当化，而这些实质理由必须与不平等对待的区分目标和程度相均衡。第 3 条第 1 款不仅要求不平等对待在方式上与符合本质的正当区分标准相连接，还要求对于区分程度而言，所存不同和区分规定之间具有内在联系，这个内在联系作为实质具有代表性的区分角度具有充足的分量。比起其他规范接受人，规范接受人的一个群体被另外对待，且两个群体之间不存在方式和分量上的区别以至于能够正当化不同对待，此时就损害了一般平等权。因此，其适用以比例原则为导向的连续型宪法检测标准，其内容和界限不是抽象的，而是按照每个受影响的不同事物和规范领域来决定。当区别与人格特质相联系时，推定立法者受到更加严格的约束，个人可支配特征就越少或者与第 3 条第 3 款越接近，那么宪法性要求也就越高。立法者也可以从每个受影响的自由基本权中受到更严格约束的要求。另外，受约束的程度还取决于受影响人以何种地位通过自身行为来影响区分标准的实现。

800 案例写作提示：

联邦宪法法院的新裁判对案例写作具有重要影响：不平等对待的正当化审查按照联邦宪法法院的新公式，每个不平等对待都需要借助实质理由正当化，而该实质理由要在目标和程度上符合比例性。经典的比例性审查也是如此，只不过在正当目的和均衡性审查上具有特性。

3. 不平等对待的比例性审查

801 虽然不平等对待的正当化接近于自由基本权干预的正当化[54]，但是还是具有自身特点，尤其是正当目的和均衡性的审查。

---

[54] 参见页边码 41 以下。

(1) 不平等对待的正当目的

第一层次，不平等对待原则上服务于两个不同的目的。不平等对待可以是考虑到两个群体间存在的不同之处。[55] 根据所发现的差别，国家追求利用不平等对待来实现**内在目的**。[56] 例如，按照个人的给付能力作出课税决定。这里国家用其发现的不同之处作出不平等处理，追求的是内在目的。相应的，对于比例性进一步审查重要的是，现存的区别是否具有足够分量来正当化不平等处理。

与此相对的则是，国家将不平等对待作为实现公益等**外在目的**[57]的工具。如国家为了促进建筑产业而扣除建筑费用的纳税。[58] 同样具有给付能力的纳税人在这里被不平等对待，比起没有建造的人来说，建造房子的人纳税更少。这里国家追求的目标并不是建立在建设人和其他纳税人之间的现存差异上，而是国家为了实现建设需求，以建设人特征作为区分标准。另外一个例子则是截止日期的规定。这里优惠或者负担取决于特定事件在一项确定截止日期前出现。这种情形下，不平等对待的正当化主要取决于区分目标的分量，即不平等对待的实质性理由，区分标准也必须具有代表性。

联邦宪法法院的裁判中，现有区分并不重要，即便所用概念正好是相反的。在没有体系化的情况下，联邦宪法法院考察是否存在有分量的"不同之处"和"理由"，以正当化不平等对待。[59] "不同之处"和"理由"

---

〔55〕 宪法裁判如 BVerfGE 82, 126 ff. (Kündigungsfristen für Arbeiter); 85, 191 ff. (Nachtarbeitsverbot)。

〔56〕 概念参见 Huster, Rechte und Ziele, 1993, S. 164 ff.。胡思特主张的审查方案是——对内部目的进行恣意审查，而对外部目的时使用比例性审查，本书不赞同这种做法。在实践中很少仅仅出现内在目的或者外在目的，而是要对很多目的进行审查。对此的批判参见 Bryde/Kleindiek, Jura 1999, 36 (39)。

〔57〕 Huster, Rechte und Ziele, 1993, S. 164 ff. 中的概念。

〔58〕 相关例子参见 Huster, Rechte und Ziele, 1993, S. 166。

〔59〕 BVerfGE 82, 126 (146) (Kündigungsfristen für Arbeiter); 85, 191 (210) (Nachtarbeitsverbot); 100, 59 (90) (DDRZusatzversorgung); 102, 41 (54) (Beschädigtengrundrente); 107, 27 (46) (Doppelte Haushaltsführung); 110, 141 (167) (Kampfhunde); 117, 272 (300 f.) (Beschäftigungsförderungsgesetz); 126, 400 (418) (Besteuerung eingetragener Lebenspartnerschaften) 使用了"有分量的差别"; BVerfGE 88, 87 (97) (Transsexuelle II); 95, 267 (317) (Altschulden); 99, 367 (389) (Montan - Mitbestimmung); 111, 160 (170) (Kindergeld für Ausländer); 117, 79 (100) (Treibhausgas-Emissionsberechtigungen) 则使用了"有分量的理由"。

这两个概念往往被作为同义词来使用[60]；最近的裁判趋向于使用"实质理由"[61]。实践中，不平等对待经常用来服务于内在和外在目的。因此，在审查正当目的时**总是要问不平等对待的正当化理由**。如果现存差异存在理由，理由与差异相同，那么这些情形便没有疑问地被囊括其中。

805 **案例写作提示：**

这里要意识到内在目的和外在目的存在区别：如果国家追求的是内在目的，也就是说考虑到现存差异，那么下面的审查就要看这些差异是否实际存在且足够重要来正当化不平等处理。如果立法者追求外部目的，该外部目的和现存差异无关，那么这个时候就要看这个目的本身的价值。

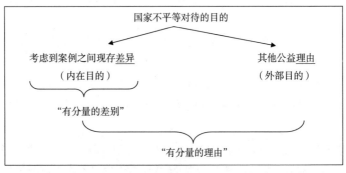

806 图 16-7

（2）适当性、必要性

807 第二层次要考察**适当性**。不平等对待必须服务于目的的实现。[62] 这要求，区分标准的选择对于目的来说客观上可行。不适合的是为了照顾收入弱势群体而出台税法，以区别对待下萨克森州和不莱梅。

808 第三个层次则是**必要性**审查。不平等对待所产生的负担不能过大，从而导致无法正当化区分理由。[63] 重要的是，是否有确切的、产生较小负担

---

[60] BVerfGE 82, 126 (146) (Kündigungsfristen für Arbeiter); 85, 191 (210) (Nachtarbeitsverbot); 117, 272 (300 f.) (Beschäftigungsförderungsgesetz); 121, 317 (369 f.) (Rauchverbot); 129, 49 (68 f.) (BAföG-Teilerlass).

[61] BVerfGE 138, 136 (180) (Erbschaftsteuer); 139, 285 (309) (Grunderwerbssteuer).

[62] Jarass, in: ders./Pieroth, Art. 3 Rn. 27.

[63] BVerfGE 85, 238 (245) (Mietwagenbesteuerung).

的区分——也即较为温和却能达到同样效果的手段。联邦宪法法院在给付行政领域内审查较为宽松；立法者具有广阔的**评估和构建空间**。原因在于，国家有很多促进措施的手段。联邦宪法法院不想把自身的评定取代立法者或者行政的构建空间。因此，当没有其他选择方案能够同样地实现促进目的，且对待受影响人群更为缓和，那么当前措施就是必要的。规制群体性社会现象时，行政实际可行性（Verwaltungspraktikabilität）具有特别意义，特别是平等对待可能产生严重的行政技术困难，不能通过更为简单、对受影响人较少负担的规定来消除时。[64] 如果事件本身并不明朗且不能轻易澄清，那么立法者可以以危险预测为依据来采取措施，即使存在相反观点，宪法上也被允许。[65]

（3）均衡性

第四个层级是**均衡性**审查，即对目的和手段之间的权衡。目的意义和不平等对待的强度被拿来对比。在**评价目的**时，内部目的和外部目的的区分具有一定意义[66]：如果国家追求的是内部目的，而且考虑到现存差异，如不同的财政给付能力，那么只看国家活动所要考虑的不同群体间所存差异的分量。差异越大，那么就越需要差别对待，国家追求目的也就越有价值。如果立法者追求的是外部目的，如促进经济，那么这些目的必须考虑其他宪法规范，对所要实现目的的分量作出评价。和自由权一样，**标准的形成**（Maßstabsbildung）也要从宪法中推导出来。目的要如此评判，即国家行为是否致力于实现《德国基本法》的保护义务或者与第20条第1款和第20a条的国家框架、国家目标设定目的相一致。对于外部目的，要求区分标准具有代表性，再考虑群体之间差异的方式和分量。

认识区分目标的意义之后，对立法者的约束和审查标准要看**不平等对待的强度**。对于较强的不平等对待具有严格的均衡性审查；对于较为轻微的不

---

[64] BVerfGE 100, 195（205）（Einheitswert）.
[65] BVerfGE 138, 136（190 ff.）（Erbschaftssteuer）.
[66] 联邦宪法法院并没明确地这样区分。不过按照本质可以在几个裁判中发现相应的区分。外部目的如 BVerfGE 88, 87（98 f.）（Transsexuelle II）；96, 330（341 f.）（BaföG als Darlehen）；98, 365（391 f.）（Versorgungsanwartschaften）；这里主要是公益。内部目的则是 BVerfGE 82, 126（148 ff.）（Kündigungsfristen für Arbeiter）；92, 26（52）（Zweitregister）；两个裁判中，现存差异的方式和分量很重要。

平等对待只进行恣意审查。不平等分量越重，宪法的审查密度越高。联邦宪法法院认为要适用**以比例原则为导向的可变型宪法审查标准**，其内容和界限不是抽象的，而是按照每个受影响的不同事物和规范领域来决定。[67]

①加重的审查标准

811　　联邦宪法法院司法裁判所形成的审查标准不能理解为封闭性的，当不平等对待产生较强效果时，要求进行**更严格的均衡性审查**。

a. 具有特别强度的首先是**与人相关的不平等对待**。[68] 这是指那些以人的特征或者人格特质作为区分标准，如年龄、培训或者家庭状况、宗教或者性取向。区分直接与人的特征相联系，使得带有这些特征的个人和没有这些特征的人之间被区别对待。

b. **一个与事务或者行为相关的区分间接性地造成了人群的不平等对待**，也要适用同等严格标准。[69] 这样的区分在结果上和直接与人相关的不平等对待等同，因此要进行同样的审查。

c. **区分标准接近第 3 条第 3 款所列特征时**，也要进行更严格的审查。[70] 宪法不允许以特别方式进行不平等对待。因为这种不平等对待可能导致歧视少数群体，如以性取向来区分。[71][72]

d. **受影响人越是无法通过自己的行为来影响区分特征的实现**，审查也就越严格。[73] 原因明了：受影响人不能以可期待的花费来规避，由此他们不得不忍受这种不平等。尤其是与事物或者行为相关的区分，也可能是人格特征的区分，如家庭状况和宗教信仰。

---

〔67〕 BVerfGE 129, 49 (69) (BAföG-Teilerlass); 132, 179 (188) (Grunderwerbsteuer Lebenspartnerschaft).

〔68〕 BVerfGE 88, 87 (96) (Transsexuelle II); 126, 400 (417) (Steuerliche Diskriminierung eingetragener Lebenspartnerschaften); 129, 49 (69) (BAföG-Teilerlass); 131, 239 (256) (Lebenspartnerschaft von Beamten); ablehnend aber Britz, NJW 2014, 346 (348).

〔69〕 BVerfGE 88, 87 (96) (Transsexuelle II).

〔70〕 BVerfGE 88, 87 (96) (Transsexuelle II); 129, 49 (69) (BAföG-Teilerlass); 130, 240 (254) (Bayerisches Landeserziehungsgeldgesetz).

〔71〕 BVerfGE 131, 239 (256 f.) (Lebenspartnerschaft von Beamten); 132, 179 (189) (Grunderwerbsteuer Lebenspartnerschaft).

〔72〕 BVerfGE 99, 367 (388) (Montan-Mitbestimmung); 101, 275 (291) (Fahnenflucht).

〔73〕 BVerfGE 88, 87 (96) (Transsexuelle II); 129, 49 (69) (BAföG-Teilerlass); 130, 240 (254) (Bayerisches Landeserziehungsgeldgesetz).

e. 当不平等对待**对自由权的行使产生消极效果**时，也要严格审查标准。[74] 不过必须谨慎，因为不平等对待几乎对所有基本权都有影响。[75] 如果不是单纯的一般行为自由，而是特别自由基本权，如基本权的保护义务和给付义务遭到不平等对待而受到影响，那么就要严格审查。典型例子是以国籍为标准来区别地资助父母。[76]

f. 给付行政和税法中，立法者越是忽视"前后一致性要求"（Gebot der Folgerichtigkeit）（"体系公正性"），不平等对待产生的效果也就越强。联邦宪法法院在审查税法时，看法律对课税客体所作负担决定能否前后一致地转化实施。法院以自身基本决定的标准来审查法律构建。[77] 如果对前后一致转化作出例外，就需要特别的实质性理由。立法者可以利用税法实现促进或者引导目标，而不能是单纯增加收入。[78]

②宽松的审查标准

如果不是严重的不平等对待，且立法者拥有较大构建空间，那么审查标准相对宽松。这里适用**宽松的宪法审查和单纯的恣意审查**：

a. **单纯的事务或行为相关的不平等对待**产生的不平等效果不那么强烈。这些不平等对待所使用的区分特征，个人有条件予以处分。换句话说，个人可以将自身行为按照法律规定来调整，以规避不平等对待。[79] 受影响人的调整越是可能和可期待，均衡性审查的要求就越低。联邦宪法法院所肯认的单纯事务相关的区分，如《德国民事诉讼法》对于民事法院判决没有规定法律救济告知义务，而《德国行政法院法》则认为是必要的。[80] 这种不平等对待，个人可以通过自身谨慎行为，如咨询法律意见来弥补，因此，采用恣意审查就足够了。

b. 对于**国家自愿赋予的给付**，立法者也受到宽松的约束。在决定是资

---

[74] BVerfGE 82, 126 (146) (Kündigungsfristen für Arbeiter); 88, 87 (96) (Transsexuelle II); 121, 317 (370) (Rauchverbot); 129, 49 (69) (BAföG-Teilerlass); 130, 240 (254) (Bayerisches Landeserziehungsgeldgesetz).

[75] Vgl. Britz, NJW 2014, 346 (349).

[76] BVerfGE 130, 240 (254 f.) (Bayerisches Landeserziehungsgeldgesetz).

[77] BVerfGE 66, 214 (223 f.) (EStG 1961); 122, 210 (230 ff.) (Pendlerpauschale).

[78] BVerfGE 117, 1 (31) (Erbschaftssteuer); 122, 210 (230 f.) (Pendlerpauschale).

[79] BVerfGE 55, 72 (89) (Präklusion I).

[80] BVerfGE 93, 99 (111) (Rechtsbehelfsbelehrung).

助个人还是企业时，国家有较大自由。虽然国家不允许将其给付按照非实质的理由来分配。补贴必须用于公益，才符合平等原则。但是立法者可以在很大范围内作出事务相关的区分；只要法律规定建立在不违背经验的生活关系之上，尤其是能够公正地区分受益群体，那么宪法上就没有质疑。[81]

815　　c. 立法者对**群体性现象**作出法律规定时，宽松审查就足够了；出于行政实践可行性，不可避免进行一般化。立法者可以以一般情形为导向，不必通过特别规定来考虑所有特性。[82] 立法者具有一般化、类型化和概括化规定的权限。类型化的法律规定则不允许将非典型的情况作为常态来对待，而必须以合乎现实的典型情况为导向。[83]

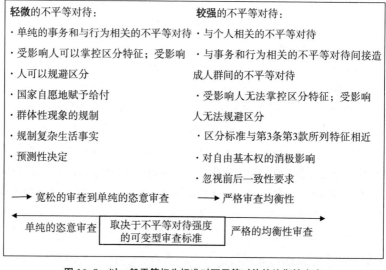

图 16-8　以一般平等权为标准对不平等对待的均衡性审查

816　　d. 同样，当立法者规制**复杂生活事实**时，如果关联和相互效果很难预见，则同样适用该审查标准。联邦宪法法院在这些情形中放松审查，根据

---

〔81〕 BVerfG, NVwZ 2002, 197（198）；BVerfGE 111, 176（184）（Erziehungsgeld für Ausländer）；130, 240（254）（Bayerisches Landeserziehungsgeldgesetz）.
〔82〕 BVerfGE 96, 1（6）（Weihnachtsfreibetrag）；120, 1（30）（Abfärberegelung）.
〔83〕 BVerfGE 112, 268（280 f.）（Kinderbetreuungskosten）；120, 1（30）（Abfärberegelung）.

事实的复杂性间或承认立法者的评估特权。[84] 当立法者规制目前缺乏相关经验的生活事实时，审查标准也就相对宽松。**预测空间**也取决于立法者形成充分确定判断的可能性。[85]

③权衡

均衡性审查以对差别（内部目的）和理由（外部目的）的分量与不平等对待的强度之间的相互权衡而结束。较强的不平等对待，对其目的要求也随之持续提高。[86] 轻微不平等对待则限制在单纯的恣意审查，只有"法律规定缺乏实质理由，被称为恣意时"，才违反平等权。一项规定的偏见性（Unsachlichkeit）必须是"显然的"[87]。

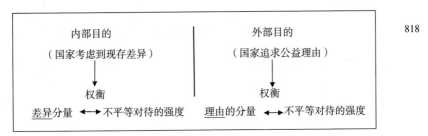

图16-9 内部/外部目的的均衡性审查

案例写作提示：

在考试中，不需要将联邦宪法法院60年的司法裁判予以呈现。但在均衡性审查中应当首先全面分析事实，再评判国家追求的目的，然后在内部目的对差异的分量、外部目的对理由的分量进行分析。下一步则是确定不平等对待的强度，人和事务相关的区分标准、与第3条第3款所列标准的接近性、个人对特征的掌控性和自由权都要有所考虑。上面列举的细节是联邦宪法法院裁判的典型例子。均衡性审查必须以权衡为终，这个地方需要给出自己的论据。

---

[84] BVerfGE 99, 367 (389 f.) (Montan-Mitbestimmung).
[85] BVerfGE 88, 87 (97) (Transsexuelle II).
[86] Vgl. BVerfGE 129, 49 (69) (BAföG-Teilerlass); 130, 131 (142) (Hamburgisches Passivraucherschutzgesetz).
[87] BVerfGE 89, 132 (141) (Konkursausfallgeld). 法院裁判中的恣意参见 BVerfGE 89, 1 (13 f.) (Besitzrecht des Mieters) 和页边码 792。

4. 重要不同而平等对待的正当化

820 如果第3条第1款包括重要不同之处而相同对待[88],那么就会产生正当化的问题。同重要相同却不平等对待所不同,立法者在这里不是过分区别,而是很少区别。[89] 这里适用的不是禁止过度干预,而是**禁止保护不足**。按照联邦宪法法院的司法裁判,立法者如果没有关注到所要调整生活现实存在的实际不同之处,而这种不同之处如此重要,那么在以正义观念为导向的观察方式下必须注意到,这时对重要不同之处的相同对待就是不允许的。还要看相同对待是否对基本权保护的自由产生负面影响,立法者有哪些预测空间。[90] 不平等对待的正当化标准也可以在此适用。

三、特别的差别待遇禁止 (《德国基本法》第3条第2款和第3款)

821 **案例25:禁止夜间工作**

工商管理部门发现P工厂四名女工在夜间工作。工商管理部门以违反《德国劳动时间条例》第19条第1款为由,处罚P工厂1000欧元。P工厂起诉到法院然而并没有胜诉。终审法院判决理由如下:禁止夜间工作的唯一目的是防止长时间夜间工作给妇女带来严重的健康损害。与男性员工相比,禁止妇女夜间工作对妇女是有益的。虽然平等对待原则和不利益禁止要求立法者不得维持将妇女定位在传统家庭主妇角色的法律规定,但是立法者可以将其与生理区别相联系,从而对妇女和男性作出不同处理。女性因为生理构造的特点,夜间工作对其产生负面影响比起男性来说要大。给妇女带来新的危险并不是平等对待的意义所在。P以此提起宪法诉愿,认为自身基本权受损。P认为,《德国劳动时间条例》第19条第1款仅仅禁止妇女夜间工作违反了《德国基本法》第3条第3款。妇女在社会中的角色理解已经改变。职业女性的双重负担在今天不能再作为功能性的区分特征,从而正当化禁止妇女夜间工作。生理构造特点也不能正当化这种不平等处理。妇女并不会因为夜间工作而比男性受到更多危险。夜间工作对任

---

[88] 参见页边码787。

[89] Vgl. Butzer/Hollo, in: Heine, 60 Jahre Sozialgerichtsbarkeit Niedersachen und Bremen, 2014, S. 215 ff.

[90] BVerfGE 98, 365 (385 f.) (Versorgungsanwartschaft); 110, 141 (167 f.) (Kampfhunde).

何人都是有害的。

P提起的针对罚款通知书和终审法院判决合法的宪法诉愿理由充足吗？无须审查自由权。

《德国劳动时间条例》第19条（旧版本）：女工不得在夜间从20点到6点、周日和节假日的17点之后工作。

案例原型 BVerfGE 85, 191 ff. (Nachtarbeitsverbot)。

第3条第1款一般性地禁止不正当的不平等对待，而第3条第3款禁止一个人"因为"性别、出身、种族、语言、籍贯、社会等级、信仰、宗教和政治观点，以及残疾受到不平等对待。妇女和男性的平等对待则在第3条第2款具有特别规定。第3条第3款的目的是**保护结构上被歧视威胁的群体所属免受不利**。[91] 这些群体是那些在过去或者在今天被歧视的人。特别是种族、宗教和政治观点等特征，它们在——不单是——纳粹时期成为严重歧视甚至是大规模屠杀的动机。基于这些教训，第3条第3款明确列举特定的特征，禁止以其区别对待。这个规定与第1条第1款的人性尊严保障具有直接关联。如果以第3条第3款所列或者类似特征来贬低个人，则违反了《德国基本法》的宪法秩序。[92]

按照**字面意义**，第3条第3款规定的是**特别的差别待遇禁止（Differenzierungsverbot）**，不得以这些列举的标准来区分。第3条第3款增强了第3条第1款的一般平等权。[93] 和第3条第1款一样，每个人都可以主张第3条第3款。

案例写作提示：

案例写作中，与第3条第1款相比，第3条第3款是独立的特别基本权，应当首先予以审查。审查框架和一般平等权相似。第一步是确定"因为"上述标准而区别对待；第二步则是审查正当化的可能性。

（一）"因"禁止标准而不平等对待

第3条第3款第1句禁止因为所列标准而进行优待或者歧视，是全面

822

823

824

825

---

[91] BVerfGE 147, 1 (28) (Drittes Geschlecht).
[92] BVerfGE 144, 20 (207 f.) (NPD-Verbot).
[93] BVerfGE 85, 191 (206) (Nachtarbeitsverbot); 114, 357 (364) (Aufenthaltserlaubnis).

的区分禁止。此外，任何人不能因为残疾而受到歧视（第 3 条第 3 款第 2 句）。

826　　只有"**因为**"上述标准区分才适用差别待遇禁止。相对开放的字面意思导致长期宪法司法裁判不一。有意的歧视联邦宪法法院才认定"因"特定特征而不平等对待。[94] 这导致在政治"激进分子"不得担任公职的"激进分子决议案"的裁判中，联邦宪法法院认为基于政治观点而区分并不是不平等对待，尽管"激进分子"的政治观点是连接点，且是排除公职的理由。[95] 联邦宪法法院的理由在于，该规定的目标是合宪性秩序，而不是不平等对待。按照这种解释，第 3 条第 3 款被限制在区分是自身目的的情形中。这种情形在实践中几乎没有，联邦宪法法院的解释因而造成第 3 条第 3 款失去其自身意义。

　　BVerfGE 75, 40（69 f.）（Privatschulfinanzierung I）：第 3 条第 3 款的特别基本权是一般平等权的具体化。该款禁止选择法律列举的特征作为歧视或者优待的连接点。差别待遇禁止只有当所列举事实差别没有法律效力时才有意义；禁止差别待遇还限制在比较构成要件所列举的不同的特征，相反，基于个人或者生活状况的不同之处所作的区分则是允许的。只有当特别处理的原因属于特殊基本权中列举的原因之一时，即所列理由和优待或者歧视之间存在因果关系时，才被认为是违反第 3 条第 3 款。第 3 条第 3 款的禁止并不是绝对的；正如其字面所显示（"因为"），它只是禁止有意的歧视或者优待，而不是为了其他目的作出规定而产生的优缺点。

827　　联邦宪法法院后来认识到这种危险。在禁止妇女夜间工作的裁判中，联邦宪法法院改变了以往裁判的观点。第 3 条第 3 款所列特征在**任何时候都不能作为法律上不平等对待的连接点**。即使法律规定不是以第 3 条第 3 款禁止的不平等对待为目的，而是拥有自身目标时，也应当适用差别待遇禁止。[96] 联邦宪法法院在此将"因为"作为"根据"来理解。不过，不

---

[94]　BVerfGE 75, 40 (70)（Privatschulfinanzierung I）.
[95]　BVerfGE 39, 334 (368)（Extremistenbeschluss）.
[96]　BVerfGE 85, 191 (206)（Nachtarbeitsverbot）；89, 276 (288)（§ 611a BGB）；97, 35 (43)（Hamburger Ruhegeldgesetz）；114, 357 (364)（Aufenthaltserlaubnis）.

平等对待必须是适用上述特征的结果,也就是说不平等对待和使用禁止差别待遇标准之间具有因果关系。[97]

BVerfGE 85, 191 (206) (Nachtarbeitsverbot):按照这条宪法规范,任何人不得因性别而受歧视或者优待。这增强了第 3 条第 1 款的一般平等权,给立法者的构建自由设定了更加严格的界限。**性别原则上和第 3 款列举的其他特征一样,不能作为法律不平等对待的连接点。**即使法律规定不是有意于第 3 条第 3 款禁止的不平等对待,而是拥有自身目标时,这也适用 [对 BVerfGE 75, 40 (70) 的澄清]。

不但法律上直接与这些特征相联系(直接的不平等对待),构成"因"所列标准的不平等对待,而且**事实间接地**与第 3 条第 3 款所列特征相联系的不平等对待也被禁止。[98] 法律中也可能出现歧视,如法律要求招收教师以掌握低地德语为前提。虽然籍贯没有起到直接作用,巴伐利亚人也可以成为教师,但是很少有来自南德的申请人会讲低地德语,这是基于籍贯的事实性歧视,也属于第 3 条第 3 款的情形。这同样适用于虽然性别中立地表达,但是事实上或者主要涉及一个性别。[99] 如对兼职不利的规定,因为兼职工作主要是由妇女来承担。[100] 第 3 条第 3 款**禁止的标准**如下:

(1)"**性别**"标准禁止男人或者女人这一特征作为连接点,也保护性别身份上不归属于上述两个类别的人,不因既不为男性也不为女性遭受歧视。[101] 性别和性取向并不等同;但第 3 条第 1 款提供同等强度的保护。[102] 同第 3 条第 3 款第 1 句相比,第 3 条第 2 款第 1 句没有独立的规范内涵。[103]

(2)"**门第**"是家庭法理解下的人和其先辈之间自然的生理关系。[104] 特别是纳粹时期实行的"株连";"株连"在《德国基本法》中是不合法

828

829

830

---

[97] Vgl. Jarass, in: ders./Pieroth, Art. 3 Rn. 118.

[98] BVerfGE 97, 35 (43) (Hamburger Ruhegeldgesetz); 104, 373 (393) (Ausschluss von Doppelnamen); 121, 241 (254 f.) (Versorgungsabschlag).

[99] BVerfGE 113, 1 (15) (Kindererziehungszeiten in der Anwaltsversorgung).

[100] BVerfGE 121, 241 (254 f.) (Versorgungsabschlag). Vgl. BVerfGE 132, 172 (97 f.) (Elterngeld für Ausländer).

[101] BVerfGE 147, 1 (27 f.) (Drittes Geschlecht).

[102] BVerfGE 147, 1 (29 f.) (Drittes Geschlecht). 参见页边码 811。

[103] BVerfGE 85, 191 (206 f.) (Nachtarbeitsverbot).

[104] BVerfGE 5, 17 (22) (Volljährigkeit bei Flüchtlingen); 9, 124 (128) (Armenrecht).

的。根据门第的不平等对待，如在申请公职或者公开招标时"任人唯亲"。对于立法者来说，禁止以门第不同而不平等对待受到了很大限制。特别是家庭法和继承法的制度保障以门第区分的合法性为前提。

831　　（3）"**种族**"区分禁止同样是从纳粹时期的教训来的。第 3 条第 3 款第 1 句的"种族"是一个按照生理、可遗传标准所定义的人类群体。[105] 虽然"种族"概念在生物学上是站不住脚的，但是对于《德国基本法》的区分禁止来说，对一下"种族"的假定分组即可。

832　　（4）"**语言**"特征是为了保护语言少数群体，如索布人或者丹麦人。这些人有权利使用自己的母语，并保护自己的文化制度。"语言"可以理解为"母语"。[106]

833　　（5）"**籍贯**"则是指地理来源。个案中，何为"地理来源"仍不清晰。但绝不是指具体的住所地或者当前的居住地[107]，而是指出生的州或者地区。所谓的地方子弟规定（Landeskinderregelungen）则与当前住所地相连接，而不是按籍贯来衡量。[108] 有争议的是，"籍贯"是否包括了国籍。[109]

834　　（6）"**来源**"同"籍贯"相对，是指"社会等级的根源"。[110] 这包括出生时所属的社会阶层。对工人或者企业家孩子的优待或者因劣势而区别对待都是被禁止的。

835　　（7）和第 4 条第 1 款一样[111]，"**信仰**"是指宗教和世界观。[112] 这与下面的"宗教观"具有共同之处。第 3 条第 3 款第 1 句表明国家在宗教世界观上是中立的。

836　　（8）没有得到完全澄清的是"**政治见解**"的概念。这个概念包括了持有政治信念。有争议的则是，与政治信念的表达或者实施相联系是否构成

---

〔105〕　Jarass, in: ders./Pieroth, Art. 3 Rn. 123.
〔106〕　Jarass, in: ders./Pieroth, Art. 3 Rn. 124.
〔107〕　BVerfGE 92, 26 (50) (Zweitregister).
〔108〕　BVerwG, NVwZ 1983, 243 (244).
〔109〕　主流观点则是否定态度，参见 Starck, in: v. Mangoldt/Klein/Starck, Art. 3 Rn. 395，其他观点 Gubelt, in: v. Münch/Kunig, Art. 3 Rn. 99。
〔110〕　BVerfGE 9, 124 (128) (Armenrecht); 48, 281 (288) (Spanischer Bürgerkrieg).
〔111〕　参见页边码 308。
〔112〕　Gubelt, in: v. Münch/Kunig, Art. 3 Rn. 101.

优待或者歧视。联邦宪法法院在"激进分子决议案"中持否定态度[113]，这个观点后来被抛弃。至于认为第 3 条第 3 款第 1 句只包含持有政治见解的观点也站不住脚：纯粹的内在态度无人知晓，出于实际原因而无法成为一个规定的连接点。[114] 另外，政治见解在民主社会中只有作为"意见斗争"表达出来时才具有意义。相应的，表达和实施政治见解也应当成为第 3 条第 3 款第 1 句的保护范围。[115] 不过有一个例外，那就是为了妨碍或者消除自由民主基础秩序。[116] 这个限制在《德国基本法》第 18 条中有规定。

（9）被禁止的还有对"**残疾**"的歧视（第 3 条第 3 款第 2 句）。残疾是身体、精神或者灵魂状态的异常所产生的非短暂的功能妨碍影响。[117] 按照 1994 年新添加的规定，立法者不允许将负面法律效果与残疾相联系。一些法律规定和措施构成的歧视在于，他们使残疾人无法像正常人那样进入公共机构或者接受服务，恶化了残疾人的处境。当公权力排除残疾人发展和从事的可能性，并且没有通过残疾人促进措施进行有效补偿时，也构成歧视。[118] 第 3 条第 3 款第 2 句并不反对基于现存弱势给予优待补偿，甚至允许这种优待。[119] 这种优待在宪法层面上不是必须的。

（二）不平等对待的正当化

单纯看第 3 条第 3 款的**字面意思**，不平等对待的正当化没有问题。因为任何优待或者歧视都是禁止的，没有任何例外。和无保留的基本权一样，联邦宪法法院超出第 3 条第 3 款字面意思，特定条件下允许不平等对待。

根据联邦宪法法院长期由司法裁判，只能通过**宪法权利冲突**来正当化。[120] 必要的是，区分禁止，即平等对待义务和宪法上具体不平等对待要

---

[113] BVerfGE 39, 334 (368) (Extremistenbeschluss).
[114] Jarass, in: ders./Pieroth, Art. 3 Rn. 129 中的判断正确。
[115] BVerfGE 63, 266 (304) (Verfassungsfeindlicher Rechtsanwalt, abw. Meinung Simon).
[116] BVerfGE 13, 46 (49) (Kein Entschädigungsausschluss vor Parteiverbot).
[117] BVerfGE 96, 288 (301) (Integrative Beschulung).
[118] BVerfGE 96, 288 (303) (Integrative Beschulung); 99, 341 (357) (Testierausschluss Taubstummer).
[119] BVerfGE 96, 288 (302 f.) (Integrative Beschulung).
[120] BVerfGE 92, 91 (109) (Feuerwehrabgabe); 114, 357 (364) (Aufenthaltserlaubnis); 121, 241 (257) (Versorgungsabschlag).

求或允许是相冲突的。[121] 宪法权利冲突可以基于特定标准直接**允许**或者至少要求**不平等对待**的**规范**，如第 12a 条第 1 款，只有男子有兵役义务。[122]《德国基本法》第 140 条结合《魏玛帝国宪法》第 136 条以下包含了对第 3 条第 3 款的突破，允许优待宗教团体。个案中，第 3 条第 3 款第 2 句还会产生保护义务。[123] 国家框架和国家目标设定条款（如第 20 条和第 20a 条）则没有要求或者允许对第 3 条第 3 款所列标准进行不平等对待，因此，二者不能作为宪法权利冲突来使用。[124]

840 　　《德国基本法》并没有像第 12a 条第 1 款那样明确地允许不平等对待，因此总要进行**比例性审查**，在个案中要寻找实践调和意义上的妥善平衡。对于直接不平等对待，即直接将禁止区分标准作为法律连接点的情形，其正当化有**较高的要求**。因为第 3 条第 3 款明确表明，所列情形不应该出现不平等对待。国家直接背离法律原意的情形应当作为绝对例外来处理。[125] 如果国家行为只是间接（事实上间接）与禁止性区分标准相连接，那么正当化**要求较低**。虽然联邦宪法法院对这种情形没有作出清晰的解释，但是文献认为，这种不平等对待也可以通过宪法权利冲突来解决。比例性审查时标准不太严格。[126] 该观点的理由在于，间接不平等对待往往没有像直接不平等对待那样产生较强影响。此外，第 3 条第 3 款的字面意思也不那么清晰，并没有明确包含间接不平等对待。只要立法者在间接不平等对待时有有说服力的理由，那么不平等对待就是合法的。

841 　　只有当因残疾造成特定能力缺失，强制要求负面差别对待时，对残疾人的**负面差别对待**才是正当的。[127] 该不平等对待的正当化与男女不平等对待正当化相近。[128]

　　（三）特别是：男女不平等对待的正当化（第 3 条第 2 款）

842 　　实践中特别困难的是男女间不平等对待正当化问题。问题有三类：

---

[121] 参见页边码 79 以下。
[122] BVerfGE 92, 91 (112) (Feuerwehrabgabe).
[123] 参见页边码 848 以下。
[124] Gubelt, in: v. Münch/Kunig, Art. 3 Rn. 88.
[125] Osterloh, in: Sachs, GG, Art. 3 Rn. 254.
[126] Osterloh, in: Sachs, GG, Art. 3 Rn. 256; Gubelt, in: v. Münch/Kunig, Art. 3 Rn. 91.
[127] BVerfGE 99, 341 (357) (Testierausschluss Taubstummer); BVerfGK 3, 74 (76).
[128] 参见页边码 842 以下。

(1) 对只有一种性别才会出现的事实进行不平等对待（如怀孕、生育）；

(2) 考虑到（假定的）性别差异，将妇女排除出重体力工作时的直接或者间接不平等对待；

(3) 采取促进妇女发展的措施，以克服现有不利情形的不平等对待。如妇女比率。

这些情形共同之处在于，妇女和男子被以不同方式直接或者间接地对待，虽然按照第3条第2款第1句、第3款第1句，上述情形是不允许的；但是却显示性别群体之间确实存在差异，如果不对这些问题进行相应的规定，男女不可能实现平等。联邦宪法法院因此允许对第3条第3款作出轻微修正，以此正当化性别不平等对待。

只有"因"性别不平等对待才产生正当化问题。这里有争议的是，是否排除**只有一种性别才会出现事实**的不平等对待。因为有观点认为，这里的不平等对待并不是因为妇女本身的特征，而是孕妇特征。[129] 即使这种观点是正确的，但也构成对妇女的间接不平等对待：因为与怀孕有关的规定有效地将男女区分，尽管法律没有明确说明。因此，上述不平等对待和其他间接不平等对待一样，也需要正当化。[130]

"为了解决**本质上只在男性或者女性处所**发生问题而强制要求时"，不平等对待才可以正当化。[131] 必要的是女性和男性"本质"上的生理差别，其要求强制性的区分，另外，还要进行严格的比例性审查。裁判早期，联邦宪法法院的处理宽松，承认"客观生理或者功能（分工上）的差异"[132]，妇女需要"通过主持家务照顾孩子"来维持家庭，国家在相应的规定中应当予以关注。"功能（分工）差异"或许是基于传统的任务分配——男性工作、女性做饭。

后来联邦宪法法院尖锐化了自身裁判，认为传统的角色分配并不能一成不变。[133] 不再承认男女间的"功能"差异，只在例外情形中肯认生理

---

[129] Gubelt, in: v. Münch/Kunig, Art. 3 Rn. 87 m. w. N.
[130] Osterloh, in: Sachs, GG, Art. 3 Rn. 275.
[131] BVerfGE 85, 191 (207) (Nachtarbeitsverbot); 92, 91 (109) (Feuerwehrabgabe); 114, 357 (364) (Aufenthaltserlaubnis).
[132] BVerfGE 3, 225 (242) (Gleichberechtigung).
[133] BVerfGE 85, 191 (207) (Nachtarbeitsverbot).

差异。联邦宪法法院在近期的禁止女工夜间工作和妇女免除消防义务中认为，这些规定并不合法。[134] 两种情形中，女性并不需要特别保护，夜间工作和消防都不超出妇女实际拥有的体力。联邦宪法法院原来允许的生理差异在今天很少再作为不平等对待的正当化理由。

> **BVerfGE 92, 91（109）（Feuerwehrabgabe）**：按照联邦宪法法院的最新裁判，只有解决本质上的只在男性或者女性发生的问题所强制要求时，因性别而作出的区分性规定才与第3条第3款相符。第3条第2款没有包含更多或者特别的要求。不同于第3条第3款规定的禁止歧视，第3条第2款要求平等对待，并将其延伸到社会现实上。这在第3条第2款第2句中得到详细说明。如果不平等对待缺乏强制理由，那么只能通过宪法权利冲突来权衡。无论如何，按照第3条第2款的平等要求，立法者有权通过优待性规定来弥补女性事实上遭受的不利。

847　　如果生理差异不能作为正当化理由，那么只能通过宪法权利冲突来正当化。同第3条第3款相比，这里没有特别之处。不过，第3条第2款第2句的规定可以作为宪法权利冲突规范来正当化一些优待妇女的规定。

848　　1994年新增加的**第3条第2款第2句**按照字面意义包含了**国家促进义务**。国家应当促进实现事实上的平等，消除现有歧视。有时，第3条第2款第2句还被称为国家目标设定条款。[135]

> **BVerfGE 85, 191（206 f.）（Nachtarbeitsverbot）**：超出第3条第3款之外的歧视禁止，第3条第2款的规范内容是要求平等对待，并将其延伸到社会现实上。"男女平等"这句话不只是为了消除以性别特征而优待或者歧视的规范，还要求未来落实性别间的平等对待。**该规定致力于生活关系的同化**。这样女性可以拥有和男性同样的就业机会。造成女性过多负担或者其他不利的传统角色分配不能通过国家措施得以固化。第3条第2款的平等对待还要求，通过优待性规定来弥补女性事实上遭受的不利。

---

[134]　BVerfGE 85, 191（207 ff.）（Nachtarbeitsverbot）；92, 91（109 ff.）（Feuerwehrabgabe）.
[135]　Gubelt, in: v. Münch/Kunig, Art. 3 Rn. 93b.

该宪法规范给国家施加了具体义务，如提供幼儿园来保证家庭生活和工作活动相互和谐，行使家庭抚养职能不影响职业。[136] 虽然国家在实现保护促进义务上具有宽阔的构建空间，但是如果损害了该促进义务[137]，那么个人拥有**主观权利**请求国家履行义务。

有疑问的则是，国家的促进义务范围到底多大。第 3 条第 2 款第 2 句要求立法者制造**个人机会平等**。[138] 那么国家还负有制造"**结果平等**"的义务吗？如国家公职人员招聘中规定女性比率，或者政府采购时优待促进妇女就业的企业（的产品），从而促使在结果上出现平等，使得个案中男性地位受到不利对待？公职招聘中的女性比率和《**德国基本法**》**第 33 条第 2 款**相冲突吗？毕竟第 33 条第 2 款中招聘条件只包括能力、资质和专业素养。这个问题很多年都存在争议，并不清晰明了，很多专著都予以详细讨论。[139] 支持国家有义务制造"结果平等"的观点认为，第 3 条第 2 款第 2 句包含了女性的"群体基本权"（Gruppenrechte），保障女性能够同等地参与到所有的生活领域之中。[140] 不过并没有公认的解释方法能从《德国基本法》中推导出群体基本权［＝集体基本权（kollektiven Grundrechten）］。无论如何，《德国基本法》并不致力于一般性的"结果平等"。

女性比率只能作为**最后的手段**来使用时才合法，即个案中制造"个人机会平等"显得必要时。[141] 可以考虑的情形是，男性主导的行政中存在针对女性的实质不合理限制。不过，无论如何，必须在第 3 条第 2 款第 2 句规定的促进义务和第 3 条第 3 款第 1 句涉及的个案中，对受不利对待的男性基本权之间做到妥善平衡。司法裁判和文献从中逐渐总结出折中方案。至于女性比率是否符合《欧洲联盟运行条约》第 157 条，而该条与派生法规定[142]中又包含严格的平等要求，对此，欧盟法院的裁判起到决定性作

---

[136] BVerfGE 97, 332 (348) (Kindergartenbeiträge).
[137] 参见页边码 16 和 126。
[138] Sachs, VerfR II, Kap. B 3 Rn. 123.
[139] Heun, in: Dreier, Art. 3 Rn. 101 f.；Sacksofsky, Das Grundrecht auf Gleichberechtigung, 2. Aufl. 1996.
[140] Slupik, Die Entscheidung des Grundgesetzes für Parität im Geschlechterverhältnis, 1988, S. 85 ff.
[141] Osterloh, in: Sachs, GG, Art. 3 Rn. 286 ff.
[142] 特别是《欧共体平等指令》（RL 76/207/EWG）。

用。**欧盟法院**认为在公职雇用时优待妇女是合法的,当

①女性申请者至少和男性申请者一样达到资质;

②在一个功能组或者薪资组中,至少没有达到50%的妇女份额,且

③男性申请者本人不存在必须雇用的原因(所谓的开放条款)。[143]

852　这些完全独立于德国宪法发展出来的标准,也被视为与本国宪法相符。特别是第33条第2款也不与之相违背。因为第33条第2款只是规定必须雇用最有资质的申请者,而并没有说明同样资质的申请者应该录取哪一个。[144]

853　如果第3条第2款第2句无法正当化,那么可以参照第3条第3款第1句,利用宪法权利冲突来寻找。[145]

四、其他特殊平等权

854　《德国基本法》包含了其他直接或者通过解释得出的平等对待要求和差别待遇禁止规范。值得一提的是**第6条第1款**(禁止歧视婚姻和家庭)[146]、**第21条结合第3条第1款**(政党机会平等)、**第33条第1款至第3款**[同等担任公职的机会(第1款),按照资质、能力和专业水平来分配公职(第2款),国家公民信仰权利的独立性(第3款)],以及**第38条第1款**(选举权平等、代表平等)。要注意的是,第33条和第38条的权利按照第93条第1款第4a项是等同于基本权的权利[147],**也可提起宪法诉愿**。所有特殊平等权作为特殊规定优先于第3条第1款。案例写作时,和第3条第1款一样:如果有不平等对待,那么必须审查正当性,不过比起第3条第1款来说,其正当化要求会更高。

855　其他需要阐述的只是《德国基本法》**第33条第1款到第3款中的权利**。第33条第1句首先确认,所有德国人在各州均有同等的公民权利和义务。第33条第2款则对担任公职的机会作出特别规定。"机会"概念包括

---

[143] EuGH, Slg. 1995, I-3051 (Rn. 16 ff.) (Kalanke); Slg. 1997, I-6363 (Rn. 23 ff.) (Marshall).

[144] Osterloh, in: Sachs, GG, Art. 3 Rn. 287 对行政法院裁判的分析。德国法院对欧盟法院裁判的赞同参见 OVG Münster, NVwZ-RR 2000, 176 (177 ff.); BVerwG, NVwZ 2003, 92 (94 f.).

[145] BVerfGE 92, 91 (109) (Feuerwehrabgabe); 114, 357 (364) (Aufenthaltserlaubnis).

[146] 有争议,参见页边码511。

[147] 第93第1款第4a项详细列举的权利即为等同于基本权的权利。

征聘、晋升和提拔。[148] 合法的标准只能是资质、能力和专业水平（"最佳选择原则"）。但是在"资质"中也要考虑申请人的身体、心理或者性格特征[149]，只要第 33 条第 3 款和第 3 条第 3 款所禁止的特征没有被考虑进去即可。第 33 条第 3 款禁止出于信仰原因进行歧视。比起第 3 条第 3 款第 1 句，该规定是多余的。考虑到国家公民权利和义务，该规定是特别法，要优先审查。[150] 如果存在第 33 条第 1 到第 3 款意义上的不平等对待，可以在例外情况下通过宪法权利冲突予以正当化，这和第 3 条第 3 款相同。[151]

五、违反平等权的结果

同自由基本权的重要区别体现在违反宪法的结果上。国家如果不正当地干预了自由权，那么干预行为是违宪且无效的。此时，公民直接借助宣布无效的宪法法院判决（《德国联邦宪法法院法》第 82 条第 1 款、第 88 条以及第 78 条第 1 句、第 95 条第 3 款第 1 款）来重新取得自由。而如果平等权被不正当地违反了，则并没有一个清晰明确的法律结果。如果一个公民成功地否定了国家向其而没有给其他公民施加的负担，那么未来只能通过向所有人施加或者取消这种负担才能制造平等。公民如果想要分享一项其他公民已经得到的优待，那么国家可以废除全部优待或者让所有公民能得到优待。对不平等对待的处理，也即何种方式在个案中制造平等，并非联邦宪法法院的职责。法院的职责只是司法，而不是法律构建。法律构建是立法和行政的职能。[152] 联邦宪法法院因此是保守的，只是将强制不平等负担或者不平等优待的法律规定**解释为与《德国基本法》不相符**，但不能解释为无效（《德国联邦宪法法院法》第 31 条第 2 款第 3 句）。[153] 这些规定继续存在，联邦宪法法院可以在个案中决定哪

856

---

[148] Jarass, in: ders./Pieroth, Art. 33 Rn. 10.
[149] BVerfGE 92, 140 (151) (Sonderkündigung).
[150] Jarass, in: ders./Pieroth, Art. 33 Rn. 8.
[151] BVerwGE 122, 237 (239).
[152] BVerfGE 22, 349 (361) (Armenrecht II); 100, 195 (208) (Einheitswert).
[153] Vgl. BVerfGE 117, 163 (199) (Anwaltliche Erfolgshonorare); 121, 317 (373) (Rauchverbot).

些范围内这些规定可以继续适用。[154] 此外，联邦宪法法院经常为消除不平等对待设定期限。[155]

BVerfGE 22, 349（360 ff.）（Armenrecht II）：宪法诉愿请求并不是所列法律规定整体无效，否则，会造成诉讼请求权基础的丧失，而是（积极表达的）将法律规定扩展到孤儿或者（消极表达的）从法定优待中排除孤儿的无效宣称或者确定这种排除的无效性，以让立法者能够（将这些情形）纳入其中。

在所述情形中，立法者对第 3 条第 1 款的违反可以用不同方式来弥补：将过渡性群体纳入法定优待中，或者取消全部优待，或者按照符合第 3 条第 1 款的其他特征来界定受益人范围。具体情形中，哪个可能性被立法者选中，这是立法者的构建自由，至少在优待规定中，第 3 条第 1 款赋予裁量空间。联邦宪法法院在确认违反宪法时，不能将自身法定受益扩展到过渡性人群上来制造平等，因为这是在挤占立法者的自由空间。只有顾及强制宪法委托或者个案中的其他情形，才考虑直接清除违宪规定。

857　消除违反平等权法律规定的职责原则上属于立法者，但是也有**例外**：

（1）如果公民请求**分享一项受益**，而法律并没有赋予，那么"有漏洞的"法律必须得到相应的补充。这个填补是立法者的原始职能。联邦宪法法院只在极少情形中直接扩大受益群体，而这样做是消除违宪的唯一方法。当宪法委托强制要求扩大受益群体（如第 6 条第 1 款）[156] 或者立法者明显想要扩大受益时[157]，才予以考虑。

（2）公民如果请求**免除负担**，联邦宪法法院只有明确知道立法者即使没有该负担规定继续维持该法律时，才将现存规定解释为无效。[158]

（3）有时，立法者在期限截止前不作为，联邦宪法法院就自己确定**过渡性规定**，或者对整个法律领域作出新的规定。[159] 对于这种做法，《德国

---

[154] Vgl. BVerfGE 84, 9 (22) (Ehenamen); 121, 317 (376) (Rauchverbot).
[155] Vgl. BVerfGE 84, 239 (285) (Kapitalertragsteuer); BVerfGE 129, 49 (77) (BAföG-Teilerlass).
[156] BVerfGE 22, 349 (362) (Armenrecht II).
[157] BVerfGE 8, 28 (379) (Besoldungsrecht).
[158] BVerfGE 4, 219 (250) (Junktimklausel).
[159] Vgl. BVerfGE 99, 216 (244 f.) (Familienlastenausgleich).

联邦宪法法院法》中缺乏授权，因此，联邦宪法法院自己出台过渡性规定在法律上是受质疑的，却符合实际而不可避免。[160]

案例写作提示： 858

即使不要求像宪法法院裁判那样，在谈及平等权时也要提到立法构建的自由问题，但也要避免这样的"圈套"：损害平等权的同时还损害自由权，这在案例写作时是常见情形，这个问题从一开始就不成立：如果损害自由权，那么整个规定就无效。

一览：典型的考试问题 859

- 一般平等权的审查标准（页边码 794 以下）。
- 税务和公课法[161]上的平等权（页边码 802 以下）。
- 不同高权主体的（不）平等对待（如歧视本国人，页边码 793）。
- 女性比率，《德国基本法》第 3 条第 2 款第 2 句（页边码 850 以下）。
- 《德国基本法》第 3 条第 1 款作为自由权考试中"附带问题"（注意：案情往往不指出平等权问题！）。

860

```
—第一部分—
A. 违反特殊平等权（如第 3 条第 3 款第 1 句）
I. 法律上重要的不平等对待
  1) 重要的相同之处不同对待
  2) 与禁止标准相联系
   · 直接/间接
  3) 连接点与不平等对待之间存在因果关系
  4) 不平等对待法律上的重要性
   · 相同高权主体？
II. 正当化
  1) 第 3 条第 2 款第 1 句和第 3 条第 1 句（"男女"）
   · 必要的生理区别（例外！）？
  2) 宪法权利冲突
     a) 明确允许的不平等对待，如第 12a 条第 1 款；无需比例审查。
     b) 其他的"宪法权利冲突"
       aa) 冲突规范，如第 3 条第 2 款第 2 句
       bb) 比例原则：严格审查，例外情况下才是正当的。
提醒：只在严重情形中才审查特别平等权的损害。
```

图 16-10 平等权的审查构造

---

[160] Schlaich/Korioth, Das Bundesverfassungsgericht, 11. Aufl. 2018, Rn. 453 f.
[161] 公课法，即公共课税法，日本和中国台湾学者均译为公课法。——译者注

—第二部分—

B. 违反一般平等权（第 3 条第 1 款）
I. 法律上重要的不平等对待
　　1) 存在重要的相同之处却被不同对待？
　　・原则上存在重要的不同之处而被相同对待？
　　2) 不平等对待有法律重要性
II. 正当化
比例审查
　　1) 不平等对待的正当目标（内部目的或者外部目的）
　　2) 适当性
　　3) 必要性
　　4) 均衡性
连续型审查标准，从限制在恣意禁止上的宽松审查到较为严格的比例审查。
权衡：
目的的分量以及不平等对待的强度。

平等权的审查构造

第十七章 结社和同盟自由
(《德国基本法》第 9 条)

参考文献:

v. Mutius, Albert, Die Vereinigungsfreiheit gemäß Art. 9 Abs. 1 GG, Jura 1984, 193 ff.; Neumann, Dirk, Der Schutz der negativen Koalitionsfreiheit, RdA 1989, 243 ff.; Nolte, Norbert/Planker, Markus, Vereinigungsfreiheit und Vereinsbetätigung, Jura 1993, 635 ff.; Schwarze, Roland, Die verfassungsrechtliche Garantie des Arbeitskampfes – BVerfGE 84, 212, JuS 1994, 653 ff.

案例写作:

Brinktrine, Ralf/Šarčević, Edin, Klausur Nr. 1 (S. 1 ff.); Degenhart, Christoph, I, Fall 20 (S. 290 ff.); Günther, Thomas/Franz, Einiko B., Grundfälle zu Art. 9 GG, JuS 2006, 787 ff., 873 ff.; Höfling, Wolfram, Fall 11 (S. 123 ff); Pieroth, Bodo, Fall 6 (S. 121 ff.); Pollmann, Holger, Referendarexamensklausur–Öffentliches Recht: Grundrechts-und grundfreiheitenkonforme Zwangsmitgliedschaft – Strategische Erdgasreserven, JuS 2010, 626 ff.; Schleusener, Arno, Arbeitsrecht: Die Gewerkschaft in der Gewerkschaft, JuS 2001, 471 ff.; Volkmann, Uwe, Fall 10 (S. 284 ff.).

指导性案例:

BVerfGE 2, 1 ff. (SRP-Verbot); 15, 235 ff. (Zwangsmitgliedschaft); 50, 290 ff. (Mitbestimmung); 93, 352 ff. (Mitgliederwerbung II); 116, 202 ff. (Tariftreueerklärung); 124, 25 ff. (Kontrahierungszwang für Krankenversicherungen); BVerwG, NVwZ 2014, 736 ff. (Streikrecht für Beamte).

一、背景知识

862　《德国基本法》第 9 条保障了两个基本权，即第 1 款规定的一般结社自由（allgemeine Vereinigungsfreiheit）和第 3 款规定的同盟自由（Koalitionsfreiheit）。早在《保罗教堂宪法》第 162 条就写入了结社自由，其也受到《魏玛帝国宪法》第 124 条的保护。被联邦宪法法院认为不是一般结社自由特殊情形的《德国基本法》第 9 条第 3 款[1]规定的不是经典意义上的基本权。即使从历史上看，可以追溯到早期中世纪的技工联盟[2]，同盟自由在 19 世纪工业化过程中才形成。在保罗教堂宪法中，同盟自由也没有得到明确保护。随着 1869 年《德国工商业条例》第 152 条和第 153 条废止所有的同盟禁止，同盟自由才得到普遍认可。[3] 第 9 条第 3 款几乎完全搬用了《魏玛帝国宪法》第 159 条。出于这个原因，解释第 9 条第 3 款时要注意同盟自由的社会和教条史发展。[4] 许多欧洲和国际条约都保护结社自由和同盟自由，其中有《欧洲人权公约》第 11 条、《欧盟基本权利公约》第 12 条、第 28 条，以及《联合国人权宣言》第 20 条和第 23 条第 4 款。

863　在民主国家中，结社对政治意志形成具有重大意义。出于这个原因，《德国基本法》第 9 条和第 8 条一样对言论自由（《德国基本法》第 5 条第 1 款）起到补充保障的功能。[5] 体系上，第 9 条不只规定了经济基本权，而是将其归入交流基本权之列，因为结社和同盟自由服务于"政治、社会和私人目的的持续交流"[6]。

二、结社自由（《德国基本法》第 9 条第 1 款）

864　**案例 26：不受欢迎的强制会员**

V 是一名保险经纪人，在 B 工商业联合会区执业（IHK B）。很久以

---

[1] BVerfGE 146, 71 (118 f.) (Tarifeinheit).

[2] 同盟自由的历史发展参见 Hensche, in: Däubler/Hjort/Schubert/Womerath, Arbeitsrecht, 4. Aufl. 2017, Art. 9 GG Rn. 12 ff. 。

[3] Sachs, VerfR II, Kap. B 21 Rn. 29.

[4] BVerfGE 38, 386 (394) (Aussperrung von Betriebsratsmitgliedern); 44, 322 (347 f.) (Allgemeinverbindlicherklärung); 50, 290 (366 f.) (Mitbestimmung).

[5] Murswiek, JuS 1992, 116 (117).

[6] Scholz, Koalitionsfreiheit als Verfassungsproblem, 1971, S. 340.

前，V 就对这个"过时组织"表示不满，因为这个组织只收费却从来没有给会员带来用处。由于工商概念的宽泛、会员的多样性，V 觉得自己并没有真正地被代表。在联邦议会选举前，B 工商业联合会出版的整页报纸上刊登着如下标题"关注经济的人绝不能选 S 党"，这尤其让属于 S 党的 V 表示很恼怒。这个广告刊登后，V 马上收到了会费通知书，V 很生气，由于不知道如何获得救济，于是 B 按照《德国工商业联合会法》，直接针对工商业联合会进行的强制会员制向宪法法院提起宪法诉愿。

1. V 的宪法诉愿合法且理由充分吗？请对这个问题进行表态。
2. V 可以禁止 B 工商业联合会发表政治言论吗？

《德国工商业联合会法》第 1 条第 1 款：工商业联合会有职责保护本区域下属工商业运行人的整体利益、促进商业经济、权衡或者平衡地关注个别工商业分支的经济利益或者运营；尤其是提供建议、专家意见及报告和咨询，以及敦促养成正直商人的习惯。

《德国工商业联合会法》第 2 条第 1 款：属于工商业联合会的是在工商会区域内有工商业住所或者运营场所或者销售场所的自然人。

《德国工商业联合会法》第 3 条：

（1）工商业联合会是公法机构。

（2）工商业联合会设立和活动的费用由工商业联合会会费来支持。

案例原型 BVerwGE 107, 169 ff.。

（一）保护范围

1. 主体保护范围

（1）个人的结社自由

第 9 条第 1 款规定的结社自由是德国人的权利。外国人可以组织社团和从事活动，但是不能主张该权利的保护，而只能由《德国基本法》第 2 条第 1 款的兜底基本权利提供保护。[7]

（2）集体的结社自由

原则上，**人的多数体**只能按照第 19 条第 3 款[8]来主张基本权。对于

---

[7] 第 2 条第 1 款和欧盟外国人的基本权保护参见页边码 583 以下。
[8] 参见页边码 156 以下。

第9条第1款规定的结社自由和第9条第3款规定的同盟自由,司法裁判和部分文献认为社团和同盟直接从上述规定享有权利。[9] 因此,第9条还被称为**双面向的基本权(Doppelgrundrecht)**。相反的观点[10]则认为结社自由并非传统基本权教义下的例外,因此,主张仍然引用第19条第3款。对于基本权保护来说两种观点没有区别,特别是第一种观点也需要借助第19条第3款将结社自由的基本权保护限制在德国的社团上。[11]

867 **案例写作提示:**

考试时可以采用主流观点,认为人的多数体基本权保护是直接从第9条而来的。还要提示的是,即使是主张第19条第3款的相反观点,也赋予主体性的保护,这已足够。

868 由于结社自由是德国人的基本权,而成员或者领导全部或者主要是外国人的社团(所谓的**外国人社团**),是不受第9条第1款[12]的保护的。这种情形下和个人性同盟自由一样,基本权保护只通过第2条第1款结合第19条第3款来实现。

2. 实体保护范围

(1) 积极的结社自由

①结社的概念

869 第9条第1款保障的是组成社团(Vereine)和合伙(Gesellschaften)的权利。其上位概念是"结社"(Vereinigung)。结社的宪法定义和《德国社团法》第2条第1款的法律定义是一致的:"本法的社团不考虑法律形式,是指多个自然人或者法人为共同目的自愿结合,能够有组织地形成意见的团体。"

870 **案例写作提示:**

提及《德国社团法》第2条第1款,只是起到帮助的作用,因为考虑

---

[9] BVerfGE 13, 174 (175) (DFD-Verbot); 80, 244 (253) (Vereinsverbot); Jarass, in: ders./Pieroth, Art. 9 Rn. 11. 对于该争论参见 Murswiek, JuS 1992, 116 (118)。《德国基本法》第4条类似问题参见页边码303以下。

[10] Höfling, in: Sachs, GG, Art. 9 Rn. 25 f.; Scholz, in: Maunz/Dürig, Art. 9 Rn. 23.

[11] Jarass, in: ders./Pieroth, Art. 9 Rn. 11.

[12] BVerfG, NVwZ 2000, 1281 ff.; Sachs, in: ders., GG, Art. 19 Rn. 56.

到规范等级，一般法的定义并不能决定宪法的内涵。[13] 社团的概念必须独立地从宪法中产生。出于这个原因，考试时不能将社团概念以《德国社团法》第 2 条第 1 款为依据。

"法律形式"指出了第 9 条第 1 款的特征：和第 6 条第 1 款和第 14 条第 1 款一样，第 9 条第 1 款也规定了——即使只是部分规定了——**法规范形塑的基本权**。[14] 因为人共同结社虽无须国家作为，基于一致的自由意志即可。但只有当法律制度提供相应的可能性时，才能形成法律上的结社。这个角度上，第 9 条第 1 款是**制度性保障**[15]，要求国家提供充分的可能性。这主要涉及《德国民法典》的协会法、人合公司法（《德国民法典》第 705 条、《德国商法典》第 105 条）和资合公司法（《德国股份公司法》《德国有限责任公司法》）。此外，只有通过**构建**法律可能性，社团才能参与到法律交易之中且受法律约束。国家必须对此进行规定。

有争议的观点认为，**两个人**就可以结社[16]；一人公司（《德国有限责任公司法》第 1 条）不是结社。结社的重要特征首先是结合的**自愿性**；公法和私法性的强制社团[17]不受第 9 条的保护。对结社**共同目的**没有特别要求。第 9 条第 1 款保护的不仅是政治协会，还有全部的结社，无论是经济、政治、还是纯粹的思想性质，与第 3 款规定的同盟不同，这里没有作出特定限制。法律形式也不是重要的，这样松散联合的公民动议和股份公司一样都是第 9 条第 1 款规定的结社。唯一重要的是，是否存在**一定的组织稳定性**，在共同的意志形成中表现出来。公法社团不能由私人来组建，因为公法结社基于国家高权行为。第 9 条不赋予公法结社请求权。

第 9 条第 2 款将结社自由置于**加重的法律的保留**之中。[18] 这个教义学

871

872

873

---

[13] 关于立法者构建的特殊情形参见页边码 433。
[14] 参见页边码 433 以下。
[15] 参见页边码 430 以下。
[16] Bauer, in: Dreier, Art. 9 Rn. 39; Kemper, in: v. Mangoldt/Klein/Starck, Art. 9 Rn. 13; Löwer, in: v. Münch/Kunig, Art. 9 Rn. 36 则认为至少三名成员。
[17] 公法社团的强制会员制参见页边码 884 以下。
[18] Murswiek, JuS 1992, 116 (121); Höfling, in: Sachs, GG, Art. 9 Rn. 38 f.；其他观点见 BVerfGE 80, 244 (253) (Vereinsverbot); Kemper, in: v. Mangoldt/Klein/Starck, Art. 9 Rn. 70; Lenz, Vorbehaltlose Freiheitsrechte, S. 42 ff.。

归类被联邦宪法法院所明确认同，但也造成即使是违反合宪秩序的结社，在被禁前同样受到第 9 条第 1 款的保护。这与第 8 条的集会自由不同，集会自由的保护范围只是和平且不佩戴武器的集会。[19] 因此，第 9 条第 2 款应当作为结社自由的限制，服务于法的安定性。一个社团不应当按照第 9 条第 2 款，而是基于《德国协会法》第 3 条第 1 款的（根本）禁止才能被禁。上述论点令人质疑。只有将第 9 条第 2 款理解为宪法直接禁止，且其执行无须任何其他行政措施才产生法的安定性。不过，这种情形难以被确认，即社团是否能被视为被禁或者尚不满足第 9 条第 2 款的构成要件。由于第 2 款没有被赋予更多的规范内涵，界定相应保护范围时还有第 2 条第 1 款的保护，在解释该规定时要注意到第 9 条第 1 款，由此保障社团禁止必须具有法律基础，以满足法的安定性。具体化禁止时必须采用行政行为的方式。[20] 但《德国基本法》在社团禁止决定上没有赋予裁量。如果确定社团满足了第 9 条第 2 款的禁止构成要件，那么必须在遵守比例原则下予以禁止。[21]

874　　存在**更为特别的基本权保障**时，不能再主张第 9 条：按照联邦宪法法院的观点，宗教结社自由通过第 4 条第 1 款和第 2 款并结合《魏玛帝国宪法》第 140 条和第 137 条来保障。[22] 它相应地也适用于政治党派；第 21 条是特别法。[23] 由于基金会是财产的法律独立体，缺乏主体的联合，因而不能适用第 9 条第 1 款。

> **BVerwGE 106, 177 (180 f.)**：不同于多个自然人、法人或者人合团体长期为了共同目的而自定联合，并处于一体性意思形成之下的社团，基金会缺乏社团性的组织。它没有人员的联合，只是财产组合，非为达特定目的的人之社团组成的独立法人。由于基金会缺乏对于结社来说很重要的人员关系，因此，第 9 条的保护范围不包括基金会。

---

[19]　参见页边码 36。
[20]　Kemper, in: v. Mangoldt/Klein/Starck, Art. 9 Rn. 69 同样的观点。
[21]　BVerfG, NVwZ 2018, 1788（1790）(Vereinsverbot II)。
[22]　BVerfGE 83, 341（354 ff.）(Bahá'í)。
[23]　BVerfGE 25, 69 (78)（Meinungsäußerung）; Hesse, Rn. 411。

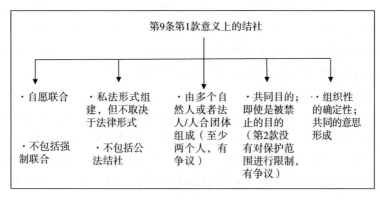

图 17-1

② 受保护的行为

按照字面意思,第 9 条第 1 款作为**个人结社自由**保护的是社团和合伙的**形成**,即"自由形成社会群体原则"[24]。这包括了建立的时间点、目的、法律形式、名称、章程和结社的坐落地(所谓的社团自治)。结社自由并不局限于上述内容。超出第 9 条第 1 款字面意思,结社自由还保护**加入**一个现存的社团、**保留在**一个社团、为实现社团目的而进行的社团特别**活动**(遵守社团章程、选举社团主席等)。

与第 9 条第 3 款相比,第 9 条第 1 款**没有第三人直接效力**,因此,如果个人想加入社团或者被社团拒绝,个人是不能主张结社自由的。第 9 条第 1 款通过私法来调整私人关系。当社团具有垄断地位,抑或"社团协会在经济社会范围内具有突出的权力地位,意图加入人对取得该社团身份具有重要突出的利益时",可以从《德国民法典》第 242 条和第 826 条产生接纳请求权。[25]

第 9 条第 1 款还包括**集体**的结社自由。受保护的首先是社团的内部框架,对"自身组织、意志形成程序和运行管理的自我决定"[26]。至于社团

---

[24] BVerfGE 38, 281 (302 f.) (Arbeitnehmerkammern); 50, 290 (353) (Mitbestimmung); 80, 244 (252) (Vereinsverbot).

[25] BGHZ 93, 151 ff. 垄断社团参见 BGHZ 63, 282 (284)。加入请求权参见 Murswiek, JuS 1991, 116 (121); Jarass, in: ders./Pieroth, Art. 9 Rn. 16。

[26] BVerfGE 50, 290 (354) (Mitbestimmung).

活动——即其外部效力受到多大程度的保护,则存有争议。联邦宪法法院认为,社团存续和活动的**核心领域**都受到第 9 条第 1 款的保护。这个核心部分包括社团的存在和功能性运转。联邦宪法法院认为,命名[27]以及对于存续较为重要的宣传性自我展示[28]都受到保护。

879　　值得注意的是,社团活动可能对外发生效果,继而与国家和第三人产生冲突,如果这些活动与社团的结构没有任何关联,应当受其他基本权保护,而不是第 9 条。个人或者没有组织意思形成的联合能够以相同方式做出的相应行为同样不受第 9 条第 1 款保护。[29] 理由在于,(社团)**追求共同目的所受到的保护不应当比个人目的追求享有更多的保护**。[30] 社团的建立不能扩展其成员个人活动的基本权保护。[31] 因此,对于下列问题,是否允许公民动议组织游行示威,第 8 条是具有决定性的。行政机关对技术设施施加负担影响的是运营该设施的股份公司,依据第 12 条和第 14 条享有的基本权,而不是第 9 条第 1 款。协会组织的"吸烟者俱乐部"向公众开放时,对该场所禁烟要用第 2 条第 1 款的一般行为自由来衡量。[32] 如果立法者对保险企业规定了特定资费,只是触及保险企业的合同和核算自由,而不触及自由组建团体的结社自由。[33]

(2) 消极结社自由

①消极结社自由的保护

880　　第 9 条第 1 款按照其字面意思保护的是形成社团和合伙的自由。主流观点认为,这还要保护不加入社团(即消极的结社自由)。[34] 消极的结社自由保护的是不加入社团的自由、退出社团的自由。从第 9 条第 1 款字面

---

[27]　BVerfGE 30, 227 (241) (Vereinsname).

[28]　BVerfGE 84, 372 (378) (Lohnsteuerhilfeverein).

[29]　BVerfGE 70, 1 (25) (Orthopädietechniker-Innungen); Höfling, in: Sachs, GG, Art. 9 Rn. 20; Murswiek, JuS 1992, 116 (117); a. A. Scholz, in: Maunz/Dürig, Art. 9 Rn. 86, 111.

[30]　BVerfG, NJW 1996, 1203.

[31]　BVerfG, NVwZ 2018, 1788 (1789) (Vereinsverbot II).

[32]　BVerfG, NJW 2015, 612 (613); Muckel, JA 2015, 394 ff.

[33]　BVerfGE 123, 186 (224) (Gesundheitsreform); BVerfGE 124, 25 (34 f.) (Kontrahierungszwang für Krankenversicherungen) 中,小型保险协会接纳新成员的义务则不同。

[34]　BVerfGE 50, 290 (354) (Mitbestimmung); Bauer, in: Dreier, Art. 9 Rn. 41; Bethge, JA 1979, 281 (284). 关于第 9 条第 3 款的消极同盟自由参见页边码 901。

上并不能推导出这个权利。支持该观点的学者认为这是**逻辑衡量**的结果。个人只有拥有机会同社团保持距离才能实现社团加入自由。只有存在不作为的自由，才会有作为的自由。形象地说，这也折射出积极保护的行为。

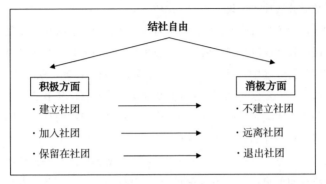

图 17-2　结社自由

反对从第9条第1款中**推导**出消极结社自由的观点认为，第9条第1款的字面意义很清楚，只是"结社"，说的是主动的行为。如果有消极权限，《德国基本法》会在基本权中明确列明，如第12条第2款和第3款禁止劳动强制和强制劳动。《魏玛帝国宪法》第136条第3款结合《德国基本法》第140条保障个人不必告知自身宗教信念。同样的是《德国基本法》第140条结合《魏玛帝国宪法》第136条第4款不必参加宗教活动的自由[35]。批评声还认为，镜像地推导出消极自由对于公法强制社团无法提供保护[36]。但对于个人自由来说，被强制加入社团的法律性质是什么并没有区别。消极结社自由在最需要其保护时不能提供保护[37]。

针对下列观点，即只有同等保护行动自由和不作为自由才能实现真正自由[38]，可以反驳的是，即使基本权不提供保护，也存在不作为自由。个人无须国家授权来做某件事和不做某件事。只有存在义务建立社团或者加

---

[35] BVerfGE 52, 223 (239) (Schulgebet); BVerwGE 73, 247 (249); Hellermann, Die sogenannte negative Seite der Freiheitsrechte, 1993, S. 24 m. w. N. in Fn. 19.

[36] 参见页边码 884 以下。

[37] Friauf, in: FS für Reinhardt, 1972, S. 395.

[38] BAG GrS, SAE 1969, 246 (260); Scholz, in: Maunz/Dürig, Art. 9 Rn. 88.

入社团时才有保护需求。这种情形的不作为才需要特别的"许可"。第9条第1款无法推导出这种义务。因此，消极结社自由应当在第2条第1款一般行为自由框架内得到基本权保护。[39]

②免受公法社团干预

884 如果认为第9条第1款包括消极自由，那么对于这种保护是否适用于公法社团的**强制成员制**则存在争议。公法社团的目的是让公民负有责任地参与到国家行政之中，可以称之为间接国家行政，例如，联邦律师协会、工商业协会、学生会（其工作机构是普通学生委员会）和手工业协会。

885 联邦宪法法院在其裁判中强调，消极结社自由保护的是"从私法社团中退出或者从一开始就远离"的权利。[40] 如果消极自由在教义上是积极自由的镜像，那么第9条第1款的消极自由也就不扩展到**保护公民免受公法强制结社的干预**。[41] 公民本来就没有权利来组建公法社团。相应的，也就没有镜像性的权利来远离公法社团（"没有东西的地方也就照不出任何东西来"）。从这个前提出发，强制加入公法社团只受第2条第1款保护。

886 按照文献代表性观点[42]，第9条第1款的消极结社自由也**保护免受公法结社**。因为对于公民来说，强制加入的社团是公法形式还是私法形式是没有任何区别的。结社自由在历史上本就是为了反对高权的强制联合，如同业公会。此外，单纯远离公法协会并不构成动用公法行为方式，不能与组建公法协会相比。这个观点的困难之处在于，一些公法强制协会在《德国基本法》生效前就存在，问题是在基本权教义理论下如何正当化。

887 如果认为第9条不保护消极结社自由[43]，则要通过**第2条第1款来保护**，无论是公法还是私法的结社。

---

[39] Friauf, in: FS für Reinhardt, 1972, S. 396 f.; Hellermann, Die sogenannte negative Seite der Freiheitsrechte, 1993, S. 250 f.; Leydecker, Der Tarifvertrag als exklusives Gut, 2005, S. 108 ff.

[40] BVerfG, NJW 2001, 2617 (2617).

[41] BVerfGE 10, 89 (102) [（Großer）Erftverband]; BVerfGK 10, 66 (75); Jahn, JuS, 2002, 434 (435); Leydecker, Der Tarifvertrag als exklusives Gut, 2005, S. 93 ff.; Löwer, in: v. Münch/Kunig, Art. 9 Rn. 19 f.; 对该论据的批评见 Höfling, in: Sachs, GG, Art. 9 Rn. 22。

[42] Bethge, JA 1979, 281 (284 f.); Hesse, Rn. 414; Murswiek, JuS 1992, 116 (118 f.).

[43] 参见页边码883。

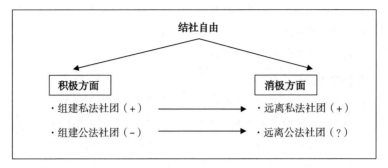

图 17-3

BVerfG, NVwZ 2002, 335 (336): 1. 没有触及第 9 条第 1 款的保护范围。第 9 条第 1 款不保护免受法律规定强制加入公法社团。

①自然人或者法人**私法性联合**,以自愿为基础,长期追求共同目的而建立且有组织性的意思形成时,才适用结社自由。因此,自愿因素对于第 9 条第 1 款的社团概念具有基础作用。而那些并不是基于基本权动议人自愿产生和存在的社团,如工商业联合会,并不是第 9 条第 1 款的社团概念。

②即使是从**产生历史**上来看,第 9 条第 1 款也不能理解为全面地远离公法社团的权利。早在基姆湖赫伦宫殿的制宪会议上,提议补充规定结社自由,即个人不得被强制加入社团中的提议被拒绝。这个拒绝建立在可能存在的必要性之上,即特定职业成员有义务加入特定公法组织中。当时的国会参议院的协商也就基于这个观点。其将一般结社自由同劳动宪法问题分开,但将结社自由的两个角度放到一个条款中,只是详细讨论了同盟自由的远离权。国会参议院的成员在这个讨论中意识到职业强制联合存在的必要性。他们不想破坏这种古老的传统,否则,他们肯定会在法律中表达出来。

③联邦宪法法院在长期司法裁判中扩展了第 9 条第 1 款的保护范围,将远离社团也纳入其中,**而对消极结社自由的保护不能超越积极保障范围**。国家保障公民自愿联合,而不能强制其他公民加入。

2. 对于针对强制会员制所要求的保护,按照联邦宪法法院的司法裁判,审查标准是《**德国基本法**》**第 2 条第 1 款**。这个规定提供了充足手段来防御加入不必要的强制协会,并允许第 9 条第 1 款的自由形成社会群体原则得到恰当处理。同时,这个审查标准给予国家充分的构建自由,让其合理行使自身职责。

889 **案例写作提示:**

(1)消极的结社自由:考试中,可以赞同第 9 条第 1 款保护消极结社自由,而不用继续讨论争议点。家庭作业中则可以对这个问题深入说明。

(2)保护不受公法强制结社:对于存在消极结社自由这个问题,也要讨论强制加入公法社团是否属于保护范围。这是考试的重点,需要详细说明。

(二)干预

890 对第 9 条第 1 款的干预是指所有妨碍从事结社自由的规定。干预的最严重形式是禁止,同时要注意的是,即使在被禁后,社团在法院权利保护中仍具有诉讼能力和基本权能力。[44] 社团建立的法律要求,如通过特许证制度的预防性审查,也会妨碍保护范围。此外,具有分量的事实性影响,如情报人员的渗入,也构成干预。[45] 必须接受新成员的义务也可以构成对第 9 条第 1 款的干预。[46]

891 同干预相区分的是立法者的**构建**。[47] 只要第 9 条第 1 款需要规范塑造,那么国家有权力和义务来对社团行为进行规制,这些规制虽然会产生限制性效果,但不是对基本权的干预。这包括了不同社团协会的法律形式和参与到法律交易中的规定。对已存社团类型的变动也不构成干预,因为现有构建并不具有宪法地位。[48] 同样,立法者在构建范围内并不是完全自由的。立法者必须进行权衡,顾及有序的社团生活和其他需要保护的利益,适当保障社团的自由联合和自我决定。立法者必须将社团法构建得能够发挥社团的功能性。[49]

---

[44] BVerfGE 13, 174 (175) (DFD-Verbot); Murswiek, JuS 1992, 116 (122).
[45] Höfling, in: Sachs, GG, Art. 9 Rn. 34.
[46] BVerfGE 123, 186 (236 f.) (Gesundheitsreform).
[47] 干预和立法者构建的区分参见页边码 435 以下。
[48] BVerfGE 50, 290 (354 f.) (Mitbestimmung).
[49] BVerfGE 50, 290 (355) (Mitbestimmung).

(三) 干预的正当化

1. 限制

如果不将第9条第2款视为法律的保留的话,结社自由并没有明确被置于法律的保留下。[50] 所谓的禁止原因是穷尽性的。这也适用于宗教团体。[51] 此外,宪法权利冲突提供了限制的可能性。"**刑法**"是指一般的形式法律,而不是专门针对结社自由的特别刑法。否则,结社自由就会被立法者任意操纵。[52] 这和第5条第1款的自由限制的特别法理论相同。[53] 违反**民族谅解原则**是指,社团在国际关系中积极鼓吹或者促进暴力,以及类似的严重违反国际法的行为。[54] 仅仅批判其他国家或者拒绝与特定国家的政治接触则不构成,但是第26条的行为(扰乱民族之间的和平相处)构成此种情形。[55] "**合宪秩序**"不像第2条第1款那样作全面的理解。否则,第9条第1款将丧失自身意义。相反,合宪秩序要按照第18条第1款和第21条第2款第1句作为"自由民主基本秩序"来理解。[56]

> BVerfGE 2, 1 (12 f) (SRP-Verbot):政党在民主国家的特别意义使得,即使政党用合法手段抨击个别条款甚至宪法的整体制度,也不能立刻将其从政治生活中排除出去;只有这些政党试图撼动**自由民主宪法国家最高的基本价值**时才可以。这些基本价值形成自由民主基本秩序,是《德国基本法》在国家整体秩序,即"合宪秩序"中被作为最根本的秩序来看待。从《德国基本法》的宪法政治决断来看,基本秩序以下列理念为基础,即处于创造秩序(Schöpfungsordnung)中的人具有自身的独立价值,自由和平等是国家整体永远的基本价值。因此,基本秩序是与价值相关的秩序。全权国家作为绝对权力拒绝人性尊严和平等,而基本秩序是全权国家的对立面。所以自由民主基本秩

---

[50] 参见页边码873。
[51] BVerfGE 102, 370 (391) (Körperschaftsstatus der Zeugen Jehovas); BVerwG, NVwZ 2006, 694 (694 f.)。
[52] Scholz, in: Maunz/Dürig, Art. 9 Rn. 125; Höfling, in: Sachs, GG, Art. 9 Rn. 43。
[53] 特殊法学说参见页边码242。
[54] BVerfG, NVwZ 2018, 1788 (1792) (Vereinsverbot II)。
[55] Jarass, in: ders./Pieroth, Art. 9 Rn. 20; Murswiek, JuS 1992, 116 (121)。
[56] Kemper, in: v. Mangoldt/Klein/Starck, Art. 9 Rn. 76有不同观点。

序是这样一种秩序，自由、平等以及排除任何形式的专制或者恣意支配，在国民多数意志自我决定的基础上的法治统治秩序。属于这个秩序的基本原则至少有：注重《德国基本法》所写入的人权，尤其是个人人性的自由发展、人民主权、权力分立、政府责任、行政的合法性、法院的独立性、多政党制度和所有政党的机会平等，这包括反对党派合宪的建立和从事活动的权利。

893 违反合宪秩序或者民族谅解的结社在任何情形中都要求具有"斗争攻击的态度"（aggressiv-kämpferische Haltung）〔57〕。这也符合联邦宪法法院按照第21条第2款第1款关于禁止政党的司法裁判。禁止政党要求，必须是自由民主基本秩序发生了具体危险或者社团事实上威胁到宪法基本原则〔58〕，而根据第9条第2款的字面意思，社团"针对"合宪秩序即可。〔59〕

BVerfGE 5, 85（141）（KPD-Verbot）：一个政党不肯认、否定或者与自由民主基本秩序的最高原则对立，单是这一点尚不构成违宪。还要求该政党对现存秩序具有积极斗争攻击的态度；该政党必须有计划地阻挡秩序正常运转，在发展中消除这种秩序。这意味着，自由民主国家并不主动攻击敌对政党，国家的行为是防御的，它只是防御对其基本秩序的攻击。法律对该构成要件的构建是为了排除下列情形，即滥用法律规定竭力消除反对自身的反对党。

2. 限制的限制

894 禁止结社只有在第9条第2款所列举的条件下，且遵守比例原则时才是可能的。即使根据联邦宪法法院的裁判，一旦满足构成要件，禁止结社就不具有行政裁量权，但还要进行比例审查。只有当更温和且同样有效的措施不能实现第9条第2款的禁止构成要件时，才考虑禁止结社。更温和的手段，如禁止特定活动和对个别成员的措施。〔60〕

---

〔57〕根据BVerwG, NVwZ-RR 2016, 454（456），协会带有违反民族谅解的特征即可。
〔58〕BVerfGE 144, 20（199, 223）（NPD-Verbotsverfahren）.
〔59〕BVerfG, NVwZ 2018, 1788（1791）（Vereinsverbot II）.
〔60〕BVerfG, NVwZ 2018, 1788（1790）（Vereinsverbot II）.

三、同盟自由（《德国基本法》第9条第3款）

案例27：增加5000名警力

P警察工会想在北威州举行一场宣传活动，呼吁增加雇用新的警察公职人员。通过新的雇用，可以减少现有警力的压力。出于这个原因，P警察工会在该州举办了签名行动。传单上写着现行加班时间超过了700万个小时，应当再雇用5000个新的警察。此外该工会还搜集签名。在一份带有P警察工会标志的"登记名册"上写着："已经签名的登记者要求州议会关心警察的下列问题：雇用更多警力来保障内部安全，而非减少警力！"P不仅在街上和公共场所上进行宣传，还将传单和签名册置于警察工作场所等接触公众的领域，不仅是警察，普通市民也能看到且签名。内政部认为P的行为威胁到了行政的中立性。对地点的选择给市民一种印象，即国家支持这种行动。将签名册放在办公大楼中，超越了对警察办公场所合理使用的权限。同样，施压要求雇用新的警力，这也不属于警察的职责范围。这种行为使得工会活动和警察职权活动相混淆。为了禁止这种行为，北威州内政部向P和警察工作场所发出公文，不得再将花名册和传单陈列在警察办公楼。P认为该公文威胁到自身运动的成功，并限制了工会的活动，向法院提起诉讼，请求继续容忍运动。P的诉讼在所有法院那里没有取得成功。现在P提起合乎形式和期限的宪法诉愿。请您对宪法诉愿的胜诉性进行检测。

案例原型 BVerfGK 10, 250 ff. 和 BAG AP Nr. 123。

（一）保护范围

1. 主体保护范围

同第9条第1款的结社自由不同，第9条第3款规定的同盟自由是每个人的基本权。典型特征是非自由职业工作。[61] 同盟自由保护所有职业人士（雇主或者劳动者），没有排除特定职业群体。[62] 除了劳动合同双方，

---

[61] Scholz, in: Maunz/Dürig, Art. 9 Rn. 178.
[62] BVerfG NJW 2018, 2695 (2696) (Streikverbot für Beamten).

公务员、法官和士兵也能主张同盟自由。[63] 按照主流观点，第9条第3款赋予的同盟自由不仅是**个人性的**，还是**集体性的**。同盟自由可以被视为双面向基本权。[64]

2. 实体保护范围

897　第9条第3款保护的是同盟自由，它是结社自由的特别形式。因此，对于同盟来说，必须先满足第9条第1款的前提条件。社团在**私法基础上自由建立形成**。公法性的手工业协会就不是同盟。按照联邦宪法法院的司法裁判，同盟自由服务于**有意义的劳动生活秩序**。在这个领域内，国家收回其规制权限，参与人可以以自身责任和在没有国家影响的情况下管理自身事务。[65] 对同盟概念具有根本作用的是第9条第3款所列的目标：维护和促进劳动、经济条件。这两个方面必须**共同**实现。**劳动条件**是指具体劳动关系的条件，如薪金数额、休假津贴和劳动时间。**经济条件**则是对劳动者和雇主来说重要的一般经济和社会政治关系，如减少失业措施或者引入新型技术。[66]

898　对于第9条第3款的同盟还要求，同盟不含有**对手**（**gegnerfrei**）。[67] 这意味着同盟不能含有社会对立角色：工会只能由劳动者组成，而雇主协会的成员只能是雇主。社团必须在**法律和事实上独立**。如果工会接受雇主较大的财政支持，将会与其本身目的不相符。依赖第三人，如依赖于国家、政党和教会，都会使其丧失同盟属性。跨企业性并不是同盟的前提条件，而只是独立于对手的证据。[68]

899　"同盟"和"工会"以及"雇主协会"的概念并不相同。后两者虽然符合

---

[63] Hergenröder, in Henssler/Willemsen/Kalb, Arbeitsrecht Kommentar, 8. Aufl. 2018, Art. 9 GG, Rn. 26.

[64] BVerfGE 146, 71 (114) (Tarifeinheit); 对此的争议参见第9条第1款的论述（页边码866）。

[65] BVerfGE 44, 322 (340) (Allgemeinverbindlicherklärung I); 50, 290 (367) (Mitbestimmung); 58, 233 (246) (Deutscher Arbeitnehmerverband).

[66] Jarass, in: ders./Pieroth, Art. 9 Rn. 34.

[67] 具体特征详见 Hromadka/Maschmann, Arbeitsrecht, Bd. 2, 6. Aufl. 2013, §12 Rn. 16 ff.; Jarass, in: ders./Pieroth, Art. 9 Rn. 35。

[68] Höfling, in: Sachs, GG, Art. 9 Rn. 57.

同盟的所有特征；工会还必须具有团体协议能力。[69] 因此，所有的工会是同盟，但是并不是所有同盟都是工会或者雇主协会。**团体协议能力**（**Tariffähigkeit**）是指具有通过团体协议来规制成员法律关系的能力，这以**社会权力**为前提，也就是说有一定的贯彻执行能力，这样团体协议的协商行为不成为"集体行乞"（Kollektives Betteln）[70]。判断标志如成员数和财政能力。[71] 此外，还要求团体意愿、劳动斗争能力和意愿以及对现行团体、调解和劳动斗争权的肯认（对"游戏规则"的承认）。[72] 部分不能签订团体协议的雇主协会仍然是同盟；这也适用于不能签订团体协议的公务员协会。

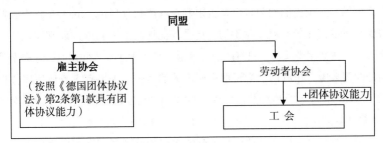

图 17-4

第9条第3款第1句只是说"建立"社团，但是和第9条第1款一样，对其保障超出字面意思。**积极同盟自由**保护的是加入到现存同盟、保留在同盟中，以及合乎同盟的活动。从这方面看，第9条第3款通过列举来保障同盟追求目的活动的自由。[73] 即使是劳动斗争措施（罢工和关闭工厂[74]）也受到保护，这在1968年紧急状态宪法增添的第9条第3款第3句中有清楚表明。这适用于致力于订立团体协议的劳动斗争措施，只要这

---

[69] 根据《德国团体协议法》第2条第1款，雇主方面满足要求。
[70] BAG, AP Nr. 64 zu Art. 9 GG Arbeitskampf (Bl. 913).
[71] BAG, NJW 2011, 1386 ff.; Greiner, NZA 2011, 825 ff.
[72] BAG, NZA 2006, 1112 (1114); Hromadka/Maschmann, Arbeitsrecht, Bd. 2, 6. Aufl. 2013, § 12 Rn. 23 ff.
[73] Kemper, in: v. Mangoldt/Klein/Starck, Art. 9 Abs. 3 Rn. 107.
[74] 对于关闭工厂的异议，参见 Kittner/Schiek, in: AK, Art. 9 Abs. 3 Rn. 145 和 Kemper, in: v. Mangoldt/Klein/Starck, Art. 9 Abs. 3 Rn. 168, Fn. 466.

些措施是确保劳资自主权运转所必需的。[75] 联邦宪法法院认为公务员也享有罢工权，即使公务员的法律关系不是通过团体协议而是通过法律规定的。如果罢工措施与公职的团体协议行为具有关联，那么公务员就可以在一定程度上进行支持性罢工。[76] 根据第 33 条第 5 款被纳入宪法的公务员制度传统原则——其中包含公务员一般性罢工禁止，构成同盟自由的限制，但不限定基本权的保护范围。[77] 根据主流观点，同盟自由也保护**消极的同盟自由**，即远离同盟的自由或者退出的自由。[78] 有争议的是，消极的同盟自由是否保护免受公法强制协会的成员制的管制，如劳动者联合会。[79] 同样有质疑的是，消极的同盟自由是否限制在远离权（Fernbleiberecht）上，抑或保护不受同盟的影响（关键词：免受其他规范效力）。[80] 联邦宪法法院在长期司法裁判中认为，只有施加（明显）压力要求加入同盟时，才触及消极的同盟自由。相应的，为了取得政府采购，企业主负有义务使用团体协议，从而不同于雇主协会其他成员，例如，柏林团体忠诚规定，则不触及第 9 条第 3 款的保护范围。[81] 相应的，按照《德国劳动者派遣法》第 3 条以下条款，将最低工资团体协议扩展到非组织的劳动者和雇主以确定最低工资，也不触及保护范围。[82] 当个人协议的约定远不及工会通过《德国团体协议法》第 3 条第 1 款团体协议对其成员所作出的约定时，不构成加入工会的明显压力。[83]

902 　　根据早期司法裁判，**集体同盟自由**的保护限制在合乎同盟活动的核心范围上。只有对同盟存续不可缺少的活动才被第 9 条第 3 款保护〔如订立团体

---

〔75〕　BVerfGE 146, 71 (114 f.) (Tarifeinheit).
〔76〕　BVerfG, NJW 2018, 2695 (2701 f.) (Streikverbot für Beamten).
〔77〕　BVerfG, NJW 2018, 2695 (2701) (Streikverbot für Beamten).
〔78〕　BVerfGE 50, 290 (367) (Mitbestimmung); Scholz, in: Maunz/Dürig, Art. 9 Rn. 226; 其他观见点 Leydecker, Der Tarifvertrag als exklusives Gut, 2005, S. 110. 详见页边码 880 以下。
〔79〕　结社自由的类似问题，参见页边码 884 以下。
〔80〕　拒绝的观点见 BVerfGE 64, 208 (213) (Hausbrandkohle); 116, 202 (218) (Tariftreuegesetz Berlin). 详细论述参见 Leydecker, Der Tarifvertrag als exklusives Gut, 2005, S. 84 ff.。
〔81〕　BVerfGE 116, 202 (218) (Tariftreuegesetz Berlin). Vgl. Preis/Ulber, NJW 2007, 465 (466 f.).
〔82〕　Vgl. BVerfG, NZA 2000, 948.
〔83〕　BVerfG NZA 2019, 112.

协议、维护劳动生活自主秩序（**劳资自主权**）、举行罢工]。[84] 工会存续没那么重要的则是劳动时间内的宣传，即使成员征募属于受保护的活动。[85] 保护核心领域的司法裁判基于下列思想，即立法者应当具有更为宽阔的构建空间。[86] 后来联邦宪法法院澄清，核心领域只是保护范围的一部分，其他情况下也要受到第9条第3款同盟自由的全面保护。[87] 核心领域概念在今天的意义只是，它界定了同盟自由的最低限度[88]，特别是限定了立法者的构建。[89] 同盟所特有的行为方式都受到同盟自由的保护。[90]

BVerfGE 93, 352（359 f.）（Mitgliederwerbung II）：成员征募并不是像联邦劳动法院所认为的那样，只有征募对工会存续的维持和保障不可缺少时才是受基本权保护的。**相反，基本权保护扩展到所有同盟所特有的行为方式上。**至于一个同盟所特有的活动对于同盟自由的行使是否是不可缺少的，这个问题只在对这个自由限制时才有意义。适用于其他基本权的也同样适用于第9条第3款。

（1）但是联邦宪法法院在一系列判决中认为，第9条第3款保护的是同盟自由，因此，其也只保护核心领域上的同盟活力。工会活动只有在对同盟的维持和保障不可缺少时才受到宪法的保护。这个表达实际上会产生一种印象，即第9条第3款对合乎同盟活动的保护从一开始只限制在狭窄的范围上。文献也从这个意义上理解，但遭到多数批评。

（2）联邦宪法法院在司法裁判中发展出来的同盟自由没有被完整理解。核心领域公式的出发点是，《德国基本法》并不是无限制地保障同盟的活动自由，而是允许立法者构建。核心领域公式描述出法院应当注意的界限；只要限制性规定没有从本质上保护到其他法益，就逾越了其界限。联邦宪法法院并不是要把第9条第3款的保护范围从

---

[84] BVerfGE 38, 281 (305) (Arbeitnehmerkammern); 57, 220 (245 f.) (Bethel).
[85] BVerfGE 146, 71 (115) (Tarifeinheit).
[86] 参见页边码905。
[87] BVerfGE 93, 352 (359 f.) (Gewerkschaftliche Mitgliederwerbung II).
[88] Reimann/Schulz-Henze, JA 1995, 811 (813).
[89] Kemper, in: v. Mangoldt/Klein/Starck, Art. 9 Rn. 144 f.
[90] 具体参见 Jarass, in: ders./Pieroth, Art. 9 Rn. 37 ff.; Schwarze, JuS 1994, 653 ff.。

一开始限定在不可缺少的范围上。

903

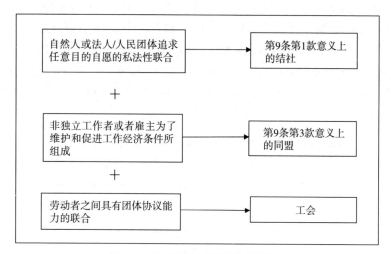

图 17-5 第 9 条规定的结社和同盟自由

（二）干预

904 对同盟自由的干预是多种多样的，而一项不是针对同盟自由的法律规定所造成的单纯反射只会产生间接结果，缺乏与国家措施干预相同的效力。[91]一方面，阻挡合乎同盟的活动构成对第 9 条第 3 款的妨碍。国家强制调解也会限制参加劳动斗争同盟者的劳资自主权。相应的，当现有的团体协议被处于竞争中的同盟所排挤，也是如此。[92]另一方面，工会成员和非组织劳动者之间的不平等对待则干预到积极或者消极的同盟自由，具体要看谁被优待，而谁又被亏待。事实性的妨碍，如将劳动者联合会作为公法性的强制机构来组建，构成对与之竞争的工会同盟自由的干预。干预还可以是劳动条件的法律规定，因为这种情形下，同盟丧失了劳资自主权所保护的规制权限。[93]而按照《德国劳动者派遣法》第 3 条或者第 5 条将团体协议的效力扩展到非组织劳动者之上，依据联邦宪法法院裁判不构成

---

[91] BVerfGE 116, 202 (222) (Tariftreueerklärung).

[92] BVerfGE 146, 71 (116) (Tarifeinheit).

[93] BVerfGE 94, 268 (283 f.) (Wissenschaftliches Personal).

干预。[94]

不为干预的则是国家对同盟自由的**构建**。和第 9 条第 3 款一般结社自由一样，同盟自由作为**规范形塑基本权**，需要法律的构建。为了规制劳动者、雇主和他们同盟相互之间的个人性与集体性同盟自由，实现互相平衡，法律构建是必要的。通过构建实现框架性前提条件，这样团体协议行为能够取得公正的平衡，提供团体协议所具有的正确推定意义上的——合适的经济和劳动条件。[95] 即使是同盟也需要国家在团体协议法中提供法律工具——类似于合同法，以此来有效地规制成员的劳动条件。但是如果特定行为妨碍同盟自由的核心领域，那么就是缺乏合法的构建。[96] 至于立法者的构建是否必须合乎比例，存在争议。[97] 合法的法律构建，如《德国团体协议法》，基于该法，团体协议双方能够确定对其成员有约束力的劳动条件。[98] 即使是联邦劳动法院为合法劳动斗争所作出的条件要求——劳动斗争作为最后手段且为实现团体协议目标合乎比例，也应当归类为法官构建。[99] 因医生报酬体系改变，采用关闭诊所的方式向医生联合会施压，这虽为同盟自由的活动，但由于不属于团体协议所规定的目标，不构成受保护的"警告性罢工"。[100]

BVerfGE 50, 290 (368 ff.) (Mitbestimmung)：比起第 9 条第 1 款保障的一般结社自由，同盟自由一开始就需要法律的构建。这不仅是**构建必要的法律制度和规范集合**，还以此来真正保障基本权。同盟活动在经济和社会领域内所涉及的利益使得有必要作出多样性的法律规定，

---

[94] BVerfGE 55, 7 (21) (Allgemeinverbindlicherklärung II). 参见页边码 901。

[95] BVerfGE 146, 71 (119) (Tarifeinheit).

[96] BVerfGE 93, 352 (359) (Gewerkschaftliche Mitgliederwerbung II).

[97] Jarass, in: ders./Pieroth, Art. 9 Rn. 46 f.；对比例性审查的批评见 Sachs, JuS 2002, 79 (80)。参见页边码 439。

[98] 对于立法者是否和在多大程度上能够消除团体协议的强制效力这个问题，Vgl. Maschmann, Tarifautonomie im Zugriff des Gesetzgebers, 2007, S. 175 ff.。

[99] BVerfGE 84, 212 (226) (Aussperrung) 裁定在构建和侵害上并不清晰。与此相对，BVerfGE 82, 365 (394) (Kurzarbeitergeld) 认为，"投入斗争手段的可能性以法律框架条件为前提条件"；同样 BVerfG, NJW 2014, 1874 (1875) (Flashmob)。合法劳动斗争的前提条件参见 Höfling, in: Sachs, GG, Art. 9 Rn. 98 ff.。

[100] Burkiczak, NZS 2017, 536 ff., zu BSGE 122, 112 ff.

这是对同盟自由的限制；这种保障与发展变化的经济和社会条件相关联，不但是其他基本权单纯的修改和发展。而且相应的，联邦宪法法院在长期司法裁判中认为，第9条第3款只是保护同盟自由的核心领域：基本权并不在宪法上赋予个人和社团内容上不受限制和不可限制的行为自由空间；相反，**下列属于立法者的职责，即通过对同盟的权限和作出细致性规定，从而确定同盟自由的范围**。立法者在其中考虑到需要规制事实的必要性。但是同盟的活动权只能在为了保护其他法益是必要时才能进行如此限制。不能以这种方式得到正当化的法律规定，是对第9条第3款保护同盟活动核心内涵的损害。

906　　要注意到第9条第3款的特殊性：和一般结社自由不同，这个规范不仅是针对国家行为的防御权，还会产生**直接的第三人效力**。第9条第3款第2句规定，限制或者妨碍同盟的协议均属无效，相关措施违法。**协议**是指合同约定，限制只有在涉及基本权主体时才产生。**措施**可以是单方法律行为也可以是事实行为和不作为。[101] 针对私人方面的妨碍，单个劳动者、雇主和同盟拥有防御权。一方面由于第9条第3款被视为保护性法律，在其他条件具备时，产生类推《德国民法典》第1004条的民法不作为请求权或者第823条第2款的损害赔偿请求权。雇主对加入工会施加负面影响，干预的是劳动者的积极同盟自由。另一方面，联邦劳动法院司法裁判认为，借助团体协议要求雇主给予没有参与工会的劳动者比工会成员更恶劣的待遇时，干预了劳动者的消极同盟自由（所谓的加重区别条款）。[102] 消极同盟自由使得雇主不必基于私法约定长期持有雇主协会成员身份。[103] 如果一个受团体协议约束的雇主违反团体协议，则妨碍了签订团体协议工会的同盟自由。[104]

---

[101]　Löwisch/Rieble, in: Münchener Handbuch zum Arbeitsrecht, 3. Aufl. 2012, Bd. 3, § 245 Rn. 86 ff.

[102]　BAGE 20, 175 (218); zuletzt BAG, NZA 2011, 920 ff.; 不同观点见 Leydecker, Der Tarifvertrag als exklusives Gut, 2005, S. 155 ff.; ders., ArbuR 2012, 195 ff.。

[103]　BAG, NJW 2007, 622 f.

[104]　BAG, NZA 1999, 887 ff. Dieterich, ArbuR 2005, 121 ff.

(三)干预的正当化

1. 限制

按照第 9 条第 3 款的字面，同盟自由是无保留基本权。有争议的是，**第 9 条第 2 款的限定规定**是否可以适用。[105] 如果第 2 款被视为保护范围的限定，那么这也影响到同盟自由的保护范围。[106] 支持该观点的人认为，比起政党自由，同盟自由不可以被赋予更多的保护。根据《德国基本法》第 21 条第 2 款，对自由民主基本秩序有斗争攻击态度的政党是被禁止的。[107] 反对适用第 2 款的观点则是从体系上考量：一方面，第 9 条第 2 款规定在一般结社自由之后，同盟自由之前；另一方面，第 5 条的一般法律限制（第 2 款）并不能适用到第 5 条第 3 款的保障上。[108] 这种争论是没有实际意义的，因为带有第 9 条第 2 款所列目标的社团是不能被视为同盟的。[109]

因此，对同盟自由的限制只能是**宪法权利冲突**。这可以是雇主积极的同盟自由，即不必支持对抗性的同盟；亦可是非组织者的消极的同盟自由，即不必加入工会。至于《德国基本法》第 140 条结合《魏玛帝国宪法》第 137 条中保护的宗教团体自我决定权是否可以限制同盟自由和罢工权，存有争议。[110] 同盟并不受到公益的约束[111]；否则，很可能会借助完全模糊的标准对合乎同盟的活动进行内容性审查（特别是团体协议），实现团体协议审查。[112] 尽管如此，可以为了保护宪法层级的公共利益而限制同盟自由。[113] 如立法者可以要求双方在工资谈判时，工资不得低于人性尊严保障下的生存最低限度。[114]

其他宪法限制还有第 33 条第 5 款。联邦宪法法院不认为该规范是对保

907

908

---

[105] 否定观点见 BVerfGE 146, 71 (118 f.) (Tarifeinheit)。

[106] 参见页边码 873。

[107] Löwer, in: v. Münch/Kunig, Art. 9 Rn. 80; Bauer, in: Dreier, Art. 9 Rn. 93 有同样结论。这个问题的论述参见 Reimann/Schulz-Henze, JA 1995, 811 (814 f.)。

[108] Höfling, in: Sachs, GG, Art. 9 Rn. 127; Kittner/Schiek, in: AK, Art. 9 Abs. 3 Rn. 94.

[109] Pieroth/Schlink/Kingreen/Poscher, Rn. 755.

[110] Vgl. BAG, NZA 2013, 448 ff.; Grzeszick, NZA 2013, 1377 ff.

[111] Jarass, in: ders./Pieroth, Art. 9 Rn. 49; Kemper, in: v. Mangoldt/Klein/Starck, Art. 9 Rn. 84, 195; 不同观点参见 Scholz, in: HStR VIII, §175 Rn. 33 ff.

[112] Jarass, in: ders./Pieroth, Art. 9 Rn. 55 f.

[113] BVerfGK 10, 250 (256).

[114] Vgl. Sodan/Zimmermann, NJW 2009, 2001 (2003) 和页边码 597。

护范围的限定,因此,不仅同盟自由适用于公务员,参与罢工也可以得到正当化,只要是工会所支撑的关于团体协议的罢工。不过,联邦宪法法院将禁止罢工认定为公务员制度的传统基本原则,这一禁止在帝国总统弗里德里希·艾伯特1922年紧急命令中"被推定为存在,只是对具体危险情势的具体化"。[115]

> **BVerfG, NJW 2018, 2695(2703)(Streikverbot für Beamte)**:根据当前公务员制度的宪法理念,罢工禁止与**赡养原则**(Alimentationsprinzip)、忠诚义务密不可分。罢工权与这两个功能重要的原则并不相符;禁止罢工保证了上述公务员结构原则的现行构造,并使之正当化。在这个背景下,第33条第5款的罢工禁止是**公务员制度中独立的、体系必要的且基础性的框架原则**。如若放弃将会导致德国公务员现有制度受到损害。罢工禁止是第33条第5款制度性保障的组成部分,必须为立法者所遵守。**仅是部分公职人员的罢工权都能改变上述理解,重构公务员关系的规制。**这会废止赡养、忠诚义务、终生受雇,以及立法者对包括工资在内的权利义务上的规定等功能重要的原则,导致其进行根本性的修订。在承认罢工权时,法律对工资的规定不再存在空间。如果公务员可以以这种方式来对工资作出争论,那么公务员现有的可能性,即请求对赡养进行司法审查和第33条第5款规定的主观权利构造,就不能得到正当化。与终生受雇原则一起,赡养原则服务于独立的履行公职,确保公务员全心全意地履职。

2. 限制的限制

和其他基于宪法权利冲突进行的基本权限制一样,限制同盟自由时必须对相冲突的法律地位进行妥善的平衡(**实践调和**)。[116] 如果把合乎同盟活动的核心领域作为不可侵犯的最低限度来理解,那么对核心领域的干预便不能得到正当化。[117] 对于劳动斗争权利来说,第9条第3款第3句构成限制的限制,即使是宪法权利冲突利益也无法正当化。宪法上有疑问的则

---

[115] BVerfG, NJW 2018, 2695 (2702) (Streikverbot für Beamte).
[116] 参见页边码91。
[117] Reimann/Schulz-Henze, JA 1995, 811 (814); 这个意义上的裁判见 BVerfGE 4, 96 (106) (Hutfabrikant); 17, 319 (333) (Bereitschaftspolizei)。

是引入**最低限度工作条件**。2015年1月1日的《德国最低工资法》为劳动者和实习生引入了全面的法定最低工资制度。该法限制了团体协议双方的构建空间，原则上双方约定的工资不能低于最低工资。[118] 这种干预的正当理由主要是《德国基本法》第20条第1款（社会国原则）和一般人格权（第2条第1款结合第1条第1款）的宪法权利冲突。社会国原则保障社会保险体系的财政稳定性，减少失业率。作为宪法正当公共利益，它原则上可以限制劳资自主权。[119] 一般人格权也可以用来正当实行最低工资制度。联邦宪法法院在裁判中认为工作是为了发展个人人格。通过工作，个人获得他人肯认和自我肯认。法定工资能够起到保护个人一般人格权的作用。[120]《德国最低工资法》强化了对劳动者的保护，而在引入最低工资制度之前只能通过补充的基本保障金来实现。还要考虑到的是，按照联邦宪法法院的裁判，在没有规制同盟的领域，现有团体协议的规定原则上比劳资自主权能够提供更强的保护。[121] 在那些团体协议双方对劳动和经济生活没有或者不完全作出规制的经济领域内，《德国最低工资法》发挥着重要作用，而且立法者在第9条第3款上的评估权限也支持该法的合宪性。

倘使从第33条第5款中推导出一般性的公务员罢工禁止，联邦宪法法院认为《德国公务员地位法》对公务员的基本义务、无私履职和服从命令等相关规定已经足够具体。另行规定的禁止罢工是不必要的。[122] 另外，实践调和原则，即宪法权利冲突地位应当从其相互影响上来理解并妥善均衡，让其对所有参与人尽可能有效，与一般性罢工禁止并不冲突。联邦宪法法院认为《德国公务员法》第118条和《德国公务员地位法》第53条规定的工会领导机构一般法性的参与权是对禁止罢工的补偿。[123]

BVerfG, NJW 2018, 2695（2703）（Streikverbot für Beamte）：同盟自由和第33条第5款之间的紧张关系必须以利于禁止公务员罢工的方式来解决。对第9条第3款的干预对于公务员来说并非不可忍受得严

---

[118] Vgl. Barczak, RdA 2014, 290 ff.
[119] BVerfGE 103, 293（306 f.）（Urlaubsanrechnung）.
[120] BVerfG, NJW 2002, 2023（2024）.
[121] BVerfGE 94, 268（285）（Wissenschaftliches Personal）.
[122] BVerfG, NJW 2018, 2695（2703 f.）（Streikverbot für Beamte）.
[123] Hebeler, NVwZ 2018, 1368 ff.

重。一方面，处于公务员关系保护范围层面，因**团体协议相关性**(Tarifbezogenheit) 的必要给罢工权设定了严格的界限，而罢工权只是同盟自由的一部分，禁止罢工并非同盟自由的**完全退缩**，没有完全剥夺其有效性；另一方面，立法者作出了弥补第 9 条第 3 款限制公务员的法律规定。如《德国公务员法》第 118 条、《德国公务员地位法》第 53 条和各州的公务员法虽然没有赋予工会领导机构共同决定权，但是赋予其参与制定有关**公务员法律关系法律规定**的权利。根据立法理由，这种参与是为了平衡罢工禁止所建立的。补偿的组成部分还有公务员法上的赡养原则，其赋予公务员等同于基本权的权利，能够请求对国家负有的赡养义务履行**进行司法审查**，且必要时通过法律救济途径实现。

909 在同盟自由中，《欧洲人权公约》第 11 条也发挥着作用，在禁止公务员罢工裁判中，联邦宪法法院审查干预同盟自由是否合乎比例时将上述规定作为单独的审查点。[124] 联邦宪法法院认为《德国基本法》第 9 条第 3 款和《欧洲人权公约》第 11 条之间没有冲突。在《欧洲人权公约》第 11 条第 2 款第 1 句背景下，罢工禁止也是正当的，因为工会领域机构能够参与公务员法律关系法律规定的制定；公务员个人能够对其赡养的合宪性请求司法审查。[125]

910 **一览：典型的考试问题**
- 不受强制加入公法社团的宪法保护（页边码 566 和 884 以下）。
- 外国人协会的基本权保护（页边码 865 和 868）。
- 工会在企业的宣传权（页边码 895 和 902）。
- 协会法和团体协议法的构建（页边码 871、891 和 905）。
- 国家确定的最低工作条件（页边码 908）。
- 按照《德国协会法》第 3 条以下的协会禁止（页边码 873）。
- 公务员的罢工权（页边码 901 和 908）。

---

[124] 引入《欧洲人权公约》的分析参见 Spitzelei/Schneider, JA 2019, 9 ff. 。
[125] BVerfG, NJW 2018, 2695 (2709) (Streikverbot für Beamte).

第十八章 司法保障

参考文献:

Augsberg, Ino/Burkiczak, Christian M., Der Anspruch auf rechtliches Gehör gemäß Art. 103 I GG als Gegenstand der Verfassungsbeschwerde, JA 2008, 59 ff.; Britz, Gabriele, Das Grundrecht auf den gesetzlichen Richter in der Rechtsprechung des BVerfG, JA 2001, 573 ff.; Hartmann, Bernd J./Apfel, Henner, Das Grundrecht auf ein faires Strafverfahren, Jura 2008, 495 ff.; Kenntner, Markus, Der deutsche Sonderweg zum Rückwirkungsverbot, NJW 1997, 2298 ff.; Maurer, Hartmut, Rechtsstaatliches Prozessrecht, in: FS 50 Jahre BVerfG, Bd. II, Tübingen 2001, S. 471 ff. (Art. 19 Abs. 4 GG), S. 491 ff. (Justizgewährungsanspruch), S. 494 ff. (Art. 101 GG), S. 496 ff. (Art. 103 Abs. 1 GG); Schenke, Wolf-Rüdiger, Die Bedeutung der verfassungsrechtlichen Rechtsschutzgarantie des Art. 19 Abs. 4 GG, JZ 1988, 317 ff.; Schroeder, Friedrich-Christian, Die Rechtsnatur des Grundsatzes „ne bis in idem", JuS 1997, 227 ff.; ders., Der BGH und der Grundsatz: nulla poena sine lege, NJW 1999, 89 ff.; Schwarz, Kyrill - A., Verfassungsgewährleistungen im Strafverfahren, Jura 2007, 334 ff.

案例写作:

Augsberg, Ino/Burkiczak, Christian M., Anfängerhausarbeit-Öffentliches Recht: Audiatur et altera pars?, JuS 2007, 829 ff., 910 ff.; Bickenbach, Christian, Grundfälle zu Art. 19 IV GG, JuS 2007, 813 ff., 910 ff.; Brodowski, Dominik, Grundfälle zu den Justizgrundrechten-Art. 103 II, III GG-nulla poena sine lege, ne bis in idem; JuS 2012, 892 ff.; ders.,

Grundfälle zu den Justizgrundrechten – Art. 104 GG – Freiheit der Person, Folterverbot, Benachrichtigungsgebot, JuS 2012, 980 ff.; Degenhart, Christoph, I, Fall 16 (S. 232 ff.); Grote, Rainer/Kraus, Dieter, Fälle 13 (S. 205 ff.), 15 (S. 241 ff.); Otto, Martin R.; Grundfälle zu den Justizgrundrechten – Art. 103 GG – Das Recht auf den gesetzlichen Richter, JuS 2012, 21 ff.; ders.; Grundfälle zu den Justizgrundrechten – Art. 103 I GG – Der Anspruch auf rechtliches Gehör vor Gericht, JuS 2012, 412 ff.; Volkmann, Uwe, Fall 5 (S. 107 ff.).

指导性案例：

第19条第4款：BVerfGE 84, 34 ff. (Gerichtliche Prüfungskontrolle); 96, 27 ff. (Durchsuchungsanordnung I); 101, 106 ff. (Aktenvorlage); **一般司法保障请求权：**BVerfGE 107, 395 ff. (Rechtsschutz gegen Gehörverletzungen); **第101条：**BVerfGE 82, 159 ff. (Absatzfonds); 第103条第1款：BVerfGE 54, 117 ff. (Präklusion); EGMR, NJW 2001, 2387 ff. (Verfahren in Abwesenheit des Angeklagten); **第103条第2款：**BVerfGE 25, 269 ff. (Verfolgungsverjährung); 92, 1 ff. (Sitzblockaden II); 95, 96 ff. (Mauerschützen); 128, 326 ff. (Sicherungsverwahrung), EGMR, NJW 2001, 3035 ff. (Mauerschützen/Krenz); NJW 2010, 2495 ff. (Sicherungsverwahrung), **第103条第3款：**BVerfGE 23, 191 ff. (Dienstflucht); 56, 22 ff. (Kriminelle Vereinigung); 65, 377 ff. (Strafbefehl)。

一、概论

911 "司法保障"这个集合概念包含了不同的诉讼程序权利。《德国基本法》第19条第4款规定了是否和多大范围内应当给予法院的权利救济。相应的，可以将第101条和第103条第1款作为最广意义上的程序权来理解。第101条对法院设置作出要求，而第103条第1款则保障了法定听审权 (das rechtliche Gehör)。第103条第2款和第3款则服务于刑法领域内法的安定性。

912 只有第19条第4款第1句属于基本权，第101条和第103条才被视为等同于基本权的权利，虽然它们在"基本权"章之外有所规定，但是根据

第 93 条第 1 款第 4a 项，与基本权一样，也可以提起宪法诉愿。等级上，等同于基本权的权利并不次于基本权。[1]

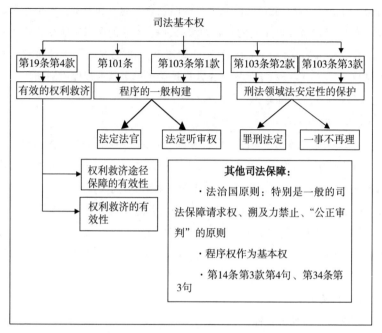

图 18-1　司法基本权

二、有效的权利救济（《德国基本法》第 19 条第 4 款第 1 句）

（一）背景知识

第 19 条第 4 款第 1 句早在德国宪法史上就有相应的规定。1849 年《保罗教堂宪法》第 182 条规定保障司法救济。《魏玛帝国宪法》第 107 条则只是规定在帝国和各邦设立行政法院，以此保护个人不受行政机关的命令和处分。《世界人权宣言》第 8 条也包含了相似的保障。

第 19 条第 4 款第 1 句在《欧盟基本人权宪章》第 47 条和《欧洲人权公约》第 13 条有相应规定，该规定的意义在于，它是对基本权保障的主观

---

[1] Dreier, in: ders., Vorb. v. Art. 1 Rn. 65.

权利所作必要的补充。没有（有效）诉讼可能性会使基本权沦落成纯粹的方针条款。第19条第4款第1句和法治国原则二者之间具有紧密的联系，因为二者都保障设立独立法院来进行全面且有效的权利救济。出于这个原因，第19条第4款第1句的核心领域通过第20条的保障构成宪法修改固定条款（verfassungsänderungfest）[2]，即便第79条第3款（永久保障）并未提及。[3] 第19条第1款到第3款只是关于单个基本权保障的适用，而第19条第4款第1句是独立的基本权。

(二) 理论归属

第19条第4款第1句没有天然内涵，而是以立法者的行为为前提：首先，需要设立救济途径。相应的，第19条第4款第1句将设立和构建救济途径作为国家的给付。其次，第19条第4款第1句也针对法官：法官必须按照第19条第4款第1句来理解诉讼法，以此实现有效的权利救济。最后，行政间接性地负有如此进行行政程序的义务，即法院的事后审查尚存可能，为此要求国家采取一定的作为。第19条第4款第1句并不是防御性的，而是规定了**给付权**。[4]

(三) 保护范围

案例28：终结的扣押

F从一家邮购商那里买了一个全方位接收器，利用它可以接收到消防的无线电传讯。针对这家邮购商的调查开始后，当地法院以"违反《无线电器材和通讯机构法》"为由，颁布了对F住宅的搜查和扣押令，之后扣留了"一个可投入使用的无线电接收器Albrecht Commander 6100"。虽然处于无法使用的状态，但是该电器在之后的搜查中被扣押。同一天，F针对搜查和扣押令提起抗告。后来电器返还给F。由于已经返还，主管的州法院将F的诉讼认定为"没有客体"。对此无须更多的澄清解释，F缺乏相应的权利救济利益。F的异议不成立。现在F毫不迟延地提起宪法诉愿，因为他认为，如

---

[2] Jarass, in: ders./Pieroth, Art. 19 Rn. 32.
[3] BVerfGE 30, 1 (25) (Abhörurteil).
[4] BVerfGE 101, 106 (123 f.) (Aktenvorlage); Maurer, in: FS 50 Jahre BVerfG, Bd. II, 2001, S. 474 f.; Sachs, in: ders., GG, Art. 19 Rn. 12; 不同观点见Ibler, in: Friauf/Höfling, Art. 19 Abs. 4 Rn. 47 ff.; Schulze-Fielitz, in: Dreier, Art. 19 Abs. 4 Rn. 84.

果不这样做他就没有可能来避免不同种类的基本权损害。他可能赢吗？

《德国刑事诉讼法》第304条第1款：对法院在第一审或者上告审程序中作出的所有裁定，对审判长、法官在侦查程序中作出的决定、命令，以及对受命、受托法官作出的决定、命令，不服时准许提起抗告，以法律未明确规定对这些裁定、裁判、决定和命令不得要求撤销、变更为限。

案例原型 BVerfGE 96, 27 ff.（Durchsuchungsanordnung I）。

1. 主体保护范围

第19条第4款第1句是每个人的基本权，这意味着对自然人没有限制。此外，私法人也可以按照第19条第3款主张第19条第4款第1句。主流观点认为，这也适用于外国法人。[5] 虽然在第101条第1款和第103条第1款的司法保障上作出了例外[6]，但是第19条第4款第1句仍然不适用于公法法人。[7] 国家单独所有的公共企业和私法形式下公权力控制的混合经济企业也相应不能适用。[8] 但是，当公法法人是基本权主体时，如公法广播（第5条第1款第2句）和大学（第5条第3款）则适用。[9]

918

2. 实体保护范围

（1）权利救济保障的内涵

第19条第4款第1句保障的是受到公权力损害的权利人的法律救济途径。这意味着，在权利可能遭受损害时有机会**到法院争讼**，即法院的权利保护必须是可能的。这以国家法院的存在和相应的程序性规定为前提。

919

超出其字面意思，第19条第4款第1句要求权利救济必须有效。该规定的意义和目的就在于让公民能够真正地捍卫自身权利。[10] **有效权利救济**

920

---

[5] Schmidt-Aßmann, in: Maunz/Dürig, Art. 19 Abs. 4 Rn. 40; Schulze-Fielitz, in: Dreier, Art. 19 Rn. 82; 其他观点见 Sachs, in: ders., GG, Art. 19 Rn. 52 f.; Krebs, in: v. Münch/Kunig, Art. 19 Rn. 51。

[6] 参见页边码931和946。

[7] Sachs, in: ders., GG, Art. 19 Rn. 114; Schenke, JZ 1988, 317 (318); 其他观点见 Maurer, in: FS 50 Jahre BVerfG, Bd. II, 2001, S. 485。

[8] BVerfG v. 6.9. 2016-1 BvR 1305/13-Rn. 19 (Abweichung von EuGH-Rechtsprechung)。

[9] Sachs, in: ders., GG, Art. 19 Rn. 108。

[10] BVerfGE 40, 272 (275) (Außerprozessuale Bedingung); 129, 1 (20) (Verweis auf Verwaltungsvorschrift)。

原则可以分为法律救济途径保障的有效性和权利保护的有效性。[11] **法律救济途径保障的有效性**是指实现权利保护不能只是单纯的理论可能，而是法院救济途径畅通无阻。与这个保障不一致的则是过高的费用风险。[12] 此外，立法者有义务在特定情形中提供诉讼费用救助，防止将社会低收入阶层排除出有效司法救济之外。所要达到的是在实现权利救济时，贫穷者和富有者之间的同等。[13] 在这方面，第19条第4款第1句是（原始）给付权。相应的，第3条第1款结合第20条第1款和第3款中赋予司法领域的**权利平等救济**请求权，非司法领域则是**权利平等行使**请求权。[14] 法律救济途径保障的有效性也要求，法官在解释和适用诉讼法时不得违法限缩法律救济途径。[15] 所要求的是对权利救济友好的实践。

921　　**权利救济本身还必须是有效的**。法院必须能够有效地解决权利损害问题。第19条第4款第1句也因此设定了**法院对行政活动的审查范围**。只有法院从法律和事实上对行政活动具有全面的事后审查，才能实现有效的权利救济。这从原则上排除了司法受其他权力在事实或者法律上确认及判断的约束。[16] 与之相关的是，当行政在构成要件层面上具有法院不能审查的**判断余地**时，这种做法是有问题的。原则上，必须存在法律基础和特别实质原因时才可以承认存在判断余地。[17] 被承认的情形有：独立且多元组成的委员会所作出的主观性评判，如联邦危害青少年书刊检查委员会（《德国青少年保护法》第19条第2款和第4款）和环境科技法中的风险预测。裁判必须在**适当的诉讼周期**内作出。[18] 为了预防权利受损，必须提供临时的权利保护（《德国行政法院法》第80条第5款、第123条，《德国民事诉讼法》第935条），以保障现有的权利状态。[19]

---

［11］　相关术语参见 Lorenz, Jura 1983, 393（394）。
［12］　BVerfGE 11, 139（143）（Rückwirkung bei Gerichtskosten）.
［13］　BVerfG, NVwZ 2018, 319（320）.
［14］　BVerfGK 15, 438（440）.
［15］　BVerfG, NJW 2015, 3432（3432 f.）.
［16］　BVerfGE 101, 106（123）（Aktenvorlage）; 129, 1（20）（Verweis auf Verwaltungsvorschrift）.
［17］　BVerfGE 129, 1（22 f.）（Verweis auf Verwaltungsvorschrift）.
［18］　Vgl. EGMR, NJW 2010, 3355 ff.（Überlange Gerichtsverfahren）.
［19］　Vgl. Lorenz, Jura 1983, 393（399 f.）.

BVerfGE 129, 1 (20 f.) (Verweis auf Verwaltungsvorschrift):《德国基本法》第 19 条第 4 款第 1 句的基本权保障每个人在自身权利受到公权力侵蚀时能够主张法律救济。这种保障包括了前往法院的机会和权利保护的有效性。对诉讼法所规定的法院等级，公民拥有**进行最可能有效的司法审查请求权**，而至于是干预受保护的法律地位还是拒绝法律赋予的给付请求权，则不存在差别。为了保障有效的权利保护实现，法院有义务对主张撤销的行政行为在法律角度和事实角度上进行事后审查。原则上，这排除了司法受约束于其他权力在事实或者法律上所作出的确认及判断，但是第 19 条第 4 款第 1 句本身并不赋予实体保护的法律地位，而是该款的内在要求。除了宪法性权利，一般法也决定哪些权利可以被主张。立法者必须注意到基本权被赋予的前提条件和其具体内涵。

除了法院诉讼，第 19 条第 4 款第 1 句还影响**行政程序**。按照第 1 条第 3 款，行政必须注意到第 19 条第 4 款第 1 句的保护效力。这意味着，行政程序的构建不得阻碍或者使法院的权利救济变得不可能。[20] 例如，按照《德国基本法》第 33 条第 2 款结合第 19 条第 4 款，在公职职位选拔程序中必须书面记载重要的选拔决定，这样才能让落选者查阅卷宗，来了解自己的申请是否得到公平处理。只有通过书面记录，法院才能独立地查明选拔决定。[21]

BVerfGE 129, 1 (21) (Verweis auf Verwaltungsvorschrift):如果要撤销的处分基于不特定法律概念的适用，那么这个概念的具体化是法院的事务，法院必须对行政机关的法律适用进行无限制的审查。对行政裁量限制性审查的规则不适用于不特定概念的解释和适用。但这不排除在司法审查时考虑到行政的自身责任，从而像规划法那样将司法审查作为事后理解式（nachvollziehende）审查来构建。

(2) 自身权利受损

第 19 条第 4 款第 1 句以自身权利受损为前提，除了真正的权利救济外

---

[20] BVerfGE 61, 82 (110) (Sasbach).
[21] BVerfG, NJW 2016, 309 (310).

并不创设权利。[22] 受损权利只能是**主观权利**，即不是指保护公众的，而是服务于保护受影响人的权利。[23] 有疑问的则是程序性规定，因为它们只是服务于行政程序有序进行。损害程序性利益和损害单纯维护公共利益的法律规定一样，都不是损害主观权利。作为受损权利的首先是基本权，它们一般是主观权利。[24] 但是主观权利并不限于基本权。即使是单纯的一般法所赋予的法律地位，有效权利救济也发挥效力，因为第19条第1款到第3款限制在"基本权"上，而第4款只是一般性地使用了"权利"字眼。因此第19条第4款第1句中没有限制。

（3）公权力

924　　联邦宪法法院限制性地解释了公权力的概念。第19条第4款第1句的公权力是指**全部的执行性权力**，不区分行政和政府。[25] 依据联邦宪法法院的观点，**立法**则不属于上述权力，因为第93条第1款第2项和第100条第1款是封闭的。[26] 相应的，该条款并没有提供针对法律的规范审查之专门法院权利救济，这和第19条第4款第1句相一致。按照这种理解，《德国行政法院法》第47条第1款第2项对条例和章程的规范审查诉讼并不是第19条第4款第1句保障的组成部分。各州也没有义务来适用第47条第1款第2项。虽然构成国家第三权力，但**司法**在其原始领域内不能作为第19条第4款第1句意义上的公权力来看待。[27] 理由是第19条第4款第1句的意义和目的。公民权利救济应当通过法院保障，而不是反对法院来实

---

[22]　BVerfGE 83, 182 (194 f.) (Pensionistenprivileg).

[23]　Schmidt-Aßmann, in: Maunz/Dürig, Art. 19 Abs. 4 Rn. 116 ff. (insbesondere Rn. 127 ff.). 保护规范理论参见页边码137。

[24]　参见页边码12。

[25]　Huber, in: v. Mangoldt/Klein/Starck, Art. 19 Rn. 419 f.

[26]　BVerfGE 24, 33 (49) (AKU-Beschluss); 31, 364 (368) (Auslegungsfrist); Sachs, in: ders., GG, Art. 19 Rn. 122 f.; 不同观点见 Maurer, in: FS 50 Jahre BVerfG, Bd. II, 2001, S. 479 ff.; Schmidt-Aßmann, in: Maunz/Dürig, Art. 19 Abs. 4 Rn. 93 ff.。BVerfGE 31, 364 (368) (Auslegungsfrist) 对实体法问题没有给出结论。

[27]　评论集主流观点则有所不同，vgl. Huber, in: v. Mangoldt/ Klein/Starck, Art. 19 Rn. 438 ff.; Krebs, in: v. Münch/Kunig, Art. 19 Rn. 57; Schulze-Fielitz, in: Dreier, Art. 19 Abs. 4 Rn. 49; Ibler, in: Friauf/Höfling, Art. 19 Abs. 4 Rn. 90 f.; Vgl. Voßkuhle, Rechtsschutz gegen den Richter, 1993, S. 147 ff., 255 ff.

现。[28] 司法活动的典型标志是，在规定的程序中对争议案件的法律地位作出最终有约束力的澄清。不过在《德国基本法》第35条第1款范围内告知行政机关不属于司法活动。[29] 法院在其审判实务活动外，基于详细规定的法官保留所做的行为则是行使"公权力"[30]。相应的，个人没有主观权利请求司法审级顺序（Instanzenzug）。法律对上诉和再审可能性所作限制也并非是对第19条第4款第1句保护范围的干预。不过，如果立法者设定了多个层级，那么就不能以不合理的方式和缺乏实质理由正当化的方式挤压救济途径。[31]

（4）与法治国原则和其他基本权的区别

不只是第19条第4款第1句对法院程序的构建作出规定。联邦宪法法院也在长期裁判中从基本权利推导出了程序权功能。[32] 但第19条第4款第1句和**基本权的程序权**存在根本差别，前者限定在针对公权力损害权利的法庭权利保护上，后者则决定了行政程序。只有在维护自由权和利益必要时，才能从实质基本权中推导出对法庭程序的要求。[33] 在这些情形中，第19条第4款第1句必须和相应的自由权一起适用（如第19条第4款第1句结合第14条第1款）。

法治国原则结合第2条第1款蕴含了**一般司法保障请求权**，和第19条第4款第1句一样，也为给付权。内容上，两者相对应，国家有义务保障有效的权利救济来实施基本权利。一般司法保障请求权的适用范围则更为广泛。第19条第4款第1句特别要求为行政法争议提供权利救济，而一般司法保护请求权还包括私法性争议。有效权利救济基本权甚至可以对实体

925

926

---

〔28〕 BVerfGE 138, 33 (40) (Informationsweitergabe an Dritte). 其他的则可以从法治国原则产生；参见页边码926。

〔29〕 BVerfGE 138, 33 (40) (Informationsweitergabe an Dritte).

〔30〕 BVerfGE 107, 395 (406) (Rechtsschutz gegen Gehörverletzungen); Schmidt-Aßmann, in: Maunz/Dürig, Art. 19 Abs. 4 Rn. 100; 批评见 Sachs, in: ders., GG, Art. 19 Rn. 120a。

〔31〕 BVerfG, NJW 2013, 3506 (3508) (Rechtsweg/Anhörungsrüge).

〔32〕 BVerfGE 24, 367 (401; Art. 14 GG) (Hamburgisches Deichordnungsgesetz); 50, 16 (30; Art. 12 GG) (Missbilligende Belehrung); 52, 203 (206 f.; Art. 2 Abs. 1 GG) (Fristgebundener Schriftsatz); 53, 30 (57, 65; Art. 2 Abs. 2 GG) (Mülheim-Kärlich); 56, 216 (244; Art. 16 GG a. F.) (Rechtsschutz im Asylverfahren); BVerfG, NVwZ 2014, 211 (219; Art. 14 GG) (Garzweiler II); 通过组织和程序来保护基本权参见页边码134。

〔33〕 BVerfGE 101, 106 (122) (Aktenvorlage).

法产生影响。实体法解释不能造成权利救济过分昂贵或者形成不合理负担。[34] 只要通过解释从单个基本权推导出程序权保障，并考虑到法治要求，可以认为具有特殊性。[35] 和第 19 条第 4 款第 1 句一样，法治原则不保障反对法官的权利救济。联邦宪法法院在判决中则认定了一个例外，即损害到程序基本权（特别是第 101 条第 1 款和第 103 条第 1 款）的情形。[36] 作为对该裁判的回应，立法者规定了更多的诉讼可能性，以此来审查听审权受损（例如，《德国民事诉讼法》第 321a 条）。[37]

BVerfGE 107, 395 (407) (Rechtsschutz gegen Gehörverletzungen): 法庭程序相关的程序基本权不能由行政主体来损害，因为法庭程序的相关程序基本权的相对主体是法院。如果第 19 条第 4 款被解释为不包括针对法庭行为的权利救济，这是一个权利保护缺陷，必须利用**一般司法保障请求权**来消除。这个请求权使得，只要举行的诉讼损害了其**程序基本权**，那么就应当得到权利救济。否则，没有宪法赋予的可能性，受损基本权就得不到专门法庭的矫正。

（四）给付权的损害

927　　第 19 条第 4 款第 1 句作为给付权处于立法者的**构建**之下。[38] 同其他基本权不同，如言论自由与人的自然能力相联系，权利救济途径的保障总需要立法者的作为；立法者必须构建必要的权利救济途径。和所有的给付权一样，以何种方法来实现义务，立法者具有相当大的构建空间。[39] 立法者将法庭程序中出现的不同利益进行妥善衡平。如果立法者没有作为或者出台了没有达到第 19 条第 4 款第 1 句最低要求的诉讼法，那么立法者就损害了给付义务。此外，这种构建必须符合本质要求。[40] 从法治原则可以推导出限制权利保护的合法性目标：行政和司法的有效性、法的安定性、法

---

[34] BVerfG, NZA 2011, 354 ff.

[35] Krebs, in: v. Münch/Kunig, Art. 19 Rn. 50.

[36] BVerfGE 107, 395 (407) (Rechtsschutz gegen Gehörverletzungen). Vgl. Voßkuhle, NJW 2003, 2193 ff.; Desens, NJW 2006, 1243 ff.

[37] 对宪法诉愿合法性的影响参见页边码 189。

[38] 参见页边码 433 以下。

[39] BVerfGE 101, 106 (123) (Aktenvorlage).

[40] 对于构建是否合乎比例的问题参见页边码 439。

的和平性。立法者无须设置更多的法院等级，因为第19条第4款第1句的保护目的是由法官来进行权利救济，而不是针对法官。[41] 按照第19条第4款第1句字面，"均可提起诉讼"，这样其中一个等级的权利救济途径存在就已满足《德国基本法》的要求了。如果立法者规定更多等级，法院在适用诉讼法时必须注意到有效原则。[42]

> BVerfGE 77, 275（284）(Vergleichsordnung)：第19条第4款虽然允许对权利救济途径作出限制，但是立法者对权利救济途径的规范构建必须遵循有效权利救济这个保障目标；它们必须合适且均衡，对于寻求救济者是合理的。

对起诉条件的特定解释或者排除事后诉讼的行政活动，导致无法对行政活动进行实际有效的司法审查时，司法和行政就损害到第19条第4款第1句的保护范围。要注意的是，第19条第4款第1句并不优先于其他法益。相反，和立法者构建一样，需要对相互冲突的法益进行权衡。

三、法定法官请求权（《德国基本法》第101条）

（一）背景

《德国基本法》第101条保障司法的中立性和独立性。不得通过对单个法官、分庭和审判庭的确定来影响具体诉讼。第101条是法治原则的特别体现。

> BVerfGE 95, 322（327）(Spruchgruppen)：第101条的法定法官保障是为了防止通过操纵司法组成机关而向司法施加不相干的影响。应当避免下列情形，即通过个案选择的法官影响判决的结果，无论这种影响是哪个方面操纵的。**只有这样才能保障司法的独立性、寻求救济人和公众对法院公平公正的信任**。这种信任一旦遭受损害，寻求救济的公民必须担心主审法官先入为主。

早在《魏玛帝国宪法》第105条就有与《德国基本法》第101条相似

---

[41] Vgl. BVerfGE 138, 33（39）(Informationsweitergabe an Dritte).
[42] BVerfGE, 96, 27（39）(Durchsuchungsanordnung I).

规定；同样的是《保罗教堂宪法》第 175 条规定的法定法官权利。欧盟层面《欧盟基本权利宪章》第 47 条第 2 款和《欧洲人权公约》第 6 条都确定了法定法官的基本权。第 101 条包含了一体性的基本权：第 1 款第 1 句是禁止特别法院，它是第 2 句中法定法官权利的特别情形；第 2 款的专门法院由议会保留也是同样关系。[43]

（二）保护范围

1. 主体保护范围

931　　第 101 条保障的是每个人的权利，并不限于自然人。另外，私法法人也享有，无论其是本国的还是外国的。[44] **本国和外国的公法法人也可以基于第 101 条主张权利。**[45] 对主体保护范围进行扩展的主要理由是第 101 条的意义和目的，即保障符合《德国基本法》的诉讼程序。出于诉讼双方平等原则，每个诉讼方都有请求权，如果限制主体保护范围将会与此不相符。[46]

2. 实体保护范围

932　　第 101 条是由**法规范形塑的等同于基本权**的权利：没有规范的存在，就没有法定法官。这意味着，立法者有义务出台法律，对法定法官作出规定。立法者具体构建宪法保障时必须排除操控司法的可能性。[47] 第 101 条以其防御权功能防止关于法定法官的法律不被背离。和第 104 条第 1 款第 1 句一样，第 101 条宪法性地保障了程序权规定。

933　　**法定法官权**意味着必须**事先**以**一般和抽象的方式**确定好哪个法官主管案件裁判。这个意义上，第 101 条要求存在法律规范确定法院的主管权限、裁判机关（Spruchkörper）的主管权限和在裁判机关工作的法官。立法者有义务制定基础性的管辖规则。[48] 这包括哪些裁判机关对哪些诉讼实体上、地方上和等级上负责的规定。[49]

[43] Degenhart, in: Sachs, GG, Art. 101 Rn. 1.
[44] BVerfGE 64, 1 (11) (National Iranian Oil Company); 129, 78 (92) (Le Corbusier).
[45] BVerfGE 96, 231 (244) (Müllkonzept); BVerfGK 1, 32 (38) 认为外国公法法人也可主张。概论参见页边码 161。
[46] Degenhart, in: Sachs, GG, Art. 101 Rn. 4.
[47] 赫尔曼斯援引《德国基本法》第 97 条对 BVerfG, NJW 2018, 1935 (1951) 具有不同的观点。
[48] BVerfGE 19, 52 (60) (Überbesetzung).
[49] Britz, JA 2001, 573 (574).

立法者还有义务作出法官回避的规定，以保证法庭的**独立性和公正性**（《德国行政法院法》第 54 条、《德国刑事诉讼法》第 22 条以下）。法官的独立性被规定在第 97 条，而公正性则来自法治国原则。联邦宪法法院认为法官的公正性也受第 101 条第 1 款第 2 句保护[50]，这使该客观法条款具有宪法诉愿的效力。

出于实际可行性考量，立法者不一定要确定最终的法定法官。[51] 相应的，法院有义务作出规定。法院必须实现法律要求，通过**审务分配计划**（《德国法院组织法》第 21e 条、第 21g 条）来决定法定法官。这些计划案必须拥有法律的实质特征，第 101 条也要求必须法律性地来确定法官：应当是书面形式，事先一般抽象地规定好裁判机关的主管权限（直至每一名法官）；此外必须足够明确。

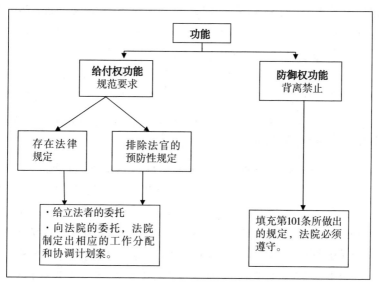

图 18-2　《德国基本法》第 101 条

―――――――――

[50] BVerfG, NVwZ 1996, 885（885）; zustimmend Britz, JA 2001, 573（578）; Degenhart, in: Sachs, GG, Art. 101 Rn. 13; Maurer, in: FS 50 Jahre BVerfG, Bd. II, 2001, S. 496.
[51] BVerfGE 9, 223（226）(Bewegliche Zuständigkeitsregelung).

(三) 妨碍

937 对法定法官权的妨碍可以是：法院和单个法官的主管规定不符合第101条第1款规定的给付权要求，或者恣意地背离这些要求（防御权方面）。按照第101条第1款第2句，违反工作分配也就构成基本权违反，可以提起宪法诉愿。因此，一名按照审务分配计划不应当审理或者应当回避的[52]法官参与到审判工作中，即构成**司法**的**干预**。对第101条的干预还可以是，法官对针对自身提起的回避申请等自身事务作出裁决。《德国刑事诉讼法》第26a条允许法官对针对自身提起的回避申请以不合法为由而驳回的例外性规定应当从严解释，以避免操纵。[53] 确定主审法官的法律规范也包括要求法院将案件提交给其他法院的规定，因此，如果一个法院没有进行正当的合宪性解释，没有按照第100条第1款将法律提交给联邦宪法法院，那么也构成对第101条的违反。[54] 但是，不是每个**程序错误**都会导致**基本权损害**。[55] 联邦宪法法院在长期司法裁判中认为，只有当法官主管权限的决定**恣意**且站不住脚时，才成立对第101条第1款第2句的干预。[56] 这个限制符合第101条的意义和目的，该条并不是要使每个程序错误都界定为违反宪法，而是要防止滥用操纵主管权限。[57] 如果不是错误适用，而是工作分配方案的一项管辖规则是否被视为一般抽象的规定，联邦宪法法院则进行全面的审查。[58]

> BVerfG, NJW 1988, 1456（1456 f.）：不同于第104条第1款第1句的法定形式条款，法院在长期裁判中对专门法院在个案中适用和解释确定法定法官的一般法规定总是只对**恣意**进行了审查。只有当法院的措施、不作为或者裁决基于恣意而作出，才会剥夺法定法官而损害第101条第1款第2句。如果法院没有注意到应当将特定法律问题提交给其他法院来决定时，也是损害法定法官权。第101条第1款第2

---

[52] Vgl. BVerfGK 17, 190（193）.
[53] Vgl. BVerfGK 5, 269（278 ff.）；Gaede, HRRS 2005, 319 ff.
[54] BVerfGE 138, 64（87 f.）（Vorlagepflicht Art. 100 GG）.
[55] 例子参见 Degenhart, in: Sachs, GG, Art. 101 Rn. 18。
[56] BVerfGE 82, 159（194）（Absatzfonds）；29, 198（207）（Umsatzausgleichsteuer）.
[57] Britz, JA 2001, 573（576）；Maunz, in: Maunz/Dürig, Art. 101 Rn. 50.
[58] BVerfG, NJW 2018, 1155（1156）.

句针对的不是法院失误所造成的程序错误，而只是针对恣意。司法裁判的恣意是指，在解释和适用主管权限规范时背离法定法官决定原则，使得法院裁决不能得到正当化。**只有在理智考量下，法院裁判才使《德国基本法》主导的理念明显站不住脚且不再存在时，才损害第 101 条第 1 款第 2 句。**

相反，如果审务分配计划案本身是有错误的，司法就不满足第 101 条第 1 款的**给付权要求**。审务分配和协调计划案存在被操纵的可能性已构成妨碍[59]，而且对审务的分配事后作出新规定，在例外情况下也是可能的，即使诉讼悬而未决。不过此时需要对再分配作出全面记录和理由说明，防止恣意转移主管权限。[60]

938

欧盟法院也是《德国基本法》101 条第 1 款第 2 句意义上的法定法官，因此，违反《欧盟运行条约》第 267 条第 3 款所规定的提交欧盟法院审理义务也就是违反法定法官。[61] 欧盟法的解释职责由欧盟法院来承担。成员国法院负责适用欧盟法。[62]

939

> **BVerfG, NJW 1998, 2811 (2813)**：联邦宪法法院认为下列情形**违反提交义务**，即共同体法问题对裁决具有重要性，主管法院对问题的正确回答怀有疑问，尽管如此没有将其提交给欧盟法院（**提交义务的原则性判断错误**）。同样违反提交义务的是，终审法院在判决中有意背离欧盟法院对裁决重要问题的司法裁判，而没有或者不再提交（**缺乏提交打算的有意背离**）。如果共同体法上一个重要问题不存在可供援用的欧盟法院司法裁判，或者欧盟法院对相关问题没有完全回答，或者欧盟法院司法裁判的续造并不是不可能，那么只有当终审法院明显超越了所拥有的判断范围时，才构成对第 101 条第 1 款第 2 句的损害（**司法裁判的不完全性**）。尤其是在共同法重要问题上存在与法院

---

[59] BVerfGE 95, 322 (327, 329) (Spruchgruppen).

[60] BVerfGK 15, 247 (251 ff.).

[61] BVerfGE 73, 339 (Ls. 1, 367 ff.) (Solange II); 82, 159 (192 ff.) (Absatzfonds); BVerfGK 17, 108 (111); Kokott/Henze/Sobotta, JZ 2006, 633 ff. 德国联邦宪法法院和欧盟法院的合作关系参见页边码 177。

[62] BVerfG, NJW 2016, 3153 (3157); EuGH, C-81/12, ECLI: EU: C: 2013: 275 (Asociaţia Accept).

相左的观点,且该观点明显更有说服力时。

940 **立法者**也可能妨碍法定法官权利。干预可以是第 101 条第 1 款第 1 句的禁止设立特别法院。特别法院是指"背离法定主管权限,为了决定单个具体或者个人的案件而设立的法院"[63]。还要注意的是,第 101 条是**规范形塑的基本权**,需要立法者的构建。相应的约束只是客观法层面;当立法者没有履行给付义务,就损害了第 101 条。这种情形主要是立法者没有出台关于法院组织的规定,即不作为。从今天的规范密度上看,这种可能性不存在。但是存在法律规定不符合第 101 条要求的危险。如有争议的《法院组织法》第 24 条第 1 款第 3 项是否与第 101 条相一致,因为检察官在向地方还是州法院提起公诉时可以选择。[64] 法律规定也可以构成妨碍,即该法律规定允许不能保障个人独立和公正的人员参与到司法裁判当中。《德国行政法院法》第 18 条规定,可以将终身任命的公务员任命为为期至少两年的有期限法官,联邦宪法法院并不认为其违反了第 101 条第 1 款第 2 句。[65]

941 第 101 条的历史根源是杜绝**行政**干预司法,以此保证司法的独立性(关键词:内阁司法)。类似干预可以想象〔如"专案专人"(ad hoc und ad personam)[66] 的法官任命〕,这些在今天意义不大。[67]

(四) 干预的正当化

942 第 101 条是毫无保留的,按照(目前)司法裁判也是没有限制的保障,因此通过宪法权利冲突无法正当化干预。这种正当化也是不必要的。如果宪法加速要求改变审务分配,在遵守记录义务的前提下,也可以对未决诉讼发生效力。[68] 这只涉及第 101 条的给付权层面。对主审法官人选上所作出的恣意个案决定需要正当化,不过情况不多。

---

[63] BVerfGE 3, 213 (223) (G 131).
[64] BVerfGE 22, 254 (258 ff.) (Bewegliche Zuständigkeit) 认定合法。Maunz, in: Maunz/Dürig, Art. 101 Rn. 28 ff. 提出批评。
[65] BVerfG, NJW 2018, 1935 ff. (Richter auf Zeit).
[66] BVerfGE 82, 159 (194) (Absatzfonds).
[67] Pieroth, in: Jarass/Pieroth, Art. 101 Rn. 10.
[68] 参见页边码 938。

四、法定听审请求权（《德国基本法》第 103 条第 1 款）

（一）背景知识

第 103 条第 1 款的保障有悠久的宪法传统；14 世纪的英国就已经有了。[69] 德国宪法层面的法定听审请求权则是在《德国基本法》才被写入。规定的动机一方面是"纳粹政权对法庭程序的滥用"[70]；另一方面则是"在日常法庭实践中保障实体法基本权"[71]。"作为人类的天赋人权"（Urrecht）[72] 也是《欧洲人权公约》第 6 条保障公正程序的一部分。[73]《欧盟基本权利宪章》虽然没有明确写明，但是同样包含在第 47 条第 2 款、第 48 条第 2 款之中。在联邦宪法法院的司法裁判中，第 103 条第 1 款具有较广的适用空间。[74]

法定听审请求权（第 103 条第 1 款）使得产生于法治国原则的保障得到规范化。法定听审请求权可以追溯到人性尊严（第 1 条第 1 款），因为人性尊严要求任何人不得成为法庭程序的客体（所谓的客体公式）。[75] 作为等同于基本权的权利，违反第 103 条第 1 款可以提起宪法诉愿。

（二）教义学分类

有争议的是第 103 条第 1 款的分类。文献中，法定听审请求权主要是作为防御权来对待。相应地按照传统框架来审查，即保护范围、干预和正当化。[76] 相反观点则从第 103 条第 1 款字面认为，"法定听审请求权"表达的是给付权。从本质上来看，这种解释可以信服。第 103 条第 1 款要求存在法庭程序。只有立法者出台了诉讼法，才能请求"在法院前"听审。此外，第 103 条第 1 款还要求法官的行为或者配合。对听审请求权的损害只能在法

---

[69] 历史背景参见 Zierlein, DVBl. 1989, 1169 (1169 f.)。

[70] BVerfGE 9, 89 (95)（Gehör bei Haftbefehl）。

[71] Zierlein, DVBl. 1989, 1169 (1172)。

[72] BVerfGE 55, 1 (6)（Flughafen München II）。

[73]《欧洲人权公约》第 6 条法定庭审的解释和意义参见 Gaede, Fairness als Teilhabe, 2007, S. 301 ff., 613 ff.。公正程序权参见页边码 954。

[74] 实践中何时可以主张第 103 条第款 1 款的损害，参见 Zierlein, DVBl. 1989, 1169 (1171)。

[75] BVerfGE 84, 188 (190)（Einzäunung）；客体公式参见页边码 604。

[76] Pieroth, in: Jarass/Pieroth, Art. 103 Rn. 1, 5 ff.

官不作为时才发生。公民可以请求相关行为,即给付。[77]

(三)保护范围

1. 主体保护范围

946 按照第 103 条第 1 款,听审请求权是每个人的权利,即在诉讼能力和控告权限上自然人没有任何限制。此外,私法法人也可以主张这个权利。[78] 不同于第 19 条第 1 款,该基本权不区分是本国法人还是外国法人。第 103 条第 1 款还适用于**本国和外国的公法法人**。[79] 其中的理由是,即使是外国法人权利主体也要在法庭面前"武器平等"。

2. 实体保护范围

(1)概论

947 听审请求权要求诉讼方有机会在裁判作出前,从事实和法律角度上表达自身观点。法院负有义务了解其表达并纳入裁决权衡中。后一点对于保障第 103 条第 1 款的有效性至关重要,否则,该规定就变成纯粹的"宪法宣示"(Verfassungslyrik)。此外,还可以从第 103 条第 1 款推导出对法庭程序的更多要求。[80]

948 如该款字面清晰表达的那样,听审请求权被限制**在法庭前的听审**。这不包含行政程序。行政程序中的听取意见的权利是从法治国原则、一般人格权(第 2 条第 1 款结合第 1 条第 1 款)或者人性尊严而来的。[81] 立法者在《德国联邦行政程序法》第 28 条中规定了行政义务,即在做出负担行政行为前必须听取受影响人的意见。

949 第 103 条第 1 款要求立法者通过一般法**构建**来实现有效执行法定听审的基础。只要立法者没有通过诉讼法规范来履行这项职能,公民就有第 103 条第 1 款赋予的原始请求权。[82]

---

[77] J. Ipsen, Rn. 915.
[78] BVerfGE 64, 1 (11) (National Iranian Oil Company).
[79] 认为外国公法法人可以主张的裁判见 BVerfGK 1, 32 (37 f.)。
[80] 参见页边码 950。
[81] Nolte, in: v. Mangoldt/Klein/Starck, Art. 103 Rn. 19; Schmidt-Aßmann, in: Maunz/Dürig, Art. 103 Abs. 1 Rn. 62 ff.;第 103 条第 1 款在特定案例中的适用参见 Knemeyer, in: HStR VIII, § 178 Rn. 66 ff.
[82] BGH, NJW 1994, 392 (392); Pieroth, in: Jarass/Pieroth, Art. 103 Rn. 9.

（2）单个保障

听审请求权可以分为三个实现层次[83]：

信息权：表达权的基础是诉讼方的信息。只有这样，诉讼参与人才可能为诉讼提供重要的信息。必要的信息包括：一方面是对方的表达和官方认定的事实和证据；另一方面则是当事人无法预测到的法院法律观点。[84] 基于该背景，《德国民事诉讼法》第139条规定了法官指示义务。

表达的权利：个人必须有机会在主审法官前以书面或者口头形式从事实和法律角度进行表达。

要求考虑的权利：法院在寻找裁决的过程中要考虑参与方的表达。这要求参与裁决的法官在场，以及法官的接受能力及接受决心。睡着的和在庭审时发短信的法官不符合上述要求。[85] 而且法院必须了解受影响人的主张，在作出裁决时候考虑到上述主张。但法官没有义务在裁决理由中对每个异议进行深入讨论；只需要对重要点进行讨论即可。[86]

> BVerwG, NJW 1986, 2721 (2721)：要求法官集中注意力可以让法官倾听审判并掌握审判内容，而身体或者精神的缺陷或多或少地会限制或者完全丧失注意力。如主审法官沉睡会导致他不能倾听审判。但是如果仅仅是疲倦、打瞌睡等标志并不足以认定法官不能参与口头审判过程。即使是法官超过几分钟合上眼睛也**不能证明法官就睡着了**；这个姿势可能是精神放松或者为了特别集中注意力。此时如果有其他**充分标志**，如较深的可听到的**均匀呼吸**，甚至**打呼噜**、**失去重心的突然的坐直标志**，才能推定法官睡着了或者以其他方式"不在场"。

3. 第103条第1款与其他保障的关系

第19条第4款第1句铺平了前往法院的道路，而第103条对诉讼程序

---

[83] 分类参见 Lenz, NJW 2013, 2551 (2555 f.)；Nolte, in: v. Mangoldt/Klein/ Starck, Art. 103 Rn. 29 ff.；Schmidt-Aßmann, in: Maunz/Dürig, Art. 103 Rn. 69 ff.。

[84] BVerfG, NJW-RR 1996, 253 (253 f.)；BVerfGE 108, 341 (345 f.) (Rechtsschutz gegen Gehörverletzungen II).

[85] Vgl. BVerwG, NJW 1986, 2721 ff.

[86] BVerfG, NJW 1998, 2583 (2584).

产生影响。关涉有效权利保护要求，比起第19条第4款第1句，第103条第1款是特别法。[87] 只有不存在特别保障时，才适用**公正程序请求权**。[88] 第103条第1款的法定听审权是特别法。法治原则（结合第2条第1款）推导出的公正程序基本原则要求国家对个人采取措施时要自我限制，正确、公正地举行刑事程序。同时，程序法的原告和被告之间要"武器平等"。[89] 这与**第3条第1款**会有"交叉"。该条和公正（刑事）程序一样可以推导出诉讼武器平等原则，法官必须给予所有参与人同等的法定听审。由于第103条第1款是自由权，而第3条第1款是平等权，因而存在适用竞合。[90]

（四）给付权的损害

955 　　由于第103条第1款规定的并不是防御权，国家行为并不能干预其保护范围。[91] 只有当国家没有在第103条第1款要求的范围内活动时，即国家给付义务没有实现时，才存在损害。如果当事人不能充分取得信息，或者没有机会表达，或者异议没得到充分注意，则构成法官对第103条第1款的损害。第103条第1款并不阻挡利益的权衡，因此法定听审请求权并不是绝对优先的。[92] 按照联邦宪法法院的司法裁判，只有缺乏法定听审**对于法院裁判（可能）重要时**才构成损害。如果不能完全排除法院在注意到主张且会作出完全不同的裁判时，即可认定构成损害。[93] 这种限制的理由主要是第103条第1款的意义和目的。该规定的意义是让当事人行使基本权。如果法定听审对法院裁决没有影响，那么听取意见也就不服务于保护基本权。有疑问的是，听取意见是为了保护参与人的主体地位和人性尊严。即使听取意见不影响结果，上述目标也可以得到实现。

---

[87] Nolte, in: v. Mangoldt/Klein/Starck, Art. 103 Rn. 84, 87 f.
[88] BVerfGE 57, 250 (274 f.) (V-Mann).
[89] BVerfGE 38, 105 (111) (Rechtsbeistand); Schwarz, Jura 2007, 334 (339). 详细的保障内容参见 Degenhart, in: Sachs, GG, Art. 103 Rn. 42 ff. 。
[90] Pieroth, in: Jarass/Pieroth, Art. 103 Rn. 3.
[91] Lenz, NJW 2013, 2551 (2555 f.).
[92] BVerfGE 81, 123 (129 f.) (Form der Anhörung); 89, 381 (392) (Volljährigenadoption); 101, 106 (123 ff.) (Aktenvorlage).
[93] Vgl. BVerfGE 89, 381 (392 f.) (Volljährigenadoption).

如果听取当事人的意见事实上不可能或者威胁到庭审目的，那么必须 956
毫不迟延地事后补充听审；这种情形中补正措施排除损害。[94] 联邦宪法法
院甚至认为，**补正听取意见**的瑕疵是完全可能的；前提条件是，听审在同
一等级或者救济等级上得到补充。在新的诉讼程序中听审则不可以。[95] 补
正可以解释为，国家即使延迟也必须履行法定听审给付义务。补正的前提
是，较晚时刻的法定听审能够赋予相似的有效性。

要注意的是，一般法的诉讼程序规定对法定听审保障比宪法层面的第 957
103 条第 1 款要充分。如果法院在解释和适用程序法时错误认识第 103 条第
1 款基本权的意义和范围，即被联邦宪法法院认为损害了听审权。适用诉
讼法时远低于第 103 条第 1 款要求的**必要最低限度**，也为这种情形。[96] 即
使不考虑损害法定听审，诉讼方的诉讼权被简单忽视也违反第 3 条第 1 款
的恣意禁止。[97]

考虑到第 103 条第 1 款的保障，有疑问的是法庭程序的**效力排除规范** 958
（Präklusionsnormen）。[98] 如《德国民事诉讼法》第 282 条规定，诉讼双
方必须尽早提出论点和证据，保证诉讼正常进行。《德国民事诉讼法》第
296 条规定，迟延的异议因不合法被驳回；即排除诉讼方的主张，但是要
注意的是，第 103 条第 1 款是需要立法者予以构建的给付权。和其他给付
权一样，在完成这项义务时，立法者享有空间。在出现利益冲突时，第
103 条第 1 款不一定占据绝对优先地位。只要立法者**内在的对法定听审进
行限制**，就不是对第 103 条第 1 款的损害。为了加快解决法律争议，排除
效力规范也是合法的，只要还存在着充足的机会来表达意见。[99]

---

[94] Pieroth, in: Jarass/Pieroth, Art. 103 Rn. 27.
[95] BVerfGE 5, 9 (10) (Arbeitszeitbeschränkung); 42, 172 (175) (Klageerzwingung).
[96] BVerfGE 60, 305 (310 f.) (Gehörsverletzung); BVerfG, NJW 1998, 2273 (2273); Zierlein, DVBl. 1989, 1169 (1174).
[97] 参见页边码 792。
[98] Lenz, NJW 2013, 2551 ff.
[99] BVerfGE 69, 145 (148 f.) (Präklusionsvorschriften).

五、罪刑法定原则（《德国基本法》第 103 条第 2 款）

案例 29：被当作武器的汽车

B 超速驾驶，两名警察将其拦住并进行检查。当其中一名警察向 B 小轿车打开的窗子伸手时，B 突然开车抵抗抓捕。该警察被车拖出好几米远才得以挣脱。地方法院将该汽车认定为武器，认为 B 的行为属于《德国刑法典》第 113 条第 1 款和第 2 款第 2 句第 1 项规定的抵抗执行中的特别严重情节。命令没收该汽车。B 的上诉和再审均以败诉告终。B 认为这是对他和他的财产权的不公正对待。他主张，法官损害了《德国基本法》赋予的基本权，提起宪法诉愿。联邦宪法法院会如何对这个合法诉愿作出裁决？

《德国刑法典》第 113 条：对执法人员的抵抗：

（1）以暴力或者暴力威胁的方法，阻碍公务员或者联邦国防士兵执行法律、法令、判决、裁定或者决定，或对其进行攻击的，处 2 年以下自由刑或者罚金刑。

（2）情节特别严重的处 6 个月以上 5 年以下自由刑。情节特别严重一般是指：行为人或者其他参与人携带武器意图使用的。

案例原型 BVerfGK 14, 177 ff., 本案评述 Simon, NStZ 2009, 84 f.。

（一）背景知识

第 103 条第 2 款明确规定"罪刑法定"（nulla poena sine lege）。一般法则是《德国刑法典》第 1 条。《德国基本法》第 103 条第 2 款同法治原则、民主原则相联系，等同于基本权的权利。该款确定，立法者——而非法院——来决定可罚性。这是法治国的基本特征，只有一项行为在犯罪前已经规定了可罚，才能是被处罚的。这制止了恣意的国家权力，是法安定性的重要标准。相应的保障在《欧盟基本权利宪章》第 49 条和《欧洲人权公约》第 7 条中得到规定。

纳粹时期，"罪刑法定"原则被 1935 年 6 月 28 日的法律废除，取而代之的是按照"健全国民感受"（das gesunde Volksempfinden）来处罚，虽然也是基于法律，但是却无须和具体情形相对应。当时刑法典第 2 条形象地展示了司法和行政如何利用法律手段恣意进行刑罚。当时的刑法典第 2 条是这样的：

"从事下列行为的人会被处罚，该行为被法律规定为应当受惩罚的，或者按照刑法典的基本思想和健全的国民感受应当受惩罚的。如果该行为没有特定刑法可供直接适用，那么该行为按照基本思想最接近其的法律处罚"[100]。

（二）保护范围

1. 主体保护范围

第 103 条第 2 款在主体保护范围上没有限制。自然人当然适用，而对于法人来说，只要可能被刑事制裁也可以适用。

2. 实体保护范围

第 103 条第 2 款涉及的"可罚性"（Strafbarkeit）概念理解得较为宽泛。其中是指所有的国家措施，即"高权对违法、有过错行为的指责性反应，因该行为而施加惩罚，以此平衡过错"[101]。相应的，第 103 条第 2 款不只包含犯罪处罚，还有违反秩序法、惩戒法和职业法（Disziplinar - und Standesrecht）。[102]矫正处分和保安处分（Massregeln der Besserung und Sicherung）则不属于第 103 条第 2 款。这归因于二者的预防性角色，它们可以在没有过错的情况下施加。即使欧洲人权法院将德国法上的保安监督（Sicherungsverwahrung）理解为《欧洲人权公约》第 7 条意义上的"刑罚"[103]，联邦宪法法院在解释第 103 条第 2 款时也没有改变原有理解。《德国刑法典》第 2 条第 6 款规定，矫正处分和保安处分适用审判时有效之法律，而不是行为时间，第 103 条第 2 款因此不存在疑问。如果立法者废除保安监督的最长期限，即使是涉及按旧法（最长 10 年）判处的行为人，也不触及第 103 条第 2 款。保安监督的事后命令或者延长所产生的回溯力要按照第 2 条第 2 款结合第 20 条第 3 款的法治信任保护要求来衡量。[104]

962

963

---

[100] RGBl. I 1935, S. 839. 1933 年帝国议会纵火案后公布的所谓"死刑裁判和执行法"，以便追溯处罚马力努斯·范·德·卢贝，参见 Epping, Der Staat 34 (1995), 243 ff. 。

[101] BVerfGE 109, 133 (167) (Langfristige Sicherungsverwahrung)。

[102] BVerfGE 45, 346（351）（Architektenkammer Niedersachsen）；Pieroth, in: Jarass/Pieroth, Art. 103 Rn. 44; 不同观点见 Rüping, in: BK, Art. 103 Abs. 2 Rn. 79 ff. 。

[103] EGMR, NJW 2010, 2495 ff. (Sicherungsverwahrung)。

[104] BVerfGE 128, 326（388 f.），(Sicherungsverwahrung). Vgl. BVerfGE 109, 133 (168 ff.) (Langfristige Sicherungsverwahrung); 109, 190 (217) (Nachträgliche Sicherungsverwahrung)。要注意的是，联邦宪法法院以规范目的为导向解释了"刑法"概念，承认联邦对矫正处分和保安处分享有竞合立法权。

BVerfGE 128, 326（392 f.）（EGMR Sicherungsverwahrung）：尽管具有相似性，也不能把保安监督纳入《德国基本法》第 103 条的刑事处罚概念之中。但按照本院审判庭司法裁判，对于长年剥夺自由的保安监督，在审查是否损害第 2 条第 1 款结合第 20 条第 3 款时，《德国基本法》要求"考虑到实际执行，被监督人是否将保安监督作为刑罚来感觉"。信任保护要求和"罪刑法定"有密切关系和相近框架。

把《德国基本法》第 103 条第 2 款以及第 3 款的刑罚概念按照《欧洲人权公约》第 7 条第 1 款的刑罚概念来调整是不必要的。欧洲人权法院认为，《欧洲人权公约》第 7 条第 1 款的"刑罚"概念要"自主"解释；欧洲人权法院不受成员国措施分类的约束。欧洲人权法院的概念形成类型对于《欧洲人权公约》实现目的来说有其正当性。欧洲人权法院概念形成的独立性和必要灵活性及模糊性考虑到了欧盟成员国法律、语言和文化差异。**对于《德国基本法》下形成的宪法秩序，要坚守第 103 条的刑罚概念，正如 2004 年 2 月 5 日的裁判（BVerfGE 109, 133 <167 ff. >）**。

即使是《德国刑法典》第 73d 条规定的追缴（Verfall），联邦宪法法院也认为是没有刑罚色彩的利润剥夺（Gewinnabschöpfung）。[105] 有疑问的是，**形式规定**（特别是追诉时效）是否也受到《德国基本法》第 103 条的保护。例如，考虑到纳粹罪行时效的经过，1979 年废除了谋杀的追诉时效期限。联邦宪法法院确认，刑事追诉的前提条件不受保障；追诉时效并不是"从何时开始"，而只是可罚性为"有多久"。[106]

964 第 103 条第 2 款的**保障内涵**包括了禁止溯及既往和刑罚的法律明确原则。后一点又分为法律的保留、明确性要求和类推禁止。[107]

---

[105] BVerfGE 110, 1（14）（Erweiterter Verfall）.
[106] BVerfGE 25, 269（286）（Verfolgungsverjährung）.
[107] Vgl. Degenhart, in: Sachs, GG, Art. 103 Rn. 53.

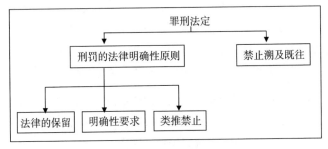

图 18-3 罪刑法定

(1) 刑罚的法律明确性原则

法律的保留要求,一项行为的可罚性必须由议会法律来规定。但是为了具体化也允许颁布法规条例,或者以行政行为来成立可罚性,如《德国刑法典》第 324 条以下的环境刑法(所谓的行政从属性,即须有行政审批的行为)[108]。基于习惯法的刑罚则违反法律的保留原则。

按照**明确性要求**,必须准确描述构成要件,让人无须怀疑哪些行为是允许的,哪些是禁止的。比起允许有解释空间的法治明确性原则,第 103 条第 2 款要求的更加严格。但是第 103 条第 2 款并不排除使用需要解释和具有解释能力的不确定法律概念。

与明确性要求相联系的是**类推禁止**。前者要求可罚性必须是从法律文本中而来,后者则要求可罚性限定在法律描述的构成要件上。决定特定法益受到刑法的保护是立法者的职责,而非法官的职责。其他法律领域通过类推来弥补法律漏洞的做法在刑法内是不允许的。对其他犯罪构成要件的援用,像 1935 年刑法典第 2 条那样,是不允许的。即使刑法允许解释,特别是对不确定法律概念进行解释,按照联邦宪法法院的司法裁判,**规范的字面意思构成解释的最大界限**。[109]

BVerfGE 92, 1 (12) (Sitzblockaden II): 对于司法来说,法律的明确性禁止使用类推或者习惯法。这个"类推"并不是严格的技术意义

---

[108] 行政从属性参见 Rühl, JuS 1999, 521 ff. 。
[109] BVerfGE 71, 108 (115)(Anti-Atomkraftplakette); 87, 209 (224)(„Tanz der Teufel"); 126, 170 (197)(Untreue)。

上的，排除的是每个超出法律制裁规范内容的法律适用。因为法律规定的解释客体只能是法律文本，法律文本是决定性的标准：法律字面意义为法官合法解释提供最外围的界限。由于第 103 条第 2 款保障规范接受人对刑事处罚的可预测性，应从其角度来界定界限。

969　　立法者来决定一个看起来十分重要的特定法益是否和在多大范围内用刑法的手段来制裁，法院不得更改这种决定。如果超出字面意义导致一项行为受到处罚，法院必须将其无罪释放。同样，如果极端个案和受罚行为具有相似的可罚性，但基于明确性要求必须将其从刑法适用范围中排除。对于是否存在**可罚性漏洞**或者通过新规定来弥补漏洞，这都是立法者的事情［如通过设立《德国刑法典》第 263 条（电脑诈骗）］。

（2）禁止溯及既往

970　　**禁止溯及既往之法律**来自于法治原则。不过真正溯及既往（法律结果的溯及既往）在例外下是允许的，即经过权衡表明受影响人的利益不应当受到保护。[110] 而第 103 条第 2 款确定的是对具有溯及力（成立可罚性）法律的绝对禁止。禁止溯及既往是指只有被违反的法律在犯罪时已经生效的情况下，才能进行处罚。判断一项行为时，不得考虑事后作出的法律严格化。不包括为了行为人利益而作出的法律优待。

（三）干预

971　　三个权力都可能干预到该基本权保护范围。尤其是**法院的法律适用**，即超出字面意思地适用构成要件。著名的例子是联邦宪法法院的"静坐阻碍交通案"（Sitzblockade）。原有司法裁判采用的是所谓的精神化暴力概念，即无须行为人力量释放和受害人身体影响，联邦宪法法院认为该解释与《刑法典》第 240 条字面不相一致。[111]

972　　如果当前法律比犯罪时的有效法律规定了更为缓和的法律结果，那么刑事规范的回溯适用并非干预。[112] 不构成第 103 条第 2 款的干预的是，为了**行为人利益而类推**，这里并不存在给个人施加负担的国家权力危险。

---

［110］ Vgl. Sachs, in: ders., GG, Art. 20 Rn. 134.

［111］ BVerfGE 92, 1 (14 ff.) (Sitzblockaden II); 不同于"第二排裁判"，即第一名司机被静坐队伍所阻挡，从而给后面的汽车造成了实体阻挡（BVerfGK 18, 365 ff.）。

［112］ BVerfGE 95, 96 (137) (Mauerschützen).

干预还可以是由**立法者**造成的，如立法者出台了具有回溯力的法律或者缺乏第 103 条第 2 款必要明确性的法律。例如，《德国刑法典》第 185 条没有对"诽谤"概念作出细致描述，因而不满足上述要求。[113]

《欧洲人权公约》第 7 条第 2 款对**违反人性的犯罪**作出"罪刑法定"的例外规定。这个条款要追溯到纽伦堡战犯审判，纳粹时期的犯罪即使按照纳粹国家的法律得到正当化也要接受审判。[114] 《德国基本法》则没有明确规定这个例外。由于《欧洲人权公约》具有一般法的效力，该规定不能排除《德国基本法》第 103 条第 2 款的规定。[115] 即使如此，司法裁判也认为，按照**拉德布鲁赫公式**[116]，在出现反人性的最严重犯罪时——按照国际刑法也应当受处罚，不适用第 103 条第 2 款的禁止溯及既往（至少在正当化理由适用上）。相应的，这些情形并不是对第 103 条第 2 款的干预，无须正当化。[117]

BVerfGE 95, 96（133 ff.）（Mauerschützen）：第 103 条第 2 款严格禁止溯及既往的法治正当性源自刑法规范的特殊信赖基础，即刑法是被受基本权约束的民主立法者所颁布的。**当国家对严重犯罪不法行为规定了构成要件，但是又超越现有规范要求实施不法或者提供犯罪便利，忽视国际社会共同肯认的人类权利，通过正当化理由排除不法行为的可罚性，这种特殊信赖基础便不复存在。**国家权力主体设定的极端国家不法，只能在其事实存在时宣称。对于这种特别情况，吸纳了注意国际法人权的实质正义诫命禁止正当化理由的适用。**第 103 条第 2 款的严格信赖保护必须居于次要地位。**否则，德国刑事司法将与法治相悖。处于联邦德国刑事权力下的公民也被禁止主张这样的正当化理由；其他情形下对信赖的保障仍然要以行为时的法律来判断。

---

[113] BVerfGE 93, 266（292 f.）(" Soldaten sind Mörder ") 则认为，基于百年的适用历史，该构成要件满足明确性要求；质疑参见 Schubarth, JuS 1981, 726 ff.；Findeisen/Hoepner/Zünkler, ZRP 1991, 245 ff.；Husmann, MDR 1988, 727 ff.。

[114] Vgl. Wassermann, in: AK, Art. 103 Rn. 62.

[115] 此外，德国对《欧洲人权公约》第 7 条第 2 款作出保留，因此第 103 条第 2 款的界限得以保存。

[116] Vgl. Radbruch, SJZ 1946, 105 ff., 以及 Creifelds, Rechtswörterbuch, 21. Aufl. 2014, S. 1051. 关键词：拉德布鲁赫公式；批评参见 Dannecker, Jura 1994, 585 ff.。

[117] 同样的意思参见 Degenhart, in: Sachs, GG, Art. 103 Rn. 74 f.。

目前联邦宪法法院对"法定不法"的问题只是聚焦在刑法以外的领域。要思考的是,**实证法与正义之间发生不可忍受的矛盾时,法的安定性价值比起实质正义要小**。这涉及拉德布鲁赫的论述,尤其是**拉德布鲁赫公式**。他多次强调,实证法的无效必须限制在例外情形上,而单纯不公正、按照一致观点要否定的立法也可以通过其内在秩序因素取得法律效力,实现法的安定性。特别是纳粹政权表明,立法者可能会设定严重的"不法",因此对于一个与正义严重相悖的规范,从一开始就不应当听从。

(四)干预的正当化

975 第103条第2款并没有规定法律的保留。因此,正当化只能考虑宪法权利冲突。相关正当化在司法裁判和文献中都没有言及,因此可以认为干预总是造成损害。[118]

六、一事不再理(《德国基本法》第103条第3款)

(一)背景

976 第103条第3款的"一事不再理"(ne bis in idem)有长久历史传统,早在希腊和罗马法中就有规定。[119] 在《欧盟基本权利宪章》第50条也规定了禁止双重处罚。《欧洲人权公约》则没有详细规定,不过第6条第1款"公正审判"原则也可以防止进行多次处罚。[120] 直到1988年生效的《欧洲人权公约》第7次议定书第4条才规定了该原则,但其在德国尚未被批准。排除双重处罚还使第103条第3款服务于**法的和平性**;不过判决的既判力和实质正义可能产生背离,这勾勒出了等同于基本权的权利间的紧张区域。

(二)保护范围

1. "一般刑事法律"

977 第103条第3款规定,依据一般刑事法律,任何人不得因同一行为遭受多次刑罚。同第2款较为广泛的保护范围相比,第3款意义上的**一般刑**

---

[118] Pieroth/Schlink/Kingreen/Poscher, Rn. 1201.
[119] Schroeder, JuS 1997, 227 (228).
[120] Schroeder, JuS 1997, 227 (230).

事法律只是核心和附带刑事法，不包括在内的是惩戒刑法和秩序刑法等。[121] 至于保安监督事后的命令是否按照第103条第3款来衡量，存在争议。[122] 在分庭裁判中，联邦宪法法院确认，第103条第3款不保护因一件事实而被施加不同种类的制裁。被禁止的只是对行为的重复刑罚。出于这个原因，保安监督不属于第103条第3款。[123] 这个司法裁判考虑到了第103条第2款的刑罚概念，保持了一致性。[124] 对于外国法院的判决，"只要其没有被承认和执行，并放弃德国刑罚权，就不适用"禁止双重处罚"，第103条的保护范围也就被限制。[125]

第103条第3款的保障首先表明，**不法和罪责相当的判决**之后不得再次进行审判。这是正义和比例原则的体现；罪责不相当的处罚是违反比例原则的。[126] 978

"一事不再理"原则不仅仅是这些。在不法和罪责范围内再次处罚也是被排除的（"禁止补充处罚"），即**"阻挡效力"**；第103条第3款保护刑事判决的实质法律效力。其结果是，判决后如果出现加重结果，如受害人因损伤而死亡，不得重新审判；"补充起诉"是不允许的。[127] 979

正如其字面显示的那样，第103条第3款是**程序阻挡**；同一案件，重新开启刑事程序是不允许的（刑事起诉的消耗）。如果一个刑事诉讼不能宣判，对个人就构成不合比例的负担，而且无法通过国家利益得到正当化。然而，第103条第3款并不像其措辞所暗示的那样只规定多重处罚。无罪判决也受其保护[128]，即使处罚不会违反罪责原则且合乎比例。禁止再次裁判亦是法的安定性要求所使之。合乎逻辑的结论是，也不能再次进行刑事追诉，这也 980

---

[121] Pieroth, in: Jarass/Pieroth, Art. 103 Rn. 59.

[122] Vgl. BVerfGE 109, 190 ff. (Bayerisches Straftäterunterbringungsgesetz); Kinzig, NJW 2001, 1455 (1457); Peglau, NJW 2001, 2436 (2438). 参见页边码963。

[123] BVerfG, NStZ-RR 1996, 122 (123), BVerfGK 14, 357 (364).

[124] Vgl. BVerfGE 128, 326 (392 f.) (Sicherungsverwahrung). 参见页边码963。

[125] BVerfGE 75, 1 (15) (Völkerrecht [ne bis in idem]); Kunig, in: v. Münch/Kunig, Art. 103 Rn. 44; Pieroth, in: Jarass/Pieroth, Art. 103 Rn. 62.

[126] BVerfGK 10, 134 (139 f.); Schroeder, JuS 1997, 227 (227).

[127] BVerfGK 65, 377 (381) (Strafbefehl).

[128] BVerfGE 12, 62 (66) (Vorentscheidung durch deutsches Gericht); Schmidt-Aßmann, in: Maunz/Dürig, Art. 103 Rn. 295; Degenhart, in: Sachs, GG, Art. 103 Rn. 83.

是《欧盟基本权利宪章》第50条所规定的。"一事不再理"原则的体系，如下图所示[129]：

981

```
                    ┌─────────────┐
                    │  一事不再理  │
                    └─────────────┘
         ┌─────────────┼─────────────┐
         ▼             ▼             ▼
  ┌───────────┐  ┌───────────┐  ┌───────────┐
  │禁止在穷尽不│  │禁止在不法和│  │禁止在无罪判│
  │法与罪责内涵│  │罪责内涵范围│  │决后再次追诉│
  │后再次处罚 │  │内再次追诉和│  │和宣判     │
  │           │  │处罚（"禁止│  │           │
  │           │  │补充处罚"）│  │           │
  └───────────┘  └───────────┘  └───────────┘
         │             │             │
         ▼             ▼             ▼
  ┌───────────┐       ┌───────────┐
  │ 正义/比例性│       │  法的安定性│
  └───────────┘       └───────────┘
```

图18-4 一事不再理

2."因同一行为"

982   第103条第3款规定，禁止因同一行为的再次处罚。"行为"是——时间和事件上可以区分的、公诉和法院开庭决议所指向的过程，而在这个过程中，被告人被指控作为行为人或者参与人实施了犯罪。[130] 这与《德国刑事诉讼法》第155条和第264条诉讼法上的行为概念相联系，但不是完全一致。与《德国刑法典》第52条、第53条的行为概念也不完全一致。后者服务于罪责相当的处罚，而不是像第103条第3款那样，是既判力规定。

（三）干预

983   立法者使用法律可能性将已经宣判或者判决无罪结束的程序重新开启，这就是对第103条第3款的干预。这方面要考虑到《德国刑事诉讼法》第362条在判决后重新开启。[131] 行政和司法重新开启程序或者判决的，也是对保护范围的干预。

（四）干预的正当化

984   第103条第4款是无保留赋予的等同于基本权的权利。只有为了保护

---

〔129〕 Vgl. Schroeder, JuS 1997, 227 (230).

〔130〕 BVerfGE 56, 22 (28) (Kriminelle Vereinigung). 行为概念参见 Kröpil, JuS 1993, 407 ff.; Ranft, JuS 2003, 417 ff.。

〔131〕 Pieroth, in: Jarass/Pieroth, Art. 103 Rn. 82; Schmidt - Aßmann, in: Maunz/Dürig, Art. 103 Abs. 3 Rn. 270.

宪法层面上的利益时才能对限制予以正当化。这里尤其是法的安定性和正义性之间的冲突。在这个意义上,《德国刑事诉讼法》第362条允许为了维护实质正义,在不利于已发生效力的被宣判人的情况下重新开启程序,不过对该规定应当严格解释。[132]

一览：典型的考试问题

· 对（已终结）高权措施的权利救济,对事后确认违法或者典型迅速终结的基本权干预有值得保护的利益［第19条第4款第1句,主要是行政法或者刑事诉讼法问题,如检察院和法院的命令。BVerfGE 104, 220 ff.（Rehabilitierung bei Abschiebungshaft）; 96, 27 ff.（Durchsuchungsanordnung I）］（页边码917和920）。

· 行政诉讼中的暂时权利救济（第19条第4款第1句）（页边码920）。

· 效力排除规范的合法性（第19条第4款和第103条第1款）（页边码958）。

· 将公务员作为非终身法官［BVerfG, NJW 2018, 1935 ff.（Richter auf Zeit）］。

· 《德国民事诉讼法》第139条法官指示义务的范围（第103条第1款）（页边码951）。

· 刑法规范的解释和与刑法类推禁止的一致性（第103条第2款）（页边码967）。

· 监督保安的事后命令（第103条第2款和第3款）（页边码963和977）。

· 法院按照《欧盟运行条约》第267条的提交义务,欧盟法院作为第101条意义上的法定法官（页边码939）。

---

[132] Schmidt-Aßmann, in: Maunz/Dürig, Art. 103 Abs. 3 Rn. 270.《欧洲人权公约》第7议定书在第4条第2款中明确规定,特定条件下在不利于已发生效力的被宣判人的情况下重新开启程序。

第十九章 其他保障

一、请愿权（《德国基本法》第 17 条）

参考文献：

Gerner, Thomas, Das Petitionsrecht nach Art. 17 des Grundgesetzes – Eine Analyse der Tragweite des Petitionsrechts unter Berücksichtigung des zunehmenden Einflusses moderner Kommunikationsmittel, NZS 2012, 847 ff.; Guckelberger, Annette, Neue Erscheinungsformen des Petitionsrechts: E-Petition und öffentliche Petition, DÖV 2008, 85 ff.; Krings, Günter, Die Petitionsfreiheit nach Art. 17 GG, JuS 2004, 474 ff.; Vitzthum, Wolfgang Graf/März, Wolfgang, Das Grundrecht der Petitionsfreiheit, JZ 1985, 809 ff.

案例写作：

Höfling, Wolfram, Fall 3 (S. 23 ff.).

指导性案例：

BVerfGE 2, 225 ff. (Petitionsbescheid).

（一）背景知识

在联邦宪法法院裁判实践中，作用较小的请愿权是最古老的权利之一。早在中世纪，个人就有机会向执政者表达请求和指责。由于缺乏充足的权利救济体系，向当局请愿是个人实现自身权利的唯一机会。但请愿权不仅对公民是重要的：当局能够提早认识到民众的意愿并及时做出反应，如有疑问时甚至采用压制措施。从历史上看，请愿权并不一定是一项民主性权利，德国近代历史就证明了这点：德意志民主共和国 1968 年宪法也赋予民众请愿权，请愿也成为经常使用且参与国家生活相对成功的手段。对于国家来说，请愿权发挥着"阀门"和预警的功能。

《德国基本法》的请愿权可以追溯到早期立宪的南德宪法上，现在则扮演着不同的角色。这个权利不再是当局赋予的恩赐，而是个人性的基本权。2017 年德国联邦议会请愿委员会收到 11507 件请愿。[133] 请愿权也保证了公民与政府之间的持续交流。实践中，各部门对公民指出其缺点的行为是十分感谢的。不严谨的说法，认为请愿是"无期限、无形式、无结果"并不完全错误，但却言过其词。请愿权的现实意义在《欧盟基本权利宪章》中得到证明，其保障了前往欧洲议会请愿的可能性。

（二）保护范围

按照其字面意义，第 17 条是每个人的权利，个人或者与他人共同以书面方式向主管当局或者人民代表机构提出请求和申诉。

1. "请求或者申诉"

第 17 条保护的是"请求和申诉"，延用了历史概念。联邦宪法法院对两个概念进行了宽泛解释，将所有的动议、申请或者带有发表意见或者补救目的的请求都纳入其中。[1] 要看请愿人是否提出**特定的请求**，即一项要求。至于这项请求是否确实被提出，要对申请书进行解释，兼顾整体内容。[2] 请愿要同正式的法律救济相区分。法律救济虽然包含了一项要求，但是受到第 19 条第 4 款第 1 句的特别保护。纯粹的言论或者愤怒表达并非请愿，因为没有包含明确的要求。

内容上，第 17 条并没有直接的界限。不过联邦宪法法院从"请求或者申诉"概念中确定了**内容上的界限**，即请愿不能要求法律禁止的或者不能含有诽谤、挑衅和勒索的内容。[3] 这个界定是有问题的。虽然法律禁止的行为，如不合法的诽谤，即使是用请愿的形式来装点也是不允许的，这点是正确的，但是一般情况下这些情形缺乏特定的要求。此外，通过请愿来要求被禁行为，很多情况下也是正当的，而且这也是请愿的意义和目的，

---

[133] Vgl. Bericht des Petitionsausschusses 2013, S. 22.
[1] BVerfGE 2, 225 (229) (Petitionsbescheid).
[2] BVerfGE 2, 225 (229) (Petitionsbescheid).
[3] BVerfGE 2, 225 (229) (Petitionsbescheid).

即推动国家改变法律规定或者行为。因此，可以按照联邦宪法法院的观点，将诽谤与勒索从保护范围中排除出去。但是要注意到不能让请愿权失去其效力。[4]

2．"书面"

991　　还有必要的是，请愿是由书面方式提出的。这个概念要从宽解释，它与民法书面形式必要性是不同的。请愿可以通过电报、电邮或者网站上的相应表格来实现（所谓的在线请愿）。[5] 口头表达则不被第17条保护，但是其受到第5条第1款言论表达基本权的保护。

3．"个人或者与他人共同"

992　　"个人或者与他人共同"的构成要件上没有限制。相反，这里只是清楚表明请愿权也可以集体行使。

4．"向主管当局或者人民代表机构"

993　　起到必要限制功能的规定则是请愿必须向主管当局来提出。"主管当局"可以是所有公权力机构，即所有的国家机关、行政机关和机构、基金会或者公法法人团体。此外，也可以向人民代表机构来提交，即联邦议会（《德国基本法》第45c条）和各州议会以及地方人民代表机构。如果请愿提交给错误机关，并不受基本权保护。但是法院有时认为，非主管机关有义务转交该请愿。[6] 另外并不要求遵守等级关系；在请愿中也无须指明行政机关内部主管人员。

5．保护的范围：第17条作为防御权和给付权

994　　第17条的保障有两个面向：防御权和给付权。防御权上，第17条禁止国家设置事实和法律上的障碍。[7] 第17条的重点是给付权面向，赋予个人**按照规定处理请愿的请求权**。按照规定处理是指除了接受请愿，还要进行实质处理和回复。[8] 回复必须表明请愿内容已获知悉；另外，必须告

---

〔4〕 对限制持批判态度的 Burkiczak, NVwZ 2005, 1391 (1392 ff.) 认为，请愿权保护范围不应当进行限制，同样也不保护免受刑事追诉。

〔5〕 德国联邦议会官方网站自从2005年开始可以请愿。个别州也予以效仿。Vgl. Guckelberger, DÖV 2008, 85 (86 f.)。

〔6〕 BVerwG, NJW 1976, 637 (638).

〔7〕 Brenner, in: v. Mangoldt/Klein/Starck, Art. 17 Rn. 39; Krings, JuS 2004, 474 (477).

〔8〕 BVerwGE 158, 208 (211 ff.) (Öffentliche Petition).

知处理的方式（如矫正或转交等）。[9] 否则，第 17 条——如联邦宪法法院所言，沦落为"表面权"（Scheinrecht）。不过联邦宪法法院认为理由说明是不必要的。请愿通知书只需要表明人民代表机构对请愿人的要求作出决定，以及请愿以何种方式得到处理。[10] 这在学界受到广泛质疑。[11] 不存在网络公开请愿的请求权。[12]

（三）妨碍

对请愿权的妨碍有两种方式。一方面国家可以干预基本权的**防御权方面**，即禁止请愿或者设置事实和法律障碍，这样的障碍还可以是国家因请愿而对请愿人施加不利影响；另一方面，如果国家没有或者没有充分处理请愿则是触犯了**给付权层面**。 995

（四）干预的正当化

除了第 17a 条第 1 款，第 17 条没有法律的保留。干预只能基于宪法权利冲突。[13] 违反给付权的行为不可得到正当化。[14] 但是和其他给付权一样，立法者可以构建请愿处理程序[15]；联邦议会层面上出台了《德国请愿委员会法》。 996

二、丧失国籍和引渡保护（《德国基本法》第 16 条）

参考文献：

  Engst, Kathrin, Verlust der deutschen Staatsangehörigkeit, ZAR 2005, 227 ff.; Hufeld, Ulrich, Art. 16 GG: Ausbürgerung und Auslieferung im Kontext, JA 2007, 41 ff.

---

[9] BVerfGE 2, 225 (230) (Petitionsbescheid).
[10] BVerfGE 2, 225 (230) (Petitionsbescheid); zuletzt BVerfG, NJW 1992, 3033 (3033).
[11] Brenner, in v. Mangoldt/Klein/Starck, Art. 17 Rn. 43 以及 Klein, in Maunz/Dürig, Art. 17 Rn. 90 认为有必要出具理由。实践中经常附具理由。参见《德国联邦议会议事规则》第 112 条第 3 款第 2 句的"当为"规定。
[12] BVerwGE 158, 208 (213 ff.) (Öffentliche Petition); Krüper, DÖV 2017, 800 (802 ff.).
[13] BVerfG, NJW 1991, 1475 (1476).
[14] Krings, Jus 2004, 474 (478).
[15] Krüper, DÖV 2017, 800 (804 ff.).

案例写作：

Meßmann, Andreas/Kornblum, Thorsten, Grundfälle zu Art. 16, 16a GG, JuS 2009, 688 ff.；Volkmann, Uwe, Fall 12 (S. 359 ff.).

指导性案例：

BVerfGE 10, 136 ff.（Durchlieferung）；29, 183 ff.（Rücklieferung）；113, 273 ff.（Europäischer Haftbefehl）；116, 24 ff.（Einbürgerungsrücknahme）.

（一）不得取消国籍

997 第16条第1款保护所有拥有德国国籍的公民（第116条第1款第1句），而只有他们[16]享有不得取消德国国籍的保护。该规定是对第三帝国取消国籍行为的反应，同时防止出现无国籍的情况。同样的规定是《欧洲人权公约》1963年9月16日第4议定书第3条。

998 对第16条第1款的干预可以是所有造成丧失德国国籍的国家措施。第16条第1款区分丧失特殊形式的**剥夺**（第16条第1款第1句）和**"丧失"的其他形式**（第16条第1款第2句）。剥夺国籍总是不合法的，而其他方式的丧失国籍在第16条第1款第2句前提条件下是可能的。然而，区分剥夺和其他方式的丧失是十分困难的。联邦宪法法院认为，如果国籍丧失的发生不为受影响人自我责任和自我意思所为，也就是说他无法影响到国籍丧失，即为剥夺国籍。[17] 不过按照第16条第1款第2句字面意思，丧失国籍也可以是违反受影响人的意愿。所以，"剥夺"概念的解释不能取决于丧失国籍的意愿。重要的只能是受影响人从事行为的意愿，而立法者将该行为的法律结果设定为丧失国籍。因此，只有当受影响人不能或者不能以可期待方式来影响或者预测到丧失国籍，从而辜负其在国籍可靠性的信任时，才构成剥夺国籍。[18] 按照联邦宪法法院裁判，一个孩子如果因为撤销父子关系从而丧失通过原生父亲所给予的德国国籍，那么就构成剥夺国籍。[19] 如果一个德国人有意取得外国国籍，而根据《德国国籍法》第25条第1款丧失德国国籍，那么这就不是剥夺。因为外国国籍是有意取得的。

---

[16] BVerwGE 8, 340 (343).
[17] BVerfGE 116, 24 (36 f.) (Einbürgerungsrücknahme).
[18] BVerfGE 116, 24 (44 f.) (Einbürgerungsrücknahme). Vgl. Mehde, Jura 2007, 440 ff.
[19] BVerfGE 135, 48 (62 ff.) (Vaterschaftsanfechtung).

撤销通过欺骗或者错误行为违法入籍也不构成剥夺，因为这里从一开始就没有值得保护的信任。[20] 制宪者在制定第 16 条第 1 款时注意到，一方面国籍不能违反受影响人的意愿而被剥夺；另一方面丧失国籍的常见理由（如取得外国国籍）也要得到保持。[21]

剥夺总是不合法的，而其他方式下违背或者缺乏当事人意愿丧失国籍在第 16 条第 1 款第 2 句是允许的。但这必须是在法律基础之上进行，不能导致当事人无国籍。[22] 联邦宪法法院使用目的限缩[23]将该规定解释为，通过欺骗违法取得德国国籍时不适用禁止无国籍。赋予过宽保护不符合制宪者的本意。[24]

999

（二）引渡的保护

第 16 条第 2 款保护所有德国人（第 116 条第 1 款）在祖国停留的权利。[25] 引渡是指在外国高权请求时，带离德国高权领域而转送到外国高权。[26] "交付"（Durchlieferung）也是引渡，即德国协助将一名进入德国主权领域的德国人从一个国家引渡到另外一个国家。[27] "回渡"（Rücklieferung）则不是第 16 条第 2 款的引渡，即将一名处于保留下引渡给德国的德国人再次引渡出去。[28] 因为这种情形下，德国人已经处于外国权力下。对禁止引渡的限制是 2000 年增加的第 16 条第 2 款第 2 句，即以遵守法治国家基本原则为限。存在法律基础时，向欧盟其他国家或者国际法院的引渡[29]是可能的。联邦宪法法院不过对法律基础设定了较高要求。立法者必须遵守比例原则。[30]

1000

---

[20] BVerfGE 116, 24 (45)（Einbürgerungsrücknahme）.
[21] BVerfGE 116, 24 (40 f.)（Einbürgerungsrücknahme）.
[22] 详细参见 Kokott, in: Sachs, GG, Art. 16 Rn. 24 f. 。
[23] Vgl. Butzer/Epping, S. 55 f.
[24] BVerfGE 116, 24 (45 ff.)（Einbürgerungsrücknahme）.
[25] BVerfGE 29, 183 (192)（Rücklieferung）.
[26] BVerfGE 113, 273 (293)（Europäischer Haftbefehl）.
[27] BVerfGE 10, 136 (139)（Durchlieferung）.
[28] BVerfGE 29, 183 (193)（Rücklieferung）. 不过存有争议，参见 Kokott, in: Sachs, GG, Art. 16 Rn. 38 ff. 。
[29] 特别是海牙的国际刑事法院和临设国际刑事法庭，参见 Zimmermann, JZ 2001, 233.
[30] BVerfGE 113, 273 (293)（Europäischer Haftbefehl）. 本案解读参见 Hufeld, JuS 2005, 865 ff. und Tams, JA 2006, 177 ff. 。

三、避难权（《德国基本法》第16a条）

参考文献：

Biermann, Christian, Der „Asylkompromiss" und das Bundesverfassungsgericht, Jura 1997, 522 ff.; Schoch, Friedrich, Das neue Asylrecht gemäß Art. 16a GG, DVBl. 1993, 1161 ff.

案例写作：

Meßmann, Andreas/Kornblum, Thorsten, Grundfälle zu Art. 16, 16a GG, JuS 2009, 810 ff.

指导性案例：

BVerfGE 94, 49 ff.（Sichere Drittstaaten）；94, 115 ff.（Sichere Herkunftsstaaten）；94, 166 ff.（Flughafenverfahren）.

（一）背景知识

1001 政治避难权作为基本权被首次写入《德国基本法》中。这从纳粹时期的教训而来，当时无数的德国人面临迫害时必须逃离德国，今天的德国作为民主国家，积极赋予受威胁人类的保护。国际上战争和贫穷导致的难民潮、德国在经济方面的吸引力导致近年来避难申请人的数量不断增加，在20世纪90年代达到高峰。1993年在对"滥用避难权"长期争论后，政治层面达成"避难妥协"。新规定的第16a条虽然包含了"政治迫害人享有难民权"的基础性规定，但是避难权行使具有极其严格的前提，在批评者看来这几乎不可能实现。联邦宪法法院在第79条第3款的背景下肯定了第16a条的新规定。[31] 实践中，新规定达到了预期目标。避难申请人数自从修法后明显下降。不过这只是暂时下降，2014年后难民人数大幅上涨，2015年的德国难民人数达到100万的高峰，之后开始回落。《德国基本法》的规定对其以及避难身份的承认影响甚微。第16条和第16a条新规定后，法律上重要的是《日内瓦难民公约》和欧盟在难民和外国人事务上的派生法，它们对德国的避难法产生了深刻影响。第16a条逐渐被遗忘；只有大

---

[31] BVerfGE 94, 49 ff.（Sichere Drittstaaten）；94, 115 ff.（Sichere Herkunftsstaaten）；94, 166 ff.（Flughafenverfahren）.

约1%的申请人获得了第16a条赋予的避难权。[32] 欧盟层面上则是《欧盟基本权利宪章》第18条。

《德国基本法》第16a条是一项避难主观权利，但有争议的是，这是**防御权还是给付权**。[33] 对这个问题的判断起到决定性作用的是对第16a条的理解，即将该规定理解为对阻碍入境和结束居留措施的消极不作为义务，还是积极地允许入境和居留的义务。无论如何，允许居留经常和承认特定地位相联系，这说明第16a条含有给付权内涵。[34] 实践中这个问题意义不大。此外，第16a条是一项**程序权**。从程序权角度看，第16a条要求避难程序得到适当构建，特别是考虑到确认政治迫害的方式。

（二）保护范围

第16a条的保护范围在第1款中确认：只有"**遭受政治迫害**的人员享有避难权"。

基于**政治**原因，迫害这个概念要依据《日内瓦难民公约》来定义。[35] 按照该公约第1A条第2项，难民是指"有正当理由畏惧由于种族、宗教、国籍、属于某一社会团体或具有某种政治见解被迫害"而离开自身国家。但是该公约的列举并不是封闭的。[36] 如果上述特征构成迫害措施的出发点，即为政治迫害。

"**迫害**"概念的前提是，有争议的措施有意地给受影响人造成了权利损害。如果一个人因为其祖国的一般情形而遭受不利，如饥饿、自然灾害以及骚乱、革命和战争的一般影响，这就不是迫害。联邦宪法法院清楚地表明，避难权不是给那些在本国遭受物质苦难而离开本国，前往德国寻求更好生存境况的人。不是每个可能违反德国宪法秩序的有意权利损害都能够成立对于避难来说极为重要的政治迫害。必要的是，该措施应当从重要避难特征上波及受影响人。迫害是否"因"避难特征而成立，要结合其内容从措施的明显针对性上来判断，而不是受迫害人的主观原因或者动机。

---

[32] 参见德国联邦移民和难民局数据。

[33] Vgl. Randelzhofer, in: v. Münch/Kunig, Art. 16a I Rn. 28; Becker, in: v. Mangoldt/Klein/Starck, Art. 16a Rn. 117 ff., jeweils m. w. N.

[34] Becker, in: v. Mangoldt/Klein/Starck, Art. 16a Rn. 119.

[35] BVerfGE 54, 341 (357) (Wirtschaftsasyl).

[36] Jarass, in: ders./Pieroth, Art. 16a Rn. 10 ff.

有意造成的权利损害不能只是妨碍，而是可以分辨出的迫害。这种强度的范围并不是抽象的。必须从避难权所蕴含的人道主义出发，"给绝望的人们提供接收和保护"。[37]

1006　政治迫害原则上只是**国家迫害**。非国家的迫害只有在可以归责于国家时才可以成立。"要看的是，国家是否用自己可支配的手段给受影响人提供保护。如果国家不愿提供保护，或者不具有能力充分防御特定第三人的迫害措施，特别是国教或者执政党，此时可归责于国家"。[38]

1007　第 16a 条第 2 款第 1 句的保护范围受到一定**限制**：欧盟成员国公民不能主张避难权。另外，按照第 16a 条第 2 款第 3 句，无论是否提起法律救济，都可以执行结束居留权的措施。这个限制按照联邦宪法法院的司法裁判并不是没有例外的。当第 16a 条第 2 款所推定的第三国能够提供足够保护但由于后来发生的情势被证明明显不成立时，德国必须提供保护。[39]

（三）妨碍

1008　只有第 16a 条含有防御权内涵时，干预才是可以想象的。此外，还可能是违反给付权。

（四）干预的正当化

1009　第 16a 条在第 2 款到第 4 款中规定了三个不同的限制：**第 16a 条第 2 款第 2 句**包含了加重的法律的保留，允许立法者将一些国家解释为"安全的第三国"，即这些国家从实体上遵守《日内瓦难民公约》和《欧洲人权公约》（所谓的规范认知概念）。有必要的是，该国加入了两个条约并且在国家实践中保障遵守。[40] 如果从这样的安全第三国入境，不能主张避难基本权。这种情形下，按照第 16a 条第 2 款第 3 句，无论是否提起法律救济都可以直接执行结束居留的措施。前提条件是，立法者将该国划为安全第三国的假设并不因为后来发生的情势而明显不正确。[41]

1010　第 16a 条第 3 款同样包含了加重法律的保留：可以借助法律来划定**安**

---

[37] BVerfGE 80, 315 (335) (Tamilen).
[38] BVerfGE 80, 315 (336) (Tamilen).
[39] BVerfGE 94, 49 (99 f.) (Sichere Drittstaaten); BVerfG, NVwZ 2009, 1281 (Griechenland).
[40] BVerfGE 94, 49 (90) (Sichere Drittstaaten).
[41] 参见页边码 1007。

全的来源地国，即没有迫害的国家。法律规定的是可驳倒的推定，认定安全来源地国的人并没有遭受政治迫害。相应的，对其避难申请者的要求也就提高。

第 16a 条第 4 款则对法院权利救济作出限制，即难民申请明显不具备理由或者显然不能视为理由或者申请人是从安全来源地国来的。 1011

四、基本权的丧失（《德国基本法》第 18 条）

参考文献：

Brenner, Michael, Grundrechtsschranken und Verwirkung von Grundrechten, DÖV 1995, 60 ff.；Butzer, Hermann/Clever, Marion, Grundrechtsverwirkung nach Art. 18 GG：Doch eine Waffe gegen politische Extremisten？, DÖV 1994, 637 ff.

指导性案例：

BVerfGE 38, 23 ff. (Herausgeber der Deutschen National-Zeitung).

（一）背景知识

第 18 条的规定体现了"**防御性民主**"**基本原则**，正如《德国基本法》在许多条款，如第 9 条第 2 款、第 20 条第 4 款、第 21 条第 2 款和第 79 条第 3 款中所规定的那样。为了抵御宪法敌人从而维护其基本价值，宪法的许多规定要防止未来发生形式合法的"夺权"，即利用宪法制度抹杀宪法价值秩序的效力。1933 年纳粹分子形式合法的"夺权"被约瑟夫·戈培尔在 1928 年表达为：人们走进帝国议会，是为了将"魏玛思想在其自身支持下分崩离析。当民主如此愚蠢，好心地给了我们免费的车票和点心，那是他们的事情。像是敌人！像是走进羊群的狼，就是我们！"[42]《德国基本法》第 18 条就是要帮助及时抵御这种做法。相似的规定在《欧洲人权公约》和《欧盟基本权利宪章》中都没有。 1012

宪法实践中，第 18 条几乎没有发挥作用。目前只有四个申请提交给联 1013

---

[42] 转引自 Pagenkopf, in：Sachs, GG, Art. 18 Rn. 5。

邦宪法法院，但是都被驳回。[43] 人们可以将第18条称为"保留功能"[44]。

(二) 规范内容

1014　　第18条**不是基本权**，只是从主体上对基本权作出限制。基本权丧失的决定由联邦宪法法院保留（第18条第2款）。具体程序规定在《联邦宪法法院法》第13条第1项和第36条以下条款。只有第18条第1款明确列举的基本权被滥用、攻击自由民主秩序时，申请才成立。与第21条第2款和第9条第2款一样，**自由民主的基本秩序**是指"自由、平等以及排除任何形式的专制或者恣意支配，在国民多数意志自我决定基础上的法治统治秩序"[45]。

1015　　**"滥用攻击"**是指积极地具有攻击性地反对基本秩序，从而实际地威胁到基本秩序。[46] 由于基本权丧失是对未来而言，关注较少的是过去的行为，而且是对受影响人在未来行为的预测。[47] 但是过去的行为在其中起到决定性的证据效力。滥用主体可以是自然人也可以法人，只要按照第19条第3款是所列基本权的主体。

(三) 丧失的后果

1016　　联邦宪法法院在所有构成要件具备的情况下判定丧失基本权，受影响人不能再主张基本权。联邦宪法法院只能将第18条中所列的基本权解释为丧失。这种丧失可以是限制基本权或者是决定在一定时间范围内不再拥有基本权。

五、抵抗权（《德国基本法》第20条第4款）

参考文献：

　　Böckenförde, Ernst-Wolfgang, Die Kodifizierung des Widerstandsrechts im Grundgesetz, JZ 1970, S. 168 ff.；Schmahl, Stefanie, Rechtsstaat und Widerstandsrecht, JöR n. F. 2007, 99 ff.

---

[43] BVerfGE 11, 282 f. (Zweiter Vorsitzender der SRP)；38, 23 ff. (Herausgeber der Deutschen National-Zeitung) sowie 2 BvA 1/92 und 2/92 (unveröffentlicht, zitiert nach Pagenkopf, in: Sachs, GG, Art. 18 Fn. 12).

[44] Butzer, in: Epping/Hillgruber, Art. 18 Rn. 3. 1.

[45] BVerfGE 2, 1 (12 f.) (SRP-Verbot). Vgl. Rn. 893.

[46] Butzer, in: Epping/Hillgruber, Art. 18 Rn. 9. 参见页边码894。

[47] BVerfGE 38, 23 (24) (Herausgeber der Deutschen National-Zeitung).

和基本权丧失一样，第 20 条第 4 款也是防御性民主原则的体现。但第 20 条第 4 款历史更短，它是 1968 年紧急状态立法时才被加入《德国基本法》中的。到现在第 20 条第 4 款的实际意义不大。第 20 条第 4 款允许每个德国人（第 116 条第 1 款）抵抗企图废除第 20 条第 1 款到第 3 款的秩序的人。因此，第 20 条第 4 款也直接针对个人，并是**极少数情形具有直接第三人效力**的宪法规范。

1017

在**宪法诉愿程序**中，不能援引第 20 条第 4 款来指责引发抵抗权的行为。第 20 条第 4 款的抵抗权是**辅助性例外权**，只能是最后的法律手段，即法律秩序所提供的权利救济不能提供有效救助，行使抵抗成为维持或者恢复权利的最后手段。当宣称宪法秩序不复存在而寻求法院矫正时，就当然不能在诉讼程序中声称损害到了第 20 条第 4 款。第 93 条第 1 款第 4a 项提及第 20 条第 4 款也不改变这个事实。即使该权利在诉讼上是等同于基本权的权利，但也仍然是辅助性角色。[48]

1018

---

[48] BVerfGE 123, 267 (333) (Lissabon).

第二十章 欧洲基本权保护

《欧洲人权公约》参考文献：

Ehlers, Dirk, Die Europäische Menschenrechtskonvention, Jura 2000, 372 ff. ; Gusy, Christoph, Wirkungen der Rechtspre chung des Europäischen Gerichtshofs für Menschenrechte in Deutschland, JA 2009, 406 ff. ; Hoffmann, Jan Martin/Mellech, Kathrin/Rudolphi, Verena, Der Einfluss der EMRK auf die grundrechtliche Fallbearbeitung, Jura 2009, 256 ff.

欧盟基本权参考文献：

Cremer, Wolfram, Grundrechtsverpflichtete und Grundrechtsdimensionen nach der Charta der Grundrechte der Europäischen Union, EuGRZ 2011, 545 ff. ; Huber, Peter M., Auslegung und Anwendung der Charta der Grundrechte, NJW 2011, 2385 ff. ; ders., Unionsbürgerschaft, EuR 2013, 637 ff. ; Pache, Eckhard/Rösch, Franziska, Die neue Grundrechtsordnung der EU nach dem Vertrag von Lissabon, EuR 2009, 769 ff. ; vertiefend auch zu den Grundfreiheiten Ehlers, Dirk, Europäische Grundrechte und Grundfreiheiten, 3. Aufl. 2009.

基本自由参考文献：

Ehlers, Dirk, Die Grundfreiheiten des europäischen Gemeinschaftsrechts, Jura 2001, 266 ff. (Teil I), 482 ff. (Teil II); Frenz, Walter, Annäherung von europäischen Grundrechten und Grundfreiheiten, NVwZ 2011, 961 ff. ; Hailbronner, Kay/Thym, Daniel, Ruiz Zambrano – Die Entdeckung des Kernbereichs der Unionsbürgerschaft, NJW 2011, 2008 ff. ; Manger-Nestler, Cornelia/Noack, Gregor, Europäische Grundfreiheiten und Grundrechte, JuS 2013, 503 ff.; Ohler, Christoph, Das Beschränkungsverbot der Grundfreiheiten, JA 2006, 839 ff.

联邦宪法法院、欧盟法院和欧洲人权法院之间的关系：

Braasch, Patrick, Einführung in die Europäische Menschenrechtskonvention, JuS 2013, 602 ff.; v. Danwitz, Thomas, Verfassungsrechtliche Herausforderungen in der jüngeren Rechtsprechung des EuGH, EuGRZ 2013, 253 ff.; Frenz, Walter/Kühl, Andrea, Deutsche Grundrechte und Europarecht, Jura 2009, 401 ff.; Gärditz, Klaus Ferdinand, Anmerkung zur Entscheidung des BVerfG vom 24.4.2013 (1 BvR 1215/07; JZ 2013, 621) -Zur Frage der Verfassungswidrigkeit des Antiterrorgesetzes, JZ 2013, 633 ff.; Lindner, Josef Franz, Grundrechtsschutz im europäischen Mehrebenensystem, Jura 2008, 401 ff.; Ohler, Christoph, Grundrechtliche Bindun-gen der Mitgliedstaaten nach Art. 51 GRCh, NVwZ 2013, 243 ff.; Polzin, Monika, Das Rangverhältnis von Verfassungs-und Unionsrecht nach der neusten Rechtsprechung des BVerfG, JuS 2012, 1 ff.; Voßkuhle, Andreas, Der europäische Verfassungsgerichtsverbund, NVwZ 2010, 1 ff.

案例写作：

Brosius-Gersdorf, Frauke, Grundfälle zur Bindung der Mitgliedstaaten an die Gemeinschaftsgrundrechte, JA 2007, 873 ff.; Degenhart, Christoph, II, Fälle 10 (S. 246 ff.), 13 (S. 318 ff.), 17 (S. 412 ff.); Görisch, Christoph, „Easy Going in Europa?", JA 2012, 441 ff.; Höfling, Wolfram, Fall 8 (S. 81 ff.); Winkler, Markus, Pater semper incertus, JA 2006, 784 ff. (zur Bindung deutscher Gerichte an die EMRK).

一、背景知识

针对公权力的基本权保护不单单由本国法予以保护，国际法和欧盟法的保障正变得越来越重要。它们和《德国基本法》共同起到保障作用，如1950年的《欧洲人权公约》和1966年的《公民权利和政治权利国际公约》

1019

以及《经济、社会和文化权利国际公约》。[1] 有些领域的基本权保障，甚至《德国基本法》都没有规定。这涉及欧洲联盟的联盟基本权（Unionsgrundrechte），提供免受欧洲联盟行为干预的基本权保障。也有和基本权相近的权利，特别是欧盟基本自由。《欧洲人权公约》中规定的权利、欧洲联盟基本权和基本自由对于全面了解基本权保护是不可或缺的。

二、欧洲人权公约

1020　　欧洲层面上，最古老的人权保障是**《欧洲人权公约》**，它是个多边国际条约，1950 年在**欧洲委员会（Europarat）**的框架下产生。欧洲委员会的任务之一是其章程第 1 条第 a 项的规定，即"让成员国在保护和促进构成共同遗产的思想和原则时建立紧密关系，促进经济和社会的进步"。其中一个手段就是《欧洲人权公约》。约束所有条约方的只是《欧洲人权公约》的核心组成部分，即权利和自由。除了这个核心组成部分，还有**14 份议定书**[2]，它们也包含了基本性的权利，如财产权。这些议定书并没有被所有国家同意，即使是德国也有几个尚未（第 7 和第 12 议定书）批准。欧洲委员会范围内的其他重要条约，如 1961 年的《欧洲社会宪章》包含了《欧洲人权公约》缺失的社会基本权、1987 年《欧洲防止酷刑和不人道或有辱人格的待遇或处罚公约》和 1997 年的《人权和生物医药公约》。[3] 政治层面上，《欧洲人权公约》是对有体系漠视人类权利，特别是纳粹时期的回应。对基本人权的纯粹性本国保护是不足以防止类似暴行再次发生的。按照《欧洲人权公约》第 59 条第 1 款，属于欧洲委员会的所有 47 个成员国都批准了条约。随着东欧国家的解体，《欧洲人权公约》不断扩张，特别是 1990 年，东欧和中欧国家的加入使得条约参与国数量增加一倍。

1021　　《欧洲人权公约》的**法律性质**是**国际法**，即条约签订国之间的法律。相应的，权利和义务首先要在国家层面上实现。按照该公约第 1 条，缔约国有义务保障所有在本国主权范围内的人享有《欧洲人权公约》和其议定

---

　　[1] 后两者参见 K. Ipsen, in: ders., Völkerrecht, 6. Aufl. 2014, § 36 Rn. 38 ff. 。
　　[2] 2013 年 6 月 24 日的第 15 附带议定书和 2013 年 10 月 2 日的第 16 附带议定书签字但尚未生效。
　　[3] Weitere bei Heintze, in: Ipsen, Völkerrecht, 7. Aufl. 2018, § 33 Rn. 2 ff.

书中的权利和自由。至于如何保障实现，是各成员国自身事务，允许选择不同方式。在奥地利，该公约享有宪法地位，其在许多国家也居于宪法与普通法的中间地位上。[4] 在**德国**，该公约处于《德国基本法》第59条第2款第1句的本国转换法（Zustimmungsgesetz）的地位，即只是**一般的联邦法**。该公约的个别规定同时构成《德国基本法》第25条的"国际法的一般规则"，优先于一般的联邦法。理论上，联邦也可以按照新法优于旧法的规则出台与之相对的法律，排除该公约。[5] 不过这会违反国际法，联邦宪法法院要求后来的法律都不得违反《欧洲人权公约》。[6] 另外，联邦宪法法院在解释基本法时会引用该公约，只要该公约不会导致德国基本权保护的减少（《欧洲人权公约》第53条）[7]，或者审查自身对基本权的解释是否符合《欧洲人权公约》的判断。[8]

BVerfGE 128, 326 (367 ff.) (Sicherungsverwahrung)：《欧洲人权公约》的本国法地位是**联邦法律**。诉愿人在联邦宪法法院前的**宪法诉愿中不能直接主张**该公约中包含的人权。尽管如此，《欧洲人权公约》的保障具有**宪法性的**意义，能够影响到**基本权的解释**和《**德国基本法**》的法治原则。按照联邦宪法法院的裁判，条约文本和欧洲人权法院的裁判在宪法层面上对**基本权的内容与范围的确定**和法治基本原则起到**解释辅助功能**，只要这不会导致——该公约自身所不想见到的结果（《欧洲人权公约》第53条）——基本权保护的减少或者限制。友善解释条约的可能性终结于，**按照公认的法律解释方法和宪法理解，条约解释看起来不再具有合理性**。

欧盟法上，《欧洲人权公约》在当前（仅）发挥着有限的效力，因为

---

[4] Grabenwarter/Pabel, EMRK, 5. Aufl. 2012, §3 Rn. 2 ff.

[5] 所谓的推翻协定（Treaty Override）的合法性参见 BVerfG, NJW 2016, 1295 ff.。

[6] BVerfGE 74, 358 (370) (Unschuldsvermutung); 111, 307 (324) (EGMR-Würdigung); 128, 326 (366 ff.) (Sicherungsverwahrung).

[7] BVerfGE 74, 358 (370) (Unschuldsvermutung); 111, 307 (317) (EGMR-Würdigung); 128, 326 (367 ff.) (Sicherungsverwahrung). Zusammenfassend Stern, in: ders., Staatsrecht, Bd. III/2, §94, S. 1614 f.

[8] BVerfGE 138, 296 (355 f.) (Kopftuch II); BVerfG, NJW 2017, 53 (58 f.) (Pflicht zur Zwangsbehandlung).

按照《欧盟条约》第 6 条第 3 款，该公约是欧盟基本权的法律认知来源。《欧洲人权公约》所承认的基本权利作为一般基本原则是欧盟法的组成部分。根据《欧盟基本权利宪章》第 52 条第 3 款，与《欧洲人权公约》中所保障的权利相对应的联盟基本权具有与后者相同的意义和范围。[9] 不过，只要欧盟没有加入《欧洲人权公约》，那么《欧洲人权公约》本身就不属于欧盟法的组成部分。[10]《欧盟条约》第 6 条第 2 款则规定了**欧盟加入《欧洲人权公约》**。[11] 这会使得欧盟法院在将来也要服从于欧洲人权法院的司法裁判。不过欧盟法院在一份法律鉴定报告中为加入《欧洲人权公约》设定了特定条件，认为欧盟加入《欧洲人权公约》的协议草案违反欧盟法。[12] 之后则没有更多进展。

1023　　内容方面，《欧洲人权公约》包含了**大量的基本权和人权**。值得一提的是生命权（第 2 条）、禁止酷刑、奴役和强制劳动（第 3 条、第 4 条）、不合法逮捕时的自由和安全权（第 5 条）、私人生活的保护（第 8 条）、宗教和信仰自由（第 9 条）、言论自由（第 10 条）、集会和结社自由（第 11 条）、结婚自由（第 12 条）、平等权特别是歧视禁止（第 14 条）、不同的程序权（第 6 条、第 13 条）、财产权（第一议定书第 1 条）和自由迁徙权（第四议定书第 2 条）。[13] 不过它缺少了类似于《德国基本法》第 3 条第 1 款的一般平等权。按照公约第 1 条，上述基本权的享有主体是成员国境内的所有人。不考虑其国籍。[14]《欧洲人权公约》第 1 条意义上的人是指所有自然人，按照第 34 条也可以是非国家的组织和人群，包括法人。不过，

[9] Vgl. BVerfGE 140, 317 (361 f.) (Identitätskontrolle).

[10] EuGH, ECLI: EU: C: 2013: 105 (Åkerberg Fransson); ECLI: EU: C: 2018: 197 (Menci).

[11] 这种加入可能性被欧盟法院在 1996 年以当时条约为由否定，vgl. EuGH, Slg. 1996, 1-1759 ff. (Gutachten 2/94)。

[12] Vgl. EuGH, ECLI: EU: C: 2014: 2454 (Gutachten 2/13); dazu Tomuschat, EuGRZ 2015, 133 ff.; Wendel, NJW 2015, 921 ff.; 加入的后果参见 Obwexer, EuR 2012, 115 ff.; Vondung, Die Architektur des europäischen Grundrechtsschutzes nach dem Beitritt der EU zur EMRK, 2012.

[13] 各项权利的细节参见 Ehlers, Europäische Grundrechte und Grundfreiheiten, 3. Aufl. 2009; Frowein/Peukert, Europäische Menschenrechtskonvention, 3. Aufl. 2009; MeyerLadewig, Europäische Menschenrechtskonvention, 3. Aufl. 2011; Karpenstein/Mayer, Europäische Menschenrechtskonvention, 2012.

[14] Meyer-Ladewig, Europäische Menschenrechtskonvention, 3. Aufl. 2011, § 1 Rn. 16.

只有符合其自身本质时，法人才享有该项基本权的保护（如公约第 8 条第 1 款的保护商业空间[15]，而不能是第 2 条的生命权）。

该公约的权利审查符合原有模板，即区分**保护范围、干预和正当化**。公约权利的保护范围受文本所限，欧洲人权法院出于有效保护的原因，选择进行比较宽泛的解释。欧洲人权法院对干预的解释也比较宽泛。只需要国家作为或者不作为就可以构成对保护范围的妨碍。[16] 对保障内涵的干预可以通过限制性规定得到正当化。公约承认两种类型的**限制**：同等适用于所有权利的一般性限制（公约第 15 条到第 17 条）和对个别权利适用的特别限制（第 5 条第 1 款第 2 句、第 8 条第 2 款、第 9 条第 2 款、第 10 条第 2 款和第 11 条第 2 款）。如果存在限制性规定，那么必须同时注意**限制的限制**。这也符合本国法所熟知的要求：干预需要足够清晰和明确的法律基础[17]，而且必须符合比例，即服务于正当目的，适当、必要且均衡，因此，可以在公约层面发现德国法重要的框架。

基本权利的价值在很大程度上是由现有的**权利救济体系**来衡量的。从魏玛共和国经验来看，如果缺乏有效的司法保障，则宽泛的保障在实践中将无法得到实现。1998 年 11 月 1 日起生效的公约第十一议定书为此迈出了一大步。原来复杂的、依赖于欧盟人权委员会政治决定的权利救济体系被斯特拉斯堡的**欧洲人权法院（EGMR）**[18]所取代。该法院按照《欧洲人权公约》（以下简称"公约"）第 19 条第 2 款作为常设法院行使职责，主任法官由各成员国选派一名（公约第 20 条、第 21 条）。法院召开四次不同的集体讨论（公约第 26 条第 1 款）。由于存在超过 69850 件尚未裁决的诉讼（2016 年 7 月数据），根据 2010 年的第十四议定书，独任法官可以在清晰明了的案件中将其解释为不允许，且该裁决不可撤销（第 27 条）。如果不是上述情形，3 名法官组成的**委员会**按照公约第 28 条对特定控告的合法性

1024

1025

---

[15] EGMR, EuGRZ 1993, 65 (Rn. 27 ff. (Niemietz).

[16] EGMR, EuGRZ 1995, 530 (Rn. 51) (López Ostra).

[17] 考虑到普通法系，欧洲人权法院认为不成文或者习惯法也可以，只要其在本国被认为是法律。Vgl. EGMR, EuGRZ 1979, 386 (Rn. 46 ff.) (Sunday Times). Vgl. Grabenwarter/Pabel, EMRK, 5. Aufl. 2012, § 18 Rn. 7 ff.

[18] 欧洲人权法院不可与作为欧盟职能机构的欧盟法院相混淆。欧洲人权法院的裁判部分德语版参见 http://www.egmr.org zu finden；更新的参见官方网站 http://echr.coe.int。

事先作出裁决，如果欧洲人权法院对此有固定裁判，亦可对控告的理由具备性（Begründetheit）进行裁判。其他的情形要由7名法官组成的**合议庭**来审理（公约第29条）。如果控告引发公约解释上的重要问题，要由17名法官组成**大合议庭**来决定，那么大合议庭也可以对合议庭的判决进行纠正（公约第30条、第31条和第43条）。任何人都可以前往欧洲人权法院起诉。公约第33条规定了**国家控告**，第34条则是**个人控告**。第35条规定的合法前提显示了欧洲人权法院保护的辅助性：只有在穷尽本国法律救济后，才能来欧洲人权法院控诉（公约第35条第1款）。其他的前提条件和宪法诉愿是相似的。[19] 如果控告人赢得控告，欧洲人权法院通过**判决**确认损害了公约。判决只有国际法的约束力；欧洲人权法院不能撤销国家法院的判决或者将法律解释为无效。按照公约第46条，成员国负有义务来执行欧洲人权法院的判决并**矫正**自身行为。如果这种矫正不足够，那么按照公约第41条，成员国负有**公正赔偿**的义务。

1026 按照联邦宪法法院的裁判[20]，**本国法院和行政机关**只在有限形式下**受束于欧洲人权法院的判决**。根据公约第1条结合《德国基本法》第20条第3款、第59条第2款和第19条第4款第1句，各国虽然负有义务注意欧洲人权法院的裁判，即必须了解文本和裁决，将其融入决策过程中，但是法治国权限规定和法律正义的约束（《德国基本法》第20条第3款）仍然是决定性因素。因此，这种**考虑**只能在**合理法律解释框架**内进行，同时对本国法律秩序的影响也要纳入其中。特别是不同基本权地位的平衡，禁止公式化。联邦宪法法院要求，对欧洲人权法院的裁判是否给予"正确"的考虑，要用基本权结合《德国基本法》第20条第3款的标准来审查。[21] 德国行政机关和法院受《欧洲人权公约》的约束性也不被影响。公约的规定也可能会限制《德国基本法》的基本权。[22] 作为一般联邦法规范，公约可以作为一般法来限制德国基本权，只要这种限制与欧洲人权法院裁判

---

[19] Vgl. im Einzelnen Meyer-Ladewig, Europäische Menschenrechtskonvention, 3. Aufl. 2011, Art. 34 Rn. 3 ff.。

[20] BVerfGE 111, 307 ff.（EGMR-Würdigung）；128, 326 ff.（Sicherungsverwahrung）。

[21] BVerfGE 111, 307 (322 ff.)（EGMR-Würdigung）；120, 180 (210)（Caroline von Monaco III）；128, 326 (366 ff.)（Sicherungsverwahrung）。

[22] BVerfGE 120, 180 (200, 202)（Caroline von Monaco III）. Vgl. Payandeh, JuS 2009, 212 ff.

相一致且充分清晰地得出。

BVerfGE 111, 307（323 ff.）（EGMR-Würdigung）：欧洲人权法院裁决的约束力取决于国家机关的主管范围和引用的法律。行政机关和法院不能援用欧洲人权法院的裁决，从而摆脱法治的权责指示和法律约束（《德国基本法》第20条第3款）。**但是要在方法论上可行的法律解释中注意到《欧洲人权公约》的保障和欧洲人权法院的裁决，这亦属于法和法律的约束。**无论是对欧洲人权法院的裁决缺乏讨论，还是违反上位法公式化的"执行"，都可能违反法治国原则下的基本权。在注意欧洲人权法院裁决时，国家机关必须将对本国法律秩序的影响纳入法律适用中来。这尤其适用于，法律结果需要对本国法组成体系予以权衡方可得出，此时要将不同的基本权地位予以平衡处理。

对于通过法律而作为本国法律实施的国际条约解释和适用的宪法性审查，也适用同样的原则，这也限定了联邦宪法法院在审查法院裁决的权限。**但是联邦宪法法院在其职责范围内，也要对违反国际法的情形进行阻挡和消除，也即德国法院错误适用或者没有注意到国际条约义务而产生德国国家责任时**。联邦宪法法院间接执行国际条约，从而减少违反国际法的风险。出于这个原因，也要求审查专门法院解释和适用国际条约时背离传统标准。这特别适用于《欧洲人权公约》的国际法义务，该公约试图促进共同欧洲的基本权发展。《德国基本法》在其第1条第2款将国际人权作为核心组成部分并给予特殊的保护。这与第59条第2款一起构成宪法性义务，即使适用德国基本权，具体构建中也要将《欧洲人权公约》作为解释帮助来引用。只要在现行方法允许解释和权衡空间，德国法院负有义务承认合乎公约解释的优先地位。例外的是，当对欧洲人权法院裁决的注意因为变化的事实而明确违反德国法律或者德国宪法性决定，特别是第三人基本权时。"注意"意味着，了解欧洲人权法院对公约规定的解释，并且在适用不违反上位法尤其是宪法时必须适用。欧洲人权法院对公约规定的解释必须纳入寻找判决的过程中，法院必须对此进行讨论分析。因此，重要的是，对裁决的注意是如何在各个法律体系中显示出来的。在联邦法层面，如果并非欧洲人权法院裁决客体，公约不自动享有优先地位。

在这个背景下，如果国家机构忽视或者没有注意到欧洲人权法院的裁决，当事人必须有机会基于相关基本权利到联邦宪法法院提起诉讼。基本权和法治原则中的法律优先有紧密联系，所有的国家机关在其职责范围内受束于法律。

1027 **案例写作提示：**

联邦宪法法院新的裁判提供了这样一种可能，也就是通过《欧洲人权公约》的问题来丰富宪法学分析。当法院和行政机关忽视欧洲人权法院的裁决或者没有将其充分地纳入权衡之中时，就会产生宪法问题。这种问题还存在于，当裁决"公式化地"以和基本权不相符合的方式得到贯彻执行。考试中，这种题目设置可能会在案情中有所提示。[23] 家庭作业中，国家基本权与《欧洲人权公约》经常一起出现。可以考虑的是，分析民事或者行政法案件时，对欧洲人权法院裁决的约束问题进行补充说明。应当熟悉本国法中决定性的连结点——法和法律的约束（第20条第3款）结合基本权。

三、欧盟基本权

1028 **案例30：价格协定**

赫斯特股份有限公司是一家化工企业，生产不同种类的合成材料。按照《欧盟运行条约》第105条第1款，欧盟委员会负有监管竞争的职责，欧盟委员会得到可靠消息，赫斯特同其他成员国的企业达成了价格约定。这种协商价格的行为违反了《欧盟运行条约》第101条第1款。委员会以 Nr. 1/2003 条例第20条为基础作出对赫斯特的调查决定。在决定中，委员会虽然解释了其怀疑理由，但是缺乏信息范围和来源等重要细节，同样也没有对调查寻找的信息作出说明。赫斯特股份有限公司拒绝同意调查。委员会在遵守成员国要求的情况下，取得了当地法兰克福一地方法院的搜查令，以此为基础，本国警察机关与委员会强制举行调查。赫斯特股份有限公司认为调查损害了自身的基本权，特别是住宅的不可侵犯性和

---

[23] 相应的案例分析写作请前往 http://www.volker-epping.de/（Rubrik „Falllösungen zum Grundrechte-Buch"）下载。

商业秘密的保护，因此在欧盟普通法院（EuG）提起诉讼。其有希望赢得诉讼吗？

Nr. 1/2003 条例第 20 条（委员会的调查权）

（1）委员会可以为了完成本条例委托的职责而对企业和企业联合会进行所有必要的调查。

（2）受委员会委托进行调查的公职人员和授权的陪同人员有权，

    a）进入企业和企业联合会的所有空间、不动产和运输工具中；

    b）检查账簿和其他商业文件，不考虑其形式。

……

（6）受委员会委托进行调查的公职人员和授权的陪同人员如果确认，企业按照本条标准抵抗调查，那么受影响的成员国必须赋予必要的支持，投入警察力量或者相应的行政机关，以便委员会公职人员能够完成调查委托。

（7）如果第 6 款规定的支持按照成员国法律，以法院的批准为前提，那么必须申请。

（8）提交第 7 条所言申请后，成员国法院审查委员会决定的真实性，以及被委托的强制措施是否恣意，同调查的客体相比是否符合比例性。委员会决定的合法性检测要由欧盟普通法院保留。

案例原型 EuGH, Slg. 1989, 2859 ff.（Hoechst）。

《欧洲人权公约》的基本权保护只是补充了《德国基本法》的基本权保护，而欧盟的基本权保护则是真正扩展了基本权的保障。**欧盟基本权的必要性**产生于欧盟和其法律体系的特性。通过设置具有法律能力与行为能力的机构、拥有成员国转交的职权和形成独立的法律制度，欧盟无须成员国更多协作，即为公民形成了直接的权利和义务。[24] 这也说明，欧盟的法律活动不处于符合本国法的保留下，甚至也不处于符合本国宪法保留之下。[25] 否则，欧盟法的一体性效力无法得到保障。同本国法相比，欧盟原生法——即关于欧盟的条约，和派生法——即条例、指令和欧盟其他的行

1029

---

[24] EuGH, Slg. 1963, 1 (Rn. 10) (van Gend & Loos); 1964, 1141 (Rn. 8) (Costa/ENEL).
[25] EuGH, Slg. 1964, 1141 (Rn. 12) (Costa/ENEL); Slg. 1970, 1125 (Rn. 3) (Internationale Handelsgesellschaft); Slg. 1978, 629 (Rn. 17/18) (Simmenthal II).

为方式（《欧盟运行条约》第 288 条）享有不受限制的**适用优先**：不能适用违反欧盟法的本国法。[26] 这也适用于《德国基本法》的基本权，基本权不约束欧盟。

1030 　　不适用本国基本权标准来审查欧盟法律活动，并不意味着欧盟法不受基本权约束地作用于欧盟公民。无论是从宪政角度还是法治角度来看，这都是不可接受的，而且剥夺了德国成为欧盟成员的宪法基础。[27] 因为根据《德国基本法》第 23 条第 1 款第 1 句，只有在欧盟提供与《德国基本法》相同的基本权保护时，德国才参与实现欧洲联盟。如果因欧盟法的优先适用而不再适用本国基本权，为了不让欧盟法律活动从基本权约束中摆脱出去，就必须在欧盟层面上保障基本权。欧盟层面上，欧盟法优先适用，欧盟的高权行为也就不能用《德国基本法》的基本权标准来审查。[28] 不过，联邦宪法法院作出了**两个例外**，在出现这两个例外时，可以用《德国基本法》的标准来审查欧盟法的行为。早在马斯特里赫特条约的裁判中，联邦宪法法院认为可以从职权角度上进行所谓的"**越权审查**"（Ultra-vires-Kontrolle），即"欧盟机构的法律活动是否遵守了授权其的高权界限"[29]。现在又从实体法角度上要求进行所谓的**身份审查**（Identitätskontrolle），即审查欧盟法上的行为是否触及德国的宪法认同（Verfassungsidentität）。联邦宪法法院用宪法认同来指称《德国基本法》第 23 条第 1 款第 3 句结合第 79 条第 3 款的宪法修改和融合不可改变的基本原则，它们限制了欧盟法的适用优先。当个案中确认欧盟法上的行为损害到《德国基本法》第 23 条第 1 款第 3 句且结合第 79 条第 3 款和第 1 条第 1 款不可缺少的保护时，第 23 条

---

　　[26]　欧盟法院（见脚注 20）和联邦宪法法院［BVerfGE 73, 339（375）（Solange II）; 123, 267（400 ff.）（Lissabon）; 126, 286（301）（Honeywell）］的一贯裁判。参见 Vedder, in: ders./Heintschel von Heinegg, Europäisches Unionsrecht, 2011, Art. 288 Rn. 50 ff. 和《里斯本条约》所附的第 17 项说明。该说明按照国际法应当作为解释辅助来引用（《维也纳条约法公约》第 31 条第 2 款第 b 项）。

　　[27]　BVerfGE 37, 271（279 f.）（Solange I）zu Art. 24 GG.

　　[28]　BVerfGE 140, 317（334 f.）（Identitätskontrolle）; BVerfG, NJW 2016, 2473（2477 f.）（OMT）.

　　[29]　BVerfGE 89, 155（188）（Vertrag von Maastricht）; 123, 267（353 f.）（Vertrag von Lissabon）; 126, 286（303 f.）（Honeywell）; 134, 366（382 ff.）（OMT-Vorlage）; BVerfG, NJW 2016, 2473（2478 ff.）（OMT）.

第1款第1句所写入的"不适用德国基本权保护"的原则不再适用。身份审查要确保德国高权主体在执行欧盟行为时，欧盟法层面上仍提供必不可少的基本权保护。特别是欧盟法上的活动损害到《德国基本法》第1条第1款的人性尊严保障时，要适用宪法认同。[30] 这个裁判遭受质疑。这实际上使得联邦宪法法院在每个个案都超越于欧盟法院，不考虑陈述门槛，逐渐地打开针对欧盟法律行为的宪法诉愿大门。另外，也没有证据表明欧盟法院忽略了人性尊严，以至于需要额外地对欧盟法进行本国审查。[31] 与其进行身份审查，还不如在遇到疑难案件时根据《欧盟运行条约》第267条进行更多的提交。[32]

BVerfGE 140, 317（336ff.）（Identitätskontrolle）：《德国基本法》第23条第1款第3句结合第79条第3款中作为修宪和融合不可改变所构建的宪法认同限制了欧盟法的适用优先（aa）。对其保障则由联邦宪法法院的身份审查来实现（bb）。

aa）只要欧盟机构的措施产生触及《德国基本法》第79条第3款结合第1条和第20条原则中所保护的宪法认同，那么这些措施超越了国家开放性的基本法界限。这种措施不得主张原生法授权，因为即使是《德国基本法》第23条第1款第3句结合第79条第2款多数决的一体化立法者既不能将触犯第79条第3款宪法认同的高权转移给欧盟，也不能以合宪的单个授权来作支撑，因为欧盟机构是越权而为。

bb）身份审查中要审查欧盟措施是否触及被《德国基本法》第79条第3款解释为不可侵犯的原则。这个审查——如同只要保留或者越权审查，可以产生欧盟法在德国个案中不得适用的结论。为了防止德国机关和法院无视欧盟法的适用效力，维护欧盟法律秩序的正常运转且注意到第100条第1款的法律理念，以友好于欧盟法的方式适用第79条第3款，这要求对宪法认同损害的确认保留在联邦宪法法院之手。第100条第2款也强调了这一点，即对国际法一般规则对个人是否形成权利和义务有疑问时，应当提交联邦宪法法院。联邦宪法法院

---

[30] BVerfGE 140, 317 (336 ff.)（Identitätskontrolle）.
[31] Burchardt, ZaöRV 76 (2016), 527 ff.
[32] BVerfGE 147, 364 (378 f.)（Haftraumgröße）.

还可以在宪法诉愿中进行身份审查（第93条第1款第4a项）。

……

3. 《德国基本法》第79条第3款写入的宪法认同所保护的法益不仅是不受超国家公权力所施加的干预，还有第1条第1款的原则，即国家权力注重和保护人性尊严的义务（《德国基本法》第1条第1款第2句），还有第1条第1款人性尊严保障所体现的任何处罚以罪责为前提的原则。

4. 个案中，《德国基本法》第23条第1款第3句结合第79条第3款中确认的融合不可改变之法益不得相对化。特别是第1条第1款。保障人性尊严是宪法秩序的最高法律价值所在。对人性尊严的注意和保护是《德国基本法》的立宪原则，宪法序言和第23条第1款第1句中的融合委托和欧盟法友善性必须考虑到上述原则。在这个背景下，联邦宪法法院利用身份审查无限制地保护《德国基本法》第23条第1款第3句结合第79条第3款和第1条第1款所赋予的不可或缺基本权。

5. 启动身份审查的严格前提条件是对相应宪法诉愿提出更高的合法性要求。必须详细充分地陈述，在具体情形中第1条的人性尊严受到何种程度的损害。

（一）欧盟基本权的发展和形成

1031　实现欧盟基本权的第一步是建立欧盟法院（EuGH），按照《欧盟条约》第19条第1款第2句受托行使法律，早在1969年"斯涛德案"中，欧盟法院在旁注中写道，"欧盟法院必须确保**共同体秩序的一般基本原则**得到保障"，其中包括个人的基本权。[33] 后来欧盟法院细化裁判，将基本权保护逐步扩展为全面的、符合本质而非法典性的体系。在欧盟基本权的理论基础上，欧盟法院一方面从**各成员国共同的宪法传统**上提取而来；另一方面从作为**法律认知来源的《欧洲人权公约》**中获取。[34] 欧盟法院的做法可以被称为"评判性法律比较"（wertende Rechtsvergleichung）；法律比较后

----

[33] EuGH, Slg. 1969, 419 (Rn. 7) (Stauder).

[34] EuGH, Slg. 1970, 1125 (Rn. 4) (Internationale Handelsgesellschaft); Slg. 1974, 491 (Rn. 13) (Nold); Slg. 1979, 3727 (Rn. 15) (Hauer).

产生的最佳方案即为欧盟基本权。[35] 自 1992 年《马斯特里赫特条约》修改后，这个裁判被明确写入《欧盟条约》第 6 条第 3 款。

联邦宪法法院对这种法律发展一开始是表示质疑的。在 1971 年的"**只要 I 裁定**"中，联邦宪法法院指责当时的欧盟缺乏法典编纂、能由公民主张保护的基本权名录：只要欧盟层面不能提供适当的基本权保护，联邦宪法法院就对欧盟法的优先适用提出保留，必须按照基本权的标准来审查欧盟法，在违反基本权时不得适用。[36] 1986 年联邦宪法法院转变了态度：在"**只要 II 裁定**"中，联邦宪法法院认识到，欧盟法在这期间开始形成基本权保护，其基本权概念、内容、作用效果和德国的基本权保护标准基本相同。[37] 因此，只要欧盟层面具有有效的基本权保护，联邦宪法法院就不行使"只要 I 裁定"所主张的审查权限。[38] 基本权保护完全由欧盟法院来行使。在**马斯特里赫特判决**中[39]，联邦宪法法院进一步具体化了自身与欧盟法院的关系，即联邦宪法法院与其处于"合作关系"中。该裁判——被身份审查所补充[40]——仍然有效。[41] 只有当欧盟基本权保护普遍地而非个案性地降至必不可少的水平时，联邦宪法法院才行使审查权限。这必须通过第 100 条第 1 款的法官提交或者宪法诉愿来详细阐述保护不足，从目前的保护水准上来看，上述途径目前只有理论可能性。[42] 只要欧盟法在转化为国家法的过程中存在转化空间，联邦宪法法院就可以行使完全的审查权限。[43] 因为这是对本国立法的审查。

BVerfGE 102, 147（161 ff.）（Bananenmarktordnung）：审判庭在 1974 年 5 月 29 日的"只要 I 裁定"（BVerfGE 37, 271-Solange I）中从

---

[35] Kingreen, JuS 2000, 857（859）.
[36] BVerfGE 37, 271（280）（Solange I）.
[37] BVerfGE 73, 339（378）（Solange II）.
[38] BVerfGE 73, 339（387）（Solange II）.
[39] BVerfGE 89, 155（174）（Maastricht）.
[40] 参见页边码 1030 和 177a。
[41] BVerfGE 118, 79（95）（Treibhausgas-Emissionsberechtigungen）；121, 1（15）（Einstweilige Anordnung Vorratsdatenspeicherung）；123, 267（335）（Lissabon）.
[42] BVerfGE 102, 147（162 f.）（Bananenmarktordnung）. 参见页边码 177。
[43] BVerfGE 113, 273（300 f.）（Europäischer Haftbefehl）；118, 79（95 ff.）（Treibhausgas-Emissionsberechtigungen）.

事实角度得出下列结论，共同体的融合还没有进展到如下程度，即共同体法拥有议会通过且有效的基本权名录，而该基本权名录和《德国基本法》的保护等同。出于这个原因，本审判庭认为，德国法院拿到当时《欧共体条约》第177条所要求的欧盟法院裁决后，如果认为共同体法中对裁决起到决定性作用的法律规定按照欧盟法院给出的解释，会与《德国基本法》的基本权相冲突而不能适用，那么在规范审查程序中提交给联邦宪法法院是合法且应当的。

……

a) 审判庭在其1986年10月22日的"只要Ⅱ裁定"中（BVerfGE 73, 339-Solange Ⅱ）认为，在这期间欧共体的高权领域开始出现基本权保护，概念、内容和作用效果上和德国基本权保护标准基本相同。不再存在理由来主张已经建立的共同体法不够充分且只具有暂时的特性。本审判庭从欧盟法院的个别判决出发，确认欧盟层面的基本权保护水准，这主要是欧盟法院裁判从内容上构建、固定和充分保障基本权。本审判庭总结性地确认如下：面对共同体高权的干扰，只要欧洲共同体，特别是欧盟法院能一般性地提供与《德国基本法》必不可少基本权保护实质相同的有效基本权保障，特别是保障基本权的核心内涵，那么联邦宪法法院对作为德国高权领域内德国法院和行政机关行为的法律基础——共同体法的适用不再行使法院管辖权，不再按照基本法的基本权标准来审查。（将派生法规范再）提交（给联邦宪法法院）按照《德国基本法》第100条第1款是不允许的。

b) 本审判庭在马斯特里赫特判决（(BVerfGE 89, 155)中也作出同样的确认。本审判庭强调，联邦宪法法院通过与欧盟法院在审判权上的合作以此保障德国居民不受共同体高权的干扰，提供与《德国基本法》绝对必要的基本权保护实质相同的有效基本权保护，特别是一般性保障基本权本质内涵。联邦宪法法院亦是如此确保本质内涵不受共同体高权的干扰。在满足本审判庭第二次"只要"裁定（BVerfGE 73, 339-Solange Ⅱ）表达的前提条件下，面对德国公权力基于派生共同体法所产生的行为，基本权保护由欧盟法院来负责。联邦宪法法院只有在欧盟法院达不到上述裁定确定的基本权保护标准时，才重新行使自身管辖权。

c)《德国基本法》第23条第1款第1句(通过1992年12月21日的法律增加,BGBl I S.2086)强化了这个司法裁判。为实现统一的欧洲,德国参与了欧洲联盟的发展,而欧洲联盟有义务承认民主、法治、社会和联邦基本原则和辅助性原则,并提供和《德国基本法》相似的基本权保护。这里并不要求欧盟和欧盟法院的司法裁判能做到和《德国基本法》各个基本权领域完全相同的保护。面对共同体高权,欧盟法院普遍地向德国居民提供与《德国基本法》绝对必要基本权保护实质相同的有效基本权保护,特别是保障基本权的本质内涵,这就满足第二次"只要"裁定所设定的要求。

d)因此,按照本审判庭的马斯特里赫特判决,如果没有理由表明包括欧盟法院在内的欧盟法律发展在"只要Ⅱ裁定"后仍处于必要的基本权保护标准之下,那么宪法诉愿和法院提交一开始就是不合法的。因此,本国法院的提交或者宪法诉愿在主张《德国基本法》的基本权被衍生为共同体法损害时,必须详细证明作为不可缺少部分的基本权保护没有被一般性地得到保障。这需要按照第二次"只要"裁定所言说的方式对本国和共同体层面基本权保护作出比较。

(二) 欧盟基本权利宪章

2009年12月1日《里斯本条约》生效,《欧盟基本权利宪章》明显增强了欧盟层面的基本权保护,它和原生欧盟条约具有同等效力(《欧盟条约》第6条第1款)。《欧盟基本权利宪章》以人性尊严保障为开端,总共包含**50条基本人权**,涉及自由、平等、公民权、司法权和《德国基本法》没有规定的团结。一些规定只具有纲领性的特征(《宪章》第36条到第38条),其他的则可以视为真正的基本权。根据第52条第7款,解释宪章时必须正确地注意到关于基本权来源的相关解释。[44]这些解释帮助理解原生法。相应的,也适用于欧洲人权法院的司法裁判(《欧盟基本权利宪章》第52条第3款)。

《欧盟基本权利宪章》约束欧盟所有的机关和机构,以及"执行"欧盟

---

[44] ABl. EU 2007/C 303/02 vom 14.12.2007, S.17 ff.

法的成员国(《欧盟基本权利宪章》第51条第1款)。这意味着《欧盟基本权利宪章》约束下列情形中的成员国机构,即执行或转化欧盟法主导的行为,以及限制欧盟法所保障的基本自由。因此,成员国必须在欧盟法的适用范围内活动。至于具体意味着什么,还没有得到最终阐明。在"艾克贝格·弗兰森案"(Akerberg Fransson)的判决中,欧盟法院认为,即使本国没有转化指令,在欧盟法适用的全部领域也应当适用欧盟基本权。[45] 也就是说,案件事实与欧盟法的抽象联系——在"艾克贝格·弗兰森案"中,欧盟法院认定的是在欧盟已有关于课税的抽象规定的同时,本国对违反课税义务作出法律制裁规定——足够正当化《欧盟基本权利宪章》的适用。联邦宪法法院在"反恐数据案"中则持相反观点。联邦宪法法院正确地强调,**不是每个与欧盟法抽象适用领域有事务联系的规定,或者产生纯粹事实效力的规定**都使成员国受到《欧盟基本权利宪章》所列基本权的约束。[46] 欧盟法院之后就没有再次重复上述裁判,将只是抽象地触及欧盟基本权适用范围的多个案件认定为不足够正当化宪章的适用。[47] 特别是在**"赫南德兹案"**(Hernández)中强调,"结合本案所争议问题,如果欧盟法规定在所涉实体领域内没有为成员国设定明确义务",那么就不能适用《欧盟基本权利宪章》。因此,"本国措施仅仅是触及欧盟管辖权,未被纳入欧盟法适用范围,也就不适用《欧盟基本权利宪章》"[48]。该裁判值得赞同。**只有存在明确的欧盟法义务时,本国措施才落入欧盟法的适用范围。**

BVerfGE 133, 277 (316) (Antiterrordatei):欧盟法院不是《德国基本法》第101条第1款意义上的法定法官,因为该问题只涉及德国基本权。欧盟法院在"艾克贝格·弗兰森案"的裁判也不能得出另外结论。联邦宪法法院和欧盟法院之间的互相合作不能理解为,欧盟法院在缺乏明显越权裁决或者威胁到成员国基本权的保护和实现(《德

---

〔45〕 EuGH, ECLI:EU:C:2013:105 (Åkerberg Fransson) 以及 Hoffmann/Kollmar, DVBl. 2013, 717 ff. 的解读。

〔46〕 该问题参见 v. Danwitz, EuGRZ 2013, 353 ff.; Gärditz, JZ 2013, 633 ff.; Ohler, NVwZ 2013, 243 ff.; Thym, NVwZ 2013, 889 ff.。

〔47〕 EuGH, C-198/13, ECLI:EU:C:2014:2055 (Hernández); C-333/13, ECLI:EU:C:2014:2358 (Dano)。

〔48〕 EuGH, C-198/13, ECLI:EU:C:2014:2055 (Hernández)。

国基本法》第23条第1款第1句）时，而使《德国基本法》建立起的宪法秩序认同受到质疑。无论如何，欧盟法院的裁判不能理解和适用为，每个与欧盟法抽象适用领域有实体联系的规定，或者产生纯粹事实效力的规定都使成员国受到《欧盟基本权利宪章》基本权的约束。相反，欧盟法院在其裁判中也详细指明，宪章的欧盟基本权只是在"欧盟法规制的情形"中适用，而不能在其外适用。

（三）欧盟基本权的功能和框架

欧盟基本权的功能和框架基本和本国基本权相同。欧盟基本权也同样具有**防御权和给付权面向**，目前司法裁判的重点还只是防御权。给付权主要是程序权，如有效权利救济请求权（《欧盟基本权利宪章》第47条）。至于欧盟基本权是否包含了保护权，目前不清晰。[49] 通过《欧盟基本权利宪章》，个别基本权已经具备了保护义务属性（《欧盟基本权利宪章》第8条、第24条、第30条）；还有《欧盟基本权利宪章》第1条第2句，该规定明显借鉴了《德国基本法》第1条第1款第2句，欧盟基本权的**保护义务维度**似乎已得到实证化。[50]

框架上可以将基本权审查分为**保护范围、干预和正当化**。欧盟基本权主体保护范围原则上包括自然人和法人。[51] 基本权保护并不限制在欧盟公民（《欧盟运行条约》第20条第1款）和欧盟内定居的法人，也包括特别关涉欧盟的第三国居民（需要住所:《欧盟基本权利宪章》第42条以下）。[52] 相对的则是基本权义务人——欧盟和其机构以及执行欧盟法的成员国（《欧盟基本权利宪章》第51条第1款第1句）。**私人**是否也**受束**于欧盟基本权这个问题和本国宪法的回答是相似的：直接受到约束的只能是直接行使欧盟法高权的被授权人。而通过欧盟基本权保护义务维度所产生

1035

1036

---

[49] 这个方向的理解参见 EuGH, Slg. 1991, I-4007 (Rn. 23) (Stichting)。Vgl. Suerbaum, Die Schutzpflichtdimension der Gemeinschaftsgrundrechte, EuR 38 (2003), 390 ff.。

[50] Jarass, GR - Charta, Art. 51 Rn. 49; Kingreen, in: Calliess/Ruffert, EUV/AEUV, 4. Aufl. 2011, Art. 51 Rn. 22 ff.; Ladenburger, in: Tettinger/Stern, GR-Charta, Art. 51 Rn. 19.

[51] 早有 EuGH, Slg. 1970, 1125 (Rn. 4 ff.) (Internationale Handelsgesellschaft)。不过也需要对单个基本权作出解释，《欧盟基本权利宪章》没有类似《德国基本法》第19条第3款的规定。Vgl. Borowsky, in: Meyer, GR-Charta, 3. Aufl. 2010, Rn. 35.。

[52] Vgl. Kingreen, in: Calliess/Ruffert, EUV/AEUV, 4. Aufl. 2011, Art. 52 Rn. 51 ff.

的间接约束力使得在解释和适用私法规范时应当注意到基本权的辐射效力。在不考虑个别基本权的特殊限制的情况下（《欧盟基本权利宪章》第8条第2款、第17条第1款第2句），基本权的可限制性必须遵守《欧盟基本权利宪章》第52条第1款的**一般限制保留**。按照该规定，基本权的限制必须由法律来规定；注意到权利的本质内涵。此外，《欧盟基本权利宪章》第52条第1款第2句强制遵守比例原则。还要注意的是《欧盟基本权利宪章》第52条第3款，该规定将宪章基本权与《欧洲人权公约》和共同的宪法传统进行**实质性同步**（Synchronisierung）。欧盟基本权的保护范围可以随之修正。《欧盟基本权利宪章》不得导致欧盟或者成员国层面的基本权保护水平降低（《欧盟基本权利宪章》第53条）。

（四）权利救济

1037　　欧盟基本权救济通过欧盟司法管辖权——欧盟法院、欧盟普通法院和专门法庭（《欧盟运行条约》第19条）——以及与之处于合作关系、共同保护基本权的本国法院来确保。[53] 欧盟权利救济分为**直接诉讼**（特别是《欧盟运行条约》第263条的无效诉讼和第265条的不作为诉讼）和《欧盟运行条约》第267条的**先行裁决程序**。当直接为个人构成权利和义务的欧盟法律活动或者不作为造成基本权损害时，则允许在欧盟法院直接诉讼。上述损害行为可以是《欧盟运行条约》第288条第2款的条例，亦可是《欧盟运行条约》第288条第4款的决议。相对的，当欧盟法律活动尤其是《欧盟运行条约》第288条第3款的指令，需要本国机构的转化和实施时，则应当由本国法院来进行权利保护。这种情形主要是本国的转化和执行。如果本国法院对作为执行基础的欧盟法律规定与欧盟基本权是否相符表示怀疑，必须中止程序，按照《欧盟运行条约》第267条第1款第b项向欧盟法院提起先行裁决申请。联邦宪法法院在《德国基本法》第101条第1款第2句的范围内（法定法官权）审查终审法院是否尽到了提交义务。[54]

案例写作提示：

案例写作中，可以套用德国基本权的经典模式[55]。首先，如果基本权

---

[53] EuGH, Slg. 2002, I-6677 (Rn. 39 ff.) (Unión de Pequeños Agricultores).

[54] BVerfGE 147, 364 (378 ff.) (Haftraumgröße). Vgl. zu Art. 101 Abs. 1 S. 2 GG Rn. 932 ff.

[55] 参见页边码27。

受损可能是执行欧盟法时发生的，必须先查看《欧盟基本权利宪章》。

其次，除此之外——当然基于《欧盟基本权利宪章》的规范范围和一般基本原则的残留功能不可想象——还可以把《欧盟运行条约》第6条第3款所言的法律认知来源纳入范围，在审查保护范围时首先对欧盟法基本权的适用表明态度。提及《欧盟运行条约》第6条第3款评判性法律比较已经足够。作为法律认知来源，相应的德国基本权、《欧洲人权公约》的权利等其他国家的基本权也要在家庭作业中指明。绝对不能做的是直接以欧盟成员国或者《欧洲人权公约》的权利来作为审查标准，因为欧盟不受这些权利的直接约束。保护范围和干预的审查可以按照欧盟法院的司法裁判放宽进行。干预正当化上有足够空间。最后，除了公益限制（《欧洲人权公约》、本国规定），也应当对所有利益进行详细权衡。

四、欧盟基本自由

案例31：倩碧

1038

雅诗兰黛有限公司是美国企业雅诗兰黛的德国子公司，该公司在商场和生活用品店里销售美国企业所生产的化妆用品。其产品多年以来在除德国以外的欧洲国家使用"倩碧"（Clinique）* 这一名称来出售，而在西德则是从1972年使用"霖碧"（Linique）。为了减少不同标识所产生的包装和广告费用，该企业决定在德国市场也使用"倩碧"商标来出售。社会竞争协会——一家按照《反不正当竞争法》第3条第3款第2项拥有起诉资格的协会，向主管法院柏林州法院提起诉讼。该协会依据《反不正当竞争法》第3条和《食品及日用品法》第27条（禁止误导性说明）起诉，禁止其在西德市场上使用"倩碧"商标，因为这可能导致消费者误认为该产品具有医学效果。柏林州法院认为可能需要进行意见调查，看这个商标是否确实对大部分消费者产生误导作用。但是法院又认为，如果禁止使用有问题标识构成违法限制欧盟内交易，那么证据调取就会是多余的。法院认为有必要解释欧盟条约，向欧盟法院提交了先行裁决申请："欧盟其他国家合法运营的化妆产品在进入本国市场时，如果本国不正当竞争法以产品名称'倩碧'有误导消费者之嫌而禁止销售，但使用'倩

---

* Clinique 在法语中有"诊所"之义。——译者注

碧'名称该产品在欧盟其他国家合法且不受质疑地销售,那么本国不正当竞争法规定是否与《欧盟运行条约》第34条和第36条相冲突?"

允许该提交吗?欧盟法院如何回答?

案例原型 EuGH, Slg. 1994, I-317 (Clinique)。

1039 欧盟法中,除了欧盟基本权还有共同市场(Binnenmarkt)的基本自由(《欧盟运行条约》第26条第2款)。从法律属性上看,基本自由原则上并非基本权[56],也就是说不是针对国家限制的对自然自由的保障。基本自由**是市场公民的权利**,赋予公民权利以实现共同市场。在以经济融合为目标的欧洲融合发展历史上,基本自由比欧盟基本权的形成还要早。基本自由较少涉及个人保护,而是为了保证共同市场无阻碍的运转。因此,基本自由的适用范围也具有重要的限制:只有当一个行为触及共同市场,即形成跨境跨国事实时,才能援用基本自由。[57] 在《欧盟基本权利宪章》生效的背景之下,欧盟法院将原先基本自由的最低条件——跨境因素——不断削弱。《欧盟运行条约》第20条第1款**欧盟公民身份**决定了成员国国家公民的基本地位;独立于来源成员国而赋予欧盟公民该身份。[58] 从欧盟公民身份推导出权利的"核心领域",而不看是否跨境,尤其是处于基本权(《欧盟基本权利宪章》第45条)和基本自由(《欧盟运行条约》第21条)之间的迁徙自由,欧盟法院从中推导出不同的权利。[59] 考虑到从迁徙自由中推导出的权利,欧盟法院逐渐放弃要求跨境要件,将基本自由向欧盟基本权利靠拢。[60]

1040 基本自由可以有体系地分为**货物、人员和资本流通自由**。货物流通自由包括禁止进口和出口限制(《欧盟运行条约》第34条、第35条);人员流通自由是由劳工迁徙自由(《欧盟运行条约》第45条)、开业自由(《欧盟运行条约》第49条)、服务自由(《欧盟运行条约》第56条);资本流通自由则是资本流通自由(《欧盟运行条约》第63条第1款)和支付往来自由(《欧盟运行条

---

[56] Kingreen, Die Struktur der Grundfreiheiten des Europäischen Gemeinschaftsrechts, 1999, S. 16.

[57] EuGH, Slg. 1992, I-323 (Rn. 7) (Brea/Palacios); Slg. 1995, I-301 (Rn. 9) (Aubertin).

[58] EuGH, C-523/11, ECLI: EU: C: 2013: 524 (Prinz).

[59] Vgl. EuGH, Slg. 2001, 1-6193 (Rn. 31) (Grzelczyk); Slg. 2002, 1-7091 (Baumbast); Slg. 2005, 1-2119 (Bidar).

[60] Vgl. Gundel, in: Hatje/Müller-Graff/Grabenwarter, Enzyklopädie des Europarechts, Bd. 2, 2014, §2 Rn. 1 ff.

约》第63条第2款)。[61] 基本自由包含了所有重要的市场行为。

(一) 基本自由的框架

在欧盟法院司法裁判中,各种基本自由保持着统一的框架。[62] 案例写作时要参考基本权的三层次分析框架。

1041

1. 保护范围

保护范围层面要从空间、主体和实体适用范围来区分。**空间角度**上,基于基本自由的意图要求存在跨境的事实要件。对于纯本国案件,基本自由原则上不予适用;不过应注意,欧盟法院从欧盟公民身份和迁徙自由(《欧盟运行条约》第20条、第21条)中得出权利构成要件不再要求跨境的结论。因此作为核心领域,迁徙自由将基本自由的空间适用范围扩展到了单纯的本国事件上。**主体角度**上,基本自由的保护范围区分为:货物和资金流通自由不再与国籍相联系;人员流通自由则以成员国国籍为前提(《欧盟运行条约》第45条第2款)。**实体保护范围**上,各个基本自由的保护范围已经说明了其保护客体。和基本权一样,基本自由也有防御权和给付权的维度。**防御权维度**主要是禁止国家差异对待和限制,**给付权维度**则是保护不被私人区别对待和限制:为了保护基本自由,国家有义务针对第三人采取措施。[63] 至于基本自由是否让私人直接承担义务,也即发挥直接第三人效力,是有质疑的;欧盟法院在劳工迁徙自由领域中认为,当个别劳工遭受联合会权力的侵害时,私人原则上也受约束。[64]

1042

2. 干预

基本自由在两个方向上提供保护:一方面,这产生于字面——基本自由保护免受国籍歧视,[65] 欧盟的外国人和其本国人必须同等对待(**国民待遇原则**);另一方面,欧盟法院认为并不只是禁止歧视。相反,如果措施加

1043

---

[61] 保护范围详见 Ehlers, Jura 2001, 482 ff. 。

[62] 所谓的基本自由竞合参见 Steinberg, EuGRZ 2002, 13 ff. 。

[63] EuGH, Slg. 1997, I-6959 (Rn. 30 ff.) (Frankreich); Slg. 2003, I-5659 (Rn. 57 ff.) (Schmidberger)。

[64] EuGH, Slg. 2000, I-2549 ff. (Bosmann); weitergehend EuGH, Slg. 2000, I-4139 (Rn. 36) (Angonese)。正确地予以否定见 Ehlers, in: ders., Europäischer Grundrechte und Grundfreiheiten, 3. Aufl. 2009, S. 236 f. 。

[65] 比起《欧盟运行条约》第18条的一般歧视禁止,基本自由是特别法。

重了货物、人员和资金的自由流通甚至使其变得不可能，毫无歧视的措施也可能违反共同市场的目标。以有效性为导向的目的解释使得基本自由解释为**歧视和限制禁止**。[66] 无论是歧视还是限制都是干预，都需要正当化。

3. 正当化

1044 　　基本自由受到**成文和未成文的限制**。对基本自由成文的限制性规定在条约中已经写明（如《欧盟运行条约》第36条、45条第3款、第52条、第62条、第64条和第65条）。对歧视或者限制同等适用的限制性规定大多数已经在文本中严格写明。基于其例外性规定的角色，欧盟法院对这些限制性规定进行了更加严格的解释。[67] 对限制层面的保守态度和作为限制禁止的保护范围宽泛解释，这些使得各成员国的构建可能性达到最小程度。欧盟法院对此作出回应，在成文法限制外，还肯认了不成文的限制。**限制和隐藏的（事实性）歧视**[68]，而非公开歧视[69]，**只要是为满足强制性要求（zwingende Erfordernisse）所必须，即可按照"黑醋栗果酒公式"**[70]**（Cassis-Formel）得到正当化。**[71] 强制性要求至少是《欧盟条约》第3条和职权规定所列举的欧盟目标，可以是环境、健康、消费者和劳工保护以及保护与之相冲突的欧盟基本权。[72] "所必须"则是重要的限制的限制，也适用于成文限制基础上的干预：对基本自由的干预在下列情形中所必须，即干预对其所追求的目标来说符合**比例**，也就是适当、必要和均衡。[73]

---

[66] EuGH, Slg. 1974, 837 (Rn. 5) (Dassonville) 涉及货物流通自由；Slg. 1995, I-4921 (Rn. 96) (Bosman) 涉及劳工迁徙自由；Slg. 1995, I-4165 (Rn. 37) (Gebhard) 涉及开业自由；Slg. 1974, 1299 (Rn. 10 ff.) (van Binsbergen) 涉及服务自由；Slg. 2002, I-4781 (Rn. 40 f.) (Frankreich) 涉及资本流通自由。

[67] EuGH, Slg. 1981, 1625 (Rn. 7 f.) (Irland).

[68] Vgl. Gundel, Jura 2001, 79 (82).

[69] 根据裁判，条约特别强调的目标则可存在例外，参见 EuGH, Slg. 1992, I-4431 (Rn. 33 f.) (Wallonische Abfälle); Slg. 2001, I-2099 (Rn. 69 ff.) (PreussenElektra)。

[70] "黑醋栗果酒公式"是欧盟法院在"黑醋栗果酒案"（EuGH, Slg. 1979, 649）中所形成的原则。该案中，德国根据其一项国内法禁止从法国进口黑醋栗酒，该法规定在德国市场上出售的酒类饮料内酒精含量必须达到一定的标准。德国政府以保护消费者利益为由认为该法是合理的，但欧洲法院认为这个观点不成立，并确立了强制性要求原则。据此，对基本自由不加区别的干预，只要存在强制性要求且符合比例原则，干预就是正当的。——译者注

[71] EuGH, Slg. 1979, 649 (Rn. 8) (Cassis de Dijon); Slg. 1997, I-3689 (Rn. 8) (Familiapress).

[72] EuGH, Slg. 2003, I-5659 (Rn. 70 ff.) (Schmidberger).

[73] EuGH, Slg. 2001, I-837 (Rn. 30 f.) (Mac Quen) 更为清晰。

（二）权利救济

基本自由的权利救济原则上和欧盟基本权利救济方式相同[74]，而与欧盟基本权利不同的是，基本自由的救济上，主要是根据基本自由来衡量本国规定，虽然欧盟自身也受束于基本自由。[75] 因此，首先应当向本国法院主张权利救济，本国法院必须将基本自由作为直接适用的法律来作为审查标准。有疑问时必须按照《欧盟运行条约》第267条第1款第a项提交欧盟法院**先行裁决**。

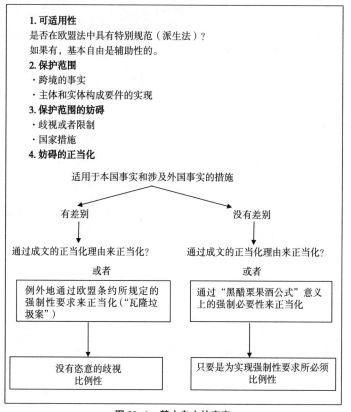

图20-1　基本自由的审查

---

[74] 参见页边码1037。
[75] EuGH, Slg. 2001, I-5901 (Rn. 37) (Schwarzkopf).

参考书目和检索

1. 教科书

Badura, Peter, Staatsrecht, 7. Aufl. 2018.

Classen, Staatsrecht II-Grundrechte, 1. Aufl. 2018.

Hesse, Konrad, Grundzüge des Verfassungsrechts der Bundesrepublik Deutschland, 20. Aufl. 1999.

Hufen, Friedhelm, Staatsrecht II-Grundrechte, 7. Aufl. 2018.

Ipsen, Jörn, Staatsrecht II-Grundrechte, 21. Aufl. 2018.

Manssen, Gerrit, Staatsrecht II-Grundrechte, 15. Aufl. 2018.

von Münch/Mager, Staatsrecht II-Grundrechte, 7. Aufl. 2018.

Michael, Lothar/Morlok, Martin, Grundrechte, 6. Aufl. 2017.

Pieroth, Bodo/Schlink, Bernhard/Kingreen, Thorsten/Poscher, Ralf, Grundrechte-Staatsrecht II, 34. Aufl. 2018.

Sachs, Michael, Verfassungsrecht II/Grundrechte, 3. Aufl. 2017.

2. 案例和裁判集

Mitglieder des Bundesverfassungsgerichts, BVerfGE, amtliche Sammlung der Entscheidungen des Bundesverfassungsgerichts, zurzeit 147 Bände.

Verein der Richter des BVerfG e. V., BVerfGK, Sammlung ausgewählter Entscheidungen der Kammern des Bundesverfassungsgerichts, zurzeit 20 Bände.

Brinktrine, Ralf/Šarčević, Edin, Fallsammlung zum Staatsrecht, 2. Aufl. 2018.

Degenhart, Christoph, Klausurenkurs im Staatsrecht I, 4. Aufl. 2016 und Klausurenkurs im Staatsrecht II, 8. Aufl. 2017.

Grimm, Dieter/Kirchhof, Paul/Eichberger, Michael (Hrsg.), Entscheidungen des Bundesverfassungsgerichts, zwei Bände, 3. Aufl. 2007.

Höfling, Wolfram, Fälle zu den Grundrechten, 2. Aufl. 2014.

Pieroth, Bodo/Görisch, Christoph/Hartmann, Bernd, Hausarbeit im Staatsrecht, 3. Aufl. 2015.

Volkmann, Uwe, Staatsrecht II-Grundrechte, 2. Aufl. 2011.

Bumke, Christian/Voßkuhle, Andreas, Casebook Verfassungsrecht, 7. Aufl. 2015.

3. 评论集和手册

Benda, Ernst/Maihofer, Werner/Vogel, Hans-Jochen, Handbuch des Verfassungsrechts der Bundesrepublik Deutschland, zwei Bände, 2. Aufl. 1995.

Denninger, Erhard/Hoffmann-Riem, Wolfgang/Schneider, Hans-Peter/Stein, Ekkehart (Hrsg.), Kommentar zum Grundgesetz für die Bundesrepublik Deutschland (AK-GG), Loseblattwerk, drei Bände, 3. Aufl. 2001.

Dörr, Oliver/Grote, Rainer/Marauhn, Thilo, EMRK/GG Konkordanzkommentar zum europäischen und deutschen Grundrechtsschutz, 2. Aufl. 2013, zwei Bände.

Kahl, Wolfgang/Waldhoff, Christian/Walter, Christian (Hrsg.), Bonner Kommentar zum Grundgesetz (BK), Loseblattwerk, 25 Bände.

Dreier, Horst (Hrsg.), Grundgesetz: Kommentar, drei Bände, I: 3. Aufl. 2013, II: 3. Aufl. 2015, III: 3. Aufl. 2018.

Epping, Volker/Hillgruber, Christian (Hrsg.), Grundgesetz Kommentar, 2. Aufl. 2013.

Epping, Volker/Hillgruber, Christian (Hrsg.), Beck'scher Online-Kommentar Grundgesetz, 39. Edit. 2018, zugänglich über www.beck-online.de.

Friauf, Karl Heinrich/Höfling, Wolfram (Hrsg.), Berliner Kommentar zum Grundgesetz, Loseblattwerk, zurzeit fünf Bände.

Gröpel, Christoph/Windthorst, Kay/von Coelln, Christian, Studienkommentar zum Grundgesetz, 3. Aufl. 2017.

Heun, Werner/Honecker, Martin/Morlok, Martin/Wieland, Joachim, Evangelisches Staatslexikon, 2006.

Hömig, Dieter/Wolff, Heinrich Amadeus (Hrsg.), Grundgesetz für die Bundesrepublik Deutschland: Taschenkommentar, 12. Aufl. 2018.

Isensee, Josef/Kirchhof, Paul (Hrsg.), Handbuch des Staatsrechts (HStR), zwölf Bände, 3. Aufl., I: 2003, II: 2004, III: 2005, IV: 2006, V: 2007, VI: 2009, VII: 2009, VIII: 2010, IX: 2011, X: 2012, XI: 2013, XII: 2014.

Jarass, Hans/Pieroth, Bodo, Grundgesetz für die Bundesrepublik Deutschland, 15. Aufl. 2018.

Leibholz, Gerhard/Rinck, Hans-Justus/Hesselberger, Dieter, Grundgesetz für die Bundesrepublik Deutschland, Loseblatt-Kommentar, Loseblattwerk, drei Bände.

Mangoldt, Hermann von/Klein, Friedrich/Starck, Christian (Hrsg.), Das Bonner Grundgesetz: Kommentar, drei Bände, 7. Aufl. 2018.

Maunz, Theodor/Dürig, Günter, Grundgesetz, Kommentar, Loseblattwerk, zurzeit sieben Bände.

Merten, Detlef/Papier, Hans-Jürgen (Hrsg.), Handbuch der Grundrechte (HGR), zehn Bände, Band I: 2004, Band II: 2006, Band III: 2009, Band IV: 2011, Band V: 2013, Band VI/1: 2010, Band VI/2: 2009, Band VII/1: 2009, Band VII/2: 2007, Band IX: 2016, Band X: 2017.

Münch, Ingo/Kunig, Philip (Hrsg.), Grundgesetz-Kommentar, zwei Bände, 6. Aufl. 2012.

Sachs, Michael (Hrsg.), Grundgesetz Kommentar, 8. Aufl. 2018.

Schmidt-Bleibtreu, Bruno/Hoffmann, Hans/Henneke, Hans-Günter, Kommentar zum Grundgesetz, 14. Aufl. 2017

4. 宪法产生历史

Deutscher Bundestag/Bundesarchiv, Der Parlamentarische Rat 1948-1949, Akten und Protokolle, zurzeit 14 Bände, ab 1981.

Doemming, Klaus-Berto von/Füsslein, Rudolf Werner/Matz, Werner, Entstehungsgeschichte der Artikel des Grundgesetzes, Jahrbuch des Öffentlichen Rechts (JöR) n. F. 1 (1951), zitiert JöR 1 (1951).

Sach-und Sprechregister zu den Verhandlungen des Parlamentarischen Rates und seines Hauptausschusses, gebunden/Kopiensammlung, 1948/1949.

Schneider, Hans-Peter (Hrsg.), Das Grundgesetz-Dokumentation seiner Entstehung, zurzeit 26 Bände, ab 1995.

Verhandlungen des Hauptausschusses, gebunden/Kopiensammlung, 1948/1949.

5. 学习技巧和案例解答

Butzer, Hermann/Epping, Volker, Arbeitstechnik im Öffentlichen Recht, 3. Aufl. 2006.

6. 网络资源

网络资源丰富多样，方便检索。但要对出处予以详细标记。由于网络地址可能很快更改，最好引用纸质媒介。相关材料的加工请阅读 Butzer/Epping, S. 109 以下。

BVerfG, www.bverfg.de.

EGMR, www.egmr.org.

EuGH, http://curia.europa.eu/jcms/jcms/j_6/.

HRRS, www.hrr-strafrecht.de.

JURIS, www.juris.de.

Universität Bern, http://www.servat.unibe.ch/dfr/dfr_bvbaende.html.

Dokumentarchiv, www.document-archiv.de.

7. 引用方式和案例答案

本书摘选的德国联邦宪法法院判例文本被缩短为其中包含的引用；出于篇幅原因没有明确标明。书中的案例答案在下列网站上可以找到：

http://www.jura.uni-hannover.de/687.html

http://extras.springer.com

基本权利总论索引

I. 主观和客观基本权内涵 …………………………… 11[1] 以下
　　保护规范理论 …………………………………… 137
II. 基本权的功能 ……………………………………… 14 以下
　　防御权功能 ……………………………………… 14
　　消极自由 ………………………… 313, 422, 720 以下, 880
　　给付权功能 ……………………… 15 以下, 58, 141 以下
　　保护义务 ………………………………………… 122 以下
　　平等权产生的保护义务 ………………………… 773
　　程序权 …………………………………………… 134
　　制度性保障/私法制度保障 ……………………… 429 以下
　　基本权的规范形塑 ……………………………… 433
　　基本权要求最低限度的权利 …………………… 597
　　参与权（衍生给付权） ………………………… 18, 771
　　形成权功能 ……………………………………… 21
III. 基本权义务人
　　国家 ……………………………………………… 338 以下
　　个人（"第三人效力"） ………………………… 343 以下
IV. 基本权权利人
　　自然人 …………………………………………… 154
　　基本权利行为能力 ……………………………… 299
　　死后人格保护 …………………………………… 600

[1] 本索引标注的数字为本书页边码。——译者注

外国人 ································· 583
　　特殊状态关系中的基本权 ······················ 697
　　法人（《德国基本法》第19条第3款）·········· 157以下
　　私法法人 ································· 158
　　公法法人 ································· 161
　　双面向的基本权 ·························· 304, 866
V. 基本权相关的国家活动
　　基本权干预 ···························· 392以下
　　基本权放弃 ································ 111
　　私法和干预防御 ························ 354以下
　　基本权构建 ···························· 433以下
　　拒绝给付（特别是保护）··············· 61, 126以下
VI. 限制
　　一般法律的保留 ····························· 45
　　加重法律的保留 ························ 239以下
　　无保留基本权的宪法权利冲突 ·················· 78
VII. 限制的限制
　　法律的保留和议会保留 ······················ 404
　　比例原则
　　　总论 ································ 48以下
　　　无保留自由权 ························ 91以下
　　　平等权 ······················ 794以下, 801, 820
　　　相互影响理论 ··························· 249
　　禁止措施性法律（《德国基本法》第19条第1款
　　　第1句）······························ 69以下
　　指明条款要求（《德国基本法》第19条第2款）·· 759以下
　　本质内涵保障（《德国基本法》第19条第2款）··· 71以下
VIII. 基本权竞合 ······························ 258以下
IX. 基本权解释
　　基本权解释法方法（示例）··············· 344以下, 551

合宪解释 …………………………………………… 66 以下
　　合乎欧盟法解释 …………………………………… 584
X. 审查框架
　　作为防御权的自由权 ……………………………… 17
　　干预的正当化 ……………………………………… 42
　　作为给付权的自由权 ……………………………… 143
　　平等权 …………………………… 783，784，808，818，860
　　基本自由 …………………………………………… 1046
　　《德国基本法》第 14 条 …………………………… 501
　　宪法诉愿的合法性 ………………………………… 207

术语索引

A

门第 830[1] 参见特别的差别待遇禁止
权衡理论 241 参见一般性法律
防御权 14 参见干预防御权
斗争攻击的态度 894，1015
一般性法律 240 以下
　权衡理论 241
　联邦宪法法院的观点 243
　特别法理论 242
　一览 244
一般行为自由 546 以下
一般举止自由 560
兜底性基本权 578
外国人 583 以下
琐事 568
艾弗案 550
扩展的干预概念 567
竞合 577
批评 557

人格核心理论 549，557
他人权利 574
林中骑马案 557
保护范围 560
道德法则 575
合宪性秩序 555，571 以下
合同自由 562 以下
法律的保留 553
一般举止自由 560 参见一般行为自由
一般性的司法保障请求权 926 亦参见权利救济保障
一般人格权 623 以下
作为给付权 653
秘密性 711
私密领域 606，629，648
法人 627
竞合 658
私人自治 645
私人领域 629
电脑搜寻 708

---

[1] 本索引标注的数字为本书页边码。——译者注

对自身图像的权利　631

对自身话语的权利　631

保障信息技术系统私密性和完整性基本
　　权　637, 646, 650, 652, 659, 673

信息自我决定权　634, 650, 695

再社会化　645

保护义务　654

个人性生活领域　643

对性的自主决定　643, 606

社会领域　629, 648

干预正当化一览　648

人口普查案　635, 650

类推　647

类推禁止　968　参见罪刑法定

强制劳动　424

避难权　1001以下

政治迫害　1003以下

安全第三国　1009

安全的来源地国　1010

兜底性基本权　578　参见一般行为
　　自由

剥夺国籍　997以下

构建　434以下　参见规范形塑基
　　本权

婚姻和家庭　514

所有权自由　434以下

父母教育权　524

法定法官　932

构建的界限　439

同盟自由　905

法定听审　943以下

权利救济保障　919以下

重构　442

结社自由　891

与干预的关系　440

比例　439

外国人，基本权保护　543以下

基本权在国外的效力　341

引渡　1000

出国旅行自由　746　参见迁徙自由

B

处于特别地位关系中的公务员　697
　　以下

残疾　837　参见特别的禁止区别
　　对待

职业图景　416

职业自由　374以下

职业　378

职业活动　384, 411

职业图景的固定化　416

职业选择　384, 412

三阶层理论

一体化保护范围　381

消极的职业自由　383

客观职业规制意图　399

比例原则审查　647以下

规范保留　403

受国家约束的职业　389

教育场所的选择　386

工作岗位的选择　385

竞争自由　387

职业规制意图 399 参见职业自由

诉愿资格 178 以下
 自身受影响 183
 当前受影响 184
 损害基本权的可能性 179
 直接受影响 186

特别权力关系 697 以下 参见特别地位关系

运营和商业空间 666 以下

检查 674 以下 参见住宅的保护

判断空间 921 参见权利保护保障

布林克菲尔案 221,352 参见言论自由

不莱梅条款 540

书信、邮政及电信秘密 687 以下
 书信秘密 690
 电信秘密 694
 《德国限制书信、邮政及电信秘密法》 705
 邮政秘密 691 以下
 保护义务 696
 阻碍通讯 701

C

电脑基本权 637 以下 参见信息技术系统私密性和完整性保障基本权

D

数据保护 635

文物保护 488

衍生给付权 18,770 参见给付权

大学录取名额限制案 772

德国人 585

区别对待条款 906
 特殊的差别待遇禁止 822 以下
  门第 830
  残疾 837
  性别 829 参见男女平等
  信仰 835
  来源 833
  籍贯 834
  政治见解 836
  种族 831
  不平等对待的正当化 838
  语言 832

双面向基本权
 宗教和世界观自由 304
 结社自由 866

三阶层理论 409 以下
 职业活动 411
 客观准入条件 414
 主观准入条件 413
 一览 418
 比例原则 417 以下

基本权的第三人效力 344 以下 参见基本权直接和间接的第三人效力

搜查 670 以下,677,681 亦参见住宅的保护

E

《欧洲人权公约》 1025 参见欧洲人权公约

婚姻和家庭的保护 502 以下
防御权 510
作为特别的平等原则 511
构建 514
婚姻的概念 505
家庭的概念 506
歧视 509
父母的教育权 16 以下
婚姻的私法制度保障 508
生活共同体 509
保护义务 508
名誉保护 248，606，631
所有权自由 427 以下
与职业自由的区分 456
防御权 444
制度性保障 429 以下
构建 434 以下
有补偿义务之内容和限制规定 486 以下
存续性保障 443
概念 447 以下
征收 469 以下
参见内容和限制规定 462 以下
参见湿采石案 427，443，450，477
规范形塑 433 以下 参见规范形塑基本权
使用 455
公法地位 451 以下
检测框架 500
已设立且运营的营业权 450
保留条款 488

所有权的情势相连 483
社会义务性 481
社会化 460，478，498
社会保障请求权 453
财产 448
干预
琐事 568
通过国家审批 394
扩展的干预概念 393 以下，567
危险门槛 124
经典的干预概念 392
客观的职业规制意图 399
与构建的关系 440
扩展干预概念中的法律的保留 407
归责 394
干预防御权 14
私法 354 以下
参见审查框架 27，42
制度性保障 429 以下 参见私法制度保障
禁止措施性法律 69
艾尔弗斯判决 550，746
父母 518 参见父母的教育权
具有征收效果的干预 496
征收 469 以下 参见内容和限制规定
行政征收 491
补偿额度 497
唇齿条款 496
法律征收 491
正当化 489 以下
一览 475

与征收相同的干预 496
继承权 457 以下
作为防御权 459 参见干预防御权
作为私法制度保障 458 参见制度性保障
父母的养育权 516 以下
构建 524
父母的概念 518
教养 519
儿童福祉 520，526
照顾 519
儿童宗教教育 519
宗教课程 541
父母与儿童的分离 528
国家的看门人 525
埃斯拉判决 292
欧盟公民、基本权保护 583 以下
欧盟法院
作为法定法官 938
基本权保护 1028 以下
欧洲人权公约 1020 以下
《欧洲人权公约》 1025
保障 1023
对损害的审查 1027
欧洲人权公约的位阶 1021
永久保障（《德国基本法》第 79 条第 3 款） 73，591，915
消极移动自由 720
待审居留 687，733
禁止身体和精神的虐待 723 以下
剥夺自由的程序 735 以下

第 2 条第 2 款第 2 句和第 104 条之间的关系 719，741

F

家庭 502 以下 参见对婚姻和家庭的保护
电信秘密 694 参见书信、邮政及电信秘密
电影自由 234 参见广播和电影自由
酷刑 115，606，725
研究 285 参见科学自由
妇女配额 851 参见男女平等
人的自由 713 以下
自由限制 726
剥夺自由 727
竞合 758
身体移动自由 717
无期徒刑 732
自由民主基本秩序 1014 参见合宪性秩序
自由权
自由权功能一览 17
自由迁徙 742 以下
居留 743
出境 746
迁外移民 746
入境 746
迁入移民 746
《德国基本法》第 11 条第 2 款意义上的法律 748

立法权限　749
竞合　758
限制性法律的正当目的　751
住所　743

G

《德国限制书信、邮政及电信秘密法》　705
共同体基本权　参见欧盟基本权
性别 829　参见特别的差别待遇禁止
法定法官　929 以下
　欧盟法院　938
　审务分配计划　935
　规范形塑　932
　恣意　937
信息技术系统私密性和完整性保障基本权　637 以下，646，650，652，659，673
营业　450　参见所有权自由
工会　899　参见同盟自由
良知自由　325 以下
　概念　328
　受良知引导的行为　329
　拒绝战时服役　330
信仰　835　参见特别的差别待遇禁止
信仰自由　308　参见宗教和世界观自由
男女平等　842 以下
机会平等　850
结果平等　850

国家的促进义务　848
妇女配额　851
宪法权利冲突　847
重要不同时的相同对待　787
平等权　765 以下
　作为防御权　770
　作为衍生的给付权　770
　特别的差别待遇禁止　822 以下
　违反平等原则的后果　856 以下
　男女平等对待　842 以下
　参见实质不同时的平等对待　787
　不法平等　791
　审查框架　776，860
　法律适用平等　769
　立法平等　769
　行政的自我约束　791
　平等权功能一览　20
　区别对待　778 以下，825 以下
　参见区别对待的正当化　794 以下
平等原则
　一般平等原则　768 以下
　特别的　511，821 以下，854　参见特别的差别待遇禁止
公法权利和义务　855
欧盟基本自由　1038 以下
　审查　1041 以下
基本权
　作为衍生给付权　18，697
　作为干预防御权　14
　作为制度性保障　429 以下
　作为形成权　21

作为平等权 765 以下
作为给付权 15 以下，141 以下
作为客观的价值秩序 15，348
作为原生给付权 16，597
作为保护义务 122 以下
作为程序权 16
历史 1 以下
客观规范面向 11
主观权利面向 12，137 以下，594
自由权功能一览 17
平等权功能一览 20
国家受基本权约束一览 356
无保留 78 以下
基本权宪章 1033 参见欧盟基本权
混合所有制企业的基本权资格 160
法人 156 以下
自然人 154
公有制企业 160
政党 159
特别地位关系 697 以下
等同于基本权之权利 10
基本权竞合 258 以下
一般行为自由 577 以下
一般人格权 658
书信、邮政及电信秘密 695
有效权利救济 925
自由迁徙和人的自由
想象竞合 261
沟通基本权 258 以下
逻辑特性 267
人性尊严 620

规范特性 266
法定听审 954
结社自由 874，879
基本权利之行为能力 173
基本权义务人 337 以下
放弃基本权 111 以下
人性尊严 616

H

人身保护令 3，713
籍贯 833 参见特别的差别待遇禁止
国家措施的秘密性 711
来源 834 参见特别的差别待遇禁止
基本权的水平效力 344 以下 参见基本权的直接第三人效力

I

信息自主决定权 634，650，695 见一般人格权
信息自由 223 以下
一般可接触到的信息来源 224
内容和限制的规定 462 以下 参见征收
补偿义务 486 以下
文物保护裁判 488
提交出版品义务案 487
正当化 480 以下
过渡性规定 485
一览 475

术语索引 515

信赖保护 484
合并自魏玛帝国宪法的条款 297
公法制度保障 429 以下
私法制度保障 429 以下
概念 430
婚姻和家庭 505
所有权自由 429 以下
继承权 458
私立学校自由 44
宗教课程 538
合同自由 564
主观权利 432

J

青少年保护 247，751
唇齿条款 496 参见征收
法人 156 以下，303
概念 158
公法法人 161 以下，931，946
私法法人 158
公权力（部分）控制的私法法人 160
双面向基本权 304，866
典型的基本权危险地位 161
手工同会 164
本国的 170
教会和宗教团体 165，324
公法广播机构 166
人员集合 161
大学和学院 167
合乎性质的适用 172
司法基本权 911 以下

公正程序 943，954
法定法官 929 以下
一事不再理 976 以下
罪刑法定 959 以下
法定听审 943 以下
权利救济保障 914

K

不法中不存在平等 791 参见平等权
核心领域
同盟自由 902
结社自由 878
对私人领域的干预 749，683，707
儿童
儿童权 656
教会 322 以下 参见国家教会法
同盟自由 895 以下
工作条件 897
构建 905
工会 899
核心部分 902
同盟 897
消极的同盟自由 901
积极的同盟自由 901
《德国基本法》第 9 条一览 903
经济条件 897
宪法权利冲突 77 以下
适宜限定的宪法 84 以下
理由 79 以下
基本权中的加重法律的保留 89

批评 80

实践调和 91 以下

沟通基本权 208 以下

一般性法律 240 以下

信息自由 223 以下

竞合 258 以下 参见基本权竞合

言论自由 212 以下

媒体自由 226 以下

广播和电影自由 232 以下

相互影响学说 249 以下

竞合 258 以下 参见基本权竞合

身体虐待 724

身体完整性 104 以下, 107

酷刑 115, 725

微小的妨害 110

身体完整 107

精神疾病 107

精神健康 108

拒绝战时服役 330

宪法权利冲突 333

艺术自由 270 以下

法律体系中一般性规定的免除 279

形式艺术概念 275

实质艺术概念 275

开放艺术概念 275

艺术作品领域 278

艺术作用领域 278

参见住宅保护

大型监听措施 680, 683

小型监听措施 679, 685

受影响人 684

生命 104 以下, 106, 109

警察射杀 120

死亡的权利 106

保护范围 106

死刑 115, 121

无期徒刑 732

同性恋伴侣的生活共同体 509

教学 286 参见科学自由

给付权 15 参见原生给付权、衍生给付权、保护义务、程序权

一般人格权 653

避难权 1002

案件写作 141 以下

母亲保护 533

请愿权 994

法定听审 945

权利救济保障 916

审查框架 137

科学自由 288

给付行政 406 参见法律的保留、议会保留

吕特案 220, 243, 249, 352 参见言论自由

航空安全法 117

L

各州基本权 23

窃听措施 677 以下, 683 以下

M

矫正处分 963

保安处分 977

言论自由 212 以下

布林克菲尔案 221，352

吕特案 220，243，249，352

言论 213

事实 213

相互影响学说 249 以下

审查 257

人性尊严 589 以下

作为原生的给付权 597

名誉保护 606

受影响人的事前同意 616

酷刑 115，606，725

内涵 602 以下

私密领域 606

竞合 620

客体公式 604

死后人格保护 600

不受限制 617

保护义务 593，600

主观权利效力 594 以下

死刑 115，121，600

直接的第三人效力 591

轻视的处理 605

孟菲斯托案 82，601

最低工资 901，909

基本权的间接第三人效力 347 以下

国家的保护义务 350 以下

母亲保护 533

胎儿 109，155

湿采石案 427，443，450，477

一事不再理 976 以下

宣告无罪 980

保安监督 977

行为 982

程序阻碍 980

消极的自由 313，880 以下

消极的行动自由 720

同盟自由 901

消极的宗教和世界观自由 313

消极的结社自由 880 以下

非婚生儿童 534

非抽烟者保护 135

规范清晰度 650，703

规范塑造性基本权 433 以下

构建 434 以下

罪刑法定 959 以下

类推禁止 968

可罚性概念 963

明确性要求 967

矫正处分和保安处分 963

拉德布鲁赫公式 974

禁止溯及既往 964，970

违反人性的犯罪 974

时效规定 963

大学录取名额限制案 769

N

检查 674 以下 参见住宅保护

O

客体公式 参见人性尊严

客观价值秩序 15，348

客观规范范畴 11 参见基本权

在线搜查 637 以下，707

原生给付权 16，597 参见给付权

P

议会保留 404 以下 参见法律的保留

给付行政 406

媒体补助 406

重要性理论 405

保罗教堂宪法 5

请愿权 986 以下

政治观点 836 参见特别的差别待遇禁止

政治迫害 1003 以下 参见避难权

警察射杀 120

邮政秘密 691 以下 参见书信、邮政及电信秘密

死后人格保护 600 参见人性尊严

排除规范 958 参见法定听审

实践调和 91 以下

媒体自由 226 以下

媒体的概念 228

新媒体 229

媒体产物内容的保护 231

媒体补助 406 参见法律的保留、议会保留

私人自治 366，645 参见合同自由、一般人格权

私法 135，343 以下

基本权的防御权功能 354 以下

民法立法者造成的基本权干预 363 以下

民事法官造成的基本权干预 358 以下

基本权的间接第三人效力 347 以下

宪法审查的范围 367 以下

基本权的直接第三人效力 344 以下，591

私立学校自由 542 以下

请求保护和促进 544

公法制度保障 544

隐私领域 629 参见一般人格权，书信、邮政及电信秘密

诉讼能力 173

R

拉德布鲁赫公式 974 参见罪刑法定

禁止吸烟 135

种族 831 参见特别的差别待遇禁止

电脑搜寻 708

干预的正当化 42 以下 参见比例原则、法律的保留、议会保留和指明条款要求

法定听审 943 以下

错误的重要性 955

补正 956

给付权 945

效力排除规范 958

表达的权利 952

考虑权 953

信息权 951

权利救济保障 914
一般司法保障请求权 926
构建 927
权利救济途径的开启 919
公正程序 943, 954
基本权作为程序权 925 参见程序权
给付权 916
公权力 924
法治原则 926
主观权利 923
行政程序 922
法治原则 926 参见权利保护保障
规范保留 334, 403
林中骑马案 557 参见一般行为自由
宗教教育权 519
宗教和世界观自由 295 以下
宗教和世界观的概念 307
表达信仰自由 308
双面向基本权 304
一体保护范围 309
宗教活动自由 308
信仰自由 308
合并自魏玛帝国宪法的条款 297
法人 303 以下
儿童和青少年 299
头巾 296, 700
消极自由 313
宗教课程 536 以下
《魏玛帝国宪法》第 136 条第 1 款的限制 317
宪法权利冲突的限制 320

山达基教 307
宗教和世界观自由的特殊身份 306
国家教会法 322 以下
宗教课程 536 以下
教养权人的决定权 541
不莱梅条款 540
制度性保障 538
伦理课程 532
穆斯林宗教课程 539
再社会化 645 参见一般人格权
禁止溯及既往 964, 970 参见罪刑法定
广播和电影自由 232 以下
电影 234
网络 232
广播 232
本周新闻 234
审查 257

S

合同中止条款 488 参见所有权自由限制
简单法律的保留 45
对基本权直接的 892, 677
加重的法律的保留 239
人性尊严不受限制 617
及保护范围的解释 551
宪法内在的限制 77 以下 参见宪法权利冲突
国家对学校的监管 529 以下
学校

教育任务 532

融合 532

私立学校自由 542 以下

宗教课程 536 以下

处于特别地位关系中的学生 697 以下

保护范围 28

限制对于解释的意义 551

保护规范理论 137

保护义务 16，122 以下，508，654，722，669，696 参见给付权

堕胎 133

权衡 128

相对人 136

方式和范围 126 以下

理由 123

明显失误 127

损害的后果 139

平等权 773

案例写作 141 以下

基本权的间接第三人效力 350 以下

客观保护义务 137

死后人格保护 600

私法 135，343 以下

主观保护权 137

环境和科技法 134

禁止保护不足 127 以下

精神虐待 724

行政的自我约束 791 参见平等权

性取向 509

保安监督 957，977

道德法则 575

特别法理论 242 参见一般性法律

特别地位关系 697 以下

所有权的社会义务 481

社会化 460，478，498

社会领域 629，648 参见一般人格权

社会保障请求权 453

特别宪法 206，367 以下 参见宪法诉愿

语言 832 参见特别的差别待遇禁止

公法权利和义务 855

国家教会法 322 以下

教会作为公法团体 324

国家的中立性 323

主动地位 21 参见基本权作为形成权

消极地位 14 参见干预防御权

积极地位 15 参见给付权、衍生给付权、原生给付权、保护义务、程序权

特别地位关系中的囚犯 697 以下

囚犯案 697

主观权利范畴 12，137 以下，594 参见基本权

宪法诉愿的补充性 191

《德国基本法》第 2 条第 1 款的补充性 577 参见一般行为自由、竞合

超级上诉审 371 参见宪法诉愿

T

参与权 18，770　参见衍生给付权
死刑　115，121，606
变性案　801

U

禁止过度干预　48 以下　参见比例原则
重构 442　参见构建
不平等对待　778 以下，825 以下
被相同公权力机构不平等对待　793
事实上和间接上的不平等对待　828
与人相关的不平等对待　811
与事相关的不平等对待　811 以下
不平等对待，特别的差别待遇禁止的正当化　838　参见男女平等对待
外在目的　803
不平等对待的强度　799，810
内在目的　802
新公式　796 以下
新公式，两者之间的关系　797
均衡性检测一览　818
男女不平等对待　842 以下
恣意公式和新公式之间的关系　797
比例性检测　801 以下
恣意公式　795
欧盟基本权　1028 以下
理由　1029 以下
约束　1034
欧盟法院　1031 以下

欧盟基本人权宪章　1033
欧洲人权公约　1020 以下
审查　1036
权利保护　1037
"只要"裁判（联邦宪法法院）1032
符合欧盟基本权的解释　584
基本权的直接第三人效力　344 以下
同盟自由　906
人性尊严　591
抵抗权　1017
禁止保护不足　127 以下　参见保护义务
待审拘留　733

V

结社自由　862 以下
斗争攻击的态度　894
构建　891
外国人协会　868
双面向基本权　866
受保护的行为　876 以下
个人　865
保护范围　878，902
集体的　866
竞合　874，879
消极的　880 以下
公法强制结社　884 以下
积极的　869 以下
《德国基本法》第 9 条一览　903
社团　869 以下

合宪秩序 893

程序权 16,134,770,925,1002

宪法诉愿 145 以下

理由具备性 205 以下

欧共体措施 177,1032

诉愿资格 178 以下

审查框架 207

审查范围、特别宪法 206,367 以下

补充性 191

超级上诉审 371

合法性 150 以下

合宪解释 67

合宪秩序 571 以下,893 参见一般行为自由、自由迁徙、结社自由、丧失基本权

比例原则 48 以下

均衡性 57

构建 439

必要性 55 以下

适当性 53

正当目的 50 以下

相互影响学说 249 以下

财产 448 参见所有权自由

集会

概念 31 以下

紧急集会 66

自发集会 66

非和平方式 38

露天 44

目的 33

集会自由 24 以下

保护的实体范围 35 以下

合同自由 562 以下

构建 565,569

私法制度保障 564 参见制度性保障

丧失基本权 1012 以下

人口普查案 635

法律的保留 404 以下,553 参见议会保留

扩展的干预概念 407

给付行政 406

数据预存 694

W

相互影响学说 249 以下 参见比例性

规范适用层面 255

规范解释层面 254

含义阐明层面 251

防御性民主 1012

魏玛帝国宪法 6

本质内涵保障 71 以下

权限分配 73

绝对的本质内涵理论 72

相对的本质内涵理论 72

重要性理论 405 参见议会保留

竞争自由 387

国家的经济活动 388

抵抗权 1017

科学自由 270,280 以下

科学概念 283

术语索引 523

研究的自由 285
教学的自由 286
宪法忠诚 290
住宅的保护 662 以下
运营和商业空间 666 以下，674
住宅的定义 664
搜查 670，677，681
其他措施的干预与限制 670 以下，677，686
囚犯收容所 665

监听措施 677 以下，683 以下
在线搜查 637 以下，707
检查 674 以下
保护义务 669

Z

审查 257
指明条款要求 759 以下
一览 764
强制劳动 425

译 后 记

  未觉池塘春草梦，阶前梧叶已秋声。翻译工作始于 2015 年德国汉堡，由于提议翻译该书的合作者 2016 年突然去世，翻译工作搁浅。2018 年我从德国博士毕业，因短期内找不到合作者，当时正在德国攻读博士学位的于佳文协助初译了第 2 章、第 10 章和第 11 章，之后但凡空暇，我都要进行翻译和修改。2019 年得知《基本权利》原著更新到第 8 版，在陆建华编辑的帮助下，我又将译稿根据第 8 版进行了修订。

  在此，对埃平教授的《基本权利》简明介绍如下：原著定位的目标读者主要是备考基本权利课程的德国学生，这可以从书中经常出现的"案例写作提示"段落中观察到。与其他德国基本权利教科书相比，该书在德国学生中的口碑至今是最好的。原因在于：首先，作者用语简单易懂。对于许多刚学习法律的德国学生来说，基本权利课程过于抽象枯燥。但本书作者尽量采用通俗易懂的语言，结合司法裁判将基本权利理论娓娓道来。其次，该书使用了大量图表、粗体字和写作提示来帮助读者迅速明晰基本权利理论的难点和重点，这比许多单纯讲述学说理论的教科书更受读者喜欢。最后，该书改编了 31 个经典裁判作为思考案例并给出参考答案，适合读者深化知识学习和查缺补漏。*

  尽管原著如此定位，但该书也对中国的读者了解德国和欧洲法上的基本权利保障有所帮助：首先，该书全面、系统地论述了《德国基本法》中所列基本权利，并形成独有的体系。传统基本权利教科书先是论述基本权

---

  * 31 个案例的参考答案下载链接为 https://pan.baidu.com/s/1hI0sGDUkl-2KVKONwIR9lw?pwd=65X6。出版方和译者对此免费附赠资源不承诺持续提供，亦不承担后续维护和更新的责任。——译者注

利总论,之后论述单个基本权利。本书则将基本权利总论融入单个基本权利的讲述中,使得该书厚度远超同类教科书,但能够更多地阐述每个基本权利所存在的特有问题。其次,该书以德国联邦宪法法院的司法裁判为中心,摘录了许多法院裁判原文。这些摘选给翻译工作带来不少挑战,但是读者通过阅读裁判原文能够加深对基本权利教义学的理解。

感谢我的领导罗智敏教授、成协中教授和张力副教授对该书翻译工作的支持,感谢同事马允副教授、胡斌博士在各种事务上的分担。赵宏教授不仅为我解答了翻译中遇到的基本权利教义学问题,还撰写了审读意见,我在此深表谢意!

翻译工作得以顺利完成还要感谢杨菲博士一直以来的鼓励。感谢陆建华老师和张文桢老师在该书审读上所给予的大力帮助。丛书主编李昊教授也为该书出版付出了心血,一并致谢!因个人水平有限,如有建议请读者不吝指正,邮箱是 dongyangqs@gmail.com。

愿所有的生命都能美丽绽放。

张冬阳

2022年12月1日于昌平西环里

法律人进阶译丛

⊙ 法学启蒙

《法律研习的方法：作业、考试和论文写作（第9版）》，〔德〕托马斯·M.J.默勒斯 著，2019年出版

《如何高效学习法律（第8版）》，〔德〕芭芭拉·朗格 著，2020年出版

《如何解答法律题：解题三段论、正确的表达和格式（第11版增补本）》，〔德〕罗兰德·史梅尔 著，2019年出版

《法律职业成长：训练机构、机遇与申请（第2版增补本）》，〔德〕托尔斯滕·维斯拉格 等著，2021年出版

《法学之门：学会思考与说理（第4版）》，〔日〕道垣内正人 著，2021年出版

⊙ 法学基础

《法律解释（第6版）》，〔德〕罗尔夫·旺克 著，2020年出版

《法理学：主题与概念（第3版）》，〔英〕斯科特·维奇 等著，2023年出版

《基本权利（第8版）》，〔德〕福尔克尔·埃平 等著，2023年出版

《德国刑法基础课（第7版）》，〔德〕乌韦·穆尔曼 著，2023年出版

《刑法分则I：针对财产的犯罪（第21版）》，〔德〕伦吉尔 著

《刑法分则II：针对人身与国家的犯罪（第20版）》，〔德〕伦吉尔 著

《民法学入门：民法总则讲义·序论（第2版增订本）》，〔日〕河上正二 著，2019年出版

《民法的基本概念（第2版）》，〔德〕汉斯·哈腾豪尔 著

《民法总论》，〔意〕弗朗切斯科·桑多罗·帕萨雷里 著

《德国民法总论（第44版）》，〔德〕赫尔穆特·科勒 著，2022年出版

《德国物权法（第32版）》，〔德〕曼弗雷德·沃尔夫 等著

《德国债法各论（第17版）》，〔德〕迪尔克·罗歇尔德斯 著，2023年出版

⊙ 法学拓展

《奥地利民法概论：与德国法相比较》，〔奥〕伽布里菈·库齐奥 等著，2019年出版

《所有权的终结：数字时代的财产保护》，〔美〕亚伦·普赞诺斯基 等著，2022年出版

《合同设计方法与实务（第3版）》，〔德〕阿德霍尔德 等著，2022年出版

《合同的完美设计（第5版）》，〔德〕苏达贝·卡玛纳布罗 著，2022年出版

《民事诉讼法（第4版）》，〔德〕彼得拉·波尔曼 著

《消费者保护法》，〔德〕克里斯蒂安·亚历山大 著

《日本典型担保法》，〔日〕道垣内弘人 著，2022年出版

《日本非典型担保法》，〔日〕道垣内弘人 著，2022年出版

《担保物权法（第4版）》，〔日〕道垣内弘人 著

《信托法》，〔日〕道垣内弘人 著

《公司法的精神：欧陆公司法的核心原则》，〔德〕根特·H. 罗斯 等著

⊙ 案例研习

《德国大学刑法案例辅导（新生卷·第三版）》，〔德〕埃里克·希尔根多夫著，2019年出版

《德国大学刑法案例辅导（进阶卷·第二版）》，〔德〕埃里克·希尔根多夫著，2019年出版

《德国大学刑法案例辅导（司法考试备考卷·第二版）》，〔德〕埃里克·希尔根多夫著，2019年出版

《德国民法总则案例研习（第5版）》，〔德〕尤科·弗里茨舍 著，2022年出版

《德国债法案例研习I：合同之债（第6版）》，〔德〕尤科·弗里茨舍 著，2023年出版

《德国债法案例研习II：法定之债（第3版）》，〔德〕尤科·弗里茨舍 著

《德国物权法案例研习（第4版）》，〔德〕延斯·科赫、马丁·洛尼希著，2020年出版

《德国家庭法案例研习（第13版）》，〔德〕施瓦布 著

《德国劳动法案例研习（第4版）》，〔德〕阿博·容克尔 著

《德国商法案例研习（第3版）》，〔德〕托比亚斯·勒特 著，2021年出版

⊙ 经典阅读

《法学方法论（第4版）》，〔德〕托马斯·M.J. 默勒斯 著，2022年出版

《法学中的体系思维和体系概念》，〔德〕克劳斯-威廉·卡纳里斯 著

《法律漏洞的发现（第2版）》，〔德〕克劳斯-威廉·卡纳里斯 著

《欧洲民法的一般原则》，〔德〕诺伯特·赖希 著

《欧洲合同法（第2版）》，〔德〕海因·克茨 著

《德国民法总论（第4版）》，〔德〕莱因哈德·博克 著

《合同法基础原理》，〔美〕麦尔文·A. 艾森伯格 著，2023年出版

《日本新债法总论（上下卷）》，〔日〕潮见佳男 著

《法政策学（第2版）》，〔日〕平井宜雄 著